U0512184

国际法与涉外法治文库

上海高水平高校（学科）建设项目资助

上海高水平地方高校创新团队“中国特色社会主义涉外法治体系研究”项目

跨境民商事诉讼

Textbook on Transnational Civil Litigation

袁发强 —— 主编

上海人民出版社

目录
CONTENTS

序　言

自1979年对外开放以来，我国与世界各国在经济和民事交往方面有了巨大发展。在广泛的民商事交往活动中难免会产生矛盾和纠纷，需要通过诉讼方式解决。由此，各国法院都需要审理含有涉外因素的民商事案件，解决涉外管辖权、外国人的诉讼法律地位、域外送达与取证、外国法查明、法律选择适用、外国判决的承认与执行等一系列法律问题。一国规范这些问题的法律制度被统称为涉外民商事诉讼法律制度。由于各国法律文化不同，涉外民商事诉讼法律制度中的法律规范并不一定会被单独立法，可能会与国内民事诉讼法律制度合并，规定在同一部法律之中。因此，在开设民事诉讼法学的我国高校法学课程中，涉外民商事诉讼法律制度很容易被忽视。这既是受专业课程学时的限制，也是因为以往涉外民商事案件数量有限而不被重视。由此出现一个奇怪的现象：涉外民事诉讼立法在《民事诉讼法》中，但民事诉讼法学课程却未特别讲授；传统的国际私法学本以冲突法为中心，主要讲授不同类型涉外民商事关系的法律选择与适用，近年来却逐步扩大涉外民事诉讼程序和国际商事仲裁部分的法律知识容量，将法律选择适用放在处理涉外民商事纠纷的大背景下。不过，同样受教学课时的限制，难以深入讲解。这说明，有必要将“涉外民事诉讼”与“国际商事仲裁”单列出来，以满足培养法律人才的实践需要。

21世纪是一个大变局时代，也是体现“人类命运共同体”的时代。在各国交往深度融合、互相依存的同时，基于维护国家主权和海外利益的需要，各国高度重视对外行使司法管辖权。我国在成为世界第二大经济体的同时，需要充分重视涉外民商事纠纷的管辖和审理，向世界展现一个负责任大国的担当。这也是维护我国司法主权，保护我国国家和公民利益的客观需要。党的二十大报告指出要“统筹国内法治和涉外法治”。2023 年 11 月 27 日，在中共中央政治局集体学习会议上，习近平总书记强调要“加强涉外法制建设”“建设协同高效的涉外法治实施体系，提升涉外执法司法效能”，要“早日培养出一批政治立场坚定、专业素质过硬、通晓国际规则、精通涉外法律实务的涉外法治人才”。[①]这就需要加大涉外法律知识教育的力度，传授符合实践需要的涉外法学理论与方法。

本教材正是在上述背景下，因应我国涉外法律人才培养需要而编撰。在参考了以往国际民事诉讼教材的基础之上，本教材做了以下几个方面的努力与尝试：

第一，从国际私法学的理论思维范式中跳脱出来。法律渊源、法律选择理论、冲突规范等通常是法院审理涉外民商事案件中遇到的法律适用问题，只是涉外民商事诉讼过程中的一个环节。因此，教材不宜过多介绍国际私法学的知识，也不宜以国际私法学的视角过分讲解有关国际公约的内容，例如海牙送达公约、海牙协议选择法院公约、海牙判决承认执行公约等。

第二，从强调部门法和部门法学的思维中跳脱出来。在概论和总体观点上，不刻意讨论国际民商事诉讼的部门法地位、调整对象和调整方法、法律渊源等传统话题；也不刻意追求知识内容的理论体系化，而是从诉讼程序的过程顺序展示其知识内容以及与国内诉讼的区别。为此，本教材没有采用涉外民事诉讼法学、国际民事诉讼法学等沿袭部门法或部门法学划分的结构模式，无意强调这是一个独立的部门法或部门法学，而是采用了国际社会比较常用的跨国民商事诉讼。这或许不够严谨，但避免陷入部门法学之争，重在传授实际知识。

第三，注重反映我国的最新立法与司法实践。经过 40 多年的对外开放，我国已经积累了相当的涉外民商事诉讼案例。以我国法院处理涉外民商事案件为视角，将相关案例的评析融入教材，有利于提升学生对我国涉外司法理论及规范的感性认知，培养学生的实际运用能力。

---

① 新华社：《习近平在中共中央政治局第十次集体学习时强调：加强涉外法治建设，营造有利的法制条件和外部环境》2023 年 11 月 28 日，http://m.news.cn/2023-11/28/c_1129996975.htm。

第四，在编写体例上，每章开篇以诉讼中的具体法律问题导入，引出每章讲授的内容，让学生感知该章在实际诉讼程序中的作用和意义。每章结尾处，设计一题多问、连续追问的方式；在拓展阅读部分，除列出书名和文章名称外，还简要说明阅读的建议及点评；布置案例分析题时，对案例适当加工，使学习者深入思考。

本教材为专门开设涉外民事诉讼或跨国民事诉讼课程的需要而编撰，着眼于我国涉外民商事诉讼司法实践的现状与未来发展需要，目标是为我国涉外司法实践培养应用型人才，既可以作为法学本科学生的选修课程教材，也可以作为“涉外律师”专业的硕士研究生课程参考教材。

本教材由主编设计章节知识点、编写体例，各位参编者分工负责，最后由主编统稿审校。尽管已经仔细审校，难免存在不当之处，诚望各位读者在发现问题后及时告知我们，以便修订和补正。

本教材由华东政法大学国际法学院国际私法教研室集体完成。各章节编写分工情况如下：

袁发强教授：第一章、第六章、第十三章；

陈国军副教授：第二章；

杜涛教授：第三章；

李晶副教授：第四章、第五章；

许凯教授：第七章；

张虎教授：第八章、第九章；

司文副教授．第十章、第十一章、第十二章。

国际法专业博士研究生胡程航同学和苏超同学，硕士研究生马道贺同学和何元曦同学协助主编完成了书稿统编审校。

袁发强

2024 年 4 月 10 日

第一章　概　论

交通与通信技术的发展使得不同国家人民之间能够开展跨国民商事交往活动，形成跨国民商事法律关系。在跨国交往活动中，矛盾和纠纷的产生在所难免。到目前为止，全球尚未形成一个共同的民商事争议处理机构。除了商事纠纷可以通过约定国际仲裁方式解决外，当事人只能采取在各国国内法院提起民事诉讼的方式解决争议。这通常被称为涉外民事诉讼或跨国民事诉讼或国际民事诉讼。由于诉讼含有涉外因素，因而会引发有关管辖权、外国人诉讼地位、送达、取证、诉讼程序、代理人资格与权限、外国法的查明与适用、判决的跨国承认与执行等诸多法律问题。各国也会在其立法或判例中确定特殊的法律规则、制度。近百年来，为统一和协调各国涉外民事诉讼法律制度，各国与有关国际组织制定了诸多国际条约或者双边司法协助协定。由此，形成了一套专门规范和调整跨国民商事诉讼的法律体系。站在一国国内角度，这套法律体系被称为涉外民事诉讼法；从国际视角看，也被称为国际民事诉讼法或跨国民事诉讼法，与法学专业中的民事诉讼法和国际私法等有密切联系。

第一节　跨国民商事诉讼的特点

案例一：

上海某一高新技术企业的张先生在美国攻读生物医药博士期间认识了新加坡籍的李女士。两人在美国纽约结婚后生了一个女儿。随后，张先生带着自己的专利回到上海浦东高新技术开发区，注册了一家制药企业，开发生产药品。李女士不愿意放弃自己在美国的工作，没有跟随夫到上海。两岁的女儿一直由在上海的张先生父母抚养。因聚少离多，夫妻两人感情逐渐淡漠。3年后，张先生与李女士协商离婚及女儿抚养问题。李女士同意离婚，但主张女儿随自己共同生活。在无法协议离婚的前提下，张先生考虑到公司业务繁忙，不能长时间离开中国，准备向上海浦东新区法院起诉离婚。

问：

1. 我国浦东新区法院能否受理被告为外国人的离婚诉讼？具体而言，作为原告的张先生能否在其经常居所地上海浦东新区法院向其新加坡籍妻子提出离婚诉讼？张先生是否只能到夫妻婚姻缔结地的美国纽约离婚？或者是向新加坡法院起诉离婚？李女士能否以结婚地在美国纽约为由主张管辖权异议？或者以自己的住所在美国为由提出管辖权异议，主张案件应当由美国法院审理？

2. 如果浦东新区法院认为可以管辖此案，那么在决定受理张先生的起诉后，如何向李女士送达起诉书、开庭通知书等诉讼文书？是邮寄，还是通过其他方式？

3. 如果张先生的诉讼请求中还包括分割两人在纽约的房产和银行存款，浦东新区法院能否审理？如果需要查明在美国的财产，可以采取哪些方式？对于来自美国的证据材料，需要满足哪些条件才能被接受？

4. 李女士不愿意来上海参加诉讼，准备委托律师。她可以委托美国律师或新加坡律师吗？外国律师是否可以律师身份代理参与我国法院的诉讼案件？如果李女士委托中国律师，需要办理什么手续？

5. 浦东新区法院在审理该离婚案前，需要先审核双方是否已经缔结合法有效的婚姻，需要判断结婚证的真实性与合法性，可能还需要了解美国纽约婚姻家庭法的规定。浦东新区法院如何获得上述法律事实的材料？

6. 浦东新区法院判决该案离婚后，涉及在美国财产分割的部分判决内容可能需要在美国执行。美国法院会承认和执行中国法院的民事判决吗？在什么情形下会承认与执行？

案例二：

甲国A公司发现乙国B公司销往我国广东的一批机械产品涉嫌侵犯了

其专利技术，遂紧急向我国广州市中级人民法院（简称广州市中院）[①]申请诉前财产保全和证据保全，请求广州市中院冻结乙国B公司在广州办事处的银行账号和扣押该批机械产品。此后，向广州市中院递交了正式的起诉材料，告乙国B公司侵犯其专利权，要求B公司承担侵权赔偿责任。

问：

1. A公司和B公司都不是我国注册的企业，我国法院可以管辖此案吗？

2. 为什么是向广州市中院起诉？

3. 如果广州市中院受理此案，如何向被告B公司送达诉讼文书和开庭通知？

4. A公司和B公司可以聘请自己本国律师出庭参加诉讼吗？

5. 如果广州市中院作出判决后，B公司不主动履行判决，A公司能否向乙国法院申请强制执行？乙国法院会承认和执行中国广州市中院的判决吗？

上述两个案例与我们以往学习民事诉讼法时讨论的案例不同。案件从法院是否有管辖权开始，到决定受理后向被告发送传票等诉讼文书、调查取证等一系列诉讼程序都面临特殊的法律问题。站在一国法院视角看，这是涉外民事诉讼，这类案件中的法律关系含有涉外因素；站在中间立场看，各国受理的类似案件，也可称为跨国民商事诉讼。

一、什么是跨国民商事诉讼

所谓跨国民商事诉讼（transnational civil and commercial litigation），是指法律关系中含有涉外因素（foreign element）的民商事诉讼，其在诉讼程序中需要处理的法律问题区别于不含涉外因素的民商事诉讼。

法律关系是人们在社会交往过程中形成的、经法律调整后形成的一种社会关系，法律关系是含有法律上权利义务内容的社会关系。跨国法律关系是生产力发展到一定阶段后，人们在跨国交往活动中形成的法律关系。

---

① 本书对中国司法机关采用简称，如：徐汇区人民法院，简称徐汇区法院；南京市中级人民法院，简称南京市中院；上海市第一中级人民法院，简称上海市一中院；上海市高级人民法院，简称上海市高级法院；最高人民法院，简称最高法院。

跨国民商事法律关系是相对于其他类型跨国法律关系而言的，例如，国家之间的政府交往关系、因刑事犯罪形成的跨国刑事法律关系等。跨国民商事法律关系是在跨国民商事交往活动中形成的法律关系。这种法律关系的主体主要是自然人和企业法人，政府偶尔也会参与跨国商事活动中，与他国自然人或法人结成跨国商事法律关系。例如，一国政府以自己的名义与外国企业或自然人订立设备购买合同，进口其需要的办公设备等。

之所以将民事与商事并列，是因为不同国家对民事法律关系的范围认识不同。英美普通法系国家普遍持民、商分立的立场，认为民事法律关系主要是指自然人的民事权利能力和行为能力、婚姻家庭、扶养监护、继承等；而商事法律关系则是当事人在交易活动中形成的法律关系，如公司法人的组建与行为能力、商业合同、票据与支付、商业侵权等。我国民法学界主张民事法律关系包括商事关系，故习惯于以民事关系泛指一切民商事法律关系，以此区别于刑事法律关系和行政法律关系。

事实上，为适应经济发展需要，法国与德国早就在民法典之外先后颁布了商法典，[①]从此走上了民商分立的道路。国际私法学界为了明确其调整对象和范围，没有采纳我国民法学界民商合一的大民法观，并列地提跨国民商事法律关系正是为了从外观上界定其调整法律关系的范围，避免陷入狭窄民事法律关系的误区。

从民商分立的视角看，跨国民事诉讼是指不同国家之间的诉讼当事人在一国法院内开展的民事诉讼活动，如宣告失踪或死亡、离婚、子女抚养或监护、遗产继承纠纷等引起的诉讼活动；跨国商事诉讼则是指不同国家的诉讼当事人之间在一国法院内开展的与商业交易有关的商事诉讼活动，如公司股东与公司之间权益纠纷、合同履行纠纷、商业侵权纠纷等。

并列地提“跨国民商事法律关系”并不仅仅是一个学术观点分歧的问题。跨国商事诉讼在审理中会有一些不同于普通民事诉讼的特殊法律问题。例如，在跨国民商事诉讼中，一个国家对于涉外民事和涉外商事纠纷的管辖

---

① 法国在1804年颁布民法典之后不久，就在1807年颁布了商法典；德国在1896年颁布民法典后，也于1897年颁布了商法典。可见，大民法观只是我国民法学界的一种学术观点。大陆法系中的主要代表性国家如法国、德国、葡萄牙、西班牙、日本等国均持民商分立的立场。

依据和管辖规则是不同的。一个商业交易活动与某国存在适当的联系，这个国家就可能认为自己有管辖权。管辖的尺度相对宽松一些，以方便当事人诉讼。

二、如何理解涉外因素

从法律关系三要素结构看，所谓涉外因素，是指法律关系的主体、内容、客体三个方面至少有一个方面具有跨国性，不完全局限于一国范围内。从主体要素看，法律关系的当事人一方或双方是外国国籍的自然人或法人，或者，虽然是本国人，但住所或经常居所地在外国；从内容要素看，引起当事人之间法律关系产生、变更或消灭的法律事实有部分发生在外国；从客体要素看，当事人之间争议的对象或标的物在外国。

2012 年，我国最高人民法院《关于适用〈中华人民共和国涉外民事关系法律适用法〉若干问题的司法解释（一）》第 1 条规定：

> 民事关系具有下列情形之一的，人民法院可以认定为涉外民事关系：
>
> （一）当事人一方或双方是外国公民、外国法人或者其他组织、无国籍人；
>
> （二）当事人一方或双方的经常居所地在中华人民共和国领域外；
>
> （三）标的物在中华人民共和国领域外；
>
> （四）产生、变更或者消灭民事关系的法律事实发生在中华人民共和国领域外；
>
> （五）可以认定为涉外民事关系的其他情形。

上述司法解释中提到的“涉外民事关系”是从“大民法”或者说“民商合一”的角度作出的解释。其中，明确对主体的“涉外因素”采取了国籍和经常居所地双重标准。至于“可以认定为涉外民事关系的其他情形”则是为前述界定不能完全包括时留出的动态兜底条款。在当前的司法实践背景下，兜底条款主要是为自由贸易区、自由贸易港内注册的外商独资企业之间的纠纷留出可以认定含有涉外因素的空间。例如，2013 年，上海市一中院在西门子国际贸易（上海）有限公司诉上海黄金置地有限公司申请执行新加坡国际仲裁中心裁决案中认为，[①]仲裁申请人与被申请人都是在上海浦东自由贸易试验区注册的外商独资企业，合同所涉标的物是进口货物且在进口时标的物位于境外，因而认定该案当事人之间法律关系具有涉外因素，属于前述司法解释中第 5 项“可以认定为涉外民事关系的其他情形”。

以上是从法律关系角度理解“涉外因素”的含义。除此之外，当事人在开展跨国民商事诉讼活动中也会形成跨国的民商事诉讼法律关系。在理解跨国民商事诉讼法律关系时，除了上述主体、客体要素外，诉讼权利义务内容在程序上的涉外因素表现为：(1) 当事人的诉讼权利义务含有涉外因素，即外国人的诉讼法律地位；(2) 某些诉讼行为具有涉外因素，如涉外送达、涉外取证、外国法的查明等。可见，跨国民商事诉讼中的涉外因素包含实体和程序两个方面。相对于实体法律关系而言，程序上的涉外因素更为复杂，因为程序意义上的涉外因素会引发特殊的程序法律制度。

三、跨国民商事诉讼涉及的特殊法律问题

与国内民商事诉讼不同，跨国民商事诉讼所涉及的法律问题具有特殊性。

(一) 涉外民商事案件管辖权

在决定国内民商事案件的管辖时，国家主要考虑的是法院司法资源的合理配置和方便当事人行使诉权，以期达到二者的平衡。在一般情况下，一个国家按照行政区划设立法院，处理本辖区范围内发生的民商事诉讼案件；对于特殊类型纠纷，为了保障专业裁判水平，也会设立专门法院，如海事法院、知识产权法院等。同时，根据案件复杂程度、影响大小等因素在上下级法院之间划分一审案件管辖的标准。

在决定跨国民商事案件的管辖时，国家考虑的因素不同于国内民商事案件的管辖。国家需要在维护司法主权和方便当事人诉讼之间寻求平衡；同

---

① 见上海市一中院（2013）沪一中民认（外仲）字第 2 号民事裁定书。

时，国家在行使涉外案件管辖权时还要尊重他国的司法主权。只有这样，该国法院作出的民商事判决才可能得到他国的认可。可见，一个国家在确立涉外民商事案件管辖权时的考量因素与纯国内案件不一样。

在维护本国司法主权时，一国需要遵守国际公法确立的管辖权依据和标准。例如，属地管辖、属人管辖、保护性管辖和普遍性管辖等。

从属地管辖角度看，如果纠纷的事实（案情）部分发生在一国领土范围内，或者案件所涉标的物在一国领土范围内，那么该国可以行使司法管辖权。国际法并不要求案件的全部事实必须发生在一国领土范围内。如果一个案件含有涉外因素，意味着该案与几个国家都存在地域上的联系，案涉国家的法院可能都享有管辖权，从而产生管辖权积极冲突的现象。

从属人管辖角度看，当民商事诉讼的被告具有法院地所在国国籍，或者在法院地所在国有经常居所时，该国法院有管辖权。在一些特殊类型的跨国民事案件中，原告是本国人或者在法院地国有经常居所，法院也可以行使管辖权。例如，原告在法院地国的离婚诉讼、宣告失踪或宣告死亡诉讼等。因此，即便是行使属人管辖权，也可能产生几个国家都有管辖权的现象。

从保护性管辖角度看，如果一个案件中有需要通过法律保护的利益或当事人在一国范围内，法院也可以行使管辖权。例如，被扶养人或被监护人在本国范围内。当然，普遍性管辖在跨国民商事案件管辖权中并不常见，多见于国际条约规定的跨国刑事犯罪案件中。①

一国对于含有涉外因素的跨国民商事案件行使管辖权并不妨碍其他国家基于相同或不同的管辖权依据对同一案件行使管辖权。国际民商事案件管辖权冲突是一种客观存在的现象。如果一国认为某类涉外民商事案件对于本国具有特殊意义，涉及本国的公共秩序，不承认其他国家管辖权，应当通过专属管辖的方式在立法中予以明确。这是解决跨国民商事诉讼管辖权冲突的一种方式。客观地说，这种专属管辖方式并不能阻止其他国家行使管辖权，却能够成为拒绝承认和执行外国法院判决的理由。

由于各国确立本国涉外民商事案件管辖权的主要法律依据是国内的诉讼

---

① 例如，为了打击奴隶贸易或海盗，相关国际公约赋予了成员国普遍的刑事管辖权。

法，难免会出现几个国家对同一跨国民商事纠纷都有管辖权的现象。例如，一个跨国民商事案件的事实牵涉两个以上国家，当事人分别向不同国家法院起诉，就会形成“平行诉讼”的现象；又如，在几个国家都有管辖权时，原告选择其中一个对其有利的国家法院起诉，这一现象也被称为“挑选法院”。

为了避免各国竞相行使管辖权而造成不同裁判结果、促进民商事判决的跨国承认与执行，国际社会尝试通过缔结条约的方式统一管辖权依据和规则。例如，海牙国际私法会议通过的 2005 年《选择法院协议公约》和 2019 年《承认与执行外国民商事判决公约》等。

(二) 域外 (跨国) 送达和取证

由于跨国民商事诉讼的一方当事人可能居住在法院所在国境外，法院在受理案件后需要将有关诉讼材料、受理通知书和开庭通知书等司法文书送达给法院地境外的当事人，以便于当事人行使诉权。这就涉及如何向境外当事人送达的问题。在国内民商事诉讼中，法院无须考虑尊重外国司法主权的问题，依据国内诉讼法规定的送达方式直接向位于境内的当事人送达。送达方式的法律要求是尽可能以当事人能够收到为原则，做到程序正义（Due Process），以保障被告能够充分行使诉权。

在跨境送达时，一国国内特有的送达方式可能会被另一国视为侵犯其领土属地管辖权。例如，法院的司法人员到另一国向当事人当面送达司法文书，这被视为在另一国领土上行使国家司法权力，侵犯了另一国的司法主权。被通知的当事人所在国还可能拒绝协助送达有关司法文书，甚至因为法院送达方式可能侵犯其司法主权而拒绝承认和执行该法院的判决。

与域外送达相类似，法院也不能直接到另一国主动调查和取证，除非得到另一国的同意。在大陆法系国家，法院工作人员的送达和取证活动被视为行使司法权，因而会被看作为侵犯他国司法主权的行为。由此，因送达不能会导致被告不知道自己被诉的情况，或者无法有效行使诉权；也会因为调查取证难而造成法院无法对案件作出裁判或造成裁判不当。这就需要国际社会协调，通过多边条约和双边司法协助协定的方式解决。

(三) 外国当事人的诉讼地位

位于法院地境外的当事人，特别是外国国籍的当事人在法院地国参加诉讼，其诉讼上的权利义务是否和法院地的本国人完全一样？这就是外国当事人的诉讼法律地位问题。如果存在差别，可能被视为歧视，造成外国当事人不能充分行使诉权的结果，还可能导致其他国家采取对等的报复措施。如果完全一样，例如外国人与本国人都不必缴纳诉讼担保费，那便会让人担心外国当事人在败诉后故意不承担败诉费用。

早期，有些国家为了防止外国当事人在败诉后逃避承担诉讼费用，要求外国当事人在提起诉讼时需提供诉讼费用担保，现在基本上都取消了这一歧视性规定。我国与其他国家不同，即使是不涉外的民事诉讼，原告在提起诉讼时也需要预缴诉讼费用，①不论原告是本国人还是外国人。因此，我国民事诉讼法的这一规定不算是对外国人的歧视。

与外国人诉讼地位相关的一个问题是，外国人是否可以聘请自己本国律师代理其诉讼活动。从民事代理行为角度看，任何人都可以聘请代理人，授权范围内代理行为的后果由委托人承担。不过，律师的诉讼代理活动也被视为一国司法主权的体现。外国律师以律师身份代理法院地国的民事诉讼活动也会被视为侵犯了法院地的司法主权。如果外国当事人委托该国律师以自然人身份参与诉讼，是可以的，但不享有律师应有的权利。②如果外国律师同时又获得了法院地国律师资格，则另当别论。这时候，该律师被视为法院地国的律师，可以律师身份代理诉讼活动。

总体上看，为了保障诉讼双方当事人平等的诉讼法律地位，各国都会给予外国当事人国民待遇，即赋予外国当事人在诉讼中与本国人大体相同的诉讼地位。不过，这只是在一般情况下。在第二次世界大战期间，英国曾有过限制敌对国家（如德国）国民在英国法院起诉英国国民的特殊例外。

（四）诉讼程序

因为一方当事人位于法院地国境外，为了保障其能充分行使诉权，法院通常会在答辩期限、开庭时间等方面给予境外当事人特殊待遇。这主要是考

① 2023年《中华人民共和国民事诉讼法》第121条规定："当事人进行民事诉讼，应当按照规定交纳案件受理费。财产案件除交纳案件受理费外，并按照规定交纳其他诉讼费用。"该条没有区分中国人和外国人，统一适用。

② 例如，2023年《中华人民共和国民事诉讼法》第270条规定："外国人、无国籍人、外国企业和组织在人民法院起诉、应诉，需要委托律师代理诉讼的，必须委托中华人民共和国的律师。"

虑到境外当事人在通信、出国旅行签证以及交通方面的客观困难。如果完全与国内诉讼当事人一样，会妨碍其充分行使诉讼权利。例如，我国民事诉讼法对于不涉外的民事诉讼，要求被告在 15 天内提出答辩意见，但对于涉外案件的答辩期则规定为 30 日；又如，国内案件首次开庭应提前 15 日发出开庭通知，对于涉外案件则规定为 30 日。

（五）法律适用与外国法查明

法院受理跨国民商事案件是基于该纠纷与法院国存在一定联系，而不是全部联系。例如，跨国合同纠纷的当事人在合同中协议约定选择某国法院诉讼。由此，法院在处理涉外民商事纠纷时，会面临该法律关系可能需要适用外国法判断是非曲直的问题，需要在适用本国法和外国法、适用哪国法之间做出选择。这就是传统国际私法中的法律适用问题。国际私法也被称为冲突法，即处理法律冲突、选择法律适用的法。

如果依照法院地国的冲突法，在应当适用外国法作为裁判案件的准据法时，会面临如何查明外国法的问题。是由法官主动依职权查明，还是由当事人提供，这需要根据不同的情况处理。在法院依职权查明时，也还存在查明途径和方法的制度性问题。

如果法律选择适用的是国际私法的本体问题，那么，外国法查明还涉及举证责任负担的诉讼制度。不论是将外国法看作法律还是事实，都与民事诉讼中举证责任制度相关。

（六）判决的跨国承认与执行

在跨国民商事诉讼中，如果败诉的一方当事人位于法院地境外，或者需要被执行的财产位于法院地境外，胜诉方需要将该判决拿到外国协助执行才能实现判决结果。在没有国际条约的情况下，一国没有承认和协助执行另一国法院判决的义务，但一概否认和拒绝又不利于跨国民商事纠纷的解决，会给跨国民商事交往活动带来不便。

在民商事判决的跨国承认与执行方面，存在的法律问题是，应当由谁向外国法院申请承认和执行？胜诉的一方当事人还是法院？外国法院依照什么程序受理和审查该申请？法院依照什么标准对外国判决进行审查？法院以什么形式协助执行？

以往，由于缺乏普遍参加的国际公约，民商事判决的跨国承认与执行主要取决于被申请执行国的国内法规定，以及判决做出国与执行国之间的友好关系。一些国家规定，要在对等的基础之上按照互惠关系处理。然而，如何理解互惠原则，这在司法实践中也是一个棘手的法律问题。①

由于各国诉讼法律制度差异较大，造成民商事判决跨国执行的不确定性，在一定程度上抑制了当事人通过法院解决跨国纠纷的积极性。与之相反的情形是，1958 年《承认与执行外国仲裁裁决公约》拥有众多的成员国，在跨国商业交往中，越来越多的当事人选择通过国际仲裁方式解决争议。为了解决法院判决跨国承认与执行问题，一些国家不得不采取双边司法协助条约的方式。不过，这种方式的缺陷也是明显的：与他国逐一签订民事司法协助协定费时费力，还要看双方是否有强烈的交往合作意愿和友好关系。

四、跨国民商事诉讼法律制度的历史发展

跨国民商事诉讼法律制度是鉴于案件的涉外因素、为适应大规模的跨国民商事交往需要而设立的特殊法律制度。从这个角度看，其产生历史并不长。在奴隶社会，由于生产力水平低下，交通和通讯极为不便，很少发生跨国民商事交往活动。国家之间边境地区虽然偶尔会有跨境的人员往来，但受制于战争和敌对形势，各国并不认可外国人在本国的民事法律地位。这个时期，虽然几个文明古国已经有了基本的民事诉讼制度，但主要适用于本国人相互之间。对于本国人与外国人之间的民事交往活动，要么不受理，要么完全按照本国诉讼制度处理，不考虑外国人参与民事诉讼的特殊性。

在古希腊，曾经出现过专门裁判外国人之间亲属关系和继承问题的裁判官（Polemarkhos），后来还出现了专门审理海事海商案件的海事法庭。在古埃及的托勒密王朝时代（Ptolemaic Age，公元前 305—公元前 30 年），亚历山大城曾经设立过特别的城镇法院（或称采邑法院）以处理具有希腊血统的

① 例如，学术界存在法律互惠与事实互惠的争论。我国司法实践以往常常需要当事人提供判决作出国曾承认和执行过我国民商事判决的例证才认定互惠关系的存在。现在的司法态度已经松动，认为只要没有相反例证证明判决做出国曾拒绝承认和执行我国判决，就认定存在互惠关系。

居民之间的案件。[①]不过，并没有专门针对外国人诉讼的程序性制度。

在罗马共和国时期，虽然出现了外事裁判官专门负责处理罗马人之外不同民族之间交往的矛盾，也发展出了“万民法”，但在民事诉讼制度上也没有专门规定。“万民法”只是罗马的外事裁判官总结地中海沿岸不同民族风俗习惯后的实体裁判原则，不涉及程序法上的基本制度。

西罗马帝国灭亡后，欧洲逐渐形成了英国、法国、德国、意大利等国。不过，当时这些国家还处于封建社会的初期，主要依靠习惯法治理。10 世纪后，随着航海业发达，欧洲大陆人员往来和商品经济交换开始发展起来，形成了许多城邦。公元 13 世纪，西欧各国完成了习惯法从部落到地域的转变。所谓属人法变成自然人所属地域（住所）的法律。国际私法之父——巴托鲁斯将各城邦制定的成文法划分为“人法”“物法”“混合法”三类，提出了最早的冲突法学说“法则区别说”。这表明，那一时期的意大利各城邦之间存在大规模的跨城邦民商事交往活动，有相当数量的民商事纠纷需要法官处理。在当时，有关管辖权、诉讼权利义务和审理程序等事项仍然没有引起重视。法官只是在实体纠纷的裁判上会考虑适用外城邦的法律，至于诉讼程序问题则采严格属地主义，完全按照审理国内民商事案件的程序进行，并未形成特殊的涉外诉讼法律制度。不过，当时也曾出现过有关管辖权的争论。意大利北部城邦之间为此订立了有关法院管辖权的条约，如有关不动产的纠纷由不动产所在地法院管辖、商业纠纷可以由合同缔结地或履行地法院管辖等。因此，不妨将这些零星的涉外民商事诉讼法律制度视为现代跨国民商事法律制度的萌芽。

在西方进入资本主义社会以后，跨国贸易和资本流动有了巨大的发展。蒸汽机的发明使得轮船在促进海洋贸易中发挥了巨大的作用。电报的发明也使得商人们可以远距离交流和洽谈。同时，资产阶级革命在反封建等级制度的自由、人权旗号下改变了封建社会时期的许多法律制度，例如在民事权利方面赋予外国人国民待遇，极大地促进了跨国民商事交往。19 世纪后，西欧

---

① 李双元、谢石松、欧福永：《国际民事诉讼法概论》，武汉大学出版社 2016 年版，第 38—39 页。

各国开始单独制定民事诉讼法。由此，在民事诉讼法开始出现零散的涉外民商事诉讼特别规定。例如，关于外国人诉讼代理人、法院涉外管辖权、诉讼担保等。

在资本主义向海外的拓展过程中，西方列强为了保护本国的利益，还把自己的法律制度强加给了殖民地和半殖民地国家。我国在明清时期一直处于闭关锁国状态。西方列强在鸦片战争之后，通过不平等条约获取了租界“自治”，在我国的租界内实行领事裁判制度，侵犯我国的司法裁判主权。对于租界范围内外国人之间的纠纷，以及外国人与中国人的纠纷由其领事按照外国的诉讼制度审判。这其中既包括刑事审判权，也包括民商事审判权。抗日战争胜利后，我国宣布收回所有租界，取消了外国列强在中国的领事裁判权。

20世纪后半期，世界进入全球化时代。移民、出国留学、跨国投资贸易等都引发了大量的跨国民商事纠纷。各国民事诉讼立法中的涉外制度性规定内容也越来越丰富。传统的冲突法学也不再满足于法律选择适用的规则制定和研究，跨国民商事管辖权、域外送达和取证、外国判决承认与执行等程序制度逐步进入现代国际私法范畴。有的国家在制定国际私法典时，还将跨国民商事诉讼的问题从国内民事诉讼法中分立出来，并入国际私法法典之中，如《瑞士国际私法典》就包含了管辖权和外国判决的承认与执行制度。

同时，为了促进外国民商事判决的承认和执行，国际性组织和区域性组织也不断制定统一和协调民商事诉讼法律制度的国际多边条约。例如，海牙国际私法会议在1965年组织制定了《关于向国外送达民事或商事司法文书和司法外文书公约》和《关于选择法院公约》；1970年，海牙国际私法会议又牵头制定了《关于从国外获取民事或商事证据公约》。欧盟成立后，也通过了诸多统一欧盟成员国内部跨国民商事法律制度的立法，如1968年《关于民商事管辖权和判决执行的布鲁塞尔公约》；1997年，欧盟各国签署了旨在推动欧盟内部司法合作的《阿姆斯特丹条约》。自此，欧盟内部不再采取条约谈判签署的方式来统一欧盟内部国际私法，而是采取由欧盟理事会发布规则或指令的方式；2000年，欧盟理事会通过了《关于民商事案件管辖权与判决承认及执行的条例》（也称《布鲁塞尔条例Ⅰ》）。

从历史发展看，跨国民商事诉讼法律制度是伴随着跨国民商事交往活动的繁荣而发展起来的。同时，一个国家涉外民商事诉讼法律制度的发达程序如何，也与国家强大和对外开放程度密切关联。21 世纪是人类命运共同体时代，国家之间的民商事交往空前繁荣，跨国民商事纠纷的数量和类型越来越多。各国诉讼立法中涉外方面规定的内容也越来越丰富，逐渐形成为一个体系。国际民商事诉讼法也形成为一个相对独立的法学部门。

第二节　法律渊源

跨国民商事诉讼法律制度的法律渊源，是指调整跨国民商事诉讼的法律表现形式或法律类型。由于跨国民商事诉讼是在一国国内法院进行的，因此主要的法律渊源是国内法；同时，由于跨国民商事诉讼的裁判常常需要获得外国的承认和执行，有关法律制度也需要协调和统一，因而国际条约也是其主要法律渊源之一。随着全球化趋势越来越明显，基于人类命运共同体的国际协调思维促进各国缔结国际条约的意愿加强，国际条约在跨国民商事诉讼法律制度中发挥着越来越重要的作用。

一、国内法律渊源

由于跨国民商事诉讼是在一国国内法院进行的，因而国内法是跨国民商事诉讼最早，也是最主要的法律渊源。

从一国法院立场看，一个涉外案件所需要处理的问题，除了争议事实外，法律问题不外乎两类：实体法律问题；程序法律问题。对于审理程序的法律问题，长期以来被视为一国司法主权范畴内的事务，是不考虑适用外国法的；只有实体法律问题，才会基于各种法律选择因素和标准适用外国法。[①]这也是为什么国内法是调整跨国民商事诉讼的主要法律渊源的原因所在。

---

① 在国际私法学中，这个话题称为“实体问题与程序问题的划分”或者“划分实体问题与程序问题的法律意义”。同时，在原则上适用法院地法识别实体问题与法律问题时，还存在例外情形，故而有“依法院地法识别”“依准据法识别”“二级识别说”等理论学说。

(一) 国内立法

跨国民商事诉讼所特有的法律问题，除了法律选择适用外，都与审判程序有关。因此，各国最早在国内民事诉讼程序法中加以规范。例如，各国法院首先面临的程序问题是外国人是否可以在本国法院起诉和应诉；其次，本国法院在什么情况下可以管辖涉外民商事诉讼案件。因此，早期的国内民事诉讼法会在总则部分规定外国人的诉讼权利和法律地位问题。在涉外民商事案件数量有限的历史阶段，有关跨国民商事诉讼的法律制度立法主要包括在国内民事诉讼法各章节或各程序环节中，针对涉外民事诉讼仅有零星的立法条文。

20 世纪后，随着跨国民商事诉讼案件增多，需要规范的涉外法律问题越来越多。有些国家开始在民事诉讼立法中采用专章或专篇的立法模式，将涉外民商事诉讼的法律制度集中立法。例如，我国民事诉讼立法就是如此。当前，尚不存在单独为涉外民商事诉讼立法的国家。这主要是因为，即便当代跨国民商事诉讼立法条文越来越多，仍然不足以支撑一个独立于国内民事诉讼基本程序制度的立法体系。

跨国民商事诉讼法律问题既涉及审判程序，又与国际私法紧密相关，因而 1987 年瑞士联邦议会通过的《瑞士联邦国际私法典》将涉外民事诉讼程序法律问题从国内民事立法中剥离出来，与法律选择适用等合并在一起立法。该法典依照处理涉外民商事诉讼案件的环节分别规定了“瑞士法院和主管机关管辖权”“法律适用”“外国判决的承认与执行”等；同时，又根据诉讼主体和诉讼案件类型划分管辖权标准和法律适用。这种立法模式被视为国际私法法典化的典型代表。这是涉外民商事诉讼立法开始独立于国内民事诉讼立法的例证。目前，效仿瑞士立法模式的国家并不多，不过，欧盟统一国际私法的立法却大多采用了这种模式。例如，欧盟理事会 2008 年《关于扶养义务事项的管辖权、法律适用、判决的承认与执行并进行合作的第 4/2009 号条例》、2016 年《关于在婚姻财产制事项的管辖权、法律适用以及判决的承认与执行方面加强合作的第 2016/1103 号条例》等。

从学科知识角度看，将跨国民商事诉讼法律制度与国际私法结合在一起是恰当的，这样有助于系统、完整地规范某一涉外民商事法律关系的所有特殊法律制度。但从立法角度看，这一合理性还不够明显，而且容易导致涉外民商事诉讼立法的碎片化。事实上，即便置于国内民事诉讼立法中，国内民事诉讼法学基本上不怎么涉猎涉外诉讼程序的讨论，倾向于将涉外民事诉讼程序归入国际私法学范畴。可见，立法模式与学科划分并不完全等同。将涉及跨国民商事诉讼的立法放在哪部法律中并不影响其作为一个独立的法律领域，也不会影响其与相关法律部门之间的天然联系。

我国目前采取的是在民事诉讼法中设专篇规定和特殊类型涉外诉讼单独立法模式。1991 年《民事诉讼法（试行)》在规定了国内民事诉讼的总则、管辖权、送达、期间、审理程序以及执行后，单独设立“涉外民事诉讼的特殊规定”一编，规定我国人民法院处理涉外民商事诉讼的特殊法律问题。除此之外，我国还在《海事诉讼特别程序法》中针对涉外海事海商案件的管辖权、审理程序、诉讼保全等有特别规定。例如，其第 7 条规定的三种类型的专属管辖；第 8 条规定的中外当事人协议管辖等。

我国现行《外国国家豁免法》、正在起草制定中的《民事强制执行法》等也包含涉及外国政府作为涉外民商事诉讼主体的管辖与判决执行问题等。

(二) 国内司法解释或判例

立法是静态的。一部法律制定出来后，如何理解该法的规定，在具体案件中如何适用，需要通过司法的动态解释才能发挥裁判依据的作用。广义的司法解释既包括司法机关对立法条文的抽象释义，也包括法院在个案的具体审判中对需要澄清的法律问题所持的司法态度。狭义的司法解释则专指有权对立法作出司法解释的机关以专门形式作出的解释。至于法院对个案所涉法律问题的裁判则会被视为“判例”或“先例”。采取哪种形式取决于不同国家的司法制度。

1. 司法解释

在我国，全国人民代表大会及其常务委员会作为立法机关都可以对其立法作出解释。这被称为“立法解释”。不过，立法机关很少直接解释法律。司法机关有权解释立法，这包括最高人民法院和最高人民检察院。①当然，最

① 根据 1981 年 6 月全国人大常委会《关于加强法律解释工作的决议》规定，全国人大赋予司法机关司法解释权，最高人民法院和最高人民检察院分别就审判工作和检察工作中具体应用法律的问题进行解释。

高人民检察院只就其管理范围内的事务解释相关立法，例如刑事犯罪方面的事务；最高人民法院则可以对其审理的各种类型案件所涉立法开展司法解释活动，其司法解释的范围比较全面。例如，在民事诉讼程序方面，继2012年全国人大常委会审议通过《关于修改〈中华人民共和国民事诉讼法〉的决定》后，最高人民法院于2014年12月通过了《最高人民法院关于适用〈中华人民共和国民事诉讼法〉的解释》，分23章，共552个条文，对人民法院如何适用修订后的《民事诉讼法》作了全面、系统的规定。

2020年，我国《民法典》颁布后，考虑到《民法典》立法内容丰富、立法条文数量巨大，最高人民法院采取分编解释的方式，发布了一系列司法解释，如《关于适用〈中华人民共和国民法典〉婚姻家庭编的解释（一）》《关于适用〈中华人民共和国民法典〉继承编的解释（一）》《关于适用〈中华人民共和国民法典〉时间效力的若干规定》等。

2. 司法判例或先例

在英美法系国家，最高法院并不会在立法出台后专门针对整部法律做全面的解读，因而也不会有专门的司法解释这类法律渊源。英美法系国家对于立法含义需要澄清或者立法没有规定的法律问题，往往采取由最高法院在个案中“定夺”的方式。对于最高法院在个案裁判中解释的法律态度和立场，下级法院应当遵循。这就是“遵循先例”原则。由此形成的一系列“判例”，也被称为“判例法”。所谓“判例法”并不是立法，也不是最高法院对个案的裁判结果，而是最高法院对待个案中出现的法律问题所持的司法观点或立场。因此，并非每个诉至最高法院的案件都能形成为“判例”。这取决于诉至最高法院的个案中是否存在需要解释的法律问题。同时，最高法院在遇到需要解释或需要重新作出解释（即改变以往判例）的法律问题时，往往需要增加合议庭法官人数以求形成集体一致的意见。只有在能够形成绝对多数的情况下，该案中法官对某个法律问题的解释意见才能作为下级法院应当遵循的先例。①

在英国，过去曾同时存在过上议院和最高法院，两者都是可以作出判例

① 高鸿钧：《英美法原论（上）》，北京大学出版社2013年版，第161—162页。

的法院。随着英国司法改革，上议院不再承担审判职能，目前只剩下最高法院可以作出判例了。在美国联邦制度下，各州和联邦政府都设立有最高法院，即州最高法院和联邦最高法院，两者在各自管辖案件范围内都是可以作出判例的司法机关。当然，州最高法院的判例只能对州的下级法院具有拘束力，联邦最高法院的判例才能约束全国各州法院。

（三）我国的涉外民商事诉讼立法与司法解释

1. 立法

我国现行《民事诉讼法》是在1982年《民事诉讼法（试行）》的基础之上不断修改形成的。当时的立法就设立了专编规范涉外民事诉讼，专编下设5章、21个条文，与国内民事诉讼程序相对应。该编原则性地规定了外国诉讼当事人的国民待遇原则和对等原则，肯定了涉外仲裁的法律效力，就涉外送达规定了6种方式，规定了特殊的答辩期限和上诉期限。①

1991年，我国正式颁布《民事诉讼法》，其沿用了《民事诉讼法（试行）》的立法模式，继续采取专编规范涉外民事诉讼程序。此后，经过2007年、2012年、2017年、2021年4次修订，共4编27章291条。其中，“涉外民事诉讼程序的特别规定”编增加到24条。2022年12月，全国人大常委会开始审议新的《民事诉讼法修正草案》，其主要集中在涉外民商事诉讼的法律制度方面。其中涉外民事诉讼程序部分新增条文达12条，原有规定也有大幅度修订，这使得我国的涉外民商事诉讼法律制度逐渐形成为一个相对独立的体系。2023年9月，全国人大常委会第5次会议通过了《关于修改〈中华人民共和国民事诉讼法〉的决定》，自2024年1月1日起实施。

我国涉外民事诉讼立法的法律渊源并不仅限于《民事诉讼法》，还有1999年《海事诉讼特别程序法》。针对海事海商案件专业性强的特点，我国专门成立了11家海事法院。所有海事法院均为中级法院，负责审理各自管辖范围内的海事海商案件。由于海事海商案件往往含有涉外因素，故海事诉讼特别程序法中有大量涉外海事诉讼的法律规定。例如，对于港口码头作业

① 李双元、谢石松、欧福永：《国际民事诉讼法概论》，武汉大学出版社2016年版，第33页。

纠纷、船舶排污纠纷、海洋勘探开发合同纠纷等规定了海事法院专属管辖制度（第7条）；在协议管辖方面，规定即使双方当事人都是外国人，协议约定我国海事法院管辖的，无需纠纷与我国存在实际联系（第8条）；在保全措施方面，规定了特殊的海事请求保全制度，涉及行为保全措施（第51条）；在涉外送达方面规定了"能够确认收悉的其他适当方式"送达制度等（第80条）。这些海事诉讼的特别规定对于民事诉讼法修订起到积极的促进作用。

我国海事诉讼特别程序法作为民事诉讼法的特别法，在法院审理涉外海事海商案件时优先于作为一般程序法的民事诉讼法适用。该法第2条规定："在中华人民共和国领域内进行海事诉讼，适用《中华人民共和国民事诉讼法》和本法。本法有规定的，依照其规定。"

1994年，我国还制定了《仲裁法》，其不仅仅是对仲裁基本法律制度和仲裁程序的立法，还包含了人民法院审查当事人申请确认仲裁协议无效、涉外仲裁裁决的撤销条件、涉外仲裁裁决的执行等内容。

2. 司法解释

由于法律具有相对稳定性，因而也就难免滞后。涉外司法实践中出现的新问题、新现象，可能在法律中处于空白状态；或者需要作出微调。因此，在涉外民商事诉讼中，最高人民法院发布的司法解释发挥着十分重要的作用。在涉及民事诉讼的众多司法解释中，存在两种类型：一是就特定问题适时出台专门的司法解释；二是在民事诉讼法全面修订时，对相关立法做全面的司法解释。

(1) 针对特定问题的专门司法解释。为了保证涉外经济纠纷的审判质量，2002年，最高人民法院《关于涉外民商事案件诉讼管辖若干问题的规定》第1、3条规定，将涉外经济案件的一审管辖适当集中于涉外案件较多的国家经济技术开发区法院和中级法院。依据该司法解释，涉外合同和侵权纠纷、信用证纠纷、申请撤销、承认与强制执行国际仲裁裁决的案件、审查有关涉外民商事仲裁条款效力的案件、申请承认和强制执行外国法院民商事判决、裁定的案件等一审由下列法院管辖：国务院批准设立的经济技术开发区人民法院；省会、自治区首府、直辖市所在地的中级人民法院；经济特区、计划单列市中级人民法院；最高人民法院指定的其他中级人民法院；高级人民法院。这也被称为涉外民商事案件的集中管辖制度。2022年，最高人民法院对原司法解释调整了相关集中管辖的具体内容，通过了新的《关于涉外民商事案件诉讼管辖若干问题的规定》。依据新的司法解释，恢复了基层人民法院受理标的额较小的涉外民商事案件一审管辖权；至于标的额大、案情复杂、涉外当事人多或者在当地有重大影响的涉外案件，仍然由各地中级人民法院管辖。

2006年，针对我国法院受理案件后，如何向境外当事人送达司法文书一事，最高人民法院制定了《关于涉外民商事案件司法文书送达问题的若干规定》。

为了促进我国内地与港、澳地区之间的司法合作，最高人民法院在与香港和澳门两个特别行政区的司法机关协商达成协议后，以司法解释的形式发布过系列“安排”。例如，1998年《关于内地与香港特别行政区法院相互委托送达民商事司法文书的安排》、2001年《关于内地与澳门特别行政区法院就民商事案件相互委托送达司法文书和调取证据的安排》、2006年《关于内地与澳门特别行政区相互认可与执行民商事判决的安排》、2006年《关于内地与香港特别行政区相互认可和执行当事人协议管辖的民商事案件的判决的安排》《关于内地与澳门特别行政区相互认可和执行仲裁裁决的安排》等。

(2) 就修订后的民事诉讼立法作全面司法解释。早在1992年，最高人民法院就通过了《关于适用〈中华人民共和国民事诉讼法〉若干问题的意见》，对1991年颁布施行的《民事诉讼法》作出全面司法解释。由于《民事诉讼法》分别于2007年、2012年、2017年、2021年多次修订，最高人民法院司法解释也不得不跟进，变动多次。例如，2014年，最高法院通过了《关于适用〈中华人民共和国民事诉讼法〉的解释》，对2012年修订后的《民事诉讼法》进行了全面的解释，条文多达552条；2022年，《最高人民法院关于修改最高人民法院关于适用〈中华人民共和国民事诉讼法〉的解释的决定》，对上述司法解释作出修改。

除了对民事诉讼法的司法解释外，最高人民法院还对海事诉讼特别程序法作出全面的司法解释。[①]

3. 对我国涉外民事诉讼法律渊源的说明

近年来，为提高案件裁判质量和统一裁判尺度，最高人民法院每年会在《最高人民法院公报》上发布典型案例的裁判文书，供全国法院在审理同类案件时参考。有人认为，这也是我国的法律渊源，是中国式的判例制度。这种看法是不恰当的。

首先，所谓中国式判例制度的看法是对判例制度的误解。关于外国判例制度在前文中已有介绍。我国最高人民法院公布的案例裁判文书并不都是最高人民法院作出的判决，还包括了各地中级或高级人民法院的判决书。从理论上看，下级人民法院的判决不可能对上级人民法院产生约束力。

其次，公布的典型案例中的裁判意见并不一定是对法律进行司法解释，也可以是最高人民法院认为案件类型比较特殊、说理比较充分，推荐给下级法院参考的。如果要使相关裁判意见具有法律约束力，需要通过一定的立法或司法解释作出明确规定和说明。然而，全国人大立法机关和最高人民法院并没有发布过相应规定。

因此，将最高法院公布的典型案例的裁判意见视为法律渊源的看法是不恰当的。当然，这种裁判意见对于法院审理类似案件有一定的借鉴和指导意义。

二、国际法律渊源

随着国际民商事交往的日益增多，一国审理涉外民商事案件可能需要他国协助，同时各国也需要相互协调管辖权冲突。如果完全依国内法，不考虑他国感受和认可与否，本国的民商事判决也无法得到他国的承认。因此，国际条约和习惯国际法也是跨国民商事诉讼的重要法律渊源。随着各国日益重视国际合作，国际条约作为法律渊源的作用越来越重要。

(一) 国际条约

这里讲的国际条约是指内容涉及国际民商事诉讼法律制度的国际条约。

---

① 见2003年最高人民法院《关于适用〈中华人民共和国海事诉讼特别程序法〉若干问题的解释》(法释〔2003〕3号)。

既有包含实体法和程序法内容的混合型条约，也有单纯就某项诉讼程序制度作出规定的国际民事诉讼条约。从法律渊源角度看，国际条约在各国国内的效力与适用位阶并不完全一样，这取决于各国宪法性法律制度的规范。

1. 国际条约在国内的效力与适用

国际条约在一国国内的效力是该条约能否被国内法院适用的前提。然而，即使国际条约有效，也不一定能够被直接适用。

国际条约在国内的效力取决于该国宪法的规定。有的国家原则上规定条约效力，有的则根据不同性质的条约有明确划分。总体上看，有以下几种类型：

(1) 国际条约高于国内法。这里又分为两种情形：国际条约高于国内一切法律。只有荷兰一个国家采取这种立场；在多数国家，国际条约的效力低于国内宪法、高于其他国内法。

(2) 国际条约与国内法效力平行。法国采取这种立场，依照国内法生效时间与国际条约加入的时间，采取“新法优于旧法”的原则。不过，持该立场的国家极少，因为这会导致国家违反条约项下的国际义务，或再次修改国内法的适用条件。

从国际条约在国内法院的适用情况看，也分为以下几种情形：

(1) 直接适用。依照国际条约高于国内立法的原则，直接适用国际条约。不过，这是有条件的，即条约内容可以直接被适用。如果国际条约的内容是要求成员国修改国内立法，从而与国际条约内容保持一致，法院则不能直接适用。

(2) 转化适用。即法院并不直接引用国际条约的名称，而是根据议会批准该条约的法案。英国即如此。这源于英国宪政制度的传统——议会通过的法才是法院应当适用的法。不过，这只是一种形式：看起来，法院的裁判文书并没有直接引用国际条约的名称，实际上却是直接适用了该国际条约。

(3) 根据条约内容判断。美国采取这种立场，划分“自执行条约”和“非自执行条约”。美国法院会根据条约是否直接赋予成员国法院义务或者是否直接赋予当事人权利义务来判断。如果不明确，则认为是“非自执行条约”，需要等待国会转化为国内法后才会适用。不过，这时候，美国法院适用的就不再是国际条约，而是美国国会通过的法律。

(4) 不存在间接适用的情形。所谓间接适用一般是指法院依照国内冲突规范的指引，应当适用某外国法，结果该外国加入了某项国际条约，而且在外国法律制度中国际条约的效力高于国内法，从而导致法院优先适用该外国参加的国际条约。需要说明的是，这种情形在国际民商事诉讼程序中是不存在的。对于法院需要处理的法律问题，一般划分为实体问题和程序问题。各国普遍认为，程序问题不考虑适用外国法，因此不会涉及外国国内法的问题。只有实体问题才会依照冲突规范的指引适用外国法。

2. 国际民商事诉讼条约的分类

调整跨国民商事诉讼的国际条约依照不同性质分类，可以划分为以下几类：

(1) 双边条约与多边条约。条约是两个及两个以上国家之间为某项特定事务达成的协议。在跨国民商事交往过程中，单边主义并不能完全解决问题，需要国家间的合作。国家间达成的条约对于成员国有法律约束力：一方面，成员国需要通过直接适用或转化为国内法间接适用以履行成员国义务；另一方面，国际条约的达成也有助于各国处理涉外民商事的法律制度的趋同化。①

在调整跨国民商事诉讼的国际条约中，最早出现的是双边条约。这也是最容易达成的国际条约。如果两个国家之间民商事交往比较密切、涉外民商事纠纷较多，那么两国之间都会有需要对方国家协助或执行的法律事务，例如：避免相互争抢司法管辖权、相互在送达和取证方面给予配合，相互认可和执行对方法院判决等。如果民商事交往密切的两个国家之间不协作，则会阻碍两国间的民商事交往，甚至引发两国间其他争端或矛盾，还可能引发武装冲突。双边司法合作条约有助于减少和降低这种矛盾，并促进两国民商事交往发展。

在18世纪，欧洲的法国与瑞士、英国与法国、法国与德国、法德与意

① 李双元、李新天：《当代国际社会法律趋同化的哲学考察》，《武汉大学学报（哲学社会科学版）》1998年第6期。

大利之间已经出现了双边条约。例如，1715 年，法国与瑞士就签订了双边民事司法条约。1760 年，法国与萨丁王国签订的《法兰克—萨丁条约》（*Franco-Sardinian Agreement*）在 19 世纪意大利统一后适用于整个意大利地区。欧洲这些国家间的民商事双边条约成为后来欧洲多边民商事条约的基础。

19 世纪后，伴随交通与通讯技术进步，西欧国家间民商事交往日益便利。协调和统一各国涉外民商事诉讼法律制度的必要性日益凸显。一些国际法学家在报刊上呼吁统一各国国际私法问题。有趣的是，率先响应统一国际私法问题的却是拉丁美洲国家。1878 年，秘鲁、阿根廷、玻利维亚、哥斯达黎加、智利、厄瓜多尔及委内瑞拉七国，在利马签订了《建立国际私法统一规则的条约》,①其包括涉外民商事诉讼的条文。但由于过分地吸纳了属地主义原则，无助于判决的跨国承认与执行，结果只有秘鲁一国批准。1927 年的《关于美洲国际私法的条约》（即《布斯塔曼特法典》）是首部涉及国际民事诉讼的地区性多边条约。虽然实际成员国仍然不多，但却对海牙国际私法会议起到了积极影响。

在美洲国家出台协调各国民事司法管辖权的多边条约鼓舞下，欧洲国家于 1893 年召开了第一届海牙国际私法会议。当时主要是欧洲大陆国家参与，以统一国际私法内容为主，也涉及法院管辖权等诉讼程序问题，如外国判决的承认和执行、司法救助、破产等。其中，达成协议的有 1896 年《民事程序公约》、1902 年《离婚及分居的法律抵触与管辖抵触公约》、1905 年《民事程序公约》（代替 1896 年公约）等。

第二次世界大战后，英、美、苏联等国加入该会议。海牙国际私法会议成为跨地区的国际性政府间组织。由于跨国和跨洲贸易、投资活动的空前活跃，海牙国际私法会议制定相关国际公约的热情高涨。除了传统上的冲突法条约外，海牙国际私法会议通过了众多与跨国民商事诉讼有关的国际公约，例如：1954 年《民事程序公约》（代替 1905 年的《民事程序公约》）、1958 年《国际有体动产买卖协议管辖权公约》（尚未生效）、1958 年《儿童扶养义

---

① 熊大胜：《美洲国际私法统一化的历史与发展与欧洲的有关法律对它的影响》，《武汉大学学报（社会科学版）》1993 年第 3 期。

务决定的承认与执行公约》、1961 年《保护未成年人管辖权和法律适用公约》(代替 1902 年《未成年人监护公约》)、1961 年《取消要求外国公文书的认证公约》、1965 年《选择法院协议公约》(尚未生效)、1965 年《收养管辖权、法律适用和决定承认公约》、1965 年《民商事件司法和司法外文件的国外通知和送达公约》(代替 1905 年及 1954 年《民事程序公约》第 1—7 条)、1970 年《民商事案件国外调查证据公约》(代替 1905 年及 1954 年《民事程序公约》第 8—16 条)、1971 年《民商事件外国判决的承认和执行公约》、1973 年《扶养义务决定的承认和执行公约》等。

(2) 综合性条约与单项事务条约。所谓综合性条约是指就跨国民商事诉讼的法律制度如管辖权、法律适用、判决承认与执行等多项跨国民商事诉讼法律制度的条约，如海牙国际私法会议制定的 1954 年《民事程序公约》等。所谓单项事务条约是指单纯为了解决某一主题项下的跨国民事诉讼问题而协调各国相关诉讼制度，如 1961 年《取消要求外国公文书的认证公约》、1965 年《收养管辖权、法律适用和决定承认公约》、1970 年《民商事案件国外调查证据公约》、1973 年《扶养义务决定的承认和执行公约》等。

目前，海牙国际私法会议组织的成员国有 80 多个，制定的相关国际公约影响力越来越大。我国于 1987 年正式加入该组织，已经签署加入的多边条约有《关于向国外送达民事或商事司法文书和司法外文书公约》《关于从国外调取民事或商事证据的公约》《跨国收养方面保护儿童及合作公约》。

2005 年，海牙国际私法协会通过《选择法院协议公约》。我国也签署了该公约文本，尚处于全国人大审查批准阶段。另外，我国还全程参与了该组织正在制定中的《外国民商事判决承认与执行公约》。

(二) 一般法律原则

虽然说，程序性问题依法院地法是一项普遍原则，但在长期司法实践中，国内诉讼法中的个别制度逐渐发展成为各国普遍认可、愿意遵守的诉讼规则或者原则。虽然没有国际条约的明文规范，但各国法院在处理跨国民商事诉讼案件时也会考虑适用。

我国法学理论中并没有明确将“一般法律原则”视为法律渊源，但在我国立法、司法实践中均有体现。

1. 正当程序

不论是刑事诉讼，还是民事诉讼，都应当遵守正当程序原则。在民事诉讼中，正当程序是一项基本原则，贯穿民事诉讼的全过程。在跨国民商事诉讼中，该原则表现为：国内外当事人的诉讼法律地位平等、法院有受理该案件的涉外管辖权、被告应当得到合理的通知（送达）、被告应有合理的答辩期限和充分陈述自己意见的机会等。一国法院的涉外民商事判决能否得到另一国法院的认可和协助执行，取决于该判决是否满足“正当程序”的要求。同理，在需要另一国法院配合送达和取证等方面也是一样。

我国民事诉讼立法虽然没有“正当程序”的立法措辞，但立法内容体现了该原则。例如，2023 年修订后的《民事诉讼法》第 5 条规定：“外国人、无国籍人、外国企业和组织在人民法院起诉、应诉，同中华人民共和国公民、法人和其他组织有同等的诉讼权利义务”；第 8 条规定：“民事诉讼当事人有平等的诉讼权利。人民法院审理民事案件，应当保障和便利当事人行使诉讼权利，对当事人在适用法律上一律平等。”

2. 互惠原则

互惠原则表现为相关国家基于平等和对等的法律地位，相互给予诉讼事项上的方便。具体体现在如下方面：相互给予送达和取证方面的协助或提供方便、相互承认和执行不违反正当程序原则的民商事判决和裁定；等等。

英美国家在此问题上多采用“国际礼让”的表述。这是受国际私法学家胡伯的影响，是胡伯“法律适用三原则”在国际民事诉讼程序中的体现。①司法实践中，“国际礼让”多表现为一国法院单方面地、主动认可他国法院管辖权，拒绝受理另一方当事人就相同争议提交本国法院的诉讼；或者主动认可和执行他国法院的判决和裁定。不过，这并非是无条件的，实际上仍然建立在对等的基础之上。一旦对方国家没有在其他案件中给予法院地国礼让，法院地国也就不再考虑单方面礼让了。因此，从功能上看，“国际礼让”说是互惠原则的一个方面。

① 17 世纪，荷兰国际私法学家胡伯（Ulicus Huber，1636—1694）提出，法律原则上只具有域内效力，但在一定条件下（即不损害内国的主权权力和其臣民的利益），根据“礼让”，一国也是可以承认外国法的域外效力的。

我国民事诉讼立法中明文规定了“互惠原则”。2023 年修订的《民事诉讼法》第 293 条规定：“根据中华人民共和国缔结或者参加的国际条约，或者按照互惠原则，人民法院和外国法院可以相互请求，代为送达文书、调查取证以及进行其他诉讼行为。”

同时，为了促进更加便利法院民商事判决的相互承认与执行，最高人民法院已经从“事实互惠”转向“法律互惠”（或称“推定互惠”），即不要求先有外国法院认可和执行我国法院判决的先例，而是在没有相反证据的情形下，假定外国法院会认可和执行我国法院的判决。例如，2017 年 6 月 8 日，中国在第二届中国—东盟大法官论坛上与东盟各国发表了《南宁声明》，其第 7 条规定：“……尚未缔结有关外国民商事判决承认和执行国际条约的国家，在承认与执行对方国家民商事判决的司法程序中，如对方国家的法院不存在以互惠为理由拒绝承认和执行本国民商事判决的先例，在本国国内法允许的范围内，即可推定与对方国家之间存在互惠关系。”2019 年《最高人民法院关于人民法院进一步为“一带一路”建设提供司法服务和保障的意见》第 26 条规定：“采取推定互惠的司法态度，以点带面不断推动国际商事法庭判决的相互承认与执行。”这表明，中国法院不再要求有外国法院先承认和执行中国法院判决的证据才认可互惠关系的存在。

3. 公共秩序保留

公共秩序保留是国际法的一项基本制度，也是国家主权平等的保障。在跨国民商事诉讼中，公共秩序保留体现为：即使一国参加了某项国际条约，但如果具体案件的管辖、送达、取证以及判决执行等与该国公共秩序相违背时，该国可以不履行成员国义务；也不再考虑互惠，不论该国际条约是否允许保留，也不论成员国在批准加入该国际条约时是否做出了保留。

这里需要说明的是，公共秩序的内涵在跨国民事诉讼的程序事项上与外国法的适用不同，其所指范围可能更广泛一些。例如，在外国法适用的问题上，我国《涉外民事关系法律适用法》中仅表述为“社会公共利益”。该法第 5 条规定：“外国法律的适用将损害中华人民共和国社会公共利益的，适用中华人民共和国法律。”然而，在涉外民事诉讼程序中，公共秩序还体现为国家主权、国家安全。2023 年修订后的《民事诉讼法》第 293 条第 2 款规定："外国法院请求协助的事项有损于中华人民共和国的主权、安全或者社会公共利益的，人民法院不予执行。"

当然，可以适用于跨国民商事诉讼的一般法律原则并不局限于上述几项。不同国家对于一般法律原则范围的理解也不太一样。

第三节　学习意义与方法

跨国民商事诉讼法律制度是一国法院审理涉外民商事纠纷的各种程序法律制度的集合。从法律渊源角度看，它既包括国内法，也包含了协调各国国内诉讼法律制度的国际法。与纯粹调整国内民商事诉讼的国内民事程序法相较，跨国民商事诉讼法律制度在基本原理、具体制度、具体条文规定上都有所不同。这种不同贯穿一国法院审理涉外民商事案件的全过程。因此，有些学术著作或文章将其称为"国际民事诉讼法"或"涉外民事诉讼法"，认为它是一个独立的法律部门和一个相对独立的法学学科。[①]

了解跨国民商事诉讼法律的基本特点和"用武之地"有利于同学们认识到该课程的重要性，根据自己的兴趣爱好和就业志向选修该课程。

一、学习意义

人类已进入地球村时代。不同国家的人民之间可以通过网络技术及时了解他国的各种信息。交通工具的不断发展更是让民众出国留学、经商和旅游变得更加安全、便捷，各国民众、法人之间的民商事交往关系越来越密切，以至于当今国际社会被视为是一个全球化的时代。

在经济全球化时代，国（边）境不再是阻碍各国人民交往的天堑，而只是一国维护本国主权的空间范围。各国之间长期居住在他国的人群数以亿计。20世纪下半叶以来，跨国民商事活动中所产生的纠纷与日俱增。尽管跨国商事纠纷可以由当事人协议方式提交仲裁解决，但常规的涉外民事纠纷和

---

① 王谢春：《论涉外民事诉讼法的调整对象》，《法学杂志》1997年第2期；李双双等：《国际诉讼法概论》，武汉大学出版社2016年版；李旺：《国际民事诉讼法》，清华大学出版社2011年版。

没有仲裁协议的经济纠纷仍然需要通过一国法院诉讼的途径。尽管也存在去全球化的逆流思维，不可否认的是，当今各国人民之间已形成为“人类命运共同体”。各国法院在处理涉外民商事诉讼案件时，不可能只顾及本国的司法管辖权，也不可能完全只依照国内诉讼程序法。在相互尊重主权的前提下，相互协调、共同构建国际民商事诉讼秩序有利于各国交往和发展。

(一) 我国对外民商事交往现状

我国是世界上海外侨民人数最多的国家。明朝后期，南方沿海一带人民就有“下南洋”谋生活的现象。目前生活在东南亚国家的海外华裔、华侨多达几千万人。20 世纪 80 年代以来，随着我国改革开放不断深入，移民国外、定居欧美国家的侨民也超过了 1 000 万，多数都还保留了中国国籍；同时，也有许多国家人民在来华留学、经商后长期居住在我国境内。当前，我国在积极开展“一带一路”建设，这不仅会带来“一带一路”沿线国家之间经贸往来的扩大和增强，也会促进我国与沿线国家之间人民的交流，形成更多、更广泛的涉外民事关系，其中也会产生诸多的涉外民事纠纷。这些含有涉外因素的民事纠纷在法院诉讼时，如果完全不考虑涉外因素的影响，可能会对当事人行使诉权产生不利影响。

(二) 我国法院处理涉外民商事纠纷的现状

在改革开放前，与当时对外交流少的情况相适应，我国人民法院很少处理涉外民事案件。改革开放后，法院每年受理的涉外民商事案件逐年递增。当前，每年各级人民法院受理的涉外民事经济案件多达数万件。最高人民法院一直非常重视涉外民商事纠纷的处理，多次出台司法解释以指导各级法院及时、正确处理涉外民商事诉讼。

早在改革开放后的 1984 年，为了服务于我国对外贸易，全国人大常委会颁发《关于在沿海港口城市设立海事法院的决定》，首次通过立法设立专业法院审理涉外海事海商案件；同年，最高法院批准设立了上海、天津、广州、青岛、大连和武汉等 6 家海事法院，后来扩展到 11 家。[①]这些海事法院并不完全按照行政区域设置，而是按照管辖海域辐射范围来确定；1999 年，

① 后期增加了宁波、厦门、海口、北海、南京。

我国颁布《海事诉讼特别程序法》，针对海事诉讼中涉外管辖、送达、取证、保全和执行等问题作出了特别规定。这些规定对后期修订完善《民事诉讼法》中的涉外编起到了“先行先试”的重要作用。

为了保证涉外商事案件的裁判质量，最高人民法院于2002年通过司法解释的方式，将涉外经济纠纷案件集中到各省开发区基层法院、计划单列市和省会城市的中级法院。2022年，由于各地涉外民商事案件数量普遍增长，最高人民法院通过新的司法解释基本撤销了集中管辖。2018年，最高人民法院还成立了国际商事法庭，专门审理标的额特别巨大的跨国商事案件。面向国际社会，如果当事人协议选择中国国际商事法庭，即使双方当事人都没有我国国籍且案涉纠纷与我国没有实际联系，我国国际商事法庭也有管辖权。这表明，我国开始以法治大国的姿态积极融入国际纠纷解决机制之中。

（三）在解决跨国民商事纠纷方面存在的问题

1. 我国民事诉讼立法的视角集中在国内纠纷的管辖与审理上，对于涉外民商事纠纷如何管辖和审理的程序法律制度立法甚少

我国立法长期以来存在“重实体、轻程序”“重经济、轻民事”“重国内、轻涉外”的不平衡现象。所谓“重实体、轻程序”表现为法学界对于民事程序法的研究和投入不够，不像对《民法典》那样重视。这导致程序法理论研究跟不上我国民商事司法实践的需要。这10年来，《民事诉讼法》多次修改，仍不足以应对实践中出现的问题。所谓“重经济、轻民事”表现为民事诉讼立法和司法解释多针对标的额大的经济纠纷，如：主要按照标的额大小划分审级，涉外民事纠纷被挤压在基层人民法院。其中的法律问题得不到重视和关注。所谓“重国内、轻涉外”表现为对于涉外诉讼程序立法主要立足于国内视野。虽然《民事诉讼法》有涉外编专门规定，但在理论和制度上没有打通国内和涉外的通道。涉外部分的立法缺乏一般诉讼理论的支持。

2. 下级法院仍然存在“不想管”“不敢管”“不知道能够管”的现象

所谓“不想管”是指主观上不愿意受理，存在“多一事不如少一事”的思想状态。没有意识到维护国家涉外管辖权、方便当事人诉讼的重要意义；所谓“不敢管”是有畏难情绪。涉外民商事纠纷在管辖权判断、涉外送达、取证、审理程序、外国法查明等诸多方面有不同于国内案件的法律问题需要

解决，而高校法学专业教育中这方面的课程很少，难以满足实际需要。法院在面对这样的案件时不确定自己能否胜任；所谓“不知道能够管”则表现为法院中具备涉外法律知识储备的人才太少。由于在涉外诉讼法律理论方面知识储备与更新不足，导致不确定能否由我国法院管辖。

3. 高校法学教育在学科建设、课程设置方面没有给予涉外法律课程以应有的重视

民事诉讼法与国际私法课程安排的课时不足以支持教师详细讲解涉外诉讼程序的理论知识。同时，在法律从业人员考试的内容设置上，国际法（包括国际公法、国际私法、国际经济法）的整体考核内容占比太低，完全不适应涉外法律人才培养的需要。导致学生认为学习涉外法律知识没有实际意义。

(四) 重视跨国民事诉讼、学习国际民事诉讼法的意义

第一，从学习者的角度看，既然跨国民商事纠纷越来越多，不掌握涉外民商事诉讼程序法律知识就无法参与其中。反过来说，只有具备了这方面的专业知识，作为法律服务人员（律师、企业法务）才能为当事人提供专业服务；法院才能依法作出公正的裁判。当前，我国急需高质量的涉外法治人才，跨国民商事诉讼法律知识是涉外法律课程的基本内容，也是培养“实践型、复合型”法律人才的客观需要。

第二，我国已经成为世界上第二大经济体。在建设法治中国的过程中，需要统筹国内法治与涉外法治建设，积极参与国际治理。作为大国，积极行使涉外民商事管辖权，是作为一个负责任大国的担当。完善的涉外民商事诉讼程序法律制度，有利于吸引外国当事人将其民商事纠纷提交我国法院审理；同时，也有利于我国法律制度向世界传播。

二、跨国民商事诉讼与相关部门法的关系

关于跨国民商事诉讼法律是否为一个独立的部门法，以及国际民事诉讼法是否为一门独立的法学学科的问题，其实就是与相关部门法和相关法学学科的关系问题。

(一) 与国内民事诉讼法的关系

跨国民商事诉讼程序法律制度是一国法院处理涉外民商事案件的法律规

范的总称。因此，其主要的法律渊源仍然是一国的国内法；然而，在当今社会，跨国民商事诉讼中的国际法律渊源所占比例会越来越重。

从部门法角度看，国内民事诉讼法与国际（或称涉外）民事诉讼法的调整对象、基本原则、具体程序制度和规则方面既有共同之处，也有差异，二者共同构成为“民事诉讼法”这个法律部门。

1. 共同之处

二者调整的都是民商事诉讼法律关系；都要求当事人在诉讼法律地位上平等；诉讼程序都应当遵守正当程序原则；二者的主要审理程序相同（如审判庭的组成人数、庭审程序、证据采信规则、上诉制度等）。由此，在不涉及国家司法管辖权分配和司法协助等方面，跨国民商事诉讼程序与国内民事诉讼有共同的诉讼法理基础和法律制度。

2. 不同之处

跨国民商事诉讼法律制度所调整的民商事诉讼法律关系含有涉外因素，因而在理论基础、制度和规则的设计上立足于国家主权的维护和国家间关系的协调，以及促进国家间民商事交往活动的发展。从理论基础看，国内民事诉讼法主要考虑的是各级法院司法资源的有效配置与方便当事人行使诉讼权利间的平衡；跨国民商事诉讼则要考虑维护国家司法管辖权，方便当事人能够在本国法院诉讼。从法律制度看，跨国民商事诉讼中的一些法律制度具有不同于国内民事诉讼的内涵，例如：“一事不再理”原则在跨国民商事诉讼中并不是绝对的；专属管辖的指向是排除他国法院管辖，而不是一般地域管辖。从具体规则设计看，域外送达与取证不同于国内，要考虑尊重他国司法管辖权与证据来源的合法性，诉讼代理人不能是外国的律师。

目前世界上单独制定“涉外民事诉讼法”的国家很少，多数国家采取在对国内民事诉讼作出一般性规定之后，再就涉外民事诉讼的法律制度和规则制定例外条文的方式。不过，也有例外，瑞士《国际私法典》将涉外民商事案件的管辖权与法律适用集合立法。

从学科角度看，虽然多数民事诉讼法学的教材和著作都会根据本国民事诉讼立法的体例对跨国民商事诉讼法律制度进行介绍，但国内民事诉讼法学理论的视角却大多不考虑国内与国际的差异性，立足于国内讲述诉讼程序的理论知识。除了个别教材会介绍涉外民事诉讼的基本知识外，民事诉讼法学界甚少对跨国民事诉讼的法律问题深入研究。我国有关涉外民商事诉讼法律的研究也多出现在国际私法学的文献中。

（二）与国际私法的关系

传统上，国际私法也被称为冲突法，主要解决实体法律适用问题而不包括跨国民商事诉讼程序法律。目前，这种情况已经有所改变。

冲突法是法院在办理涉外民商事案件时需要适用的法律，因为在处理涉外民商事法律关系时，面临不同国家之间的民商事法律冲突，需要在适用内国法还是外国法之间做出选择。随着时代发展，国际私法学的内容逐渐向涉外诉讼程序方面拓展。以法院处理涉外案件为中心，从法律选择适用扩展到涉外管辖权行使、送达、取证、外国法查明、外国民商事判决的承认与执行等全过程。从这个意义上说，跨国民商事诉讼是广义国际私法的一部分。

跨国民商事诉讼法学是从国际私法学中分离出来的。由于当今各国之间的民商事交往活动越来越频繁，各国国内法院处理的涉外民商事案件剧增，需要研究和解决的特殊法律问题也越来越多。早期，各国国际私法学主要关注的是涉外管辖权标准和不同国家间涉外管辖权的冲突与协调，后来逐渐发展到诉讼环节中出现的法律冲突与协调。因此，国际私法中的一些基本理论和法律制度也会影响到跨国民商事诉讼程序。例如，公共秩序保留制度在域外送达、取证和外国判决的承认与执行方面均有体现；外国法查明既是国际私法中的一项制度，也是涉外诉讼程序的一个组成部分。

虽然现在诸多中外教材都将跨国民商事诉讼程序法和冲突法合并在一起，但二者也有明显区别，即诉讼程序法和冲突法的调整对象并不相同。冲突法通过协调不同法域民商事实体法的冲突而间接调整实体民商事法律关系，其本身虽然不是实体法，却是调整实体法冲突的法律规则和法律制度。涉外民事诉讼程序法调整涉外民事诉讼法律关系，规范含有涉外因素的民事诉讼程序，其本身并不具有协调不同国家诉讼程序法律冲突的任务。

如果从审理涉外民商事案件的流程看，法律选择适用只是插入在涉外民商事案件审理中的环节之一：法院在办理涉外民商事案件时，需要先解决是否有管辖权的问题，然后在决定受理案件后，需要通知和送达双方当事人；

在查明案件事实时，可能需要考虑境外证据的调取和采信问题；在查明事实的基础之上，通过对案件性质的识别决定适用什么冲突规范，从而找到应当适用的实体法，并根据该实体法对案件作出裁判。可见，跨国民商事诉讼程序法律制度和国际私法之间存在紧密联系。

（三）与国际公法的关系

国际公法主要是调整不同主权国家间关系的法律原则、制度和法律规范的总称。跨国民商事法律制度是一国法院在处理涉外民商事案件过程中应当遵循的法律制度和法律规定。从调整对象看，二者有明显的不同，但一国法院在行使涉外案件审判权时会面临与另一国司法管辖权的冲突，需要遵循国际公法的基本原则和遵守成员国的条约义务。因此，国际公法的基本理论、基本原则和制度对跨国民商事诉讼有基础性的指导作用。

首先，国家主权原则是国际法的基本原则，一国在行使涉外案件管辖权时要避免侵犯他国主权。据此，一国在确立自己的涉外管辖权时应考虑案件与本国的适当联系，不能搞“长臂管辖”。基于平等原则，一国可以对他国审理涉外民商事案件的司法审判活动基于“国际礼让”的考虑而予以协助；反过来，如果外国法院不尊重本国司法主权，本国也可能采取对等报复的措施。因此，涉外诉讼中的互惠原则是建立在主权和平等原则基础之上的。

其次，由于案件的涉外性质使得审理程序可能需要外国的承认和协助，而各国诉讼法律制度差异较大，需要通过多边或双边条约的形式才能协调各国诉讼法律制度的冲突。对这些条约的参与、解释和适用也依赖于国际条约法律制度。

再次，国际公法的一些制度也对跨国民商事诉讼有直接影响。例如，当国家或代表国家的实体参与跨国商事活动时，会有能否享受国家豁免的问题。国际公法中的国家豁免制度对一国法院处理的以外国政府或政治实体为被告的涉外民商事案件产生直接影响。除此之外，公共秩序保留制度也是一样。

综上可知，国际公法是处理跨国民商事诉讼法律制度的基础。

三、学习方法

跨国民商事诉讼法律制度是一门实践操作性很强的知识领域。在学习时不能仅从概念出发，局限于记忆式学习。应当将自己沉浸到处理涉外民商事纠纷的诉讼程序中，同时还需要综合运用国内民事诉讼法、国际公法、国际私法等部门法的理论知识。

(一) 比较学习法

在学习本课程时，要注意比较涉外民商事诉讼与国内民事诉讼的联系与不同。在一个涉外民商事诉讼案件的处理过程中，从涉外因素对诉讼关系和诉讼程序的影响出发，注意其可能带来的不同法律问题，从而理解为什么要针对该问题设置不同的法律规定，其背后的法理基础是什么。

在比较发现不同时，要学会思考和分析原因。例如，法院在受理一个涉外案件后，向居住在外国的当事人送达传票和起诉书与向国内送达一样吗？诉讼当事人一方在外国居住为什么会影响到送达方式的不同？带着这些问题去理解背后的原因，就会发现国家主权原则对司法审判的影响，同时也增强了对诉讼法律关系“涉外因素”与实体法律关系涉外因素异同的理解。

(二) 案例学习法

仔细阅读、分析案例是学习跨国民事诉讼的重要方法。案例可以增强学习的感性认识，理解所学知识点的实际发生场景、当事人争议的原因和法院处理该争议问题的思路与观点。除此之外，阅读案例还可以激发深入学习的兴趣，加深对相关知识点的掌握和运用。

在阅读案例时，还可以通过继续查找相关案例，结合上述比较学习的方法了解不同国家、不同法院在处理类似问题时的法律制度，扩展知识的宽度。例如，在阅读一个教材上的案例时，自己通过网络资源查找其他案例，看看我国法院在处理同类问题时，司法裁判是否一致。比较不同历史时期的立法与司法解释内容以及法院对同类型案件的不同处理，可以发现我国对某一涉外诉讼法律制度的立场转变，从而纵向思考和理解我国涉外诉讼法律制度的演变，还可以通过网络查找国外是否有同类案例。通过阅读该案例，发现外国立法和司法裁判与我国的异同。在案例学习方法的基础之上，再加上比较学习的方法，从而把知识学活、学透。

（三）拓展学习法

任何一本教材只是把学生领入该知识领域的一扇门，都不可能把相关领域的知识介绍得无比全面和深入。学生需要在推开这扇门之后，根据上课老师的推荐或学习要求，结合自己学习过程中培养起来的学习兴趣向外拓展。为此，本教材在每章之后都设计了启发学生思考的问题，同时也推荐了部分阅读文献，供学生扩展自己的知识范围和加深对相关章节知识的理解深度。

这种拓展学习方法看起来似乎对课程考试无直接裨益，但对于真正掌握该知识却是很重要的。希望同学们在学习本课程时能够认真对待各章节后面的思考题和拓展阅读文献。

【思考题】

1. 什么是涉外诉讼法律关系？“涉外因素”在诉讼法律关系中的表现有何特殊性？

2. 诉讼法律关系中的“涉外因素”会对民商事诉讼程序产生哪些影响？

【拓展阅读】

1. 何其生：《比较法视野下的国际民商事诉讼》，高等教育出版社 2015 年版，第 1 章“国际民事诉讼：一元论与二元论之争”。该章从理论角度分析了国际民事诉讼作为一个独立学科的可能性、国际的含义、国际民事诉讼特殊的法律渊源等问题。

2. [日] 本间靖规、中野俊一郎、酒井一：《国际民事诉讼法》，柴裕红译，商务印书馆 2021 年版，第 1 章“绪论”从日本学者角度阐述了国际民事诉讼法与国际私法、国内民事诉讼法的关系，以及国际民事诉讼法的法律渊源等内容。

3. 邓益洲：《跨境民商事诉讼事务要点解析》，中国法制出版社 2018 年版，第 1 章“跨境民商事诉讼实务概述”。该章从司法实务角度介绍了涉外（跨境）民商事案件的特点，涉外因素的判断以及我国法院审理涉外民商事案件的法律渊源。

第二章 跨国民商事诉讼中的当事人与参与人

国际民商事诉讼的当事人可分为法院地国家当事人和非法院地国家当事人。本章主要讨论非法院地国家当事人，即外国人的民商事诉讼地位，以及诉讼代理人和诉讼辅佐人的资格与法定权限等内容，具体包括：外国人的民商事诉讼地位具有哪些普遍原则？不同类型的外国人分别具有哪些诉讼权利能力和诉讼行为能力？与本国人相比存在哪些区别？

第一节 外国人民商事诉讼地位的国民待遇原则

案例：

荷兰某光刻机制造甲企业与上海某芯片制造乙企业签订合同，约定荷兰甲企业根据上海乙企业的需求，制造某型光刻机并按时交付给乙企业。后因甲企业提供的产品未达到合同约定的性能指标，乙企业拒付后续款项。甲企业向上海市一中院起诉，要求乙企业继续履行货款支付义务，并按合同约定的违约金计算方式支付相应的货款迟延给付违约金。甲企业拟委托荷兰某律师事务所乔治律师处理该争议。

问：

1. 在该涉外民事诉讼中，甲企业和乙企业的民事诉讼地位具有哪些不同之处？

2. 甲企业委托的荷兰律师能否代理此案？甲企业委托的荷兰律师能够从事何种活动？

外国人的跨国民商事诉讼地位是指外国人（包括外国自然人和法人）在某一国境内所享有的诉讼权利、承担的诉讼义务以及在多大程度上通过自己的行为行使诉讼权利、承担诉讼义务，即具有什么样的诉讼权利能力和诉讼行为能力。所谓外国人，是与本国人相对应的，包括无国籍人、国籍不明者，以及享有豁免权的外交代表在内的主体。

外国人在一国境内具有一定的民事诉讼地位是国际民事诉讼程序启动的前提条件。规范外国人的民事诉讼地位是国际民事诉讼法的重要内容。其中，有诸多问题值得思考，例如：外国人在内国诉讼中是否和内国人享有同样的民事诉讼地位？外国自然人、外国法人、外国国家等主体在跨国民商事诉讼中分别具有何种特殊性？在实践中，出于相互尊重和平等互惠的考虑，各国在上述问题中达成了一些原则性共识，其中最重要的就是国民待遇原则。

各国的民事诉讼立法和有关国际条约一般都原则性地要求对外国人的民事诉讼地位给予国民待遇，即一国赋予在本国境内的外国人享有与本国国民同等的诉讼权利。例如，俄罗斯《民事诉讼法典》第 398 条规定："外国人享有与俄罗斯联邦公民和组织同等的诉讼权利并承担同等的诉讼义务。"[①]国民待遇原则在跨国民商事诉讼领域涵盖了两项内容：一方面，外国人在法院地国享有与法院地国国民同等的诉讼权利，承担同等的诉讼义务，外国人的诉讼权利不因其非本国人的身份而受到限制；另一方面，外国人在法院地国享有的诉讼权利不得超越法院地国国民所享有的诉讼权利范围。[②]我国 2023 年《民事诉讼法》第 5 条第 1 款就明确规定了这一原则。

国民待遇原则的内容要求随着历史的演变而不断发展。奴隶制时期，外国人几乎不享有国民待遇地位，因为外国人在内国仅仅是奴隶身份，不能参与任何民事活动。封建制时期的外国人开始拥有一定的民事权利，但低于内国人。[③]近现代国民待遇原则起源于法国 18 世纪末期的资产阶级民主革命时期。法国 1789 年《人权宣言》宣布了人类在权利上的平等。之后，1804 年

---

① 程丽庄、张西安译：《俄罗斯民事诉讼法典》，厦门大学出版社 2017 年版，第 135 页。

② 何其生：《比较法视野下的国际民事诉讼》，高等教育出版社 2015 年版，第 25 页。

③ 祝晓玲：《国际私法学》，郑州大学出版社 2005 年版，第 86 页。

的《法国民法典》第 11 条和第 13 条将权利上的平等扩展到外国人在法国的民事权利，实行无条件的国民待遇原则。①

之后，为了防止滥用国民待遇原则，并确保本国国民在外国也能享有与外国国民同等的民事诉讼权利，防止本国公民在外国受到歧视，各国开始在给予外国人国民待遇的同时，附加了对等或互惠条件，即强调如外国法院对内国国民的民事诉讼权利加以限制，内国法院也会对该国国民的民事诉讼权利加以限制。这就是有条件的国民待遇原则，也称互惠的国民待遇原则，或者是对等原则在国民待遇领域中的适用。例如，俄罗斯《民事诉讼法典》第 398 条第 4 款规定："如果外国法院限制俄罗斯联邦公民和组织的诉讼权利，则俄罗斯联邦政府可以对该国公民和组织规定对等限制。"②我国 2023 年《民事诉讼法》第 5 条第 2 款规定了这一原则，即："外国法院对中华人民共和国公民、法人和其他组织的民事诉讼权利加以限制的，中华人民共和国人民法院对该国公民、企业和组织的民事诉讼权利，实行对等原则。"需要注意的是，此处"外国法院对我国民事主体的限制"，不仅包括外国法院司法实践中的司法限制，也包括该外国立法上的限制。

值得注意的是，国民待遇原则在实践适用中存在一些例外情况。首先，国民待遇所要求的平等是一般原则上的平等，并非指在具体民事权利方面外国人与内国人的完全一致；其次，为了维护国家安全与社会利益，国民待遇原则并不适用于政治权利，并被限制于军事、外交等领域之外适用；最后，在诉讼领域，一些国家对于特殊身份的主体会排除国民待遇的适用。例如，英国在战时状态下，不给予敌对国国民以诉讼上的国民待遇。1999 年英国《民事诉讼规则》规定，自愿在敌对国家居住的外国当事人不能启动诉讼程序以及特定请求。③

① 张之光、陈春燕：《国民待遇的产生、演变及实质透析》，《当代经济研究》2000 年第 7 期。

② 程丽庄、张西安译：《俄罗斯民事诉讼法典》，厦门大学出版社 2017 年版，第 135 页。

③ 沈达明、冀宗儒：《1999 年英国〈民事诉讼规则〉诠释》，对外经济贸易大学出版社 2015 年版，第 285 页。

第二节　当事人的国际民商事诉讼地位

案例：

甲企业依英国法设立。甲企业的股东承担无限责任，属于英国法上的无限责任公司。其主要营业地为菲律宾。乙企业是依菲律宾法律设立的有限责任公司。甲乙企业签订了货物买卖合同，合同签订地为中国广州市。后双方就合同履行问题产生争议，甲企业在广州市中院以乙企业为被告提起了解除合同的诉讼。

问：

甲企业在我国能否作为当事人对乙企业提起诉讼?

在跨国民商事诉讼中，较为常见的当事人主要包括自然人和法人。在某些特殊情况下，国家及国际组织也可能参与跨国民商事诉讼。在本国民商事诉讼中，当事人均为本国人，其权利能力和行为能力依照本国民事诉讼法的有关规定确定即可，但在跨国民商事诉讼中，当事人则可能出现外国人。本节将分别对跨国民商事诉讼中的外国自然人、外国法人、国家、国际组织具有怎样的诉讼能力，享有怎样的诉讼权利和义务，内国主体与外国主体是否具有同等的诉讼能力、是否享有相同的诉讼权利和义务进行介绍。

一、外国自然人的国际民商事诉讼地位

对外国人的诉讼地位进行讨论，重点是探讨其诉讼能力；诉讼能力又分为诉讼权利能力和诉讼行为能力。外国自然人在某一个法院起诉或应诉，是否具备诉讼权利能力和诉讼行为能力应该由哪个法院来决定，都是需要讨论的问题。

广义的诉讼权利能力是指一个人所具有的进行诉讼的权利和承担义务的能力，狭义的诉讼权利能力仅指一个人作为当事人（原告或被告或作为第三人）参与民事诉讼法律关系的能力。成文法往往不会对诉讼权利能力单独作出规定，而仅规定依实体民法有能力的人也在诉讼中具有法律上的能力。因

此，诉讼上的能力通常被看作是程序法上的一个概念，既然程序问题适用法院地法，那么诉讼上的能力也应由法院地法决定。然而，法院地法对有关实体民事能力可能要适用外国法。据此，国内法院对那些依民事属人法或民事准据法无实体法律能力却有诉讼法律能力的人，不会承认他们的诉讼法律能力。

诉讼行为能力有广义和狭义之分。在广义上，诉讼行为能力是指一个人能够通过自己的行为行使他的诉讼权利与履行他的诉讼义务的资格；在狭义上，是指当事人或第三人自己或通过他们的代理人有效地实施或接受诉讼行为的能力。无诉讼行为能力人在诉讼程序中应由其法定代理人代理诉讼。诉讼行为能力以有诉讼权利能力为先决条件，应由法院依职权给予考虑。在确定诉讼行为能力时，一般都求助于实体行为能力。不过，属于德国法系的国家都规定，如果依其本国法无诉讼行为能力的外国人，依法院地法有这种能力，则被认为有诉讼行为能力。此外，这一规范也并不排除依外国法来确定该外国人的法定代理人的代理资格（《德国民事诉讼法典》第 55 条、《奥地利民事诉讼法典》第 3 条）。依瑞士法的规定，行为地法在实体行为能力和诉讼行为能力方面都被认为是权威。依据《波兰民事诉讼法典》第 117 条的规定，当事人双方的诉讼能力应依法院地法裁判，但当事人在波兰境内的诉讼中，可以由在该当事人所在境内开业的律师代理。①

我国 2023 年《民事诉讼法》第 5 条规定："外国人、无国籍人、外国企业和组织在人民法院起诉、应诉，同中华人民共和国公民、法人和其他组织有同等的诉讼权利义务。外国法院对中华人民共和国公民、法人和其他组织的民事诉讼权利加以限制的，中华人民共和国人民法院对该国公民、企业和组织的民事诉讼权利，实行对等原则。"据此，我国法院对于外国人的诉讼地位采取的是国民待遇原则，也就是说外国人同我国公民具有同等的诉讼地位，在相同条件下，外国自然人也应具有相应的诉讼权利能力。同样，我国法院也采取对等原则，如若查实外国对我国国民在他国的民事诉讼地位加以

① 李双元、谢石松、欧福永：《国际民事诉讼法概论》，武汉大学出版社 2016 年版，第 346—348 页。

限制，我国也有权对该国国民在我国的民事诉讼地位加以限制。不过，外国自然人是否具有诉讼行为能力，我国 2023 年《民事诉讼法》和 2010 年《涉外民事关系法律适用法》并未对此作出明确规定。一般来讲，当事人是否具备诉讼行为能力应该与其是否具有民事行为能力为参考要素。若当事人无民事行为能力，则无法通过自己的行为行使他的诉讼权利与履行他的诉讼义务资格。我国 2010 年《涉外民事关系法律适用法》第 12 条规定："自然人的民事行为能力，适用经常居所地法律。自然人从事民事活动，依照经常居所地法律为无民事行为能力，依照行为地法律为有民事行为能力的，适用行为地法律，但涉及婚姻家庭、继承的除外。"因此，在我国法律下，主要是依据当事人住所地法来判断其行为能力；而在依住所地法无行为能力的情况下，为了尽可能使行为有效，在行为地可以认定为有民事行为能力的情况下，依照行为地法确认当事人的行为能力。需要注意的是，自然人的民事行为能力有完全民事行为能力、限制民事行为能力和无民事行为能力三种分类，但诉讼行为能力则有所不同。在多数国家的法律体系中，均不存在受到限制的诉讼行为能力，当事人要么具有诉讼行为能力，要么没有诉讼行为能力。无民事诉讼行为能力的当事人在诉讼中应由其法定代理人代理进行诉讼行为。

就其他各国的诉讼立法而言，普遍都承认外国人的诉讼行为能力依其本国法。例如，1992 年罗马尼亚《关于调整国际私法法律关系的第 105 号法》第 158 条规定，诉讼当事人的诉讼行为能力适用其本国法。而英美普通法系国家原则上依据住所地法来决定外国人的民事诉讼行为能力问题。此外，一些国家诉讼行为能力原则上适用当事人属人法，而以法院地法加以限制。换言之，各国在规定以依属人法决定外国人的民事诉讼行为能力为原则的同时补充规定，如果依法院地法外国人具有民事诉讼行为能力，即视为有诉讼行为能力。例如，美国《第二次冲突法重述》第 125 节规定，法院地法决定谁能充当诉讼当事人，如果这样做影响当事人的实质性的权利和义务时则不在此限。《德国民事诉讼法典》第 55 条规定："外国人，虽然依其本国法为无诉讼能力人，但依受诉法院的法律有诉讼能力时，视为有诉讼能力。"《日本民事诉讼法》第 33 条规定："外国人虽然依据其本国法没有诉讼能力，但依据日本法律应该有诉讼行为能力的，视为有诉讼行为能力者。”[①]此种规定尽可能使外国自然人具备诉讼行为能力，行使其诉讼权利而参与诉讼过程，以便促进纠纷的解决。

二、法人的国际民商事诉讼地位

关于法人是否具有诉讼权利能力和诉讼行为能力则存在争议。在讨论法人的诉讼行为能力时，采取法人拟制说和法人实在说会导致不同的结论。在采取前一学说的情况下，因其认为法人既非真实存在的人，因而不具备行为能力，只能以其法定代表人身份进行诉讼；在采取后一学说时，因其认为法人乃真实存在的社会组织体，法律上既然已承认其人格，其当然应具有行为能力，因此法人之董事的诉讼行为，应当视为法人之行为，因而无代理关系之存在。[②]除此之外，法人是否具有诉讼能力也是值得探讨的问题。

法人与自然人不同，法人进入内国进行民商事活动需要认许，即外国公司法人在本国境内营业时，需要本国政府相关单位承认才可以享有开展经济活动的行为能力。各国法律对外国法人认许程序的规定并不一致，大致分为特别认许、概括认许、一般认许、分别认许四类。具体而言，特别认许程序，是指内国对外国法人通过特别登记或批准程序加以认许；概括认许程序（又称相互认许程序），是指内国对某一特定外国国家的法人概括地加以认可。这种认可往往是给予国家间的互惠关系或国际条约规定；一般认许程序，是指凡依外国法已有效成立的法人，不问其属于何国，只需根据内国法规定，办理必要的登记或注册手续，即可取得在内国活动的权利；分别认许程序，是指对外国法人分门别类，或采特别认许、或相互认许、或一般认许。[③]

国际条约对法人的诉讼能力做了一些规定。例如，1956 年订于海牙的《承认外国公司、社团和财团法律人格的公约》第 1 条规定：“凡公司、社团和财团按照缔约国法律在其国内履行登记或公告手续并设有法定住所而取得法律人格的，其他缔约国当然应予承认，只要其法律人格不仅包含进行诉讼

① 何其生：《比较法视野下的国际民事诉讼》，高等教育出版社 2015 年版，第 27 页。
② 李双元、谢石松、欧福永：《国际民事诉讼法概论》，武汉大学出版社 2016 年版，第 350 页。
③ 蒋新苗：《国际私法》，科学出版社 2009 年版，第 66 页。

的能力，而且至少还包含拥有财产、订立合同以及进行其他法律行为的能力。公司、社团或财团的法律人格，如果按照其据以成立的法律规定无需经过登记或公告手续而已取得的，则当然应在与前款相同的条件下予以承认。”公约采取一般认许程序，即对外国法人的认许无需经过其他特别程序。一般认许标准较于其他认许方式为最低，这有利于减少法律冲突，便利外国法人在内国进行民商事活动。同时，该公约使缔约国间在同等条件下相互承认法人人格，也是概括认许的体现。该公约第 5 条还指出：“承认法人资格，包括承认其据以取得法人资格的法律所赋予的能力，但承认国可拒绝赋予该国法律所不赋予本国同类的公司、社团、财团的权利。但在任何情况下，法人应享有依当地法律以原告或被告身份进行诉讼的能力。”该规定进一步保障外国法人的诉讼权利，令其在任何情况下均可以原、被告身份进行诉讼。此外，该条还体现国民待遇原则与平等原则，即外国公司、社团、财团的权利应等同于本国国内同类的公司、社团、财团的权利且不应超越。此外，该公约第 6 条进一步规定：“公司、社团和财团按其本国法律并不具有法律人格时，它们在其他缔约国境内享有的法律地位应是其本国法律所承认的地位，特别是涉及进行诉讼的能力以及与债权人的关系方面；即使它们具备一切条件足以保证它们在其他缔约国内享有法人的权利，它们也不得在这些国家要求更有利于在其本国所享有的法律待遇；但是，这些国家对其法律未赋予其相应类型公司、社团和财团的权利，仍可拒绝给予。”这一规定体现属人法原则，即外国公司、社团和财团具备的法律人格与权利应以其本国法为限，外国公司、社团和财团不能凭借外国认许获取超越其本国法律规定的待遇。欧洲经济共同体于 1968 年在布鲁塞尔制定的《关于相互承认公司和法人团体的公约》第 7 条规定：“任何被要求承认的国家得拒绝给予此种公司或法人团体凡规定不给予其自己法律管辖的相似类型的公司或法人团体的任何权利及权力，但此项权力的行使不发生撤销此种公司或法人团体法人资格的后果，即不影响其作为人的享有权利承担义务、缔结合同、完成其他法律行为、起诉或应诉。”该公约同样规定外国法人无法获得超越内国同类法人的权利。

根据上述国际条约及有关国家的立法和司法实践，在解决外国人的民事诉讼权利能力问题时，除了在总体上明确应适用互惠或对等的国民待遇外，还应注意以下几点：第一，对于外国人民事诉讼能力的确定，各国大多采用了与确定外国人民事实体权利能力相同的法律适用原则——属人法原则，即外国人是否具有民事诉讼权利能力，应依其属人法确定，因而外国人不能根据国民待遇原则要求享有连自己的本国法也不赋予的民事诉讼权利能力。第二，一国根据本国的法律不赋予自己国家同类当事人的民事诉讼权利，也同样可以拒绝给予外国人。第三，国际社会的普遍实践还表明：即使本国法对外国人的实体民事权利进行了某些限制，但这些限制并不是必然要同时及于外国人的民事诉讼权利能力。①

我国对于外国法人认许在 2010 年《涉外民事关系法律适用法》等法律中有明确规定。其第 14 条规定："法人及其分支机构的民事权利能力、民事行为能力、组织机构、股东权利义务等事项，适用登记地法律。法人的主营业地与登记地不一致的，可以适用主营业地法律。法人的经常居所地，为其主营业地。"该条从法律上承认依外国法成立的外国法人具备法律人格及行为能力，并且认许无需特别程序，属于一般认许；在判断标准上，该条规定采取成立地主义，即适用登记地法律，但也考虑所在地主义，即在主营业地与登记地不一致时，可以适用主营业地法律。2023 年我国《公司法》第 244 条规定："外国公司在中华人民共和国境内设立分支机构，应当向中国主管机关提出申请，并提交其公司章程、所属国的公司登记证书等有关文件，经批准后，向公司登记机关依法办理登记，领取营业执照。"对于外国公司的分支机构，则需特别认许程序。2023 年《公司法》第 247 条明确："外国公司在中华人民共和国境内设立的分支机构不具有中国法人资格。外国公司对其分支机构在中华人民共和国境内进行经营活动承担民事责任。"该条表明，外国法人分支机构属于外国法人的组成部分，不具有中国法人资格，其行为效果也由外国法人承担。至于诉讼能力，我国 2023 年《民事诉讼法》第 5 条将外国企业和组织诉讼权利囊括在内，即法人诉讼同样适用国民待遇原则和平等原则，对外国法院的限制采取对等原则。故外国法人认许后则享有与

① 金彭年、董玉鹏：《国际民事诉讼法——原理、制度与案例》，浙江大学出版社 2020 年版，第 41—42 页。

我国法人相同的诉讼地位。我国关于法人诉讼地位的规定与国际公约、其他国家的规定较为一致。

三、国家与国际组织的国际民商事诉讼地位

国家作为国际民商事诉讼主体具有特殊性。虽然国家在某些情况下，与自然人和法人一样，可以平等主体身份参加国际民商事活动，但其作为诉讼主体仍然具有一定的特殊性。首先，国家是主权者，因此国家能且仅能在特定的民商事范围内活动，例如向外国公民进行贷款活动。这意味着，国家是一种特殊的法人，除部分普通民事活动（如婚姻家庭与继承）不能参与外，国家可以参加投资、贸易等各种跨国商事活动。其次，国家及其财产享有豁免。这就意味着国家有权不同意作为法院地国的被告参与诉讼，除非国家放弃豁免。再次，国家参加国际民商事活动是以国家本身的名义并由其授权的机关或负责人进行的。最后，国家以其国库财产为基础承担民事责任。上述特点导致国家作为跨国民商事诉讼当事人，与自然人和法人相比，问题之一在于：其能否成为诉讼当事人。国家作为国际民商事法律关系的当事者，理应与对方当事人享有同等的民事权利和承担同等的民事义务，但国家毕竟是主权者，根据国家主权平等原则，除非国家同意，国家及其财产享受豁免。①

目前，世界各国一般都是通过外交途径，根据互惠对等和平等协商的原则商讨司法豁免权问题，以确定有关外国国家的民事诉讼地位。2004 年通过的《联合国国家及其财产管辖豁免公约》结束了各国在国家豁免问题上各自为政的局面，肯定了国家豁免是一项国际法规则，肯定了“豁免”是原则，“不豁免”是例外。②我国于 2005 年 9 月 14 日正式签署了《国家豁免公约》，但该公约目前尚未生效。③我国 2023 年《外国国家豁免法》第 7 条第 1 款规

---

① 丁伟等合著：《国际私法学》，上海人民出版社 2013 年版，第 147—148 页。

② 夏林华：《联合国〈国家及其财产管辖豁免公约〉与国际法律秩序》，《时代法学》2006 年第 6 期；王虎华、罗国强：《〈联合国国家及其财产管辖豁免公约〉规则的性质与适用》，《政治与法律》2007 年第 1 期。

③ 《国家豁免公约》第 30 条规定：“公约应自第三十份批准书，接受书，认可书或加入书交存联合国秘书长之日起第三十天生效。”目前已有 28 个国家签署，21 个国家批准该公约。参见联合国公约与宣言检索系统，网址：https://www.un.org/zh/documents/treaty/files/A-RES-59-38.shtml，2023 年 10 月 30 日访问。

定："外国国家与包括中华人民共和国在内的其他国家的组织或者个人进行的商业活动，在中华人民共和国领域内发生，或者虽然发生在中华人民共和国领域外但在中华人民共和国领域内产生直接影响的，对于该商业活动引起的诉讼，该外国国家在中华人民共和国的法院不享有管辖豁免。"该条第2款强调商业活动的判断依据是非行使主权权力的商业性质行为，"非行使主权权力"是关键点。据此，我国外交政策和司法实务将从绝对豁免立场转向相对豁免立场，其标志着我国从绝对豁免的外交政策转变为限制豁免的法律制度。此外，国家明示就特定事项或者案件接受中华人民共和国的法院管辖的，或者积极在我国参加诉讼的，也视为放弃管辖豁免。

当国家不享有管辖豁免时，该国就可成为跨国民商事诉讼的当事人，同时在诉讼地位上不享有特殊权利，与自然人和法人享有相同的诉讼法律地位。与一般法人不同，作为特殊法人的国家需要由某个具体的政府机关、政府组织、或者其他名义的团体参与跨国民商事活动。此时，法院首先需要判断，这些具体的政府机构、政府组织是否构成为"国家"的一个部分，能否享有"国家豁免"。在中国还会涉及国有企业的问题。在实践中，已将国家本身的活动与国有企业的活动、国家国库财产与国有企业的财产区分开来，认为国有企业是具有独立法律人格的经济实体，不应享有豁免。①在塞内加尔共和国总领事案中，②被告辩称总领事馆不是法律认可的实体，塞内加尔共和国常驻代表团才是适当的被告。纽约最高法院则否定被告观点，其分析美国《外国主权豁免法》关于"外国"的定义，认为领事馆属于"外国"的定义范围，因为它是"一个独立的法人"，是"外国或其政治分支机构的一个机关"，因此领事馆是一个法律实体，且美国法院认为自己对其具有管辖权。在怀椽科技公司诉伊拉克案中，③法官认为"政治机构分支"可解释为所有中央政府下设的机关，对"相关机构及其工具"与"政治机构分支"的划分则应以主体核心功能的管理或商业性为标准。外国实体的核心职能如果是商业

① 曾令良、冯洁菡：《中国促进国际法治报告（2014年）》，武汉大学出版社2015年版，第393页。

② See 2023 WL 2307495.

③ See 666 F. 3d 205.

性的，法院将该实体视为在法律上独立于外国的主体；如果核心职能是政府性的，法院将该实体视为一个单纯的政治分支机构，在法律上并不独立于该外国。由此可见，实体的目的职能是法院判断实体与国家间关系的参考因素。

此外，当国家作为原告时，各国派出的代表人也不完全相同。代表人的选任应当由代表国家意志的权力机关予以决定。国家自己决定派出的官员以代表国家，获取权限，参加诉讼。我国相关的法律规定比较空缺，实践案例也较为缺乏，有待未来进一步加以细化。

国际组织是指世界各国基于一定的目的，以一定的协议形式设立的各种实体。这里探讨的国际组织是严格意义上的国际组织，即政府间国际组织，不包括民间的国际团体。国际组织对外开展活动的前提是它必须具有一定的法律人格。所谓国际组织的法律人格，是指国际组织成为法律关系的主体，并独立享有权利和承担义务的一种资格。没有这种资格，国际组织就无法在其成员国领域内及国际范围内开展有效的活动。国际组织究竟能在多大程度上享有权利和承担义务，由建立国际组织的基本文件确定。例如，1946 年《联合国特权及豁免公约》和 1947 年《联合国各专门机构特权及豁免公约》确定了联合国及其专门机构的法律人格，并赋予其“缔结契约”“取得并处置动产和不动产”“从事法律诉讼”的法律行为能力。从国内法的视角来看，国际组织一般有订立契约、购置财产、进行诉讼的权利资格，其成员国赴会代表及其机关官员享有相应的特权与豁免。从国际法的视角来看，国际组织有缔结国际条约、主持国际会议、请求赔偿的权利资格。不难理解，国际组织在筹备过程和履行职能的过程中，不可避免地需要进行民商事活动，必然会与有关国家的自然人或法人、国家或其他国组织进行民商事交往。因此，国际组织在民商事行为活动中自然地成为了国际私法的特殊主体。①

因此，与自然人和法人不同，国际组织国际民商事诉讼地位的特殊性在于，其能在多大程度上享有权利（包括民事诉讼权利）和承担义务（包括民事诉讼义务），由该组织的各成员在建立该有关组织的基本文件或其他有关

① 丁伟等：《国际私法学》，上海人民出版社 2013 年版，第 151—152 页。

条约中明确加以规定。国际组织的职能和活动范围必须严格按照有关条约和组织章程规定。就目前国际社会的立法和司法实践来看，国际组织一般都基于一定的国际条约在有关国家的法院诉讼程序中享有绝对豁免权。这是由国际组织作为涉外民事关系主体的特殊性所决定的，即国际组织享有的特权和豁免是基于其行使职能的需要。例如，1947 年联合国《专门机构特权和豁免权公约》第 5 条第 16 款规定："授予特权和豁免权不是为会员国代表的个人利益，而是为保障他们能独立执行有关专门机构的职责。"①《联合国宪章》第 105 条明确规定，联合国组织在各成员国境内享有达成其宗旨所必需的特权与豁免，联合国各会员国的代表及联合国的职员也同样享有独立行使本组织的职务所必需的特权与豁免。②而且，1946 年 2 月第一届联合国大会通过的《联合国特权及豁免公约》更是进一步明确规定，联合国组织享有对一切法律诉讼的完全豁免权。此外，1965 年在华盛顿签订的《解决国家与他国国民间投资争议的公约》第 20 条也明确规定："依据该公约所建立的解决投资争议国际中心及其财产和资产享有豁免一切法律诉讼的权利，除非中心放弃这种豁免。"该公约第 21 条还进一步规定："中心的主席，行政理事会成员，担任调解员或仲裁员的人员或按照第 52 条第 3 款任命的委员会成员以及秘书处的官员的雇员在履行其职责时的一切行动，享有豁免法律诉讼的权利，除非中心放弃此种豁免。"③《马拉喀什建立世界贸易组织协定》第 8 条也有类似规定："WTO 具有法律人格，WTO 每一成员均应给予 WTO 履行其职能所必需的法定资格。WTO 每一成员均应给予 WTO 履行其职能所必需的特权和豁免。"④可见，某一国际组织在多大程度上享有权利（包括民事诉讼权利）和承担义务（包括民事诉讼义务），一般都是由该组织的各成员国在建立有关组织的基本文件或其他有关条约中加以规定。俄罗斯《民事诉讼法

① 国际卫生组织网站，网址 https://apps.who.int/gb/bd/PDF/bd47/CH/convention-ch.pdf，2023 年 11 月 30 日访问。

② 联合国网站，网址 https://www.un.org/zh/sections/un-charter/chapter-xvi/index.html，2023 年 11 月 30 日访问。

③ 中国人大网，网址 http://www.npc.gov.cn/wxzl/gongbao/2000-12/14/content_5002747.htm，2023 年 11 月 30 日访问。

④ 中华人民共和国条约数据库，网址 http://treaty.mfa.gov.cn/tykfiles/20181217/154503-7548391.pdf，2023 年 11 月 30 日访问。

典》第398条和第400条规定，外国组织有权向俄罗斯联邦法院提出请求，以维护自己受到侵犯或被争议的权利、自由和合法利益，并享有与俄罗斯联邦公民和组织同等的诉讼权利并承担同等的诉讼义务；国际组织的诉讼权利能力依照设立该组织的国际条约、设立文件或与俄罗斯联邦主管机关的协定确定；在俄罗斯联邦签署的国际条约和联邦法律规定的范围内，对国际组织提起民事诉讼由俄罗斯联邦法院管辖。放弃司法豁免权的决定应当由上述国际组织依已确定的规则作出。[①]

国际组织在我国法院的民事诉讼地位问题，根据我国《民事诉讼法》第272条的规定，应该依据我国有关法律及我国缔结或者参加的国际条约的规定来确定。我国目前已经参加《联合国特权及豁免公约》《关于解决国家与他国国民之间的投资争端的公约》等。这些国际条约中有关国际组织的司法豁免权的规定是我国法院在确定有关国际组织的国际民事诉讼地位时的重要法律依据。至于其他没有条约依据的国际组织的国际民事诉讼地位问题，则只能通过外交途径加以处理。

第三节　其他诉讼参与人

案例：

甲企业是依英国法在英国设立的公司；乙企业是依中国法在中国设立的有限责任公司。甲与乙因商事合同产生纠纷，甲遂于中国法院起诉。

问：

甲能否委托英国律师在中国参加诉讼？甲进行委托代理的法定程序是怎样的？甲委托的代理律师又具有何种诉讼权限？

一、委托代理人

纵观世界各国的诉讼立法，诉讼代理制度已为国际社会所普遍接受。

① 程丽庄、张西安译：《俄罗斯民事诉讼法典》，厦门大学出版社2017年版，第135页。

诉讼代理，是指诉讼代理人基于诉讼当事人或其法定代理人的授权，以当事人名义代为实施的诉讼行为，该行为可以直接对当事人发生法律效力。

诉讼代理一般可分为法定代理、指定代理和委托代理。关于法定代理、指定代理，各国制度规定较为相似，即基于国民待遇原则，内外国人并未有太大差异，并未有别于国内民事诉讼规定。跨国民商事诉讼更多的是涉及委托代理，各国对此也存在诸多不同规定。委托代理，是指通过被代理人的委托，代理人获得代理权，从而替被代理人从事民商事诉讼行为的现象。国际民事诉讼程序中的外国当事人是否有权委托诉讼代理人，以及可以委托何人作为诉讼代理人代为实施诉讼行为，以实现或保护其民事诉讼权利和民事实体权利的问题，由各国立法机关规定在内国的国际民事诉讼立法中。各国立法都允许国际民事诉讼程序中的外国当事人委托诉讼代理人代为进行诉讼活动，但对于外国当事人可以委托何人作为诉讼代理人以及诉讼代理人的法定权限如何的问题，各国规定并不相同。委托代理主要涉及委托代理人的资格和权限范围等。

值得注意的是，诉讼代理与仲裁代理存在一些区别：第一，它们的法律基础不同。诉讼代理通常依据的是法院地国民事诉讼法规定，而仲裁代理则通常依据法院地国家的仲裁法和仲裁机构的仲裁规则；第二，它的适用范围不同。诉讼代理适用于法院的诉讼程序，而仲裁代理适用于仲裁程序；第三，选定代理人的程序不同。诉讼代理人的选定有一套严格的法定程序，而仲裁代理人的选定程序一般较为宽松，存在一定的当事人意思自治；第四，代理人的资格要求不同。诉讼代理人有时会有资格限制。例如，在我国香港地区原则上处理诉讼事务的必须是具有香港律师资格的律师，而仲裁代理人则一般没有特别资格要求。

（一）委托代理人的资格

国际民事诉讼中，各国往往规定由内国律师担任诉讼代理人。一方面，律师较其他人更为熟悉法律和司法程序，内国律师较外国律师更精通法院地法律，从而更好保护当事人合法权益，也能使司法程序更为顺利地实施；另一方面，也是出于“若允许外国律师出席内国法院参与诉讼，将有损内国的司法主权”考量。[①]例如，日本《民事诉讼法典》第 54 条规定：“除依法令规定能够为裁判上的行为的代理人外，非律师不能作为代理人。但是在简易裁判所中，经许可，非律师也可作为诉讼代理人。”[②]

我国 2023 年《民事诉讼法》第 274 条规定：“外国人、无国籍人、外国企业和组织在人民法院起诉、应诉，需要委托律师代理诉讼的，必须委托中华人民共和国的律师。”第 275 条进一步规定：“在中华人民共和国领域内没有住所的外国人、无国籍人、外国企业和组织委托中华人民共和国律师或者其他人代理诉讼，从中华人民共和国领域外寄交或者托交的授权委托书，应当经所在国公证机关证明，并经中华人民共和国驻该国使领馆认证，或者履行中华人民共和国与该所在国订立的有关条约中规定的证明手续后，才具有效力。”据此，外国人在我国法院参与诉讼，可本人参加，也有权通过一定的程序委托律师或其他公民代为进行。我国 2022 年《民事诉讼法司法解释》第 526 条第（1）款明确规定，涉外民事诉讼中的外籍当事人，可以委托本国人为诉讼代理人，也可以委托本国律师以非律师身份担任诉讼代理人。上述两个条款考虑到我国的诉讼主权，外国人不能委托外国律师以律师身份在我国法院代为进行诉讼活动。此外，我国也是《维也纳领事关系公约》的缔约国，外国人所属国的领事可依据该公约和我国同有关国家签订的双边领事条约规定，在我国法院代理其派遣国国民（包括法人）的诉讼行为，以保护其派遣国国民（包括法人）的合法权益，但在诉讼中不享有外交或领事特权。

此外，对于外国律师事务所（简称律所）在我国开设分支机构的业务范围，2001 年，国务院《外国律师事务所驻华代表机构管理条例》第 15 条规定：“代表机构及其代表，只能从事不包括中国法律事务的下列活动：（一）向当事人提供该外国律师事务所律师已获准从事律师执业业务的国家法律的咨询，以及有关国际条约、国际惯例的咨询；（二）接受当事人或者中国律师事务所的委托，办理在该外国律师事务所律师已获准从事律师执业业务的国家的

---

① 宋渝玲：《涉外民事诉讼法律实务》，厦门大学出版社 2017 年版，第 99 页。
② 曹云吉译：《日本民事诉讼法典》，厦门大学出版社 2017 年版，第 23 页。

法律事务；（三）代表外国当事人，委托中国律师事务所办理中国法律事务；（四）通过订立合同与中国律师事务所保持长期的委托关系办理法律事务；（五）提供有关中国法律环境影响的信息。代表机构按照与中国律师事务所达成的协议约定，可以直接向受委托的中国律师事务所的律师提出要求。代表机构及其代表不得从事本条第一款、第二款规定以外的其他法律服务活动或者其他营利活动。”其第16条规定：“代表机构不得聘用中国执业律师；聘用的辅助人员不得为当事人提供法律服务。”

（二）委托代理人的法定权限

关于诉讼代理人的法定权限问题，采用律师诉讼主义国家立法规定，律师可以基于授权实施所有的诉讼行为，行使任何诉讼权利，而无须当事人出席法庭参与诉讼。例如，法国、奥地利等大陆法系国家实行强制性的律师代理制度。而采用当事人诉讼主义国家的立法则规定，无论当事人或其法定代理人是否委托诉讼代理人，他们都必须亲自出庭参与诉讼。英美法系的一些国家便采用此种方式。

具体而言，俄罗斯《民事诉讼法典》第53条和第54条规定，代理人的权限应该在依法授予和办理的委托书中载明。代理人有权以被代理人的名义实施全部诉讼行为。但是，代理人在向法院提交的诉讼请求上签字、将争议移送仲裁庭审理、提出反诉、完全或部分放弃诉讼请求、减少诉讼请求的数额、承认诉讼请求、变更诉讼标的和诉讼理由、订立和解协议、将代理权移交他人（转委托）、对法院裁判提出上诉、提交追索执行文件、领受判决的财产或金钱等权利，应该在被代理人授予的委托书上有特别授权。①

意大利《民事诉讼法典》第77条规定：“除非为在紧急情况下采取预防性措施，无书面授权一般代理人和特别代理人不能代表被代理人参加诉讼。”其第83条和第84条规定，协助当事人参加诉讼时，辩护人须获得授权委托。授权委托可以是一般授权或者特别授权，并以公证书或经认证的私证书的形式作出。除诉讼文书中作出明确的不同指示外，只能在诉讼的特定阶段作出特别授权。除法律明确规定应由当事人完成的活动外，辩护人在协助当

---

① 程丽庄、张西安译：《俄罗斯民事诉讼法典》，厦门大学出版社2017年版，第19—20页。

事人参加诉讼时，可为当事人利益完成各项诉讼活动、接收各种诉讼文书。除非获得明确授权，辩护人不得对有争议的权利作出处置。①

日本《民事诉讼法典》第55条规定："诉讼代理人对于受委托的案件可为与反诉、参加、强制执行、假扣押以及假处分等相关的诉讼行为，而且也可受领相对方的偿还。但诉讼代理人关于下列事项必须受特别委任：1.反诉的提起；2.诉的撤回、和解、请求的放弃或认诺、退出诉讼；3.控诉、上告或者第818条第1项中的申请或者上述行为的撤回；4.第360条规定的异议的撤回或者对该撤回的同意；5.代理人的选任。此外，诉讼代理权不能被限制，但是非律师诉讼代理人不在此限。"②

在我国，2023年《民事诉讼法》第62条前两款规定："委托他人代为诉讼，必须向人民法院提交由委托人签名或者盖章的授权委托书。授权委托书必须记明委托事项和权限。诉讼代理人代为承认、放弃、变更诉讼请求，进行和解，提起反诉或者上诉，必须有委托人的特别授权。"2022年《民事诉讼法司法解释》第89条第（1）款对此作出补充："当事人向人民法院提交的授权委托书，应当在开庭审理前送交人民法院。授权委托书仅写'全权代理'而无具体授权的，诉讼代理人无权代为承认、放弃、变更诉讼请求，进行和解，提出反诉或者提起上诉。"

综上可知，对于普通的诉讼事项，各国通常不加限制，但对于事关被代理人重大权益的诉讼行为，必须以特别授权的方式进行明确，从而避免代理人损害被代理人的重大合法权益。

二、领事代理人

在国际社会的司法实践中，还存在领事代理制度，即一个国家的驻外领事，可以依据有关国家的立法和有关国际条约的规定，在其管辖范围内的驻在国法院，依职权代表其派遣国国民（包括法人）参与有关的诉讼程序，以保护有关自然人或法人在驻在国的合法权益。我国作为缔约国的1963年

① 白纶、李一娴译：《意大利民事诉讼法典》，中国政法大学出版社2017年版，第31—32页。
② 曹云吉译：《日本民事诉讼法典》，厦门大学出版社2017年版，第23—24页。

《维也纳领事关系公约》第 5 条第 9 款规定了领事代理制度："领事以不抵触接受国内施行之办法与程序为限，遇派遣国公民因不在当地或由于其他原因不能于适当期间自行辩护其权利和利益时，在接受国法院及其他机关之前担任其代表或为其安排适当之代表，俾依照接受国法律规章取得保全此等国民之权利和利益之临时措施。"此外，许多双边领事条约也确认了领事代理制度，如 1980 年《中华人民共和国和美利坚合众国领事条约》第 24 条即有类似规定。①

需注意的是，领事代理有两个特点：一是领事对代理行为不享有领事特权，而是以私人身份进行；二是当本人或其委托的领事以外的受托人开始行使诉讼权利时，领事代理即终止。②我国 2023 年《民事诉讼法》第 526 条第（2）款规定："外国驻华使领馆官员，受本国公民的委托，可以以个人名义担任诉讼代理人，但在诉讼中不享有外交或者领事特权和豁免。"此外，2022 年民事诉讼法司法解释第 527 条还规定："涉外民事诉讼中，外国驻华使领馆授权其本馆官员，在作为当事人的本国国民不在中华人民共和国领域内的情况下，可以以外交代表身份为其本国国民在中华人民共和国聘请中华人民共和国律师或者中华人民共和国公民代理民事诉讼。"这表明外国当事人可以委托本国驻法院地国大使馆职员代为聘请代理人。

【思考题】

1. 在集体诉讼或代表性诉讼的跨国案件中，如何界定其诉讼主体地位？不同国家是如何协定这一问题的？

2. 国民待遇原则还在哪些情况下不被适用？在各种情形中，国民待遇原则不被适用的理由是什么？你是如何看待这些理由的？

3. 如何才能保证代表国家作为诉讼当事人的代表性？即谁才能代表国家参与诉讼？

---

① 何其生：《比较法视野下的国际民事诉讼》，高等教育出版社 2015 年版，第 34 页。

② 章尚锦：《国际私法》，中国人民大学出版社 2000 年版，第 226—227 页。

【案例分析】

被告所属C轮于美国路易斯安那等港口承运原告进口的玉米酒糟粕至中国港口，涉案货物共签发了两张提单。由于卸货时发现货物与提单记载不符，存在变色、结块及发热现象，提单持有人、涉案货物收货人J公司（原告）向船舶所有人S公司提起诉讼，请求赔偿货物损坏、短量及其他损失及利息。

被告S公司系位于马绍尔群岛共和国的一家公司，法院向被告邮寄送达起诉状副本、开庭公告后，被告委托中国律师出庭应诉，并向法院提交经公证认证的授权委托文件。原告对被告所提交的授权委托手续提出异议，认为该文件公证认证不符合中国《民事诉讼法》第264条等规定的认证程序，具体理由为：

1. 被告提交的授权手续公证认证系按1961年《关于取消外国公文认证要求的公约》程序进行，中国不是该公约的缔约国，按此程序认证不符合我国法律规定。

2. 签名公证人系马绍尔群岛共和国荣誉领事，而非该国内合法成立的公证机关；对该公证合法性的认证系由马绍尔群岛共和国海事局特别代理和希腊共和国外交部在希腊进行（希腊在马绍尔群岛没有使领馆），而非与中国有外交关系的第三国驻马绍尔国使领馆，然后再转由中国驻该第三国使领馆认证。

据悉，中国政府已于1998年12月中止与马绍尔群岛共和国政府的外交关系，两国政府间的一切协议也随即停止。倘若原告质疑理由的所涉事实已经查证属实，且在该国办理有关公证认证确实难以完全符合《民事诉讼法》规定的认证程序，被告已经尽了其最大努力办理公证认证程序。

如果你是该案法官，你认为中国法院是否应当拒绝接受该授权委托书？中国认为正当的认证程序是什么？马绍尔群岛共和国海事局特别代理和希腊共和国外交部在希腊进行的认证效力虽然存在瑕疵，但从效力、可信度上看是否与“第三国驻该国使领馆认证”相当？在被告已经尽其最大努力办理了所能履行的必要的公证认证手续的情况下，是否应当予以接受？

【拓展阅读】

1. 对于想进一步了解日本民事诉讼法关于当事人的规定的，可以阅读商务印书馆2020年版、柴裕红翻译，日本学者本间靖规、中野俊一郎和酒井一合著的《国际民事诉讼法》。

2. 对于想要了解跨境诉讼当事人授权委托律师方式各种模式的利弊，以及跨境诉讼“数字正义”的读者，可以阅读周莹莹的《论跨境诉讼当事人委托律师的第四种模式——基于“在线授权见证”模式的分析》，《西部法学评论》2021年第4期。

3. 对于想进一步了解跨境民商事诉讼中当事人地位实务与案例的读者，可以阅读邓益洲编著的《跨境民商事诉讼实务要点解析》，中国法制出版社2018年版。

4. 对于想要进一步了解外国学者关于国际民事诉讼当事人的讨论，例如A国公民是否应该在不符合A国标准的外国法庭接受审判，或者欧洲国家对美国民事判决戒备的话题的读者，可以阅读Asif Efrat的*Intolerant Justice: Conflict and Cooperation on Transnational Litigation*，牛津大学出版社2022年版。

第三章　国家豁免理论与实践

跨国民商事诉讼的当事人一般是作为平等主体的自然人和法人。不过，国家和国际组织偶尔也会参与跨国民商事活动，与他国自然人或法人形成跨国民商事法律关系，也就可能产生民商事争议。从纠纷发生的实际情况看，国家也可能会违约或侵权，违反民商事实体法，从而成为跨国民商事诉讼的一方当事人。从国际公法角度看，由于国家享有主权，各国主权又是平等的，因而面临他国法院能否管辖的法律问题。主权国家在跨国民商事诉讼中的地位不同于自然人、法人的诉讼地位。其中，最主要的就是外国国家及其财产享有的司法豁免权。传统意义上，国家基于主权平等原则而在他国享有绝对的主权豁免，即在外国法院不受管辖，其财产在外国法院不受执行和扣押。伴随着国家作为平等民商事主体参与经济活动，绝对豁免主义逐步向限制豁免主义改变。在限制豁免主义下，特定情形下国家及其财产不享有管辖或执行豁免，并最终形成外国国家豁免制度。所谓外国国家豁免制度，是指对涉及外国国家及其财产的民事案件，基于一定原则所确定的法院不予管辖或者在特定情形下予以管辖的专门制度安排。

第一节　国家豁免的基本理论

案例一：

1911 年 5 月 20 日，清廷为修筑湖北、湖南、广东、四川等地的四段铁路，向英国汇丰、法国东方汇理、德国德华等银行以及美国资本家共借款 600 万英镑，年利率为 5%，期限为 40 年，利息每半年支付一次。贷款于 1951 年 6 月 15 日到期，届时归还本金。该借款自 1936 年起即无人支取利息，1951 年本金到期时也无人要求偿还。1979 年中美建交后，杰克逊等 9 人代表全部 243 名“湖广铁路债”的债券持有人，向美国阿拉巴马州（Alabama）联邦地区法院对中华人民共和国政府提出诉讼，要求中国政府偿还他们所持有的“湖广铁路债”债券的本息 2.2 亿美元。他们认为，这笔债券是清廷发行的商业债券，清廷被推翻之后，国民政府在 1936 年以前曾付过利息，因此中华人民共和国有义务继承这笔债务。1979 年 11 月 13 日，美国阿拉巴马州法院向中华人民共和国发出传票并指明由中华人民共和国外交部长黄华收，要求被告中华人民共和国在收到传票 20 日内提出答辩。对此，中国外交部多次照会美国国务院，声明中国作为一个主权国家，应当依照国际法享有司法豁免权，不受美国法院管辖，因此，中国政府拒绝接受传票和出庭。然而，该法院仍于 1982 年 9 月 1 日开庭，并对该案做出了缺席判决，判决中华人民共和国应当赔偿原告湖广铁路债券本息连同诉讼费共计 4 300 万美元，并且宣布如中华人民共和国拒绝履行该判决，美国法院将扣押中国在美资产，以强制执行判决。法院认为，根据现行国际法原则，一国的政府更迭通常不影响其原有的权利和义务，作为清廷和国民政府的继承者的中华人民共和国政府有义务偿还其前政府的债务。此外，根据美国 1976 年《外国主权豁免法》第 1605 条的规定，外国国家的商业行为不能享受主权豁免，而湖广债券是商业行为，不能享受国家主权豁免。

中国政府拒绝接受美国法院的判决，指出：“主权豁免是一项重要的国际法原则，它是以联合国宪章确认的国家主权平等原则为基础的。中国作为一个主权国家，无可争辩地享有司法豁免权。美国地方法院对一项以一个主权国家为被告的诉讼行使管辖权，作出缺席判决，甚至威胁要强制执行该判决，这完全违反了国家主权平等的国际法原则和联合国宪章。中国政府坚决反对把美国国内法强加于中国的这种有损于中国主权和国家尊严的做法。如果美国地方法院无视国际法，强制执行上面提出的判决，扣押中国在美国的财产，中国政府保留采取相应措施的权利。”中国政府认定原告所持债券为旧政权遗留的恶债，中华人民共和国政府不予承认。根据国际法中国家主权豁免原则和恶债不予继承原则，认定美国法庭的判决是无效的，并与美国国务院进行了多次交涉。中国于 1983 年 8 月 12 日聘请了美国律师特别出庭，提出撤销缺席判决和驳回起诉的动议。同时，美国司法部和国务院向亚拉巴马州地方法院出具了美国利益声明书，支持中国的动议。在此情况下，1984年2月，该法院重新开庭，以1976年《外国主权豁免法》不溯及既往为理由，裁定撤销上述判决；10月，判决驳回原告起诉。1986年，杰克逊等人不服，提出上诉，被上诉法院驳回。1987年3月，美国最高法院驳回原告复审此案的请求。至此，湖广铁路债券案于1987年3月9日宣告终结。

（资料出处：Jackson v. People's Republic of China，794 F. 2d 1490 [11th Cir. 1986]）

问：

1. 美国阿拉巴马州（Alabama）联邦地区法院受理该案的依据是什么？试分析美国法院作出判决的理由和依据。

2. 什么是国家豁免？国家及其财产的豁免的内容和根据是什么？美国司法部和国务院在国家豁免案件中的作用？

案例二：

2008年4月22日，中国中铁股份有限公司（简称中铁）同刚果（金）政府订立了一项合作协议，中方以在该国的基建投资换取双方合资开采当地矿产。合资者包括中铁在香港注册的3家子公司。根据协议，它们须向刚果（金）政府支付2.21亿美元的采矿"入门费"（内地称准入费）。2008年5月，美国FG公司将刚果民主共和国和中国中铁股份有限公司及其在香港注册的3家子公司一起列为被告诉至香港法院。2008年12月，原审法官认为，中铁在刚果（金）的发展项目是国家之间的合作，中铁诸公司等在刚果（金）的庞大项目促进其经济发展和人民福祉，具主权属性，不具商业性质，香港法院没有司法管辖权，判刚果（金）胜诉，撤销2008年5月16日对刚果（金）的禁令，撤销对原仲裁裁决的执行令。原告不服原审法官的判决，向香港上诉法院提起上诉。2010年2月10日，香港上诉法院作出判决：香港沿用普通法的限制性外交豁免权法则，批准FG公司的申请，禁止中铁向刚果（金）缴付采矿费。刚果（金）不服，遂上诉香港终审法院。2011年6月8日，香港终审法院5位法官以3∶2的多数，决定寻求全国人大常委会就《香港基本法》第13条与第19条的内容进行释法，待人大常委会进行释法后，案件再排期作最终判决。2011年8月26日，全国人大常委审议并通过了《关于〈中华人民共和国香港特别行政区基本法〉第13条第1款和第19条的解释（草案）》，对《香港特别行政区基本法》第13条第1款和第19条作出解释，国家豁免规则或政策属于外交事务，中央人民政府有权决定国家豁免规则或政策，香港特别行政区无权自行处理，并再次表明了奉行绝对豁免原则的立场。本案历时3年、历经香港特区法院三审审理。2011年9月，香港特区终审法院判决认为：应当遵循全国人大常委会公布的关于《基本法》第13条第1款和第19条的解释；中央人民政府有权决定在香港特区适用的国家豁免原则或政策，且该行为属于《香港基本法》第19条第3款规定的"国防、外交等国家行为"；自1997年7月1日起，香港特区原有法律中有关国家豁免的规则，在适用时须作出必要的变更、适应、限制或例外，以符合中央人民政府决定采取的国家豁免原则或政策；香港特区，包括其法院，有责任适用或实施中央人民政府决定采取的国家豁免原则或政策，不得偏离上述规则或政策，也不得采取与上述规则或政策不同的规则。本案是香港特区法院首次受理以外国国家为被告的诉讼，也是"一国两制"背景下诸多领域法律问题在香港特区司法实践中的成功运用。香港特区终审法院的判决澄清了中央政府外交权和香港特区司法权的关系，明确了香港的非主权地位，维护了国家统一，对香港特区法院未来审理相关案件具有重大和深远的意义。

（资料出处：Democratic Republic of the Congo and Others v. FG Hemisphere Associates LLC［2011］HKE C 1213.）

问：

1. 国家豁免的立法和政策在特别行政区如何适用?

2. 什么是限制豁免？绝对豁免原则与限制豁免原则的历史发展与主要分歧?

3. 提交国际仲裁与放弃国家豁免关系如何?

上述两个案例与普通的国际民商事诉讼案件不同。最明显的一个特点就是上述案件中的当事人一方为国家。根据习惯国际法，外国国家享有国家豁免权，即在一国法院不被起诉，财产不被执行的权利。一旦外国国家参与国际民事诉讼，并成为国际民事诉讼的当事人，就涉及外国国家的国家豁免问题。在国家豁免领域一直存在着各种不同的理论主张，而且就国家豁免的主体、外国国家不享有国家豁免的例外情形等问题也一直是学术领域讨论的热点问题。

一、国家豁免的概念

国家豁免这一概念，最早可以追溯到13世纪教皇格里高利九世所提出的“平等者之间无管辖权”思想。[①]“一个国家不受另一个国家的管辖”是国家（主权）豁免的基础和基本表达。最初的豁免是给予外国君主的豁免，后来随着共和制国家的普遍出现，给予外国君主的豁免转变为给予外国国家的豁免。旧有国际法理论所讨论的管辖豁免问题，仅仅涉及两类享有管辖豁免的主体：外交代表和外国国家。前者一般称为外交豁免，后者称为国家管辖豁免或主权豁免。随着国际法的不断发展，又出现了政府间国际组织的豁免，但这一豁免不属本章讨论范围。

外交豁免和国家（主权）豁免之间存在十分紧密的关系。两者均是以“域外”和“礼仪”为主要元素，但是外交豁免更加侧重于外交人员行使职能的必要（即《维也纳外交关系公约》所采用的职务需要说）。牛津大学学者查尔斯·刘易斯曾指出国家豁免、外交豁免和主权豁免的关系。他认为，国家豁免是指具有主权地位的实体（包括行使政府职能的君主和国家元首）在民事诉讼中的豁免权，主权豁免从民事诉讼的角度可以涵盖国家豁免，主权豁免也包括君主个人的豁免（包括民事和刑事上的豁免），君主个人行使政府职能时在民事诉讼中的豁免权被包括在国家豁免的术语中。[②]

外交豁免是指使馆和外交代表在接受国内应享有的特权与豁免。在早期

① 宋锡祥、谢璐：《国家及其财产管辖豁免的国内法调整到国际公约的转变——兼论莫里斯和仰融两案》，《政治与法律》2007年第1期。

② Charles J. Lewis，MA，*State and Diplomatic Immunity*，Second Edition，Lloyd's of London Press Ltd.，1985，p. 2.

国家实践中，外交豁免和国家豁免的界限划分得不是很清晰。外交豁免经常作为国家豁免的一部分存在，并且可以被认为是国家豁免的最初表现形态。[①]在“斯库诺交易号诉麦克法登案”（简称“交易号案”）中，法院认为外国主权豁免即国家管辖豁免的主体，包括外国君主、外交使节和外国军队三类。[②]这很显然是将外交使节视为国家豁免的一类主体，将外交使节的豁免视为国家豁免的一部分。从法律的效力及各国遵守的程度来看，外交豁免已有国际条约规范，已形成了相对完善的法律规则，并且世界各国普遍遵守，对于豁免的范围也没有太大争议。严格来说，国家豁免和外交豁免的范围并不相同。国家豁免主要是强调国家及其财产在外国法院应享有管辖豁免；而外交豁免则是限于使馆和外交代表在接受国内应享有的特权与豁免。两者形成的历史背景也有所不同。外交豁免是在政府进行外交领域的活动过程中提出来的；而国家豁免则是政府介入外交领域之外的对外活动，特别是经济领域的对外活动后才凸显出来。不过，国家豁免和外交豁免在内容方面可能存在重叠，例如，由于享有外交豁免的机关有国家元首、政府、外交部门、驻外外交代表机关等，它们为国家机关的一部分，其享有的外交豁免，实质上也是国家豁免的一部分；外交人员代表国家行使公务的行为所享有的外交豁免也属国家豁免，作为国家财产的使馆和领馆馆舍、档案、文件、交通工具以及活动经费所享有的豁免包括在国家及其财产豁免的范围中更自不待言。[③]

尽管查尔斯·刘易斯指出两者之间存在区别，但是由于“国家豁免”以国家主权为根据，目前多数学者和官方文件都已将两者视为相同意义，不过前者较常为正式官方文件所使用。[④]因此，国家豁免也称国家主权豁免或国家管辖豁免。

国家豁免泛指一国的行为和财产不受另一国的立法、司法和行政等方面

---

① 龚刃韧：《国家豁免问题的比较研究》（第二版），北京大学出版社 2005 年版，第 4 页。

② Schooner Exchange v. McFaddon，11 U. S. 116（1812）.

③ 黄进：《略论国家及其财产豁免法的若干问题》，《法学研究》1986 年第 5 期。

④ See Sompong Sucharitkul，“Development and Prospect of the Doctrine of State Immunity：Some Aspects of Codification and Progressive Development”，*Netherlands International Law Review*，Vol. XXXIX（1982），p. 252.

的管辖，即非经一国同意，该国的行为免受所在国法院的审判，其财产免受所在国法院扣押和强制执行。①国家豁免原则更为具体的表述为国家及其财产豁免。所谓国家及其财产豁免，是指在国际交往中，一个国家及其财产未经该国同意免受其他国家的管辖与执行措施的权利。②上述两个定义是对国家豁免这一概念的广义理解，即豁免的内容包括立法、司法和行政管辖的豁免；狭义上讲，国家豁免主要是指一个国家及其财产免受其他国家国内法院的司法管辖豁免。

国家及其财产的豁免可能在以下情况产生：(1) 国家在外国法院直接被诉；(2) 国家虽然在外国没有直接被诉，但在某个诉讼中涉及该国家及其财产，该国为了维护其权利而主张豁免；(3) 在有的案件中，国家通过明示或默示的方式放弃了管辖豁免，但在判决作出以前或以后，如果牵涉到对它采取扣押或强制执行措施，也会产生国家豁免问题，因为依照惯例，放弃管辖豁免并非意味着同时放弃诉讼程序豁免和强制执行豁免；(4) 一国在他国法院提起诉讼时，由于对方当事人提出反诉，便提出该国家是否对反诉享有豁免的问题。③

关于狭义的国家及其财产豁免的内容，有不同的主张。有的将国家及其财产豁免的内容分为管辖豁免和执行豁免。管辖豁免，是指未经一国同意，不得在另一国法院对该国提起民事诉讼或将该国财产作为诉讼标的；执行豁免，是指即使一国同意在他国法院作为被告或主动作为原告参加民事诉讼，在未经该国同意时，仍不得根据法院决定对它采取强制执行措施。有学者把管辖豁免称为“属人理由的豁免”，因为管辖豁免主要涉及具有法律人格的国家，而将“执行豁免”称为“属物理由的豁免”，因为执行豁免主要涉及国家财产。④

根据理论界的一般理解以及各国立法和司法实践，通常认为国家及其财产豁免的内容具体包括以下三方面：

第一，司法管辖豁免。除非经一国明示同意，其他国家不得受理以该国

---

① 邵津：《国际法》，北京大学出版社 2000 年版，第 45 页。

②③④ 杜新丽：《国际民事诉讼与商事仲裁》，中国政法大学出版社 2009 年版，第 30—33 页。

家为被告或以该国国家财产为标的的诉讼。

第二，诉讼程序豁免。一国放弃司法管辖豁免，主动向其他国家的法院起诉或自愿在其他国家的法院应诉的情况下，其他国家的法院未经该国同意不得对该国或其财产采取诉讼程序上的强制措施，包括不得强迫其出庭作证。

第三，强制执行豁免。即使一国放弃司法管辖豁免，主动向其他国家的法院起诉或自愿在其他国家的法院应诉，其他国家的法院未经该国同意不得依据其判决对该国的财产采取强制执行措施。

上述三方面内容既相互独立又相互联系：一方面，一国放弃司法管辖豁免，并不等同于外国国家同时放弃诉讼程序豁免和强制执行豁免；另一方面，司法管辖豁免是国家及其财产豁免的核心内容，是诉讼程序豁免和强制执行豁免发生的前提条件。

国家及其财产豁免原则已经得到国际法学者、各国司法实践、有关法律文件、政府意见以及联合国国际法委员会的充分肯定。自19世纪以来，西方国家关于国家豁免问题的理论研究和司法实践逐渐系统化和制度化，各国相互给予管辖豁免，拒绝对对方国家及其财产、代表机构和人员行使司法管辖权。20世纪后半叶，国际社会开始制定一些条约。早在1972年，欧共体成员国缔结了《欧洲国家豁免公约》；1977年，联合国大会建议国际法委员会着手研究国家及其财产管辖豁免的法律。在国际法委员会和联合国各会员国的积极努力下，委员会先后于1988年和1991年通过了《国际及其财产管辖豁免条款草案》的一读和二读；随后，条款草案进入联合国法律委员会审议阶段，并先后进行了7次讨论。2000年，第55届联合国大会通过决议设立特设委员会，并先后举行3次会议讨论该条款草案。最终，2004年，第59届联合国大会通过了《联合国国家及其财产管辖豁免公约》，并规定该公约于2005年1月17日—2007年1月17日向各国开放。该公约明确指出，国家及其财产的管辖豁免是一项普遍接受的习惯国际法原则，并确立了限制豁免主义。

二、国家豁免的根据

国家豁免已被国际社会普遍承认为一项习惯国际法原则,[①]它由国家主权、独立和平等原则引申并经过长期国际实践形成。目前，对于国家豁免，学者先后提出治外法权说、国家尊严说、国际礼让说、主权平等说等学说。这些学说均能为国家豁免提供理论上的依据和指导。其中，主权平等说得到了广泛的认可和支持。

所谓治外法权，一般指外国人在所在国内，不受该国的法律约束，而由其本国领事依其本国法律对他们行使管辖权。[②]这种主张最初源于外交特权与豁免的根据之一，主要指将本国在他国的使领馆视为本国领土的延伸，从而能在其上行使法权。该学说运用一种法律拟制的方法来论证国家及其财产所享有的豁免权,[③]将豁免权建立在不平等的基础之上，完全与事实不符，也不符合各国在国家豁免方面的实践。1812 年“交易号案”判决中就曾言明：“这种治外法权的虚拟，如果违背领土主权的意志则是不能得到确立和支持的。”[④]因此，治外法权学说是不合理的。

尊严的概念最早源于国家君主至高无上的地位。历史上，在君主制国家里，君主通常不服从本国法院的司法管辖。后来，这种关于君主尊严的概念也被用到外国君主或外国国家的法律地位上。不过，如果国家一方面同私人进行贸易活动，另一方面又在发生纠纷后立即登上主权的宝座并以尊严为借口主张豁免权，这种豁免权的根据令人怀疑。宗教和神话对统治者和统治权的来源的想象，经过一个认识过程，使人们理解到国家也是人的活动。因此，将尊严作为国家豁免的法律根据显得缺乏说服力。

国际礼让是各国在国际交往中遵守的礼貌和善意的规则，如在公海上两国军舰相遇时相互给予降旗或鸣炮的礼节，以表示对国家尊严的尊敬。礼让规则并没有强制力，任何国家违反礼让规则并不会导致国际法律责任的产

① ［英］詹宁斯·瓦茨修订：《奥本海国际法》（第一卷第一册），王铁崖等译，中国大百科全书出版社 1995 年版，第 277 页。

② 梁淑英：《外国人在华待遇》，中国政法大学出版社 1997 年版，第 61 页。

③ 黄进：《国家及其财产豁免问题研究》，中国政法大学出版社 1987 年版，第 4 页。

④ Schooner Exchange v. McFaddon，11 U. S. 116（1812）.

生，只会遭到其他国家相类似行为的回应（反报）。在早期，曾有学者将礼让学说作为国家豁免的理论基础，例如，英国布雷特法官在1880年“比利时国会号案”中称，关于外国大使和君主的管辖豁免规则是“国际礼让”的结果。[①]国际礼让并不是国际法规则，其核心是政治因素而不是法律权利、义务关系。将它作为国家豁免的理论基础必将会导致国家豁免进入一个“自行其是”的动荡状态。

国家主权原则或称国家主权平等原则是维系正常国际关系的基础，是国家之间进行交往所必须遵守的基本原则。该原则得到了《联合国宪章》《关于各国依联合国宪章建立友好关系及合作之国际法原则宣言》《美洲国家组织宪章》《非洲统一组织宪章》以及其他诸多国际法律文件的确认。在国际关系中，国家豁免原则既源于国家主权原则的要求，又源于维护和巩固国家主权原则的需要。[②]许多国际法权威学者在论述国家豁免制度时，都会以主权平等原则作为其理论根据。《奥本海国际法》把国家豁免作为国家基本权利——平等权的一个重要后果，认为：“国家平等的第三个后果是：按照‘平等之间无统治权’的规则，没有一个国家可以对另一个国家主张管辖权。”[③]菲德罗斯也认为任何主权国家都不从属于其他主权国家。在国际关系中，国家是平等的，其必然结果是，一国不受另一国的管辖。[④]韩德培先生认为：“每个独立的国家都是主权者，任何国家无论是大国或是小国，也不管它实行哪一种社会制度。它与其他国家之间的关系应该是而且也只能是平等的。根据‘平等者之间无管辖权’这个原则，国家在外国法院的民事诉讼中应享有司法豁免权。”[⑤]

英美国家的司法实践也支持国家主权平等原则作为国家豁免制度的理论

---

① ［英］詹宁斯·瓦茨修订：《奥本海国际法》（第一卷第一册），王铁崖等译，中国大百科全书出版社1995年版，第76页。

② 宋渝玲：《涉外民事诉讼法律实务》，厦门大学出版社2017年版，第127页。国内对于该问题研究的代表性论著有黄进：《国家及其财产豁免问题研究》，中国政法大学出版社1987年版；龚刃韧：《国家豁免问题的比较研究》，北京大学出版社2005年版。

③ ［英］詹宁斯·瓦茨修订：《奥本海国际法》（第一卷第一册），王铁崖等译，中国大百科全书出版社1995年版，第277页。

④ ［奥］阿·菲德罗斯：《国际法》中译本（上册），商务印书馆1981年中文版，第278页。

⑤ 韩德培：《国际私法》，武汉大学出版社1983年版，第338页。

基础。美国联邦最高法院首席法官马歇尔在1812年“交易号案”判决中指出了给予被告国家管辖豁免的基本理由，即“各国主权完全平等和绝对独立，共同的利益促使他们互相交往并和平相处，由此产生某种情况，即：各主权国家放弃行使各自具有的一部分完全排他的属地管辖权”。[①]“交易号案”判决认为，主权平等是国家豁免的重要理论依据，即所谓“平等者之间无统治权”(par in parem non habet imperium)。1820年，英国法院在“菲烈德里克王子号案”中指出，根据主权平等原则，外国国家及其财产享有管辖豁免。此后直至20世纪的英国判例，除个别例外，都认为主权者应免受任何外国法院的管辖。[②]在欧洲大陆，德国法院从1815年起，法国法院从1827年起，都根据同样理由（即主权平等）对外国国家给予豁免。[③]

国家主权，是指国家独立自主地处理其对内和对外事务的权力，这种权力对外表现为独立和平等，排除来自任何其他国家的管辖和支配。国家主权在国际关系中的平等和独立性则派生出国家豁免权，因为“平等者之间无管辖权”。主权平等不仅包含各国国际法律地位平等、领土完整不受侵犯，而且包含各国政治独立和享有充分的主权之固有的独立权和平等权，是解释说明国家豁免根据的最为适当的根据。[④]主权平等理论正确反映了国际社会中国家的地位以及国家之间的基本关系，为国家豁免原则的适用提供了客观依据。主权平等理论不仅能够从法律意义上正确解释国家豁免的存在原因，而且还能说明国家之间相互给予豁免的原因，在现代各国实践和理论中得到了普遍的承认。

三、国家豁免的不同主张

国家豁免是为了保证国家能在国际上独立地、不受干扰地行使其权利和

---

① 梁淑英：《国际法学案例教程》，知识产权出版社2003年版，第24页。

② H. Lauterpacht, *The Problem of Jurisdictional Immunities of Foreign States*, BYIL (1951), pp. 230—231.

③ Sucharitkul Sompong, State Immunities and Trading Activities in International Law, London, Stevens & Sons, 1959, pp. 9—12. 转引自倪征燠：《关于国家豁免的理论和实践》，《中国国际法年刊》，1983年，第196页。

④ 梁淑英：《浅析国家豁免的几个问题》，《政法论坛》2000年第2期。

从事必要的民事活动。尽管目前从国际社会所达成的条约和各国实践，都认为国家豁免已经构成一项习惯国际法规则或原则，但是在国家豁免的程度和范围上，国际社会一直存在着不同的认识。传统理论可以大致分为绝对豁免主义和限制豁免主义。早在 19 世纪就出现了绝对豁免的理论和实践；后来，随着国家对经济和商业活动的参与，逐渐出现了限制豁免的理论和实践。不过，结合当前国际立法和国内立法以及国际社会在国家豁免领域的实践，以往坚持绝对豁免的国家正逐步转向限制豁免。

(一) 绝对豁免主义

绝对豁免主义（doctrine of absolute immunity），又称绝对豁免论、绝对豁免原则或绝对豁免说，认为对外国国家及其财产，无论该外国所从事的行为的性质如何，除非该外国放弃豁免，应一律给予豁免。除非该国家自愿放弃这种豁免，否则任何国家的法院不得受理以该外国国家为被告及以该国国家的财产为诉讼标的的民商事案件。绝对豁免论的代表人物有美国的奥本海、海德，英国的戴塞、菲兹莫利斯，德国的李斯特、史特鲁普，比利时的尼斯，以及苏联的波古斯拉夫斯基，等等。绝对豁免主义认为，国家及其财产的豁免源于主权者平等以及“平等者之间无管辖权”这一习惯国际法原则。[①]这一原则不允许任何国家对他国及其机构和财产行使主权权力。这是 13 世纪以来公认的一项国际法原则，也是各国判例、学说所一致承认的原则。根据这一原则，不能使内国法院的管辖权确定与外国国家主权平等原则相抵触。如果确立对外国国家的法院管辖权可能导致外国国家行为的非难，妨碍两国之间的友好关系，最终可能导致两国之间发生冲突。绝对豁免主义主张在国家未自愿接受管辖的情况下，通过外交途径解决有关国家的民事争议。

在绝对豁免主义下，国家在国际法上所享有的管辖豁免是一种“绝对的”豁免（Absolute immunity）。国家及其机关的所有行为，包括商业行为都无一例外地在另一国法院享有管辖豁免。一国法院不得受理以外国国家作为被告的案件，一国法院不得受理针对外国国家行为的诉讼案件。外国国家

① 宋渝玲：《涉外民事诉讼法律实务》，厦门大学出版社 2017 年版，第 139 页。

财产也不得成为一国法院的诉讼对象，国家在外国的财产一般也不得为例执行当地法院的判决而被扣押和执行。

从国际实践看，19 世纪以前，由于国家的职能主要在于维持公共秩序，国家行为是与主权行为密切结合在一起的。国家即使从事商务活动，亦是和主权有密切关联的活动，例如从事邮政事业。在此情况下，国家很少进入私领域开展活动，于是根据“平等者间无管辖权”的格言，就对国家的一切行为和财产都给予豁免。“交易号案”判决作为支持绝对豁免观点的经典案例长期被引用。此后，英国、法国等诸多欧洲国家的法院也都坚持绝对豁免。绝对豁免主义在第一次世界大战（简称一战）之前获得国际社会的普遍认可。一战后，随着国际政治经济形势的变化，西方某些国家的法院逐渐开始对外国国家的某些行为进行管辖，而不给予豁免，进而在国家豁免理论上出现了限制豁免主义立场。

（二）限制豁免主义

自 20 世纪 20 年代以来，由于国家直接参与到商业活动中，私人与外国国家之间的商业纠纷经常发生，一些西方国家为了保护本国私人的利益，开始逐渐放弃绝对豁免理论，实行所谓的限制豁免主义（doctrine of restrictive immunity）。限制豁免主义，又称有限豁免论、有限豁免原则、限制豁免说或职能豁免说，认为外国国家及其财产是否享有豁免权，应视其行使的职能而定，主张把国家行为按其性质或目的分为公法行为（或主权行为、统治权行为）和私法行为（或非主权行为），对外国国家的公法行为给予豁免，而对其私法行为不给予豁免。

在一战以后，瑞士、奥地利、罗马尼亚、法国、希腊和德国等国相继在司法实践中采取限制豁免的立场。作为政府间组织的亚非法律协商组织（Asian-African Legal Consultative Organization）在 1960 年会议上通过的报告也肯定了限制豁免理论，认为应该区分不同类型的国家活动，主张对于外国国家具有商业性质或私法性质的行为不应该予以豁免。①长期奉行绝对豁免

① See https://www.aalco.int/Report%20and%20Resolutions%20of%20the%20Third%20Annual%20Session.pdf.

主张的美国国务院于1952年的《泰特公函》中正式肯定美国政府接受限制豁免理论。《泰特公函》发布后，既要求制定统一的主权豁免立法，将限制豁免原则具体化，又有助于主权豁免规则的具体化，最终促成美国1976年《外国主权豁免法》的起草和通过。[①]此后，陆续有多数国家以立法形式确立了限制豁免主义，例如1978年《英国国家豁免法》、1979年《新加坡外国国家豁免法》、1981年《巴基斯坦国家豁免条例》《南非外国国家豁免法》、1985年《加拿大国家豁免法》《澳大利亚外国国家豁免法》、1995年《阿根廷法院对外国国家管辖豁免法》、2008年《以色列外国国家豁免法》、2009年《日本对外国国家民事管辖法》、2015年《西班牙有关外国政府等享有的特权与豁免的组织法》《俄罗斯关于外国国家和财产在俄罗斯联邦的管辖豁免法》等。在国际上，1972年《欧洲国家豁免公约》和2004年《联合国国家及其财产管辖豁免公约》也确立了限制豁免主义。这些立法均确定了国家豁免一般原则，但又规定了相当广泛的不予豁免的例外事项，包括外国国家所从事的商业行为、外国国家的官员或雇员在职务范围内的活动中所发生的侵权、国家通过继承或遗赠而取得的财产等。

限制豁免主义的代表人物主要有福希勒、罗兰、巴尔、埃福泰尔、魏斯、斯皮以及菲奥雷。限制豁免论的理论根据是源于民法中的公平、平等原则。法国的德芒杰、德国的巴尔都是较早提倡限制豁免主义的法学者。德芒杰认为，由于法国法院对本国政府或者君主与私人之间的争端具有管辖权，所以对本国私人和外国政府或外国君主之间的争端也应具有管辖权；巴尔指出，除了根据国家法所规定的法律上的权利，国内法院对外国国家以及外国君主应具有和对外国私人同样的管辖权。例如，根据国家财政法，有关公债事项国内法院不能传唤外国国家，但是在有关商品交换、不动产以及外国国家起诉等情形下可以传唤。[②]

限制豁免主义将国家行为划分为公法行为（或主权行为、统治权行为）和私法行为（或非主权行为），但其在实践中的划分标准却不统一。一般而

① 李庆明：《美国的外国主权豁免理论与实践》，人民日报出版社2021年版，第14页。

② ［德］巴尔：《德国法院受理诉外国政府以及外国君主的管辖权》，《国际私法杂志》第13卷，1885年法文版，第645页。

言，区分国家行为性质的标准主要有三种：目的标准、行为性质标准、混合标准。在识别国家行为性质的法律适用上，限制豁免主义主张适用法院地法来对国家行为的性质予以识别。

2004年，第59届联合国大会通过《联合国国家及其财产管辖豁免公约》，确立了国家及其财产在外国法院享有管辖豁免的一般原则，并规定了国家在涉及商业交易、雇佣合同、人身伤害和财产损失、财产的所有、占有和使用、知识产权、参加公司和其他机构、国家拥有或经营的船舶、仲裁协定的效果等民商事案件中不能援引豁免的情况。尽管目前该公约尚未生效，但是该公约一定程度上为统一各国相关立法和实践提供了基础和保障。在维护国家豁免的一般原则与发展对国家豁免的限制这两者之间，公约力图保持平衡。①这也反映当前国际实践中，大多数国家已经放弃或者正在放弃绝对豁免原则。②尽管限制豁免主义已经成为一种世界性趋势，但是限制豁免论却尚未被确立为国际习惯法上的规则。

除上述两种理论之外，在二战以后，国际法学界出现了废除豁免理论和平等豁免理论。

废除豁免理论产生于20世纪40年代末50年代初。该理论的创始人是英国法学家赫西·劳特派特，瑞士的拉里夫（Lalive）、荷兰的鲍切兹（Bouchez）赞同这一理论。废除豁免论主张完全否定国家豁免原则，并确定国家不享有豁免是一般原则，只有“严格意义上的公共行为”才可以主张豁免。这种理论认为，国家及其财产享有管辖豁免原则没有合理的理论基础，会在适用中造成不公平、不方便；同时，该理论还对国际法中的基本原则——国家平等原则提出了挑战，它认为，给予外国国家豁免权就会使外国国家凌驾于法院所在国的法律之上，侵害法院所在国的主权、平等和独立，因此，国家豁免原则应该被完全放弃。这一理论不仅反对绝对豁免的主张，也同时反对限制豁免的主张。因为限制豁免论至少还承认国家的“主权行为”可以享有豁免权；而废除豁免论者认为，由于对国家的“主权行为”和

---

① 杜新丽：《国际民事诉讼与商事仲裁》，中国政法大学出版社2009年版，第44页。

② ［英］詹宁斯、瓦茨修订：《奥本海国际法》，王铁崖等译，中国大百科全书出版社1995年版，第280页。

“非主权行为”在事实上很难进行区分，这种划分是没有意义的，因为国家的所有行为都是主权行为。[①]由于这一理论过于极端，所以并未得到广泛的支持，在各国的立法和司法实践中也基本上没有适用的案例。

平等豁免理论由德国学者弗里兹·恩德林首先提出。他认为，国家豁免是平等原则派生出来的权利，同时也是国家主权的一个实质组成部分。由于国家主权不是绝对的，国家豁免也同样不是绝对的。因此，国家不享有绝对豁免，只享有平等豁免。平等豁免说可以说是在绝对豁免理论和废除豁免理论之间的一种折中措施。该理论主要是针对社会主义国家公有制占主体地位的情况而提出来的。[②]

第二节　国家豁免的实践

在国家豁免实践过程中，呈现出由绝对豁免主义向限制豁免主义的转变。例如，美国和英国过去一直是绝对豁免主义的坚持者，自二战后，其立场发生了转变。美国“贝里兹兄弟公司诉佩萨罗号案”(Berizzi Brothers Co. v. Steamship Pessaro)[③]确立了绝对豁免原则。自《泰特公函》(Tate Letter)后，美国放弃了绝对豁免转而实行限制豁免。1975 年 10 月 31 日，美国国务院和司法部共同向国会提出了一项立法建议，要求国会对主权豁免问题立法。在国务院和司法部提出的法律草案基础上，美国国会于 1976 年通过《外国主权豁免法》，正式在立法上确立了限制豁免主义。英国在 1938 年“克里斯汀娜号案”[④]中，法官阿特金的意见反映了绝对豁免主义的内容；随着 1947 年《皇室诉讼法》(Crown Proceeding Act）的颁布，英国开始放弃绝对豁免理论；1958 年，丹宁法官在案件中挑战绝对豁免论，认为它是一种“欠妥”的理论；自 1976 年的“菲律宾海军上将号案”[⑤](The Philippine Ad-

① H. Lauterpacht, *The Problem of Jurisdictional Immunities of Foreign States*, British International Law Yearbook, 1951, 28, p. 220.

② 宋渝玲：《涉外民事诉讼法律实务》，厦门大学出版社 2017 年版，第 142 页。

③ Berizzi Brothers Co. v. Steamship Pessaro, 271 U. S. 562 (1926).

④ 克里斯汀娜号案的出处为：Compania Naviera Vascongado v. Steamship “Christina”, (1938) AC 485。

⑤ 菲律宾海军上将号案的出处为：The Philippine Admiral. Philippine Admiral (Owners) v. Wallem Shipping (Hong Kong) Ltd. and Another. International Law Reports. 1983, 64: 90—110。

miral）后，英国的实践发生了重大变化，该案是英国法院实践中确立限制豁免论的标志性案件。在现代限制豁免主义的实践中，产生了诸多理论问题，包括享有外国国家豁免主体的认定、商业行为的认定、外国国家豁免法的溯及力等问题。

一、国家豁免主体的认定

在国家豁免案件中，如何认定诉讼主体构成国家豁免主体是法院面临的首要问题。“外国国家”的认定，是外国国家豁免法适用的前提。美国新泽西州地方法院就曾指出：“被告是否属于美国《外国国家豁免法案》中的‘国家’是案件需解决的首要问题。”①

一般认为，外国国家是享有国家豁免的主体，但是各国对于“国家”界定的方法和分类存在不同。美国主要将国家分为“国家本身”（State itself，也称 alter egos）和国家代理机构（agency or instrument）。其中，国家本身往往指代的是国家的政治分支（political division）。②1978 年《英国国家豁免法》中将国家分为了 4 种类型：（1）以公职身份行事的该国君主或其他元首；（2）该国政府；（3）该政府的任何部分；（4）行使主权权力的独立实体。③新加坡、巴基斯坦和南非国家豁免法中对“国家”的界定与

---

① See 692 F. Supp. 393 United States District Court，D. New Jersey，TIFA LIMITED，Plaintiff，v. REPUBLIC OF GHANA，et al.，Defendants. Civ. A. No. 87—446. May 13，1988.

② 1976 年美国《外国主权豁免法》第 1603 节用语：第 1 条“外国国家”，包括某一外国的政治分支机构或第 2 条所指的机构或部门，本编第 1608 节所规定的除外。第 2 条“外国国家机构或部门”是指符合下列条件的实体：（1）独立的法人、公司或其他实体；（2）外国国家或其政治分支机构的机关，或外国国家或其政治分支机构持有大部分股权或拥有其他所有者权益的实体；（3）既非本编第 1332 节第 3 条和第 5 条所述美国一州之公民，亦非依任何第三国法律建立的实体。

③ 1978 年英国《国家豁免法》第 14 条规定了享有特权与豁免的国家：一、本法该部分中规定的特权与豁免，适用于英国以外的任何外国或英联邦国家；所提及的“国家”包括：（一）以其公职身份行事的该国君主或其他元首；（二）该国政府；以及（三）该政府的任何部门，但不包括任何独立于该国政府行政机构之外，且有权起诉和被诉的实体（简称“独立实体”）。二、独立实体只有在满足以下条件时，才能在英国法院享有管辖豁免：（一）诉讼程序与该实体行使主权权力的任何行为有关；（二）一国（或当适用上述第十条时，非《布鲁塞尔公约》缔约方的一国）属于可以享有豁免的情形。三、如独立实体（一国中央银行或其他金融主管机关除外）在可依本条第二款的规定享有豁免的诉讼程序中接受了法院的管辖，则本法第十三条第一款至第四款中关于国家的规定同样适用于该实体。四、一国中央银行或其他金融主管机关的财产不应被视为第十三条第四款中规 （转下页）

英国类似。[①]我国《外国国家豁免法》第 2 条规定："本法所称的外国国家包括：（一）外国主权国家；（二）外国主权国家的国家机关或者组成部分；（三）外国主权国家授权行使主权权力且基于该项授权从事活动的组织或者个人。"整体而言，各国国内豁免法主要对外国国家做了类似于我国的三种认定，即国家本身（政治分支、政府）、政府部门的组成机构、代表国家主权权力行使的实体。

在豁免法语境中，国家政府、主权国家的政治分支都等同于主权国家。《美国外国主权豁免法：法官指引手册》指出，"国家"和"政府"之间没有区别。以被诉方为中国为例，无论被告是中国、中华人民共和国、中国政府，还是其不可分割的政府组成部分之一（如全国人民代表大会、人民解放军或国家安全部长），其都是美国《外国主权豁免法》中所称之"国家"，美国《外国主权豁免法》都可以适用。[②]在大多数情况下，政治分支（political subdivisions）等同于国家（或政府）。例如，在实践中，针对中国 23 个省、5 个自治区、4 个直辖市中的一个或多个的诉讼与针对国家或政府的诉讼相同。[③]在"仰融案""天宇公司案""洲际工业公司诉武汉工业国有控股集团有限公司和湖北省政府案"中，辽宁省政府、四川省政府及其下属的成都市青羊区政府和湖北省政府均因是中国政府的分支机构而被认为构成美国《外国主权豁免法》上的外国"国家"，有权主张豁免。[④]在"绿坝青年护航计划"

（接上页）定的"被用于或意图被用于商业目的"；如果一银行或机关是独立实体，则该条第一款至第三款中关于国家的规定同样适用于该银行或机关。

① 1979 年《新加坡外国国家豁免法》第 16 条、1981 年《巴基斯坦国家豁免条例》第 15 条、1981 年《南非外国国家豁免法》第 1 条。

② 《美国外国国家豁免法：法官指引手册》，第 6 页。There is no distinction is drawn between the "state" and its "government." Thus，statute applies whether the named defendant is，for example，China，the People's Republic of China，the Government of China or one of its integral governmental components（such as the National People's Congress，the People's Liberation Army，or the Minister of State Security）. See Federal Judicial Center International Litigation Guide，The Foreign Sovereign Immunities Act：A Guide for Judges.（2013），p. 6.

③ 《美国外国国家豁免法：法官指引手册》，第 6 页。In most circumstances，political subdivisions are readily equated with the state（or government），a suit against one or more of China's twenty-three provinces，five autonomous regions，or four municipalities would be treated the same as a suit against the state or government.

④ See BIG SKY NETWORK CANADA，LTD.，a British Virgin Islands corporation，Plaintiff-Appellant，v. SICHUAN PROVINCIAL GOVERNMENT，533 F. 3d 1183 United States （转下页）

争议中，美国法院认为工信部是中国政府的组成部分。[①]美国法院曾认定中国民用航空局构成外国国家，有权主张豁免。[②]在杜马斯诉中国驻美国大使馆签证处案中，美国马萨诸塞州高等法院认为中国驻美国大使馆构成美国《外国主权豁免法》中的外国国家，是否颁发签证纯属行使自由裁量权的行为，不构成侵权行为，原告诉讼请求不符合美国《外国主权豁免法》上的豁免例外，故驳回原告起诉。[③]

我国《外国国家豁免法》第 2 条第 3 款规定："外国主权国家授权从事主权活动的自然人、法人、非法人"构成外国国家。实践中最为明显的问题就是国有企业是否构成享有国家豁免的主体问题。我国一直主张区分国家与国有企业，认为国有企业可以以自己名义独立起诉和应诉，无权主张豁免。[④]改革开放后中国政府遭遇的第一起国家豁免案件是"烟花案"。在该案中，因国有企业的产品责任导致中国政府被列为被告。中国外交部曾致函美国国务院，明确主张中国享有主权豁免，但国有企业可以以自己的名义起诉或者被诉。[⑤]

二、国家豁免例外情形的认定

在国家豁免案件中，在判断被诉方是否属于外国国家之后，还需要判断是否存在国家豁免的例外情形。一般而言，不享有国家豁免的情形，主要包括外国国家明示接受管辖、进行商业活动、为获得个人提供的劳动或者劳务与个人签订合同、造成人身和财产损害等。我国《外国国家豁免法》第 4—12 条明确规定了我国法院可以对外国国家及其财产行使管辖权的范围，包括

（接上页）Court of Appeals，Tenth Circuit；See Intercontinental Industries Co v. Wuhan State Owned Industrial Holdings Co.，Ltd.，et al.，10（9th Cir. 2018）."仰融案"的述评见杨松：《从仰融案看跨国诉讼中的国家豁免问题》，《政治与法律》2007 年第 1 期。

① See CYBERsitter，LLC v. People's Republic of China，805 F. Supp. 2d 958，976—977（C. D. Cal. 2011）.

② See Barkanic v. General Admin. of Civil Aviation of the People's Republic of China，822 F. 2d 11，13—14（2d Cir），cert. denied，484 U. S. 964，108 S. Ct. 453，98L. Ed. 2d 393（1987）.

③ See Roy R. Dumas v. Visa Section of the Chinese Embassy，21 Maas. L. Rep. 452；2006 Mass. Super. Lexis 425.

④ 段洁龙：《中国国际法实践与案例》，法律出版社 2011 年版，第 1 页、第 9 页。

⑤ 黄进：《国家及其财产豁免问题研究》，中国政法大学出版社 1987 年版，第 263—264 页。

外国国家明示就特定事项或者案件接受管辖、进行商业活动引起的诉讼、因劳动或者劳务合同履行引起的诉讼、有关侵权行为引起的赔偿诉讼以及仲裁相关事项等。因此，对上述例外情形的认定则显得尤为重要。

（一）外国国家接受管辖

我国《外国国家豁免法》第 4 条规定："外国国家通过下列方式之一明示就特定事项或者案件接受中华人民共和国的法院管辖的，对于就该事项或者案件提起的诉讼，该外国国家在中华人民共和国的法院不享有管辖豁免：（一）国际条约；（二）书面协议；（三）向处理案件的中华人民共和国的法院提交书面文件；（四）通过外交渠道等方式向中华人民共和国提交书面文件；（五）其他明示接受中华人民共和国的法院管辖的方式。"该条款系外国国家明示放弃管辖豁免、表示接受一国法院行使管辖权的规定。所谓明示接受管辖，即明示放弃豁免，是指国家通过书面或口头声明表示接受外国法院管辖的形式。明示放弃的主要形式有：国家通过条约放弃豁免，外国国家与私人签订合同约定放弃豁免，国家授权其代表在外国法院正式发表声明或通过外交途径提出书面函件，等等。放弃管辖豁免，以接受他国的管辖是国家行使主权的一种方式。在绝对豁免理论下，一国法院对外国国家任何行为的管辖必须经过该国家的同意或放弃，但是在限制豁免理论下，国家行为被分为公法行为（或主权行为、统治权行为）和私法行为（或非主权行为）两大类。一国法院只是在对外国国家的公法行为行使管辖权时，才需要经过该国家同意放弃豁免权，而对于外国国家的私法行为进行管辖，则无需征得该国家的同意。

法院应当根据外国国家的意志和有关的表示来断定其是否放弃管辖豁免而接受管辖。一国放弃管辖豁免、接受他国在某一特定事项或者案件的管辖，应当满足自愿性、明确性和具体性。首先，自愿性。一国接受管辖必须基于其自身意志，一个国家不得强迫另一国家放弃豁免；其次，明确性。一国不能任意将外国国家的某种行为视为放弃豁免；最后，具体性。国家豁免的放弃必须和某一特定法律关系、有关行为以及主体等具体情况相关联，[①]而

---

① 德劳姆：《公债与主权豁免》，《美国国际法学报》1977 年，第 71 卷。

且，这种放弃原则上也只能在当事国之间适用，对第三国没有法律效力。①对于国家放弃豁免、接受管辖的事项或范围必须具体。除了通过条约形式的放弃外，国家放弃管辖豁免通常都是针对某一特定的法律关系以及特定的行为而作出的。例如，奥地利最高法院 1964 年对“X 太子交通事故案”中就认为享有豁免特权的外国人在奥地利上交通保险并不构成对法院管辖的服从，这种对管辖的服从必须明示并且仅对特定的案件有拘束力。②除此之外，同一国家的某个公共实体放弃豁免不等于其他类似公共实体可以接受当地法院的管辖。

国家通过国际条约放弃管辖豁免是现代各国公认的一种事先放弃豁免的方式。《联合国国家及其财产的管辖豁免公约》第 7 条第 1 款也规定了“国际协定”是国家放弃豁免的基本方式之一。有关放弃管辖或豁免的条款见诸双边条约和多边条约，关键问题在于对有关放弃管辖豁免条款的解释。美国法院过往判例对 1955 年《美国和伊朗友好、经济关系及领事权利条约》第 11 条第 4 款的解释引起了争议。一些美国法院严格按字面意思给以狭义的解释，认为该放弃条款只适用于企业，而不适用于伊朗国家本身；③另一些美国法院则作了广义的解释，认为这一放弃管辖豁免条款不仅适用于企业，也同样适用于伊朗国家本身。④除此之外，不能认为一个国家加入一个多边性国际公约，就认为该国家已经接受另一缔约国法院的管辖，除非公约中明文载有放弃某一方面国家豁免的条款。例如，美国联邦第七巡回上诉法院 1985 年在“弗罗洛娃诉苏联案”中认为，国家作为《联合国宪章》的当事国并不意味着该国已放弃管辖豁免。⑤此外，缔约国通过国际条约放弃管辖豁免，也仅限于条约明文规定的对特定领域或特定种类的行为，而且这种放弃原则上也

① 杜新丽：《国际民事诉讼与商事仲裁》，中国政法大学出版社 2009 年版，第 34 页。

② 《国际法判例汇编》第 65 卷，第 13 页。

③ 1982 年“贾弗里等诉伊斯兰共和国案”，参见《国际法判例汇编》第 72 卷，第 124 页；1982 年“哈里斯公司诉伊朗广播电视公司案”，参见《国际法判例汇编》第 72 卷，第 172 页。

④ 1979 年“贝林国际股份有限公司诉伊朗空军案”，参见《国际法判例汇编》第 63 卷，第 261 页；1980 年“艾林信托公司诉伊朗政府和奥莫兰银行案”，参见《国际法判例汇编》第 63 卷，第 346 页。

⑤ 《国际法判例汇编》第 85 卷，第 236 页。

只能在有关缔约国之间适用，对第三国没有法律效力。

有关外国国家与私人或法人签订的合同与放弃管辖豁免之间的关系，当前存在不同：否认合同规定具有放弃豁免的效力、①承认合同规定具有放弃豁免的效力、②以签订合同行为本身作为放弃豁免的根据。③目前，第二种立场为大多数国家所接受。通过合同规定放弃国家豁免具有具体、灵活以及明确的特点。对于第三种立场，存在以下问题：一是即使按照限制豁免主义来判断，也不是所有国家的合同行为都能归于私法行为。例如，有关开发本国自然资源的特许协议在性质上就和一般的合同有着重要的区别；二是即使国家与外国私人签订的合同属于私法合同，但由于涉及合同的签订地、履行地以及违反合同的原因等各种情况，管辖权问题还得根据国际私法的有关规则来确定，未必私人当事人一方所属国就有管辖权；三是除某些专属管辖事项外，合同当事人双方有权自行决定解决争端的具体方式。因而，简单地将国

---

① 自1894年“米盖尔诉丹佛苏丹案”以来，英国的判例法就长期否认合同规定具有放弃豁免的效力，并且还确立了外国国家及其君主只有在英国法庭上表示服从管辖才被视为放弃豁免的独特规则。其他一些普通法国家的法院也不承认外国国家事先的合同放弃。例如澳大利亚昆士兰最高法院1950年“美国诉中华民国案”，参见《国际法判例汇编》第17卷，第168页。日本法院在二战前也不承认合同放弃豁免的效力。例如日本大审院1928年“松山哲雄和佐野源治诉中华民国案”。参见《日本最高法院判例集》第7卷，1928年日文版，第1128页。目前，这种立场已经没有国家采用。参见龚刃韧：《国家豁免问题的比较研究：当代国际公法、国际私法和国际经济法的一个共同课题》，北京大学出版社2005年版，第175—176页。

② 欧洲大陆法国家一直承认合同放弃豁免的效力。案例有法国卡萨布兰卡民事法院1955年“葡萄牙公共教育部长诉维托里尔协会案”。参见《国际法判例汇编》第65卷，第32页。荷兰海牙上诉法院1976年“马赛欧里达私人民用公司诉荷兰案”。参见《国际法判例汇编》第65卷，第370页。丹麦最高法院1982年“捷克斯洛伐克社会主义共和国大使馆诉詹斯·尼尔森·拜吉—企业家案”。参见《国际法判例汇编》第78卷，第81页。美国联邦第二巡回上诉法院1982年“利伯尔银行有限公司诉哥斯达黎加国家银行案”。参见《国际法判例汇编》第72卷，第119页。近年来，英国国内立法放弃了外国国家只有在法庭上才能作出有效放弃的传统规则。参见英国《国家豁免法》第2条第2款。美国国会在解释《外国主权豁免法》第1605条（a）项时指出：“如果外国国家统一在一个合同中放弃主权豁免，事后这种放弃只有以和该合同中放弃的表示相一致的方式才能撤回。”《国际法律资料》第15卷，1976年英文版，第1408页。

③ 在判例方面，比利时1963年“德勒朗和玛瑟莱尔股份有限公司诉土耳其中央银行案”。参见《国际法判例汇编》第45卷，第85页；意大利1963年“美国政府诉艾尔萨案”。参见《国际法判例汇编》第65卷，第262页；奥地利1970年“施泰因梅茨诉匈牙利人民共和国案”，参见《国际法判例汇编》第65卷，第15页。上述案例中均倾向于无论合同内容如何，只要外国国家签订合同，该行为本身就构成豁免的放弃。在立法上，英国《国家豁免法》第3条第（1）款（b）项、新加坡《国家豁免法》第5条第（1）款（b）项、巴基斯坦《国家豁免法令》第5条第（1）款（b）项、南非《外国主权豁免法》第4条第（1）款（b）项均作类似规定。

家签订合同的行为本身就视为放弃豁免的立场确实有失偏颇。[①]在国家与外国自然人和法人之间订立的国家合同中，往往会有一些不大明确的有关争议解决的条款，还有一些国家合同之规定应适用的准据法而不明确规定解决争端的方式，均不能被认为放弃管辖豁免而接受管辖。[②]

我国《外国国家豁免法》第 4 条第 3 项属于事后的明示放弃管辖豁免条款。这种方式在过去是英国判例法上唯一明示放弃管辖豁免的形式。《外国国家豁免法》第 4 条第 4 项规定："通过外交渠道等方式向中华人民共和国提交书面文件"；第 5 项规定"其他明示接受中华人民共和国的法院管辖的方式。"德国的司法实践中曾经遇到一国国内立法规定是否构成放弃管辖豁免的问题。在德国最高法院 1921 年"冰王号案"[③]中，法院认为美国 1916 年航运法第 9 条关于政府商船应遵守有关普通商船的法律、规则和责任的规定属于实体法规定，不属于诉讼程序方面的规定，因而不能视为放弃管辖豁免，并判决美国政府商船在德国法院享有管辖豁免。然而，1923 年 3 月 23 日，美国向在外国的外交机关发函声称对从事商业活动的美国航运委员会所经营的船舶不再提出豁免请求。[④]也就是说，一国国内的立法以及具有外交职能的机构可以以立法和文件的形式放弃豁免。

实践中，外国国家更多是通过有关外国国家在国内法院以与诉讼直接有关的行为来表示，即默示接受管辖的形式。默示接受管辖或放弃豁免是指国家通过在外国法院的、与特定诉讼直接有关的积极行为来表示接受其管辖。

---

① 龚刃韧：《国家豁免问题的比较研究：当代国际公法、国际私法和国际经济法的一个共同课题》，北京大学出版社 2005 年版，第 176 页。

② 日本学者泽木敬郎指出，在国家契约中近规定合意管辖的情形下，由于不是关于对人管辖权的规定，因此不能认为是豁免的放弃。[日] 泽木敬郎：《与国家的契约》，《现代契约法大系》第 8 卷，1982 年日文版，第 171—172 页。一般认为，对只规定法律适用条款不能被解释未有关国家已放弃管辖豁免、接受管辖。联合国国际法委员会二读通过的条款草案第 7 条第 2 款也规定："一国同意适用另一国的法律，不应解释未统一改另一个的法院对其行使管辖权。" [美] 斯密特（H. Smit）、高尔斯顿（N. M. Galston）和列维茨基（S. L. Levitsky）编：《国际合同》，马修本德出版社 1981 年英文版，第 259—260 页；[英] 刘易斯（J. Lewis）：《国家和外交豁免》，劳埃德出版社 1985 年英文版，第 92—93 页。

③ 《国际公法判例年度摘要》第 1 卷（1919—1922），第 150—151 页。

④ Dickinson, Edwin D. "Waiver of State Immunity." The American Journal of International Law, Vol. 19, No. 3, 1925, pp. 555—559.

例如国家作为原告在外国法院提起诉讼，国家作为被告正式应诉、提起反诉等。我国《外国国家豁免法》第5条规定“视为就特定事项或者案件接受中华人民共和国的法院管辖”的情形：“外国国家有下列情形之一的，视为就特定事项或者案件接受中华人民共和国的法院管辖：（一）作为原告向中华人民共和国的法院提起诉讼；（二）作为被告参加中华人民共和国的法院受理的诉讼，并就案件实体问题答辩或者提出反诉；（三）作为第三人参加中华人民共和国的法院受理的诉讼；（四）在中华人民共和国的法院作为原告提起诉讼或者作为第三人提出诉讼请求时，由于与该起诉或者该诉讼请求相同的法律关系或者事实被提起反诉。外国国家有前款第二项规定的情形，但能够证明其作出上述答辩之前不可能知道有可主张豁免的事实的，可以在知道或者应当知道该事实后的合理时间内主张管辖豁免。”

一个国家在另一个国家的法院作为原告提起诉讼，就意味着该国家已经决定就某一特定事项或案件服从法院的管辖，因而不能就该诉讼再援引管辖豁免。起诉作为默示放弃的一种形式一直得到各国判例的承认。[①]此种情形也包含一个国家在另一国法院提起上诉，上诉也被认为构成对上诉审法院管辖的同意或接受。[②]

如果一个国家被起诉之后对一项权利主张答辩或对案情实质提出争辩而无条件地或者说一般性出庭，并且也不主张管辖豁免，那么该国家的行为就明显地构成管辖豁免的放弃，接受管辖。[③]不过，并不是国家所有的出庭行为都能被推定为默示接受管辖。这需要根据有关国家采取的行为具体内容、条件以及目的来确定。例如，外国国家授权其代表出庭主张管辖豁免而出庭应诉、出庭作证的，均不应被视为默示接受管辖。除此之外，当一个被起诉的国家拒绝在外国法庭出庭时，法院也不能单方面推断该国已放弃管辖豁免接

---

① 相关案例有1863年奥地利最高法院“A诉土耳其政府案”、波兰最高法院1928年“苏联驻华沙商务代表处诉莫里西·法詹斯案”、美国纽约州最高法院1949年“海地共和国诉普莱彻案”。

② 1952年英国枢密院司法委员会对“柔佛苏丹诉阿布巴卡案”的判决。参见《国际法判例汇编》第19卷，第182页。

③ 例如，多哥高等上诉法院1961年“法国诉西非银行案”。参见《国际法判例汇编》第65卷，第439页；荷兰鹿特丹地方法院1979年“‘大西洋号’诉苏联案”。参见《国际法判例汇编》第65卷，第377页；又参见联合国文件，A/46/10，1991年中文版，第60页。见Jackson v. People's Republic of China，794 F. 2d 1490（11th cir. 1986）

受管辖。如“杰克逊等诉中华人民共和国案”等。

我国《外国国家豁免法》第5条第3款、第4款属于外国国家介入诉讼的情形。实践中均视为接受法院的管辖。[①]此种介入诉讼的情形，仍需注意同仅为主张豁免而应诉答辩、出庭作证的区别。如果是仅为主张豁免而应诉答辩、出庭作证，则不能被视为默示放弃管辖豁免。只有当一国在另一国法院作为有利害关系的当事方提出主张时，才能被视为放弃管辖豁免。至于反诉，当作为被告的外国国家对原告提起反诉时，这种反诉行为便构成了放弃豁免、接受管辖的明显证据。如果外国国家在本诉中放弃管辖豁免以接受管辖，意味着在本诉的反诉中也放弃管辖豁免以接受管辖。因为，本诉与反诉之间具有相同的法律关系或事实。

在明示和默示放弃豁免、接受管辖上，各国司法实践中经常遇到“谁有权代表本国或其政府放弃管辖豁免”这一问题。原则上，能够在外国法院放弃本国管辖豁免的人，应该是被授权的人或者是公认为具有代表国家或其政府资格的人。例如，1956年在“巴克斯有限公司诉国家小麦供应公司案”中，[②]被告公司总经理未经西班牙农业部长的授权便指示律师出庭。对此，英国上诉法院认为由于被告的出庭是未经授权的，因而不构成对英国法院管辖的接受。一般说来，如果被告是外国国家或中央政府，有理由认为该国家驻法院地国使馆的馆长具有代表该国家或政府放弃管辖豁免的资格。[③]一些国家还认为只要具有签订合同权限的国家代理人，对产生于该合同的争讼也应具有放弃豁免的权限。例如，英国《国家豁免法》第2条7款规定：“凡代表外国国家并经外国国家授权而签订合同之人，应视为有关该合同之一切诉讼

① 例如，意大利热那亚上诉法院1925年“美国航运委员会诉意大利水泥公司案”中，由于美国航运委员会作为案涉船只的所有者介入诉讼，上诉法院认为美国航运委员会已经默示接受意大利法院的管辖。《美国国际法学报》（增刊）第26卷，1932年，第547页。又如，法国巴黎上诉法院1936年在“利昂信贷、巴黎及荷兰银行诉维埃尔和芬兰案”中，由于芬兰在该案上诉过程中自动地介入诉讼因而放弃了管辖豁免。《国际公法判例年度摘要》第8卷（1935—1937），第228页。

② 《国际法判例汇编》第23卷，第160页。

③ ［英］参见英国《国家豁免法》第2条第7款、新加坡《国家豁免法》第4条（7）款、巴基斯坦《国家豁免法令》第4条（6）款、南非《外国主权豁免法》第3条（6）款、澳大利亚《外国国家或米娜发》第10条（11）款。

中具有接受司法管辖的权限。”[①]不过，一般认为这种授权代表国家签订合同的人，只有权放弃管辖豁免，而无权放弃执行豁免。[②]另外，也不能排除外国国家或政府主管部门特别授权的代表如律师或代理人在法院放弃管辖豁免的情形。[③]

无论是明示接受管辖还是被视为接受管辖，均意味着对管辖豁免的放弃。然而，管辖豁免的放弃并不一定意味着受理案件的法院一定有管辖权。能否行使管辖权还是要由法院根据法律关系的性质以及国内管辖权的规定来作出裁定。另一个需要讨论的问题就是管辖豁免的放弃能否撤回？即一国放弃了豁免是否还能重新要求管辖豁免的问题。此类问题经常出现在有关合同放弃条款效果的诉讼案件中。一些西方国家通过国内立法以及判例明确禁止外国国家撤回放弃。美国 1976 年《外国主权豁免法》第 1605 条（a）款（1）项、澳大利亚 1985 年《外国国家豁免法》第 10 条（5）项均作了不允许撤回放弃的规定；德国在 1977 年“菲律宾大使馆银行账户案”中进一步确认了外国国家一旦放弃管辖豁免在原则上不得撤回的规则；[④]英国 1978 年《国家豁免法》虽然没有禁止撤回放弃的明文规定，但由于承认包括合同形式在内事先书面协定放弃的效力，因此也承认放弃可以撤回。根据“约定必须信守”以及“诚实信用”的原则，一旦国家放弃了管辖豁免，通常就不应再请求撤回放弃；否则，不仅不利于当事人，也有碍于国家与外国私人之间各种交往活动的展开。从另一方面看，一国放弃管辖豁免对他国法院并无法律上的约束力，国内法院允许外国国家撤回放弃的可能性仍然是存在的。为此，对于以合同形式放弃管辖豁免、接受管辖，应当允许外国国家在特定情形下撤回。对撤回的效果，根据国际私法指引的准据法予以确定。

(二) 商业活动例外

商业活动例外是国家豁免例外的核心内容。在管辖豁免方面，各国对国家有关商业贸易等领域的行为在立法表述上有所不同。例如，美国《外国主

---

① 美国律师协会：《美国对外关系法第三次重述》（修订版），1987 年英文版，第 417 页。

② 澳大利亚法律改革委员会：《外国国家豁免》，1984 年版，第 72 页。

③ 联合国文件，A/46/20，1991 年中文版，第 55 页。

④ 《国际法判例汇编》第 65 卷，第 146 页，第 190 页。

权豁免法》适用“商业活动”一词，英国《国家豁免法》和《联合国国家及其财产管辖豁免公约》使用“商业交易”一词。

对于商业交易或商业活动一词，国际社会并没有统一的定义。美国《外国主权豁免法》第 1603 条第 4 款仅定义为“或者是商业活动的正常过程，或者是特定的商业交易行为”。国家商业行为包含两大类：一类是国家持续性商业经营行为，如经营一家石油公司或一家银行（纯粹行使管理职能的中央银行除外）；另一类是特定的商业交易行为，如使馆或教育部购买汽车。[①] 1978 年《美国对外关系法第三次重述》（简称《重述》）将商业活动解释为“物品的生产、效收或购买、财产的借贷、金钱的借贷、服务的履行或以履行服务为目的之合同的缔结以及自然人或法人从事的同种类的活动”。《重述》认为，国家或国家实体所从事的一些行为，包括货物的生产和销售、财产租赁、货币借贷、服务合同等同样可由自然人或法人从事的行为，应该被认定为商业行为。其中货物、财产、货币和服务等用作政府或公共目的的事实，仍然不能改变国家行为的商业性质。[②]英国《国家豁免法》第 3 条 3 款将“商业交易”分为以下三种情形：即（a）任何提供货物或服务的合同；（b）任何贷款或为提供资金的其他交易以及关于这种交易或其他金融义务的任何保证和赔偿；（c）任何其他由国家参加或从事的非行使主权权力的（无论是商业、工业、金融、职业或类似性质的）交易或行为。英国法几乎把国家的任何所谓“非行使主权权力”的行为都列为商业交易，但是对“非行使主权权力”并没有一个准确的定义。澳大利亚 1985 年《外国国家豁免法》第 11 条规定，商业活动是指“有外国国家参加的商业的、贸易的、营业的、职业的和工业的活动，或有外国国家参加的类似性质的活动，在不对大多数上述活动作限定的情况下，只包括：（1）提供货物和服务的合同；（2）贷款协议或其他提供资金或与提供资金有关的交易；（3）关于金融债务的担保或赔偿，但不包括雇佣合同或汇票”。[③]

---

① See “Restatement of the Law，Third，Foreign Relations Law of the United States”，the American Law Institute，1987，p. 406.

② Restatement of the Law：The Foreign Relations Law of the United States（Vol. 1），American Law Institute Publishers，p. 402.

③ 《国际法资料》第 7 辑，1993 年，第 24 页。

我国《外国国家豁免法》在定义“商业活动”时，也采用“非行使主权权力”的表述：“本法所称商业活动是指非行使主权权力的关于货物或者服务的交易、投资、借贷以及其他商业性质的行为。中华人民共和国的法院在认定一项行为是否属于商业活动时，应当综合考虑该行为的性质和目的。”《联合国国家豁免公约》第 2 条第 1 款（c）项对商业行为形成如下规定：“商业交易指：(1) 为销售货物或为提供服务而订立的任何商业合同或交易(2) 任何贷款或其他金融性质之交易的合同，包括涉及任何此类贷款或交易的任何担保义务或补偿义务；(3) 商业、工业、贸易或专业性质的任何其他合同或交易，但不包括雇用人员的合同。”①

对商业行为不能统一界定主要是因为东西方国家所采取的判定标准不同。美国、加拿大、以色列等国以行为的性质为标准来判断；新加坡、澳大利亚、南非、巴基斯坦等国则以行为的目的作标准来判断。美国《外国主权豁免法》第 1603 条规定：“一项行为的商业性质应根据该行为过程或特殊交易或行为的性质，而不是根据其目的来判定。”行为是否具有商业性质关键要看该行为是否能为私人按同样商品交换或流通的方式完成；意大利认为性质测试原则上是确定合同或交易的商业特性的唯一标准。②英国没有在法律中明确规定以交易的性质作为标准，但法院在审判中都一致地适用“行为性质标准”。③起草澳大利亚《外国国家豁免法》的法律改革委员会也认为性质标准比较清楚而且容易适用，考虑外国国家的动机会导致不确定性，由此将不利于和外国国家从事交易的私人当事人。④

---

① United Nations Convention on Jurisdictional Immunities of States and Their Property 2004, Art 2 (1) (c).

② See UN A/56/291/Add. 1.

③ 例如，1981 年英国上议院在审理“党代会一号案”时，就指出确定一个行为具有商业性质还是主权特征时，最重要的是该行为的性质而不是其目的。See Playa Larga (Owners of Cargo Lately Laden on Board) Appellants v. I House of Lords, [1983] 1 A. C. 244; Marble Islands (Owners of Cargo Lately Laden on Board) Appellants v. Same Respondents, I Congreso del Partido, [1981] 3 W. L. R. 328; International Law Reports, Vol. 64. 154. 又如，英国上诉法院 1983 年在“阿尔考姆诉哥伦比亚共和国案”中认为英国豁免法不允许考虑外国从事商业交易的动机。See Alcom Ltd. Respondents (Plaintiffs) v. Republic of Colombia Appellant (Defendant) and House of Lords, [1984] A. C. 580, [1984] 2 W. L. R. 750; International Law Materials, Vol. 22. 1307.

④ 澳大利亚法律改革委员会：《外国国家豁免》，1984 年英文版，第 52 页。

《联合国国家及其财产管辖豁免公约》第 2 条第 2 款规定："在确定一项合同或交易是否为第 1 款（c）项所述的'商业交易'时，应主要参考该合同或交易的性质，但如果合同或交易的当事方已达成一致，或者根据法院地国的实践，合同或交易的目的与确定其非商业性质有关，则其目的也应予以考虑。"由此可见，在该公约下，性质是判断商业活动的主要标准，而目的标准只是在特定情形下适用的辅助手段。应当肯定的是，不管是何种标准，确定一项交易或合同是否属于商业性质的最终决定权仍然在主管法院手中。在目的标准下，国际法委员会认为国家为救助灾区、缓解饥荒以及制止流行病而从事的购买粮食、药品或贷款代办合同行为可以排除国家行为的商业性质。①

各国法院在判定一个国家行为是否为商业行为时的司法实践也不一致。比利时法院判例确定变卖或让与合同、拍卖战利品、购买军需品或原料合同、租赁不动产、经营管理铁路运输、雇佣商船工作人员、资金转移合同等属于"私"行为。②瑞士和荷兰法院认为经营铁路的行为是履行公共职能的行为，而法国法院则认为此类行为是与公共权力无关的商业行为。美国法院将国有航空公司的行为归为商业行为，而加拿大法院却认为对机场的管理不能归为商业行为。荷兰法院认为对国立学校的管理不包含特殊的政府行为，意大利法院认为匈牙利国立大学在罗马经营图书馆的行为享有豁免权，瑞士外交部宣称外国国家在瑞士举办艺术展览的行为是履行主权权力的行为。③

每一个交易都可能包含一些商业性质的行为，如订货、签订、托运等，对于国家为主体的情况，如果单纯使用性质标准，则会将其等同于一般的私人主体，而抹杀了国家作为主权者的特殊性。仅仅从商业性来否定它的豁免权，实际上否定一个国家的主权是不充分的。④不过，单从目的标准来看，该

---

① 联合国文件，A/46/10，1991 年中文版，第 34—36 页。

② 布鲁塞尔大学和鲁万大学社会学研究所国际法中心：《国家管辖豁免和执行豁免》1971 年法文版，第 302—303 页，转引自龚刃韧：《国家豁免问题的比较研究：当代国际公法、国际私法和国际经济法的一个共同课题》，北京大学出版社 2005 年版，第 206 页。

③ Badr，Gamal M.，State Immunity—An Analytical and Prognostic View，Hague. Martinus Nijhoff Publishers，1987，p. 402.

④ 齐静：《国家豁免立法研究》，人民出版社 2015 年版，第 172—173 页。

标准具有极大的主观性，导致其不具有可操作性。单单从目标标准去判断可能导致在国内法院的滥用或判断的不一致。实际上，性质标准和目的标准之间并没有明确的界限，即商业行为与非商业行为有时候没有非常明确的界限。通常它们之间存在一个模糊的灰色区域，实践中很难认定。①因此，在判断一项行为是否属于商业行为时，不能过分强调某一标准，而应当综合考虑行为的性质和目的，在两个标准之间达到平衡。

我国在定义商业活动时，特别强调“中华人民共和国的法院在认定一项行为是否属于商业活动时，应当综合考虑行为的性质和目的”。我国采用混合标准判断国家行为是否属于商业行为时应注意对目的的阐释方式。有学者主张对目的标准根据具体案例重新阐释，将国家行为分解为子行为，子行为中的主权性质的行为是否为核心行为决定了整个行为的性质。②还有学者专门对国家行为的种类和行为的变化作了分析。为军队购买靴子的行为属于商业行为，而涉及免税、移民的特权和外交豁免等条款的咨询服务合同、军队招募私人入伍并承诺支付医疗费用的协议都不归为商业合同。③有学者还认为，在审查合同或交易的商业性质时，应该从行为的全过程着手，包括考察行为的性质、目的或动机，以及某些其他补充性的依据，例如活动的地点以及所有与行为有关的情况的背景，以确定它究竟是一项主权活动还是商业活动。④

我国曾在 2001 年 8 月 14 日提交给第 56 届联大秘书处的报告中指出，适用目的标准绝非为国家从事的商业行为提供更多的保护，而是不应忽视某些情况下的国家特殊利益，如为赈济灾民、采购粮食、为复兴受灾地区采购物品或为制止流行病蔓延而采购药品等。目的标准可能不如性质标准具有具体和明确的判定条件，但绝非无法适用，如果在实践中国家从事商业行为的目的确实与合同或交易之非商业性质的确定有关，则应该让被告国有机会证

---

① 杜新丽：《国际民事诉讼与商事仲裁》，中国政法大学出版社 2009 年版，第 40 页。

② 宋晓：《论限制豁免论中国家商业行为的判断标准》，《国际经济法论丛》第 6 卷，法律出版社 2002 年版，第 238—240 页。

③ 张露藜：《论国家豁免中商业交易的认定》，《现代法学》2006 年第 28 卷第 2 期。

④ 夏林华：《论国家及其财产豁免中商业交易的判断依据》，《云南大学学报（法学版）》2007 年第 6 期。

明这一点。[①]为此，应当在个案中对国家行为具体分析，同时给予被告抗辩的权利，在性质标准和目的标准之间尽力寻求均衡点。应当从性质和目的角度考察一项活动是否是商业活动，关键还是看其中是否有公权力的体现。[②]

性质标准和目的标准的应用发生在国家行为的不同环节，它们不存在非此即彼的对立矛盾。问题的关键在于确定诉讼审查的范围，如果作为整体行为一部分的国家主权性质的行为并不能为外国私人所依据和信赖，未能成为国家与私人共同行为的合理的一部分时，应排除目的标准的适用而径行适用性质标准。在对国家行为进行分析时，应仔细分析主权性质的国家行为是否也是对方私人共同认可并且参与的，即是否也是在对方私人正当期望和合理利益所在的范围内。如果不是，则须摒除目的标准而径行适用性质标准；如果主权性质的行为是整个合同或交易的组成部分，若是缺少则会动摇整个合同或交易的基础，那么应允许被告国援引目的标准以主张国家豁免，而不论商业性质的行为是否也是整个合同或交易的一部分。鉴于目前尚未找到共同的国际标准，在区分商业行为和主权行为时，《联合国国家及其财产管辖豁免公约》所提倡的混合标准不失为一个较为理想的折衷之道。如果国家行为具有诸如此类的公共目的，则应该否定单纯依靠性质标准得出的商业性质的结论，认定它们为主权行为，从而使它们享有外国法院的豁免。如果狭隘地单纯使用性质标准，则会将其等同于一般的私人主体，而抹煞了国家作为主权者的特殊性。目的标准作为性质标准的次级标准，具有弥补性质标准此种缺陷的作用。[③]

国家豁免诉讼中的国家行为，常由商业性质的行为和主权性质的行为交织而成，从各自的侧面出发则得出截然相反的结论，这也是两种判断标准争论不休的症结所在。主权因素固然表明行为具有主权目的，但不能不加思虑地即将其扩展于整个国家行为，否则将会导致否定限制豁免论的逻辑矛盾。

---

① See UN A/56/291. p. 3.

② 张建栋：《论国家管辖豁免中的商业活动例外》，《上海法学研究》集刊2021年第13卷，第21—22页。

③ 宋晓：《论限制豁免论中国家商业行为的判断标准》，《国际经济法论丛》2002年第6卷，法律出版社2002年版，第235—236页。

我们应仔细分析主权性质的国家行为是否也是对方私人共同认可并且参与的，即是否也是在对方私人正当期望和合理利益所在的范围内；如果不是，则须摒除目的标准而径行适用性质标准；如果主权性质的行为是整个合同或交易的组成部分。若是缺少则会动摇整个合同或交易的基础，那么应允许被告国援引目的标准以主张国家豁免，而不论商业性质的行为是否也是整个合同或交易的一部分。①

我国对外国国家在商业活动引起诉讼的豁免，限定于“在中华人民共和国领域内发生，或者虽然发生在中华人民共和国领域外但在中华人民共和国领域内产生直接影响的”商业活动。如此规定，意在强调诉讼案件和法院地国之间的联系。美国《外国主权豁免法》规定从事商业活动不能免受美国法院的管辖，但同时也对商业活动限定了条件，主要是三种情况：在美国进行的商业活动，或与外国国家在美国领土以外的商业活动有关的在美国完成的行为，或外国国家在美国领土以外的且在美国领土以外进行的但对美国有直接影响的行为。由此，对“直接影响”的理解变得尤为重要。美国法院在实践中对“直接影响”判定标准并不统一，有些法院认为存在“经济损失”、“即刻影响”即构成了“直接影响”，但是多数法院认为“直接影响”的判断依照“实质性”、“可预见性”、“重大法律行为”等更为严格的标准。

《美国对外关系法第四次重述》第454条认为，根据美国法律，“直接影响”是一项行为的直接后果。如果一个影响是该行为的一个遥远的或减弱的后果，或者如果它是由一个干预行为（intervening act）引起的，那么它就不是直接的。外国国家在其他地方的行为在美国造成的人身伤害可构成直接后果。例如，如果外国国家在国外疏忽设计或制造产品，而该产品在美国销售并在美国造成人身伤害，则满足“直接影响”要求。②在涉及金钱支付时，美国法院认为违反向美国付款的合同义务构成直接影响的一个检验标准，而

① 宋晓：《论限制豁免论中国家商业行为的判断标准》，《国际经济法论丛》2002年第6卷，法律出版社2002年版，第240页。

② Lyon v. Augusta S. P. A.，252 F. 3d 1078（9th Cir. 2001）；Vermeulen v. Renault，U. S. A.，Inc.，985 F. 2d 1534，1545（11th cir. 1993）.

不是所感受到的经济损害或伤害。[①]多数美国法院在“直接影响”认定中以“在美国造成了实质、可预见，且具备重大法律意义”为执行标准，[②]美国法学界亦对拒绝适用“具备重大法律意义”要求的相关案例进行了批判，认为法院以其他“低标准”轻易认定“直接影响”，可能会引发不利的外交风险，而这实际上是与当初《外国主权豁免法》的立法目的相违背，长此以往将影响美国企业与外国国家之间的正常贸易往来。[③]美国律师协会成立的《外国主权豁免法》工作小组曾在相关报告中建议修改《外国主权豁免法》，认为“直接影响”需以“实质性”作为认定标准，考察案件所处的背景以及和美国的关联性，深入探寻被告行为是否在美国国内产生重要影响。商业活动例外是国家豁免语境下的例外，将导致一国不享有管辖豁免。

（三）与劳动力相关合同豁免例外

我国《外国国家豁免法》第 8 条规定：“外国国家为获得个人提供的劳动或者劳务而签订的合同全部或者部分在中华人民共和国领域内履行的，对于因该合同引起的诉讼，该外国国家在中华人民共和国的法院不享有管辖豁免，但有下列情形之一的除外：（一）获得个人提供的劳动或者劳务是为了履行该外国国家行使主权权力的特定职能；（二）提供劳动或者劳务的个人是外交代表、领事官员、享有豁免的国际组织驻华代表机构工作人员或者其他享有相关豁免的人员；（三）提供劳动或者劳务的个人在提起诉讼时具有

---

① United States. Weltover, 504 U. S. at 619 (direct effect satisfied by failure to make payments to a U. S. bank as designated by the payee, when contract permits payee to specify place of payment); Hanil Bank v. PT. Bank Negara Indon. (Persero), 148 F. 3d 127, 132 (2d cir. 1998) (bank's failure to pay on letter of credit caused a direct effect in the United States, where payee was entitled under the letter of credit to indicate how it would be reimbursed); Big Sky Network Canada, Ltd. v. Sichuan Provincial Gov't, 533 F. 3d 1183, 1191 (10th cir. 2008) (failure to pay U. S. corporation abroad does not have a direct effect in the United States, even if financial injury is felt in the United States); Antares Aircraft v. Fed. Republic of Nigeria, 999 F. 2d 33, 36 (2d cir. 1993) (seizure of property abroad does not have direct effect in the United States even if payment to recover property comes from bank in the United States).

② See Nicolas J. Evanof, Direct Ef ect Jurisdiction under the Foreign Sovereign Immunities Act of 1976: Ending the Chaos in the Circuit Courts, Huston Law Review, Vol. 28 (1991), p. 632.

③ See Matthew Bensen, All New (International) People's Court: The Future of the Direct Effect Clause after Voest-Apline Trading USA Corp v. Bank of China, 83 Minn. L. Rev. 997 (1998—1999). p. 998.

该外国国家的国籍，并且在中华人民共和国领域内没有经常居所；（四）该外国国家与中华人民共和国另有协议。”该条表述为“外国国家为获得个人提供的劳动或者劳务与个人签订的合同”，而并没有使用“劳动合同”“劳务合同”或“雇佣合同”的表述。正因为此种表述，所以避开了对“劳动合同”“劳务合同”或“雇佣合同”的认定。此处的合同应作宽泛理解，只要是一方提供劳动力供外国国家支配，即可认定为满足第 8 条所表述的“外国国家为获得个人提供的劳动或者劳务与个人签订的合同”，“劳动合同”“劳务合同”或“雇佣合同”等均应包含在内。除此之外，该合同的履行须满足“全部或者部分在中华人民共和国领域内履行”，体现合同履行地同我国的“领土联系”，而不涉及合同签订地与我国的联系。在确定此类合同引起的诉讼时，也应当查明提供劳动和劳务的个人是否属于经济纠纷的内容，查明是否涉及国家主权。如果提供劳动或劳务的个人的请求只是为了讨薪或违反合同内容等经济方面的纠纷，就不会与国家主权有关联。但是例外情况是，在实践中，第三者的介入如贸易工会等为提供劳动或劳务的个人的权益进行的诉讼或者其诉讼请求的内容涉及国家安全调查等，这些诉讼请求通常会与国家主权有冲突，此时的求偿性质就具有国家主权性质，则外国国家享有国家管辖豁免权。

当今，一些国家的立法和实践都表明对被国家雇佣者的司法途径保护的倾向，规定了国家在雇佣合同中的豁免例外，例如《欧洲豁免公约》第 5 条、英国《国家豁免法》第 4 条、澳大利亚《国家豁免法》第 12 条、《联合国国家及其财产管辖豁免公约》第 11 条。在实践中，各国对雇佣合同的国家豁免例外的规定基本都遵循了对国家“公”行为和“私”行为性质的传统区分，对于商业性质的雇佣合同，一般不给予管辖豁免，但对于国家主权权能方面的雇佣合同，仍享有豁免权。[①]我国《外国国家豁免法》坚持上述立场，规定“获得个人提供的劳动或者劳务是为了履行该外国国家行使主权权力的特定职能”享有管辖豁免。在确定获得个人提供的劳动和劳务是否是未来履行与该外国国家主权权力有关的特定职能时，应当全面考虑各种因素。

---

① 齐静：《国家豁免立法研究》，人民出版社 2015 年版，第 200 页。

英国1983年“森格普塔诉印度案”的判决可以为我国适用该条款提供借鉴或参考。法官在该案判决中指出，法庭必须考察诉讼的整个背景，即必须回答4个问题：第一，案件所涉及的雇佣合同是否是私人可以缔结的合同；第二，雇佣合同的履行是否涉及双方当事人履行外国的公共职能；第三，诉讼是否是主权行为造成的；第四，法庭对诉讼的调查是否涉及外国国家的主权或公共行为的调查。①

除了上述具有“公”行为性质的雇佣合同，对雇佣合同管辖豁免的例外一般还是要考虑涉及领土、国籍、诉讼事由和特殊外交人员几个方面的因素。除此之外，法院地国一般还申明尊重合同双方的意思自治。双方可以自愿协商国家豁免的问题，同时申明本国关于劳动协议强制性规则的适用。我国《外国国家豁免法》第8条规定“该外国国家与中华人民共和国另有协议”的可以保留国家豁免，但并没有规定这种协议不能违反我国国内强制性的劳动法。这与英国《国家豁免法》存在明显差别。英国《国家豁免法》第4条规定，合同双方当事人可以用书面协议的方式保留豁免权，但该协议不得与英国国内强制性的劳动法冲突。一国的国家豁免立场涉及法院地国的公共秩序，而一国的强制性法规同样构成一国的公共秩序，因此，即使该外国国家与中华人民共和国另有协议，也应当考察是否违反我国的强制性规定。

对于“外国国家为获得个人提供的劳动或者劳务与个人签订的合同”，只要该合同“全部或者部分在中华人民共和国领域内履行”，则该合同引起的诉讼一般不享有管辖豁免。在“外国国家为获得个人提供的劳动或者劳务与个人签订的合同”引起的诉讼中，不予豁免才是原则，给予豁免才属例外。实践中，法院首先需要判定案涉合同的类型，结合合同缔结的背景、诉讼时的真实情况、与国家主权行为的联系、对外国国家的影响等因素予以确定是否享有豁免；应对原告身份予以严格审查，确定其国籍、经常居所；外交使团雇佣雇员涉及外交法，对该部分人员应当排除我国《外国国家豁免法》的适用，而根据《中华人民共和国外交特权与豁免条例》《中华人民共

---

① See Richart Garnett, The Precarious Position of Embassy and Consular Employees in the United Kingdom. International & Comparative Law Quarterly, 2005, 54 (3), 705—718.

和国领事特权与豁免条例》处理。①

除此之外，本款在适用时应当与“商业活动例外”条款相区别。在“Ashraf-Hassan v. Embassy of France 案”②中，原告提出受到了就业歧视，被告以“实体”身份请求国家管辖豁免。美国哥伦比亚特区地方法院认为，如果法国大使馆雇佣的仅仅是一名普通的文书职员，且不给予其公务员身份，也不参与法国政府相关工作的，则该法国使馆的雇佣行为属于商业活动性质，而不是公权力性质，因此法国大使馆无法享有管辖豁免。由于美国豁免法未单独规定雇佣合同例外的专门条款，美国将雇佣行为归属到商业活动中。在实践中应当注意，如果构成与劳动力相关合同例外的国家豁免，则不应将该合同行为解释为商业活动，避免出现法律适用上的混乱。

（四）人身伤亡和财产损失诉讼管辖豁免例外

我国《外国国家豁免法》第 9 条规定：“对于外国国家在中华人民共和国领域内的相关行为造成人身伤害、死亡或者造成动产、不动产损失引起的赔偿诉讼，该外国国家在中华人民共和国的法院不享有管辖豁免。”美国《外国主权豁免法》第 1605 条第 5 款第 a 项③与我国《外国国家豁免法》第 9 条的要件表述较相似，但是前者的表述更细致，即外国国家及其官员、雇员在职权或雇佣范围内的侵权行为或不作为都属于外国国家侵权行为的范畴。

美国法院司法实践对地域要件和个人侵权行为如何可归因外国国家作出了解释。一方面，联邦最高法院、部分巡回上诉法庭、部分地区法院对造成

① 齐静：《国家豁免立法研究》，人民出版社 2015 年版，第 204—205 页。

② Ashraf-Hassan v. Embassy of Fr., 40 F. Supp. 3d 94, 102 (D. D. C. 2014).

③ 28 USC Ch. 97-JURISDICTIONAL IMMUNITIES OF FOREIGN STATES, § 1605 (a) (5): “not otherwise encompassed in paragraph (2) above, in which money damages are sought against a foreign state for personal injury or death, or damage to or loss of property, occurring in the United States and caused by the tortious act or omission of that foreign state or of any official or employee of that foreign state while acting within the scope of his office or employment; except this paragraph shall not apply to— (A) any claim based upon the exercise or performance or the failure to exercise or perform a discretionary function regardless of whether the discretion be abused, or (B) any claim arising out of malicious prosecution, abuse of process, libel, slander, misrepresentation, deceit, or interference with contract rights.”

人身伤亡或财产损灭的外国国家侵权行为采严格的“完全侵权论”，即侵权行为实施地和侵权结果地都在美国时才可认定为外国国家侵权发生在美国内。美国法院从非商事侵权行为与商事行为管辖豁免例外条款的适用区分角度分析，认为商事行为适用第 1605 条第 2 款中的效果原则不适用于非商事侵权行为，因而仅有损害结果发生在美国内并不足以满足第 1605 条第 5 款第 a 项的要求。例如，在“Kling v. World Health Organization 案”[①]中，纽约地区法院认为，非商业侵权外国国家管辖豁免例外的整体侵权论要求伤害和引发伤害的行为都发生在美国内。原告起诉 WHO 在 2019 年 12 月—2020 年 3 月声明未能及时对 COVID-19 作回应以致原告健康损害，但是在没有事实证明是 WHO 在美国境内发布的情况下，WHO 使用美国境内的互联网和媒体平台不能构成该组织在美国实施的“完全侵权”。在“Usoyan v. Republic of Turkey 案”[②]中，土耳其总统埃尔多安访问美国期间，土耳其安保部门为保障其安全，对游行抗议者实施暴力人身攻击致使游行抗议者有人身损害。哥伦比亚地区法院认为，安保职能行使基本发生在受雇的时间和空间范围内、是为安保对象服务的、安保对象并非无法预期到雇佣期间会发生使用武力侵害他人的行为，因而得以适用《美国外国主权豁免法》第 1605 条第 5 款第 a 项。在“Democratic National Committee v. Russian Federation 案”[③]中，美国全国政党委员会指控俄罗斯涉嫌在 2016 年总统大选期间非法侵入原告的计算机。纽约地区法院认为美国《外国主权豁免法》第 1605 条第 5 款第 a 项适用于交通事故等国内侵权法可适用的法律事项，不适用于本案情形。在“Smith v. Socialist People's Libyan Arab Jamahiriya 案”[④]中，因为泛美航空 103 号班机在苏格兰领空爆炸且坠毁在苏格兰土地上，而非在美国领域内，纽约地区法院认为美国《外国主权豁免法》第 1605（5）（a）条不得适用。在“Argentine Republic v. Amerada Hess Shipping Corp 案”[⑤]

---

① Kling v. The World Health Organization，7：20-CV-03124（S. D. N. Y. 2021）.

② Usoyan v. Republic of Turkey，Civil Action 18-1141（CKK）（D. D. C. Sep. 21，2022）.

③ Democratic National Committee v. Russian Federation，No. 18-CV-03501-JGK（S. D. N. Y. 2019）.

④ Smith v. Socialist People's Libyan Arab Jamahiriya，101 F. 3d 239（2d cir. 1996）.

⑤ Argentine Republic v. Amerada Hess Shipping Corp，488 U. S. 429（1989）.

中，美国联邦最高法院认为，美国《外国主权豁免法》第1605条第5款第a项只适用于行为和结果都发生在美国领域内的侵权行为（Entire Tort Rule）。阿根廷在公海毁坏利比里亚公司的邮轮，但公海不属于美国领域内，美国法院对该案不享有管辖权。

美国部分巡回上诉法庭和部分地区法院对个人侵权行为如何可归因外国国家，采用上级责任、用人单位责任等基础理论，判断个人侵权时是否在行使职权或履行雇佣义务，对外国官员或雇员的行为采取时间、地点、行为目的以及行为受益方等诸要素的考量。例如，在“Guzel v. State of Kuwait案”[①]中，外国政府雇员在政府官员下榻的酒店强奸酒店雇员的行为并非“在其职务或工作范围内”，因此法院无法对外国政府因政府雇员涉嫌殴打而引发的侵权诉讼行使管辖权。在“Howland v. Hertz Corp案”[②]中，美国佛罗里达州地区法院认为，印度尼西亚共和国中央银行的雇员在出差期间使用租车以供个人享受时，并非在其工作范围内行事，因此该雇员租赁车辆的交通事故招致人身伤害不适用美国《外国主权豁免法》第1605条第5款第a项。

在地域要件方面，《联合国国家及其财产管辖豁免公约》第12条采用侵权行为实施地标准，[③]既要求作为或不作为全部或部分发生在法院地国领土内，又要求作为或不作为的行为人在作为或不作为发生时处于法院地国领土内，至于损害结果发生地是否位于法院地国在所不论。国际法委员会的特别报告员在制定《联合国国家及其财产管辖豁免公约》草案时，强调侵权行为实施地法的重要地位，综合各国提出行为实施地标准（例如《1978年英国国家豁免法》），以及部分多边条约（例如《1972年欧洲国家豁免公约》）的行为实施地和行为人所在地的双重标准，认为面对人身伤亡和财产损灭管辖外国的案件采取限缩观点是新的国际趋势，因而将非商事侵权案件的可适用范围缩小。至于采取限缩观点的背后法理或者说深层次原因为何，国际法委员

① Guzel v. State of Kuwait，818 F. supp. 6（D. D. C. 1993）.

② Howland v. Hertz Corp.，431 F. supp. 2d 1238.

③ 《联合国国家及其财产管辖豁免公约》第12条：“除有关国家间另有协议外，一国在对主张由可归因于该国的作为或不作为引起的死亡或人身伤害、或有形财产的损害或灭失要求金钱赔偿的诉讼中，如果该作为或不作为全部或部分发生在法院地国领土内，而且作为或不作为的行为人在作为或不作为发生时处于法院地国领土内，则不得向另一国原应管辖的法院援引管辖豁免。”

会的报告并未详解。

（五）财产事项诉讼管辖豁免例外

《联合国国家及其财产管辖豁免公约》第13条规定：“除有关国家间另有协议外，一国在涉及确定下列问题的诉讼中，不得对另一国原应管辖的法院援引管辖豁免：（a）该国对位于法院地国的不动产的任何权利或利益，或该国对该不动产的占有或使用，或该国由于对该不动产的利益或占有或使用而产生的任何义务；（b）该国对动产或不动产由于继承、赠与或无人继承而产生的任何权利或利益；或（c）该国对托管财产、破产者财产或公司解散前清理之财产的管理的任何权利或利益。”我国《外国国家豁免法》第10条的条文表述与《联合国国家及其财产管辖豁免公约》表述一致。

根据《联合国国家及其财产管辖豁免公约》起草的国际法委员会报告及评论，依“Predominant Authority of the State of the Situs”的基本原理，物之所在地的国家享有绝对的、优先的地域管辖权。外国对法院地国地上财产的所有、使用和收益都应该受到法院地国的规制，与商业合同行为的外国管辖豁免例外条款相区分。不动产拥有较强的属地性，法院地国可予以管辖；动产流动性较强，外国掌控力更大，法院地国仅就涉及国内人身关系的部分予以管辖；基于对财产信托、清算、破产等程序的监管特殊需要，对该程序涉及的外国财产权益也予以管辖。

美国《外国主权豁免法》第1605条第1款第d项的表述更宽泛、简略，但对于财产事项管辖豁免例外，美国法院司法实践采限缩适用态度。在“City of New York v. Permanent Mission of India to the United Nations案”①中，美国上诉法院对外国主权豁免的“不动产争议例外”进行了解释，认为“不动产争议例外”应解释为包括任何有争议的情况：一是外国对位于美国的不动产的权利或利益；二是案涉标的不动产为外国使用或者占有；三是外国直接因对案涉标的不动产的权利或使用而产生的义务。之后，本案上诉至最高法院，美国联邦最高法院认为，对不动产的税收留置权属于对美国

① City of New York v. The Permanent Mission of India to the United Nations, 618 F. 3d. 172 (2d cir. 2010).

不动产的产权负担和非占有财产权益，构成美国《外国主权豁免法》第1605条第1款第d项规定的不动产争议。在“Asociacion de Reclamantes v. United Mexican States案”[1]中，哥伦比亚地区巡回上诉法院认为，美国《外国主权豁免法》第1605条第1款第d项规定的“不动产权利”并非广泛意义的，应是狭义范围的，一般可解释为所有权、使用权、租赁权、地役权、担保物权等直接涉及不动产财产权利和义务的内容。对墨西哥无偿征用上诉人先前持有的得克萨斯州土地索赔提出索赔，但这些索赔的解决不会以任何可能的方式影响墨西哥位于美国的土地的财产权益或占有权，即征收补偿权并非涉及不动产权利。

总的来看，美国法院认为，美国《外国主权豁免法》第1605条第1款第d项虽使用“不动产权利”这一较模糊的表述，但应作限缩解释，即不动产权利仅指向“直接”构成不动产上权利负担的权利类型，包括所有权、使用权、用益物权和担保物权等，而不动产权利存在争议还可指代因前述权利负担附加给外国的义务争议，但不包括因不动产征收和征用而获得的债权等非物上权利，因为其不能直接影响外国对其在美国的不动产的所有、使用和受益。美国法院之所以对不动产物权作限缩解释，是出于区分美国《外国主权豁免法》第1605条第1款第c项条不动产物权进行商业交易可能产生的债权债务纠纷。我国《外国国家豁免法》第7条规定的商业活动仅限于货物、服务贸易和投资。当不动产不属于可自由地市场流通与进出境的货物范畴时，《外国国家豁免法》第10条的规定就应该涵盖不动产权利、权益和义务的方方面面。对财产案件豁免中如何证明财产是外国这一问题来讲，就有形动产而言，外国财产权利外观以外国对有形动产的实际占有；就无形财产而言，外国成为财产持有人通过拥有所有权文件（比如证券资产）或其他方式对所涉财产权益拥有控制权的方式进行；就不动产而言，外国似乎可以成为不动产的登记权利人或实际使用人，因而其外国财产属性不被质疑（举例而言，美国对外国大使馆馆址颁发的不动产权证上记载的权利人可能是外国，而非自然人、法人或非法人，或者有租赁合同明确证明外国是租赁合同的合格主体）。

---

[1] Asociacion de Reclamantes v. United Mexican States，735 F. 2d 1517 (D. C. cir. 1984).

(六) 知识产权事项诉讼管辖豁免例外

我国《外国国家豁免法》第11条规定:“对于下列知识产权事项的诉讼,外国国家在中华人民共和国的法院不享有管辖豁免:(一)确定该外国国家受中华人民共和国法律保护的知识产权归属及相关权益;(二)该外国国家在中华人民共和国领域内侵害受中华人民共和国法律保护的知识产权及相关权益。”一方面,如果以第三人知识产权为诉讼涉案标的,附带的判断第三人权利是否属于外国的权利成为不可避免的判定要件。另一方面,除了知识产权归属问题外,知识产权侵权诉讼要求属于国家财产的第三人知识产权在中国受到保护,知识产权侵权行为也需要发生在中国领域内。

(七) 与仲裁相关事项诉讼管辖豁免例外

我国《外国国家豁免法》第12条规定:“外国国家与包括中华人民共和国在内的其他国家的组织或者个人之间的商业活动产生的争议,根据书面协议被提交仲裁的,或者外国国家通过国际投资条约等书面形式同意将其与包括中华人民共和国在内的其他国家的组织或者个人产生的投资争端提交仲裁的,对于需要法院审查的下列事项,该外国国家在中华人民共和国的法院不享有管辖豁免:(一)仲裁协议的效力;(二)仲裁裁决的承认和执行;(三)仲裁裁决的撤销;(四)法律规定的其他由中华人民共和国的法院对仲裁进行审查的事项。”该条规定旨在保障国内法律和《联合国承认及执行外国仲裁裁决公约》(简称《纽约公约》)的实施,确保人民法院有审查仲裁协议有效性、合法性以及是否承认与执行外国民商事判决的管辖权能。

美国《外国主权豁免法》第1605(6)条的规定与我国《外国国家豁免法》第12条的规定相近。美国《外国主权豁免法》明确规定仲裁协议的仲裁地在美国,或者美国有承认与执行外国裁决的条约义务,这意味着如果美国没有承认或执行裁决的利益或法律义务,美国法院不会适用仲裁案件国家管辖豁免例外条款。

在“Nextera Energy Global Holdings B. V. v. Kingdom of Spain 案”①

① Nextera Energy Global Holdings B. V. v. Kingdom of Spain. Civil Action No. 19-CV-O 1618 (TSC) (D. D. C. Sep. 30, 2020).

中，美国哥伦比亚地区巡回上诉法院根据美国《外国主权豁免法》第1605条第1款第f项仲裁案件外国管辖豁免例外规定，对外国行使管辖权需要的不仅仅是援引仲裁裁决的索赔，证明仲裁协议、仲裁裁决和管辖裁决的条约的存在都是需要证明的管辖权事实。一方当事人缺乏订立或援引仲裁协议的法律依据的主张，不是对该协议存在的管辖权事实的挑战，而是对该协议可仲裁性的挑战。因西班牙未能证明仲裁协议不存在，美国《外国主权豁免法》第1605条第1款第f项可得适用。在“Al-Qarqani v. Saudi Arabian Oil Company案”[①]中，美国第五巡回上诉法庭认为，如果裁决是根据有效的仲裁协议作出的，裁决的承认和执行受《纽约公约》管辖，即可适用美国《外国主权豁免法》第1605条第1款第f项。本案中，裁决当事人之间不存在有效的仲裁协议，因而不存在裁决例外。

美国《外国主权豁免法》第1605条第1款第f项主要适用于在申请美国法院承认与执行外国仲裁裁决的案件。无论是一般的国际商事仲裁裁决还是国际投资仲裁裁决，证明私主体和外国之间存在仲裁协议、外国仲裁庭所作裁决以及对美国有法律约束力的国际条约等是美国法院依美国《外国主权豁免法》第1605条第1款第f项对外国行使管辖权的充分要件。美国法院的实践实际上是将法院地国是否有承认与执行外国裁决的条约义务认定为法院对承认与执行外国裁决案件的管辖权要件，但中国对仲裁司法审查案件并未作如此要求。根据《最高人民法院关于审理仲裁司法审查案件若干问题的规定》第2条的规定，仲裁协议约定的仲裁机构所在地、仲裁协议签订地、申请人住所地、被申请人住所地在中国的，中级人民法院或者专门人民法院就有权管辖。[②]

三、国家豁免诉讼中的外交介入

国家豁免诉讼由于可能影响国家之间的友好关系，许多国家的外交部门有时会以一定的方式介入案件审判过程。国家豁免涉及一国法院对外国国家

---

① Al-Qarqani v. Saudi Arabian Oil Co.，No. 21-20034 (5th cir. 2021).

② 最高人民法院关于审理仲裁司法审查案件若干问题的规定（法释〔2017〕22号）。

及其财产是否拥有管辖权，外国国家及其财产在一国法院是否享有豁免，直接关系该国的对外关系和国际权利与义务。因此，决定国家豁免规则或政策是一种涉及外交的国家行为。①国家豁免问题具有双重属性，其既是法律问题，又是外交问题。②作为法律问题，它涉及一国法院对外国国家及其财产是否拥有管辖权，外国国家及其财产在该国法院是否享有豁免权；作为外交问题，它直接关系一国与外国国家之间的外交关系和该国对外政策的实施，涉及国家的对外关系和利益。各国都按照本国国情需要和对外政策，采用符合本国利益的国家豁免制度。国家豁免问题的这种双重属性，决定了此类案件社会效果的特殊性，这主要体现在对国家外交政策和国家利益的影响。因此，相比于其他类型的案件，国家豁免案件的审理和判决结果更具全局意义和政治意义。这也是各国法官们对国家豁免案件持谨慎态度的重要原因。即使那些将相对豁免论明确予以规定或践行于司法审判中的国家，其对待外国国家的豁免问题也是非常慎重的。法院仅仅依据审判技术和经验作出的判决，可能招致被诉国家的报复性措施或者其他合作或协调失败的后果。为了避免遭受被诉国家的报复性措施，特别是一些重要的、影响比较大的案件，法官不得不考虑和衡量案件对本国外交事务的影响。为了降低国家豁免案件的政治风险，由外交部门在受理、审理或执行等不同阶段，以不同方式介入国家豁免审判过程，以防止法院的判决偏离外交政策的目标。外交机关通过向法院作利益声明或与被告国家进行外交交涉，使法院审理案件更加谨慎和小心，将可能引发的政治风险降到最低。

我国《外国国家豁免法》第 19 条对国家豁免诉讼中的外交介入进行了规定："中华人民共和国外交部就以下有关国家行为的事实问题出具的证明文件，中华人民共和国的法院应当采信：（一）案件中的相关国家是否构成本法第二条第一项中的外国主权国家；（二）本法第十七条规定的外交照会是否送达以及何时送达；（三）其他有关国家行为的事实问题。对于前款以

---

① 如在 2006 年的 Whiteman v. Dorotheum GMBHt & Co.［Whiteman v. Dorotheum GMBH & Co. K. G，No. 02-9361（2d. cir. 2006）］一案中，联邦第二巡回法院就以"政治问题原则"驳回了大屠杀幸存者针对奥地利的起诉。

② 全国人民代表大会常务委员会：《香港特区基本法第 13 条第 1 款和第 19 条解释的说明》，http://www.gov.cn/jrzg/2011-08/27/content_1934211.htm，2023 年 5 月 16 日访问。

外其他涉及外交事务等重大国家利益的问题，中华人民共和国外交部可以向中华人民共和国的法院出具意见。”

从各国的国家豁免立法和司法实践来看，外交部门在诉讼过程中发挥着重要的作用，甚至影响到案件的最终裁判结果。在诉讼的不同阶段，外交部门采取外交介入的方式和作用也有所不同。例如，在文书送达环节，通过外交途径向外国国家实施送达是非常重要的送达方式。从各国送达实践来看，绝大多数国家都是将诉讼文书通过本国外交部递送给被诉的外国国家的外交部。①根据美国《外国主权豁免法》第1608条第1款第4项之规定，在前列项所规定的送达方式均无法送达时，“由法院书记员通过签收邮件的方式，迅速寄交在华盛顿哥伦比亚特区的国务卿，促请专门的领事部主任注意；而国务卿应当通过外交途径将上述文件的副本一份转送给该外国，并且应当寄给法院书记员一份业经认证的外交照会副本，指明各该文件已于何时发出”。通过外交部转递诉讼文书，不仅能够最大程度地保障诉讼文书的送达效果，而且还能够引起外国的充分注意，以便及时提出国家豁免之抗辩。在证据收集方面，外交部门也起着非常重要的作用。在英国、新加坡、南非、巴基斯坦、加拿大和澳大利亚等国的国家豁免法中，均规定外交部门或外交部长对有关事实有权出具证明书，并且该证明书具有决定性，且毋庸置疑。②由于在对实体争议审理之前法院必须首先查明被告是否属于国家豁免主体，才能对案件进行谁确定性，以确定该案是否为国家豁免案件，因此查明被告

① 《美国外国主权豁免法》第1608条第1款第4项、《英国国家豁免法》第12条第1款、《新加坡国家豁免法》第14条第1款、《巴基斯坦国家豁免法令》第13条第1款、《南非外国家豁免法》第13条第1款、《加拿大国家豁免法》第9条、《澳大利亚外国家豁免法》第24条等，都规定了外交部门可以转递诉讼文书。

② 《英国国家豁免法》第21条：“国务大臣，或代表国务大臣出具的证书，对下列任何问题，都是不容置辩的确定的证明：(a) 某一国家是否为本法第一部分所指的国家，某一领土是否为本法第一部分所指联邦国家的组成领土，或一个人或一些人是否为本法第一部分所指的国家元首或政府首脑：(b) 某一国家是否为本法第一部分所指的《布鲁塞尔公约》的成员国：(c) 某一国家是否(欧洲国家豁免公约）的成员国，以及是否已依该公约第二十四条作过宣告：或有关领土是否是作为公约一个成员国的联合王国或其他国家所代表的领土：(d) 文书是否已依上述第12条 (1) 款或 (5) 款的方式送达或收受，以及何时送达或收受。”《新加坡国家豁免法》第18条、《巴基斯坦国家豁免法令》第18条、《南非外国国家豁免法》第17条、《加拿大国家豁免法》第14条、《澳大利亚外国国家豁免法》第40条也有类似规定。

的身份显得尤为重要。然而，被告是否属于国家豁免法中的“国家”的确定问题，往往会涉及国际法上的承认制度、国际组织制度等，而这与国家的外交政策和立场密切相关，法官对此并不是非常了解，因此，就需要外交部门提供确切的证明。在英国的相关诉讼实践中，法官在不确定是否应该受理案件或对外国实体的身份存有疑虑时，就依赖英国政府颁发的行政证书（executive certificate）来做决定。①此外，如果由外交部门转递诉讼文书，那么其应当将有关送达情况予以证明，以便法院确定是否已经送达及送达的具体时间。对法院来讲，外交部门提供的送达证明书具有确定的法律效力。例如，根据美国《外国主权豁免法》第 1608 条第 1 款第 4 项的规定，美国国务卿对已经送达出具的证明书对法院确认送达的时间起着决定性作用。

在早期的国家豁免司法实践中，一些国家的外交部曾对国家豁免案件施以决定性或命令性干预，如德国 1819 年的“福特诉拿骚政府案”最终因德国普鲁士外交部拒绝法院扣押命令请求而在德国确立了国家豁免原则。②意大利宪法法院曾指出：“如果行政部门希望避免可能的麻烦，它仍然有可能介入诉讼，提议偿清寻求对外国财产执行措施的债权人，或者保证偿付债务，以换取债权人撤回查封这类财产的要求。”③20 世纪 70 年代后，国家豁免立法和司法实践日渐增多和成熟，外交部门的介入主要表现为非指令性的建议。比较典型的是阿根廷，其将外交部门介入诉讼、提出建议的权利规定在了《外国国家管辖豁免法》第 7 条：“在外国国家被诉的案件中，外交部、国际商务和文化部可以以‘法庭之友’的身份介入法庭审判，就任何事实或法律问题提出意见。”在国家豁免案件最多的美国，国务院有时会介入相关诉讼过程，主要采取以“法庭之友”的身份，向法庭提出“利益声明”，就是否给予被告以豁免提出“建议”。审理“不明遇难船只案”的克拉克（Clarke）法官曾经指出，美国政府若要介入，合适的方式应是通过“建议”

① 参见 Malcolm N. Shaw，*International Law*（5th，ed.），北京大学出版社 2005 年影印版，第 627 页。

② 龚刃韧：《国家豁免问题的比较研究》，北京大学出版社 2005 年版，第 16 页。

③ 意大利宪法法院，1992 年 7 月 15 日，Condor 和 Filvem 诉司法部（IR101，第 394 页），转引自：联合国报告 A/CN. 4/L. 584/Add. 1，p. 46.

或“法庭之友”(amicus curiae) 的方式。[①]国务卿或者国务院的其他代理人通过向审理案件的法院直接表明其对某案中涉及外国豁免权问题的“建议”，以提醒（而非命令）法官注意谨慎考虑被诉国家的豁免权问题。此外，若某一国家豁免案件是新型案件，并且缺少明确立法或先例时，外交部门的介入也容易出现。由于前两种介入方式实则是某种程序上的服务行为，并不会对外国国家的主权豁免产生实质性的影响，因此其适当性和正当性并不存在什么争议；而第三种介入方式则有所不同，其可能会直接或间接影响到法院对外国国家的主权豁免的判断，甚至引起有碍司法独立之质疑。

四、国家豁免中的对等原则

我国《外国国家豁免法》第 21 条规定：“外国给予中华人民共和国国家及其财产的豁免待遇低于本法规定的，中华人民共和国实行对等原则。”对等原则即指若外国对其境内的我国公民赋予某种待遇或施加某种限制，则我国对我国境内的对方国家公民给予同等的待遇或限制。[②]

在国家豁免领域，对等原则的适用条件可以分为条约对等、法律对等、事实对等。条约对等是国家间基于条约的对等关系；法律对等是两国法律在国家豁免范围规定上的对等；事实对等则是两国法院判例在给予管辖豁免上的对等。[③]在判断“外国法院给予中华人民共和国国家及其财产的豁免”是否低于本法规定时，应根据外国有关国家豁免的法律法规以及外国法院的判例实践来判断。虽然我国《外国国家豁免法》规定的是“外国法院”给予中华人民共和国国家及其财产的豁免，但是一国法院毕竟是适用本国法律的审判机关。因此，不能仅仅依据外国法院的判决来做出给予我国的豁免低于我国国家豁免法的论断。况且，一国法院可能在国家豁免领域不存在相应的司法实践。在一国存在国家豁免立法及其实践的情况下，无论一国国内法给予我

---

① Sea Hunt, Inc. v. Unidentified, Shipwrecked Vesselor Vessels, 22F. Supp. 2d521 (1998), p. 524.

② 杜涛、王洪根：《外国判决承认执行中互惠关系认定标准的重构》，《中国国际私法与比较法年刊》2019 年第 24 卷，第 159—175 页。

③ 王欣濛、徐树：《对等原则在国家豁免领域的适用》，《武汉大学学报（哲学社会科学版）》2015 年第 6 期。

国的豁免是否低于我国国家豁免法，如果该国司法实践中给予我国的国家豁免低于我国国家豁免法的规定，也应当认定“外国法院给予中华人民共和国国家及其财产的豁免低于本法规定”；如果一国存在国家豁免立法但尚不存在国家豁免的司法实践，应根据该国国家豁免立法的内容予以判断；如果一国既不存在国家豁免立法也不存在国家豁免司法实践，不可轻易得出“外国法院给予中华人民共和国国家及其财产的豁免低于本法规定”的判断。此种情形下，应推定外国法院在相同情形下对我国国家及财产给予管辖豁免，我国法院在相关案件中可不考虑外国对国家豁免的立场，直接适用我国《外国国家豁免法》来判断是否给予豁免。

我国《外国国家豁免法》将是否实行“对等原则”的权力交由人民法院，并且使用“可以”一词的立法表述，意味着即使“外国法院给予中华人民共和国国家及其财产的豁免低于本法规定”，人民法院也可以自行决定不实行对等原则。因此，对等原则并非强制性规定，“外国法院给予中华人民共和国国家及其财产的豁免低于本法规定”并非一定导致对等原则的适用。这充分体现了我国在国家豁免事项上的政策灵活性，为实践留有一定的灵活操作空间。不过，我国《外国国家豁免法》未规定相应的举证分配规则，故在当事人主张“外国法院给予中华人民共和国国家及其财产的豁免低于本法规定”时，应当承担“谁主张谁举证”的举证责任。同时，由于该问题涉及我国海外利益的保护，我国法院也应当承担查明外国法院给予中华人民共和国国家及其财产的豁免是否低于我国《外国国家豁免法》的责任。人民法院可以依靠外国法查明研究中心等机构对该问题予以查明。外国国家或其国家机构是否提出管辖权异议不影响对等原则的适用，除非其明确同意中国法院的管辖权。①需要注意的是，虽然对等原则是用来解决外国国家与法院地国豁免范围不对等的问题，但是对等原则的“报复”功能使其在适用时可能激化外国国家与法院地国之间围绕国家豁免案件的争端。因此，在适用对等原则时必须有理有据，并且应当增加当事国之间的谈判和对话。

---

① 王欣濛、徐树：《对等原则在国家豁免领域的适用》，《武汉大学学报（哲学社会科学版）》2015年第6期。

对等原则的适用，其目的在于解决国家豁免规则实践的内外差异，防范他国恣意否定自身豁免权。对等原则的不当适用，可能导致国家豁免的不确定性和不可预期性，动摇国家豁免的基本原则。[①]国家豁免的适用广泛地影响着我国与外国国家之间的政治、经济、外交利益关系，因此必须统一地适用对等原则。首先，在适用对等原则时必须把握好度，不得随意无节制地适用对等原则，不能有任何不合理和过分的成分。在决定实行对等原则时，应将“外国法院给予中华人民共和国国家及其财产的豁免是否低于本法规定”作为首要判断的问题。其次，国家豁免具有法律和外交的双重属性，“各国在选择本国的国家豁免政策时，还要考虑外国国家豁免政策可能对本国政治外交带来的影响，这是一个受对等原则客观支配的双向政治外交选择过程”。[②]因此，在适用对等原则时，应当给予行政机构特别是外交部的参与空间。我国《外国国家豁免法》第 19 条也规定，中华人民共和国外交部可以就有关国家行为的事实问题出具证明文件，而中华人民共和国的法院应当采信。外交部门可以通过提供认定或证明文件等方式，发挥对国家豁免诉讼的“补缺”功能。[③]有学者建议：“为落实对等原则，中国设立‘限制豁免国别清单’制度，全国人大授权外交部对于被列入该清单的国家及其限制豁免的适用范围进行更新。”[④]这也不失为一种很好的指导对等原则适用的方法。

对等原则客观存在于国家豁免实践中。各国甚至会在立法中直接规定或在司法中直接适用对等原则。[⑤]在对等原则适用的范围上，从英国、澳大利亚、加拿大等国的立法规定来看，对等原则的适用范围包括两项：一是限制适用本国法律超出外国法律所给予的那部分豁免；二是扩大适用条约、公约或国际协定超出本国法律所要求的那部分豁免。[⑥]应当在本国给予外国国家及

---

① 徐树：《中国国家豁免立法中的对等原则：概念内涵、法理依据及制度设计》，《国际法研究》2022 年第 2 期。

②⑤ 叶研：《论当代中国的国家豁免政策选择》，《国际法研究》2022 年第 1 期。

③ 郭华春：《外交介入国家豁免诉讼之“补缺”功能与结构安排》，《法商研究》2017 年第 6 期。

④ 叶研：《“限制的绝对豁免”：中国国家豁免的实践特色与立法进路》，《国际经济法学刊》2022 年第 1 期。

⑥ 王欣濛、徐树：《对等原则在国家豁免领域的适用》，《武汉大学学报（哲学社会科学版）》2015 年第 6 期。

其财产的豁免超出本国国家及其财产在外国国家给予的豁免的情形下适用对等原则。至于第二项的豁免则属于履行国际条约义务的范畴，而不属于对等原则的适用范围。我国《外国国家豁免法》第 22 条也强调："中华人民共和国缔结或者参加的国际条约同本法有不同规定的，适用该国际条约的规定，但中华人民共和国声明保留的条款除外。"

在处理国家豁免案件时，如果构成国家豁免的例外，也应当在后续的案件审理中贯彻适用对等原则。我国《外国国家豁免法》第 5 条考虑到外国国家为原告、外国国家提出反诉等情形，意味着外国国家可以在我国提起诉讼。这就需要确保外国国家的诉讼权利义务。我国《民事诉讼法》第 5 条第 1 款规定："外国人、无国籍人、外国企业和组织在人民法院起诉、应诉，同中华人民共和国公民、法人和其他组织有同等的诉讼权利义务。"第 8 条规定："民事诉讼当事人有平等的诉讼权利。人民法院审理民事案件，应当保障和便利当事人行使诉讼权利，对当事人在适用法律上一律平等。"由于外国国家及其财产案件属于民事诉讼的范畴，人民法院在处理此类案件时也应当考量当事人的民事诉讼权利。我国《民事诉讼法》第 5 条第 2 款规定："外国法院对中华人民共和国公民、法人和其他组织的民事诉讼权利加以限制的，中华人民共和国人民法院对该国公民、企业和组织的民事诉讼权利，实行对等原则。"如果外国法院在实践中对我国公民、法人和其他组织的民事诉讼权利加以限制，则在外国国家及其财产案件中，我国实行对等原则。

第三节　我国国家豁免的理论与实践

一、我国国家豁免立场的转变

在 20 世纪 50 年代以前，对涉及外国国家及其财产的民事案件，各国基于国家主权平等、"平等者之间无管辖权"的理念，普遍采取绝对豁免原则，即不论外国国家从事活动或者行为的性质如何，一国法院都不予管辖。20 世纪 50 年代以后，由于国家越来越多地以民商事主体身份参与国际经济活动，为了保护本国公民和法人的利益，一些国家逐渐转向实行限制豁免原则。目前，世界上诸多国家通过缔结国际条约、制定国内法律等方式实行限制豁免原则和制度，还有些国家通过司法实践确立了限制豁免原则。1972 年《国家豁免欧洲公约》和 2004 年《联合国国家及其财产管辖豁免公约》，均明确规定了限制豁免制度。

我国一直以来坚持国家及其财产享有豁免权的立场。这一坚持长期指导了我国国家豁免制度建立的理论和实践。改革开放以来中国长期坚持绝对豁免原则，即中国法院不管辖以外国国家为被告或针对外国国家财产的案件，中国也不接受外国法院对以中国为被告或针对中国国家财产的案件享有管辖权。①1986 年《外交特权与豁免条例》只对外交豁免问题作了规定，对国家豁免问题则未提及。1991 年《民事诉讼法》对享有司法豁免权的外国人、外国组织和国际组织在民事诉讼中的豁免权作了原则性规定。2005 年 10 月 25 日，第十届全国人大常委会第十八次会议通过了《中华人民共和国外国中央银行财产司法强制措施豁免法》，其规定，中华人民共和国对外国中央银行财产给予财产保全和执行的司法强制措施豁免；但是，外国中央银行或者其所属国政府书面放弃豁免的或者指定用于财产保全和执行的财产除外。除此之外，该法还规定了对等原则，即外国不给予中华人民共和国中央银行或者中华人民共和国特别行政区金融管理机构的财产以豁免，或者所给予的豁免低于本法规定的，中华人民共和国根据对等原则办理。

尽管我国法院尚未审理过涉及外国国家及其财产豁免的案件，但是自中华人民共和国成立以来，中国曾被动地在其他一些国家或地区被诉。例如“1949 年两航公司案”“1957 年贝克曼诉中华人民共和国案”“1979 年杰克烟火案”“1979 年湖广铁路债券案”和“2003 年仰融诉辽宁省政府案”等。“1949 年两航公司案”②是新中国成立以后的第一个涉及国家及其财产的案件。国民党当局将中央航空公司的飞机等卖给了一个美国公民。该公民继而转卖给了美国航空公司。美国航空公司因争夺该飞机的所有权而诉至香港法

① 李飞：《关于〈全国人民代表大会常务委员会关于《中华人民共和国香港特别行政区基本法》第十三条第一款和第十九条的解释（草案）〉的说明》，《全国人民代表大会常务委员会公报》2011 年第 6 期。

② William M. Leary, Penlous Missions: Civil Air Transport and CIA Covert Operations in Asia, University of Alabama Press, 2005, pp. 94—98.

院，中国政府在此前就已声明航空公司及其财产是国家财产，为国家所有，对于旧中国时期的财产享有合法继承权。最后，中国政府在此次案件中败诉。中国政府特别发表声明指出，英国政府的行为违反国家豁免原则，我国的主权不容侵犯。我国拥有绝对主权，不接受任何外国法院的管辖，也不接受审判和执行我国财产的行为。在"湖广铁路债券案"中，[①]几个美国公民向美国某地区联邦法院提起诉讼，要求中国偿还1911年清廷时期当时发行的湖广铁路债券本金及利息，美国法院对此向中国发出传票，要求中国应诉。中国政府表示美国地方法院这一行为是对国家豁免原则的违背，完全损害了国家主权。

虽然中国政府长期以来一直坚持绝对豁免的原则，但并不主张中国国有企业在开展跨国商业贸易活动时享有外国法院的管辖豁免。20世纪70年代之后，我国坚持有限制的绝对豁免。在1977年"烟花案"[②]中，美国一少年因意外被烟花炸伤，由于烟花包装上显示有"中国制造"字样，于是该少年的父母以中国政府为第一被告、其他烟花公司和经销商分别为第二、第三被告在得克萨斯州提起诉讼，向法院请求高达500万美元的赔偿款，要求中国对此承担法律责任。中国在本案中明确了关于国有企业的立场，中国政府主张本案中的烟花公司是独立法人，可以以自己的名义参加诉讼或者被诉，中国政府不应该被牵涉进来，中国仍然享有主权豁免，国有企业具有独立承担法律责任的能力。中国在此案中明确了国家和国有企业的法律地位，划分了国家和国有企业对于法律责任义务的承担。此后的"海后一号案"[③]中，被告中国远洋运输公司的法律地位得到了相同的确认，即国有企业不因隶属于主权国家管辖而享有豁免。因此，中国所坚持的绝对豁免主义是有限制的绝对豁免，而不同于原来意义上的绝对豁免。

21世纪以来，我国在国家豁免立场上陷入了艰难选择。香港、澳门的回归进一步促进我国现代化建设的发展，对内对外投资活动也日益增加，我国也面临了许多与国际投资有关的案件。其中影响最深远、意义最重大的案件

① Jacks on v. People's Republic of China，794 F. 2d 1490（11th cir. 1986）.

② Scott v. People's Republic of China，No. CA3-79-0836-d（N. D. Tex. filed 29 June，1979）.

③ 黄惠康、黄进：《国际公法国际私法成案选》，武汉大学出版社1987年版，第314—315页。

之一就是“FG公司诉刚果（金）案”。[①]FG公司原是美国一家基金公司，通过一项裁决取得了对刚果（金）的债权，在得知中铁公司向刚果（金）缴纳了一笔准入费后，向香港法院提起诉讼要求将中铁所付价款用于抵偿刚果（金）所欠债款。此案件经历了3次审判，几经波折，最后香港终审法院提请全国人大常委会释法，判决对被告刚果（金）无司法管辖权，刚果（金）享有主权豁免，原告FG公司因此败诉。历时4年，一审和二审法院作出了截然不同的判决，中国政府官方也分别发出3封信函，坚定强调了中国一贯坚持绝对豁免的立场，无论是管辖豁免或执行豁免，香港法院违背适用与中国国家立场不一致的立场将会极大地损害国家主权和国家利益。

在经济飞速发展的21世纪，还发生了诸多类似的案件，如“仰融案”[②]“天宇公司诉四川成都政府案”[③]等。这些案件都涉及政府行为是否属于商业性质，是否属于相关法律中规定的商业例外情形，以及国有企业和地方政府、中央之间的关系区分问题。

从以上我国对于国家豁免案件的态度可以看出中国并不排除国家豁免的例外，跟以前的绝对豁免立场相比发生了显著变化。我国从坚持绝对的豁免转为承认国家豁免存在例外情形，有着向限制豁免发展的倾向。[④]

二、《中华人民共和国外国国家豁免法》的内容

2023年9月1日，我国制颁《外国国家豁免法》，于2024年1月1日起施行。《外国国家豁免法》立足我国国情和现实需要，参考借鉴有关国际条约和国际通行做法，明确我国外国国家豁免的原则和规则，确定豁免例外情形和相关程序。

《外国国家豁免法》确立国家豁免的一般原则，其第3条规定，外国国家及其财产在中华人民共和国的法院享有管辖豁免，本法另有规定的除外。

---

① Democratic Republic of the Congoang others v. FG Hemisphere Associates LLC [2011] HKEC 1213.

② 齐静：《国家豁免立法研究》，人民出版社2016年版，第117页。

③ 同上书，第120页。

④ 陈纯一：《国家豁免问题之研究——兼论美国的立场与实践》，三民书局2000年版，第94页。

也就是说，我国法院原则上不对外国国家及其财产行使管辖权，但符合本法规定情形的，我国法院可以行使管辖权；同时，根据第 13 条、第 14 条规定，外国国家财产在我国法院享有司法强制措施豁免，除法律规定的情形外，我国法院不得对外国国家财产采取司法强制措施。

《外国国家豁免法》确定我国法院可以对外国国家及其财产行使管辖权的情形，其第 4—12 条对中华人民共和国的法院可以对外国国家及其财产行使管辖权的范围作出明确规定，包括：外国国家明示就特定事项或者案件接受管辖、进行商业活动引起的诉讼、因劳动或者劳务合同履行引起的诉讼、有关侵权行为引起的赔偿诉讼以及仲裁相关事项等；同时，第 14 条对我国法院可以采取相关司法强制措施的情形作出明确规定。总的来看，外国国家豁免法关于我国法院可以对外国国家及其财产行使管辖权情形的规定是较为严格的、特定的，与有关国际条约和国际通行做法总体上保持一致。

除此之外，《外国国家豁免法》还规定了适用于外国国家豁免案件的特殊诉讼程序，并且明确了外交部在外国国家豁免案件中的重要作用。考虑到外国国家作为民事案件当事人的特殊性，《外国国家豁免法》第 17 条、第 18 条对外国国家豁免案件中的有关文书送达、缺席判决等程序作出专门规定。关于涉及外国国家及其财产的民事案件的审判和执行程序，《外国国家豁免法》没有规定的，适用中华人民共和国的民事诉讼法律以及其他相关法律的规定。《外国国家豁免法》第 19 条规定，中华人民共和国外交部就案件中相关国家是否构成外国主权国家、外交照会送达等有关国家行为的事实问题出具的证明文件，我国法院应当采信；同时还规定，外交部对于其他涉及外交事务等重大国家利益的问题，可以向法院出具意见。这些规定有利于保证和发挥国家外交主管部门在涉及外国国家案件审理中的重要作用。

《外国国家豁免法》梳理了外国国家豁免制度与其他相关特权与豁免制度的关系，其第 20 条规定，本法规定不影响外国的外交代表机构、领事机构、特别使团、有关代表团及相关人员享有的特权与豁免，也不影响外国国家元首、政府首脑、外交部长及其他具有同等身份的官员根据我国法律、我国缔结或者参加的国际条约以及国际习惯享有的特权与豁免。本条明确将“国际习惯”列为有关人员享有特权与豁免的法定依据之一，这在我国法律制度体系中是第一次适用“国际习惯”。

从《外国国家豁免法》的性质来看，该法是一部具有司法和外交双重属性的法律，是一部规定中国法院管辖涉及外国国家及其财产的诉讼程序法律。①从内容来看，该法确立了中国的外国国家豁免制度，采纳了限制豁免原则，规定了外国国家在中国享有的豁免及其例外等问题，实现了我国从绝对豁免政策到限制豁免制度的转变，实现了由外交中心主义向司法中心主义的转变。②

制定《外国国家豁免法》，是坚持全面依法治国的要求，是完善以宪法为核心的中国特色社会主义法律体系的具体体现，是提升外交、涉外司法效能以及统筹推进国内法治和涉外法治的重要举措。有助于为中国境内外自然人、法人和非法人组织运用法治和规则维护自身合法权益提供更多工具，有助于中国的高水平对外开放。《外国国家豁免法》适应了中国对外关系不断发展的新形势、新变化，符合当前国际社会豁免立法的发展趋势。限制豁免原则已为越来越多的国家接受，成为国家豁免立法的发展趋势。③《外国国家豁免法》将国家豁免规则法治化，并以法治的方式解决国家豁免争议，平衡保护外国国家及私人主体的正当、合法权益。

【思考题】

1. 什么是国家豁免？国家豁免的根据有哪些？国家豁免与主权豁免是什么关系？

2. 如何理解和评价绝对豁免理论和限制豁免理论？

3. 在限制豁免理论下，国家豁免的例外情形有哪些？在国家豁免的例外情形中，如何理解商业活动例外？

---

① 张天培：《全国人大常委会法工委负责人就外国国家豁免法答记者问》，《人民日报》2023 年 9 月 2 日，第 5 版。

② 李庆明：《论中国〈外国国家豁免法〉的限制豁免制度》，《国际法研究》2023 年第 5 期。

③ 马新民：《我国出台外国国家豁免法——涉外法治建设的里程碑》，《人民日报》2023 年 9 月 4 日，第 15 版；李庆明：《加强涉外领域立法的重要成果——〈外国国家豁免法〉草案述评》，《人民日报》2023 年 1 月 9 日，第 15 版。

【案例分析①】

1991年，仰融与辽宁省沈阳市成立了一家生产汽车的合资企业。该合资企业名为沈阳金杯客车制造有限公司，其主要合作方式是由仰融全资拥有的在香港设立的华博财务公司（简称华博）和沈阳市政府拥有的金杯汽车控股有限公司（简称金杯）。

为通过进入美国资本市场从而扩大企业规模，合作方准备将沈阳汽车在纽约证交所上市。仰融作为沈阳汽车的首席执行官和经理，在百慕大成立了百慕大控股有限公司（简称华晨中国）作为沈阳汽车在纽约证交所上市的融资工具，并将其40%的股权转让给了华晨中国。1992年5月，华博、中国人民银行及另外几家中国政府机构成立了一家非政府组织——中国金融教育发展基金会（简称基金会），中国人民银行副行长尚明担任基金会主席，仰融任副主席。1992年9月，华博将其在华晨中国的股份转让给了基金会。2002年初，辽宁省政府成立了一个由省长助理领导的"工作小组"，宣布基金会名下的所有股权，包括仰融在华晨中国的权益，均为国有资产，要求将这些股份转让给省政府。仰融拒绝之后，"工作小组"通知仰融和华晨中国董事会，基金会不再承认华博在华晨中国的受益权益。根据辽宁省政府的指示，华晨中国董事会解除了仰融总裁、首席执行官和董事的职务，将"工作小组"成员安排在这些职务和其他管理职务上。2002年10月，新组建的华晨中国董事会不再支付仰融工资，并于次月解除了其经理职务，终止其劳动合同。辽宁省政府还成立了华晨汽车集团控股有限公司（简称新华晨），任命省政府官员作为新公司的管理人员。大约两个月后，新华晨以市场价格的6%即1 800万美元收购了名义上由基金会为华博托管的华晨中国的股份。新华晨与华晨中国董事会并对剩余的华晨中国的股份，包括纽约证交所交易的股份进行了要约收购，导致2002年12月18—19日华晨中国股票在纽约证交所平台停牌。

当"工作小组"进行收购时，仰融代表华博在各级法院寻求救济。2002

① 见《从仰融案看跨国诉讼中的国家豁免问题》，《政治与法律》2007年第1期；王静：《"仰融案"中的豁免与诉讼》，《河北法学》2006年第4期。

年 9 月 27 日，华博财务向北京高级法院起诉中国金融教育基金会，要求确认其在基金会的投资权益，包括华晨股权。2002 年 10 月 14 日，北京市高级法院经济庭正式受理该案。2002 年 10 月 18 日，辽宁省检察院以涉嫌经济犯罪为由批准逮捕仰融。2002 年 12 月 2 日，华博收到一份通知称，北京高级法院驳回起诉，并本着“先刑事后民事”的原则将此案移交辽宁省公安厅调查。

2002 年 12 月 18 日，华晨中国在香港发布公告称，辽宁国有独资公司华晨汽车集团控股有限公司同基金会就基金会所持有的 39.4%股权正式签署收购协议。2003 年 1 月，仰融以基金会股权不明为由，提请百慕大法院发出禁止令，禁止华晨中国出售其股权。百慕大高等法院经过调查，于 2 月 12 日宣布驳回禁止令。针对仰融在百慕大起诉华晨中国汽车控股有限公司、中国金融教育发展基金会和华晨汽车集团有限公司一案，2003 年 12 月 31 日，百慕大法院已作出判决，驳回仰融起诉。

在百慕大法院驳回禁止令后，2003 年 8 月 7 日，仰融在美国华盛顿联邦以个人名义起诉辽宁省政府。2003 年 8 月 8 日，美国华盛顿哥伦比亚特区联邦地区法院立案受理该案。8 月 21 日，美国联邦地区哥伦比亚特区分庭正式向辽宁省政府发出民事案传票，并以特快形式寄往中国司法部，由司法部传送辽宁省政府。该传票称：被告方需在送达后的 60 日内答辩，如被告未按时送达答辩，法庭将以缺席判决被告方败诉，并按原告方诉状要求的赔偿请求作出判决。

中国司法部已经拒绝仰融的律师提出的司法文书送达请求。司法部有关人士指出，根据国际法和公认的国际关系准则，任何外国国家机构都不能对另一个主权国家、国家机构行使管辖权。根据《海牙送达公约》第 13 条第 1 款“执行请求将损害被请求国家主权和利益”的不予送达的规定，中国司法部拒绝仰融的律师的送达请求，拒绝函已经寄送请求方，并退回仰融的律师请求及其所附的司法文书。

中国司法部 10 月 8 日拒绝仰融在美诉辽宁省政府产权纠纷案的律师司法文书的送达请求后，次日，美国律师即通过哥伦比亚地方法院，以外交途径将文件递交到美国国务院，由其下属的特殊领事服务司负责将该案的法律文书送往中国外交部。美方通过外交途径转递传票后，辽宁省政府出庭应诉，请求美国法院驳回仰融的诉讼请求。美国哥伦比亚地区法院审理后认为，辽宁省政府征收华晨中国的股份是主权行为，辽宁省政府享有豁免。地区法院根据《美国联邦民事诉讼规则》在2005年作出判决，驳回仰融的起诉。仰融随后提起上诉，对地区法院拒绝适用商业行为例外提出质疑。美国上诉法院哥伦比亚特区巡回法院在2006年7月7日就仰融的上诉作出判决，维持地区法院因缺乏标的管辖权而驳回起诉。

本案中，仰融提出辽宁省政府"实施征收原告股份、其他股权利益和其他财产的方案，为自己的商业利益而控制这些财产"属于《美国法典》第28卷第1605条第1款第2项下第三种情形下的"商业行为"，即"发生在美国领土之外、与该外国国家在别处的商业行为有关，并且在美国产生了直接影响的行为"。本案行为发生在美国之外，这一点没有争议。争议的问题是：(1)省政府的行为是否与在中国的"某商业行为有关"；(2)如果是这样，该行为是否"在美国产生了直接影响"。本案当事方对构成仰融诉讼基础的辽宁省政府的行为有不同的意见。仰融侧重于省政府的全部行为——包括沈阳市最初参与沈阳汽车合资项目、"工作小组"设立新华晨、将华晨中国的股份从基金会转让给新华晨及新华晨要约收购华晨中国剩余的公开交易的股份——称这些行为是市场私营参与者的行为。省政府则侧重仰融所主张的其财产"被辽宁省政府错误征收"；省政府称仰融指控其征收华博在华晨中国的股权，而征收是典型的政府行为。根据省政府的说法，其控制了基金会以及华晨中国股份之后的任何行为——包括将股份转让给新华晨——仅与已被征收的资产的最终处分有关；省政府还指出，这些行为不能将最初的征收行为转化为商业行为。仰融反驳说，"工作小组"的成立是为了通过基金会接管华晨中国，省政府坚持认为构成了诉讼基础的这一行为，是只有主权国家才能实施的行为。上诉法院认可了被上诉人的主张，认为中国辽宁省政府的行为仍然是主权行为，从而享受豁免权。据此，上诉法院维持了地区法院的判决，驳回了上诉。

问：

美国法院在本案中的诉讼程序与一般的民事诉讼程序有何区别？如何认

定《美国法典》第 28 卷第 1605 条第 1 款第 2 项下规定的“商业行为”？在国家豁免诉讼案件中，如何区分“主权行为”和“非主权行为”？政府部门在国家豁免诉讼案件中充当何种角色，或者说发挥着何种作用？

【拓展阅读】

1. 当前，国际社会积极推动国家豁免立法和实践。有关世界各国有关国家豁免的判例、立法以及国际条约实践的发展历史过程、国家豁免的主体、弃权、管辖范围以及执行豁免等问题，可参阅龚刃韧：《国家豁免问题的比较研究——当代国际公法、国际私法和国际经济法的一个共同课题》，北京大学出版社 2005 年版；也可参阅齐静：《国家豁免立法研究》，人民出版社 2015 年版。

2. 国家豁免例外情形是国家豁免领域的重要问题。有关国家豁免的例外，可阅读李颖：《国家豁免例外研究》，知识产权出版社 2014 年版。如果想了解有关国家豁免的商业交易诉讼，可以阅读纪林繁：《不得援引国家豁免的商业交易诉讼研究》，法律出版社 2016 年版；陆寰：《国家豁免中的商业例外问题研究》，武汉大学出版社 2016 年版。

3. 有关世界各国国家豁免立法以及国家豁免相关公约的内容，可阅读徐宏主编：《国家豁免国内立法和国际法律文件汇编》，知识产权出版社 2019 年版。

4. 有关主权债务违约的国家豁免问题，可阅读严文君：《主权债务违约的国家豁免问题研究》，中国政法大学出版社 2020 年版。

5. 有关国家豁免的案例，可以阅读王佳主编：《国家豁免案例研究》，世界知识出版社 2023 年版；如果想了解国家豁免权的正当程序保障问题，可阅读王卿：《国家豁免权的正当程序保障问题研究》，法律出版社 2016 年版。

6. 有关美国外国主权豁免法的立法以及司法实践，可阅读李庆明：《美国的外国主权豁免理论与实践》，人民日报出版社 2021 年版。

第四章　涉外管辖的依据与实践类型

随着经济全球化的快速发展，跨国性的民商事活动交往日益增加，涉外民商事纠纷纷至沓来，如何有效地解决纠纷也显得愈发重要。涉外民商事管辖作为国家司法主权的重要体现，其主要表现为法院基于涉外管辖理论对涉外民商事纠纷确立具体的管辖依据。涉外管辖作为诉讼程序“门槛”，肩负着启动涉外民商事诉讼程序的重任。不同的涉外民商事法律关系对应着不同的管辖规则。涉外管辖规则既为当事人行使诉权提供了合理的司法保障，又彰显了国家主权权威，同时也充分考虑了国际合作和国家利益的需要。例如，在兼顾当事人行使诉权和避免给被告造成不必要的诉累方面，“一般管辖”体现了“原告就被告”原则；在兼顾方便当事人行使诉权和方便法院审理方面，“特别管辖”关注法院地与案件之间的特殊联系；“协议管辖”则体现出国家司法主权对“当事人意思自治”的尊重；“专属管辖”强调国家利益的保护，具有强制性。

第一节　涉外管辖的依据

案例一：

德国Y公司与中国内地Q公司就某一招商代理项目进行合作，并于山东省青岛市签订合作协议，约定双方因协议或协议涉及项目产生的纠纷由协议签署地法院管辖，再与黑龙江省绥芬河市签署补充协议一份，约定了签证和进场费等问题。后双方合作破裂，Q公司向黑龙江省高级法院提起诉讼，请求解除与Y公司的合作协议并要求返还价款和赔偿费用。

问：

1. 怎么确定本案中的合作协议签署地？

2. 黑龙江省高院对本案是否具有管辖权？

案例二：

新加坡A公司与我国B公司签订国际货物合同，约定合同适用英国法，并将司法管辖权交由英国伦敦高等法院管辖。后双方发生争议，A公司就买卖合同纠纷向我国法院提起诉讼。

问：

1. 对涉案合同中诉讼管辖协议效力的认定，应当适用哪国法律？

2. 合同约定适用英国法，能否由此认定其约定的英国伦敦高等法院与本案纠纷具有实际联系？

3. 我国法院对本案是否具有管辖权？

一、国际法上的管辖权

根据国际法，任何国家无论大小强弱均享有国家主权。主权是国家的基本属性，是国家对内的最高权和对外的独立权。国家主权的一个最基本权能是管辖权。这是因为管辖权与国家主权是同位一体的。“管辖权是指通常被称为‘主权’的国家的一般法律权限的特定方面”；①是“国家对其领土及其国民行使主权的具体体现。”②通常，国际公法上的管辖权包括立法、行政、司法三个方面，而根据管辖权所规制的对象和功能来看，管辖权可以分为立法管辖权、司法管辖权和执行管辖权。③立法管辖权是指国家针对特定的人或行为制定法律的权力；司法管辖权是指一国法院受理针对某人或某一事件的诉讼的权力；执行管辖权是指为执行某一法律或决定而采取管理行为的权力。④本章所讲述的涉外管辖，主要是指一国法院针对涉外案件所行使的司法管辖权。在本质上，跨国民商事诉讼中的管辖权问题就是一国涉外司法管辖

---

① 伊恩·布朗利：《国际公法原理》，曾令良、余敏友等译，法律出版社2003年版，第330页。

② 王铁崖：《国际法》，法律出版社1995年版，第125页。

③ 伊恩·布朗利：《国际公法原理》，法律出版社2003年版，第330页；美国法学会：《对外关系法重述（第四次）》（2018年），第401条。

④ 美国法学会：《对外关系法重述（第四次）》（2018年），第401条。

的范围、依据和标准问题。

司法管辖权既然是国家主权的体现，因此任何主权国家都非常重视对本国司法管辖权的规范。有外国学者认为："关于管辖权的法律大部分是通过国内法院适用本国法律的判决发展起来的。由于许多国家的法院应适用它们的本国法律而不问是否符合国际法，而且由于法院自然倾向于主要从本国利益的观点来看待发生的问题，因而，国内司法判例的影响使许多管辖权问题含糊而不明确，而且使管辖权各项原则更难以发展成为结合在一起的整体。"①

到目前为止，国际法对国家司法管辖权的规范仍然不明晰，还没有一项国际法文件来统一规范各国管辖权的范围及其行使条件。目前，国际法对司法管辖权的规范主要通过习惯国际法，其中一条逐渐被广泛接受的原则是所谓的"实际联系原则"，②即行使司法管辖权的权力取决于有关问题与行使管辖权的国家之间存在一定的联系，从而使该国有理由对该问题加以管辖。③

任何国家行使管辖权都要遵守国际法的基本原则，包括属地管辖、属人管辖、保护性管辖和普遍性管辖等基本原则。

属地管辖是指国家对于所有位于本国领域内的人和事均具有管辖权。根据国家主权原则，国家的属地管辖权始终居于优先地位，所有其他管辖依据都不能对抗一国的属地管辖权。即便另一个国家同时有行使管辖权的根据，如果它行使管辖权的权力是与具有属地管辖权的国家的权力相冲突的，该另一个国家行使管辖权的权力就受到了限制。这就是所谓的属地优越性原则。④违反属地原则而行使管辖权的，通常被称为域外管辖权（extraterritorial jurisdiction）。域外管辖权的行使会引发国际管辖冲突。

属人管辖是指国家对于所有本国人均具有管辖权，强调一国法院对本国

---

① 詹宁斯、瓦茨修订：《奥本海国际法》（第一卷第一分册），王铁崖等译，中国大百科全书出版社 1995 年版，第 327 页。

② Nottebohm case（Liechtenstein v. Guatemala），I. C. J. Report 1955 p. 4.

③ 詹宁斯、瓦茨修订：《奥本海国际法》（第一卷第一分册），王铁崖等译，中国大百科全书出版社 1995 年版，第 328 页；伊恩·布朗利：《国际公法原理》，曾令良、余敏友等译，法律出版社 2003 年版，第 330 页。

④ 伊恩·布朗利：《国际公法原理》，曾令良等译，法律出版社 2003 年版，第 330 页。

国民有管辖权限。属人管辖原则又可以分为积极属人原则和消极属人原则。不同于属地原则，属人原则往往侧重于以当事人的国籍作为确定管辖权的标准。

保护性管辖原则也被视为是安全原则的显现，其是指国家对影响其本国国家安全和利益的行为拥有管辖权，即使该行为是由外国人在境外实施亦然。保护性管辖原则作为国家行使管辖权的依据目前主要运用于刑事领域。①

普遍性管辖原则一般针对的是国际法上公认的违法犯罪行为，它赋予任何国家对此类行为行使管辖的权力。②美国《对外关系法重述（第四次）》第402条反映了普遍性管辖权已逐渐扩大到刑事领域之外，其规定："普遍管辖权不限于刑法——一般而言，在普遍利益基础上的管辖权是以刑法的形式行使的，但是国际法并不排斥非刑法的适用，例如向海盗的受害者提供侵权或者恢复原状的救济。"我国现行法律并未将普遍性管辖权扩张到刑事领域之外。

每一种管辖原则又可以包括很多具体管辖依据。比如，引发众多争议的效果原则到底属于客观属地原则还是保护性原则，国际社会尚未达成普遍共识。③在一些特殊法律领域，比如航空法、海事法、公司法等领域，根据国际条约的规定，也产生了一些新的管辖权因素，比如船旗国、航空器登记国、公司成立地、自然人惯常居所地等，这些管辖因素属于哪一类型的管辖原则，也会引发争议。

二、国际民商事诉讼管辖权

（一）诉讼管辖权的概念

诉讼管辖权也称司法管辖权，④是指国家司法机关（主要是法院）对各种

---

① 《中华人民共和国刑法》第8条。

② Curtis A. Bradley, Universal Jurisdiction and U. S. Law, 2001 U. Chi. Legal F., 323. 我国《刑法》第9条也规定了普遍管辖权。

③ 伊恩·布朗利：《国际公法原理》，曾令良、余敏友等译，法律出版社2003年版，第333页。我国《反垄断法》第2条和《证券法》第2条已采纳了效果原则。

④ 中文"管辖权"在西方国家法律中有两组不同的对应术语：英美法中的jurisdiction和competence，法国法中的juridiction和compétence、意大利法律中的giurisczione和competenza（转下页）

法律纠纷进行审判的权限，与立法管辖权和执法管辖权相区别。通常，诉讼管辖权包括民事诉讼管辖权、刑事诉讼管辖权和行政诉讼管辖权。

根据国际法的主权原则和属地原则，国家依照本国法律确定本国法院的管辖权。例如我国2023年《民事诉讼法》第24章专门规定了我国法院审理涉外民事案件的管辖权。我国《刑法》第1章和《刑事诉讼法》第1章也规定了在哪些情况下应当依照我国《刑法》和《刑事诉讼法》对跨国犯罪行为进行追诉。我国法院对涉外行政诉讼纠纷的受理也是根据我国法律的规定进行。

在民事诉讼领域，由于牵涉一国公共利益的情况较少，各国逐步接受了私法的平等性和互换性原则。虽然主权原则仍然是确定管辖权的基础，但各国对管辖权的争夺相对而言不是那么激烈。对于多个国家同时具有管辖权的案件，各国司法机关也表现得比较宽容，特殊情况下甚至会出于国际礼让而主动放弃自己的管辖权。对于外国法院依法管辖并做出的裁决，通常也会予以承认和执行。各国司法机关也并不总是严格遵守国际法的管辖原则。私法上的意思自治原则在民事诉讼领域也得到贯彻，其中最主要的表现是大多数国家都允许当事人协议选择案件的管辖法院；当事人还可以约定进行仲裁而排斥任何国家法院的管辖权。在国际民事诉讼管辖权方面，各国的立法和司法实践以及相关的理论学说也非常丰富。各国之间也达成了很多包含民事管辖权条款的双边和多边条约。

（二）国际（涉外）民商事诉讼管辖权与国内民商事诉讼管辖权

司法管辖权分为国内诉讼管辖权和国际诉讼管辖权。除级别管辖外，国

（接上页）以及德国法中的Gerichtsbarkeit和Zuständigkeit。在大陆法国家，比较严格地区分二者：前者是一个较为广义的概念，较多用于国际法中的管辖权，包括立法管辖权、司法管辖权和执行管辖权；后者专指法院的司法裁判权。法国、德国、意大利等国家的民事诉讼法典中所规定的法院的管辖权都用后一概念。参见Schack，Internationales Zivilverfahrensrecht 4. Aufl.（Beck 2010），Rn. 132。在英美法系国家，jurisdiction被广泛运用于国际法和国内法中。在美国，无论国际法还是民事诉讼法中都用jurisdiction来表示管辖权。民事诉讼中，管辖权分为对人管辖权、事务管辖权和适当审判地，而competence的含义等同于subject matter jurisdiction，参见Born/Rutledge，International Civil Litigation in United States Courts，5th Edition（Wolters Kluwer 2011，p. 5.）美国法中的venue一词相当于大陆法系中的地域管辖。由于中国法律中不存在西方大陆法系国家中对管辖权的二元划分，因此本书中的“管辖权”类似于英语中的jurisdiction，涵盖了两种意义上的管辖权。但本书所讨论的涉外民事诉讼管辖权，主要是指第二种意义上的法院裁判权（zuständigkeit，compétence judiciaire）。

内诉讼管辖权主要是指地域管辖权（我国 2023 年《民事诉讼法》第 2 章第 2 节），它解决的是国内不同地区法院之间的管辖分工；而国际诉讼管辖权解决的是一国法院在什么情况下可以受理某个涉外案件（我国 2023 年《民事诉讼法》第四编第 24 章）。对于涉外民事案件，一国法院通常须判断本国法院是否享有国际民事诉讼管辖权，然后再确定应当由国内哪一地域的法院受理。

国际民事诉讼管辖权和国内民事诉讼管辖权虽然性质上不同，但彼此在规则上有很多相似之处。很多国家没有专门的国际民事诉讼管辖权立法，通常类推适用国内地域管辖规则来判断国际管辖权，比如德国。[①]我国 2023 年《民事诉讼法》第 259 条规定："在中华人民共和国领域内进行涉外民事诉讼，适用本编规定。本编没有规定的，适用本法其他有关规定。"

(三)《民事诉讼法》关于涉外民事诉讼管辖权的规定

我国 2023 年《民事诉讼法》[②]第四编"涉外民事诉讼程序的特别规定"第 24 章是对涉外民事诉讼管辖的集中规定。该章在 1991 年版本中有 4 个条文（1991 年《民事诉讼法》第 241—244 条），2012 年第二次修订后只保留了两个条文（第 265—266 条）。其中，取消了原第 244 条（协议选择管辖权），将其并入第 35 条；取消了原第 245 条（应诉管辖权），将其合并入第 130 条。保留了针对涉外合同和其他财产权益纠纷的管辖权（第 265 条，原第 243 条）和针对三类合同的专属管辖（第 273 条，原第 246 条）。在 2021

---

① 在德国法上，这被称为地域管辖规则的双重功能，即它们可以类推适用于国际管辖权的确定。参见 Schack，Internationales Zivilverfahrensrecht（2001），S. 89；von Hoffman/Thorn，IPR，S. 75。

② 1991 年 4 月 9 日第七届全国人民代表大会第四次会议通过；根据 2007 年 10 月 28 日第十届全国人民代表大会常务委员会第三十次会议《关于修改〈中华人民共和国民事诉讼法〉的决定》第一次修正；根据 2012 年 8 月 31 日第十一届全国人民代表大会常务委员会第二十八次会议《关于修改〈中华人民共和国民事诉讼法〉的决定》第二次修正；根据 2017 年 6 月 27 日第十二届全国人民代表大会常务委员会第二十八次会议《关于修改〈中华人民共和国民事诉讼法〉和〈中华人民共和国行政诉讼法〉的决定》第三次修正；根据 2021 年 12 月 24 日中华人民共和国主席令第一〇六号《全国人民代表大会常务委员会关于修改〈中华人民共和国民事诉讼法〉的决定》第四次修正；根据 2023 年 9 月 1 日第十四届全国人民代表大会常务委员会第五次会议《全国人民代表大会常务委员会关于修改〈中华人民共和国民事诉讼法〉的决定》第五次修正。本书引用的《民事诉讼法》除另有说明外均为 2023 年新修订后的文本。

年12月《民事诉讼法》第四次修订中，第265条和第273条的内容未变，只是条文序号改为了第272条和第273条。2023年《民事诉讼法》第五次修订，原第272条表述更新，序号改为276条，并新增两个条文（第277—278条），扩大了法院的管辖范围；对原273条重新陈述，明确法院的专属管辖权并且扩大管辖范围，同时新增3个条文（第280—282条）明确涉外案件的管辖权归属问题，并设立相应的兜底条款保障我国法院的管辖权。2023年对《民事诉讼法》的修订表明，我国立法在更多管辖领域区分涉外民事诉讼管辖权和纯国内民事诉讼管辖权规范，奉行涉外管辖权和国内民事管辖权的双轨制。

当代国际民事诉讼管辖权制度与纯粹国内地域管辖制度仍然有原则上的区别。[①]国内管辖权的法律基础是国内宪法和法律，是为了解决国内不同地区不同级别法院在管辖上的分配，其立法目的是为了方便诉讼和合理配置司法资源。一个主权国家有权根据国内法自主地分配本国境内不同法院的管辖权。国际民商事诉讼中的（涉外）管辖权所要解决的是管辖权在全球范围内的分配问题和各国管辖权的竞合与冲突问题。国际管辖权的基本原则是国家主权原则。国际管辖权的行使需要遵守国际法一般原则，其中最重要的是属地管辖原则。一国行使域外管辖权时不能“过度”，否则会侵犯他国主权和管辖权，从而导致作出的判决得不到他国的承认和执行。[②]

国际民事诉讼管辖权在有些问题上与国内民事诉讼管辖权有所不同，需要特别处理，比如平行诉讼问题、不方便法院原则等。

(四) 国际民事诉讼管辖权的分类

国际民事诉讼管辖权包括直接管辖权和间接管辖权。[③]直接的国际管辖权是指本国法院对于某一涉外民事案件是否可以受理和裁判；间接国际管辖权是指在承认和执行外国法院判决时，外国法院对某一民事诉讼案件的管辖权是否被本国承认。这里所探讨的国际民事诉讼管辖权是指直接国际民事诉讼

---

① 如上所述，在基本概念上就存在着 jurisdiction/Gerichsbarkeit 和 competence/Zuständigkeit 的区分，我国法律中没有这种区分。

② 杜涛：《国际民事诉讼中的过度管辖权》，《武大国际法评论》2016年第2期。

③ 李浩培：《国际民事程序法概论》，法律出版社1996年版，第44页。

管辖权，而间接管辖权属于判决的承认和执行中的问题。

管辖权还可以分为协议管辖权和法定管辖权。协议管辖权是指根据当事人之间的协议选择而享有的管辖权（我国《民事诉讼法》第35条）；法定管辖权是指当事人在没有选择或者选择无效的情况下根据法律规定行使管辖权。

法定管辖权可以分为一般管辖权和特别管辖权。一般管辖权也称普通管辖权，是指"原告就被告原则"，即原告应当向被告住所地法院对被告提起诉讼。该原则始于罗马法，现在已经为大多数国家所接受。这一原则不仅适用于国内民事诉讼，也同样适用于国际民事诉讼。在英美法系国家，除了被告住所地之外，被告的出现加上合法送达也能构成一般管辖权的依据。在英国法下，只要被告合法地出现在英国并能够合法地收到传票，英国法院就有管辖权。特别管辖权是对普通管辖权的例外和补充，是指在某些特殊类型民事案件中，被告住所地以外的其他国家的法院也可以行使管辖权。

管辖权还可以分为任意性管辖权和专属性管辖权。任意性管辖权是指法律规定的管辖法院不具有排他效力，原告可以选择在该地起诉，也可以到其他有管辖权的法院起诉；专属管辖权也称排他性管辖权，是指国家法律规定，对于某些类型民事案件只能由特定法院行使管辖权，其他法院无权受理。

第二节　一般管辖与特别管辖

案例一：

A公司及B公司均设立于萨摩亚。A公司全资拥有B公司股份，B公司全资投资我国的外商投资企业C公司。B公司的登记董事白某未经A公司股东会同意，多次私自更改B公司的董事及股东，将B公司股东变更为A公司、白某、王某以及设立于萨摩亚的D公司。A公司以白某、王某以及D公司私自变更B公司的董事、股东，损害其合法权益为由向东莞市中院提起诉讼，请求判决股权转让变更行为无效、停止侵权行为并返还其对C公司享有的全部股份。

被告白某对管辖权提出异议，称白某、王某长期在中国台湾地区居住。D公司、B公司是在萨摩亚注册的公司，白某、王某、D公司及B公司均未在中国大陆签订和履行任何合同，诉讼标的物B公司股权不在中国境内。白某、王某、D公司在中国大陆亦无可供扣押的财产，即使存在侵权行为，侵权行为发生地和侵权结果发生地均在境外，中国大陆对本案无管辖权。

问：

1. 本案属于什么性质的纠纷？

2. 当被告在中国大陆没有住所或者经常居所时，中国大陆法院还能依据哪些管辖权受理案件？

3. 本案中我国大陆法院对本案是否享有管辖权？

案例二：

甲、乙、丙、丁、戊5人共同投资设立一有限责任公司。甲、乙同时持有加拿大国籍和中国台湾地区户籍。丙、丁、戊同时具有美国国籍和中国台湾地区户籍。丙、丁、戊向甲、乙借款，用借款作为其认缴的股东出资和公积金。甲、乙起诉至中国大陆法院，请求判令丙、丁、戊按各自借款数额向甲、乙偿还借款本金及利息。

丙、丁、戊提出管辖权异议，主张丙、丁、戊三人经常居所地均在中国台湾地区，且所谓的借款合同的发生地均在中国台湾地区及国外，中国大陆法院不具有对本案的管辖权。经查明，被告丙、丁系北京市大兴区某房屋的产权所有人，该房屋用于出租，两人未在该房屋居住过。

问：

1. 本案属于因什么纠纷提起的诉讼？

2. 当被告在中国大陆没有住所或者经常居所时，中国大陆的法院还能依据哪些管辖权受理案件？

在上述两个案例中，法院均无法直接依据被告住所地对案件行使一般管辖权，而是要辨析不同类型的法律纠纷，依据特别规定确认是否具有管辖权。以 2023 年《民事诉讼法》第 276 条为代表，有多种联结因素能够帮助中国大陆法院确认对涉外民事纠纷的特别管辖。

一、一般管辖权

(一) 一般管辖权的概念

现行国际法承认的最基本管辖权原则，就是实际联系原则。[①]根据该原则，国家能否行使管辖的权力取决于有关问题与该国之间有无实际联系。[②]实际联系的存在可以提供法律确定性，避免被告在一个他不能合理预见的地方的法院被起诉。根据这种联系因素的不同，各国法律通常把民事诉讼的管辖权区分为一般管辖权和特别管辖权（specific jurisdiction）。[③]

一般管辖权是指法院对与本地有实际和持久联系（通常是住所）的被告行使的管辖权。根据一般管辖权，法院可以审理针对住所在本地的被告的任何诉讼请求，包括与法院地完全无关的行为所引起的诉讼请求。因此，一般管辖权也被称为全能管辖权（all-purpose jurisdiction）。一般管辖权通常根据被告住所（或经常居所）这一联系因素确立管辖权，之所以各国普遍接受"原告就被告原则"，是因为原告作为诉讼中的"进攻方"（aggressor）是打破现状的人，被告方可以受到更多保护。根据"被告可比进攻方要求更多保护"的一般规则，原告的利益是选择法院起诉，实现其期待的判决利益；而被告的利益则是在对其及其证人便利的法院进行诉讼，被告的此项利益应优先于原告。[④]

国际民事诉讼中的一般管辖本质上是一种地域管辖，或称为属地管辖，是一国法院基于对其境内居住的被告而行使的管辖权。在"国际鞋业公司诉

---

① Nottebohm case（Liechtenstein v. Guatemala），I. C. J. Report 1955 p. 4.

② 詹宁斯、瓦茨修订：《奥本海国际法》（第一卷第一分册），王铁崖等译，中国大百科全书出版社 1995 年版，第 328 页；伊恩·布朗利：《国际公法原理》，曾令良、余敏友等译，法律出版社 2003 年版，第 330 页。

③ Arthur von Mehren & Donald Trautman，Jurisdiction to Adjudicate：A Suggested Analysis，79 HARV. L. REV. 1121，1136（1966）.

④ 参见［美］阿瑟·冯迈伦：《国际私法中的司法管辖权之比较研究》，李晶译，法律出版社 2015 年版，第 133 页。

华盛顿州案”中，美国联邦最高法院以“最低联系”作为确立民事诉讼管辖权的标准，即只要被告与法院所在地之间存在“最低联系”（minimum contacts）①，以保证诉讼不致违反传统的公平与正义观念，法院便可对非本州居民的被告行使属人管辖权并送达司法文书。美国各州据此制定的对非本州居民被告行使管辖的民事诉讼管辖权规则被称为“长臂管辖规则”（Long Arm Statutes）。②

特别管辖权是指法院根据纠纷与法院地之间的特殊联系而行使的管辖权。根据特别管辖权，法院仅能就与该特殊联系有关的诉讼请求行使管辖权，管辖权依据通常包括财产所在地和行为地等。比如合同诉讼中，特别管辖权包括合同履行地和合同签订地；侵权案件中，特别管辖包括侵权行为地；财产权益纠纷中的财产所在地；等等。

（二）我国有关一般管辖权的立法

我国《民事诉讼法》采用了“原告就被告原则”（*actor sequitur forum rei*）作为一般管辖原则，这意味着法院在判断被告的住所地时，通常依照法院地法。我国2023年《民事诉讼法》第22条规定：“对公民提起的民事诉讼，由被告住所地人民法院管辖；被告住所地与经常居住地不一致的，由经常居住地人民法院管辖。对法人或者其他组织提起的民事诉讼，由被告住所地人民法院管辖。同一诉讼的几个被告住所地、经常居住地在两个以上人民法院辖区的，各该人民法院都有管辖权。”2022年修订的最高人民法院《民事诉讼法司法解释》（简称2022年《民诉法司法解释》）第3条规定：“公民的住所地是指公民的户籍所在地，法人或者其他组织的住所地是指法人或者其他组织的主要办事机构所在地。法人或者其他组织的主要办事机构所在地

---

① International Shoe Co. v. Washington，326 U. S. 310，316 (1945).

② 2018年9月，中国政府发布《关于中美经贸摩擦的事实与中方立场》白皮书，以“以国内法‘长臂管辖’制裁他国”为标题专设一节，对美国的“长臂管辖”进行界定：“‘长臂管辖’是指依托国内法规的触角延伸到境外，管辖境外实体的做法。近年来，美国不断扩充‘长臂管辖’的范围，涵盖民事侵权、金融投资、反垄断、出口管制、网络安全等众多领域，并在国际事务中动辄要求其他国家的实体或个人必须服从美国国内法，否则随时可能遭到美国的民事、刑事、贸易等制裁。”这里所诟病的美国“长臂管辖”，实际是对美国以不合理及不合法的方式无节制地扩张域外管辖权的形象称谓，带有明显的贬义含义。这与美国诉讼法律中“长臂管辖”存在区别。

不能确定的，法人或者其他组织的注册地或者登记地为住所地。”2022 年《民诉法司法解释》第 4 条规定：“公民的经常居住地是指公民离开住所地至起诉时已连续居住一年以上的地方，但公民住院就医的地方除外。”

原告就被告原则对于国内民事诉讼和涉外民事诉讼同样适用。我国 2023 年《民事诉讼法》第 22 条的规定主要针对国内民事诉讼设计，所以使用的措辞是公民。但是在涉外民事诉讼中，被告不一定是我国公民，可能是外国人或者无国籍人，甚至包括外国国家。该规定沿袭以往措辞，存在一定的立法瑕疵。

二、特别管辖权

特别管辖权是指不依据被告住所地，而是依据其他特别连结因素（specific contacts）对案件行使管辖权。特别管辖权通常是根据法律纠纷的不同类型而定。根据我国法律的规定，我国法院针对以下不同纠纷，可以依据以下不同的实际联系因素确定管辖权：

（一）合同纠纷中的管辖权

我国区分了一般合同与特别合同，分别规定了不同的管辖权依据。

1. 针对一般合同的管辖权规定

（1）合同签订地在中国领域内的，可以由合同签订地人民法院管辖（2023 年《民事诉讼法》第 276 条）。

（2）合同履行地在中国领域内的，可以由合同履行地人民法院管辖（2023 年《民事诉讼法》第 276 条）；合同约定履行地点的，以约定的履行地点为合同履行地。合同对履行地点没有约定或者约定不明确，争议标的为给付货币的，接收货币一方所在地为合同履行地；交付不动产的，不动产所在地为合同履行地；其他标的，履行义务一方所在地为合同履行地。即时结清的合同，交易行为地为合同履行地。合同没有实际履行，当事人双方住所地都不在合同约定的履行地的，由被告住所地人民法院管辖（2022 年《民诉法司法解释》第 18 条）。

（3）诉讼标的物在中国领域内的，可以由诉讼标的物所在地人民法院管辖（2023 年《民事诉讼法》第 276 条）。

(4) 被告在中国领域内设有代表机构的，可以由代表机构所在地人民法院管辖（2023年《民事诉讼法》第276条）。

(5) 被告在中国领域内有可供扣押的财产的，可以由可供扣押的财产所在地人民法院管辖（2023年《民事诉讼法》第276条）。①

2. 针对特别合同的管辖权规定

(1) 保险合同，可以由保险标的物所在地人民法院管辖（2023年《民事诉讼法》第25条）；因财产保险合同纠纷提起的诉讼，如果保险标的物是运输工具或者运输中的货物，可以由运输工具登记注册地、运输目的地、保险事故发生地人民法院管辖。因人身保险合同纠纷提起的诉讼，可以由被保险人住所地人民法院管辖（2022年《民诉法司法解释》第21条）。

(2) 铁路、公路、水上、航空运输和联合运输合同纠纷案件，可以由运输始发地、目的地人民法院管辖（2023年《民事诉讼法》第28条）。

(3) 财产租赁合同、融资租赁合同以租赁物使用地为合同履行地。合同对履行地有约定的，从其约定（2022年《民诉法司法解释》第19条）。

(4) 以信息网络方式订立的买卖合同，通过信息网络交付标的的，以买受人住所地为合同履行地；通过其他方式交付标的的，收货地为合同履行地。合同对履行地有约定的，从其约定（2022年《民诉法司法解释》第20条）。

(5) 海上运输合同纠纷案件，如果转运港在中国领域内，也可以由转运港所在地海事法院管辖（《海事诉讼特别程序法》第6条第2款第2项）。

(6) 海船租用合同纠纷提起的诉讼，如果交船港、还船港、船籍港所在地在我国领域内，可以由交船港、还船港或船籍港所在地海事法院管辖（《海事诉讼特别程序法》第6条第2款第3项）。

(7) 因海上保赔合同纠纷提起的诉讼，如果保赔标的物所在地或事故发生地在我国领域内，可由保赔标的物所在地或事故发生地海事法院管辖

---

① 根据最高人民法院《涉外商事审判实务问题解答（讨论稿）》，在采用“可供扣押财产地”行使管辖权时，人民法院应当查实有关财产确实是被申请人所有的财产。独资公司、合作合资公司中的股权、知识产权以及到期债权都可作为可供扣押的财产。根据最高人民法院《第二次全国涉外商事海事审判工作会议纪要》第3条，一方当事人以外国当事人为被告向人民法院起诉，该外国当事人在我国境内设有“三来一补”企业的，应认定其在我国境内有可供扣押的财产。

(《海事诉讼特别程序法》第 6 条第 2 款第 4 项)。

(8) 因海船的船员劳务合同纠纷提起的诉讼，如果原告住所地、合同签订地、船员登船港或离船港所在地在我国领域内，可由原告住所地、合同签订地、船员登船港或离船港所在地海事法院管辖(《海事诉讼特别程序法》第 6 条第 2 款第 5 项)。

(二) 动产物权纠纷中的管辖权

该类物权纠纷中，我国区分了一般物权纠纷与海事物权纠纷，分别规定管辖权依据。

1. 针对一般物权纠纷

(1) 诉讼标的物在中国领域内的，可以由标的物所在地人民法院管辖(《民事诉讼法》第 276 条)。

(2) 被告在中国领域内有可供扣押的财产的，可以由可供扣押的财产所在地人民法院管辖(《民事诉讼法》第 276 条)。

2. 针对海事物权纠纷

(1) 因海船的船舶所有权、占有权、使用权、优先权纠纷提起的诉讼，如果船舶所在地、船籍港所在地在我国领域内，可由船舶所在地或船籍港所在地海事法院管辖(《海事诉讼特别程序法》第 6 条第 2 款第 7 项)。

(2) 因海事担保纠纷提起的诉讼，如果担保物所在地在我国领域内，可由担保物所在地海事法院管辖；因船舶抵押纠纷提起的诉讼，如果船籍港在我国领域内，可由船籍港所在地海事法院管辖(《海事诉讼特别程序法》第 6 条第 2 款第 6 项)。

(3) 当事人申请认定海上财产无主的案件，如果财产所在地在我国领域内，则由财产所在地海事法院管辖(《海事诉讼特别程序法》第 9 条)。

(三) 侵权赔偿纠纷中的管辖权

我国区分了一般侵权与特别侵权，分别规定了不同的管辖权依据。

1. 针对一般侵权的管辖权规定

(1) 被告在中国领域内有代表机构的，可以由代表机构所在地人民法院管辖(2023 年《民事诉讼法》第 276 条)。

(2) 被告在中国领域内有可供扣押的财产的，可以由可供扣押的财产所在地人民法院管辖（2023 年《民事诉讼法》第 276 条）。

（3）侵权行为地（包括侵权行为实施地和侵权结果发生地）在中国领域内的，可以由侵权行为地人民法院管辖（2023 年《民事诉讼法》第 29 条、第 276 条）。

2. 针对特别侵权的管辖权规定

（1）因产品、服务质量不合格造成他人财产、人身损害提起的诉讼，产品制造地、产品销售地、服务提供地、侵权行为地和被告住所地人民法院都有管辖权（2022 年《民诉法司法解释》第 26 条）。

（2）因铁路、公路、水上和航空事故请求损害赔偿提起的诉讼，可由事故发生地或车辆、船舶最先到达地、航空器最先降落地人民法院管辖（2022 年《民事诉讼法》第 30 条）。

（3）海事侵权行为的损害赔偿，可由船籍港所在地海事法院管辖（《海事诉讼特别程序法》第 6 条第 2 款第 1 项）。

（4）因船舶碰撞或者其他海事损害事故请求赔偿提起的诉讼，由碰撞发生地、碰撞船舶最先到达地、加害船舶被扣押地人民法院管辖（《民事诉讼法》第 31 条）。除此之外，由船籍港所在地的海事法院管辖（《海事诉讼特别程序法》第 6 条第 2 款第 1 项）。

（5）网络著作权侵权纠纷案件，由侵权行为地或者被告住所地人民法院管辖。侵权行为地包括实施被诉侵权行为的网络服务器、计算机终端等设备所在地。对难以确定侵权行为地和被告住所地的，原告发现侵权内容的计算机终端等设备所在地可以视为侵权行为地（最高人民法院《关于审理侵害信息网络传播权民事纠纷案件适用法律若干问题的规定》第 15 条、2022 年《民诉法司法解释》第 25 条）。

（四）其他财产权益纠纷中的管辖权

（1）诉讼标的物在中国领域内的，由诉讼标的物所在地人民法院管辖（2023 年《民事诉讼法》第 276 条）。

（2）被告在中国领域内有可供扣押的财产的，由可供扣押的财产所在地人民法院管辖（2023 年《民事诉讼法》第 276 条）。

（3）因票据纠纷提起的诉讼，可以由票据支付地人民法院管辖（2023 年

《民事诉讼法》第 26 条）。

（4）因公司设立、确认股东资格、分配利润、解散等纠纷提起的诉讼，以及因股东名册记载、请求变更公司登记、股东知情权、公司决议、公司合并、公司分立、公司减资、公司增资等纠纷提起的诉讼，由公司住所地人民法院管辖（2023 年《民事诉讼法》第 27 条、2022 年《民诉法司法解释》第 22 条）。

（5）因船舶碰撞或者其他海事损害事故请求损害赔偿提起的诉讼，由碰撞发生地、碰撞船舶最先到达地、加害船舶被扣留地人民法院管辖（2023 年《民事诉讼法》第 31 条）。

（6）因共同海损提起的诉讼，可由船舶最先到达地、共同海损理算地或航程终止地人民法院管辖（2023 年《民事诉讼法》第 33 条）。

（五）有关身份关系诉讼的管辖权

1. 针对身份关系的一般管辖规定

对不在中华人民共和国领域内居住的人提起的有关身份关系的诉讼，如果原告住所地或经常居住地在我国领域内，由原告住所地或者经常居住地人民法院管辖（2023 年《民事诉讼法》第 23 条第 1 项）。

2. 针对身份关系的特别管辖规定

对下落不明或者宣告失踪的人提起的有关身份关系的诉讼，如果原告住所地或经常居住地在我国领域内，由原告住所地或者经常居住地人民法院管辖（2023 年《民事诉讼法》第 23 条第 2 项）。

3. 针对离婚诉讼的特别管辖规定

（1）在国内结婚并定居国外的华侨，如定居国法院以离婚诉讼须由婚姻缔结地法院管辖为由不予受理，当事人向人民法院提出离婚诉讼的，由婚姻缔结地或者一方在国内的最后居住地人民法院管辖（2022 年《民诉法司法解释》第 13 条）。

（2）在国外结婚并定居国外的华侨，如定居国法院以离婚诉讼须由国籍所属国法院管辖为由不予受理，当事人向人民法院提出离婚诉讼的，由一方原住所地或者在国内的最后居住地人民法院管辖（2022 年《民诉法司法解释》第 14 条）。

(3) 中国公民一方居住在国外，一方居住在国内，不论哪一方向人民法院提起离婚诉讼，国内一方住所地人民法院都有权管辖。国外一方在居住国法院起诉，国内一方向人民法院起诉的，受诉人民法院有权管辖（2022 年《民诉法司法解释》第 15 条）。

(4) 中国公民双方在国外但未定居，一方向人民法院起诉离婚的，应由原告或者被告原住所地人民法院管辖（2022 年《民诉法司法解释》第 16 条）。

(5) 已经离婚的中国公民，双方均定居国外，仅就国内财产分割提起诉讼的，由主要财产所在地人民法院管辖（2022 年《民诉法司法解释》第 17 条）。

4. 针对宣告死亡案件的特别管辖规定

《海事诉讼特别程序法》第 9 条第 2 款规定："申请因海上事故宣告死亡的，向处理海事事故主管机关所在地或者受理相关海事案件的海事法院提出。"

(六) 有关特别程序的管辖权

1. 申请支付令和海事强制令程序

债权人申请支付令，适用《民事诉讼法》第 21 条规定，由债务人住所地基层人民法院管辖（2023 年《民诉法司法解释》第 23 条）。

海事强制令是指海事法院根据海事请求人的申请，为使其合法权益免受侵害，责令被请求人作为或者不作为的强制措施。我国《海事诉讼特别程序法》第 52 条规定："当事人在起诉前申请海事强制令，应当向海事纠纷发生地海事法院提起。"第 53 条规定："海事强制令不受当事人之间关于该海事请求的诉讼管辖权协议或者仲裁协议的约束。"

2. 诉讼保全

当事人申请诉前保全后没有在法定期间起诉或者申请仲裁，给被申请人、利害关系人造成损失引起的诉讼，由采取保全措施的人民法院管辖。当事人申请诉前保全后在法定期间内起诉或者申请仲裁，被申请人、利害关系人因保全受到损失提起的诉讼，由受理起诉的人民法院或者采取保全措施的人民法院管辖（2022 年《民诉法司法解释》第 27 条）。

《海事诉讼特别程序法》第 63 条规定："当事人在起诉前申请海事证据保全，应当向被保全的证据所在地海事法院提出。"

3. 督促程序

《海事诉讼特别程序法》第 99 条规定："债权人基于海事事由请求债务人给付金钱或者有价证券，符合《中华人民共和国民事诉讼法》有关规定的，可以向有管辖权的海事法院申请支付令。债务人是外国人、无国籍人、外国企业或者组织，但在中华人民共和国领域内有住所、代表机构或者分支机构并能够送达支付令的，债权人可以向有管辖权的海事法院申请支付令。"

4. 公示催告程序

《海事诉讼特别程序法》第 100 条规定："提单等提货凭证持有人，因提货凭证失控或者灭失，可以向货物所在地海事法院申请公示催告。"

5. 船舶优先权催告程序

根据《海事诉讼特别程序法》第 120 条，船舶转让时，受让人可以向海事法院申请船舶优先权催告，催促船舶优先权人及时主张权利，消灭该船舶附有的船舶优先权。该法第 121 条规定："受让人申请船舶优先权催告的，应当向转让船舶交付地或者受让人住所地海事法院提出。"

(七) 由原告住所地管辖的特别管辖权

出现以下四类情况时，往往需由原告住所地人民法院管辖（如果原告住所地与经常居住地不一致的，由原告经常住所地人民法院管辖）：

(1) 对不在中华人民共和国领域内居住的人提起的有关身份关系的诉讼。

(2) 对下落不明或宣告失踪的人提起的有关身份关系的诉讼。

(3) 对被采取强制性教育措施的提起的诉讼。

(4) 被监禁的人提起的诉讼（2023 年《民事诉讼法》第 23 条）。双方当事人都被监禁或者被采取强制性教育措施的，由被告原住所地人民法院管辖。被告被监禁或者被采取强制性教育措施一年以上的，由被告被监禁地或者被采取强制性教育措施地人民法院管辖。

第三节　协议管辖

案例一：

台湾地区A公司、内地B公司和内地C公司签订了《FPC管廊模块海运合同》（简称《海运合同》），因B公司未及时做好装船计划，临时变更装船顺序致使船期延误。随后该司通过非法留置运输单据和拒绝靠港等手段，无理提价和变更装卸条款，A公司最终决定终止履行并解除合同。此后，A公司向中国法院起诉B公司，要求B公司承担相应违约责任。

B公司对管辖权提出异议，主张《海运合同》第11条争议处理载明：三方如发生争议时，可通过协商解决；协商无法解决时，当与托运方有任何争议时，依法向第三方法院（香港地区或新加坡）进行诉讼。其余争议，由争议双方所同意之法院进行诉讼。据此，中国法院对于本案不享有管辖权。经查明，本案中，海运合同三方当事人均非香港地区或新加坡公司，涉案货物起运港为中国港口，目的港为美国港口。

问：

1. 涉外合同的当事人协议选择法院的有效性应当适用什么地区的法律进行判断？

2. 涉外合同的当事人在协议选择法院中约定与争议没有实际联系的地点的法院管辖，对该条款的有效性是否会产生影响？

3. 涉外合同的当事人通过协议选择的法院，是否一定具有排他性？即中国法院对于本案是否享有管辖权？

案例二：

香港地区A公司、内地B公司与内地C公司曾共同签署《关于5.55%2021年到期保证债券的信托协议》（简称《信托协议》），其中，A公司为受托人，B公司为保证人，C公司为发行人。此后，B公司又与A公司签订了《关于4亿美元5.55%2021年到期保证债券的保证协议》（简称《保证协议》），《信托协议》中亦约定了A公司与B公司之间保证合同法律关系的相关内容。现由于B公司未能根据《信托协议》的约定支付涉案债券的利息，构成违约。A公司于内地法院起诉B公司，要求B公司根据《信托协议》和《保证协议》的约定承担相应违约责任。

B公司对管辖权提出异议，主张本案中《信托协议》14.2条及《保证协议》7.2条均约定香港特区法院具有排他性的管辖权，明确排除了内地法院管辖。上述约定是协议各方的真实意思表示，构成了对法院选择的合意，各方均应受管辖条款的约束。经查明，两份管辖协议只强调了发行人和保证人应当遵守香港特区法院对案涉纠纷具有排他管辖权的约定，但并没有明确赋予作为受托人的A公司可以向香港特区法院之外的其他有管辖权法院就案涉纠纷提起诉讼的权利。

问：

1. 确定本案管辖权的依据是什么?

2.《信托协议》和《保证协议》中的排他协议管辖是否对A公司产生与B公司同等程度的约束?

3. 香港特区法院对本案享是否有排他管辖权?

协议管辖，又称合意管辖或者约定管辖，是指双方当事人在纠纷发生之前或发生之后，以合意方式约定解决他们之间纠纷的管辖法院。在上述两个案例中，当事人都在合同中对于管辖法院事先作了约定。与国内民商事纠纷一样，涉外民商事纠纷也能够通过当事人意思自治协议约定选择法院管辖。然而，考虑到涉外民商事纠纷的涉外性，对于协议管辖条款的审查往往还涉及法律适用、排他性解释、协议管辖条款的效力等问题。

一、我国的协议管辖立法

我国2023年《民事诉讼法》对协议管辖采用了双轨制，即区分纯国内案件中的协议管辖和涉外案件中的协议管辖。

针对纯国内案件中的协议管辖，2023年《民事诉讼法》第35条规定：“合同或者其他财产权益纠纷的当事人可以书面协议选择被告住所地、合同履行地、合同签订地、原告住所地、标的物所在地等与争议有实际联系的地点的人民法院管辖，但不得违反本法对级别管辖和专属管辖的规定。”[①]据此，纯国内案件中的协议管辖必须符合以下几个条件：

第一，从案件范围来看，只有合同或者其他财产权益纠纷的当事人可以协议选择法院。身份关系中的当事人只有在涉及身份关系的纠纷结束后，仅就财产争议起诉，才能选择法院。比如当事人因同居或者在解除婚姻、收养关系后发生财产争议，可以协议管辖。[②]

第二，当事人协议选择管辖法院的范围，包括可以选择被告住所地、合同履行地、合同签订地、原告住所地、标的物所在地等与争议有实际联系地点的人民法院管辖。如果当事人选择了与合同没有实际联系地点的人民法院，该协议无效。

第三，必须以书面协议选择管辖。书面协议可以采取合同书的形式，包括书面合同中的协议管辖条款，也可以采取信件和数据电文（包括电报、电传、传真、电子数据交换和电子邮件）等以有形地表现当事人双方协议选择管辖法院意思表示的形式。或者诉讼前双方当事人达成的管辖协议。口头协议无效。

第四，当事人可以排他地选择唯一的管辖法院，但非排他性的选择法院协议并非无效。管辖协议约定两个以上与争议有实际联系地点的人民法院管辖，原告可以向其中一个人民法院起诉。根据管辖协议，起诉时能够确定管辖法院的，从其约定；不能确定的，依照民事诉讼法的相关规定确定管辖。[③]

第五，协议管辖不得违反民事诉讼法关于级别管辖和专属管辖的规定。

然而，针对涉外民商事案件中当事人选择中国法院的协议管辖与国内协议管辖有显著区别。2023 年《民事诉讼法》第 277 条规定：“涉外民事纠纷的当事人书面协议选择人民法院管辖的，可以由人民法院管辖。”与该法第

① 关于书面协议的形式和要求，可以参见 2022 年《民诉法司法解释》第 29 条：“民事诉讼法第三十四条规定的书面协议，包括书面合同中的协议管辖条款或者诉讼前以书面形式达成的选择管辖的协议。”

② 《民诉法司法解释》第 34 条：“当事人因同居或者在解除婚姻、收养关系后发生财产争议，协议管辖的，可以适用民事诉讼法第三十四条（现为 2023 版民诉法第 35 条）规定确定管辖。”

③ 《民诉法司法解释》第 30 条：“根据管辖协议，起诉时能够确定管辖法院的，从其约定；不能确定的，依照民事诉讼法的相关规定确定管辖。管辖协议约定两个以上与争议有实际联系的地点的人民法院管辖，原告可以向其中一个人民法院起诉。”

35条相比，尽管其同样保留了书面形式要求，但去掉了实际联系和必须符合“专属管辖”和“级别管辖”的要求。如果当事人选择某特定的人民法院，但可能违反了民事诉讼法对于级别管辖、专属管辖、专门管辖或集中管辖的规定，并不会导致选择法院管辖协议整体无效，此时可以依据民诉法及其司法解释确定的管辖权规则确定由相应的某一人民法院行使管辖权。①

针对涉外民商事案件中当事人选择外国法院的协议管辖，2022年《民诉法司法解释》第529条规定：“涉外合同或者其他财产权益纠纷的当事人，可以书面协议选择被告住所地、合同履行地、合同签订地、原告住所地、标的物所在地、侵权行为地等与争议有实际联系地点的外国法院管辖。”该条依旧保留了书面形式和实际联系的要求。

二、法院选择协议的准据法

我国1982年颁布《民事诉讼法（试行）》时，没有规定协议管辖制度，无论是涉外案件还是非涉外案件都不允许当事人协议选择法院。在1991年《民事诉讼法》颁布后，协议管辖制度才得以确立。②我国多年来的司法实践也一直认可当事人的管辖权选择。

如果实践中当事人在合同中明文约定外国法院作为合同争议的管辖法院，该如何判断法院选择协议的效力？这里首先需要确定该法院选择协议的准据法。对此，应当区分两个不同层面的问题：可执行性与有效性。

（一）法院选择协议是否可被执行

法院选择协议与法律选择协议在性质上是一种特殊合同，属于诉讼合同。③诉讼合同中，双方当事人约定将其纠纷提交给作为第三方的某一国家法

① 沈红雨、郭载宇：《〈民事诉讼法〉涉外编修改条款之述评与解读》，《中国法律评论》2023年第6期。

② 1991年《民事诉讼法》第25条允许国内合同的双方当事人可以在书面合同中协议选择被告住所地、合同履行地、合同签订地、原告住所地、标的物所在地人民法院管辖；第244条允许涉外合同或者涉外财产权益纠纷的当事人可以用书面协议选择与争议有实际联系的地点的法院管辖。2007年修正后的《民事诉讼法》完全保留了该两条规定，只是调整了序号。

③ Gerhard Wagner，Prozessverträge：Privatautonomie im Verfahrensrecht（Mohr Siebeck 1998），S. 32. 国内学者的研究见张嘉军：《论诉讼契约的性质》，《河北法学》2008年第12期；张嘉军：《论诉讼契约的效力》，《法学家》2010年第2期。

院审理，但是该第三方法院有权接受或不接受当事人的约定，也可以规定一些条件来审查当事人之间的约定。这种审查权力，属于该国主权，应当依照该国法律（即法院地法律）。①对此，又要区分两种情况：

1. 协议服从某国法院管辖

当事人协议选择某国法院管辖的，该选择是否被允许以及应当满足的条件，应当适用当事人所选择的法院地法律。协议选择中国法院的，就依照《民事诉讼法》第35条予以审查。这一规则被普遍接受。2005年《海牙协议选择法院公约》第5条第1款规定："根据排他性选择法院协议指定的缔约国一个或多个法院应该有管辖权以裁决协议适用的争议，除非该协议依据被选择的法院国的法律是无效的。"欧盟2012年修订后的《布鲁塞尔条例Ⅰ》第25条采用了类似规定。这一做法被认为可以解决平行诉讼问题。修订前的《布鲁塞尔条例Ⅰ》要求后诉法院必须搁置案件的审理，等待先诉法院确定其管辖权以避免平行诉讼，但这一规则往往会被当事人滥用。当事人可以到一个本来没有管辖权的国家法院起诉，让该法院去判断自己的管辖权，这样就可以把案件拖延数月甚至数年。修订后的《布鲁塞尔条例Ⅰ》为此增加了一个管辖权协议的准据法条款，根据该条款，管辖权协议的实质有效性依照当事人所选择的法院地国家的法律确定，这样就可以避免有关国家法院根据本国法律否决管辖权协议的有效性。

2. 协议排除内国法院管辖

当事人协议选择某一外国法院管辖，从而排除了内国法院的管辖权。这种情况下，如果当事人事后在内国法院起诉，内国法院需要判断该管辖权协议是否具有排他效力。对于这种情况，应适用实际受理案件的法院地国法律。②例如，巴西就拒绝承认当事人选择外国法院以排除巴西法院的管辖权。2000年的一起案件中，当事人在合同中约定由美国法院管辖，但巴西最高法院否决了上诉人美国保险公司提出的管辖权抗辩。法官指出："法官更应关注公正而不是效率……当事人可以以效率为由作为抗辩，但不能排除巴西法

① H. Schack, Internationales Zivilverfahrensrecht (2001), S. 193.

② Geimer, Internationales Verfahrensprozessrecht, Rn. 1677, von Hoffmann/Thorn, IPR, S. 89.

院的管辖权……巴西关于管辖权的规定属于公法，不能被合同排除，因为管辖权的行使是国家主权的固有表现形式……效率原则不妨碍巴西的管辖权。”①

从我国最高人民法院历来的相关实践看，我国法院往往依照我国法律来判断管辖权协议是否可以排除我国法院的管辖权。在“先进氧化铁颜料有限公司与 HOP 投资有限公司居间合同纠纷管辖权异议案”②中，最高人民法院指出：“本案系管辖权争议，属于程序性事项，居间人住所地法属于实体法，不适用于管辖权争议，故先进公司提出的实体法的适用问题并不影响管辖权的确定。”此外，在“上海衍六国际货物运输代理有限公司与长荣海运股份有限公司海上货物运输合同纠纷案”③、“德力西能源私人有限公司与东明中油燃料石化有限公司买卖合同纠纷案”④等案件中，最高人民法院一再重申了该原则。

(二) 法院选择协议是否有效成立及其解释

法院选择协议作为一种诉讼合同，其内部效力即对当事人双方的效力，包括其成立、生效以及解释等均属于实体问题，应当适用合同准据法。比如，当事人是否有缔结法院选择协议的缔约能力、当事人的意思表示是否真实等，都依照合同准据法判断。如果当事人选择了合同准据法，则管辖权条款的效力当然适用所选择的法律。

最高人民法院曾在一起案件中指出：“由于本案双方当事人同时在融资贷款协议第 23.1 条约定本协议适用香港法律，故应适用当事人约定的该融资贷款协议的准据法即香港法律对约定管辖条款的含义作出解释。依据香港法律，该协议管辖条款应理解为，若借款人新华公司作为原告就该融资贷款协议纠纷提起诉讼，应接受香港法院的非专属管辖权；若贷款人住友银行作为原告就该融资贷款协议纠纷提起诉讼，即可以向香港法院提起，也可向香港以外的其他有管辖权的法院提起。”⑤

---

① S. T. J., R. E. No. 251. 438/RJ, Relator: Athos Gusmão Carneiro, 08. 08. 2000 (Brazil).
② 最高人民法院（2010）民申字第 417 号裁定。
③ 中华人民共和国最高人民法院民事裁定书（2011）民提字第 301 号。
④ 中华人民共和国最高人民法院民事裁定书（2011）民提字第 312 号。
⑤ 最高人民法院民事裁定书（1999）经终字第 194 号。

（三）对我国《民事诉讼法》中协议管辖条款的理解

曾有学者认为采用法院地法来判断管辖权协议的效力不利于保护当事人的意思自治。[①]我国一些法院的判决也认为应当依照合同准据法来判断管辖权条款的效力。比如在“山东聚丰网络有限公司与韩国 MGAME 公司、天津风云网络技术有限公司网络游戏代理及许可合同纠纷管辖权异议案”（简称“山东聚丰案”）[②]中，二审法院山东省高级法院在判决书中就认为：“本案为涉外知识产权纠纷，虽然原告聚丰网络公司与被告 MGAME 公司于 2005 年 3 月 25 日签订的《游戏许可协议》第 21 条约定产生的争议应当接受新加坡的司法管辖，但是双方同时约定‘本协议应当受中国法律管辖并根据中国法律解释’，双方在协议适用法律上选择中国法律为准据法。因此，双方协议管辖条款也必须符合选择的准据法即中国法律的有关规定。”

这种观点实际上是混淆了管辖权协议的“有效性”和“可执行性”这两个不同的问题。[③]管辖权协议是否有效成立属于合同的实质问题，当然应适用合同准据法；而该管辖权协议是否约束我国法院，属于程序问题，应依照法院地法。2023 年《民事诉讼法》第 35 条、第 277 条都是关于管辖权协议在我国是否可执行的规定，无论合同准据法是哪国法律，该合同中的管辖权条款都应依照我国上述规定予以审查。

在上述“山东聚丰案”的再审判决中，最高法院驳斥了原审法院的观点：“对协议选择管辖法院条款的效力，应当依据法院地法进行判断；原审法院有关协议管辖条款必须符合选择的准据法所属国有关法律规定的裁定理由有误。”[④]该案中，最高法院的结论是正确的，但是需要说明的是，其中的“效力”一词，应当是指协议选择管辖法院在我国的“可执行性”，而不是指该协议本身是否有效成立。

管辖权协议本身是否有效成立取决于该协议本身的准据法，而且根据合同法上的“争端解决条款独立性原则”，管辖权条款的有效性独立于主合同，

① 焦燕：《法院选择协议的性质之辩与制度展开》，《法学家》2011 年第 6 期。

② 山东省高级人民法院（2008）鲁民三初字第 1 号民事裁定。

③ 我国法学界把 validity 和 effect 都翻译为“效力”，实际上是混淆了二者的根本差异。

④ 最高人民法院民事裁定书（2009）民三终字第 4 号。

不受主合同无效、变更或者终止的影响。我国《民法典》第 507 条规定："合同不生效、无效、被撤销或者终止的，不影响合同中有关解决争议方法的条款的效力。"[①]该规定与 1980 年联合国《国际货物销售合同公约》第 81 条是一致的。根据这一原则，管辖权协议的有效性与主合同的有效性在准据法上也可能会不一致。如果管辖权协议是主合同中的条款，当事人没有对管辖权条款单独约定准据法，那么主合同的准据法就是管辖权条款的准据法；相反，如果合同当事人单独为管辖权协议约定了准据法，那么管辖权协议的准据法应当独立于主合同。

另外，管辖权协议的形式有效性并不适用合同准据法，而应当适用法院地法，因为《民事诉讼法》第 35 条和第 277 条都强制要求书面形式。根据 2018 年《最高人民法院关于适用〈民事诉讼法〉若干问题的意见》有关管辖的规定，这种书面形式是指合同中的协议管辖条款或者诉讼前达成的选择管辖的协议。[②]

江苏省高级法院审理的"无锡市华冶发动机专件有限公司（简称华冶公司）诉康斯博格汽车部件（德国）公司（简称康斯博格公司）国际货物买卖合同纠纷案"[③]是一起典型的关于管辖权协议条款有效性的案件。该案中，双方签署的销售手册中的争议解决条款明确约定：如双方协商不成，应诉至康斯博格公司登记地有管辖权的法院。华冶公司事后向江苏省无锡市中院起诉。华冶公司认为，该销售手册是华冶公司与泰利福德国公司签署的，康斯博格公司并未提供泰利福德国公司变更为康斯博格公司的证据，故手册中的纠纷管辖条款不适用于华冶公司与康斯博格公司之间的纠纷。

该案的管辖权争议存在两方面的问题：第一，双方当事人之间是否达成了有效的管辖权协议？第二，该管辖权协议在我国是否可被执行并排除我国法院的管辖权？第一个问题属于合同的有效性问题，应依照合同准据法判断；第二个问题属于程序法问题，应依法院地法即我国法。法院最终认为，

---

① 这里的"效力"一词应当是指"有效性"，而非"效果"。

② 2018 年《最高人民法院关于适用〈民事诉讼法〉若干问题的意见》第 1 项"管辖"意见，第 23 项规定："民事诉讼法第二十五条规定的书面合同中的协议，是指合同中的协议管辖条款或者诉讼前达成的选择管辖的协议。"

③ 江苏省高级人民法院民事裁定书（2011）苏商外终字第 0041 号。

华冶公司与康斯博格公司之间已就双方纠纷解决的管辖法院达成协议，并且该协议所选择的法院与纠纷有实际联系，故我国法院无管辖权。

三、实际联系原则

2023年《民事诉讼法》第35条规定："合同或者其他财产权益纠纷的当事人可以书面协议选择被告住所地、合同履行地、合同签订地、原告住所地、标的物所在地等与争议有实际联系的地点的人民法院管辖。"该条规定体现了"实际联系原则"，并且明确规定与争议有实际联系地点的法院可以是被告住所地、合同履行地、合同签订地、原告住所地、标的物所在地等地点。

2023年《民事诉讼法》第35条对国内协议管辖提出了"实际联系"的基本要求，那么涉外民商事纠纷中的协议管辖是也需要满足这一要求呢？依据我国目前的立法和司法解释，涉外民商事纠纷协议管辖有无"实际联系"要求取决于当事人选择的是中国法院还是外国法院。2023年《民事诉讼法》第277条规定："涉外民事纠纷的当事人书面协议选择人民法院管辖的，可以由人民法院管辖。"与第35条相比，该条款虽然保留了书面形式要求，但不再要求满足实际联系原则。也就是说，如果涉外民事纠纷的当事人选择中国的人民法院管辖，该法院与争议之间无需存在实际联系。然而，2022年《民诉法司法解释》第529条依旧规定："涉外合同或者其他财产权益纠纷的当事人，可以书面协议选择被告住所地、合同履行地、合同签订地、原告住所地、标的物所在地、侵权行为地等与争议有实际联系地点的外国法院管辖。"即涉外合同或者其他财产权益纠纷的当事人如果选择外国法院管辖，仍然需要遵守实际联系原则。

国内外长期争论的一个问题是：是否允许当事人在合同中约定一个完全中立的第三方法院作为纠纷管辖法院？对此问题，不同学者之间存在很大争议。持肯定态度的学者认为，这有利于当事人之间纠纷的公正解决，因为当事人双方都不愿意在对方国家法院打官司。此时，一个中立的、与纠纷没有牵连的第三国法院似乎是一个理想的选择。①持反对观点的学者则认为，管辖

① Kropholler, Internationales Zivilverfahrensrecht, S. 46; Geimer, Internationales Zivilprozessrecht (2009), Rn. 1745; Schack, Internationales Zivilverfahrensrecht (2010), Rn. 330.

权要受到国际法的限制，一个与纠纷没有任何联系的国家法院对案件行使管辖权不符合国际法上的管辖规则。该法院所作出的判决也很难得到其他国家的承认与执行。①

我国《民事诉讼法》第35条仍保留了“实际联系原则”；2022年《民诉法司法解释》第529条针对选择外国法院协议管辖的情形也依旧保留了该原则。早在2009年的“山东聚丰网络有限公司与韩国MGAME公司等网络游戏代理及许可合同纠纷管辖权异议案”②中，最高法院指出：“涉外合同当事人协议选择管辖法院应当选择与争议有实际联系的地点的法院，而本案当事人协议指向的新加坡，既非当事人住所地，又非合同履行地、合同签订地、标的物所在地，同时本案当事人协议选择适用的法律也并非新加坡法律，上诉人也未能证明新加坡与本案争议有其他实际联系。因此，应当认为新加坡与本案争议没有实际联系。相应地，涉案合同第21条关于争议管辖的约定应属无效约定，不能作为确定本案管辖的依据。”在后续的“上海衍六国际货物运输代理有限公司与长荣海运股份有限公司海上货物运输合同纠纷一案”③、“德力西能源私人有限公司与东明中油燃料石化有限公司买卖合同纠纷案”④、中信澳大利亚资源贸易有限公司与山煤煤炭进出口有限公司、青岛德诚矿业有限公司管辖权案⑤等案件中，最高法院也都坚持了实际联系原则。

然而，在海事诉讼中当事人协议选择我国法院管辖的，不受“实际联系原则”的限制。我国《海事诉讼特别程序法》第8条规定：在海事纠纷诉讼当中，如果纠纷当事人都是外国人、无国籍人、外国企业或者组织，当事人书面协议选择中华人民共和国海事法院管辖的，即使与纠纷有实际联系的地点不在我国领域内，我国海事法院对该纠纷也有管辖权。

例如，在“韩国基金株式会社因船舶融资租赁合同纠纷起诉被告韩国

① F. A. Mann, The Doctrine of Jurisdiction on International Law, Rec. des Cours 111 (1964-I), pp. 76—81.

② 最高人民法院民事裁定书（2009）民三终字第4号，载《中华人民共和国最高人民法院公报》2010年第3期。

③ 最高人民法院民事裁定书（2011）民提字第301号。

④ 最高人民法院民事裁定书（2011）民提字第312号。

⑤ 最高人民法院民事裁定书（2016）最高法民终66号。

SH航运有限公司一案”[①]中，原告于2007年5月15日与被告SH航运有限公司签订了船舶融资租赁合同，后被告因破产倒闭在韩国进入破产重整程序。原、被告之间的船舶融资租赁合同中原订有韩国法院管辖的条款，由于韩国的破产重整程序比较复杂，抵押权的确认更是耗时漫长，在全球金融危机日益加深的情况下，原、被告于2008年11月27日在韩国达成了船舶融资租赁合同管辖权条款的修正案，约定将纠纷提交中国上海海事法院管辖。中国海事司法实践的良好效果为涉外协议管辖的修改提供了有益借鉴。

随着2023年《民事诉讼法》第277条的生效，对于选择人民法院管辖的涉外民事纠纷已不再需要满足实际联系的要求。这意味着，在涉外民商事司法实践中，对于选择中国的人民法院不再要求实际联系。不过，针对外国法院的协议管辖仍然保留实际联系的要求，至于如何判断与争议有实际联系的地点，由法院根据具体案情灵活掌握，而不同法院的做法可能会不一致。但有一点是肯定的，即选择某国法院管辖本身不能使该国与争议有实际联系。[②]

四、推定协议管辖

推定协议管辖也称为无抗辩应诉管辖，是对当事人协议选择管辖法院的一种补充。许多国家民事诉讼法都规定，即使当事人之间没有明确的约定，但如果原告向本国法院起诉，而被告自愿出庭应诉且不提出管辖权抗辩，则可以认为原被告双方默认了本国法院具有管辖权。

德国《民事诉讼法》第39条规定：“在第一审法院里，被告不主张管辖错误而进行本案的言词辩论时，也可以产生管辖权。但未依第504条的规定而告知者，不能适用本条的规定。”《瑞士联邦国际私法法典》第6条也规定：“在财产事项方面，被告未提出关于法院管辖权的抗辩而直接就案件的实质问题进行言词辩论时，法院有管辖权，除非该法院在第5条第3款许可的范围内拒绝管辖。”

---

① (2009)沪海法商初字第147号。

② 最高人民法院《第二次全国涉外商事海事审判工作会议纪要》第4条。

我国《民事诉讼法》第 130 条第 2 款规定：“当事人未提出管辖异议，并应诉答辩的，视为受诉人民法院有管辖权，但违反级别管辖和专属管辖规定的除外。”2023 年《民事诉讼法》修订新增了第 278 条，规定：“当事人未提出管辖异议，并应诉答辩或者提出反诉的，视为人民法院有管辖权。”

在“恒光有限公司等与四宝咨询有限公司等股权转让纠纷上诉案”①中，最高法院认为：“本案系超级汽车公司向内地法院提起诉讼，恒光公司在一审答辩期间并未对内地法院管辖本案提出异议，其仅对本案的级别管辖提出异议，并且向内地法院提出了反诉请求。根据《中华人民共和国民事诉讼法》第 127 条第 2 款的规定，当事人未提出管辖异议并应诉答辩的，视为受诉人民法院有管辖权。因此，一审法院对本案享有管辖权。”

与国外立法相比，我国的“无抗辩应诉管辖”制度尚待进一步完善，主要是立法过于宽泛，缺乏必要的限制，容易被法官滥用。而国外立法都对“无抗辩应诉管辖”规定了限制条件，比如：

(1) 只有涉及财产权的案件才适用无抗辩应诉管辖权，人身权纠纷案件不能采用；

(2) 如果其他国家或地区法院对案件有专属管辖权，本国法院不宜行使管辖权；

(3) 被告出庭应诉必须是就实质问题进行答辩，而非仅就程序问题事项；

(4) 法院应当告知被告无抗辩应诉的后果，以避免因被告不了解自己行为的后果而损害其应有的权利。

五、管辖权协议的排他性

如果在案件中，当事人通过协议选择外国法院为管辖法院，那么这种协议管辖权能否排除我国法院根据一般地域管辖原则和特殊地域管辖原则所拥有的管辖权？对于这个问题，通常根据当事人所作的管辖权选择条款的性质而定。实践中，当事人所约定的管辖权条款有两种：排他的管辖权和非排他

① 最高人民法院（2013）民四终字第 3 号。

的管辖权。如果当事人约定的是非排他性管辖权，即使在其中还加上了“这种选择是不可撤销的”等限定用语，也不能排除当事人在事后向其他有管辖权的法院起诉的权利；相反，如果当事人约定的是排他性管辖权，则当事人必须受该管辖法院的约束，非经当事人协议一致，不能改向其他法院起诉，除非该协议管辖条款被法院认定为无效。

如果当事人在其管辖协议中未明确写明他们所选择的是排他性，该如何认定呢？对此问题，美国和欧盟的做法正好相反。在美国并没有这样一种推定，认为法院选择条款所赋予的是一种排他性管辖权。实际上，根据一些案例所反映的情况，在美国，一项法院选择条款被认为仅仅具有许可性而非排他性，除非其中包含有相反的用语。[①]比如在“Boland 诉 George S. May Intern. 公司案”[②]中，法院选择条款规定“管辖权授予伊利诺伊州”。马萨诸塞州法院认为该条款只是“允许而非要求诉讼在伊利诺伊州法院进行”。[③]相反，欧洲国家采用的《布鲁塞尔条例Ⅰ》和《卢加诺公约》则规定，一项法院选择条款应被推定为具有排他性，除非其中包含相反用语。[④]

海牙国际私法会议于 2005 年 6 月 30 日通过的《选择法院协议公约》采纳了欧盟的做法，它对排他性选择法院协议作了定义：“排他性选择法院协议实质由双方或多方当事人根据第三款要求而订立的协议，其指定某一缔约国法院或者某一缔约国的一个或者多个具体法院处理因某一特定法律关系而产生或者可能产生的争议，从而排除任何其他法院的管辖。指定某一缔约国

① See, e. g., John Boutari & Son, Wines & Spirits, S. A. v. Attiki Imp. and Distrib., Inc., 22 F. 3d 51, 53 (2d Cir. 1994); Docksider, Ltd. v. Sea Technology, Ltd., 875 F. 2d 762, 764 (9th Cir. 1989); Hunt Wesson Foods, Inc. v. Supreme Oil Co., 817 F. 2d 75, 77—78 (9th Cir. 1987); Keaty v. Freeport Indonesia, Inc., 503 F. 2d 955, 956—957 (5th Cir. 1974); Citro Florida, Inc. v. Citrovale, S. A., 760 F. 2d 1231, 1231—1232 (11th Cir. 1985).

② 969 N. E. 2d 166 (Mass. App. Ct. 2012).

③ Id. at 168. McDonald v. Amacore Group, Inc., 2012 WL 2327727 (unpublished, N. J. Super. Ct. App. Div. June 20, 2012). 该案中的法院选择条款规定“本协议应受佛罗里达州法律支配，该州对本合同有关的事务引起的任何请求或纠纷具有排他性管辖权……”

④ 《布鲁塞尔条例Ⅰ》第 25 条规定：“当事人无论住所位于何地，如果同意某一成员国法院解决他们之间特定法律关系引起的纠纷，该法院即拥有管辖权，除非该协议根据该成员国法律在实质上无效或失效。除当事人另有约定外，该管辖权具有排他性。”《卢加诺公约》第 23 条之规定也相同。

法院或者某一缔约国的一个或者多个具体法院的选择法院协议应当被认为是排他性的，除非当事人另作明确规定。”

实践中，如果合同中的用语本身就模棱两可，那么该条款到底是排他性的还是许可性的？这个问题必须通过司法解释来回答。如果合同中没有包含法律选择条款，那么就应当根据法院地法律来进行。如果合同中有法律选择条款，那么问题就演变为：司法解释应当根据法院地法律来进行还是根据法律选择条款所选定的法律来进行？美国法院的实践是两者兼有，有些法院适用法院地法律，①有些法院则适用所选择的的法律，前提是法律选择条款有效。②我国法院通常按照法院地法判断。

如果当事人的管辖权协议中明确出现“非排他性”字样，我国法院一般都认为其不能排除我国法院的法定管辖权。在“菱信租赁国际（巴拿马）有限公司与中国远洋运输（集团）总公司、北京幸福大厦有限公司、北京市外国企业服务总公司、庆新集团私人有限公司借款合同纠纷案”③中，当事人达成的《协议》约定：“借款人特此不可撤销地同意，因本协议或本协议中述

① See, e. g., Wong v. Party Gaming Ltd., 589 F. 3d 821, 827 (6th Cir. 2009); Fru-Con Constr. Corp. v. Controlled Air, Inc., 574 F. 3d 527, 538 (8th Cir. 2009); Doe 1 v. AOL LLC, 552 F. 3d 1077, 1083 (9th Cir. 2009); Ginter ex. rel. Ballard v. Belcher, Prendergast & Laporte, 536 F. 3d 439, 441 (5th Cir. 2008); Phillips v. Audio Active Ltd., 494 F. 3d 378, 384 (2d Cir. 2007); P & S Bus. Machs. v. Canon USA, Inc., 331 F. 3d 804, 807 (11th Cir. 2003); Jumara v. State Farm Ins. Co., 55 F. 3d 873, 877 (3d Cir. 1995); Manetti-Farrow, Inc. v. Gucci America, Inc., 858 F. 2d 509, 513 (9th Cir. 1988); Golden Palm Hospitality, Inc v. Stearns Bank Nat'l Ass'n, 874 So. 2d 1231, 1234—1235 (Fla. Dist. Ct. App. 2004); Fendi v. Condotti Shops, Inc, 754 So. 2d 755, 757—758 (Fla. Dist. Ct. App. 2000); Yamada Corp. v. Yasuda Fire & Marine Ins. Co., Ltd., 712 N. E. 2d 926 (Ill. App. Ct. 1999).

② See, e. g., Abbott Laboratories v. Takeda Pharmaceutical Co. Ltd., 476 F. 3d 421, 423 (7th Cir. 2007); Yavuz v. 61 MM, Ltd., 465 F. 3d 418 (10th Cir. 2006); Jacobsen Constr. Co. v. Teton Builders, 106 P. 3d. 719, 723 (Utah 2005); Szymczyk v. Signs Now Corp., 168 N. C. Ct. App. 182, 606 S. E. 2d 728 (2005); Jacobson v. Mailboxes Etc. USA, Inc., 646 N. E. 2d 741 (Mass. 1995); Cerami-Kote, Inc. v. Energywave Corp., 773 P. 2d 1143 (Id. 1989); Simon v. Foley, W. D. N. Y. No. 07-CV-766S, 2011 WL 4954790 (Oct. 18, 2011); Lanier v. Syncreon Holdings, Ltd., E. D. Mich. No. 11-14780, 2012 WL 3475680 (Aug. 14, 2012); Global Link, LLC. v. Karamtech Co., Ltd., 06-CV-14938, 2007 WL 1343684 (E. D. Mich. May 8, 2007); TH Agric. & Nutrition, LLC v. Ace European Group Ltd., 416 F. Supp. 2d 1054 (D. Kan. 2006).

③ 北京市第二中级人民法院（1999）二中经初字第1795号民事判决书；北京市高级人民法院民事判决书（2001）高经终字191号。

及的任何文件发生任何法律诉讼或程序均可提交东京和香港法庭审理，并特此不可撤销地、就其自身和其财产而言、普遍地和无条件地服从上述法庭的非排他性的司法管辖。”由于合同中明确出现“非排他性”表述，这种约定并不能排除一般地域管辖权。因此，该案中我国法院仍然根据“被告住所地原则”行使了管辖权。

在“中国国际钢铁投资公司与日本国株式会社、劝业银行等借款合同纠纷管辖权异议案”①中，最高法院认为：“由于当事人约定香港法院享有的管辖权是非排他性的司法管辖权，因此不能排除其他依法享有管辖权的法院的司法管辖权……因此，被上诉人有权在香港法院以外的其他依法有管辖权的法院就贷款合同纠纷提起诉讼。”最高法院在“汕头海洋（集团）公司、李国俊与被上诉人中国银行（香港）有限公司借款担保纠纷管辖权异议一案”②和“黄艺明、苏月弟与周大福代理人有限公司、亨满发展有限公司以及宝宜发展有限公司股权转让合同纠纷案”③等案中都有相类似的判决。

如果当事人在管辖权协议中没有使用“非排他性”用语，即使使用了“可以”等不明确的用语，我国法院一般也会倾向于认可该管辖条款的排他性。

最高法院 2022 年 1 月发布的《全国法院涉外商事海事审判工作座谈会会议纪要》第 1.1 条规定了排他性管辖协议的推定，指出：“涉外合同或者其他财产权益纠纷的当事人签订的管辖协议明确约定由一国法院管辖，但未约定该管辖协议为非排他性管辖协议的，应推定该管辖协议为排他性管辖协议。”

六、格式合同中的管辖权条款

(一) 消费者合同和劳动合同中的管辖权条款

实践中，较为特殊的是格式合同中的管辖权条款，往往存在一定的争议。在美国，管辖权协议受到法院的普遍尊重，即使在格式合同中也不例

---

① 最高人民法院民事裁定书（2001）民四终字第 12 号。

② 最高人民法院民事裁定书（2007）民四终字第 16 号。

③ 最高人民法院民事裁定书（2011）民四终字第 32 号。

外。在1991年的Shute案[①]中，联邦最高法院甚至将法院选择协议“神圣化”，以至于在涉及消费者和劳动者的合同中也不加犹豫地承认。尽管这一类司法实践虽然遭到学者广泛批评，[②]但美国法院始终我行我素。2012年的“Estate of Myhra诉皇家加勒比游船公司案”[③]仍然援引了Shute案，承认了一张船票中选择英格兰法院的管辖条款的效力。然而，在欧盟有关保险合同、消费者合同和雇佣合同的立法中，作为弱势方的当事人应受到相对于一般规则而言对其更有利的管辖权规则的保护，在这些合同中，当事人决定管辖法院的意思自治是受到限制的。比如，对于消费者合同，《布鲁塞尔条例Ⅰ》第19条规定：“本节各项规定只能在下列条件下通过双方协议予以排除：(1）该协议是在争端发生后订立的；(2）该协议允许消费者在本节规定以外的法院提起诉讼；(3）该协议系由消费者和合同另一方当事人订立，且双方于合同缔结之时在同一成员国有住所或惯常居所，且该协议授予该成员国法院以管辖权，但以此项协议不违反该国的法律为限。”对于劳动合同，该条例有相同规定。[④]

我国《民诉法司法解释》第31条也规定：“经营者使用格式条款与消费者订立管辖协议，未采取合理方式提请消费者注意，消费者主张管辖协议无效的，人民法院应予支持。”

最高法院2022年1月发布的《全国法院涉外商事海事审判工作座谈会会议纪要》第1.3条特别规定了跨境消费者网购合同管辖协议的效力：“网络电商平台使用格式条款与消费者订立跨境网购合同，未采取合理方式提示消费者注意合同中包含的管辖条款，消费者根据《民法典》第四百九十六条的规定主张该管辖条款不成为合同内容的，人民法院应予支持。网络电商平台虽已尽到合理提示消费者注意的义务，但该管辖条款约定在消费者住所地国以外的国家法院诉讼，不合理加重消费者寻求救济的成本，消费者根据《民

① 499 U. S. 585 (1991).

② Patrick J. Borchers, Forum Selection Agreements in the Federal Courts after Carnival Cruise: A Proposal for Congressional Reform, 67 Wash. L. Rev. (1992), p. 55.

③ 695 F. 3d 1233 (11th Cir. 2012).

④ 2012年12月12日《欧洲议会和欧洲理事会关于民商事案件管辖权和判决执行的第1215/2012号（欧盟）条例》。

法典》第四百九十七条的规定主张该管辖条款无效的，人民法院应予支持。”此外，第1.2条还涉及非对称管辖协议的效力认定问题，规定“涉外合同或者其他财产权益纠纷的当事人签订的管辖协议明确约定一方当事人可以从一个以上国家的法院中选择某国法院提起诉讼，而另一方当事人仅能向一个特定国家的法院提起诉讼，当事人以显失公平为由主张该管辖协议无效的，人民法院不予支持；但管辖协议涉及消费者、劳动者权益或者违反民事诉讼法专属管辖规定的除外。”

(二) 提单背面的管辖权条款

在国际海上货物运输中，提单背面通常订有争议解决条款，规定提单项下的争议提交某一国家的法院（大多为承运人主要营业所所在地国法院）审理或者提交某一仲裁机构仲裁。对于此类管辖权条款的效力，实践中不同国家法院有不同认定。整体而言，可以按照肯定、否定的态度分为如下两类观点。

1. 否定说

该观点认为，提单中的管辖条款为承运人利用其优势地位单方面拟订的对自己有利的格式条款，没有体现双方意思自治原则，尤其是当提单发生转让的情况下，提单持有人更没有表达意思的自由，故此类条款不应具有拘束力。特别是当提单中约定的管辖法院所在地是“方便旗”国家或“避税港”国家时，如果承认提单中约定的管辖法院，则会纵容承运人的规避行为。

2. 肯定说

该观点认为，应更多地遵从商业习惯。在国际海运实务中，班轮提单或租约提单的争议解决条款虽然是格式条款，但往往都公布在外，托运人或提单持有人并非不能知道该条款而无法表达对争议解决条款的意思。因此，应将接受提单视为默示同意了提单的争议解决条款。比如《德国一般运输条件法》第65条（b）项就明确规定管辖法院为承运人营业地法院，实践中也都予以承认。①美国法院对提单中的管辖条款也持肯定态度。

我国不同法院对待提单中管辖条款的态度各异。比如在“上海衍六国际

---

① Schack，Internationales Zivilverfahrensrecht（2010），Rn. 445.

货物运输代理有限公司（简称衍六公司）与长荣海运股份有限公司海上货物运输合同纠纷案”①中，法院的观点发生了反复变化。一审法院认为：提单所证明的海上货物运输合同与提单所选择的美国纽约州没有实际联系，长荣公司提出管辖权异议的理由不符合《中华人民共和国民事诉讼法》第 242 条的规定，应予驳回。二审推翻了一审意见，认为：现有证据不能证实衍六公司不清楚提单背面条款，一、二审期间，衍六公司对此亦未提出抗辩。根据当事人意思自治原则，本案应依据提单约定确定管辖。最高法院再审则推翻了二审意见，认为涉案提单协议管辖条款约定不明确，不具有排他性，选择的法院不属于与争议有实际联系的地点的法院，不能排除中国法院对本案依法行使管辖权。

（三）合同中并入的管辖权条款

在国际航运实践中，越来越多的格式提单中明示规定租约的仲裁条款并入提单，例如 1994 年版的康金提单的并入条款为“All terms and conditions，liberties and exceptions of the Charter-party，dated as overleaf，including the Law and Arbitration Clause，are herewith incorporated.”目前中国进口货物最常用的就是康金提单，其并入的租船合同中多数订有伦敦仲裁条款，一旦发生纠纷就要到伦敦仲裁，而我国当事人普遍不熟悉伦敦当地的仲裁规则和法律。因此，主流观点认为，无论提单自身的仲裁条款还是租船合同仲裁条款并入提单，对我国的当事人均极为不利，故我国法院多判此类并入条款无效。②最高法院也曾指出，并入提单的租船合同为定期租船合同，亦未在提单正面载明具体的租船合同和明确并入仲裁条款的意思表示。因此，当事人关于涉案提单并入了仲裁条款的主张没有事实依据。

① 上海衍六国际货物运输代理有限公司与长荣海运股份有限公司海上货物运输合同纠纷案，最高人民法院（2011）民提字第 301 号民事裁定书。

② 参见梓贝克股份公司、联合王国船东互保协会（欧洲）有限公司海上、通海水域货物运输合同纠纷管辖民事裁定书，（2016）津民辖终 8 号；海洋贸易船东有限公司、广州植之元油脂实业有限公司二审民事裁定书，（2018）粤民辖终 683 号；欧罗纳夫 NV 公司、中国人民财产保险股份有限公司北京市分公司海上、通海水域货物运输合同纠纷管辖民事裁定书，（2019）浙民辖终 200 号等。

七、主从合同约定不同管辖法院的处理

最高法院 2022 年 1 月发布的《全国法院涉外商事海事审判工作座谈会会议纪要》（简称 2022 年《涉外审判纪要》）第 1.4 条规定了主从合同约定不同管辖法院的处理问题，明确了主合同和担保合同分别约定不同国家或者地区的法院管辖，且约定不违反民事诉讼法专属管辖规定的，应当依据管辖协议的约定分别确定管辖法院。如果当事人主张根据《最高人民法院关于适用〈中华人民共和国民法典〉有关担保制度的解释》第 21 条第 2 款的规定，根据主合同确定管辖法院的，人民法院不予支持。①可见，对于主从合同约定不同管辖法院的处理上，最高法院区分了国内案件和涉外案件。对于纯国内案件，从合同一般要依据主合同的管辖权条款；但对于涉外案件，从合同与主合同中的协议管辖权条款是相互独立的，从合同纠纷无需遵从主合同的协议管辖权条款。

第四节　专属管辖

案例一：

中国 A 公司，与英属维尔京群岛 B 公司（系马来西亚 C 公司全资子公司）签订了合资生产的《股份认购合同》，为符合成立合资公司的形式要件要求又另行签订了《合资合同》，其第 53 条规定"由本合同衍生的一切争议……双方不能协商解决，应提请新加坡国际仲裁中心依联合国国际讼裁程序规则（UNCITRAL RULES）进行仲裁。"此后，双方因履行《合资合同》发生争议，B 公司向新加坡国际仲裁中心提起仲裁。

A 公司向仲裁中心提出管辖权异议，主张《合资合同》中的仲裁条款已经被双方另行签署的《备忘录》中的诉讼管辖条款所取代，本案应由中华人

---

① 《最高人民法院关于适用〈中华人民共和国民法典〉有关担保制度的解释》（2020 年 12 月 25 日最高人民法院审判委员会第 1824 次会议通过，自 2021 年 1 月 1 日起施行）第 21 条："主合同或者担保合同约定了仲裁条款的，人民法院对约定仲裁条款的合同当事人之间的纠纷无管辖权。债权人一并起诉债务人和担保人的，应当根据主合同确定管辖法院。债权人依法可以单独起诉担保人且仅起诉担保人的，应当根据担保合同确定管辖法院。"

民共和国有管辖权的法院管辖。经查明，在《合资合同》签署后，同日双方另行签署的《备忘录》约定，修改原《合资合同》第53条为："由本合同成立、效力、解释及履行过程中所产生的一切争议，双方均应首先通过友好协商解决。如果双方不能协商一致，合同双方任何一方均可向中华人民共和国有管辖权的人民法院提出起诉，并适用中国法律进行处理。"

问：

1. 若当事人协议选择其他国家的法院对本案进行管辖，其协议选择条款是否能够得到适用？

2. 若经审查发现《备忘录》系双方真实合意达成，符合法律规定，我国法院对本案是否享有管辖权？

3. 若经审查发现《备忘录》系A公司伪造，不具有法律效力，我国法院对本案是否享有管辖权？

案例二：

韩国A公司、日本B公司和自然人C签署专利权转让协议，B公司应当依照协议将涉案专利转让给A公司，并办理相关转让手续，但B公司并未按照协议约定履行。在涉案协议中，A公司和B公司明确约定因该协议引发的纠纷管辖法院为韩国首尔中央地方法院。经查明，涉案专利已于2006年获得中国授权，且至今仍处于有效状态。现A公司于我国法院以B公司为被告提起诉讼，要求B公司按照协议约定，转让涉案专利。

问：

1. 涉外合同的当事人在协议中对于管辖法院的约定是否能够得到适用？

2. 我国法院对于本案是否享有管辖权？

3. 若我国法院对于本案享有管辖权，则应当根据何种规则确定具体管辖法院？

上述两个案例涉及管辖的特殊情形。在涉外民商事纠纷领域，出于对保护本国主权和社会公共利益考量，规定某些特定纠纷必须由本国法院进行管辖，这种规定具有强制性和排他性，当事人不能通过协议的方式加以变更。

由于涉外民商事纠纷本身所具有的涉外性，使其存在本应受到不同国家法院管辖的可能，因此需要确保专属管辖范围的合理和公平，以期在不损害国家利益的前提下，为当事人提供必要的便利和保障。

一、一般规定

我国2023年《民事诉讼法》第34条规定："下列案件，由本条规定的人民法院专属管辖：1.因不动产纠纷提起的诉讼，由不动产所在地人民法院管辖；2.因港口作业中发生纠纷提起的诉讼，由港口所在地人民法院管辖；3.因继承遗产纠纷提起的诉讼，由被继承人死亡时住所地或者主要遗产所在地人民法院管辖。"该条规定原则上也适用于涉外民事诉讼纠纷。

该条的规定沿用的是几十年前的旧例，已经不太符合现实的情况。比如，对于继承遗产纠纷，没有必要定为专属管辖。①在涉外纠纷中，如果被继承人死亡时住所地位于我国，而主要遗产所在地即其他联系因素都在境外，我国法院是否非要行使专属管辖呢?②如果当事人所争议的仅仅是遗嘱的有效性，是否也属于专属管辖?

即使不动产纠纷，也应当区分纠纷的类型。如果涉及不动产的权属纠纷，则不动产所在地法院拥有专属管辖权。如果涉及的仅是不动产合同纠纷或其他纠纷，则不动产所在地法院并无必要行使专属管辖权。③

我国法院在审判实践中还遇到针对位于外国境内的不动产提起的诉讼。在河南省高级法院审理的一起案件中，涉案标的是位于法国巴黎的房产，而且该房产是我国国有企业的海外资产。该案中，法院认为"虽然当事人争议的财产登记在法国巴黎，但双方当事人对巴黎房产的注册登记及其资金来源等事实均不持异议，争议产权的实质内容与中华人民共和国更具密切联系，故中华人民共和国人民法院处理双方争议适当"，而且被告"对我国法院的

---

① 刘力:《涉外继承案件专属管辖考》,《现代法学》2009年第2期。

② 在(2010)中中法民四初字第21号判决书中，中山市法院承认了澳门法院做出的继承判决，并依照该判决执行了当事人位于内地的遗产。

③ 在有关判例中，当事人约定《国有土地抵押合同》产生的纠纷由香港法院管辖。我国法院在审判中并未以违反我国法院专属管辖为由予以否定。参见中华人民共和国最高人民法院民事裁定书(2006)民四终字第11号。

管辖不提出异议并应诉答辩，视为其承认原审法院有管辖权”。法院根据1999年9月27日中华人民共和国财政部、外交部、国家外汇管理局、海关总署联合发布《境外国有资产管理暂行办法》对案件作出了判决。①

根据国际经验，专属管辖的目的主要是为了保护本国主权和社会公共利益，同时方便特定案件的当事人。比如，日本2011年修订的《民事诉讼法》规定的专属管辖主要涉及需要在日本登记的权利有关的纠纷，种类并不是很多，如：根据《公司法》提起的有关公司组织、公司职员责任或职员解雇问题的诉讼，与知识产权的设立、注册、存在和效力有关的诉讼，等等。②欧盟《布鲁塞尔条例Ⅰ》规定的专属管辖也仅涉及不动产物权纠纷、与公司有关的纠纷、其他与身份登记有关的纠纷和知识产权纠纷等。③

我国2023年《民事诉讼法》第279条规定了三种针对涉外民商事案件的专属管辖权：

(1) 因在中华人民共和国领域内设立的法人或者其他组织的设立、解散、清算，以及该法人或者其他组织作出的决议的效力等纠纷提起的诉讼；

(2) 因与在中华人民共和国领域内审查授予的知识产权的有效性有关的纠纷提起的诉讼；

(3) 因在中华人民共和国领域内履行中外合资经营企业合同、中外合作经营企业合同、中外合作勘探开发自然资源合同发生纠纷提起的诉讼。

根据最高法院《第二次全国涉外商事海事审判工作会议纪要》第5条，中外合资经营企业合同、中外合作经营企业合同，合资、合作企业的注册登记地为合同履行地；涉及转让在我国境内依法设立的中外合资经营企业、中外合作经营企业、外商独资企业股份的合同，上述外商投资企业的注册登记地为合同履行地。合同履行地的人民法院对上述合同纠纷享有管辖权。

二、专属管辖的排他性

专属管辖可以排除当事人的协议管辖。2023年《民事诉讼法》第35条

① (2010)豫法民三终字第00115号。

② 参见2011年4月28日日本第177届国会通过的《民事訴訟法及び民事保全法の一部を改正する法律案》第三条之五。

③ 2012年修订的《布鲁塞尔条例Ⅰ》第19条。

规定，当事人选择我国法院管辖的，不得违反我国法律规定的级别管辖和专属管辖。假如当事人仍然约定境外法院管辖且境外法院依此受理了该案件，其所作出的判决也不能得到我国法院承认和执行。

然而，我国法院的专属管辖并不排斥仲裁管辖。最高法院《关于适用〈民事诉讼法〉的意见》第531条第2款规定："依照民事诉讼法第33条和第266条规定，属于中华人民共和国人民法院专属管辖的案件，当事人不得用书面协议选择其他国家法院管辖。但协议选择仲裁裁决的除外。"①当事人可以约定将有关争议提交中国涉外仲裁机构或者其他国家的仲裁机构仲裁。只要该仲裁协议或者仲裁条款有效，我国人民法院就不再受理。当事人坚持向我国法院起诉的，法院应当依法裁定驳回起诉，不能以属于我国法院专属管辖为由否定当事人间仲裁条款或仲裁协议的效力。②

比如在"山西亨达内燃机总公司与美国TH&H公司合资侵权纠纷上诉案"③中，该案属于原《民事诉讼法》第244条规定的我国法院专属管辖的案件。但双方在合资经营合同中约定："董事会经过协商不能解决争端时，提请中国国际贸易促进委员会对外经济贸易仲裁委员会，按该会的仲裁程序规则进行仲裁。"最高法院经过审理认为，双方的争议应依据双方原先的合资经营合同中的仲裁条款提交仲裁解决，人民法院不享有管辖权。

司法实践中，如果当事人协议选择的法院不符合我国法律关于级别管辖和专属管辖的规定，人民法院不应认定协议全部无效，首先应当肯定当事人选择我国法院管辖的效力，然后按照我国法律关于级别管辖和专属管辖的规定办理。有关案件已经由我国有关人民法院受理的，受理案件的法院应当按照级别管辖和专属管辖的规定移送有管辖权的人民法院审理。④

专属管辖与专门管辖不同。根据1984年11月第六届全国人大常委会第八次会议通过的《关于在沿海港口城市设立海事法院的决定》，我国先后在

① 现为2023年《民事诉讼法》中的第34条和第279条。

② 最高人民法院1989年发布的《全国沿海地区涉外、涉港澳经济审判工作座谈会纪要》第2条第（1）款第2项。

③ 最高人民法院民事裁定书（1998）经终字第42号。

④ 最高人民法院《涉外商事审判实务问题解答（讨论稿）》第1条第2款。该讨论稿只涉及级别管辖问题，对于专属管辖也应同样处理。

广州、上海、青岛、天津、大连、武汉、厦门、海口、宁波和北海等地设立了海事法院。海事法院与中级人民法院同级，专门审理海事、海商案件，包括海事侵权纠纷、海商合同纠纷以及法律规定的其他海事纠纷案件。最高法院 2015 年重新颁布的《关于海事法院受理案件范围的规定》[①]对海事法院的管辖范围作了详细规定。对于属于海事法院受理范围的案件，地方人民法院不得受理。当事人如果约定由地方人民法院管辖的，也应当认定无效，但当事人选择我国法院管辖的约定不受影响。另外，根据最高法院《关于铁路运输法院案件管辖范围的若干规定》，[②]国际铁路联运合同和铁路运输企业作为经营人的多式联运合同纠纷案件，由铁路运输法院管辖。

我国近年来还专门设立了知识产权法院、[③]互联网法院[④]和金融法院[⑤]等专门性法院。专门性法院受理的案件并不都属于专属管辖案件。

三、知识产权纠纷的专属管辖权

(一) 知识产权专属管辖的范围

知识产权纠纷中，由于专利权和商标权属于需要登记注册才享有的权利，因此有关专利权和商标权权属的纠纷，特别是关于专利和商标的有效性，通常属于注册登记地国家司法机关的专属管辖范围。欧盟《布鲁塞尔条例Ⅰ》第 24 条第 4 款规定："有关专利、商标、设计模型或必需登记或注册的其他类似权利的注册或效力的诉讼，专属业已申请登记或注册或已经登记或注册，或按照国际公约视为已经登记或注册的成员国法院。"在这一点上，专利权和商标权类似于不动产物权，都属于需要登记的权利，以该权利为诉

① 法释〔2016〕4 号，2015 年 12 月 28 日由最高人民法院审判委员会第 1674 次会议通过，自 2016 年 3 月 1 日起施行。

② 法释〔2012〕10 号，2012 年 7 月 2 日由最高人民法院审判委员会第 1551 次会议通过，自 2012 年 8 月 1 日起施行。

③ 《全国人民代表大会常务委员会关于在北京、上海、广州设立知识产权法院的决定》，2014 年 8 月 31 日第十二届全国人民代表大会常务委员会第十次会议通过。

④ 最高人民法院《〈关于增设北京互联网法院、广州互联网法院的方案〉的通知》，法〔2018〕216 号。

⑤ 《全国人民代表大会常务委员会关于设立上海金融法院的决定》，2018 年 4 月 27 日第十三届全国人民代表大会常务委员会第二次会议通过。

讼标的的案件，属于专属管辖范围。《保护工业产权巴黎公约》也规定："本同盟国成员国法律关于司法及行政程序、管辖权力以及送达通知地址的选定或代理人的指定的规定，凡属工业产权法律所要求的，特声明保留。"①根据该规定，各国在工业产权纠纷的司法管辖问题上可以不实行国民待遇，因此对涉外工业产权纠纷实行专属管辖的规定并不违背国际公约的义务。我国2023年《民事诉讼法》第279条第2款规定了针对知识产权有效性争议的专属管辖权，对于因与在中华人民共和国领域内审查授予的知识产权的有效性有关的纠纷提起的诉讼由中国法院专属管辖。

专属管辖排除协议管辖。我国《民事诉讼法》第35条规定的协议管辖不适用于商标和专利权利归属纠纷诉讼案件。根据我国相关立法和司法解释规定，我国法院可以审理专利申请权纠纷案件和专利权权属纠纷案件以及商标专用权权属纠纷案件，②但对于该类案件的管辖权没有具体规定。根据各国实践，此类纠纷应当由商标或专利注册登记地（或注册登记申请地）法院专属管辖。在海牙国际私法会议制定《民商事管辖权与外国判决公约》的过程中，各国代表对此也基本达成一致。③

这种做法也会带来重复诉讼问题。由于专利权的地域性，即使相同专利，由于在不同国家注册，该国均对其有专属管辖权。比如，苹果公司与三星公司的专利权纠纷中，双方的诉讼大战在全世界多个国家展开。④如何解决专利纠纷中的平行诉讼问题，成为当前学界探讨的热点。⑤

（二）不属于专属管辖的知识产权纠纷

1. 著作权纠纷

由于著作权或邻接权不需要登记或注册就可以自动获得，因此对于著作

---

① 《巴黎公约》第2条第3款。

② 《最高人民法院关于审理专利纠纷案件适用法律问题的若干规定》第1条；《最高人民法院关于审理商标案件有关管辖和法律适用范围问题的解释》第1条。

③ 参见《民商事管辖权及外国判决公约》（草案）第12条第4款；"《民商事管辖权及外国判决公约》（草案）爱丁堡会议综述"，载《中国涉外商事海事审判指导与研究》第一卷，人民法院出版社2001年版，第316页。该公约草案并未被通过。

④ Florian Mueller，List of 50＋ Apple-Samsung Lawsuits in 10 Countries，FOSS PATENTS（Aug. 29，2012），At：http://business.time.com/2012/04/list-of-50-apple-samsung-lawsuits-in-10.html.

⑤ Marketa Trimble，Global Patents，Limits of Transnational Enforcement，Oxford 2012，p. 72.

权或邻接权一般不适用专属管辖原则。[①]此类案件可以根据我国2023年《民事诉讼法》规定的一般管辖和特别管辖原则进行管辖。2020年修正的《最高人民法院关于审理著作权民事纠纷案件适用法律若干问题的解释》[②]第4条规定："因侵犯著作权行为提起的民事诉讼，由著作权法第四十六条、第四十七条所规定侵权行为的实施地、侵权复制品储藏地或者查封扣押地、被告住所地人民法院管辖。前款规定的侵权复制品储藏地，是指大量或者经营性储存、隐匿侵权复制品所在地；查封扣押地，是指海关、版权、工商等行政机关依法查封、扣押侵权复制品所在地。"第5条规定："对涉及不同侵权行为实施地的多个被告提起的共同诉讼，原告可以选择其中一个被告的侵权行为实施地人民法院管辖；仅对其中某一被告提起的诉讼，该被告侵权行为实施地的人民法院有管辖权。"

尽管如此，著作权权属纠纷或侵权纠纷也不能适用《民事诉讼法》第35条规定的协议管辖。[③]因为著作权与商标权、专利权不同，商标权和专利权的内容主要是经济权利（财产权利），而不包含人身权。[④]著作权则不仅仅是财产权益，而是与权利人的人身紧密结合在一起，其中的精神权利与经济权利往往不可截然分开。[⑤]根据各国通例，有关人身权的纠纷，不允许当事人任意约定管辖法院。即使被告侵犯的只是著作权人著作权中的经济权利，在侵权纠纷中一般也不会出现原告与被告事先约定管辖法院的情况，原告在起诉被告侵权行为之前不可能去征求被告的意见。因此，2023年《民事诉讼法》第35条的规定也不适用于著作权侵权纠纷。

---

① 海牙国际私法会议《民商事管辖权及外国判决公约》第12条第4款也明确将著作权或邻接权权属或侵权纠纷排除在专属管辖之外。

② 《最高人民法院关于审理著作权民事纠纷案件适用法律若干问题的解释》由2002年10月12日最高人民法院审判委员会第1246次会议通过，法释〔2002〕31号。根据2020年12月23日最高人民法院审判委员会第1823次会议通过的《最高人民法院关于修改〈最高人民法院关于审理侵犯专利权纠纷案件应用法律若干问题的解释（二）〉等十八件知识产权类司法解释的决定》修正。

③ 保罗·戈尔斯坦：《国际版权原则、法律与惯例》，中国劳动社会保障出版社2003年版，第71页。

④ 例如，我国《商标法》规定的商标侵权纠纷只是侵犯商标专用权纠纷；我国《专利法》规定的专利侵权纠纷主要是指侵犯专利实施权的纠纷。

⑤ 我国《著作权法》第10条专门规定了著作权包括人身权和财产权。

需要注意的是，如果当事人在合同中约定的法院选择条款只针对当事人之间关于合同发生的纠纷，则一旦当事人之间的纠纷是因侵权引起，该选择条款就不适用。①例如，一名外国作家授权某出版商在中国香港和台湾地区出版其著作的中文繁体字版，双方约定合同纠纷由该香港地区法院管辖。后来该出版商同时在中国大陆地区出版了该书的中文简体字版。该外国作家向中国大陆地区法院起诉，要求被告承担侵犯著作权的责任。被告主张由双方合同约定的香港法院审理。虽然纠纷也涉及双方在合同中约定的著作权授权范围，但原告提起的侵犯著作权的侵权诉讼，所以应当依据侵权纠纷的管辖权原则确定管辖法院，而双方的合同中约定的法院选择条款对该案无效。

2. 专利与商标侵权纠纷

实践中最为经常发生的是专利权和商标权侵权纠纷。对于此类纠纷，一般不属于专属管辖范围。我国《专利法》第 60 条规定："未经专利权人许可，实施其专利，即侵犯其专利权，引起纠纷的，由当事人协商解决；不愿协商或者协商不成的，专利权人或者利害关系人可以向人民法院起诉，也可以请求管理专利工作的部门处理。管理专利工作的部门处理时，认定侵权行为成立的，可以责令侵权人立即停止侵权行为，当事人不服的，可以自收到处理通知之日起十五日内依照《中华人民共和国行政诉讼法》向人民法院起诉；侵权人期满不起诉又不停止侵权行为的，管理专利工作的部门可以申请人民法院强制执行。进行处理的管理专利工作的部门应当事人的请求，可以就侵犯专利权的赔偿数额进行调解；调解不成的，当事人可以依照《中华人民共和国民事诉讼法》向人民法院起诉。"

2023 年《民事诉讼法》第 276 条规定，因涉外民事纠纷，对在中华人民共和国领域内没有住所的被告提起除身份关系以外的诉讼，如果合同签订地、合同履行地、诉讼标的物所在地、侵权行为地在我国或被告在我国有可供扣押的财产或有代表机构的，我国法院可以行使管辖权。因此，专利或商

① 例如，美国的 Corcovado Music 公司诉 Hollis Music 公司案；参见保罗・戈尔斯坦：《国际版权原则、法律与惯例》，中国劳动社会保障出版社 2003 年版，第 97 页。

标侵权纠纷，如果侵权行为地在我国，我国法院有管辖权。

《最高人民法院关于审理专利纠纷案件适用法律问题的若干规定》[①]第5条规定："因侵犯专利权行为提起的诉讼，由侵权行为地或者被告住所地人民法院管辖。侵权行为地包括：被诉侵犯发明、实用新型专利权的产品的制造、使用、许诺销售、销售、进口等行为的实施地；专利方法使用行为的实施地，依照该专利方法直接获得的产品的使用、许诺销售、销售、进口等行为的实施地；外观设计专利产品的制造、许诺销售、销售、进口等行为的实施地；假冒他人专利的行为实施地。上述侵权行为的侵权结果发生地。"第6条规定："原告仅对侵权产品制造者提起诉讼，未起诉销售者，侵权产品制造地与销售地不一致的，制造地人民法院有管辖权；以制造者与销售者为共同被告起诉的，销售地人民法院有管辖权。销售者是制造者分支机构，原告在销售地起诉侵权产品制造者制造、销售行为的，销售地人民法院有管辖权。"

2020年修正的《最高人民法院关于审理商标民事纠纷案件适用法律若干问题的解释》[②]第6条规定："因侵犯注册商标专用权行为提起的民事诉讼，由商标法第十三条、第五十二条所规定侵权行为的实施地、侵权商品的储藏地或者查封扣押地、被告住所地人民法院管辖。前款规定的侵权商品的储藏地，是指大量或者经常性储存、隐匿侵权商品所在地；查封扣押地，是指海关、工商等行政机关依法查封、扣押侵权商品所在地。"第7条规定："对涉及不同侵权行为实施地的多个被告提起的共同诉讼，原告可以选择其中一个被告的侵权行为实施地人民法院管辖；仅对其中某一被告提起的诉讼，该被告侵权行为实施地的人民法院有管辖权。"

另外，2020年修正的《最高人民法院关于审理商标案件有关管辖和法律

① 《最高人民法院关于审理专利纠纷案件适用法律问题的若干规定》，2015年1月19日最高人民法院修改，2015年2月1日起施行。

② 2002年10月12日由最高人民法院审判委员会第1246次会议通过，自2002年10月16日起施行。根据2020年12月23日最高人民法院审判委员会第1823次会议通过的《最高人民法院关于修改〈最高人民法院关于审理侵犯专利权纠纷案件应用法律若干问题的解释（二）〉等十八件知识产权类司法解释的决定》修正。

适用范围问题的解释》[①]第 2 条规定，商标民事纠纷第一审案件，由中级以上人民法院管辖。各高级人民法院根据本辖区的实际情况，经最高人民法院批准，可以在较大城市确定 1—2 个基层人民法院受理第一审商标民事纠纷案件。《最高人民法院关于审理专利纠纷案件适用法律问题的若干规定》第 2 条规定，专利纠纷第一审案件，由各省、自治区、直辖市人民政府所在地的中级人民法院和最高人民法院指定的中级人民法院管辖。最高人民法院根据实际情况，可以指定基层人民法院管辖第一审专利纠纷案件。

3. 卫星转播和网络著作权侵权纠纷中对侵权行为地的认定

由于现代科学技术的发展，对侵犯知识产权行为的“侵权行为地”的认定带来了一些困难。例如，由于卫星广播和转播电视节目以及互联网引起的侵权行为，如何确定侵权行为地？此时需要特别的标准。

在“侵犯《陈香梅传》著作权管辖异议案”[②]中，胡辛为《陈香梅传》的作者，香港凤凰卫视中文台播放的电视连续剧《陈香梅》编剧为叶辛，拍摄单位为上海大元公司等。胡辛在居住地南昌大学校区宿舍收看到该剧，认为叶辛、大元公司未经许可使用《陈香梅传》中属其独创性的内容，遂向南昌市中院状告该两被告构成著作权侵权。南昌市中院经审查认为：南昌为侵权行为直接产生的结果发生地，故裁定驳回两被告的管辖权异议。两被告不服，向江西省高级法院上诉称：香港凤凰卫视中文台播出《陈香梅》剧，行为发生地在香港，侵权结果发生地在境外，因此，本案应由被告所在地的上海市一中院管辖。江西省高级法院就本案的管辖权问题向最高法院请示。最高法院经研究后认为：侵权行为地应当根据原告指控的侵权人和具体侵权行为来确定。本案原审原告胡辛以电视连续剧《陈香梅》的编剧叶辛、拍摄单位大元公司为被告，这一指控，涉及被告的改编、摄制行为，而未涉及被告的许可播放行为和香港凤凰卫视中文台的播放行为，其行为实施地和结果发

① 2001 年 12 月 25 日由最高人民法院审判委员会第 1203 次会议通过。自 2002 年 1 月 21 日起施行。根据 2020 年 12 月 23 日最高人民法院审判委员会第 1823 次会议通过的《最高人民法院关于修改〈最高人民法院关于审理侵犯专利权纠纷案件应用法律若干问题的解释（二）〉等十八件知识产权类司法解释的决定》修正。

② 南昌市中级人民法院（2000）洪民二初字第 11 号一审；江西省高级人民法院（2000）赣高法知终字第 5 号二审；请示案号：最高人民法院（2000）知他字第 4 号。

生地均为上海。况且被告许可播放的行为在上海或者香港等地实施，其结果地即播放地为香港。南昌与被控侵权行为的实施与结果均无直接关系，故南昌不是本案的侵权行为地。南昌市中院应当依照民事诉讼法的有关规定将本案移送有管辖权的人民法院审理。

该案中，假设原告以香港凤凰卫视为被告，则侵权行为地如何认定？能否将南昌视为侵权结果发生地？类似问题已引起国外理论界和立法的关注。欧共体 1993 年颁布的《卫星指令》专门对此作了规定。①从理论上讲，将收听地、收视地认定为侵权结果发生地也是不无道理的。因为侵犯播放权行为的实质是使著作权人控制其作品传播的权利受到侵害，侵害的直接后果就是作品被非法传播到无线电波、有线电视系统所覆盖的地区范围，使这些地区的人能够收听到或收看到作品，因此这些地区可以认定为直接产生侵权后果的结果发生地。

涉及信息网络传播权民事纠纷案件侵权结果发生地的界定与此有极其类似之处。最高法院《关于审理侵害信息网络传播权民事纠纷案件适用法律若干问题的规定》②第 15 条规定，侵害信息网络传播权民事纠纷案件由侵权行为地或者被告住所地人民法院管辖。侵权行为地包括实施被诉侵权行为的网络服务器、计算机终端等设备所在地。侵权行为地和被告住所地均难以确定或者在境外的，原告发现侵权内容的计算机终端等设备所在地可以视为侵权行为地。

【思考题】

1. 涉外民商事纠纷中的一般管辖和特别管辖有什么区别？

2. 涉外民事纠纷中如何订立一个有效的管辖权协议？通常需要满足什么条件？

---

① 1993 年 9 月 27 日《欧共体理事会关于卫星广播和有线转播的著作权和邻接权的第 93/83/EEC 号指令》。

② 2012 年 11 月 26 日最高人民法院审判委员会第 1561 次会议通过，2012 年 12 月 17 日公布，2013 年 1 月 1 日起施行，之后根据 2020 年 12 月 23 日最高人民法院审判委员会第 1823 次会议通过的《最高人民法院关于修改〈最高人民法院关于审理侵犯专利权纠纷案件应用法律若干问题的解释（二）〉等十八件知识产权类司法解释的决定》修正。

3. 在涉外民商事纠纷中，一国设立专属管辖的理由和依据有哪些？

【拓展阅读】

1. 杜焕芳：《涉外民事诉讼协议管辖条款之检视——兼评最高人民法院（2009）民三终字第4号裁定书》，《法学论坛》2014年第4期。该章从案例角度反思了协议管辖立法中的问题。

2. 黄志慧：《我国涉外民事诉讼必要管辖权制度的体系定位与规范阐释》，《法商研究》2022年第4期。涉外民事诉讼中的必要管辖权可以完善我国涉外民事管辖权体系以及保护我国海外民商事利益，有兴趣的同学可以研读。

3. 孙尚鸿：《中国涉外网络侵权管辖权研究》，《法律科学（西北政法大学学报）》2015年第2期。该文指出了网络侵权争议案件的复杂性，我国的涉外网络侵权管辖权可以在被告住所地和侵权行为地管辖的基础上，考虑合理预见、利益中心、关联争议集中管辖等分析要素进一步予以考察重构。

4. 向在胜：《中国涉外民事专属管辖权的法理检视与规则重构》，《法商研究》2023年第1期。该文分析了涉外民事专属管辖权领域的理论误区和规范困境，指出其私法性与公法性法理基础，为我国专属管辖制度的完善提出了建议。

5. Rivoire Maxence，*Exclusive Jurisdiction in Patent Entitlement and Ownership Disputes Under the Recast Brussels I Regulation*，81（3）The Cambridge Law Journal 480，480—484（2022）. 该文介绍了在欧盟《布鲁塞尔条例Ⅰ》中对知识产权特别是专利权的专属管辖。

6. Yong Gan，*Jurisdiction agreements in Chinese conflict of laws：searching for ways to implement the Hague Convention on Choice of Court Agreements in China*，Journal of Private International Law，Vol. 14，Issue 2，pp. 295—318. 该文比较了中国法下的协议管辖与海牙《协议选择法院公约》，对条约与中国的关系感兴趣的同学可以阅读。

第五章　国际民事管辖权的冲突与解决

随着国际民商事交往日益密切，国际民商事诉讼案件也逐年增多。对于绝大部分国际民商事案件来说，多个国家法院均具有管辖权。若当事人在不同国家法院提起诉讼，而各国都不放弃行使对该案的管辖权，就会产生“平行诉讼”或“诉讼竞合”，造成司法资源的浪费，还会引发不同国家之间的管辖权竞争等诸多问题。

有鉴于此，各国采取了不同的方式避免或解决平行诉讼问题。从国际法的视角看，部分国家共同缔结了规定国际民商事案件管辖权的区域性国际公约来解决管辖权的冲突。比如，欧盟国家间的《布鲁塞尔公约》及之后的《布鲁塞尔条例》、欧洲经济区国家之间的《卢加诺公约》、美洲国家间 1979 年《关于外国判决和仲裁裁决的域外有效性公约》以及海牙的管辖权与判决公约等。在国内立法上，为避免积极管辖权冲突，各国采取了例如“不方便法院原则”和“先诉法院优先原则”以及“禁诉令”在内的多种途径，限制他国或本国原本具有管辖权的法院行使管辖权；针对消极管辖权冲突，为保障当事人权益，大陆法系建立了“必要法院”制度，原本对纠纷没有管辖权的法院可以行使管辖权，以保护当事人寻求司法救济的权利，维护其海外利益。2023 年《民事诉讼法》的修改，明确了我国对于平行诉讼的解决机制，为今后国际民商事诉讼案件中“平行诉讼”问题的处理提供了明确的规范指引。

第一节　国际民事管辖权的冲突与平行诉讼

案例一：

中国公民 A 与中国公司 B 签订《出境旅游合同》，约定 A 参加 B 公司组织的赴美国的旅行团。签订合同后，A依约支付了全部的旅行费用。A等游客按照B公司的安排随团前往美国旅游。在旅游过程中，A乘坐被告安排的大巴车与另一车辆发生碰撞，A因颈部、胸腔与四肢钝性创伤当场死亡。A的家属认为B公司作为旅游经营者，未尽到对游客A负有的安全保障义务，未充分保障游客的人身财产安全，须承担违约赔偿责任。A的家属为维护合法权益，向B公司工商登记地址所在区法院提起诉讼。B公司辩称，针对A在旅游途中因交通事故死亡赔偿事宜，A的家属在美国向包括B在内的侵权人提起了侵权之诉。原告可以选择侵权之诉或违约之诉，只能择其一，不能同时选择。现A的家属已选择在美国提起侵权之诉，故不得在国内对B公司提起违约之诉。

问：

1. 中国法院是否具有审理本案的管辖权？美国法院是否具有审理本案的管辖权？

2. 原告就案涉交通事故人身损害赔偿在美国法院已提起侵权之诉后，又在中国法院提起违约之诉，是否可行？

一、国际民事管辖权冲突的表现和成因

当今世界随着国际民商事交往的发展，各国民商事管辖权的扩张，管辖权之间的冲突愈演愈烈。其中，最突出的是管辖权的积极冲突，即针对同一国际民商事纠纷，不同法域的法院争相主张管辖权。在个别情况下，也存在管辖权的消极冲突，即针对某一国际民商事纠纷，不同法域的法院均不主张管辖权。消极冲突之所以存在，是因为国家对那些与其无关或与其不存在任何属地或属人联系的案件会排除内国法院的管辖。在这种情形下，为保障当事人得到司法救济，需要引入必要管辖加以调整。

各国政治、经济制度和法律文化传统的差异形成了各国间不同的管辖权依据。管辖依据主要解决按照哪些标准或原则来确定某国法院是否有权受理某一涉外民商事案件。[①]对同一国际民商事纠纷管辖权规定的差异和其背后管

① 李晶：《国际民事诉讼中的挑选法院》，北京大学出版社2008年版，第75页。

辖权依据的多元化，是造成管辖权冲突的主要原因。正如前文所述，在国际民商事管辖权体系中存在一般管辖、特别管辖、协议管辖和专属管辖之分。这四类管辖权依据的差异化和多元化，共同导致了管辖权冲突的产生。具体可以从如下几个方面展开分析。

第一，在一般管辖问题上，虽然大多数国家都已接受以被告住所地为基础的管辖权，但仍有国家保留了国籍管辖。例如，《法国民事诉讼法典》第14条规定，法国法院对法国国民与外国人之间的合同纠纷有管辖权，不论合同是否在法国签订，法国法院接受针对法国国民提起的合同之诉。英美法系国家除了采用以被告住所地为基础的管辖原则之外，还奉行有效控制原则，即通过传票或文书的送达确立法院管辖权。如果传票不能依法送达给被告，法院就不能对其行使管辖权，但只要被告在其境内出现，即使是在该国暂时居住或临时过境，只要法院能将传票有效送达至被告，法院就对该案有管辖权。①

第二，在特别管辖问题上，各国均可以对此类问题行使管辖权，即对同一个民商事案件若干国家都可以管辖。一国在行使管辖权的同时，并不否认其他国家对此类案件的管辖权。特别是管辖权依据的多元化，更加剧了管辖权的冲突。比如，针对合同纠纷案件，各国可能规定合同的签订地或者合同履行地有管辖权。如果上述地点分布在不同的国家，则会引发管辖权的冲突；再如，针对船舶碰撞，各国规定被告住所地、碰撞发生地、船舶注册地、受害船舶国籍国或者受害船舶最先到达地法院均有管辖权。

第三，在协议管辖问题上，即便各国对此有着基本共识但也仍然存在着差异。如针对协议管辖是否限于书面形式、协议管辖所适用的纠纷范围以及协议选择的法院是否要与争议有实际联系等，各国的规定或多或少存在差异。

第四，在专属管辖问题上，涉及国家利益和社会公共政策的涉外民商事案件只能由特定的内国法院行使强制性和排他的管辖权，但因为各国对本国的国家利益和社会公共政策的考量不一样，所以每个国家专属管辖的范畴也不尽相同。在大陆法系国家，典型的专属管辖权包括：股东、公司事项相关

① 李晶：《国际民事诉讼中的挑选法院》，北京大学出版社2008年版，第77页。

的诉讼由公司登记地法院管辖，必须由行政机关执行的诉讼请求由行政机关所在地法院专属管辖，破产案件由破产组织所在地专属管辖等。例如，葡萄牙法院对在葡萄牙的不动产诉讼、在葡萄牙的公司破产或赔偿案件、在葡萄牙注册的社团解散或公司分解散的有效性问题以及在葡萄牙强制注册的任何权利的效力有排他性管辖权。在英美法系国家，典型的专属管辖权包括对物管辖等。比如在英国，英国法院的排他性管辖包括对不动产的对物管辖、对住所地在英国的公司法人和社会团体的成立及解散等事项的管辖、牵涉在英国注册的知识产权案件的管辖以及关于英国判决执行案件的管辖。①

第五，即便各国在管辖权依据的规定上达成了一致，但仍然可能基于相同立法规范的不同解释而引发冲突。例如，各国都以“被告住所地”作为一般管辖权的依据，但对于“住所地”的理解却大相径庭：在奥地利“住所地”是指人们定居并选择此地作为永恒居所的地方；英国自然人的“住所地”是指在英国居住 3 个月以上、存在居所并且自然人与英国有实质联系的地点；中国法下的自然人的住所则是指户籍所在地或者持续居住一年以上的经常居住地。

二、平行诉讼的概念

平行诉讼（parallel proceedings）也称为重复诉讼（duplicative proceedings）、诉讼竞合（concurrent proceedings），是指相同当事人就同一争议基于相同事实以及相同目的在两个以上国家的法院进行诉讼的现象。②在西方法学文献中，也经常使用异地未决诉讼（*lis alibi pendens*）这一概念来表示这种现象。③

平行诉讼的产生与各国法院在国际民事案件上的平行管辖权密切相关。对于绝大多数国际民事纠纷案件而言，并非只有一个国家法院才有管辖权。例如，甲和乙之间产生合同纠纷，甲和乙的住所地均在外国，但合同缔结地

---

① 李晶：《国际民事诉讼中的挑选法院》，北京大学出版社 2008 年版，第 83—84 页。

② Austen L. Parrish，Duplicative Foreign Litigation，78 George Wash. L. R.（2010），p. 237.

③ 肖凯：《国际民事诉讼中未决诉讼问题比较研究》，《中国国际私法与比较法年刊》2001 年卷，法律出版社 2002 年版，第 495 页。

和履行地均在我国境内。因此，对于该合同纠纷，甲和乙可以在外国法院起诉，该外国法院可以根据“被告住所地”原则享有管辖权，但如果甲或乙向我国法院起诉，我国法院也可以根据合同缔结地或履行地在我国境内而行使管辖权。然而，一旦其中一方向外国法院起诉，另一方向我国法院起诉，而各国法院都不放弃行使管辖权时，此时便会产生平行诉讼或诉讼竞合问题。

平行诉讼的产生很大程度上也是当事人挑选法院或称择地诉讼（forum shopping）的结果。因为对于同一涉外民事纠纷，在几个国家都有管辖权的情况下，不同当事人会选择向不同国家的法院提起诉讼，以便获得对自己最有利的判决结果。①

平行诉讼也可能因某国法院的过度管辖（exorbitant jurisdiction）而引起。②过度管辖在美国也被称为长臂管辖（long-arm jurisdiction），即只要案件与法院地存在最低限度的联系，该法院就可行使管辖权。③美国各州都制定了自己的长臂管辖立法，法院在实践中也经常对其做扩张性解释，这就会与其他国家的管辖权发生重叠。如果原被告同时向两个以上的国家起诉，上述管辖权的重叠可能引发平行诉讼。

平行诉讼有时会带来相抵触的判决，非常不利于当事人之间纠纷的解决；平行诉讼也会造成司法资源的浪费，引发不同国家之间的管辖权竞争，影响国家间友好合作关系。因此，各国都通过一定方式加以避免和解决。

三、平行诉讼的解决方式

当前，各国为解决平行诉讼的难题已作出了许多探索。从国际合作层面看，一些国家通过缔结区域性国际公约或双边国际条约以规范国际民商事案件管辖权的行使，从而避免平行诉讼问题。从国内立法角度看，传统的大陆法系国家与英美法系国家也逐渐发展出各不相同的解决平行诉讼的法律路径。例如，大陆法系的“先诉法院原则”与英美法系的“不方便法院原则”。

① 李晶：《国际民事诉讼中的挑选法院》，北京大学出版社 2008 年版，第 10 页。

② 杜涛：《国际民事诉讼中的过度管辖权》，《武大国际法评论》2016 年第 2 期。

③ International Shoe Co. v. Washington，326 U. S. 310，66 S. Ct. 154，90 L. Ed. 95（1945）.

如今，随着国际民商事交往的日益频繁，各国解决平行诉讼的途径也在实践中得到融合与发展。然而时至今日，各国对于平行诉讼仍然未能形成较为统一的处理方式。

我国2023年《民事诉讼法》增加平行诉讼的一般规定，顺应了国际趋势，其第280条规定："当事人之间的同一纠纷，一方当事人向外国法院起诉，另一方当事人向人民法院起诉，或者一方当事人既向外国法院起诉，又向人民法院起诉，人民法院依照本法有管辖权的，可以受理。当事人订立排他性管辖协议选择外国法院管辖且不违反本法对专属管辖的规定，不涉及中华人民共和国主权、安全或者社会公共利益的，人民法院可以裁定不予受理；已经受理的，裁定驳回起诉。"据此，2023年《民事诉讼法》确立了人民法院对平行诉讼案件的管辖权，并明确了解决平行诉讼的基本原则，为今后国际民商事诉讼案件中平行诉讼问题的处理提供了明确的规范指引。

第二节　国际民事管辖权冲突的国际协调

案例一：

A公司所属马耳他籍油轮与B公司所属中国籍货轮，在渤海湾处发生碰撞，油轮右舷第三舱破损，所载900余吨货油入海，且只有极少量的原油被回收，造成附近海域严重污染，中国渔业资源遭受严重损失。英国C公司是该破损油轮的油污损害责任保险人。

事故发生后，天津市相关部门立即委托黄渤海区渔业生态环境监测中心组织有关人员赶赴现场，对污染海域进行了环境质量监测，并对污染海域的渔业资源现状进行了拖网调查。天津市相关部门依法起诉了A公司与C公司，要求被告赔偿国家渔业资源损失。本案所涉油轮是马耳他籍油轮，事故发生地在中国管辖海域，中国、英国和马耳他都是《1992年国际油污损害民事责任公约》的缔约国。

问：

1. 针对涉外油污损害案件，中国法院通常的管辖权依据包括哪些？请将其与《1992年国际油污损害民事责任公约》中的管辖权进行比较。

2. 被告A公司与C公司均非中国公司，在中国境内也无住所，天津海事法院在本案中是否对其具有管辖权？

一、区域性和全球性的国际公约

各国对于平行诉讼的态度各不相同。一些国家通过限制本国法院管辖权而让位于外国诉讼；另一些国家则对外国法院的管辖权作出限制，限制诉讼在外国的进行；也有国家对平行诉讼采放任态度，不加干涉。

缔结国际条约是解决平行诉讼的最佳方式。目前，比较有代表性的区域性国际公约有欧盟国家间的《布鲁塞尔公约》①和之后的《布鲁塞尔条例》、欧洲经济区国家之间的《卢加诺公约》②、1979 年《美洲国家间关于外国判决和仲裁裁决的域外有效性公约》。③

(一)《布鲁塞尔公约》和《卢加诺公约》

1968 年 9 月 27 日，欧共体（European Community，EC）当时的 6 个成员国（比利时、联邦德国、法国、意大利、卢森堡、荷兰）签署了《关于民商事管辖权和判决执行的布鲁塞尔公约》（简称《布鲁塞尔公约》），旨在统一欧共体内部的民事案件管辖权规则、简化判决的承认程序，并引入高效快捷的判决执行程序，最终为统一的内部市场的发展创造条件。该条约推动了欧盟内部民事诉讼程序规范的一体化，其核心是管辖权规则的统一，其主要内容包括民商事管辖权依据的统一和民商事管辖权冲突的解决。

在民商事管辖权的统一依据方面，《布鲁塞尔公约》规定了一般管辖、特殊管辖、协议管辖和专属管辖。

在民商事管辖权冲突的解决方面，公约主要确立了先诉法院管辖原则。

---

① 该公约已于 2000 年被转化为《2000 年 12 月 22 日关于民商事管辖权和判决承认与执行的第 44/2001 号条例》，简称为“《布鲁塞尔条例Ⅰ》”。2012 年 12 月 12 日修订。

② Convention on jurisdiction and the enforcement of judgments in civil and commercial matters at Lugano on 16 September 1988. 2007 年，欧盟与冰岛、芬兰、挪威和丹麦签订了新的《卢加诺公约》，取代了 1988 年的公约。新公约与欧盟《布鲁塞尔条例》保持完全一致。

③ Inter-American Convention on Extraterritorial Validity of Foreign Judgments and Arbitral Awards. 该公约由美洲国家组织在蒙得维的亚订立，1980 年生效，已有 9 个缔约国。参见：http://www.sice.oas.org/dispute/comarb/caicmoe.asp；2013 年 8 月 5 日访问。

对于相同诉讼，根据《布鲁塞尔公约》第 21 条第 1 款规定，相同当事人间就同一诉因在不同缔约国法院起诉时，首先受诉法院以外的其他法院应主动放弃管辖权，让首先受诉法院受理。根据该公约第 21 条第 2 款规定，如果某个法院要放弃管辖权，而其他法院的管辖权同时被提出异议时，该法院需延期作出决定。对于关联诉讼，根据《布鲁塞尔公约》第 22 条第 3 款的规定，如果几个诉讼案件之间联系过于紧密，以至于分别审理可能出现判决相抵触的情况，因而这类关联诉讼更适宜采用合并方式进行审理。关联诉讼仍然遵循先诉法院管辖原则，但后诉法院可经当事人一方的申请而放弃管辖。根据《布鲁塞尔公约》第 22 条第 1 款规定，如果有关联的诉讼案件在不同的缔约国法院起诉时，除第一个受诉法院外，其他法院的诉讼尚在审理时需延期作出决定。该公约第 22 条第 2 款进一步规定了后诉法院（先诉法院以外的法院）放弃管辖权需以当事人提出申请为条件。

1988 年签订的《关于民商事管辖权和判决承认的卢加诺公约》（简称《卢加诺公约》），在内容上与《布鲁塞尔公约》基本一致。在适用范围上，《卢加诺公约》已从《布鲁塞尔公约》中的欧共体成员国扩大至欧共体和欧洲自由贸易联盟成员国。与《布鲁塞尔公约》相类似，《卢加诺公约》同样采用了先诉法院原则以协调国际民事管辖权冲突。2007 年，欧盟与丹麦、冰岛、挪威、瑞士在卢加诺签订了《关于民商事案件管辖权及判决的承认和执行的公约》，用以替代 1988 年签订的《卢加诺公约》。

(二)《布鲁塞尔条例Ⅰ》

1997 年 10 月 2 日，欧盟各国签署了旨在修订《欧盟条约》的《阿姆斯特丹条约》，欧盟统一国际私法运动的方法将不再采用成员国间谈判缔约的模式进行，而将采用欧盟理事会规则或指令的模式，发布统一国际私法的有关法规，直接在成员国境内发生效力。该条约第 65 条授权欧盟理事会制定有关管辖权与判决问题的规则，以此为契机，欧盟理事会开始着手对《布鲁塞尔公约》进行修订。

欧盟理事会于 2000 年 12 月 22 日通过了《关于民商事案件管辖权与判决承认及执行的规则》(44/2001/EC)，把 1968 年《布鲁塞尔公约》的内容全部转化为一个规则，即《布鲁塞尔条例Ⅰ》，其以《布鲁塞尔公约》为基础，并与《卢加诺公约》共同构成了布鲁塞尔体系。2012年，欧盟理事会重新修订了《布鲁塞尔条例Ⅰ》。①

在民商事管辖权的统一依据方面，《布鲁塞尔条例Ⅰ》规定了一般管辖、特殊管辖、协议管辖和专属管辖。

1. 一般管辖

一般管辖权规则是欧盟管辖权制度的基石和关键。从《布鲁塞尔公约》到《布鲁塞尔条例Ⅰ》，一般管辖权规则遵循原告就被告原则，确立以被告住所地为管辖权基本依据，没有实质性变化。它是欧盟内分配成员国法院管辖权的基础性规范，成员国法院只有在欧盟立法有特别规定时才可依被告住所地之外的联结要素为依据行使管辖权，且会受到严格限制。杰拉德报告认为原告就被告原则为大陆国家法律职业人熟悉，且被起诉的人一般处于弱势地位，因而应对其被迫应诉作出补偿，即原告应到被告的所在地起诉。不过，被告是否真的处于弱势地位仍存在争议。②

在如何判断被告所在地的问题上，《布鲁塞尔条例Ⅰ》选择了住所这一要素，并赋予其自主确定的涵义，作为确立欧盟管辖权制度的基本依据。《布鲁塞尔条例Ⅰ》第二章管辖权的第一节规定了特别管辖权，其中第4条规定："在不违反本条例的情况下，住所在成员国内的人应在该国法院被提起诉讼，无论其国籍为何；住所地在成员国但不是该国国民的人，适用与该国国民相同的管辖权规则。"

2. 特别管辖

《布鲁塞尔条例Ⅰ》第二章"管辖权"的第二—五节规定了特别管辖权，其中第7—9条规定了若干纠纷的特别管辖权：

(1) 针对合同纠纷，合同履行地法院有管辖权。对于货物销售合同，履行地为成员国内货物被交付或应当被交付的地方；就服务提供合同而言，履行地为成员国内服务被提供或应当被提供的地方。

(2) 侵权行为或准侵权行为案件，损害行为发生地或可能发生地法院有

① 欧洲议会、欧洲理事会2012年12月12日《关于民商事案件管辖权及判决的承认与执行的第1215/2012号条例》。

② 谌建：《欧盟布鲁塞尔规则中的一般管辖权》，《人民法院报》2022年5月20日08版。

管辖权。

(3) 因刑事诉讼而提起的损害赔偿或要求恢复原状的民事诉讼，原刑事诉讼法院国有管辖权，但以该法院国依照其本国法有受理民事诉讼管辖权者为限。

(4) 文化财产的所有权人可以在财产现在所在地法院提起所有权返还之诉。

(5) 公司、代理或者其他机构的经营业务而产生的争议，由该分支、代理或其他机构所在地法院管辖。

(6) 信托由信托关系发生地法院管辖。

(7) 海上货物救助酬金或运费争议，由扣押运费或者货物的法院或者向法院提交保释金或者担保的法院管辖。

(8) 如若有多个被告，可以选择在任意与诉求有密切联系的被告住所地法院起诉等。

《布鲁塞尔条例Ⅰ》第二章“管辖权”的第三节规定了“保险事项管辖权”，第四节规定了“消费合同管辖权”，第五节规定了“个人雇佣合同的管辖权”。这三类管辖权都强调了针对弱方当事人的保护。比如消费合同管辖权规定，消费者可以在被告住所地法院或消费者住所地法院起诉，但对方当事人只能在消费者住所地起诉。对于消费者合同的协议管辖，也予以限制：只能在争议之后订立；协议应允许消费者在其他法院起诉，或者在消费者与对方当事人的共同住所或惯常居所起诉。比如“个人雇佣合同的管辖权”规定，雇员起诉雇主，可以在雇主住所地、雇员惯常工作地或最后工作地，或者在雇员没有惯常工作地时在雇佣雇员的商业所在地或过去所在地法院提起。雇主就算在成员国没有住所，但其分支机构、代理或其他机构与雇员签订个人雇佣合同，该雇主应被视为在成员国有住所。而雇主起诉雇员，只能在雇员住所地法院提起。并且对于个人雇佣合同的协议管辖，也予以限制：只能在争议之后订立；协议应允许雇员在其他法院起诉。

3. 协议管辖

《布鲁塞尔条例Ⅰ》第二章“管辖权”的第七节规定了协议管辖。

第 25 条规定：

(1) 如当事人的一方或数方在一个成员国有住所，协议约定某一成员国的某一法院或某些法院有管辖权以解决因某种特定法律关系而已经产生的或可能产生的争议，则只有该被指定的法院或这些法院具有管辖权。该管辖权应是专属的，除非当事人另有约定。这种指定管辖权的协议应该：①是书面的或有书面证明；或②符合当事人之间业已确立的惯例的形式；或③在国际贸易或商务中，符合双方当事人意识到或应该已经意识到的通常做法的形式，并且，在这类贸易或商务中，此种形式已为该类特定贸易或商务中相同类型合同的双方当事人广泛知晓并被通常遵守。

(2) 任何能对协议提供持续性记载的电子方式的通信往来，应该等同于“书面”。

(3) 由信托文书指定管辖权的某一成员国的某一法院或某些法院，对针对委托人、受托人或受益人提起的诉讼具有专属管辖权，如果诉讼涉及信托项下这些人的相互关系，或他们的权利与义务。

(4) 如果当事人的协议或指定管辖的信托文书，违反第 15 条、第 19 条或第 23 条的规定，或者其所欲排除管辖的法院根据第 24 条的规定应具有专属管辖权，则无法律效力。

(5) 当一项选择法院的协议构成合同的部分时，这一协议与合同中的其他条款相比具有独立性。选择法院的协议不得仅因其依附合同的无效而无效。

第 26 条规定：

(1) 除了根据本条例其他规定的管辖权以外，一个成员国法院对出庭应诉的被告有管辖权。但如该被告出庭应诉只是为了抗辩管辖权，或者按照第 24 条规定另一法院应有专属管辖权者，则不适用本条。

(2) 当案件涉及本条例第 3 节、第 4 节、第 5 节的事项，并且保单持有人、被保险人受益人、被侵权人、消费者或者雇员成为被告时，法院在运用本条第 1 款的规则之前，必须确认被告已经获得了有权提起管辖权异议的通知，以及获得了其出庭应诉与否法律效果的通知。

4. 专属管辖

《布鲁塞尔条例Ⅰ》第二章“管辖权”第六节规定了五类专属管辖权。

第 24 条规定，下列法院将享有专属管辖权，而不问住所何在：

（1）以不动产物权或其租赁权为标的的诉讼，专属财产所在地的成员国法院；然而，以不超过连续 6 个月期限供私人临时使用的不动产租赁权为标的的诉讼，被告住所地成员国法院也有管辖权，只要承租人为自然人，并且出租人和承租人在同一成员国有住所。

（2）以公司、其他法人组织、自然人或法人的集合体的有效成立、撤销或歇业清理，或以有关机构的决议的有效性为标的的诉讼，专属该公司、法人组织或集合体所在地的成员国法院。为决定所在地，法院将适用其本国的国际私法规则。

（3）以确认公共登记效力为标的的诉讼，专属保管登记簿的成员国法院。

（4）有关专利、商标、设计模型或必须备案或注册的其他类似权利的注册或效力的诉讼，专属业已申请备案或注册或已经备案或注册，或按照共同体法律文件或者国际公约之规定被视为已经备案或注册的成员国法院；不影响根据 1973 年 10 月 5 日慕尼黑签订的《欧洲专利授予公约》建立的欧洲专利局的管辖权，每一成员国法院对授予该国的欧洲专利的注册或效力的诉讼具有专属管辖权，而不论住所之所在。

（5）有关判决执行的诉讼，专属业已执行或将要执行判决的成员国法院。

5. 管辖权冲突的解决

在民商事管辖权冲突的解决方面，《布鲁塞尔公约》确立了先诉法院管辖原则。《布鲁塞尔条例Ⅰ》沿用了先诉法院原则，且明确了法院首先诉讼的时间。第 29 条规定，对于相同诉讼，相同当事人间就同一诉因在不同缔约国法院起诉时，首先受诉法院以外的其他法院应依职权中止诉讼，直到首先受诉法院确立管辖权。任何一个在后受理的法院应立即通知在先受理的法院在后案件的受理时间。如果首先受诉法院的管辖权被确立，首先受诉法院以外的其他法院应当放弃管辖权，让首先受诉的法院审理；第 30 条规定，对于关联诉讼，如果几个诉讼案件联系非常紧密，以至于分别审理有可能导致判决相抵触，而更适宜采用合并方式进行审理的诉讼案件。关联诉讼仍然遵循先诉法院管辖原则，但后诉法院可经当事人一方的申请而放弃管辖；第31条规定，如果数个专属管辖权发生冲突，也应遵守先诉法院原则。如果存在协议管辖，当协议选择的法院确立了自身的管辖权，其他法院应当放弃管辖权。但协议管辖无效的除外。第32条规定了首先受诉的两大标准：①当起诉书或同等效力之文书提交到法院之时，且原告随后采取了必要的措施使之送达被告；②如果文书必须在提交法院前送达，则为文书负责送达的机关接收之时，只要原告随后采取必要的措施将文书提交法院。前述②款中提交的负责送达的机关是第一个收到应被送达文书的机关。根据该规定，法院受理案件的时间点为两种，即送达、接收。两种标准反映出条例对两大法系时间标准的折中，即综合采用大陆法系的送达标准和英美法系的接收标准，进而对标两大法系的程序要求。

(三) 2005年海牙《协议选择法院公约》

海牙国际私法会议长期以来一直致力于国际民事诉讼程序规则的全球统一。20世纪90年代初，在美国代表倡议下，海牙国际私法会议开始起草一项《民商事管辖权及外国判决公约》。[①]1993年，海牙国际私法会议将该问题纳入工作议程，并于1999年10月完成了公约草案的拟定。由于美国和其他国家之间的巨大分歧，该公约草案未能通过。经过妥协，2005年6月30日，海牙国际私法会议在其第20届外交大会上，通过了一项范围较小的《协议选择法院公约》。[②]

该公约是海牙国际私法会议经过10多年艰苦谈判形成的，标志着第一项全球性的涉及民商事管辖权和判决承认与执行的国际公约最终得以诞生。然而，该公约的适用范围仍然是很有限的。它只适用于当事人之间达成了排他性法院选择协议的民商事案件，对于这样的案件，当事人协议选择的法院拥有排他性管辖权，他国缔约国法院不得再行使管辖权。但是如果当事人之间没有达成此类管辖协议，或者对于那些不属于公约适用范围的特殊领域的

① 汉斯·范·鲁：《迈向一个关于民商事事件国际管辖权及外国判决效力的世界性公约》，《中国国际私法与比较法年刊》（第三卷），法律出版社2000年版，第100页。

② Convention of 30 June 2005 on Choice of Court Agreements，2015年生效。迄今已有墨西哥、欧盟、新加坡等缔约国。

案件，则仍然难以避免平行诉讼问题。

（四）2019年海牙《承认与执行外国民商事判决公约》

为建立统一协调、确定和可预见的判决承认与执行制度，实现判决的全球流动，2016年6月，海牙国际私法会议召开特别委员会，就《外国判决承认与执行公约草案》开始政府间谈判。2019年7月在荷兰海牙和平宫召开的海牙国际私法会议第22届外交大会闭幕式上通过了《承认与执行外国民商事判决公约》（简称2019年《海牙判决公约》）。该公约历经2016年6月、2017年2月、2017年11月和2018年5月的四次特别委员会会议讨论，最终于2019年7月2日获得通过。我国签署了2019年《海牙判决公约》，但尚未批准。2019年《海牙判决公约》与2005年《选择法院协议公约》相互补充，共同构成了海牙判决项目公约。

2019年《海牙判决公约》分为四章。第一章，界定了适用范围和各项术语；第二章，是公约的核心，规定了外国民商事判决在缔约国间流通的一般原则、间接管辖权标准、专属管辖、拒接承认执行的理由以及解释和适用的具体问题等；第三章，规定了一般条款，包括过渡性规定、允许的声明、统一解释、非单一法律制度以及与其他国际文书的关系；第四章，提供了各项程序，具体包括成为缔约国的程序、声明的程序以及生效的程序等。其中对间接管辖权的规制包含在公约第二章的第5条和第6条。管辖权基础包括：一方当事人惯常居所地、一方当事人主要营业地、原告提起诉讼、当事人在原审国设有分支机构、代理机构或其他无独立法人资格机构、被告同意、合同履行地、不动产租赁财产所在地、直接造成损害的行为（或不行为）的发生地、当事人选择的法院或推定的信托主要管理地等。

此外，由美国法学会和国际统一私法协会联合起草的《跨国民事诉讼原则》也是世界上影响较大的一项示范性立法文件。[①]国际法协会也曾在2000年发布过一项范围广泛的比较法研究报告，向各国推荐了一些在什么情况下可以放弃管辖权和拒绝管辖权的原则（鲁汶/伦敦原则）。[②]这些原则都不具有

---

① 《跨国民事诉讼原则》2004年通过，不具有法律效力，供各国立法参考。具体内容参见：http://www.unidroit.org/english/principles/civilprocedure/main.htm；2013年8月5日访问。

② International Law Association Commttee on International Civil and Commercial Litigation, Third Interim Report: Declining and Referring Jurisdicition in International Litigation (2000).

法律效力。

二、我国参加的双边国际条约与国际公约

不同国家间也可以通过缔结双边国际条约来解决彼此间的诉讼竞合问题。在我国与其他国家订立的数十个双边司法协助条约中，大多缺少有关管辖权的规定，也没有直接规定如何解决彼此间的平行诉讼问题，只是对平行诉讼情况下判决的承认与执行问题做了规定。其中，大多数司法协助条约都规定，在我国和其他缔约国之间相互申请承认和执行对方法院的裁判时，如果被请求的缔约一方的法院对于相同当事人之间就同一标的和同一事实的案件正在进行审理，则被请求国可以拒绝承认和执行。例如，我国和古巴、埃及、哈萨克斯坦、吉尔吉斯斯坦、蒙古、波兰、罗马尼亚、俄罗斯、塔吉克斯坦、摩洛哥、土耳其、乌兹别克斯坦等国订立的双边司法协助条约便有类似规定。值得一提的是，部分条约还要求这一审理必须先于提出请求的缔约一方法院开始，如中国与保加利亚、希腊、意大利等国的司法协助条约。这相当于间接承认了先受理法院优先规则。不过，在中国与埃及、法国、西班牙等国订立的双边司法协助条约里，并未将被请求的缔约一方法院对于相同案件正在进行审理作为拒绝承认与执行裁决的理由。①

根据我国2023年《民事诉讼法》第271条的规定："中华人民共和国缔结或者参加的国际条约同本法有不同规定的，适用该国际条约的规定，但中华人民共和国声明保留的条款除外。"我国《海事诉讼特别程序法》第3条也有基本相同的规定。我国目前尚未参加专门的国际民事诉讼管辖权公约，但在我国参加的一些特别领域的国际公约中，涉及法院的管辖权规定。

(一)《统一国际航空运输某些规则的公约》(《华沙公约》《蒙特利尔公约》)

我国于1975年加入了《统一国际航空运输某些规则的公约》，即《华沙公约》；2005年加入了修订该公约的《蒙特利尔公约》。《华沙公约》规定，

---

① 司法部司法协助局编：《中外司法协助条约规则概览》，法律出版社1998年版，第193页以下。

承运人对旅客因死亡、受伤或身体上的任何其他损害而产生的损失，对于任何已登记的行李或货物因毁灭、遗失或损坏而产生的损失，以及对旅客、行李或货物在航空运输中因延误而造成的损失承担责任。第 28 条对这种损害赔偿提起的诉讼的管辖权作了规定：“（1）有关赔偿的诉讼，应该按照原告的意愿，在一个缔约国的领土内，向承运人住所地或其总管理机关所在地或签订合同的机构所在地法院提出，或向目的地法院提出。（2）诉讼程序应根据受理法院的法律规定办理。”

《蒙特利尔公约》引入了“第五管辖权”。其第 33 条第 1 款沿用了《华沙公约》第 28 条规定的 4 种管辖法院，但第 33 条第 2 款则新增了一种管辖法院：“对于因旅客死亡或伤害产生的损失，诉讼可以向本条第 1 款所述的法院之一提起，或者在这样一个当事国领土内提起，即发生事故时旅客的主要且永久居所在该国领土内，并且承运人使用自己的航空器或者根据商务协议使用另一承运人的航空器经营到达该国领土或者从该国领土始发的旅客航空运输业务，并且在该国领土内该承运人通过其本人或者与其有商务协议的另一承运人租赁或拥有的住所从事其旅客航空运输经营。”这种基于旅客的居所而享有的管辖权被称为第五管辖权，它只适用于人身伤害和死亡的索赔案件。

（二）《国际铁路货物联运协定》

我国是 1951 年签订的《国际铁路货物联运协定》的缔约国。2020 年修正的《国际铁路货物联运协定》规定，铁路如果违反公约规定的义务造成损害的，应当承担赔偿责任。该公约第 47 条第 1 项规定：“只有提出相应赔偿请求后，才可提起诉讼。凡有权向承运人提出赔偿请求的人，即有权根据本协定提起诉讼。”第 47 条第 4 项规定：“诉讼应向被告所在地的相应司法机关提起。”

（三）《国际油污损害民事责任公约》

我国于 1980 年参加了 1969 年于布鲁塞尔签订的《国际油污损害民事责任公约》，其第 9 条规定：“1. 如已在一个或若干个缔约国领土（包括领海）内发生油污损害事件，或已在上述领土（包括领海）内采取防止或减轻油污损害的预防措施，赔偿诉讼便只能向上述一个或若干个缔约国法院提出。并于任何上述诉讼的适当通知，应均送交被告人。2. 每一缔约国都应保证它的法院具有处理上述赔偿诉讼的必要管辖权。3. 在按照第五条规定设立基金之后，基金所在国的法院可以独自决定有关基金分摊和分配的一切事项。”

第三节　管辖权冲突解决的国内路径

在国际民商事领域，协调管辖权冲突的国际条约数量不多、参与其中的国家也十分有限。因此，面对日益增加的管辖权冲突，以国内法路径为解决方法不失为一种应对策略。从大陆法系来看，通常采用先诉法院、未决诉讼以及预期承认执行原则等来解决管辖权的冲突，而英美法系国家则倾向于适用不方便法院原则和禁诉令等来解决管辖权的冲突。随着两大法系的交互发展，在管辖权冲突的解决方式上也呈现融合之势。比如，德国作为典型的大陆法系国家开始在司法实践中采用禁诉令，中国在最新修订的《民诉法》中则兼而采之，既明确了先诉法院，也在立法中引入了不方便法院原则，另外还在判决执行条款中提及了预期承认判决的要素。

一、先诉法院优先原则

案例一：

A 公司是一家德国企业，在伦敦设有办事处。B 公司是一家美国金融公司。2007 年，A 公司决定与 B 公司接洽，向 B 公司出售 A 公司拥有的资产支持证券（Asset-Backed Security）。经过谈判，双方在英国伦敦订立了合同。一年后，B 公司因连年亏损而拒绝继续购买相关证券产品。基于此，B 公司在得克萨斯州法院对 A 公司提起诉讼，认为 A 公司通过欺诈或疏忽的虚假陈述诱使 B 公司同意购买证券投资组合，要求解除合同。后 A 公司在英国商事法庭对 B 公司提起诉讼，要求其承担违约责任。B 公司对英国商事法庭提出管辖权异议，认为该案属于平行诉讼，根据得克萨斯州先诉法院优先原则，该案应由先立案的得克萨斯州法院管辖。

问：

1. 英国商事法庭是否具有审理该案的管辖权？
2. 如何理解先诉法院优先原则？

先诉法院优先原则是指同一案件在其他国家法院已经受理的情况下，如果当事人又到本国法院提起诉讼，那么本国法院应在某些条件下中止本法院的诉讼，等待外国法院的判决结果。[①]

大陆法系国家如德国一般不采用“不方便法院”原则，对于本国法院享有管辖权的案件，法院原则上不会拒绝管辖。然而，在实践中，对于国际诉讼竞合，德国法院如果认为外国法院对该案件所作出的判决有可能得到德国法院的承认，则会类推适用德国《民事诉讼法》第 261 条第 3 款的规定，禁止或中止当事人在本国法院提起的相同诉讼。德国的做法影响到法国、日本、瑞士等国家。1987 年瑞士《联邦国际私法典》第 9 条也采用了类似规定；比利时 2004 年《国际私法典》第 14 条也规定：“如果一项诉讼在外国尚处于未决状态，且能预见该外国判决可在比利时获得承认或执行，则对于相同当事人间具有相同标的和诉因的诉讼，后受理案件的比利时法院得暂缓作出判决，直至外国判决的宣告。”

欧盟《布鲁塞尔公约》和取代该公约的《布鲁塞尔条例Ⅰ》也都采用了先诉法院优先原则，并排除了不方便法院原则。其第 29 条规定：“相同当事方就相同诉因在不同成员国法院提起诉讼时，首先受诉的法院之外的任何法院均应主动暂停诉讼，直到首先受诉的法院确定其管辖权为止。……当首先受诉的法院的管辖权确定时，任何其他受诉法院都应放弃管辖权，将案件交由首先受诉法院受理。”美国法院也曾在判例中根据礼让原则终止本法院对案件的审理而让位于先受理案件的外国法院。[②]然而，《布鲁塞尔条例Ⅰ》中采用的先诉法院优先原则存在一个弊端，往往会被当事人滥用。某方当事人可以抢先到一个本来没有管辖权的国家法院起诉，让该法院去判断自己的管辖权，其他法院必须中止诉讼等待先诉法院的裁判，这样就可以把案件拖延数月甚至数年。这样就在当事人之间产生“判决竞赛”，甚至引发所谓的

---

① 杜涛：《先受理法院规则与国际平行诉讼的解决》，《武大国际法评论》2015 年第 2 期。

② See Royal & Sun Alliance Ins. Co. of Can. v. Century Int'l Arms, Inc., 466 F. 3d 88, 96 (2d Cir. 2006); Belize Telecom, Ltd. v. Gov't of Belize, 528 F. 3d 1298, 1305 (11th Cir. 2008). See Parrish, Duplicative Foreign Litigation, 78 Geo. Wash. L. Rev. 237, 248 et seq. (2010).

"鱼雷诉讼"(torpedo actions)。①

在2023年《民事诉讼法》修改前，我国立法并未对平行诉讼问题进行专门规定。最高法院2008年《关于适用中华人民共和国民事诉讼法若干问题的意见》(现已失效)第306条规定："中华人民共和国人民法院和外国法院都有管辖权的案件，一方当事人向外国法院起诉，而另一方当事人向中华人民共和国人民法院起诉的，人民法院可予受理。判决后，外国法院申请或者当事人请求人民法院承认和执行外国法院对本案作出的判决、裁定的，不予准许；但双方共同参加或者签订的国际条约另有规定的除外。"

在"旅美华侨张雪芬重复起诉离婚案"②中，旅居美国的中国公民张雪芬，为与居住在中国上海市的中国公民贺安廷离婚，向中国上海市中院起诉，同时也向其居住地的美国法院起诉，中国法院受理后还未审结前，美国法院已就同一案件作出了判决。最高法院于1985年9月18日批复指出，在张雪芬未撤回向中国法院起诉的情况下，按《中华人民共和国民事诉讼法(试行)》第20条第1款的规定，中国受诉法院得依法作出裁判，不受外国法院受理同一案件和是否作出裁判的影响。

在另一起"中国公民忻清菊与美国公民曹信宝互诉离婚案"中，美国公民曹信宝与中国公民忻清菊于1944年在中国结婚。1990年，曹信宝在美国密苏里州杰克逊郡巡回法庭取得与忻清菊的离婚判决书后，于1990年3月在宁波市民政局涉外婚姻登记处办理了与他人的结婚登记(后由登记处撤销了该登记)。中国公民忻清菊则于1991年12月14日向宁波市中院提起离婚诉讼，宁波市中院受理了此案。经法院调解后，双方达成了离婚调解协议。

需指出的是，我国个别地方法院也曾在案件中以当事人在国外法院先行起诉为由，驳回了当事人在我国法院的诉讼。比如，在浙江省乐清市人民法院审理的"刘少洋与施建娥、贺学飞买卖合同纠纷案"中就明确指出：原告已就本案事实于2011年9月30日向乌干达最高法院(商业分院)提起诉

① Christopher Stothers, Forum shopping and "Italian torpedoes" in competition litigation in the English courts, G. C. L. R. 2011, 4 (2), 67—73.

② 最高人民法院《关于我国法院有权受理旅居外国的中国公民同时向两国法院起诉的案件的批复》,(1985)民他字第27号。

讼，要求两被告承担偿付责任，该案至今尚未审结，现就同一事实向本院起诉，不符合人民法院受理民事诉讼的条件，依照《最高人民法院关于适用〈中华人民共和国民事诉讼法〉若干问题的意见》第139条的规定，裁定驳回原告的起诉。①

2023年，《民事诉讼法》完成修订，实际上规定了我国对于平行诉讼的处理机制，确立了先诉法院优先原则。其第281条规定："人民法院依据前条规定受理案件后，当事人以外国法院已经先于人民法院受理为由，书面申请人民法院中止诉讼的，人民法院可以裁定中止诉讼，但是存在下列情形之一的除外：1. 当事人协议选择人民法院管辖，或者纠纷属于人民法院专属管辖；2. 由人民法院审理明显更为方便。外国法院未采取必要措施审理案件，或者未在合理期限内审结的，依当事人的书面申请，人民法院应当恢复诉讼。外国法院作出的发生法律效力的判决、裁定，已经被人民法院全部或者部分承认，当事人对已经获得承认的部分又向人民法院起诉的，裁定不予受理；已经受理的，裁定驳回起诉。"该条一方面确立了先诉法院优先原则，尊重他国法院的管辖权，规定了中止诉讼程序的条件；另一方面该条同时规定了诉讼恢复机制，以防外国法院审理不力，切实维护了当事人的合法权益。

二、不方便法院原则

案例一：

2019年，中国公民A与中国公民B签订《资产收购合同》，约定B以一定的价款购买A在俄罗斯拥有的地产、房产及设施设备。A在可过户时提前一个月告知B，以便B准备资金。如3年内无法完成过户手续的，B有权长期使用或转让该资产，该资产的所有权属B所有。2020年，因B在过户完成后迟迟未支付价款，A向中国法院提起了诉讼。B辩解称，本案因涉及俄罗斯不动产处分，法院在认定事实和适用法律上存在重大困难，应由俄罗斯法院审理更为方便。基于此，B依据不方便法院原则提出管辖权异议。

---

① （2012）温乐商初字第705号民事裁定书。

问：

1. 什么是不方便法院原则？

2. 不方便法院原则的适用条件是什么？

3. 中国法院是否具有对于该案的管辖权？

（一）不方便法院原则的概念

不方便法院原则（forum non conveniens）是英美国家通常采用的一种方式，是指对于本法院受理的某一案件，如果有其他法院审理该案件更为合适，而本法院审理该案件不方便，则可以拒绝行使对案件的管辖权，而将该案件交由其他法院审理。①

正如冯迈伦教授所说，如果诉讼在另一个国家提起，程序正义能得到更好的实现。如满足一定的条件，不方便法院原则允许法院引导原告在其他地方起诉。通过引用不方便法院原则，如果存在有管辖权的替代性法院，法院将承诺放弃行使自己的司法管辖权，为了确保在它看来，一个在国际上更为合作、经济与和谐的司法行政体系。明智使用的话，这种对管辖权的放弃有助于一个正义和富有效率的国际法律秩序的诞生和维持。②

英国法院采用该原则；③加拿大魁北克《民法典》第 3135 条也有规定。在历史上，英国最先引入不方便法院原则。在 Spiliada 案中，上议院认为当存在其他有管辖权的可替代法院时，应当为了所有当事方的利益和结果的公正来正确审理案件，只能依据不方便法院原则中止诉讼。在英国法下，不方便法院原则的适用分为两个阶段：第一个阶段由被告证明存在另外一个比英国法院合适的可替代法院，这里关注的是法院的适当性；第二个阶段在被告

① 美国联邦最高法院在 1947 年的 Gulf Oil Corp. v Gilbert 案（330 U. S. 501［1947］）和 Koster v Lumbermens Mutual Casualty Co. 案（330 U. S. 518［1947］）中第一次正式运用不方便法院原则；参见：Born/Rutledge，International Civil Litigation in United States Courts，5th Edition（2010），p. 369；Donald Earl Childress III，Forum Conveniens：The Search for a Convenient Forum in Transnational Cases，53 Virginia J. Int'l L.（2013），p. 157。

② ［美］阿瑟·冯迈伦：《国际私法中的司法管辖权之比较研究》，李晶译，法律出版社 2015 年版，第 221 页。

③ The Spiliada［1986］3 All ER 843，856（House of Lords）；Lubbe v. Cape plc［2000］1 W. L. R. 1545（House of Lords）.

证明在国外存在更合适的法院之后，要求原告证明出于正义的要求，不应当中止诉讼，这里关注的是正义。

美国法上的不方便法院原则考量的是在另一个可替代的更方便的法院起诉是否能更好地维护私人利益和公共利益。其中，私人利益包括“取证的相对容易性、非自愿出庭的证人实行强制出庭的可能性、自愿出庭作证的费用、法官和陪审团亲自去现场勘验的可能性以及其他让诉讼变得更快捷、更便利的实际问题”；公共因素包括“法院诉累的困难、争议在本地解决的利益、避免在适用外国法或冲突法时不方便以及要求公民担任陪审团成员是否对其构成不公平的负担”。

英美两国适用不方便法院规则的不同点在于：第一，美国法下的不方便法院原则比英国法更灵活；第二，美国法官明确考虑公共利益，而英国法中一般不考虑；第三，美国法院自身能基于不方便法院原则驳回诉讼，而英国法院只能依当事人申请；第四，美国法院对待本国原告选择法院的因素考量胜过对被告不便的考量。①

不方便法院原则是与英美国家相对灵活的管辖权制度紧密联系在一起的。尤其是在美国，法院在确定对人管辖权时，往往依据的是所谓的最低限度联系（minimum contacts）标准，法院在解释该标准时往往会扩大其范围，从而导致美国法院管辖权的过度扩张，即所谓的长臂管辖权。为了弥补，法院才需要采用不方便法院原则适当限制自身的管辖权。大陆法系国家的管辖权制度建立在严格的法典制度之上，法官自由裁量的空间有限，需要自我限制管辖权的机会也相对较少。

在大陆法系国家，对不方便法院原则的态度并不友好。德国学者坚持，立法安全要求管辖权规则应当是可以理解、清晰和明白的。将不方便法院原则引入德国管辖权体系，该原则依赖于立法上标准化的管辖权政策，将与德国体系不一致。但在外国原告对德国被告起诉时，德国法院有时会采取类似于不方便法院的考虑为德国被告提供法律帮助。②

---

① 李晶：《国际民事诉讼中的挑选法院》，北京大学出版社 2008 年版，第 171—175 页。

② ［美］阿瑟·冯迈伦：《国际私法中的司法管辖权之比较研究》，李晶译，法律出版社 2015 年版，第 223—224 页。

(二) 我国不方便法院原则的适用条件

我国 2004 年的"包头空难"发生后，因国内赔偿标准被遇难者家属认为严重偏低，2005 年 11 月，21 名遇难者家属在美国加利福尼亚州法院提起赔偿诉讼，以产品缺陷损害赔偿为由起诉失事飞机制造商加拿大庞巴迪公司、飞机发动机制造商美国通用电气公司，并将中国东方航空集团公司列为共同被告。该案被美国法院以不方便法院为由驳回。①诉讼审理也从美国转回中国。直到 2009 年 8 月，北京市二中院才正式受理该案。

我国学者对于该原则也存在广泛争议。②但在司法实践中，我国法院逐渐接受了不方便法院原则。

在"日本公民大仓大雄要求在中国起诉离婚案"③中，日本公民大仓大雄欲与中国籍妻子离婚，向上海市中院起诉。由于此案夫妻双方婚后住所均在日本，婚姻事实以及有关夫妻财产也在日本，法院认为如果诉讼在中国进行，既不便于双方当事人的诉讼，也不利于弄清夫妻关系的真实情况，更无法查明大仓大雄在日本的财产，难以保护当事人的合法权益。为此，上海市中院决定不行使司法管辖权，告知大仓大雄去日本法院起诉。后日本法院审理后判决双方离婚，并判令大仓大雄支付妻子近 10 万元人民币。

在"住友银行有限公司与新华房地产有限公司贷款合同纠纷管辖权异议上诉案"④中，最高法院认为：从方便诉讼的原则考虑，本案由香港特别行政区法院管辖更为适宜，广东省高级法院不宜受理本案。在"东鹏贸易公司诉东亚银行信用证纠纷案"⑤中，广东省高级法院依据最高法院的批复，认为双方当事人均为香港法人，纠纷与内地无密切联系，为方便诉讼起见，驳回原

① ZHANG GUIMEI et al. v. GENERAL ELECTRIC CO. et al., Los Angeles County Super. Ct. No. BC342017 c/w BC338418, BC362009, BC343313.

② 奚晓明：《不方便法院制度的几点思考》，《法学研究》2002 年第 1 期；胡振杰：《不方便法院说比较研究》，《法学研究》2002 年第 4 期；徐伟功：《不方便法院原则研究》，吉林人民出版社 2002 年版。

③ 盛勇强：《涉外民事诉讼管辖权冲突的国际协调》，《人民司法》1993 年第 9 期。

④ 最高人民法院民事裁定书（1999）经终字第 194 号。

⑤ 广东省高级人民法院编：《中国涉外商事审判热点问题探讨》，法律出版社 2004 年版，第 45 页。

告起诉。在“大浩化工株式会社诉宇岩涂料株式会社、内奥特钢株式会社买卖合同纠纷案”[①]中，法院按照上述标准以不方便法院原则驳回了韩国原告的诉讼请求。同样的案例还有“捷腾电子有限公司与时毅电子有限公司买卖合同纠纷上诉案”、[②]“美国联合航空公司服务合同纠纷案”[③]等。

2022年《民诉法司法解释》第530条在总结司法实践经验的基础上规定：涉外民事案件同时符合下列情形的，人民法院可以裁定驳回原告的起诉，告知其向更方便的外国法院提起诉讼：

（1）被告提出案件应由更方便外国法院管辖的请求，或者提出管辖异议；

（2）当事人之间不存在选择中华人民共和国法院管辖的协议；

（3）案件不属于中华人民共和国法院专属管辖；

（4）案件不涉及中华人民共和国国家、公民、法人或者其他组织的利益；

（5）案件争议的主要事实不是发生在中华人民共和国境内，且案件不适用中华人民共和国法律，人民法院审理案件在认定事实和适用法律方面存在重大困难；

（6）外国法院对案件享有管辖权，且审理该案件更加方便。

该条设立的条件过于严格，限缩了不方便法院原则的适用范围，在实践中适用的门槛非常高，基本没有支持此抗辩的案例。法院主要的审查要点有二：一是强调适用不方便法院原则必须同时满足2022年《民诉法司法解释》第530条规定的情形，只要一条不满足，即不适用。二是强调域外法院审理关联案件以及我国法院审理相关案件所遇到的困难并不当然构成我国法院排除管辖的理由。

2023年《民事诉讼法》完成了新一轮的修改，实质上放宽了不方便法院原则的条件，2022年《民诉法司法解释》第530条的相关规定也会随新《民事诉讼法》的生效而废止。2023年《民事诉讼法》第282条规定：“人民法院受理的涉外民事案件，被告提出管辖异议，且同时有下列情形的，可以裁定驳回起诉，告知原告向更为方便的外国法院提起诉讼：

① （2010）苏商外终字第0053号。

② （2009）沪高民四（商）终字第59号。

③ （2016）沪02民终1731号。

1. 案件争议的基本事实不是发生在中华人民共和国领域内，人民法院审理案件和当事人参加诉讼均明显不方便；

2. 当事人之间不存在选择人民法院管辖的协议；

3. 案件不属于人民法院专属管辖；

4. 案件不涉及中华人民共和国主权、安全或者社会公共利益；

5. 外国法院审理案件更为方便。

裁定驳回起诉后，外国法院对纠纷拒绝行使管辖权，或者未采取必要措施审理案件，或者未在合理期限内审结，当事人又向人民法院起诉的，人民法院应当受理。”

与之前《民诉法司法解释》（2022 修正）第 530 条相比，2023 年《民事诉讼法》删除了“案件不涉及中华人民共和国国家、公民、法人或者其他组织的利益”“案件不适用中华人民共和国法律”“外国法院对案件享有管辖权”等条件，将“人民法院审理案件在认定事实和适用法律方面存在重大困难”修改为“人民法院审理案件和当事人参加诉讼均明显不方便”。由此观之，2003 年《民事诉讼法》放宽了“不方便法院原则”的要求，增添了适用的灵活性，更好地保障当事人的合法权益。

三、禁诉令

案例：

塞浦路斯 A 公司所属的轮船装运的一批自美国运往中国的大豆发生货损。中国 B 公司作为保险人就上述货物的损失向收货人赔付后提起诉讼，诉请承运人 A 公司赔偿货物损失。广州海事法院受理后，A 公司提出管辖权异议被一、二审法院裁定驳回。A 公司不服广东省高级法院作出的终审裁定，向英国高等法院申请禁诉令。后英国高等法院根据 A 公司申请签发了禁诉令，责令 B 公司立即中止或放弃其在广州海事法院提起的法律程序，并采取所有必要措施立即中止或放弃中国程序。

问：

1. 在该案中，英国高等法院签发的禁诉令是否有效？

2. 我国是否承认和执行外国法院发布的禁诉令?

3. 违反禁诉令会面临怎样的处罚?

4. B公司可以采取怎样的救济途径?

(一) 禁诉令概念

禁诉令是一国法院对系属该国法院管辖当事人发出的，阻止他在外国法院提起或继续进行或提起的与在该国法院未决诉讼相同或者相似诉讼的限制性命令。

禁诉令主要有以下特征：第一，签发禁诉令的前提是被申请法院认为自己是有管辖权的法院，通常认为其对当事人拥有对人管辖权；第二，禁诉令是针对当事人签发的，禁止其在外国法院提起或继续进行与在该国法院未决诉讼相同或者相似诉讼，不遵守的话可能会引发藐视法庭的处罚或者罚金；第三，禁诉令虽然是针对当事人签发的，但间接地干预了外国法院的管辖权；第四，签发禁诉令时，礼让是非常重要的考虑因素；第五，禁诉令通常可以保证排他性法院选择条款或仲裁条款的实施。①

英国法院有时会采用禁诉令（anti-suit injunction）的方式来阻止当事人在外国法院的诉讼。②英国上诉法院在 Laker 案③中授予的禁诉令被美国法院认为是“直接的干涉”和“侵犯性的”，但美国法院也经常采用禁诉令来维护自己的管辖权。④由于这种方法往往会被认为是干涉外国法院司法主权的行

① 欧福永:《国际民事诉讼中的禁诉令》，北京大学出版社 2007 年版，第 15—23 页。

② 李旺:《国际诉讼竞合》，中国政法大学出版社 2002 年版，第 47 页；欧福永:《国际民事诉讼中的禁诉令》，北京大学出版社 2007 年版，第 6 页。

③ British Airways Board v. Laker Airways Ltd.，[1984] QB 142 (CA 1983).

④ See Laker Airways v. Sabena，731 F. 2d 909 (D. C. Cir. 1984)，discussed further in GE v. Deutz，270 F. 3d 144，160 (3rd Cir. 2001). For an oft-cited test，see China Trade & Dev. Corp. v. M. V. Choong Yong，837 F. 2d 33 (2nd Cir. 1987)，followed in Kahara Bodas Co.，LLC v. Perusahaan Pertambangan Minyak Dan Gas Bumi Negara，500 F. 3 111 (2nd Cir 2007)，cert. denied 111 U. S. 500 (2008)，and Lam Yeen Leng v. Pinnacle Performance，Ltd.，474 Fed. Appx. 810 (2nd Cir. 2012). See also Fox，The Position of the United States on Forum Selection and Arbitration Clauses，Forum Non Conveniens，and Antisuit Injunctions，35 Tul. Mar. L. J. 401 (2011).

为，[①]很多国家均不承认他国法院发布的禁诉令。[②]

绝大多数大陆法系国家都反对使用禁诉令。比如，法国认为："这是对外国司法体系功能的一种不能容忍的侵犯。"[③]在 Laker 案[④]之后，欧洲大陆开始讨论颁布禁诉令的问题；外国的禁诉命令，包括那些因为法院选择条款或仲裁条款而授予的禁诉令，都不能得到承认。[⑤]

德国杜塞尔多夫高等地区法院在 1996 年的判决中拒绝承认英国法院发布的禁诉令[⑥]，强调每个法院都有权依据相关的国内程序立法和国际条约，为自己就他们的管辖权和他们对其他法院（国内的或外国的）诉讼请求的尊重做出裁判，而指向当事人而非法院的禁诉令不足以保护一国主权。禁止原告起诉会阻碍法院行使管辖权；这样一来，针对当地原告和针对当地法院的禁诉令有着同样的效力。[⑦]

近年来，欧洲大陆国家也开始使用禁诉令。比如在一些标准必要专利诉讼中，德国法院曾签发过禁诉令和反禁诉令[⑧]。

---

① 张丽英：《"最先受诉法院原则"与禁诉令的博弈》，《中国海商法年刊》2012 年第 1 期。

② ECJ 10 February 2009—C-185/07—Allianz SpA et al. v. West Tankers，Inc.，［2009］ECR I-663. See also Kronke，Acceptable transnational Anti-suit Injunctions，in：Geimer und Schütze，Recht ohne Grenzen—Festschrift für Kaissis 549（2012).

③ Gaudemet-Tallon，*supra* footnote 28，at 434. 但是在 *Banque Worms v. Epoux Brachot* 案中（J. C. P. 2002. II，10 201），法国最高法院原则上同意了由凡尔赛上诉法院签发的禁诉令，在一起针对法国债务人银行的法国未决破产程序中，为禁止其占有位于西班牙的财产而发布禁令。法国最高法院坚信这样的命令并没有违反法国法院的管辖权限制，因为它是针对被告个人提出的，并且是由对案件实体争议有合法管辖权的法院作出。这条命令被形容为"一个有趣的混合物"，因为它同时包含了冻结令和禁诉令的元素；H. Muir-Watt：*Injunctive Relief in the French Courts：A Case of Legal Borrowing*，62 C. L. J.（2003）573，at 575. Muir-Watt，ibid.，进一步注明"禁诉令如此轻松地找到方法进入法国法，可以解释为，其以冻结令名义而被引入，感觉上不那么具有侵犯性"。

④ See p. 291，*infra*.

⑤ See Geimer，*supra* footnote 86，at 346，No. 1014，at 607，No. 1945b and at 873，No. 2792.

⑥ The injunction was given in *Phillip Alexander Securities and Futures Ltd. v. Bamberger and Others*，［1997］I. L. Pr. 73（CA 1997).

⑦ See OLG Düsseldorf，10 January 1996，109 ZZP 221，at 222—223（English translation in［1997］I. L. Pr. 320）（arbitration clause）；See also H. -P. Mansel：*Grenzüberschreitende Prozeßführungsverbote*（antisuit injunctions）*und Zustellungsverweigerung*，7 EuZW 335—340（1996)（approving refusal to recognize）；M. Lenenbach：*Antisuit Injunctions in England，Germany and the United States：heir Treatment under European Civil Procedure and the Hague Convention*，20 Loy. LA Int'l & Comp. LJ 257，at 317—321（1998)（criticizing refusal of recognition).

⑧ Regional Court Munich I 7O 14276/20 Decision of 28 January 2021.

如前文所述，《布鲁塞尔条例Ⅰ》中采用的先诉法院优先原则存在一个弊端，往往会被当事人滥用。某方当事人可以抢先到一个本来没有管辖权的国家法院去起诉，让该法院去判断自己的管辖权，其他法院必须中止诉讼等待先诉法院的裁判，这样就可以把案件拖延数月甚至数年。英国法院有时会采用禁诉令的方式来阻止当事人在外国法院的诉讼。[①]美国法院也经常采用禁诉令来维护自己的管辖权。[②]但这种方法会被认为干涉外国法院的司法主权。[③]因此，很多国家均不承认他国法院发布的禁诉令。[④]

（二）我国亟须构建完善的禁诉令制度

我国并未规定禁诉令制度。在司法实践中，我国对外国法院发布的禁诉令通常不予承认和执行。比如，广东深圳市粮食集团公司与外国某公司签订货物买卖合同，该货物由希腊美景公司承运。因发生严重货损，深圳粮食集团公司拒付货款并向青岛海事法院请求扣船，并起诉索赔。美景公司则以双方签订有仲裁协议为由提出管辖权异议，并向英国高等法院起诉，请求该法院发出禁诉令，撤销中国青岛海事法院的诉讼。英国高等法院作出了禁止深圳市粮食集团公司在中国法院提起诉讼的禁诉令，并向中国司法部提出请求协助送达该禁诉令的申请，但遭到我国司法部的拒绝。[⑤]在“香港上海汇丰银行有限公司上海分行与景轩大酒店（深圳）有限公司、万轩置业有限公司金融借款合同纠纷案”中，最高法院也认定香港法院颁布的禁令在内地不具有

---

① 李旺：《国际诉讼竞合》，中国政法大学出版社2002年版，第47页；欧福永：《国际民事诉讼中的禁诉令》，北京大学出版社2007年版，第6页。

② See Laker Airways v. Sabena，731 F. 2d 909 (D. C. Cir. 1984)，discussed further in GE v. Deutz，270 F. 3d 144，160 (3rd Cir. 2001). For an oft-cited test，see China Trade & Dev. Corp. v. M. V. Choong Yong，837 F. 2d 33 (2nd Cir. 1987)，followed in Kahara Bodas Co.，LLC v. Perusahaan Pertambangan Minyak Dan Gas Bumi Negara，500 F. 3 111 (2nd Cir 2007)，cert. denied 111 U. S. 500 (2008)，and Lam Yeen Leng v. Pinnacle Performance，Ltd.，474 Fed. Appx. 810 (2nd Cir. 2012). See also Fox，The Position of the United States on Forum Selection and Arbitration Clauses，Forum Non Conveniens，and Antisuit Injunctions，35 Tul. Mar. L. J. 401 (2011).

③ 张丽英：《“最先受诉法院原则”与禁诉令的博弈》，《中国海商法年刊》2012年第1期。

④ ECJ 10 February 2009—C-185/07—Allianz SpA et al. v. West Tankers，Inc.，［2009］ECR I-663. See also Kronke，Acceptable transnational Anti-suit Injunctions，in：Geimer und Schütze，Recht ohne Grenzen—Festschrift für Kaissis 549 (2012).

⑤ 青岛海事法院民事裁定书（2004），青海法海商初字第245号。

法律效力。①

随着经济全球化进程的不断推进，中国需要采用禁诉令和反禁诉令制度来保障中国公司和中国公民的海外权益。比如，在“康文森公司与华为公司专利纠纷案”中，申请人华为技术公司于2020年8月27日向最高法院申请行为保全，请求责令康文森公司在本案终审判决作出之前不得申请临时执行德国杜塞尔多夫地区法院就康文森公司诉华为技术公司及其德国关联公司侵害标准必要专利权纠纷案件作出的一审判决。2020年8月，最高法院在要求华为公司提供相应担保的情况下，综合考量了必要性、损益平衡、国际礼让等因素，作出了行为保全裁定，发出了我国法院第一份知识产权禁诉令裁定。②从最高法院对案件的裁定来看，其采用了发布禁诉令的国际通行标准，例如：(1) 若不颁发禁诉令，华为将可能被迫放弃其可能在中国法院得到法律救济的机会，受到难以弥补的损害；(2) 颁发禁诉令具有紧迫性和必要性；(3) 衡量禁诉令对双方的影响，即不颁发禁诉令可能对华为造成难以弥补的损害，而颁发禁诉令对康文森的损害仅仅是暂缓执行杜塞尔多夫地区法院的一审判决；(4) 颁发禁诉令不会损害公共利益；(5) 中国受理案件的时间早于德国，且颁布禁诉令既不影响德国诉讼的后续审理推进，也不会减损德国判决的法律效力，符合国际礼让原则。

在“OPPO广东移动通信有限公司、OPPO广东移动通信有限公司深圳分公司与夏普株式会社、赛恩倍吉日本株式会社标准必要专利许可纠纷案”③中，OPPO广东移动通信有限公司、OPPO广东移动通信有限公司深圳分公司（统称OPPO公司）应夏普株式会社要求进行标准必要专利许可谈判。谈判过程中，夏普株式会社在域外针对OPPO公司提起专利侵权诉讼。OPPO公司认为，夏普株式会社单方面就谈判范围内的专利提起诉讼并要求禁诉令的行为违反了FRAND义务，遂向广东省深圳市中院提起诉讼，请求法院就夏普株式会社拥有的相关标准必要专利对OPPO公司进行许可的全球费率作出裁判。同时，鉴于夏普株式会社可能以“域外禁令”胁迫其进行谈判，

① 最高人民法院（2010）民四终字第12号。

② 《人民法院报》2021年1月9日，第4版。

③ 广东省深圳市中级人民法院（2020）粤03民初689号之一民事裁定书。

OPPO公司提出行为保全申请。一审法院裁定，夏普株式会社在本案终审判决作出之前，不得向其他国家、地区就本案所涉专利对OPPO公司提出新的诉讼或司法禁令，如有违反处每日罚款人民币100万元。在一审法院发出禁诉令后7小时，德国慕尼黑第一地区法院向OPPO公司下达了反禁诉令，要求OPPO公司向中国法院申请撤回禁诉令。一审法院围绕禁诉令和反禁诉令进行了法庭调查，固定了夏普株式会社违反行为保全裁定的事实和证据，并向其释明违反中国法院裁判的严重法律后果。最终，夏普株式会社无条件撤回了本案中的复议申请和向德国法院申请的反禁诉令，同时表示将充分尊重和严格遵守中国法院的生效裁定。本案中，我国法院颁发全球禁诉令，表明了中国司法机关的鲜明态度，为企业公平参与国际市场竞争提供了有力司法保障，对中国从“国际知识产权规则跟随者”转变为“国际知识产权规则引导者”具有重要的推动意义。

四、必要法院（必要管辖）

案例：

2001年，儿童C、D和E与母亲A女士和继父F先生在瑞士定居。2005年夏天，一家人离开瑞士，前往芬兰度假。他们留在芬兰领土上，住在大篷车里，住在各种露营地，孩子们没有上学。福利委员会认为，儿童C、D和E的生活条件严重危及他们的心理状态、健康和发展，将其以被遗弃为由被安置在寄养家庭中。

A女士和F先生申请撤销有关紧急照顾的决定。A女士向芬兰提起诉讼，要求撤销这些决定，并要求将她的孩子归还其监护权。芬兰库奥皮奥行政法院驳回了诉讼，认为福利委员会在其职权范围内行事。A女士就这一决定向芬兰最高行政法院提出上诉，声称芬兰库奥皮奥行政法院无管辖权。在这方面，A女士声称，子女C、D和E一直是瑞士国民，他们的永久居留权长期在瑞士。因此，该案属于瑞士法院的管辖范围。

问：

1. 芬兰法院具有审理该案的管辖权吗？

2. 若C、D和E一直是芬兰国民，他们的永久居留权长期在芬兰，瑞士福利委员会安置了C、D和E，瑞士法院可以行使管辖权吗?

为了避免管辖权的消极冲突，大陆法系建立了必要法院（必要管辖）制度。原本对纠纷没有管辖权的法院，对于没有其他适当法院行使管辖权的案件，为了保障当事人权益，或者出于便利的考虑，可以行使管辖权。①例如，1987年《瑞士联邦国际私法》第3条（必要管辖权）就明确规定："如果本法未规定瑞士法院有管辖权，而诉讼在其他国家不可能进行或在外国提起诉讼不合理时，与案件有足够联系的地方的瑞士司法或行政机关对案件有管辖权。"加拿大魁北克《民法典》第3136条也有类似规定。欧盟2012年通过的《继承事项管辖权、准据法和判决承认与执行以及创设欧洲继承证书的条例》第11条也采纳了这一原则。

必要管辖权是在没有其他国家的法院可以为原告提供司法救济，出现管辖权消极冲突的情况下，一国法院可以对原告提起的诉讼行使管辖权。首先，必要管辖能够消除管辖权的消极冲突，保护当事人寻求司法救济的权利，维护其海外利益。在各国管辖权争夺日趋激烈的背景下，具有重要意义。其次，它可以填补传统管辖权依据的空白，并且与阻断追偿诉讼配套适用，以保护本国原告以及维护国家主权、安全和发展的利益。

我国目前缺乏解决管辖权消极冲突的必要管辖原则。我国《民事诉讼法》第23条第1项规定："对不在中华人民共和国领域内居住的人提起的有关身份关系的诉讼，由原告住所地人民法院管辖；原告住所地与经常居住地不一致的，由原告经常居住地人民法院管辖。"该规定在一定程度上体现了必要管辖的精神。而《民事诉讼法司法解释》第13条和第14条则体现了必要管辖原则。②目前根据2021年《反外国制裁法》和我国商务部《阻断办法》

① Valentin Rétornaz & Bart Volders, Le For de Nécessité: Tableau Comparatif et Evolutif, 2 RCDIP 225, (2008); Lucas Roorda & Cedric Ryngaert, Business and Human Rights Litigation in Europe and Canada: The Promises of Forum of Necessity Jurisdiction, 4 RABELS ZEITSCHRIFT 783, 810 (2016).

② 《民诉法司法解释》第14条："在国外结婚并定居国外的华侨，如定居国法院以离婚诉讼须由国籍所属国法院管辖为由不予受理，当事人向人民法院提出离婚诉讼的，由一方原住所地或者在国内的最后居住地人民法院管辖。"

的规定，我国当事人在国内提起阻断追偿诉讼，主要涉及两种情形：一是因外国相关的法律和措施不当遭受损失而提起的诉讼；二是因外国判决、裁定遭受损失而提起的诉讼，对这类诉讼的外国当事人提起合同违约之诉或者侵权之诉，有可能出现管辖落空的情形。在此情况下，必要管辖可以作为我国阻断追偿诉讼的管辖权衔接条款，有利于维护中国企业的海外利益。

对于因外国法律与措施的不当域外适用遭受损失的，中国公民、法人或其他组织在人民法院提起的诉讼，中华人民共和国法院可以对该民事诉讼行使管辖权。对原告提起的诉讼，如果诉讼不可能在外国进行或者在外国提起诉讼不合理时，有适当联系的中华人民共和国人民法院可以行使管辖权。

【思考题】

1. 涉外民商管辖权冲突是如何产生的？具体有什么表现？

2. 什么是平行诉讼？解决平行诉讼有哪些路径？

3. 一国解决涉外民商管辖权冲突的主要方式有哪些？

4. 不方便法院在我国适用的条件有哪些？该原则在我国适用的实际情况如何？

5. 先诉法院原则中首先受理的标准是什么？该原则在我国适用的实际情况如何？

【案例分析】

案例一：

2011年，S公司与华利公司签署《买卖协议》，约定S公司以10 600万港币的价格从华利公司处购买1.5亿股某香港上市公司股票及2亿份香港公司权证的认购权。2012年4月，S公司与华利公司就其上述未付款项还款事宜签署了《和解协议》，双方确定华利公司欠付S公司本金，并约定华利公司于2013年4月前偿还本息。王某于2013年4月14日签署《保证书》承诺为华利公司履行《和解协议》约定的付款义务提供无条件担保，直至华利公司完成全部清偿义务。S公司与华利公司签订的《和解协议》第17.2条约定："本协议双方特此不可撤销地接受香港法院的非专属管辖权。"在其最后一次签署的《和解协议》补充协议第6.2条约定："本协议各方不可撤销地同意，香港法院对于本补充协议和解协议四相关的任何索赔、争议或分歧以及由此引起的任何问题拥有非专属管辖权。"在其他三份补充协议中均有类似的"非专属管辖权"的约定。华利公司到期未能偿还欠款，因华利公司持有北京某公司84％的股权，该股权为其在中国内地可供扣押的财产，故S公司向北京的法院起诉华利公司和王某。

王某提出管辖权异议，认为双方在主合同、担保文书中均对管辖权作出了约定由香港法院管辖。同时华利公司仅为未开展任何经营业务的空壳公司，其股权没有任何经济价值，不符合《中华人民共和国民事诉讼法》的有关涉外民事诉讼程序的特别规定。各方当事人已经在书面协议中明确所适用的法律为中国香港地区法律，如一审法院审理还会产生外国法的查明等一系列问题，一审法院应直接适用不方便法院原则将本案交由有管辖权的中国香港地区法院审理。即使中国内地法院对本案有管辖权，也应由王某住所地的法院，即深圳市中院管辖。

问：

1. 北京的法院是否具有审理该案的管辖权？为什么？

2. 如果北京法院受理此案，是否为不方便法院？

案例二：

2019年，中国公民A向中国公民B出具授权委托书一份，授权委托书载明"现委托人欲在新加坡注册成立C公司，因本人在中国，无法亲自办理公司的成立事宜，特委托受托人B以本人的名义，代为办理上述公司的注册、银行开户等公司注册成立的相关事宜"。2020年A与B签订《投资协议书》一份，约定合作投资，后A陆续向B汇款200余万元。而后B向A出具借条两张，借条载明B向A借款的事实。上述借条中所载款项，B至今未归还给原告，A催要未果后向新加坡法院和江苏省镇江市中院分别提起了诉讼。

问：

1. 新加坡法院是否具有审理该案的管辖权？江苏省镇江市中院是否具有

审理该案的管辖权？

2. 新加坡法院的审理结果是否会影响江苏省镇江市中院的审判？

【拓展阅读】

1. 如果对我国涉外民商事管辖权立法修改感兴趣，可以阅读沈红雨：《我国法的域外适用法律体系构建与涉外民商事诉讼管辖权制度的改革——兼论不方便法院原则和禁诉令机制的构建》，《中国应用法学》2020 年第 5 期。

2. 针对我国面临的平行诉讼问题及其解决，推荐阅读刘仁山和陈杰：《我国面临的国际平行诉讼问题与协调对策》，《东岳论丛》2019 年第 12 期。

3. 我国 2023 年《民诉法》正式采用先诉法院原则。希望对该原则有更多了解的同学可阅读杜涛：《先受理法院规则与国际平行诉讼问题的解决》，《武汉大学国际法评论》2015 年第 2 期，以及张丽英：《“最先受诉法院原则”与禁诉令的博弈》，《中国海商法研究》2012 年第 1 期。

4. 不方便法院原则在我国司法实践中已经适用多年，但实践中仍存在不少问题。对此感兴趣的同学可以阅读黄志慧：《人民法院适用不方便法院原则现状反思——从“六条件说”到“两阶段说”》，《法商研究》2017 年第 6 期。

5. 协议管辖是避免管辖权冲突的重要手段。如何订立一个有效的管辖权协议？对此感兴趣的同学可以阅读戴曙：《我国涉外协议管辖制度的理解与适用》，《法律适用》2019 年第 17 期，以及吴永辉：《论新〈民诉法〉第 34 条对涉外协议管辖的法律适用》，《法律科学（西北政法大学学报）》2016 年第 5 期。

6. 禁诉令制度在我国民诉法中虽然没有规定，但实践中有诸多案件涉及禁诉令的使用。对此议题感兴趣的同学推荐阅读以下文章：黄志慧：《我国涉外民事诉讼中禁诉令的法理阐释与规则适用》，《法律科学（西北政法大学学报）》2022 年第 5 期；张卫平：《我国禁诉令的建构与实施》，《中国法律评论》2022 年第 2 期；甘勇、江宇轩：《美国禁诉令制度之发展及其对中国的启示》，《国际法研究》2023 年第 2 期；李宗辉：《标准必要专利跨国诉讼中禁诉令的适用标准研究》，《法商研究》2022 年第 4 期；欧福永、袁江平：《国际专利诉讼中的禁诉令制度》，《湖南大学学报（社会科学版）》2022 年 3 月第 36 卷第 2 期。

7. 想进一步了解英美法中的不方便法院原则，可以阅读 William S. Dodge，Maggie Gardner & Christopher A. Whytock，The Many State Doctrines of Forum Non Conveniens，Duke Law Journal，Vol. 72，No. 6，pp. 1163—1256（2023）. 以及 Chilenye Nwapi，Re-Evaluating the Doctrine of Forum Non Conveniens in Canada，Windsor Review of Legal and Social Issues，Vol. 34，No. 1，pp. 59—104（2013）. Ardavan Arzandeh，Forum（Non）Conveniens in England：Past，Present and Future，Oxford：Hart Publishing，2019。

8. 想进一步了解英美法中的禁诉令，可以阅读（1）Peter K. Yu，Jorge L. Contreras & Yu Yang，Transplanting Anti-Suit Injunctions，American University Law Review，Vol. 71，No. 4，pp. 1537—1618（2022）.（2）Samar Abbas & David Hopkins，English Anti-Suit Injunctions in Support of Arbitration，Dispute Resolution International，Vol. 13，No. 2，pp. 173—188（2019）.（3）Damien Geradin & Dimitrios Katsifis，The Use and Abuse of Anti-Suit Injunctions in SEP Litigation：Is There a Way Forward? GRUR International，Vol. 71，Iss. 7，pp. 603—617（2022）。

第六章　不同类型案件的管辖权

涉外案件因其跨国性，常常涉及不同国家法院，由哪一国法院对涉外案件进行管辖是解决涉外案件的关键。涉外案件种类繁多，不同类型案件之间法律关系不同、特点不同，在管辖权规定上需要作出不同的回应以促进案件有效解决。而各国之间，基于各自法律特点以及其他社会因素的考量，对待同一类型的涉外案件，相互之间又有不同的法律规定，管辖权的冲突也因此产生。

第一节　涉外家事案件管辖权

案例一：

原告宋某与被告钱某于 1984 年 6 月在北京市朝阳区登记结婚，婚后无子女。钱某常居国外，两人因聚少离多，感情破裂。现宋某诉至朝阳区法院要求离婚。朝阳区法院曾与钱某取得联系，钱某口头表示已于 20 世纪 90 年代与宋某在国外办理离婚手续，后钱某经朝阳区法院合法传唤未到庭应诉。宋某否认双方已在国外离婚。双方均未提交外国法院离婚判决及经过我国法院承认的裁定。

问：

1. 朝阳区法院对本案是否具有管辖权？

2. 如果朝阳区法院认为其具有管辖权并决定受理此案，应通过何种方式对常居国外的钱某进行传唤。

3. 钱某曾口头表示已于 20 世纪 90 年代在国外办理离婚手续，法院应如何了解其真实性与合法性？

4. 若法院通过合法途径确认钱某与宋某确于90年代已在国外办理离婚手续，应如何处理本案？若法院无法认定钱某口述事实的真实性，又该如何处理本案？

5. 钱某经朝阳区法院合法传唤未到庭，法院是否有权针对宋某提起的离婚事项作出缺席判决？

案例二：

当事人p（中文名皮某）与当事人w（中文名王某）为德国籍。王某诉称，其与皮某在2004年相识，曾是男女朋友的恋爱关系，但并没有同居生活，各自有独立的生活。2006年其与皮某的非婚生女儿××Wang（中文名王××）在德国出生。按照德国的法律规定，其对于非婚生女儿拥有单独的监护权和抚养权，所以皮某没有任何权利干涉和决定有关孩子的一切事情。孩子出生后，其一直单独抚养女儿。2009年年中其与皮某开始同居生活，直到2011年11月结束。2012年其与女儿王××搬回北京生活，并定居北京。

2012年，德国法院终审判决认定其依据德国法律拥有对女儿王××的单独监护权，但在其与女儿移居北京后，皮某依据中国法律，同时也享有了共同监护权。然而，皮某享有共同监护权却不履行监护义务，甚至严重侵害王××的民事权利和出行自由，对王××的生活成长和身心健康都造成了严重不良后果。基于此，王某诉至北京市海淀区法院，提出如下诉讼请求：(1) 判决王某对非婚生女儿王××拥有单独监护权，女儿王××由王某单独抚养；(2) 判决皮某支付抚养费折合人民币1万元每月，2013年9月至今共计人民币23万元；(3) 判决皮某返还女儿账户中的抚养费共计人民币2.8万元；(4) 诉讼费由皮某承担。

问：

1. 北京市海淀区法院是否具有管辖权？我国法院能否受理原被告双方均为外国人的案件？皮某是否可以以案涉当事人均为德国籍，案件的主要事实发生在德国为由提出管辖异议？

2. 如果北京市海淀区法院认为其有权管辖此案，理由是什么？

3. 若法院支持了王某的诉讼请求，涉及抚养费支付的部分可能需要在德国执行。德国是否会承认我国法院作出的判决并协助执行？理由是什么？需要满足怎样的条件？

一、涉外婚姻案件的管辖权

涉外婚姻一般包括涉外婚姻缔结（结婚）与涉外离婚两个方面。涉外结婚一般只需按照婚姻缔结地的法律规定进行相关的登记即可，加之婚姻登记的机构属于各国的行政机构，在涉外婚姻缔结问题上，法院所面临的管辖权问题较少。因此，这里所讨论的涉外案件管辖主要聚焦于涉外离婚案件。需指出的是，在这类案件中，婚姻是否有效仍可能成为案件处理的先决问题。在这种情形下，婚姻的有效性问题往往由本诉的法院一并管辖。

(一) 关于涉外离婚案件的一般管辖权原则

目前，关于涉外离婚案件的一般管辖权的确立原则主要有属人管辖、属地管辖、专属管辖和协议管辖。其中，集中管辖权理论在各国立法中都有所体现。

在属人管辖中，是以涉外离婚案件当事人的国籍作为确定管辖权的依据。根据这一标准，当事人不论其居住何处，当事人国籍国对案件均享有管辖权。属人管辖主要适用于人身关系领域，特别是离婚、监护、亲子关系、继承等案件。1987 年《瑞士联邦国际私法法典》第 60 条规定："如果配偶双方不在瑞士定居，但是只要有一方是瑞士公民，瑞士法院就具有管辖权。"① 属人管辖原则体现了主权至上的观念，为继续对移居海外的本国国民行使管辖权提供了依据，为解决国际民商事纠纷提供了新途径。在当代立法与司法实践中，属人管辖原则维系国家与其公民的利益，尤其在涉及人身关系的案件中，国籍国法院熟悉本国风俗与公共秩序，能够更好地解决涉及人身关系的案件，更有利于保护本国国民的利益。②属人管辖原则虽然在人身领域有着极为重要的作用，但由于全球化的加速和人口跨国流动的增加，由国籍国进

---

① See Federal Act on Private International Law Art. 60.

② 刘懿彤、常鸿斌：《涉外离婚管辖权研究》，法律出版社 2013 年版，第 3 页。

行管辖或至国籍国进行诉讼存在诸多不便，国籍这一连结因素正在受到住所地、惯常居住地等因素的挑战。

属地管辖原则，也称为地域管辖原则，是指以有关国际民事案件中的案件事实和当事人双方与有关国家的地域联系作为确定法院国际管辖权的标准。一般说来，属地管辖又具体表现为以被告住所、惯常居所、财产所在地等为根据确定管辖权。包括我国在内的许多国家在处理离婚案件时，都以被告住所地为确定管辖权的依据。

专属管辖具有一定的强制性，是指对某些具有特别性质的涉外民事案件强制规定只能由特定国家的内国法院行使独占排他的管辖。一旦设定专属管辖，其他法院便无权管辖，当事人也不能通过管辖协议变更管辖。在涉外离婚领域采取专属管辖的情况并不多见，但仍然有国家将离婚案件纳入专属管辖范围。如 2002 年《俄罗斯联邦民事诉讼法典》第 403 条在设定专属管辖时包括："俄罗斯联邦公民与外国公民或无国籍人的离婚案件，如果夫妻双方均居住在俄罗斯联邦境内。"①专属管辖虽然以国家强制力作为后盾，但是倘若几个国家都对同一涉外民事案件主张专属管辖时，没有一个国家会愿意承认他国的判决，协助执行也就无从谈起，当事人也不能选择管辖的法院，只能服从国家的专属管辖，这对于解决案件是不利的。

协议管辖通过当事人合意选择法院的形式，与私法中的意思自治、当事人地位平等的理念相契合。一直以来，传统观点认为协议管辖只能调整财产争议，而不能调整身份争议。近来，诸多国家允许在婚姻家庭领域引入协议管辖，也仍然主要针对的是家庭案件中的财产争议部分。如 1984 年《秘鲁民法典》第 2058 条和第 2062 条规定，协议管辖适用于"世袭财产案件（即合同之债、侵权之债、财产物权）以及诉因与秘鲁有实际联系的当事人明示或默示接受秘鲁法院管辖的自然人的身份和能力或家庭问题的案件"。②1998 年《委内瑞拉国际私法》第 42 条规定："对于有关民事地位或家庭关系的诉讼，委内瑞拉法院享有裁判管辖权：……2. 各方当事人均明示或默示接受委

---

① See Civil Procedure Code of the Russian Federation Article 403.

② 李双元等：《国际私法教学参考资料选编》（上册），北京大学出版社 2002 年版，第509 页。

内瑞拉法院的管辖，只要该争讼与共和国有实际联系。”[①]这一规定一定程度上扩大了协议管辖的适用范围，使协议管辖渗透到身份、婚姻家庭、继承等传统民法中的非财产法领域。

（二）美国关于涉外离婚管辖权的规定

美国关于涉外离婚管辖权的规定可以从美国法学会编纂的《冲突法重述（第二版）》，即美国《第二次冲突法重述》看出一二。早先，美国各州关于管辖权的规定多为判例法，各州规则不甚明朗，甚至相互抵触。面对判例法的“野蛮生长”，美国法学会着手系统性地编撰《冲突法重述》，以确保冲突法判例协调共存。美国法学会迄今已编撰了两版《冲突法重述》，《冲突法重述（第三版）》的起草工作已于2014年启动。在一定程度而言，《冲突法重述》可作为美国冲突法的象征。[②]采用同一版《冲突法重述》的州，其判例法往往具有高度相似性。下文将以美国《第二次冲突法重述》为例，介绍美国有关涉外婚姻管辖权的相关规定。

整体上，美国《第二次冲突法重述》将涉外婚姻管辖权分为对离婚的管辖权、司法分居以及宣告婚姻无效。

美国《第二次冲突法重述》对离婚的管辖权做了如下规定：（1）配偶双方住所地州的管辖权，配偶双方的住所均在其境内的州，有权就配偶双方的离婚行使司法管辖权；[③]（2）配偶一方的住所地州，配偶一方的住所地州有权就配偶双方的离婚行使司法管辖权；[④]（3）非配偶任何一方的住所地州，配偶任何一方在其领土上均无住所的州与配偶一方有联系，如该州基于此种联系解除双方婚姻是合理的，该州即有权对离婚行使司法管辖权；[⑤]（4）既判力，援引离婚地州有关既判力的规则，可以阻止该州司法管辖的配偶一方以及与其有关的人此后间接对该离婚判决提出异议；[⑥]（5）“禁止”否认管辖

① 李双元等：《国际私法教学参考资料选编》（上册），北京大学出版社2002年版，第537页。

② 许庆坤：《重回冲突法确定性?》，《国际法研究》2022年第1期。

③ See Restatement (Second) of Conflict of Laws § 70 Jurisdiction of State of Domicil of Both Spouses.

④ See Restatement (Second) of Conflict of Laws § 71 State of Domicil of One Spouse.

⑤ See Restatement (Second) of Conflict of Laws § 72 State of Domicil of Neither Spouse.

⑥ See Restatement (Second) of Conflict of Laws § 73 Res Judicata.

权，在特定情况下，如果允许某人对一项外国离婚判决的效力提出异议是不合理的，则应予禁止。[①]

从美国《第二次冲突法重述》的规定来看，住所地法院在离婚管辖中发挥了极大的作用。配偶任意一方的住所地州就可以享有对离婚纠纷的管辖权。不仅如此，美国《第二次冲突法重述》在对离婚管辖权的规定中还吸纳了适当联系原则，作为应对配偶双方均无住所情形下的管辖权依据。美国《第二次冲突法重述》不仅对离婚纠纷的直接管辖权作出规定，也对间接管辖权做了相应的规定。对于离婚地州已经作出的具有既判力的判决，需要得到配偶另一方有司法管辖权的法院承认，不能被随意提出异议；并且对于做出判决的法院的管辖权，也不可以随意提出异议。

对于司法分居的管辖权则规定：（1）一州如有管辖权以离婚方式解除一项婚姻，则该州有权就批准司法分居行使司法管辖权。（2）当配偶双方均受一个州的司法管辖时，该州有权就批准司法分居行使管辖权。[②]有关司法分居的管辖权以离婚管辖权存在为基础，并且也表现出以当事人住所地作为管辖权依据的特点。

就宣告婚姻无效而言，美国《第二次冲突法重述》表明：（1）在一州就以离婚方式解除一项婚姻享有管辖权的情况下；或者（2）如果被诉配偶受一州的司法管辖，而且该州是结婚地州，或者根据冲突规则，其本地法支配该婚姻有效性的那个州，则该州有权行使司法管辖权以宣布该婚姻自始无效。[③]不难发现，宣告婚姻无效的管辖权与离婚的管辖权相一致。由于离婚管辖权一直以当事人住所作为确定管辖的依据，因此即便一州对当事人没有属人管辖权，仍然可以以其住所在该州而行使管辖权。对当事人而言，直接在居住地州提起婚姻无效的管辖权是方便的，对该州而言，也方便一州对当地的婚姻状况进行管理。并且，还有一项较为特殊的规定，如果对配偶一方具有管辖权的州是结婚地，或者是支配婚姻有效性的法律所属的州对于宣告婚姻自始无效也有管辖权。此处有两点较为特殊：第一，宣告婚姻无效的司法

---

① See Restatement (Second) of Conflict of Laws § 74 "Estoppel" to Deny Jurisdiction.

② See Restatement (Second) of Conflict of Laws § 75 Judicial Separation.

③ See Restatement (Second) of Conflict of Laws § 76 Nullity.

管辖权应由缔结婚姻的州拥有，前提是该州对被告配偶有属人管辖权。第二，由于在离婚案件中适用的法律取决于诉讼地，离婚管辖权仅限于在提起诉讼时对配偶的婚姻状况有实质性利益的州。但是，是否宣告婚姻无效则由管辖婚姻效力的法律决定。由于在婚姻无效的情况下，适用的法律并不取决于诉讼的地点，因此原告应该比在离婚的情况下有更广泛的选择。

美国《第三次冲突法重述》草案正在编纂中，在婚姻家事领域，管辖权部分尚未更新，但在婚内财产的法律适用领域有一定的更新，包括增加“婚姻居所”概念、[①]婚内财产的管理与控制权、[②]离婚时配偶婚内财产权的法律适用、[③]配偶死亡时婚内财产权的法律适用、[④]与第三人有关的婚内财产权的法律适用[⑤]等内容。

(三) 欧盟对婚姻的管辖权

2000 年《布鲁塞尔条例Ⅱ》第 2 条确立了由惯常居所所在的成员国、国籍国或住所地成员国法院管辖的原则。该条例第 2（1）（a）条规定，对于离婚、依法别居和宣告婚姻无效等事项，由下列成员国的法院管辖：（1）夫妻双方的惯常居所所在的成员国法院；（2）夫妻双方最后的惯常居所，并且夫妻一方目前仍然在此惯常居住的成员国法院；（3）被告惯常居所地的成员国法院；（4）在共同请求诉讼中，夫妻一方的惯常居所地成员国法院；（5）请求人在提起请求之前居住至少满 1 年的惯常居住的成员国法院；（6）诉讼请求人惯常居住的成员国法院，只要夫妻一方在提起诉讼请求之前的至少 6 个月内曾在该成员国居住，并且为该成员国的国民，或者，对于英国和爱尔兰，其住所在该成员国。[⑥]

2003 年《布鲁塞尔条例Ⅱa》第 3（1）（a）条规定一般管辖：涉及离婚、依法别居或者婚姻无效的事项，由下列成员国法院管辖：（1）配偶双方的惯常居所；（2）配偶双方的最后惯常居所，但须配偶一方仍惯常居住于

---

① See Restatement (Third) of Conflict of Laws § 7.12 TD No 4 (2023).

② See Restatement (Third) of Conflict of Laws § 7.13 TD No 4 (2023).

③ See Restatement (Third) of Conflict of Laws § 7.14 TD No 4 (2023).

④ See Restatement (Third) of Conflict of Laws § 7.15 TD No 4 (2023).

⑤ See Restatement (Third) of Conflict of Laws § 7.16 TD No 4 (2023).

⑥ See Council Regulation (EC) No 1347/2000 Article 2.

此；（3）被申请人的惯常居所；（4）共同请求诉讼中配偶任何一方的惯常居所；（5）申请人在申请前至少居住1年以上的惯常居所；（6）申请人的惯常居所，如申请人在申请前至少居住6个月以上，并且是相关成员国国民，或者，如是联合王国与爱尔兰，在其境内有住所。第3（1）（b）条规定，配偶双方的国籍国，或者，如是联合王国与爱尔兰，在其境内有共同住所的国家。第3（2）条规定，在本条例意义上，"住所"的概念应与联合王国与爱尔兰的法律中的"住所"同义。①

2019年《布鲁塞尔条例Ⅱb》第3（a）条规定，对离婚、依法别居、宣告婚姻无效的法院包括：（1）配偶双方的惯常居所；（2）夫妻双方最后的惯常居所，并且夫妻一方目前仍然在此惯常居住的成员国法院；（3）被申请人惯常居住地法院；（4）共同请求诉讼中配偶任何一方的惯常居所；（5）申请人在申请前至少居住1年以上的惯常居所；（6）申请人的惯常居所，如申请人在申请前至少居住6个月以上，并且是相关成员国国民。第3（b）条规定，配偶双方的国籍国法院具有管辖权。②

综上可以看出，《布鲁塞尔条例Ⅱ》虽然历经三次修改，但是其关于婚姻的管辖规定几乎都围绕当事人的惯常居所展开。由此，不妨认为欧盟所设立的离婚事项管辖权是以惯常居住地为核心的属地管辖。2019年《布鲁塞尔条例Ⅱb》与之前两个版本的不同之处在于，增加了以当事人国籍作为依据的属人管辖权，为离婚事项的管辖权提供了更多的选择。

（四）1970年《海牙公约》对离婚案件的管辖权

由于承认判决的首要前提是作出判决的法院拥有合法的管辖权，因此从1970年《海牙承认离婚和分居公约》（简称1970年《海牙公约》）中也能找到受公约认可的管辖权规定。其第2条规定："在符合本公约其他条款的情况下，如果离婚和分居在离婚或分居国（简称原审国）启动程序之日符合下列条件之一的，则该离婚和分居应在缔约国得到承认：（1）被申请人在该国有惯常居所。（2）申请人在该国有惯常居所，并具备下列补充条件之一：

① See Council Regulation（EC）No 2201/2003 Article 3.

② See Council Regulation（EU）2019/1111 Article 3.

①该惯常居所在启动程序以前已存续至少1年；②该惯常居所是夫妻最后共同居住地。（3）夫妻双方均是该国国民。（4）申请人是该国国民并具备下列补充条件之一：①申请人在该国有惯常居所；②申请人在该国惯常居住连续1年，至少在启动程序前两年内有部分时间惯常居住。（5）离婚申请人是该国的国民并同时符合下列两项补充条件：①申请人在启动程序之日在该国国内；②夫妻最后惯常共同居住在1个国家，在启动程序之日，该国没有关于离婚的法律规定。"①

从上述规定来看，以当事人住所或者惯常居所为管辖权确定依据的属地管辖依然是涉外离婚案件中的主要管辖原则；同时，以当事人国籍为确定依据的属人管辖原则也发挥着重要的作用。公约对于属地管辖和属人管辖下作出的程序公正、不存在诉讼竞合、不违背被请求承认国公序良俗的离婚判决都予以认可。

（五）中国关于涉外离婚的管辖权

1. 我国《民事诉讼法》确定涉外离婚案件管辖权的基本原则

我国2023年《民事诉讼法》第四编"涉外民事诉讼程序的特别规定"对于涉外离婚案件的管辖权问题未作专门规定，但第270条规定："在中华人民共和国领域内进行涉外民事诉讼，适用本编规定。本编没有规定的，适用本法其他有关规定。"因此，有关涉外离婚案件的管辖权应当按照《民事诉讼法》第二章第二节地域管辖的规定确定，即按照该法第22条第（1）款所确立的"原告就被告"原则来确定。该款规定："对公民提起的民事诉讼，由被告住所地人民法院管辖；被告住所地与经常居住地不一致的，由经常居住地人民法院管辖。"由此可见，我国《民事诉讼法》第22条第（1）款确立了我国涉外离婚管辖权的一般原则，即原告就被告的基本管辖原则。

2. 我国确定涉外离婚案件管辖权的特殊例外

2023年《民事诉讼法》在将原告就被告原则作为地域管辖的一般原则的同时，也规定了在某些特殊情形下，采取被告就原告原则，即由原告住所地或经常居住地人民法院管辖。其第23条规定："对不在中华人民共和国领域

① See Convention on the Recognition of Divorces and Legal Separations，Article 2.

内居住的人提起的有关身份关系的诉讼，由原告住所地人民法院管辖；原告住所地与经常居住地不一致的，由原告经常居住地人民法院管辖。”首先，可以确定的是离婚诉讼当属于该条所述的“有关身份关系的诉讼”，因此涉外离婚案件的管辖权引用该条规定是恰当的。其次，在中国公民与外国人离婚的案件中，最容易面临的问题即是外国当事人一方可能在我国领域内并无居所，给我国当事人起诉离婚造成困难。该条规定则能够解决这类问题，即中国公民与外国人离婚，只要原被告中有一方在中国具有住所，中国法院就有管辖权。该条规定虽然采取被告就原告的管辖原则，但本质上还是以住所或者当事人经常居住地为确定依据的属地管辖原则。

3. 离婚案件管辖权的特殊规定

离婚案件的涉外因素并不仅仅由当事人的国籍决定，有时还会受婚姻缔结地、定居地的影响，对于在国内结婚后定居国外的华侨和在国外结婚后定居国外的华侨，虽然其生活中心转移，但其离婚案件有时候也需要国内管辖权作出回应。

《最高人民法院关于适用〈中华人民共和国民事诉讼法〉的解释》(2022修正)(简称2022年《民诉法司法解释》)第13条规定：“在国内结婚并定居国外的华侨，如定居国法院以离婚诉讼须由婚姻缔结地法院管辖为由不予受理，当事人向人民法院提出离婚诉讼的，由婚姻缔结地或者一方在国内的最后居住地人民法院管辖。”第14条规定：“在国外结婚并定居国外的华侨，如定居国法院以离婚诉讼须由国籍所属国法院管辖为由不予受理，当事人向人民法院提出离婚诉讼的，由一方原住所地或者在国内的最后居住地人民法院管辖。”对于华侨离婚，只有在其定居国不予受理的情况下，我国法院才对此进行管辖，以避免华侨离婚案件陷入无法院管辖的尴尬境地。

2022年《民诉法司法解释》第15条规定：“中国公民一方居住在国外，一方居住在国内，不论哪一方向人民法院提起离婚诉讼，国内一方住所地人民法院都有权管辖。国外一方在居住国法院起诉，国内一方向人民法院起诉的，受诉人民法院有权管辖。”进一步确认在涉外离婚案件中我国法院的管辖权。

对于公民双方在国外，但未定居的情形，我国2022年《民诉法司法解释》第16条亦对管辖权做出了规定："中国公民双方在国外但未定居，一方向人民法院起诉离婚的，应由原告或者被告原住所地人民法院管辖。"

以上管辖规定中的当事人可能住所或经常居所都不在我国领域内，但是因为具有我国国籍，因此我国法院基于属人原则可以行使管辖权，管辖有关离婚案件。《北京市朝阳区人民法院发布八起涉外家事纠纷典型案例(2018—2022年)》，以案释法，明确了外国法院离婚判决未经我国法院承认前，中国籍当事人可以在我国法院再次起诉离婚以及外国公民已经外国法院判决离婚，无需在中国再次起诉离婚，[①]进一步丰富了我国涉外离婚的司法实践。

此外，对于定居国外，已经离婚但是在国内还有财产需要分割的，我国2022年《民诉法司法解释》第17条对此也作出了规定："已经离婚的中国公民，双方均定居国外，仅就国内财产分割提起诉讼的，由主要财产所在地人民法院管辖。"本条规定的适用需要满足如下条件：就国籍而言，当事人双方为中国公民；就婚姻状态而言，当事人已经离婚；就经常居住地而言，其经常居住地不在我国领域之内；就事由而言，仅针对财产分割，而不针对离婚本身或者是离婚引起的其他纠纷。由主要财产所在地法院管辖，是物之所在地管辖的体现，更能够体现纠纷的特征，促进涉外当事人离婚后财产问题的解决。

然而，2022年《民诉法司法解释》中有关离婚管辖的规定仅针对双方同为中国公民的情形，对于一方是我国公民而另一方是外国人的情形则缺乏具体的管辖规定。

(六) 小结

从美国《第二次冲突法重述》的规定来看，美国倾向于采取属地管辖，以当事人住所地确定管辖。欧盟和海牙公约则在以属地管辖为主要依据的同时，采纳了以当事人国籍为依据的属人管辖。我国《民事诉讼法》在以属地管辖为原则的基础上则凸显了较强的属人性质，较为强调是否为"中国公

---

① 《北京市朝阳区人民法院发布八起涉外家事纠纷典型案例(2018—2022年)》，北大法宝网站，https://www.pkulaw.com/pal/a3ecfd5d734f711d1c6010c7b100f85a4e1e8bc43f4a6312bdfb.html，2023年10月15日访问。

民”，在涉外离婚诉讼主体设置上显得片面，没有对当事人国籍身份的多样性进行考察，范围局限在我国公民、华侨，并且在法条设计上也并未系统明确就涉外离婚管辖权作出专门规定。我国2022年《民诉法司法解释》中，对于在国内结婚并定居国外的华侨，需其所在国法院对离婚案件不予受理的情况下才进行管辖，一定程度上体现我国法院对于离婚案件管辖的被动性。因此，可以考虑有限度扩大我国离婚案件的管辖权，增强我国法院在涉外离婚案件审理中的主动性，更加便于维护我国海外公民、华侨的合法权益。

二、其他有关身份关系诉讼案件的涉外管辖权

(一) 有关身份关系诉讼管辖权的一般理论

在身份领域管辖权依据仍以属地与属人管辖为主，并且绝大多数国家均制定了属地与属人管辖依据，基于当事人所在地与国籍连结点行使管辖。属人管辖的基本理念就是紧密维系国家及其公民的利益，尤其在涉及身份领域的案件中，这种保护是非常现实和合理的；但是，由于过分强调保护本国国家和本国当事人的权益，就有致外国国家和外国当事人于不公平地位的可能和嫌疑。这种可能或嫌疑足以导致本国判决不被外国法院承认和执行。经济全球化进程带动的是人口流动的更为频繁，国籍的现实影响力正在削弱，尤其在国籍存在积极冲突和消极冲突的情况下，以国籍确定国际民事诉讼管辖权就显得不尽合理。[①]正是基于以国籍为标准确定管辖权的弊端，越来越多的国家开始倾向于在身份案件中使用当事人住所或惯常居所作为确定管辖权的依据。

(二) 美国关于其他身份关系诉讼的管辖权

1. 配偶扶养

在《第二次冲突法重述》中，对于配偶之间的扶养管辖规定：(1) 如果一州对配偶另一方有管辖权，该州即有权行使司法管辖权，规定配偶一方由该另一方扶养，或者如果该州对配偶另一方的财产有管辖权，则它在该财产数额内也可行使这种管辖权；(2) 在对配偶另一方不享有管辖权时，一州不

① 刘力：《国际民事诉讼管辖权研究》，中国法制出版社2004年版，第56页。

能行使司法管辖权以免除配偶一方对该另一方可能负有的扶养义务。①

扶养费或称赡养费，通常可以通过针对配偶的个人法令授予，也可以通过仅约束其财产的法令授予。赡养法令是强制执行配偶财产的纯粹个人义务的手段，必须对配偶本人或对属于配偶的物品具有管辖权，以便将其适用于赡养的支付。如果原告配偶一直居住在婚姻存续期间的住所州，即配偶最后以夫妻身份共同生活时的住所州，则该州应当具有赡养费的管辖权。而在第二项的规定中，如果配偶一方可以在一个遥远的州获得单方离婚，根据当地法律，由于离婚，他不再有赡养妻子的义务。如果配偶另一方所属州承认并执行该判决，那么该方就得不到补救，除非聘请律师，以便在离婚法院就赡养问题提起诉讼。为了避免这种可能发生的情况，美国最高法院认为，在对被告配偶没有属人管辖权的情况下，离婚州无权免除原告配偶可能欠被告配偶的任何赡养义务。扶养纠纷中，美国《第二次冲突法重述》表现出了属人管辖以及财产管辖的管辖依据。

2. 收养管辖权

如果一州是被收养儿童或收养父（母）亲的住所地州，而且收养父（母）亲以及被收养儿童或依法监护该儿童的人均受该州的司法管辖，该州即有权行使司法管辖权以准予收养。②收养影响儿童及其亲生父母和养父母的利益。当所有这些人都居住在一个州时，这个州显然对收养事项有司法管辖权，但如果管辖权仅限于此类案件，那么一个人就不可能收养在另一个州定居的孩子。当孩子和养父母住在不同的州时，只要法院对双方都有属人管辖权，就可以在任何一个州批准收养，或者，当对孩子没有属人管辖权但对其法定监护人有属人管辖权时，则该州应该享有管辖权。收养程序中涉及的重要问题是，收养是否符合儿童的最大利益，如果符合，从儿童的角度来看，在儿童的住所地或养父母的住所地开庭的法院，通常都同样适合裁定这类问题。

3. 监护管辖权

《第二次冲突法重述》第 79 条：一州有权行使司法管辖权以决定对儿童

① See Restatement (Second) of Conflict of Laws § 77 Support.

② See Restatement (Second) of Conflict of Laws § 78 Jurisdiction to Grant an Adoption.

或成人的监护权，或指定监护人，如果下列条件之一得到满足：(1) 住所地在该州；(2) 在该州出现；(3) 虽然当事人既不居住在该州，也没有出现在该州，但是争议中的两方或多方当事人受该州的属人管辖。①

由于所涉及的不同利益以及可能涉及的不同的州，监护权和监护权的管辖权问题变得复杂。在监护案件中，首先，需要考虑的是儿童利益；其次，是儿童的居住地州的利益，如果诉讼时儿童不在住所地州，那么他在诉讼时恰好在场的州也有利益；再次，是争夺监护权的争议双方的利益。这些相互冲突的利益的存在产生了三种不同的管辖权基础。第一种管辖权基础是，监护权是一个地位问题，因此受儿童所居住州的控制。这一基础得到这样一个事实的支持，即通常儿童的居住州是与他的福利最密切相关的地方。第二种管辖权基础是，儿童在州内的存在。儿童实际存在的状态与他有最直接的关系；它的法院也可以直接接触到孩子，可能最有资格决定什么最有利于他的福利。第三种管辖权基础是，州有权决定父母一方谁对孩子具有监护权以及对哪一方具有属人管辖权。这种管辖权基础强调了那些寻求儿童监护权的人的利益。然而，它并没有忽视孩子的利益，因为当法院面前有双方当事人时，法院可以更好地确定哪一方更适合获得孩子的监护权。当在一个州找到所有三个管辖权基础时，该州可以行使管辖权来确定儿童的监护权。因此，如果一个州对争议双方具有属人管辖权，并且该儿童既定居在该州，又在该州境内，则该州可以决定儿童的监护权。事实上，这些司法管辖权的每一个基础都提供了一个合理和适当的基础，法院可以据此审理一个适当的案件。儿童实际居住的州必须有权采取必要步骤保护儿童；对争夺监护权的人拥有属人管辖权的州提供了一个方便的法庭来审理这个问题；孩子的家庭状况通常会对他的福利产生最大的影响。因此，将会出现三个州同时拥有司法管辖权的情况，即：儿童的住所地州、诉讼时儿童实际在场的州、对争夺儿童监护权的人拥有属人管辖权的州。然而，并非对上述任何一项有管辖权的法院就一定会受理诉讼。儿童住所所在地的法院通常会受理案件，因为该州受理最能体现儿童利益；然而，如果一个州的法院当时只有儿童本人在场，那么

① See Restatement (Second) of Conflict of Laws § 79 Custody of the Person.

它将拒绝受理该诉讼，除非它认为这对儿童的最大利益是必要的。如果法院有理由相信其判决不会生效，诉讼也可以被驳回。

(三) 欧盟关于其他身份关系诉讼的管辖权

1. 父母亲责任的管辖权

2019 年 6 月 25 日，欧盟理事会颁布了第 2019/1111 号条例，对《布鲁塞尔条例Ⅱ》进行修订。新《布鲁塞尔条例Ⅱ》也被称作《布鲁塞尔条例Ⅱb》，相较于 2000 年《布鲁塞尔条例Ⅱ》及 2003 年《布鲁塞尔条例Ⅱa》，加强了对儿童利益的保护，并将调整范围扩大到了父母亲责任以及与之相关的儿童遣返问题。

对于亲子关系中父母亲责任的管辖权，2019 年《布鲁塞尔条例Ⅱb》第 7 条规定，由起诉时子女惯常居所所在的成员国的法院管辖。①第 8 条还规定了管辖权的继续，即使儿童的经常居住地改变，其原经常居住地的管辖权不会立即丧失。②在父母亲责任的管辖权确定中，2019 年《布鲁塞尔条例Ⅱb》仍然是以经常居住地作为管辖权的依据。由于父母责任的确定与儿童利益息息相关，因此由儿童的经常居住地法院管辖被视为最能够体现儿童利益关切的管辖方式。

2. 关于非法带走子女的管辖权

2019 年《布鲁塞尔条例Ⅱb》第 9 条对非法带走和扣留儿童的管辖权做出了规定：在不影响第 10 条的情况下，在儿童被非法带走或扣留的情况下，该儿童在被非法带走或扣留之前经常居住的成员国的法院应保留其管辖权，直到该儿童在另一成员国获得惯常居所，并且：(1) 有权监护的个人、机关或者其他团体同意移送或者扣留的，或，(2) 在拥有监护权的个人、机构或其他机构知道或应该知道该儿童的下落，并在该儿童的新环境中定居下来之后，该儿童在该另一成员国居住了至少一年，并且至少满足以下条件之一：①在监护权人已经知道或应该知道儿童的下落后一年内，没有向儿童被移送或被扣留的成员国的主管当局提出使儿童返回的申请：②在第①点规定的期

① See Council Regulation (EU) 2019/1111 Article 7 General jurisdiction.

② See Council Regulation (EU) 2019/1111 Article 8 Continuing jurisdiction in relation to access rights.

限内，监护权人提出的返回申请被撤回而没有提出新的申请；③一个成员国的法院以1980年《海牙公约》（指海牙1980年《国际诱拐儿童民事方面的公约》）第13（1）条（b）点或第13（2）条以外的理由拒绝了监护权持有人提出的遣返申请，该决定不再受普通上诉的约束；④在儿童被非法带走或扣留之前，没有在该儿童惯常居住的成员国按照第29（3）和（5）条的规定起诉法院；⑤在儿童被非法带走或扣留之前，该儿童惯常居住的会员国的法院已就监护权作出不要求归还该儿童的决定。①

3. 有关父母亲责任的协议管辖

2019年《布鲁塞尔条例Ⅱb》第10条还允许当事人对于父母责任的事项协议选择法院进行管辖，但是必须是与涉诉儿童有实质联系的法院，管辖权的行使必须符合儿童的最大利益。在形式上，当事人必须以书面协议确定管辖。该条规定还明确了终止的情形，并且肯定了当事人协议管辖的排他性。②第11条是基于儿童出现的管辖权，如果不能根据一般管辖及协议管辖依据确定法院的管辖权，则儿童所在地的成员国法院应该具有管辖权，这种管辖权同时也适用于难民儿童以及因动乱或战争流离失所的儿童。③即使是协议管辖，2019年《布鲁塞尔条例Ⅱb》依旧将儿童利益的保护放在了极为重要的位置。

4. 有关父母责任管辖权的其他规定

2019年《布鲁塞尔条例Ⅱb》第12条和第13条还增加了对于移送管辖的规定，当由其他成员国法院审理案件更能体现儿童利益时，已受诉的法院可将案件移送至更有能力保护儿童利益的法院。第12条主要是对法院之间的移送程序做出规定，及时划分移送法院与受送法院之间的职权，避免无法院管辖或两个法院争相管辖的冲突情形。④第13条则侧重于本身

① See Council Regulation (EU) 2019/1111 Article 9 Jurisdiction in cases of the wrongful removal or retention of a child.

② See Council Regulation (EU) 2019/1111 Article 10 Choice of court.

③ See Council Regulation (EU) 2019/1111 Article 11 Jurisdiction based on presence of the child.

④ See Council Regulation (EU) 2019/1111 Article 12 Transfer of jurisdiction to a court of another Member State.

无管辖权的成员国法院向有管辖权的成员国法院申请移送案件。①无论是第12条还是第13条规定的情形，移送管辖的前提条件都是受送法院要能够更好实现儿童利益最大化。儿童利益最大化这一原则在《布鲁塞尔条例Ⅱ》中贯穿始终。

2019年《布鲁塞尔条例Ⅱb》第14—16条则分别对剩余管辖权（第14条）、②紧急情况下所采取的措施（第15条）、③附带问题（第16条）作出了规定。④

5. 欧盟2009年《扶养之债条例》

这是欧盟制定的关于扶养义务的综合性法律文件，全称为《欧洲议会和理事会关于扶养义务的管辖权、法律适用、判决的承认与执行及合作的第4/2009号委员会条例》。于2008年12月18日通过，2009年1月30日起生效，自《扶养义务法律适用议定书》于2011年6月18日在欧盟生效后开始适用。该条例不属于罗马条例系列和布鲁塞尔条例系列，在内容上与海牙国际私法会议2007年通过的《关于国际追索儿童抚养费和其他形式家庭扶养的公约》和《扶养义务法律适用议定书》基本一致。

《扶养之债条例》除序言外共9章76条，主要内容包括：在管辖权方面，取代了《布鲁塞尔条例Ⅰ》中有关扶养义务的规定。在一般管辖权方面，条例规定，被告惯常居所地、债权人惯常居所地以及任何根据本国法律享有管辖权的成员国法院均可行使管辖权，但不能仅仅依据一方当事人的国籍；⑤允许当事人协议选择管辖法院，但也施加了一定限制，如协议管辖不适用于与对不满18周岁的子女的抚养义务有关的争议；所选择的法院拥有排他性管辖权；⑥被告在一国法院出庭的，该国法院即可行使管辖权，但是为争

① See Council Regulation (EU) 2019/1111 Article 13 Request for transfer of jurisdiction by a court of a Member State not having jurisdiction.

② See Council Regulation (EU) 2019/1111 Article 14 Residual jurisdiction.

③ See Council Regulation (EU) 2019/1111 Article 15 Provisional, including protective, measures in urgent cases.

④ See Council Regulation (EU) 2019/1111 Article 16 Incidental questions.

⑤ See Council Regulation (EC) No 4/2009 Article 3 General provisions.

⑥ See Council Regulation (EC) No 4/2009 Article 4 Choice of court.

夺管辖权的不适用此规定；[①]对于平行诉讼，先受理的法院享有优先权。[②]该条例仍然以当事人惯常居住地作为确定管辖权的一般依据，同欧盟其他条例有关身份关系的管辖权规定一脉相承。在扶养之债管辖中也纳入了协议管辖制度，但是出于对儿童利益的保护考虑，禁止将其适用于18周岁以下儿童相关的情形。与其他管辖制度相比，增添了平行诉讼的处理原则，避免因平行诉讼造成的管辖权冲突。

(四) 海牙公约有关其他身份诉讼的管辖权确定

1. 1996年《关于父母责任和保护儿童措施的管辖权、法律适用、承认、执行和合作公约》（简称1996年《父母责任和儿童保护公约》）

1996年《父母责任和儿童保护公约》第5条规定："一、儿童惯常居所地缔约国的司法或行政机关有权采取保护该儿童人身或财产的措施。二、根据第七条，如果儿童的惯常居住地转移到另一缔约国，则新惯常居住地国机关拥有管辖权。"[③]从条文表述来看，就儿童保护问题，公约选择儿童的惯常居所地作为管辖权的判断依据，并且在儿童惯常居住地发生变化的情况下，享有管辖权的机关也随之变化。

此外，该公约对于难民儿童以及非法迁徙或扣留儿童的保护也规定了相应的管辖权，明确了难民儿童也拥有一般情形下的管辖权。[④]对于非法迁徙或扣留儿童的管辖权规定则是以此前的惯常居所地为主，在惯常居住地发生变化，并且满足公约规定的条件时，管辖权才发生转移。[⑤]

1996年《父母责任和保护儿童公约》第8条还引入了最有利于儿童原则：如果另一缔约国在个案中能够更好评估儿童最佳利益，则可以行使管辖权。公约为可以被请求行使管辖权的缔约国做出了规定，包括：该儿童的国

---

① See Council Regulation (EC) No 4/2009 Article 5 Jurisdiction based on the appearance of the defendant.

② See Council Regulation (EC) No 4/2009 Article 12 Lis pendens.

③ See Convention on Jurisdiction, Applicable Law, Recognition, Enforcement and Co-Operation In Respect of Parental Responsibility and Measures for the Protection of Children Article 5.

④ See Convention on Jurisdiction, Applicable Law, Recognition, Enforcement and Co-operation in Respect of Parental Responsibility and Measures for the Protection of Children Article 6.

⑤ See Convention on Jurisdiction, Applicable Law, Recognition, Enforcement and Co-Operation in Respect of Parental Responsibility and Measures for the Protection of Children Article 7.

籍国、该儿童的财产所在地国、儿童的父母向该国机关提出离婚或分居或解除婚姻申请的国家、与该儿童有实质联系的国家。①儿童由于受制于心智以及行为能力，往往处于弱势地位，1996 年《父母责任和保护儿童公约》在制定管辖权规则时，适当向儿童倾斜，考虑儿童利益，既体现保护儿童的公约目的，又贯彻了保护弱者的原则。

1996 年《父母责任和保护儿童公约》取代了 1961 年《未成年人保护的管辖权和法律适用公约》，在以下几个方面有重大改进：（1）明确规定儿童的惯常居所是关于父母责任和儿童保护措施方面最重要的管辖权基础；（2）可以与 1980 年 10 月 25 日《国际诱拐儿童民事方面的公约》更好地协调；（3）明确将因法律实施而发生的父母责任纳入公约的适用范围，并以儿童惯常居所地法为其准据法；（4）承认与执行儿童保护措施的条件由各当事国自主规定；（5）设定了公约当事国国家机关之间进行有效国际合作的框架。关于管辖权，公约确立了儿童惯常居所地国行使采取保护儿童措施的管辖权的基本原则，同时规定儿童国籍所属国、儿童财产所在地国，对儿童父母离婚、分居或宣告其婚姻无效的申请具有管辖权的机关所属国，与儿童有实质联系的其他国家享有补充管辖权，以及儿童父母离婚法院享有并存管辖权。公约充分体现了儿童利益最大化原则，同时表现出对拥有儿童最初监护设置权的国家的尊重，有利于促进跨国儿童监护的国家司法和行政机关的合作，公平高效地解决监护争议，从而使得判决更容易得到执行。

2. 1958 年《儿童抚养义务判决的承认和执行公约》

1958 年《儿童抚养义务判决的承认和执行公约》的目的是保证各缔约国相互承认和执行因未满 21 周岁并且未婚的婚生子女、非婚生子女或者养子女的抚养请求而提起的国际诉讼或者国内诉讼所作出的判决。②其第 3 条规定了有权作出抚养问题判决的机关，包括：抚养义务人惯常居所地的主管机关、抚养权利人惯常居所地的主管机关，以及根据明文规定，或者通过关于

---

① See Convention on Jurisdiction, Applicable Law, Recognition, Enforcement and Co-Operation in Respect of Parental Responsibility and Measures for the Protection of Children Article 8.

② See Convention Concerning the Recognition and Enforcement of Decisions Relating to Maintenance Obligations towards Children Article 1.

职权的无保留的解释所确定的抚养义务人所属的主管机关。[①]从中可以看出，当事人惯常居住地在确定抚养义务管辖权时起到了至关重要的作用。该公约于1958年由海牙国际私法会议制定，1958年4月15日开放签字，1962年1月1日开始生效。中国仅适用于澳门特别行政区。该公约与1956年《儿童抚养义务法律适用公约》共同构成了现代早期的国际儿童保护公约体系。公约主要是为了保证后者的执行而制定的。旨在保证各缔约国相互承认和执行以未满21周岁并且未婚的子女为权利主体的国际或国内抚养判决。如果某项判决含有不属于抚养义务的部分，则公约的效力仅及于抚养部分。公约规定，有权作出抚养判决的机关限于提起诉讼时抚养义务人或抚养权利人的惯常居所地国的主管机关。

3.1973年《扶养义务判决的承认和执行公约》

1973年《扶养义务判决的承认和执行公约》(简称1973年《扶养义务判决公约》)首先明确了适用范围，即针对因家庭关系、亲子关系、婚姻或姻亲关系产生的扶养义务的判决，包括对非婚生子女的扶养义务。[②]

1973年《扶养义务判决公约》第7条和第8条对管辖权做出了规定，其中包括：扶养义务人或扶养权利人惯常居住地、扶养义务人或扶养权利人国籍；除此之外，还规定了应诉管辖，即被告不论明示或者对实质问题进行辩护而未对管辖问题提出异议。[③]

考虑到扶养问题时常伴随着婚姻状况的变化而发生，因此1973年《扶养义务判决公约》在设定管辖权时，也有条件地使作出离婚、分居或宣布婚姻无效的缔约国成为具有管辖权的缔约国。[④]

1973年《扶养义务判决公约》有关管辖权的规定将当事人惯常居住地放

① See Convention Concerning the Recognition and Enforcement of Decisions Relating to Maintenance Obligations Towards Children Article 3.

② See Convention on the Recognition and Enforcement of Decisions Relating to Maintenance Obligations Article 1.

③ See Convention on the Recognition and Enforcement of Decisions Relating to Maintenance Obligations Article 7.

④ See Convention on the Recognition and Enforcement of Decisions Relating to Maintenance Obligations Article 8.

在了首位，而后基于扶养关系中的人身关系属性，当事人国籍也放在了较为靠前的位置。由于扶养关系关乎被扶养者权益，被扶养者又大多处于较为弱势的地位，扶养关系如果涉及法律纠纷，就需要尽快妥善解决，以保护被扶养者的合法权益。公约设置当事人应诉管辖，充分尊重当事人解决纠纷的意愿，同时避免因管辖权问题而导致的诉讼时间延长，影响被扶养者权益的保护。

4. 1965 年《关于收养的管辖权、法律适用及判决承认的公约》

1965 年《关于收养的管辖权、法律适用及判决承认的公约》（简称 1965 年《收养判决公约》）由 1964 年第 10 届海牙国际私法会议制定。1965 年 11 月 15 日开放签字，只有奥地利、瑞士、英国于 1968 年 10 月 9 日、1973 年 6 月 7 日、1978 年 8 月 24 日批准了公约。公约自 1978 年 10 月 23 日开始生效，但上述国家分别于 2004 年 4 月 20 日、2003 年 4 月 14 日、2003 年 4 月 15 日宣布退出公约。2008 年 10 月 23 日公约正式失效。虽然公约已经失效，但是其关于管辖权原则的设定依然具有研究意义。在适用范围上，1965 年《收养判决公约》特别注意对当事人惯常居所和国籍的判断，由于承认与执行只会在具有涉外因素的案件中得到适用，因此公约并不适用于完全单一国家的收养纠纷。①

在对收养问题进行管辖权设定时，1965 年《收养判决公约》区分了批准收养的管辖权（第 3 条）、收养的废止或撤销的管辖权（第 7 条）。批准收养的管辖权属于收养人惯常居所地的国家机关，也可以是收养人国籍国的机关，在夫妻共同收养的情形下，则为夫妻共同惯常居所地或者共同国籍国。②收养废止或撤销管辖权则属于被收养人惯常居住地机关、收养人有惯常居所的国家的机关、夫妻双方共同惯常居所地机关。批准收养的国家机关在满足特定条件下也可以拥有收养废止或撤销管辖权。③

---

① See Convention on Jurisdiction，Applicable Law And Recognition of Decrees Relating to Adoptions Article 1，Article 2.

② See Convention on Jurisdiction，Applicable Law And Recognition of Decrees Relating to Adoptions Article 3.

③ See Convention on Jurisdiction，Applicable Law And Recognition of Decrees Relating to Adoptions Article 7.

收养关系的建立影响着父母子女人身关系、财产关系等法律关系。由于收养关系涉及的主体更多，其相较于其他人身关系更具有复杂性。因此，在管辖权的考虑上，必须综合考虑各主体之间的利益。在批准收养时，主要由收养人的经常居所地或者国籍国地的有关机关管辖，以便于有关机关审查收养人的有关情况，从而能够保证被收养人的合法利益。而在收养解除中，则将被收养人惯常居所地有关机关纳入首要考虑的管辖机关。这是由于被收养人惯常居住地作为其生活中心，由当地有关部门进行管辖能够保证被收养人的合法权益，防止其因为收养关系不当解除而受到侵害。

(五)我国有关其他身份关系诉讼的管辖权

1. 夫妻人身关系、父母子女关系

我国2023年《民事诉讼法》涉外编未对有关诉讼作出管辖权的规定，因此应当适用2023年《民事诉讼法》中的一般规定，其第22条规定："对公民提起的民事诉讼，由被告住所地人民法院管辖；被告住所地与经常居住地不一致的，由经常居住地人民法院管辖。同一诉讼的几个被告住所地、经常居住地在两个以上人民法院辖区的，各该人民法院都有管辖权。"据此，被告住所地管辖原则是我国法院在处理涉外身份关系民事诉讼的一般原则。但在实践中，基于涉外案件的特殊性，被告在我国可能并无住所，一味按照被告住所地的管辖原则可能导致我国法院无法受理案件，也不方便当事人诉讼。因此2023年《民事诉讼法》第23条规定："对不在中华人民共和国领域内居住的人提起的有关身份关系的诉讼，由原告住所地人民法院管辖；原告住所地与经常居住地不一致的，由原告经常居住地人民法院管辖。"

2. 追索赡养费、抚养费、扶养费

对于追索赡养费、抚养费、扶养费的案件，由于我国2023年《民事诉讼法》涉外编也无相关规定，因此只能参照民事诉讼法其他规定。2023年《民事诉讼法》第22条、第23条，采取"原告就被告"的一般原则，当对在我国领域内没有住所的被告提起有关身份关系的诉讼时，由原告住所地人民法院管辖。此外，我国2022年《民诉法司法解释》第9条规定："追索赡养费、扶养费、抚养费案件的几个被告住所地不在同一辖区的，可以由原告住所地人民法院管辖。"此条规定表明，在一般情形下，追索扶养费、赡养费案件应当遵循我国民事诉讼法管辖的一般原则，即“原告就被告”原则，由被告住所地人民法院管辖。但是，对于多个被告不在同一辖区的特殊情形，采取“被告就原告”的管辖权规定，能够方便原告行使其权利，通过一次诉讼就能实现对多个被告的起诉，同时也避免分别向多个法院起诉而出现“同案不同判”的情形，有利于维护司法的公正性和统一性。

3. 监护纠纷

我国2023年《民事诉讼法》涉外编未对有关涉外监护纠纷的管辖权作出专门规定，因此此类纠纷应当适用2023年《民事诉讼法》中其他有关身份关系的规定，即第22条、第23条的规定。针对不服指定监护以及变更监护关系的案件，我国2022年《民诉法司法解释》第10条规定：“不服指定监护或者变更监护关系的案件，可以由被监护人住所地人民法院管辖。”按照本条规定，管辖监护关系变更的法院可能既非原告住所地或经常居住地也非被告住所地或经常居住地，而是规定了被监护人的住所地法院。被监护人的住所地是与被监护人联系更为紧密的地点，选择被监护人住所地法院来对变更监护的案件进行管辖，有利于保护被监护人的利益，体现出对弱者的保护。

4. 因身份关系产生的财产纠纷

2022年《民诉法司法解释》第34条：“当事人因同居或者在解除婚姻、收养关系后发生财产争议，约定管辖的，可以适用民事诉讼法第三十五条规定确定管辖。”《民事诉讼法》第35条：“合同或者其他财产权益纠纷的当事人可以书面协议选择被告住所地、合同履行地、合同签订地、原告住所地、标的物所在地等与争议有实际联系的地点的人民法院管辖，但不得违反本法对级别管辖和专属管辖的规定。”由身份关系产生的财产纠纷，法律允许当事人选择管辖的法院。在纯粹的人身关系纠纷中，我国民事诉讼法体现出以被告住所地为一般管辖依据，原告住所地为特殊管辖依据的态度，而与身份关系有关的财产权益则引入了当事人协议管辖。这是因为财产权益可以由当事人进行处分，其管辖权也可以遵循当事人的意思自治；而身份关系则涉及公共秩序，不能交由当事人任意挑选法院，法律必须对管辖权作出明确界定。

(六) 小结

我国2023年《民事诉讼法》并未对扶养、收养等法律关系的涉外管辖权作出明确规定，而是参照国内的有关规定，当属于我国民事诉讼法的空白。尤其当面对儿童监护问题，父母一方擅自将子女带出我国时，我国法院在管辖时往往面临困境。

在欧盟立法中，有关家事的管辖权由《布鲁塞尔条例Ⅱ》专门规定。一系列海牙公约也将扶养、监护、收养、父母责任等管辖权单独罗列。这些规范虽然在管辖权规定方面有一定区别，但是基本都是以当事人经常居住地为主，兼顾人身属性，加入当事人国籍国管辖。较为特殊的是，协议管辖在《布鲁塞尔条例Ⅱ》中的体现。对离婚、依法别居或者婚姻无效等请求具有管辖权的成员国法院，对于与该请求相关的父母亲责任事项有管辖权。这种管辖权的条件是至少一方父母对子女负有责任，同时接受管辖，并且还要符合子女的利益。海牙1973年《扶养义务判决的承认和执行公约》中较为特殊的则是，当事人应诉管辖，即当事人出庭应诉则表明当事人愿意接受该法院的管辖，避免出现法院因缺乏管辖权而导致管辖权变更延长诉讼时间，更有利于扶养案件妥善解决。

由于我国立法在涉外家事领域的管辖立法几乎为空白，但是在实践中又有客观需求，那么我国应当建立怎样的涉外家事管辖规范？我国立法是否也可以讨论在父母亲责任确定事项上建立协议管辖制度，由更符合子女利益且与父母双方联系更为紧密的法院来进行管辖，使得父母亲责任的确定更加符合实际情况？这些问题有待进一步讨论。

三、继承案件

(一) 美国关于继承的管辖规定

美国路易斯安那州2021年《民事诉讼程序法典》中对于继承案件的管辖权作出规定："继承案件由被继承人死亡时所在地的法院管辖。被继承人死亡时在该区没有住所，但是在该区有不动产或者动产，那么该区法院具有管辖权。"[①]该法典Art. 3401条进一步确认了这种依据遗产所在地对非居民

① See Louisiana Code of Civil Procedure Art. 2811. Court in which succession opened.

继承案件的管辖权。[①]这一规定与美国《第一次冲突法重述》第467条、第469条相符合。其中，第467条规定，被继承人死亡时住所地或者财产所在地的法院可以指定遗产管理人。[②]《第一次冲突法重述》第469条规定，死者的遗嘱可在任何州的有管辖权的法院接受遗嘱认证；在任何州，如果死者去世时没有遗嘱，则可以指定遗嘱管理人，而通常遗嘱是在被继承人的住所进行检验的。[③]

美国的遗嘱继承并未纳入专属管辖，而是由被继承人死亡时的住所地或者是财产所在地法院管辖，并且将动产所在地也纳入了继承管辖的范围，扩大了继承管辖的范围。

（二）欧盟关于继承管辖的规定

2012年7月4日，欧盟在借鉴海牙公约的基础上，通过了《欧盟涉外继承条例》，全称《欧洲议会和欧盟理事会关于继承问题的管辖权、法律适用、判决的承认与执行和公文书的接受和执行以及创建欧洲继承证书的第650号条例》，于2012年8月17日生效。该条例既包括法律适用问题，也包括管辖权和判决承认与执行问题，因此既不属于罗马条例系列，也不属于布鲁塞尔条例系列。丹麦、爱尔兰和英国不适用该条例。

2012年《欧盟涉外继承条例》第4条确立了以被继承人死亡时经常居所地管辖的一般原则。[④]同时，第5条通过合同方式来代表涉外协议管辖，[⑤]第9条则是通过出庭方式来代表接受管辖。[⑥]欧盟的涉外继承管辖规定相比美国而言更加强调被继承人死亡时经常居所地作为确定管辖权的依据。在管辖权设定上较为特殊的即欧盟在继承管辖当中了纳入了协议管辖以及应诉管辖。欧盟涉外继承协议管辖的立法目的在于，一方面，涉外继承协议管辖旨在方便当事人诉讼，保障跨国财产继承权和促进人的跨国自由流动；另一方面，涉外继承协议管辖属于确保适用法院地法的一项重要机制。法律选择构成欧盟

① See Louisiana Code of Civil Procedure Art. 3401. Jurisdiction; procedure.

② See Restatement (First) of Conflict of Laws § 467.

③ See Restatement (First) of Conflict of Laws § 469.

④ See Regulation (Eu) No 650/2012 Article 4 General Jurisdiction.

⑤ See Regulation (Eu) No 650/2012 Article 5 Choice-of-court agreement.

⑥ See Regulation (Eu) No 650/2012 Article 9 Jurisdiction based on appearance.

涉外继承管辖权的法理基础和重要考量因素。2012 年《欧盟涉外继承条例》第二章在多个条文中将死者生前根据第 22 条单边选择的涉外继承准据法之所属地管辖增添为欧盟涉外继承事项的重要管辖依据，并通过多种方式支持此管辖依据的适用。第 5 条涉外继承协议管辖规则亦将法院选择范围限定为第 22 条准据法所属国法院，以确保处理涉外继承问题的当局在多数情况下适用本国的法律。在此情形下，管辖权的确定意味着准据法的确定。①

（三）我国关于继承管辖的规定

我国《民事诉讼法》涉外编并未对继承有关的管辖作出专门规定，因此适用《民事诉讼法》关于继承案件管辖的一般规定。在我国 2023 年《民事诉讼法》中，法律将继承有关的纠纷纳入专属管辖的范围之内。其第 34 条第 3 款规定："因继承遗产纠纷提起的诉讼，由被继承人死亡时住所地或者主要遗产所在地人民法院管辖。"针对国内案件而言，继承案件的管辖无疑具有"专属性"，管辖的法院必定在我国领域内，且为被继承人死亡时住所地或者主要遗产所在地其中之一。不过，对涉外案件而言，被继承人可能是中国公民，但死亡时住所地可能并不在我国领域内，只有其主要遗产在我国境内时，才可以由我国法院专属管辖，其他国家不得行使管辖权。

（四）小结

在继承管辖方面，各国立法大都体现出以被继承人死亡地或者被继承人死亡时经常居住地作为确定管辖权的依据。我国并未在《民事诉讼法》涉外编中对于涉外继承作出专门规定，涉外继承事项同国内继承事项一并采用专属管辖，但是国内继承无论如何都不会超出我国管辖范围，设置专属管辖条款更有利于继承纠纷的合理解决。涉外案件则不同，被继承人死亡时经常居住地不一定在我国领域内，其主要财产所在地也不一定在我国领域内，我国法院可能因此无法处理被继承人在我国领域外死亡、仅部分财产在我国领域内的案件。同时，就我国法条本身的表述而言，"主要财产"的判断标准也缺乏具体的规定。研究继承案件专属管辖在涉外管辖中的适用效果，探讨有

① 刘阳：《论涉外继承事项的协议管辖：欧盟经验及对我国的启示》，《山东科技大学学报（社会科学版）》2023 年第 1 期。

无必要在涉外继承领域同国内保持一致适用专属管辖，有无可能在涉外继承领域引入协议管辖，由当事人约定处理遗产的法院，值得讨论。

第二节　涉外物权管辖权

案例：

原告左某（哥）持美国护照，被告左某某（弟）系加拿大籍。两人的母亲去世后，由子女共同商定，母亲曾居住的套间归被告所有，被告曾居住的单间归原告所有。套间的产权已依法变更为被告所有，但是由于被告妻子在国外，被告的房屋一直未办理产权转让手续。原告遂向辽宁省沈阳高新技术产业开发区人民法院提起诉讼，要求确认房屋所有权。

问：

1. 案涉房屋位于沈阳市沈河区，沈阳高新技术产业开发区人民法院是否具有管辖权？

2. 被告以其居住在国外，原告持美国护照，标的物及居住地均不在沈阳高新技术产业开发区人民法院管辖区域内上诉，向沈阳市中院提出管辖异议是否合理？

3. 沈阳市中院认为本案属于涉外民事案件，根据最高法院《关于明确第一审涉外民商事案件级别管辖标准以及归口办理有关问题的通知》第 2 条及有关规定，辽宁省沈阳高新技术产业开发区人民法院受理集中管辖区域内诉讼标的额在 1 000 万元以下涉外，涉港、澳、台地区的第一审民商事案件，故具有涉外民商事案件管辖权的辽宁省沈阳高新技术产业开发区人民法院对本案纠纷具有管辖权。据此驳回被告提出的管辖权异议是否合理？

一、美国对物的司法管辖权

对物管辖权涉及对特定财产的所有权或其他权利诉讼请求的审理，虽然基于对物管辖权的判决仅仅涉及该特定财产，但它对于涉及此财产权益的人均有拘束力。对物诉讼，其诉讼目的在于通过法院的判决确定某一特定财产的权利和当事人的权利，法院判决的效力不但拘束案件的当事人，而且还及于所有与当事人或该特定财产有法律关系的其他人。[①]美国作为联邦制国家，除联邦立法外，各州对于物权管辖权几乎都有单独的立法规定，相互之间有所差异；而《第二次冲突法重述》则在统一州立法中发挥了巨大的作用，具有参考意义。因此本节在进行对物管辖权介绍时，以美国《第二次冲突法重述》中的规定为主要参考。

（一）对物司法管辖权所依据的原则

《第二次冲突法重述》第56条和第57条就对物管辖权的一般理论作出了基本解释。第56条：一州因其与某物的联系而能够合理地行使司法管辖权以影响与该物有关的权益时，该州即有权行使这种司法管辖权。[②]第57条：除非一州以合理方式将诉讼通知送达在某物中享有的权益并可能受到影响的人，而且给予他们合理的申辩机会，否则该州不得行使司法管辖权以影响对该物的权益。[③]在属地管辖与属人管辖之外，美国的物权管辖还体现了联系原则。因为“涉外因素”往往使得管辖权不可能具有绝对的排他性，或者说不可能机械地以地域（即当事人或财产所处的位置）严格划界；而且，法院在确定涉外案件的管辖权时，通常需要一定的灵活性，以适应对外交往的需要和对当事人利益的有效保护。[④]

一个州行使司法管辖权影响某一事物的利益是否合理，在很大程度上取决于该事物的性质。就土地而言，其性质是不可移动的，其所在地州可对所有人行使司法管辖权，以确定其利益。动产是有形的动产，由于它们可以从一个州转移到另一个州，因此存在一些更困难的问题。通常，动产所在地的国家在某一特定时间可以对所有人行使司法管辖权，以确定其中的利益。

（二）对动产的司法管辖权

《第二次冲突法重述》第60条对动产物权的管辖权作出规定：“一州有

① 何其生：《比较法视野下的国际民事诉讼》，高等教育出版社2015年版，第64页。

② See Restatement (Second) of Conflict of Law § 56 Principle Underlying Judicial Jurisdiction Over Things.

③ See Restatement (Second) of Conflict of Laws § 57 Notice and Opportunity to Be Heard.

④ 张默：《美国法院涉外民事案件管辖权的基础》，《中国国际私法与比较法年刊》（第三卷），法律出版社2000年版，第443页。

权行使司法管辖权，以决定该州内并非处于州际或对外贸易运输过程中的动产是否存在事先权益，即使享有或主张该动产权益的人不属于该州的司法管辖范围。”①

一州可以行使司法管辖权，影响位于其领土内且不在州际或国外贸易中转过程中的动产的利益。它可通过其法院作出影响世界上所有人对动产的利益的判决，但是一州行使司法管辖权可能受到习惯国际法原则或该州参加的某些条约或其他正式行为的阻碍。通常一州不会主动行使对动产的管辖权，只有在当事人提起诉讼时，法院才会受理。

（三）对证券、证券中体现的动产及证券中体现的无形物的司法管辖权

美国《第二次冲突法重述》中对证券、证券中体现的动产及证券中体现的无形物分别进行了管辖规定。一州有权对州内证券权益行使司法管辖权，即使拥有或主张该证券权益的人不属于该州的司法管辖范围。②证券是动产，证券所在州可以像对其他动产一样行使司法管辖权，影响证券中的利益。

如果依一证券签发时所在州的法律，该证券体现该动产的产权，则该证券所在地州有权行使司法管辖权以决定该动产中的权益，即使该动产不在该州领土之内。③在某些情况下，动产所有权体现在证券上，其带来的结果是，无论如何，动产只能通过证券这一媒介来处理。此时，对动产的控制取决于对证券的控制，可以行使司法管辖权影响证券利益的国家也可以行使司法管辖权以影响动产利益。根据规定，即使动产本身在另一个州，证券所在地的州也可以行使司法管辖权以影响证券所载动产的利益。

如果体现某无形物的证券位于该州之内，该州即有权行使司法管辖权以影响该无形物中的权益。④在某种程度上，一项无形物的权利在证券发行时由管辖该权利的法律体现在证券中，则该权利受证券所在州的司法管辖。

① See Restatement (Second) of Conflict of Laws § 60 Judicial Jurisdiction Over Chattel.

② See Restatement (Second) of Conflict of Laws § 61 Judicial Jurisdiction Over Document.

③ See Restatement (Second) of Conflict of Laws § 62 Judicial Jurisdiction Where Title to Chattel is Embodied in Document.

④ See Restatement (Second) of Conflict of Laws § 63 Judicial Jurisdiction Over Intangible Thing Embodied in a Document.

(四) 对公司股份的司法管辖权

《第二次冲突法重述》第 64 条对股份有关的管辖权作出规定：(1) 一州有权行使司法管辖权以决定在本州内的公司股份的权益。(2) 一州有权行使司法管辖权以决定在本州内股票的权益。(3) 如果公司成立地州的本地法规定股票体现股份，有权对股票行使司法管辖权的州，即有权对股份行使司法管辖权。①公司股份是无形的，它是法人实体的所有权利益；而股票是一种证券，因此是一种动产，其管辖权一定程度上也遵循动产物权的管辖权原则。

二、欧盟对物的管辖权

2012 年《布鲁塞尔条例Ⅰ》主要是依当事人住所地作为管辖的依据，其第 4 条一般管辖权规定，只要住所地在成员国，无论是否具有成员国国籍，均受到管辖。②动产的管辖权并无特别规定，因此应当受到一般管辖权的约束。在第二部分特别管辖权中，规定某些情形下，在一成员国定居的当事人也可以在其他成员国被起诉。其中包括文物所有权，由该文物所在地的法院管辖，③则体现出物之所在地的管辖原则；在担保或保证以及其他第三方案件中，除非是为了使他脱离对他有管辖权的法院的管辖，一般情况下都由当事人住所地法院管辖；④在与合同有关的案件中，如果诉讼可以与针对同一被告的与不动产对物权利有关的诉讼合并，则在该不动产所在成员国的法院进行。⑤在第三部分专属管辖中，2012 年《布鲁塞尔条例Ⅰ》同我国 2023 年《民事诉讼法》一样，不动产纠纷也被列入了专属管辖的范围，由不动产所在地法院管辖。但是明确在以不动产租赁为目的的诉讼中，承租人是自然

---

① See Restatement (Second) of Conflict of Laws § 64 Judicial Jurisdiction Over Shares in Corporation.

② See Regulation (Eu) No 1215/2012 Article 4.

③ See Regulation (Eu) No 1215/2012 Article 7 (4).

A person domiciled in a Member State may be sued in another Member State: (4) as regards a civil claim for the recovery, based on ownership, of a cultural object as defined in point 1 of Article 1 of Directive 93/7/EEC initiated by the person claiming the right to recover such an object, in the courts for the place where the cultural object is situated at the time when the court is seised.

④ See Regulation (Eu) No 1215/2012 Article 8 (2).

⑤ See Regulation (Eu) No 1215/2012 Article 8 (4).

人，并且房东和承租人在同一成员国居住时，为临时私人使用而签订的最长连续 6 个月的租约，被告居住的成员国的法院也应具有管辖权。[①]也就是说，欧盟在设定不动产专属管辖时，针对解决纠纷的实际需要，增加了以被告居住地为依据的管辖，为当事人解决纠纷提供了更多选择。而我国 2022 年《民诉法司法解释》第 28 条则规定："农村土地承包经营合同纠纷、房屋租赁合同纠纷、建设工程施工合同纠纷、政策性房屋买卖合同纠纷，按照不动产纠纷确定管辖。"不难看出，在我国民事诉讼法体系下，我国对不动产纠纷的管辖采用的是严格的专属管辖，将与不动产有关的合同纠纷一并纳入了专属管辖的范围。

三、我国关于物权的管辖规定

我国 2023 年《民事诉讼法》涉外编对于物权纠纷的管辖权并没有明确的规定，因此有关物权纠纷的管辖权应当适用《民事诉讼法》其他章节的规定。同时，由于物权纠纷属于非身份关系的诉讼，因此，2023 年《民事诉讼法》第 276 条也可以适用于涉外物权领域纠纷，但是需满足条件：(1) 被告在我国领域内没有住所；(2) 诉讼标的物、可供扣押财产在我国领域内。如果涉外民事纠纷与我国有其他适当联系，也可以由我国法院管辖。

(一) 不动产及动产物权

我国 2023 年《民事诉讼法》第 34 条将不动产纠纷纳入专属管辖的范围："下列案件，由本条规定的人民法院专属管辖：因不动产纠纷提起的诉讼，由不动产所在地人民法院管辖。"

我国 2023 年《民事诉讼法》将不动产纠纷纳入专属管辖范围，但对动产却未做这一安排。动产应当归属于当事人的财产权益。依照《民事诉讼法》第 35 条："合同或者其他财产权益纠纷的当事人可以书面协议选择被告住所地、合同履行地、合同签订地、原告住所地、标的物所在地等与争议有实际联系的地点的人民法院管辖，但不得违反本法对级别管辖和专属管辖的规定。"我国法律对于动产的管辖地采取当事人意思自治与最密切联系原则

---

① See Regulation (Eu) No 1215/2012 Article 24 (1).

相结合的方式规定，但以不违背级别管辖和专属管辖为限。

同时，2023 年《民事诉讼法》第 276 条规定："因涉外民事纠纷，对在中华人民共和国领域内没有住所的被告提起除身份关系以外的诉讼，如果合同签订地、合同履行地、诉讼标的物所在地、可供扣押财产所在地、侵权行为地、代表机构住所地位于中华人民共和国领域内的，可以由合同签订地、合同履行地、诉讼标的物所在地、可供扣押财产所在地、侵权行为地、代表机构住所地人民法院管辖。除前款规定外，涉外民事纠纷与中华人民共和国存在其他适当联系的，可以由人民法院管辖。"①该条规定相较于 2023 年《民事诉讼法》之前的规定，首先是将可管辖案件的外延扩大，除身份关系以外的纠纷都囊括在内，那么物权关系理应包含在内。动产作为标的物，其所在地法院依法具有管辖权，符合物之所在地的基本原则。同时，与动产物权相关的合同签订地、履行地、侵权行为地法院也拥有管辖权。此外，2023 年《民事诉讼法》还纳入了适当联系原则，进一步扩大了对动产物权的管辖权。

在 2022 年《民诉法司法解释》中，对于涉外财产权益纠纷的管辖做出了更为明确的规定："涉外合同或者其他财产权益纠纷的当事人，可以书面协议选择被告住所地、合同履行地、合同签订地、原告住所地、标的物所在地、侵权行为地等与争议有实际联系地点的外国法院管辖。根据 2023 年《民事诉讼法》第 34 条和第 273 条规定，属于中华人民共和国法院专属管辖的案件，当事人不得协议选择外国法院管辖，但协议选择仲裁的除外。"②虽然对属于我国法院专属管辖的案件，我国法律不允许涉外财产权益纠纷的当事人选择外国法院管辖，但是倘若当事人约定选择仲裁方式解决，则不受专属管辖的限制。

（二）有价证券

广义的有价证券一般包括商品证券、货币证券和资本证券。我国 2023 年《民事诉讼法》涉外编并未对有价证券纠纷提起诉讼的管辖问题进行明确规定，其第 26 条仅就票据纠纷的管辖作出规定："因票据纠纷提起的诉讼，

① 《中华人民共和国民事诉讼法》第 276 条。

② 2022 年《民诉法司法解释》第 529 条。

由票据支付地或者被告住所地人民法院管辖。”但是对于股票等其他有价证券的纠纷的管辖我国民事诉讼法并未规定。实践中，有关纠纷多由被告住所地人民法院管辖，或是与合同相联系，依据合同纠纷的规定。

(三) 权利质权

我国民事诉讼法及有关司法解释并未对权利质权的有关纠纷作出专门的管辖的规定，而是在实际案件当中依据案情具体的法律性质来确定管辖。

四、特殊物权管辖权

(一) 船舶及航空器物权管辖权一般理论

船舶及航空器物权纠纷管辖理论与其他纠纷的管辖理论有一定的相似之处，即船舶及航空器物权的管辖权依据依然没有脱离传统的属地管辖原则和属人管辖原则。不过，相比一般意义上以当事人住所、居所地为地域连接因素来确定法院管辖权的一般地域管辖原则，船舶及航空器在物权方面更多体现了以物之所在地作为地域连接因素的特殊地域管辖原则。在此类案件中，物之所在地主要表现为船舶或航空器所在地。在属人管辖原则方面，是指以当事人的国籍或者船舶、航空器的国籍作为连接因素来确定法院管辖权。在与船舶或航空器有关的诉讼中，属人管辖原则不但包括当事人的国籍，还包括船舶的国籍或航空器的国籍。就船舶而言，船舶的国籍是指船舶所有人按照某一国家船舶登记办法，在船籍港的航政机关进行登记，取得国籍证书并悬挂该国规定的旗帜，这意味着这艘船拥有这个国家的国籍，从而表明船舶与该特定国家在法律上的隶属关系。①同理，航空器相关的权利与其国籍国密不可分，而航空器登记也具有强制性和唯一性。在进行国籍国登记后，航空器将依据一定的编码规则取得国籍登记标志，进而取得国籍。作为特殊动产，对船舶和航空器进行拟人化处理，赋予其国籍，以便于对船舶及航空器的管理。

此外，不同的管辖权确定依据体现了不同的价值追求。就国内案件而言，管辖权问题只是在国内不同地域、不同级别的法院之间进行分配，其所

① 吴焕宁：《海商法学》，法律出版社 1996 年版，第 27 页。

体现的价值目标是方便当事人诉讼、避免对一方当事人形成诉累及对司法资源进行合理配置等，其中避免给被告造成不必要的诉累是主要考量因素。而涉外案件管辖权则充分实现国家司法主权的重要途径，体现的价值目标是国家司法主权，维护和便利当事人诉讼。①在海事领域，由于船舶本身具有流动性，并且在实践中还存在方便旗，仅仅将船籍港所在地和船舶所有人住所地法院作为管辖法院不足以充分维护诉讼当事人的权益。因此，在海事诉讼中还确立起了保全管辖原则，即诉前海事保全，包括海事财产保全、海事行为保全和海事证据保全。在针对航空器的物权纠纷当中，也可以依照民事诉讼法等相关规定，向法院申请保全措施。

（二）国际公约对船舶及航空器的物权管辖权

英美法系中，船舶扣押是对物诉讼的必要组成部分。长期以来，英美法系与大陆法系在管辖权领域有很大分歧。大陆法系国家认为管辖权属于程序法的范畴，区别于调整当事人权利义务关系的实体法问题。在大陆法系国家中，实体法是其关注的重点：而在英美法国家中，管辖权不仅是一个程序法上的问题，当事人权利的保护来源于管辖法院的法律救济，这导致了管辖权与实体法的紧密联系，实体法实际上隐含于诉讼程序之中。②两大法系的不同特征衍生了两者在船舶管辖权问题上的分歧。在大陆法系，船舶扣押只是一种保全手段，扣船法院并不能当然取得对实体问题的管辖权；而普通法系国家认为扣船法院对实体问题的管辖权源于对物诉讼本身，因而扣船法院对争议的实体审理同样具有管辖权。在海事领域，英国普通法认为当事人的权利是通过司法救济产生的，当事人海事请求权的实现不是因为实体法将其规定为权利，而是管辖法院允许通过对人诉讼或对物诉讼来实现其请求当事人通过司法管辖这一间接的方式，来实现原告所要实现的实体权利，因此司法管辖的救济与权利的产生密切相关。法院有对物诉讼的管辖权，有扣押船舶的管辖权，即可以对案件的实体进行管辖。③1952 年《扣船公约》及 1999 年《扣船公约》则对上述分歧进行了调和，规定扣船法院仅对某些特定案件的

---

① 袁发强：《确立我国涉外民商事管辖权的考量因素》，《法学》2006 年第 12 期。

②③ 张丽英：《船舶扣押及相关法律问题研究》，法律出版社 2009 年版，第 173 页。

实体问题具有管辖权。1952 年《扣船公约》第 7 条第 1 款的规定依国内法拥有管辖权的扣船法院可以对案件的实体有管辖权，如果：(1) 请求人在扣船地国有惯常居所或主要营业所；(2) 请求在船舶被扣押的国家发生；(3) 请求涉及船舶被扣押的航次；(4) 请求因碰撞或 1910 年《碰撞公约》第 13 条规定的情形而产生；(5) 请求是为了救助报酬；(6) 请求是有关被扣船舶抵押权或担保的。又依该公约第 7 条第 2 款的规定，如果扣船法院缺乏对实体问题的管辖权，所提交的用来释放船舶的保证金或担保必须注明，上述担保是为保证任何管辖法院作出的生效判决得到有效执行而提供；同时，要求扣船法院尊重当事人选择另一个法院管辖的意愿。①可见，1952 年《扣船公约》为了协调两大法系的差异，允许扣押管辖权转化为实体管辖权，并且尊重当事人意思自治。1999 年《扣船公约》则更进了一步，1952 年《扣船公约》上述的限制条款在 1999 年《扣船公约》中没有出现，但保留了扣船管辖需让位于当事人协议管辖的规定。②取消扣船管辖向实体管辖的限制规定意味着扣船地法院获得实体管辖的机会更多了。综上，《扣船公约》体现出的管辖权主要是两种：一是以物之所在地为管辖依据的管辖权；二是以当事人意思自治为核心的协议管辖。并且在适用的顺序上，协议管辖优先于物之所在地管辖。

2001 年《开普敦公约》第 2 条第 3 款规定，前款国际利益所涉及的种类包括航空器标的物、铁路车辆标的物以及空间资产。③则航空器有关的物权利益纠纷涵盖在该公约范围内。在管辖权部分，公约规定："在不影响第 43 条和第 44 条适用的情况下，交易当事方选定的缔约国法院对根据本公约提起的任何主张拥有管辖权，而不论所选定的法院与当事方或者与所涉交易有无关联。除非当事方另有协议，此种管辖权应为专属管辖权。任何此种协议应以书面形式或按照所选定的法院根据法律要求的形式订立。"④即公约在有关

① International Convention for the Unification of Certain Rules Relating to the Arrest of Seagoing Ships Article 7.

② International Convention on Arrest of Ships Introductory Note H. Jurisdiction on the merits: article 7, see https://legal.un.org/avl/ha/icas/icas.html，2023 年 10 月 16 日访问。

③ Convention on International Interests in Mobile Equipment Article 2 the international interest.

④ Convention on International Interests in Mobile Equipment Article 42 Choice of forum.

物权事项上设定的管辖为当事人协议管辖。公约还规定，当事人选择的缔约国法院以及标的物所在的缔约国法院对于保全、占有、控制或监控以及冻结该标的物有管辖权。①这表明，除了当事人协议管辖，以物之所在地为标准的属地管辖原则也在公约中有所体现。针对航空器物权的特殊性，公约项下还有专门关于航空器的议定书，称为2001年《航空器议定书》，其中在管辖权部分规定："为公约第四十三条之目的，且在不影响第四十二条适用的情况下，标的物是直升机或航空器机身的，作为直升机或航空器机身所属航空器的登记国的缔约国法院亦拥有管辖权。"②这体现了以航空器国籍作为管辖依据，是属人管辖原则在航空器物权领域的体现。

(三）我国对船舶及航空器物权管辖权

船舶与航空器在性质上应当属于动产，与其有关的纠纷主要包括所有权和担保物权的纠纷。2016年《最高人民法院关于海事法院受理案件范围的规定》第68条，明确船舶所有权、船舶优先权、船舶留置权、船舶抵押权等船舶物权纠纷案件由海事法院管辖；我国2000年《海事诉讼特别程序法》第6条第（2）款第（7）项规定："因海船的船舶所有权、占有权、使用权、优先权纠纷提起的诉讼，由船舶所在地、船籍港所在地、被告住所地海事法院管辖。"2008年《海事诉讼特别程序法司法解释》第7条规定："海事诉讼特别程序法第六条第二款（七）项规定的船舶所在地指起诉时船舶的停泊地或者船舶被扣押地。"与船舶有关的物权管辖权更加明确。此外，《海事诉讼特别程序法》第8条规定："海事纠纷的当事人都是外国人、无国籍人、外国企业或者组织，当事人书面协议选择中华人民共和国海事法院管辖的，即使与纠纷有实际联系的地点不在中华人民共和国领域内，中华人民共和国海事法院对该纠纷也具有管辖权。"这是由海事纠纷的特殊性所决定的，海事纠纷当中并不要求实际联系，更有利于海事纠纷的有效解决。另外，我国《民事诉讼法》中还有"实现担保物权案件"一节，明确了担保物权实现采

---

① Convention on International Interests in Mobile Equipment Article 42 Jurisdiction under Article 13.

② Protocol to the Convention on International Interests in Mobile Equipment on Matters Specific to Aircraft Equipment Article XXI — Modification of jurisdiction provisions.

取非讼方式的程序；并且根据该规定，担保物权实现的非讼程序的实体法依据是《民法典》等，因此《海商法》关于船舶担保物权的实现同样可以适用该程序，向船舶所在地或者担保物权登记地法院提出。[①]2022年《民诉法司法解释》第361条规定："实现担保物权案件属于海事法院等专门人民法院管辖的，由专门人民法院管辖。"进一步明确了海事法院在处理船舶担保物权实现中的重要地位。

我国民事诉讼法等法律并未对航空器有关的物权规定作出明确规定。在我国，与航空器物权有关的纠纷中，所有权纠纷较少发生，而基于航空器停放及维修等产生的留置权纠纷则较多。在广州白云国际机场股份有限公司诉通用电气商业航空服务有限公司等留置权纠纷案[②]中，案涉4被告在提交答辩状期间向广东省广州市中院提出管辖权异议，认为本案的债务人是东星航空公司，该公司现已破产，本案应由受理东星航空公司破产案件的武汉市中院管辖。广州市中院经审查，认定其作为被告有可供扣押财产地人民法院对本案具有管辖权，于2009年10月13日作出民事裁定驳回4被告的管辖异议。4被告不服，提起上诉。广东省高级法院经审查认为本案不属于东星航空公司的破产案件，不需要移送武汉中院审理，本院依法对本案享有管辖权，并于2010年3月11日终审裁定驳回上诉，维持原裁定。从中不难看出，虽然我国法律并未对有关案件的管辖权作出规定，但是法院在审理有关案件并确定管辖权时，采用了《民事诉讼法》涉外编对在我国领域内没有住所的被告提起除身份关系以外（2023修正之前为合同或其他财产权益纠纷）的诉讼，其中可供扣押财产所在地作为管辖依据。由于留置权本身就与留置标的物密不可分，留置标的物作为动产本身也属于可供扣押财产，因此由其所在地的法院进行管辖更有利于法院查明有关事实，促进案件解决。

五、小结

美国在对物的管辖权上有较为明确的分类。我国民事诉讼法涉外管辖则

---

① 2023年《民事诉讼法》第207条：申请实现担保物权，由担保物权人以及其他有权请求实现担保物权的人依照民法典等法律，向担保财产所在地或者担保物权登记地基层人民法院提出。

② 广东省广州市中级人民法院（2009）穗中法民四初字第27号民事裁定书。

是以“其他财产权益纠纷”或者是“非身份关系诉讼”将与物相关的管辖带过，并没有与《涉外民事关系法律适用法》中相应的财产权益进行管辖对应。欧盟在确立以当事人住所地为一般管辖原则下，针对特殊的物权设立特殊的管辖规则，对于不动产物权则采用不动产所在地专属管辖的管辖规则。总的说来，各国对于不动产物权的管辖大都围绕物之所在地这一基本原则展开，针对特殊类型的物权则会有不一样的管辖规定；而针对动产物权，由于其大多具有流动性，则有的随着物权权利人而适用住所地管辖原则，有的动产具有特殊性质，则适用物之所在地管辖原则。

第三节　涉外商事合同案件管辖权

案例：

建成开元公司系在香港特别行政区注册成立的企业法人，2017 年 12 月 18 日，建成开元公司签署建赢基金《认购协议和申请书》（简称《认购协议》），该协议适用法律和争议解决一条中约定，本《认购协议》适用开曼群岛法院管辖并依其解释，开曼群岛法院对解决与《认购协议》有关的任何争议具有非排他管辖权。同日，建成开元公司与全胜公司、建赢基金、张某、杨某、伍某某签订《期权协议》，第 9.1 条管辖条款约定：“为解决与本《协议》相关的任何争议，各方同意开曼群岛法院应拥有非排他性管辖权，并据此不可撤销地服从开曼群岛法院的管辖。”同日，建成开元公司与全胜公司、建赢基金、张某、杨某、伍某某签订《补充协议》，其 7.14 条亦约定《认购协议》《期权协议》应适用开曼群岛法律并依其解释。各方同意，开曼群岛法院对解决与《认购协议》《期权协议》有关的任何争议具有非排他性管辖权，并据此不可撤销地服从开曼群岛法院的管辖。后建成开元公司因股权转让纠纷，向被告张某所在地北京市法院提起诉讼。①

① 参见张鹏等与建成开元投资有限公司股权转让纠纷案，北京市高级人民法院（2022）京民辖终 10 号民事判决书。

问：

1.《认购协议和申请书》《期权协议》《补充协议》等协议中对管辖法院的约定是否有效？

2. 假如问题1中的管辖协议无效，那么何地法院具有管辖权？

3. 假如问题1中的管辖协议有效，那么北京市法院是否还能对本案享有管辖权？

一、普通涉外商事合同的管辖权原则

由上述案例可知，涉外商事合同与多个地点存在联系，导致其管辖权的确定需要考虑多种因素，同时各国对管辖协议的形式和内容也有不同规定。经济全球化现象进一步突出，商事活动的开展离不开商事合同。从商事合同的调查、谈判、文本拟定、签署、成立，再到生效、履行、变更、解除等各环节，均可能产生争议，并且合同双方当事人的住所地、合同的签订地、合同的履行地等可能分别处于不同的地区或国家，这就造成确定涉外商事合同管辖权的不确定性和多因素性。不确定性，是指具体到某一合同，可能因为其案件自身的特殊情况而导致不同的管辖权判定结果，即在不同案件中，具有管辖权的法院并非固定不变。多因素性，是指在确定某一具体的涉外商事合同的管辖权时，由于案件涉及多个地点与条件，因此需要将案件自身的多种因素考虑在内才能做出合理判断。

常见的、较为普通的的涉外商事合同存在共通之处。一般而言，被告住所地和合同履行地是各国公认的管辖基本依据。对于自然人，随着交通技术水平的进步和人员流动的加剧，被告住所地可能在某种程度上与案件并无较为紧密的关联，因此惯常居所地或经常居住地也逐渐被立法者重视，并用来辅助确定住所所在地。此外，涉外商事合同领域往往赋予当事人协议管辖的自由。因为在涉外商事合同领域，往往不会涉及社会公共利益以及国家利益，当事人意思自治原则在该领域得到广泛认可，国家无需利用公权力对私权利加以限制。

（一）美国关于涉外商事合同的管辖权的规定

英美法系国家从“管辖权的基础是实际控制”理论出发，以“有效原则”作为一般管辖原则，认为只要受案法院能够有效控制被告，作出的判决能够有效执行，该法院就有管辖权。在涉外合同纠纷领域，如果有关案件的被告在诉讼开始时在该国境内，而且能够有效地将传票送达给该被告，则该国法院就有权对该案件行使管辖权。

美国并没有特别的涉外商事合同案件管辖权规定，美国法院民商事案件的司法管辖分为对人管辖、对物管辖和准对物管辖。涉外商事合同通常涉及对人管辖。管辖权分为一般管辖权和具体管辖权。一般属人管辖权源于被告与诉讼地持续、系统的接触，而这种接触与相关诉讼无关。对个人而言，行使一般属人管辖权的范例法院是个人的住所；对公司而言，则是在公司被平等地视为在家的地方。具体管辖权涵盖与一个国家关系不太密切的被告，但仅涉及范围较窄的索赔一类，这种管辖权所需的联系通常是指有目的的利用。如果被告有意将其活动指向法院地的居民，且诉讼是由这些活动引起或与这些活动有关的伤害导致的，则法院地可根据正当程序原则对非居民被告行使特定属人管辖权。

在美国建国初期，美国法院在管辖领域坚持属地原则。在彭诺耶诉内夫案中，联邦法院认为只有在被告于一国领土范围内接受送达或自愿出庭的情况下，该国法院方可对其行使管辖权。①当前，随着跨国商业活动的增多，美国法院逐渐放弃了对属地原则的严格限制，允许对管辖区外的人行使管辖权，但需要考量案件是否足以满足正当程序要求或宪法要求的最低限度联系。最低限度联系源于大众汽车案。②美国联邦最高法院指出：“对将其产品交付到法院地国进行商业流通并产品被购买的公司主张属人管辖权时，法院地国需在正当程序条款赋予的范围行使。”联邦宪法对正当程序原则的保障要求法院地与被告之间须存在某种程度的联系，即行使特定属人管辖权的正当程序前提是被告是否有目的地与法院地国建立起最低限度联系，从而使被告合理地预期会被传唤到法院。被告不一定要在诉讼地实际存在，才能与诉讼地建立起足够的最低限度联系，因为现代商业生活中一个不可避免的事实

① 张茂：《美国国际民事诉讼法》，中国政法大学出版社1999年版，第51页。

② World-Wide Volkswagen Corp. v. Woodson，100 S. Ct. 559.

是，大量的业务仅通过跨州的邮件和电报进行交易。关于何种程度的联系能够构成最低限度联系，则没有固定的具体标准，在不同的案件中法院往往根据案件各方面事实综合判断。

例如在美国 ISM 案①中，原告在马萨诸塞州波士顿市经营一家市场调查公司，被告在加拿大魁北克省生产医疗用品，双方签订了营销服务合同，法院在讨论本案涉及长臂管辖权时，认为对非居民被告的属人管辖权存在两个条件：(1) 主张管辖权得到了法规授权；(2) 根据该州州法行使管辖权符合美国《宪法》规定的正当程序基本要求。虽然本案当事人对正当程序和最低限度接触要求不存在异议，且被告与英联邦分销商的业务往来表明被告在英联邦法院出庭不具有重大困难，对被告行使属人管辖权不存在正当程序障碍。但普通法第 223A 条关于长臂管辖的规定是："法院可对直接或通过代理人行事的个人行使属人管辖权，以处理因其 (a) 在本联邦境内从事任何业务。"法院认为本案被告与马萨诸塞州在原告诉因产生的交易方面的接触是有限的，因为被告并未积极参与合同的履行，并且导致被告违约的行为发生在魁北克而非马萨诸塞州，因此被告与马萨诸塞州的接触并不能得出被告在马萨诸塞州开展业务的结论。马萨诸塞州法院对本案不具有管辖权。法院还认为，对于认定管辖权的具体法定要求，原告不仅必须证明被告在马萨诸塞州进行了商业交易，还必须证明其诉因是由该交易所引起，即具有因果关系。

此外，美国的司法管辖权还具有连续性。根据这一原则，法院一旦再特定诉讼中获得对某人或某物的管辖权，则此管辖权再诉讼的各个阶段具有连续性。美国《第二次冲突法重述》第 26 节指出，如果一州对诉讼当事人一方已有司法管辖权，则该管辖权将在由原始诉因而生之一切后续程序中继续有效。②

(二) 欧盟关于涉外商事合同管辖权的规定

欧盟的相关规定主要体现在 2012 年修订的《布鲁塞尔条例Ⅰ》中。首

① 1993 Mass. App. Div. 233.

② 张茂：《美国国际民事诉讼法》，中国政法大学出版社 1999 年版，第 46 页。

先，在符合条件的情况下，合同当事人被允许选择管辖权。《布鲁塞尔条例Ⅰ》在前言中说明："除保险合同、消费者合同或雇佣合同外，在本条例规定的排他性管辖理由的前提下，合同当事人的意思自治应得到尊重，但保险合同、消费者合同或雇佣合同除外。"①

其次，在没有有效选择法院协议的情况下，被告住所地法院和合同履行地法院通常具有管辖权。《布鲁塞尔条例Ⅰ》第 4 条第（1）项规定："在不违反本条例的情况下，居住在某一成员国的人，不论其国籍如何，均应在该成员国的法院受到起诉"。第 7 条第（1）项规定："在与合同有关的事项上，居住在某一成员国的人可在有关义务履行地的另一个成员国法院被起诉。除非当事人另有约定，否则在销售货物的情况下，义务履行地为根据合同交付或应交付货物的成员国所在地；在提供服务的情况下，义务履行地为根据合同提供或本应提供服务的成员国所在地。"关于何为非自然人被告的住所地，其第 63 条进行了解释："公司或其他法人或自然人或法人协会的住所为法定席位所在地、中央行政所在地或主要营业地。"

（三）大陆法系国家关于涉外商事合同管辖权的规定

大陆法系国家不适用英美法系的送达原则，更看重属地原则，同时兼顾当事人意思自治原则。

首先，当事人意思自治原则得到优先适用。2015 年德国《民事诉讼法》第 38 节、2007 年修正的法国《民事诉讼法》第 41 条、1996 年日本《民事诉讼法典》第 3 条之七项、1999 年修订的《瑞士联邦国际私法》第 5 条等均赋予当事人对管辖的意思自治，对于符合条件的当事人可以约定管辖法院。

其次，对于不存在协议管辖或者协议管辖无效的案件，各国通常依据属地原则确定管辖权规则。在法国，除另有规定外，拥有属地管辖权的法院为被告住所地法院。如果有多个被告，原告可以选择向其中一个被告住所地的法院提起诉讼。如果被告没有已知的住所，原告可向其居住地法院提起诉讼，如果被告居住在国外，则可向其选择的法院提起诉讼。②对于何为被告居

---

① 2012 年《布鲁塞尔条例Ⅰ》即欧盟 No 1215/2012 文件《Convention on jurisdiction and the recognition and enforcement of judgments in civil and commercial matters》。

② 参见法国《民事诉讼法》（2007 年修正）第 42 条。

住地：如果是自然人，指其住所所在地，如无住所，则指其居所所在地；如果是法人，指法人的成立地。[①]在瑞士，其法律规定，如果没有规定特别管辖权，则被告住所地的瑞士司法或行政当局具有管辖权。[②]特殊的是，如果该法没有规定在瑞士的管辖权，而且不可能或不能合理地要求在国外提起诉讼，则与案件有充分联系的所在地的瑞士司法或行政当局拥有管辖权。[③]在日本，1996年《民事诉讼法》第3条（2）款规定："关于对人提起的诉讼，法院在下列情形享有管辖权：（1）其住所在日本国内；（2）无住所或不知住所，但是其居所在日本国内的；（3）无居所或不知居所，但是提起诉讼之前有住所的（最后在日本国内有住所后在外国有住所的除外）。"第3条之三规定："以要求履行合同上的债务为目的之诉讼，或有关进行合同上的债务的事务管理，或有关不当得利的要求、因合同上的债务不履行而引起的索赔及以有关其他合同上的请求为目的之诉讼，合同所签订的该债务履行地是日本国内的，或根据合同中所选择某地的法律，该债务履行地是日本国内时，日本法院具有管辖权。"

再次，当事人的国籍可作为管辖依据。例如，1994年修正的法国《民法典》第14条规定："不居住在法国的外国人，曾在法国与法国人订立契约者，由此契约所产生的债务履行问题，得由法国法院受理；其曾在外国订约对法国人有债务时，亦得被移送法国法院审理。"第15条规定："法国人在外国订约所负的债务，即使对方为外国人时，得由法国法院受理。"以当事人的国籍为管辖依据有其正当理由，例如这样规定有利于国家维护本国当事人的利益，该国法院本应为其本国人服务。但是，现今世界交往密切，人员大量流动，过分强调国籍因素有时会忽略其与案件的本质联系。此外，法国《民事执行程序法》（2012年修订）第R121-2规定："对于合同纠纷的执行程序，则由债务人居住地或措施执行地法院管辖。"

由此可见，大陆法系国家对涉外商事合同管辖权的规定虽然在细节上存在差异，但大致相同。在法律许可的范围内，当事人对案件管辖有约定的从

① 参见法国《民事诉讼法》（2007年修正）第43条。

② 参见1987年《瑞士联邦国际私法法典》第2条。

③ 参见1987年《瑞士联邦国际私法法典》第3条。

其约定，没有有效约定的则当事人住所地法院、国籍国法院、合同的履行地和签订地法院具有对案件的管辖权。

（四）国际条约关于涉外商事合同管辖权的规定

在国际条约方面，被告惯常居所地是较为公认的管辖连结点，分支机构所在地有时也会成为管辖依据。1971 年海牙《外国民商事判决承认和执行公约》第 10 条第（1）和（2）款规定："在起诉时，被告在原审国有惯常居所，或者对于不是自然人的被告，在该国有所在地、设立地或者主营业所的，应认为原审国法院有管辖权；诉讼时，被告在原审国有商业、工业或其他业务机构或分支机构，并且系由于上述机构或分支机构经营业务所发生的诉讼而在该国被诉时，应认为原审国法院有管辖权。"

（五）我国《民事诉讼法》确定涉外合同管辖权的一般原则

我国对于普通涉外合同的管辖权原则主要规定于 2023 年《民事诉讼法》和 2022 年《民诉法司法解释》。具体而言，2023 年《民事诉讼法》第 24 条规定："因合同纠纷提起的诉讼，由被告住所地或者合同履行地人民法院管辖。"值得注意的是，在合同领域，在符合相关限定条件下，当事人意思自治得到优先考虑。第 35 条规定："合同或者其他财产权益纠纷的当事人可以书面协议选择被告住所地、合同履行地、合同签订地、原告住所地、标的物所在地等与争议有实际联系的地点的人民法院管辖，但不得违反本法对级别管辖和专属管辖的规定。"由此可见，在我国，在不违反级别管辖和专属管辖规定的条件下，合同或者其他财产权益纠纷的当事人可以书面协议选择与争议有实际联系的地点的人民法院管辖。在不满足上述协议管辖条件或当事人没有达成有效的管辖协议时，被告住所地和合同履行地是通常的管辖连结点。

被告住所地为"原告就被告"一般地域管辖规则体现，是指以民事法律关系的主体所在地或所属地为确定标准。对于何谓住所地，2022 年《民诉法司法解释》第 3 条规定："公民的住所地是指公民的户籍所在地，法人或者其他组织的住所地是指法人或者其他组织的主要办事机构所在地。法人或者其他组织的主要办事机构所在地不能确定的，法人或者其他组织的注册地或者登记地为住所地。"立法之所以选择被告住所地，有诸多好处。首先，涉外商事活动较为复杂，往往涉及多个地点，导致合同所涉地点复杂且变化，立法者必须为当事人提供一个较为明确的可预见性结果；其次，选择被告住所地法院而非原告住所地法院，可以使得原告必须去被告住所地才能起诉，增加了原告的起诉成本，使原告必须考虑相关起诉成本，无形中减少了原告很多毫无意义的起诉行为；最后，对于被告的住所地，尤其是被告属于法人等非自然人主体情形，法院可以更为方便地在其处进行调查取证，节省时间与精力，也体现了“被告应受较大保护”的理念。①

对于合同履行地法院具有管辖权，则是基于合同本身的目的与性质。对于何谓合同履行地，2022 年《民诉法司法解释》第 18 条规定：“合同约定履行地点的，以约定的履行地点为合同履行地。合同对履行地点没有约定或者约定不明确，争议标的为给付货币的，接收货币一方所在地为合同履行地；交付不动产的，不动产所在地为合同履行地；其他标的，履行义务一方所在地为合同履行地。即时结清的合同，交易行为地为合同履行地。合同没有实际履行，当事人双方住所地都不在合同约定的履行地的，由被告住所地人民法院管辖。”当事人通过订立涉外商事合同的最终目的是通过合同获得合同所带来的财产利益，所以如何才能维护并实现财产利益是合同的核心问题，而这取决于合同的适当履行。因此，合同履行地与合同密切相关。这种直接和现实的牵连，在某些方面和某种程度上形成了合同关系对相关地域的认同和依存。②对于以信息网络方式订立的，且通过信息网络交付标的的买卖合同，2022 年《民诉法司法解释》第 20 条规定：“以买受人住所地为合同履行地；通过其他方式交付标的的，收货地为合同履行地。合同对履行地有约定的，从其约定。”

出于对个人和社会公共利益保护的考量，有两个额外补充：一是 2023 年《民事诉讼法》第 279 条的规定：“对因在中华人民共和国领域内履行中外合资经营企业合同、中外合作经营企业合同、中外合作勘探开发自然资源合同发生纠纷提起的诉讼由我国法院专属管辖。”二是 2023 年《民事诉讼

①② 吕岩峰、闫峰：《论国际合同管辖权的确定——“适当—和谐论”的视角》，《社会科学战线》2023 年第 1 期。

法》第 276 条对“联系”作了补充规定：“因涉外民事纠纷，对在中华人民共和国领域内没有住所的被告提起除身份关系以外的诉讼，如果合同签订地、合同履行地、诉讼标的物所在地、可供扣押财产所在地、侵权行为地、代表机构住所地位于中华人民共和国领域内的，可以由合同签订地、合同履行地、诉讼标的物所在地、可供扣押财产所在地、侵权行为地、代表机构住所地人民法院管辖。除前款规定外，涉外民事纠纷与中华人民共和国存在其他适当联系的，可以由人民法院管辖。”这项规定适度扩大了我国法院的管辖范围，有利于对正当利益妥善保护。

二、协议管辖

在合同领域，当事人意思自治得到充分尊重，这体现在某些情况下允许当事人进行协议约定具有管辖权的法院，并且优先适用当事人的选择。然而，意思自治的适用并非没有限度，应当对当事人意思自治进行适当限制，①具体体现在管辖协议的形式和实质两方面要求。

（一）欧盟关于协议管辖的规定

欧盟关于协议管辖的规定集中在 2012 年新修订的《布鲁塞尔条例Ⅰ》和 1998 年《关于民商事管辖权和判决承认的卢加诺公约》，大体上要求协议管辖必须以书面形式作出，但是随着社会发展允许以电子形式的通信记录来作为协议管辖依据，此外商业惯例认可的管辖权协议作出方式也被得到承认。《关于民商事管辖权和判决承认的卢加诺公约》第 17 条明确规定：“授予管辖权的协议应以书面形式或以书面形式证明，或以符合当事各方之间确立的惯例的形式，或在国际贸易或商业中，以符合当事各方已知或应该知道的惯例的形式，并且在这种贸易或商业上，有关特定贸易或商业所涉及的合同类型的当事各方广泛知晓并经常遵守这种惯例。”《布鲁塞尔条例Ⅰ》则与上述规定进行了额外补充，其第 25 条额外规定了任何通过电子方式提供协议持久记录的通信应等同于“书面”。

① 袁发强、瞿佳琪：《论协议管辖中的“实际联系地”——立法目的与效果的失衡》，《国际法研究》2016 年第 5 期。

(二) 大陆法系国家关于协议管辖的规定

大陆法系国家尊重意思自治原则，以书面形式或者电子记录方式形成的管辖协议通常具有效力。在内容上，对于不涉及社会公共利益和国家安全的领域，允许当事人协议管辖法院。但是，在某些需要保护弱者的领域，又通常会对协议管辖的条件和范围作出一定限制。

1999 年修订的《瑞士联邦国际私法》第 5 条规定："在涉及经济利益的事项上，双方可达成协议，以决定因特定法律关系而引起的任何现有或未来的争议由何法院管辖。本协议可以书面形式、电报、电传、传真或任何其他可以以文本证明的通信方式订立。除非另有约定，对法院的选择是排他性的。"

2007 年修订的法国《民事诉讼法》第 46 条规定："在法国，除被告居住地法院外，原告可自行选择货物实际交付地或服务履行地的管辖。"[①]法国对于合同当事人协议约定的管辖范围存在实际联系的限制。此外，其第 4 条还对协议管辖作出了一定限制，即任何直接或间接偏离领土管辖权规则的条款应被视为不成文，除非该条款已由所有以贸易商身份签订合同的人员商定，并在被反对方的承诺中明确规定。[②]

在日本，1996 年《民事诉讼法》第 3 条（7）款规定："当事人可以以书面形式针对某一特定法律关系所生之诉讼而约定向何国法院提起诉讼。以电子记录方式达成的合意视为符合书面形式。但仅能向外国法院起诉之合意，该外国法院在法律上或事实上不能执行审判权的，不得援用该合意。"此外，其第 3 条之七对劳动纠纷和消费者合同的协议管辖作出了一定限制。

由此可见，大陆法系国家并不排斥协议管辖，但存在各种限制，如：瑞士将协议管辖限制于经济利益相关的事项上；法国则将当事人约定的法院限制于被告居住地法院、服务履行地法院等与案件实际相关地区的法院；日本则注重协议管辖的实效，考虑到协议选择的外国法院的审判权施行问题。

---

① 法国《民事诉讼法》（2007 年修正）第 46 条。

② 法国《民事诉讼法》（2007 年修正）第 4 条。

(三) 国际公约关于协议管辖的规定

在国际公约方面，形式上，协议管辖开始不局限于 1965 年《选择法院公约》第 4 条规定的“仅书面形式”，从仅书面形式向只要能够有效证明的、明文规定的多种形式放宽。[①]例如，1971 年海牙《外国民商事判决承认和执行公约》第 10 条第（5）款规定：“当事人双方以书面协议或在合理期间内经过书面认可的口头协议，同意将已发送的或者可能发生的有关特定法律关系的争议由原审国管辖的，原审国法院应被认为具有管辖权，但被请求国法律由于争议标的的原因不允许协议管辖的除外。”

此外，一些公约规定了默示管辖，例如 1958 年《国际有体动产买卖协议管辖权公约》第 3 条、[②]1971 年海牙《外国民商事判决承认和执行公约》第 10 条第 6 项。[③]实质上，有关公约赋予法院在公共政策等情况下否定当事人签订选择协议效力的能力，例如 2005 年《法院选择协议公约》第 6 条。[④]同时，协议管辖可因国内法对于争议标的不允许协议管辖而无效。[⑤]

关于协议管辖的存在形式，公约认为构成合同一部分的授予管辖权的协议应视为独立于合同其他条款的协议，不能仅仅以合同无效为由对授予管辖权的协议的有效性提出质疑。[⑥]若协议管辖是排他的，除协议无效或可撤销、由于被排除国国内法规定当事人不得约定排除该国管辖等理由外，管辖具有

---

① 例如，2005 年《法院选择协议公约》第 3 条、1958 年《国际有体动产买卖协议管辖权公约》第 2 条、1971 年海牙《外国民商事判决承认和执行公约》第 10 条第 5 项。

② 1958 年《国际有体动产买卖协议管辖权公约》第 3 条规定：“如果被告到某缔约国的某法院出庭应诉，该法院按照第二条所规定的协议应是无权管辖，而按该法院所属的国家法律规定又可认为有权管辖时，应被视为已接受该法院的管辖。但是，为了对此管辖提出异议，或者为了维护已被扣押的或有被扣押危险的标的物，或者为了要求解除扣押而出庭的，则为例外。”

③ 1971 年海牙《外国民商事判决承认和执行公约》第 10 条第（6）款规定：“被告未对管辖权提出异议或作出保留而就实质性问题进行辩论；但如被告为了反对扣押财产或寻求撤销其扣押而就实质问题进行辩论，或者由于诉讼标的的原因，承认其管辖权将违反被请求国法律，此项管辖权不应予以承认。”

④ 2005 年《法院选择协议公约》第 6 条规定：“除以下情形外，被选择法院以外的缔约国法院应当中止或者驳回排他性选择法院协议所适用的诉讼：（一）依据被选择法院地国的法律，该协议是无效的；（二）依据受理案件的法院地国的法律，一方当事人不具有签订该协议的能力；（三）承认该协议有效将导致明显的不公正或者将明显违背受理案件法院地国的公共政策；（四）基于当事人不可控制的特殊原因，该协议不能合理得到履行；（五）被选择法院已决定不审理该案件。”

⑤ 1971 年海牙《外国民商事判决承认和执行公约》第 10 条第（5）款。

⑥ 《关于民商事管辖权和判决的承认与执行的布鲁塞尔条例》（2012 年修订）第 25 条规定。

排他性。[①]

如果争议事项与所选择法院并无联系，或者被选择的法院处理该事项严重不便，缔约国可以保留不承认选择法院协议的权利。[②]一国也可以声明，如果除被选择法院所在地点外，该国与当事人或者争议没有联系，则该国法院可以拒绝审理该排他性选择法院协议适用的争议。[③]

值得注意的是，破产与和解及类似事项、不动产物权以及不动产租赁、旅客和货物的运输、海洋污染，海商索赔责任限制，共同海损，以及紧急拖航和海上救助、法人的有效性，无效性或者解散，以及其机构所作决定的有效性等事项的协议管辖往往因其特殊性质而难以达成一致，使得 2005 年《法院选择协议公约》和 1965 年《选择法院公约》均将上述内容排除于公约适用范围外。[④]

(四) 我国关丁协议管辖的规定

我国关于协议管辖的立法规定，体现在 2023 年《民事诉讼法》第 35 条中："合同或者其他财产权益纠纷的当事人可以书面协议选择被告住所地、合同履行地、合同签订地、原告住所地、标的物所在地等与争议有实际联系的地点的人民法院管辖，但不得违反本法对级别管辖和专属管辖的规定。"

由此可见，从协议管辖的形式要求上看，我国不承认口头协议管辖，管辖协议应当以书面形式形成。关于电子邮件等新时代信息技术的形式是否为书面形式，我国《民法典》第 469 条予以明确，即以电子数据交换、电子邮件等方式能够有形地表现所载内容，并可以随时调取查用的数据电文，视为书面形式。同时，对于协议管辖的存在形式，2022 年《民诉法司法解释》第 29 条予以规定："民事诉讼法第三十五条规定的书面协议，包括书面合同中的协议管辖条款或者诉讼前以书面形式达成的选择管辖的协议。"

协议管辖的实质内容则有较多要求。首先，当事人不能违反对法律对级别管辖和专属管辖的规定，即当事人只能在除不动产纠纷、继承遗产纠纷等

---

① 2005 年《法院选择协议公约》第 6 条、1965 年《选择法院公约》第 6 条。

② 1965 年《选择法院公约》第 15 条。

③ 2005 年《法院选择协议公约》第 19 条。

④ 2005 年《法院选择协议公约》第 2 条、1965 年《选择法院公约》第 2 条。

专属管辖以外的纠纷范围内协议选择，且只能约定一审的地域管辖，不能变更管辖法院的级别；其次，仅局限于合同或者其他财产权益纠纷；最后，当事人仅可选择被告住所地、合同履行地、合同签订地、原告住所地、标的物所在地等与争议有实际联系的地点的人民法院管辖。如果当事人选择的外国法院与案件所涉纠纷无适当联系，则法院可适用 2023 年《民事诉讼法》第 301 条认定该外国法院对案件无管辖权。

2022 年《民诉法司法解释》第 30 条规定："根据管辖协议，起诉时能够确定管辖法院的，从其约定；不能确定的，依照民事诉讼法的相关规定确定管辖。管辖协议约定两个以上与争议有实际联系的地点的人民法院管辖，原告可以向其中一个人民法院起诉。"对于当事人住所地变更的，2022 年《民诉法司法解释》第 32 条规定："管辖协议约定由一方当事人住所地人民法院管辖，协议签订后当事人住所地变更的，由签订管辖协议时的住所地人民法院管辖，但当事人另有约定的除外。"

三、特殊涉外商事合同管辖权原则

由于许多涉外商事合同具有其自身的独特之处，因此这些合同具有单独的特殊管辖权规则。下文选择部分特点较为鲜明、较为广泛使用的合同进行说明。

(一) 涉外消费者合同

涉外消费者合同是常见的涉外商事合同类型。这里的涉外消费者合同，是指国内经营者与外国消费者，或外国经营者与中国消费者签订的消费者合同。消费者合同的双方当事人地位较为不平等，消费者对于商品的了解能力较为欠缺，消费者的法律维护意识与法律专业水平相对薄弱，消费者的人力财力也处于弱势，这就导致了消费者通常处于弱势地位。并且，为了便捷交易和提高交易效率，消费者合同往往是格式条款，且多为电子形式，消费者在签署消费者合同时可能忽略某些对自身不利的条款。这就导致在立法时，应当加强对消费者的保护，在确定管辖依据时要将消费者所在地等有利于消费者维权的地点作为管辖连结点，以形式上的不平等来实现实质平等。

1. 美国关于涉外消费者合同的管辖权的司法实践

美国对于涉外消费者合同的管辖依然十分重视正当程序原则，其主要关注法律是否赋予相关法院管辖权，以及如何认定消费者合同管辖权中的最低限度联系要求。最低限度联系要求法院若获得管辖权外主体的管辖权，被管辖权主体必须与美国法院存在某种“系统和持续”的业务往来，有目的的在法院地市场活动，或者其行为在法院地产生了可预见的后果，从而使被管辖主体与法院存在最低限度联系，促使管辖权行使符合正当程序原则。法院会采用各种分析方法来判断上述标准，其中许多案件细节会被考虑，例如：被告是否通过互联网、邮件、电话营销等方式，有意将其产品或服务引入美国市场；或者被告的行为是否直接针对美国消费者，其产品或服务是否实际进入了美国。

在梅赛德斯案①中，原告因被告的销售合同违约而提起诉讼，俄亥俄州法院认为缺乏对被告的管辖权。原告不服而上诉。上诉法院在审查原审法院是否对非居民被告拥有属人管辖权时，进行了两步分析法：

首先，法院必须确定根据俄亥俄州的长臂法规和民事规则是否赋予俄亥俄州法院对本案非居民被告的属人管辖权；其次，如果法规和规则赋予管辖权，法院必须确定行使管辖权是否符合非居民被告根据美国《宪法》第十四修正案享有的正当法律程序权。俄亥俄州的长臂管辖法（R. C. 2307. 382）和补充民事规则（Civ. R. 4. 3）授权法院对非居民被告行使属人管辖权，并规定当非居民“在本州从事任何业务”引起诉讼时，法院可以送达诉讼文书以实现该管辖权。上诉法院认为被告是在俄亥俄州开展业务，因为它在俄亥俄州发起、谈判并与原告签订了合同，原告的索赔是因被告在俄亥俄州开展业务而产生，因此符合上述分析法的第一部分。对于第二部分，上诉法院认为正当程序进要求被告与法院地国有某些最低限度的接触，从而使诉讼的维持不违反“公平竞争和实质正义的传统观念”。对被告与法院地国关系的关注导致了对两种属人管辖权的承认，即一般管辖权和特定管辖权。一般管辖权源于被告与诉讼地“持续和系统性”接触，而这种接触与诉讼无关。对个

① Ricker v. Mercedes-Benz of Georgetown，191 N. E. 3d 1179.

人而言，行使一般管辖权的法院是个人的住所；对公司而言，它等同于一个公司的被视为居所的地方。特定管辖权所需的接触通常被称为“有目的的利用”。因原告未能证明被告与俄亥俄州有“持续和系统性”的接触，因此不具有一般管辖权。对于行使特定管辖权，法院认为当非居民卖方积极寻求在法院地国销售商品时，卖方可以与法院地建立足够的最低限度联系。而当非居民卖方在交易中仅扮演被动角色时，卖方则可能与买方的居住州联系不足，例如当卖方使用互联网拍卖网站时，买方的选择超出了卖方的控制范围，被告在法院地的销售是随机和疏远接触的结果。被告有目的、有意识地与俄亥俄州的原告买家取得联系，以便将汽车直接卖给原告。因此，被告与俄亥俄州的接触并非随机或偶然。

其次，原告关于被告违反销售合同的索赔诉求源于被告与俄亥俄州的接触。

在满足上述两个因素后，上诉法院默认原审法院对被告行使管辖权是合理的，除非有不寻常的因素存在。因此，上诉法院认为，在俄亥俄州提起诉讼不会给被告带来过于沉重的负担的前提下，俄亥俄州法院具有对被告的管辖权。

2. 欧盟关于涉外消费者合同的管辖权的规定

2012 年《布鲁塞尔条例Ⅰ》着重保护了消费者利益，使消费者能够就近起诉，节省诉讼成本。其在前言部分说明：“在保险合同、消费者合同和雇佣合同方面，弱势一方应受到比一般规则更有利于其利益的管辖规则保护。”第 17 条第（2）款规定：“如果消费者与在某一成员国没有住所但在某一成员国设有分支机构、代理机构或其他机构的一方签订合同，在因该分支机构、代理机构或机构的业务引起的争议中，该方应被视为在该成员国有住所。”第 18 条规定：“消费者可在合同另一方住所所在成员国的法院对该方提起诉讼，或者，无论另一方的住所位于何处，消费者均可在自己的住所所在地的法院提起诉讼。”上述规定给予了消费者在诉讼地选择上的方便与便利，使其不需要仅仅为了某一商品而承担过高的诉讼成本。若消费者赶赴被告人住所地起诉，则需要花费大量的时间和金钱，不仅对消费者极为不公，还很有可能导致消费者因对诉讼成本的考虑而放弃诉讼，从而造成放纵违法经营者的局面。

2012年《布鲁塞尔条例Ⅰ》第19条对与消费者进行协议管辖的行为进行了限制，即只有在争端发生后签订的，允许消费者在本节所述法院以外的法院提起诉讼，或者消费者与合同另一方在签订合同时的住所或常住地均在同一会员国，且该协议不违反该会员国的法律的条件下该协议赋予该会员国法院管辖权的情形下，可以通过协议偏离此规定。由此可见，欧盟对于处于信息弱势地位的消费者提供了协议限制，以落实法律赋予消费者的权益。但是，在信息化时代下，许多消费者合同是以电子形式订立的，可能导致经营者并不了解消费者真正的居住国。消费者可能出于保护隐私或其他原因而错误填写居住国。在这种情况下，有学者认为，诚信原则和禁止反言原则应被适用，以用户订立合同时表明的居住国为准。①

3. 大陆法系国家关于涉外消费者合同的管辖权的规定

与欧盟做法类似，大陆法系国家同样规定消费者可在其居住地法院提起诉讼，并且限制了有意剥夺消费者合法权益的管辖协议效力。

在日本，1996年《民事诉讼法》第3条（4）款规定："与消费者和营业者之间所签订的消费者合同，有关的消费者对营业者所提之诉讼，提起诉讼时或签订消费者合同时消费者在日本国内拥有住所的，可以向日本法院提起诉讼。"第3条（7）款对协议管辖进行了限制，即仅限于在下列情形协议管辖为有效：（1）该合意约定，可以向合同签订时消费者住所地国法院提起诉讼（对于仅能向其他国家法院提起诉讼之合意，除下款所载之情形外，应理解为该合意不妨碍向该国以外的法院提起诉讼）；（2）消费者基于该合意向所选择之国家法院提起诉讼，或者经营者向日本或外国的法院提起诉讼时，消费者援引该合意。

在瑞士，根据1999年修订的《瑞士联邦国际私法》第114条和第120条规定，对于与消费者的职业或商业活动无关的消费者合同，由消费者选择由消费者住所地或习惯居所地、供货方住所地或习惯居所地的法院管辖，且

① 郭玉军、向在胜：《欧盟电子消费合同管辖权问题研究》，《武汉大学学报（社会科学版）》2002年第3期。

消费者不得事先放弃其住所地或习惯居所地法院的管辖权。

4. 我国关于涉外消费者合同管辖权的规定

在我国，涉外消费者合同除了适用对合同的一般管辖权原则之外，2022年《民诉法司法解释》第31条还对协议管辖作出补充规定："经营者使用格式条款与消费者订立管辖协议，未采取合理方式提请消费者注意，消费者主张管辖协议无效的，人民法院应予支持。"经营者通常是格式条款的制定者，往往会将条款内容的设置偏向于自己，使自己在纠纷中获得有利地位，因此对经营者施加相对应的提醒义务是合理的。此外，电商消费不断发展，网络购物日益增多，对于网络订立的消费者合同，2022年《民诉法司法解释》第20条特别规定："以信息网络方式订立的买卖合同，通过信息网络交付标的的，以买受人住所地为合同履行地；通过其他方式交付标的的，收货地为合同履行地。合同对履行地有约定的，从其约定。"由此可见，我国同样具有方便消费者就近起诉和限制故意剥夺消费者合法权益的规定。此外，2023年《民事诉讼法》第58条第1款还赋予法律规定的机关和有关组织可以对侵害众多消费者合法权益等损害社会公共利益的行为，向人民法院提起诉讼的权利。

（二）涉外雇佣合同

关于雇佣合同定义，许多国家的规定基本一致，即允诺劳务的一方有义务提供所约定的劳务，另一方有义务给予所约定的报酬，特点在于雇佣合同的标的是任何种类的劳务报酬。①涉外雇佣合同即存在涉外因素，由一个国家的劳务提供方，向另一国家的雇主提供劳务的合同。涉外雇佣合同与涉外消费者合同存在相似之处，即合同双方地位存在不平等现象。涉外雇佣合同关系中的雇员因语言隔阂、地理位置遥远、费用高昂和能力欠缺等因素更加处于弱势地位。②因此，对于涉外雇佣合同管辖依据的确立，也通常考虑对雇员权益的保护，增加了许多例如雇员居所地等有利于雇员维权的管辖连结点。

---

① 谢增毅：《民法典编纂与雇佣（劳动）合同规则》，《中国法学》2016年第4期；谢增毅：《民法典引入雇佣合同的必要性及其规则建构》，《当代法学》2019年第6期。

② 刘阳：《论中国涉外雇佣合同国际民事裁判管辖权规则之重构》，《国际法研究》2023年第3期。

1. 美国关于涉外雇佣合同的管辖权的司法实践

在正当程序原则要求下，美国同样将焦点关注于最低限度联系标准，即雇主或雇员与法院地是否构成足够的联系。在 Blakes 案①中，DynCorp 是一家特拉华州有限责任公司，总部设在弗吉尼亚州，在路易斯安那州没有实体存在。DynCorp 根据《外事服务就业协议》（FSA）雇用了路易斯安那州居民 Blakes 在阿富汗巴格拉姆机场担任护送监控技术员。FSA 规定合同产生的任何争议都受阿富汗法律管辖，并在阿富汗法院解决。此外，《公平竞争协议》规定只能在阿富汗履行，《公平竞争协议》实际上也是在阿富汗履行的。为了确定地区法院是否可以以符合正当程序的方式对一方当事人行使特定属人管辖权，美国第五巡回上诉法院采用了三方面的检验标准：（1）被告是否与法院地国有最低限度的接触，即被告是否有意将其活动指向法院地国或有意利用在法院地国开展活动的特权；（2）原告的诉因是否源于或产生于被告与法院地国有关的接触；（3）属人管辖权的行使是否公平合理。法院认为“仅仅与法院地国的居民签订合同”并不构成足以确立对非居民被告的属人管辖权的最低限度接触，尤其是当州外的被告在法院地没有实体存在，没有在那里开展业务，且有争议的合同不是在本州签署的，也没有要求在本州履行时。据此，地区法院没有获得管辖权。

2. 欧盟关于涉外雇佣合同的管辖权的规定

欧盟对雇佣合同和对消费者合同的规定存在相似之处，即均在诉讼地的选择上给予消费者或者雇员起诉便利。2012 年《布鲁塞尔条例Ⅰ》在前言部分说明：“在保险合同、消费者合同和雇佣合同方面，弱势一方应受到比一般规则更有利于其利益的管辖规则保护。”例如，其第 20 条规定：“如果在某一成员国没有住所的雇员与雇主签订个人雇佣合同，雇主在某一成员国设有分支机构、代理机构或其他机构，则在因该分支机构、代理机构或机构的运作而产生的争议中，该雇主应被视为住所在该会员国。”第 21 条规定：“对于定居在某一成员国的雇主，可在其住所所在地的法院起诉。此外，雇员也可在雇员惯常工作地或工作地点的法院，或在雇员最后工作地的法院起

① 732 Fed. Appx. 346.

诉雇主，如果雇员不在或惯常不在任何一个国家工作，则由雇用该雇员的企业所在或曾经所在地的法院审理。即使雇主住所不在成员国，雇员也可根据上述规定从而在成员国法院起诉。”2012 年《布鲁塞尔条例Ⅰ》对雇佣合同较消费者合同规定的不同之处在于，其第 22 条额外规定了雇主只能在雇员居住地的成员国法院提起诉讼，以进一步减轻雇员的应诉成本。同样，为了落实对雇员的利益保护，其第 23 条规定：“只有满足于争议发生后签订的，或允许雇员在本节所述法院之外的其他法院提起诉讼的两个条件中任一一条，雇主与雇员才可以协议管辖。”这是以法律层面对雇员进行协议管辖限制，从而落实其对雇员的利益加以保护。

3. 瑞士关于涉外雇佣合同管辖权的规定

瑞士同样规定了雇员住所地这一管辖连结点以方便雇员提起诉讼，落实了对雇员利益的保护。1999 年修订的《瑞士联邦国际私法》第 115 条规定：“雇佣合同由被告住所地或雇员经常履行义务地的瑞士法院具有管辖权。对于雇员提起的诉讼，雇员住所地和习惯居所地的瑞士法院也具有管辖权。”

4. 我国关于涉外雇佣合同管辖权的规定

在中国，涉外雇佣合同国际民事裁判管辖权规则较为不足。中国法院在司法实践中通过不同的方法确定涉外雇佣合同案件的管辖权连结点，一部分法院回归适用涉外一般合同管辖权规则，另一部分法院参照 2020 年《最高人民法院关于审理劳动争议案件适用法律问题的解释（一）》第 3 条推导出涉外雇佣合同管辖权连结点。①因此，在我国涉外雇佣合同要么适用一般涉外合同的管辖权规则，要么参照适用“劳动争议案件由用人单位所在地或者劳动合同履行地的基层人民法院管辖。劳动合同履行地不明确的，由用人单位所在地的基层人民法院管辖。法律另有规定的，依照其规定”条文。

（三）其他涉外典型商事合同

除了上述典型涉外商事合同外，还有其他众多涉外商事合同类型。例

① 刘阳：《论中国涉外雇佣合同国际民事裁判管辖权规则之重构》，《国际法研究》2023 年第 3 期。

如，在欧盟，对于涉外担保合同，1998 年《关于民商事管辖权和判决承认的卢加诺公约》第 6 条和 2012 年《布鲁塞尔条例Ⅰ》第 8 条规定，作为担保或担保诉讼或任何其他第三方诉讼中的第三方，可在受理原始诉讼的法院提起诉讼，除非这些诉讼仅仅是为了使其脱离在其案件中的适格法院的管辖权。担保合同是主债权债务合同的从合同，因此可以受原始诉讼所在法院管辖。日本 1996 年《民事诉讼法》第 3 条（3）款规定：“基于以船舶债权或其他船舶为担保之诉讼，若船舶位于日本的，则日本法院拥有管辖权。”对于涉外信托合同，1988 年《关于民商事管辖权和判决承认的卢加诺公约》第 5 条规定：“在存在法律、书面文书设立或者口头设立并有书面证明的信托的情况下，可以以委托人、受托人或者受益人的身份，在信托所在地缔约国法院起诉。”信托的核心是委托人将信托财产移转给受托人，受托人为了受益人的利益而对其进行管理或处分。信托合同主要是围绕信托财产而发生的财产管理和处分的合同关系。[①]因此，信托所在地是整个信托合同履行阶段的中心地，适格当事人在持有有效信托证明的情形下适宜在此地起诉，既方便当事人参与诉讼，又方便法院调取证据。

在我国，对于涉外保险合同和涉外运输合同，除适用涉外合同一般管辖权原则外，2023 年《民事诉讼法》和 2022 年《民诉法司法解释》还对其进行了特殊规定：因保险合同纠纷提起的诉讼，由被告住所地或者保险标的物所在地人民法院管辖；[②]因财产保险合同纠纷提起的诉讼，如果保险标的物是运输工具或者运输中的货物，可以由运输工具登记注册地、运输目的地、保险事故发生地人民法院管辖；因人身保险合同纠纷提起的诉讼，可以由被保险人住所地人民法院管辖；[③]因铁路、公路、水上、航空运输和联合运输合同纠纷提起的诉讼，由运输始发地、目的地或者被告住所地人民法院管辖；[④]对于财产租赁合同、融资租赁合同，以租赁物使用地为合同履行地。合同对履行地有约定的，从其约定。[⑤]

---

① 王利明：《信托合同与委托合同的比较》，《暨南学报（哲学社会科学版）》2019 年第 4 期。

② 《民事诉讼法》第 25 条。

③ 2022 年《民诉法司法解释》第 21 条。

④ 《民事诉讼法》第 28 条。

⑤ 2022 年《民诉法司法解释》第 19 条。

合同的核心是实现合同目的，对于涉外保险合同，其目的与保险标的密切相关，管辖权的制定往往考虑被保的财产、财产性利益或被保人寿命和身体的所在地。对于运输合同，运输的始发地与目的地与运输最为相关，运输合同的目的就是承运人将特定物品从始发地运送到目的地并获得报酬，因此上述两个地点补充作为管辖权连结点。同理，对于租赁合同，在租赁合同所涉及的众多环节中，租赁物的使用与合同根本目的能否达成存在紧密相连的关系，租赁物的使用地具有重要地位，因此视租赁物使用地为合同履行地。

总之，面对种类繁多、错综复杂、且随时代发展而快速变化的各种涉外商事合同管辖权规则，看似眼花缭乱，不知所措，但实际上，无论是国内还是国外，立法者在规定相关合同管辖权时，往往是在一般涉外合同管辖权规则的基础上，增加某种合同自身最本质、最独特因素的所在地作为管辖权连结点。换言之，只要能把握每种涉外商事合同的本质特点，就能理解每种合同的管辖权规则。

第四节　涉外商事侵权案件管辖权

案例①：

原告 Tata Sons Private Limited 是印度著名的塔塔集团的一家控股公司，可能会以其知名品牌/商标“TATA”提供加密货币（crypto currency）的交易平台，尽管原告本身并未以任何品牌或商标进行加密货币交易。

第一被告 Hakuna Matata ＄Tata Founders 位于英国，运营网站 www.tatabonus.com。第一被告位于美国，运营网站 www.hakunamatatafinance.com。两被告在各自的网站上提供名为“TATA 币/＄TATA ”（TATA Coin/＄TATA）加密货币的买卖交易服务。

原告向法院提起诉讼，指控被告侵犯其“TATA”商标权，并要求对被告发出临时禁令，以阻止被告继续在其网站上使用“TATA ”商标。但是，两

① Tata Sons Private Limited v. Hakuna Matata TataR Founders & Ors., CS (COMM) 316/2021 & I. A. 8000/2021, decision of the Pelhi High Court dated October 26, 2021.

被告既未在印度设立分部，也未在印度境内进行任何公开的生产或营销活动。

问：

1. 侵权案件是否能在事前达成管辖协议？

2. 通过互联网进行侵权时，侵权损害结果的发生地如何确定？

一、普通涉外商事侵权案件的管辖权原则

侵权与合同存在不同，侵权很难于侵权行为实施前对管辖权进行协议约定，因此涉外侵权领域更需事前的法律规范。出于对本国国民以及社会经济利益保护的目的，各国在立法中均极力扩大本国法院的管辖范围。①总的说来，英美确立国际民事管辖权的基础是有效控制原则和自愿接受原则。在对人诉讼中，有效控制原则主要表现为“当事人的出现”，即只要法院能将传票送达给当事人，就构成管辖权的根据；在对物诉讼中，只要能将传票贴于诉讼标的物上，英美国家的法院即认为可对该标的涉及的争议行使管辖权，即使该物将要立即离开英美国家也不影响他们行使管辖的权力。②李浩培先生将英美法系基于有效控制原则而实施的管辖权称为“具有灵活性的制度”，认为这种管辖基础赋予法官极大的自由裁量权。③而大陆法系国家虽然不采纳送达原则，但注重属地原则，因此侵权行为的实施地和损害结果的发生地，即侵权行为地，往往作为涉外商事侵权案件的管辖连结点之一。此外，根据原告就被告这一国际的普遍惯例，被告住所地也经常被采纳为涉外商事侵权案件管辖连结点。英美法系国家的送达原则极大扩大本国法院的管辖范围，但有学者认为，大陆法系国家注重属地原则同样存在着明显扩大本国法院管辖权的现象。④鉴于各国对其本国管辖权的极力扩张，许多国家开始对管辖权进行限缩，例如适用不方便法院原则、可预见性原则等，但实际效果其实并不理想，管辖权冲突仍然明显。

---

① 李双元：《关于我国国际民事管辖权的思考》，《海峡两岸法律冲突及海事法律问题研究》，山东大学出版社 1991 年版，第 205 页。

②④ 刘卫国：《论国际民事管辖权的立法趋向》，《法商研究（中南政法学院学报）》2001 年第 6 期。

③ 李浩培：《国际民事程序法概论》，法律出版社 1996 年版，第 51—53 页。

(一) 美国关于商事侵权案件的司法实践

在美国法院的国际侵权案件中，产品责任诉讼居多，正当程序原则被分为最低限度接触原则和有目的的利用原则。在最低限度接触领域，商业流通标准在国际产品诉讼及其他侵权诉讼中有着十分重要的作用。这一原则最早可追溯到 1961 年的 Gray v. American Radiator & Standard Sanitary Co. 案①。在该案中，伊利诺伊州最高法院对外州原材料公司行使了特殊属人管辖权，理由是该公司明知其产品处于州际商业流通环节中。②而关于对最低限度接触的否定性认定，可见于世界大众汽车公司诉伍德森案③。该案中怀特大法官认为，被告（汽车批发商和零售商）在俄克拉何马州没有开展任何活动，也没有利用俄克拉何马州法律规定的任何特权或利益，仅仅是在纽约出售给纽约居民的一辆汽车在途经俄克拉何马州时碰巧发生事故这一偶然情况，并不构成与俄克拉何马州的最低限度接触，因此俄克拉何马州法院无法根据州长臂法规行使管辖权。

关于有目的的利用，在 J. McIntyre Machinery, Ltd. v. Nicastro 案④中有相关说明。此案中，工人在使用金属剪切机时手部严重受伤，遂对外国制造商提起产品责任诉讼。美国最高法院肯尼迪大法官认为，如果被告将货物放入商业流通中，并期望这些货物会被法院地国的消费者购买，那么在确定是否存在管辖权时，主要的调查是被告的活动是否表现出屈服于该主权国权力的意图；换言之，被告必须有目的地利用在法院地国开展活动的特权，从而援引法院地国法律的利益和保护。本案法院认为外国制造商委托美国麦金泰尔公司在美国推广和销售其机器，有目的地利用了美国的全国市场。当被告本身的行为导致与法院地的联系时，裁判权就可以适当行使。此外，在著名的国际鞋业案⑤本身及其后的判决中，法院明确指出，法律虚构，尤其是“出庭”（Presence）和“默示同意”（Implied Consent），应予以摒弃，因为

---

① 张茂：《美国国际民事诉讼法》，中国政法大学出版社 1999 年版，第 65 页。

② 同上书。

③ 100 S. Ct. 559.

④ 131 S. Ct. 2780.

⑤ See *International Shoe v. State of Washington*, 326 U. S. 310, 66 S. Ct. 154, 90 L. Ed. 95 (1945).

它们掩盖了管辖权所依据的实际基础。"被告、法院和诉讼之间的关系"决定了正当程序是否允许对被告行使属人管辖权，而"默示同意"或"公司存在"（Corporate Presence）的虚构并不能推进适当的庭讯。

（二）欧盟关于涉外商事侵权案件的管辖权规定

欧盟法律规定被告人住所地法院、损害事件发生或者可能发生地法院对涉外商事侵权案件通常具有管辖权。具体而言，首先，根据2012年《布鲁塞尔条例Ⅰ》第4条规定，被告人居所地法院具有对涉外侵权案件的管辖权。其次，第7条（2）款规定："在与侵权、不法行为或准不法行为有关的事项上，居住在某一成员国的人可在损害事件发生地或可能发生地的另一成员国法院被诉。"最后，对于何谓损害事件发生地，在Bier案[①]中，欧洲法院认为：公约的所有文本都使用了"损害事件发生地"这一措辞，但问题是，在确定管辖权时，是否有必要选择引起损害的事件发生地或损害发生地作为联系因素，或允许原告可在这两个联系因素中作出选择。法院认为，造成损害的事件发生地和损害结果发生地一样，都可以构成一个重要的关联因素。考虑到各个组成部分之间的密切联系，似乎不宜选择上述两个联系因素中的一个而排除另一个，因为根据具体情况，这两个因素中的每一个都可能对证据和诉讼的进行特别有帮助，且1968年《布鲁塞尔公约》第5条第（3）款以其全面的措辞形式涵盖了各种各样的赔偿责任。因此，欧洲法院认为，损害事件发生地这一表述允许原告可以选择损害发生地或引起损害的事件发生地来提起诉讼。欧盟的侵权管辖权赋予了侵权行为地法院和损害结果发生地法院，并且给予原告选择权，可以挑选其中的法院进行起诉。此外，该法规还规定了可能发生损害事件地的法院的管辖权，对侵权管辖规则作了更全面的补充。

（三）国际公约关于涉外商事侵权案件的管辖权规定

国际公约尊重各国的国内法规定，对专属管辖例外规定给予肯定。此外，公约考虑到审判和执行的便利性和可行性，充分了考虑物之所在地这一因素。总的说来，公约由于是成员国协调意志的产物，因此往往采纳各国普

① Handelskwekerij G. J. Bier BV v. Mines de potasse d'Alsace SA，Case 21—76.

遍规定，没有太多创造性内容。

1971年海牙《外国民商事判决承认和执行公约》第10条（4）款规定："在对人造成伤害或对有形物品造成损害的事件中，造成损害的事实发生在原审国，而且损伤或损害行为的肇事者在上述事实发生时也在原审国时，应认为原审国法院具有管辖权。"第12条对上述管辖权作了限制性规定，即由于诉讼标的的原因、国内法因诉讼标的给予其法院以专属管辖权、有授予仲裁人专属管辖的协议等原因可以不承认部分法院的管辖权。

《外国民商事判决承认和执行公约附加议定书》第4条规定："存在被告在原审国境内有财产，或原告在原审国扣押了被告财产，或原告的国籍，或原告在原审国的住所、惯常居所或临时居所，或被告在原审国境内进行商业活动的事实，或在境内对被告的送达，或特别是在销售发票中的原告单方面指定管辖法院等因素的，相关因素所在地法院可以获得管辖。"

(四) 大陆法系国家关于涉外商事侵权案件的管辖权规定

大陆法系国家的基本原则是被告住所地、侵权行为发生地和损害后果产生地法院具有管辖权。但是，如果侵权事件的发生比较偶然，或者由他国法院管辖更为方便的，也可以拒绝管辖。日本1996年《民事诉讼法》第3条（3）款的第八小项规定："如果侵权发生地在日本境内，则日本法院均具有管辖权。"但是，其条款还规定了特殊情况，即虽然在外国实施的不法行为后果在日本境内出现，但通常无法预见在日本境内产生的后果时，日本法院不具有管辖权。换言之，如损害行为发生在外国而损害结果发生在日本，只有当发生在日本的损害后果具有可预见性时，日本法院才能主张管辖权。可预见性规则最早产生于法国，初始是为了限制违约赔偿责任的大小，但逐渐在大陆法系被广泛采纳，也成为英美法系国家立法中的重要理论。日本将可预见性原则扩大到管辖领域并以立法明确。这样的限制性规定和1996年日本《民事诉讼法典》第3条第九款具有同样的目的，即减少过度的管辖权，防止管辖权的积极冲突。①这种可预见性原则在我国的管辖权领域还未曾被普

① 日本1996年《民事诉讼法》第3条（9）款规定，即使日本法院对诉讼拥有管辖权（除非根据只允许向日本法院提起诉讼的协议提起诉讼），如果法院发现存在特殊情况，则在特定情况下法院可以不加损害地驳回全部或部分诉讼。

遍采纳，尤其是在涉外商事侵权案件管辖权领域。有学者认为我国也应当引入可预见性原则，从而实现侵权案件管辖权的有效、合理行使。[①]

在德国，2015 年德国《民事诉讼法》第 32 条规定："对于因侵权行为提起的申诉，侵权行为发生地的法院具有管辖权。"在瑞士，根据 1987 年《瑞士联邦国际私法法典》第 129 条的规定，对于侵权行为、被告住所所在地的瑞士法院具有管辖权。若被告在瑞士没有住所，则被告的惯常居住地的瑞士法院对侵权诉讼具有管辖权。此外，若行为发生地或结果发生地在瑞士，或与瑞士境内机构运营有关的诉讼，则机构所在地的瑞士法院也有管辖权。在法国，根据 2007 年修正的法国《民事诉讼法》第 46 条的规定："除被告居住地法院外，原告可自行选择损害事件发生地或遭受损害地的司法管辖区的法院管辖。"

（五）我国关于涉外商事侵权案件的管辖权规定

我国 2023 年《民事诉讼法》第 29 条对普通涉外侵权案件作出规定，即因侵权行为提起的诉讼，由侵权行为地或者被告住所地人民法院管辖。同时，第 34 条规定了专属管辖："因不动产纠纷提起的诉讼，由不动产所在地人民法院管辖；因港口作业中发生纠纷提起的诉讼，由港口所在地人民法院管辖。"《最高人民法院关于审理专利纠纷案件适用法律问题的若干规定》第 5 条则规定："因侵犯专利权行为提起的诉讼，由侵权行为地或者被告住所地人民法院管辖。"此外，2023 年《民事诉讼法》第 276 条规定："因涉外民事纠纷，对在中华人民共和国领域内没有住所的被告提起除身份关系以外的诉讼，如果合同签订地、合同履行地、诉讼标的物所在地、可供扣押财产所在地、侵权行为地、代表机构住所地位于中华人民共和国领域内的，可以由合同签订地、合同履行地、诉讼标的物所在地、可供扣押财产所在地、侵权行为地、代表机构住所地人民法院管辖。除前款规定外，涉外民事纠纷与中华人民共和国存在其他适当联系的，可以由人民法院管辖。"在我国台湾地区，2021 年"民事诉讼法"第 15 条规定："因侵权行为涉讼者，得由行为地之法院管辖。"

---

① 张文亮：《跨国侵权结果地的认定和管辖权行使》，《法商研究》2023 年第 3 期。

关于何谓侵权行为地，2022 年《民诉法司法解释》第 24 条予以明确：即《民事诉讼法》第 29 条规定的侵权行为地，包括侵权行为实施地、侵权结果发生地。这种对侵权行为地的界定也是当今世界各国的主流划分。同时，由于信息网络社会侵权事件不断发生，2022 年《民诉法司法解释》第 25 条规定："信息网络侵权行为实施地包括实施被诉侵权行为的计算机等信息设备所在地，侵权结果发生地包括被侵权人住所地。"

由此可见，我国法律对普通涉外商事侵权案件管辖权的规定有宽有严。对于涉及国家与社会公共利益或其他特殊情形的，由我国法院专属管辖，而其他与中华人民共和国具有联系的案件，我国法院"可"管辖，也可以出于对司法资源的损耗、调查取证难易程度等考虑而拒绝管辖。此外，从上述他国或地区立法规定、国际条约可以看出，在涉外商事侵权领域，我国台湾地区或其他国家普遍认同被告住所地和侵权行为地法院具有管辖权，而侵权行为地也指有害事件发生地或遭受损害地，本质上这与我国侵权行为地包括侵权行为实施地与侵权结果发生地的规定是相同的。各国普遍认同侵权行为地与被告住所地是侵权领域案件管辖权的基本连结点。

二、特殊涉外商事侵权案件的管辖权原则

商业侵权行为经常发生，既可能是通过网络对他人人格权在世界范围内侵权，也可能是因船舶碰撞而发生的侵权。针对上述涉外商事侵权案件，我国或其他国家与地区的法律作出了特别规定或特殊的司法实践。

(一) 在信息网络领域发生的侵权

在互联网领域发生的侵权类型多种多样，既可以侵犯商业秘密，也可以侵犯隐私权等。但比较常见的是对人格权的侵犯。信息网络领域侵权案件的特殊性在于信息网络的虚拟性，难以确定侵权行为地。因此各国通常将侵权设备所在地纳入侵权行为地，从而确立管辖。

1. 美国关于网络侵权管辖权的规定

美国是信息网络技术较早使用、发展较好的国家。在美国，首先，网络领域的侵权案件要考虑如何定位侵权设备所在，因为这往往关系到传票的送达。送达传票又是英美法系国家确认管辖权的基础。实践中，美国唱片业协

会“RIAA”经常利用《联邦民事诉讼程序规则》第45条和《数字千年版权法》(DMCA)的传票程序从互联网服务提供商那里获得侵权者的姓名。具体而言，RIAA向互联网服务提供商发出的传票中通常包括一个IP地址，以及RIAA通过其代理观察到该IP地址用于涉嫌侵权活动的日期和时间。在某些情况下，仅向互联网服务提供商提供IP地址就足以让互联网服务提供商识别侵权者。提供日期和时间还有助于一些互联网服务提供商识别侵权者，尤其是使用动态IP地址的互联网服务提供商。例如，一台计算机可能在不同的时间被分配不同的IP地址，包括每次登录互联网时。一旦获得IP地址以及侵权活动的日期和时间，侵权者的互联网服务提供商就能迅速、轻松地识别侵权行为发生的计算机（以及控制该计算机的用户的名称和地址），有时只需几分钟。[①]

其次，美国法院所采用的最低限度联系，在网络领域，是通过审查网站与法院地之间的交互性质来确定对被告行使管辖权是否违背了“公平审理与实质正义”。在美国地区法院的汤普森案[②]中，原告是汽车模型生产和销售公司，被告通过互动网站 http://www.truckinlittle.com 销售卡车。原告认为，被告将原告的模型与第三方模型合并，然后将混合模型放入原告的“独特”包装中在网站上销售，使买家相信该模型是原告的产品之一，造成商标侵权。被告认为与案件受理的法院接触很少，因此法院不具有属人管辖权。法院认为，从Gorman案[③]中可以发现，如果被告与外国司法管辖区的居民签订的合同涉及在知情的情况下通过互联网重复传输计算机文件，则属人管辖权是适当的。与此相反的情况是，被告只是在互联网网站上发布信息，外国司法管辖区的用户可以访问该网站。一个被动的网站，除了向对其感兴趣的人提供信息外，并不能成为行使属人管辖权的理由。法院将网站分为主动型、交互型和被动型。对于交互型网站，被告与互联网的接触足以确立管辖权所需的最低限度接触。本案中，被告维护一个法院地居民可以访问的互动网站，这种商业交易邀请，再加上法院地居民实际利用这一机会进行购买的

① Carlos Linares给美国路易斯安那州西区地方法院出具的专家报告，2007 WL 1849519。

② Hartoy Incorporated v. Thompson，Case No. 02-80454-CIV-MIDDLEBROOKS.

③ Gorman v. Ameritrade Holding Corp.，293 F. 3d 506，510 (D. C. Cir. 2002).

事实，法院认为足以使汤普森受到本院管辖。

2. 欧盟关于网络侵权管辖权的规定

欧盟采用利益中心标准规则，专门用以协调严重的网络人格权侵权的国际管辖权冲突问题。即在损害具有全球性的情况下，应将利益中心视为损害结果发生地或管辖权依据，利益中心所在地才有国际管辖权。①

例如，在 eDate 案与 Martinez 案合并审理的案件②中，被告均通过其掌控的网站传播当事人的隐私信息或照片，原告认为其侵犯了自己的人格权。法院认为，媒体在互联网上侵犯人格权的行为具有跨国性，甚至是全球性，这就需要确定司法管辖区，以平衡媒体机构的利益和相关个人的利益。此外，由于网站上的信息在各个国家都可以获取，因此还会导致挑选法院的现象发生。法院认为，应当使人格权持有人能够在其利益中心所在的司法管辖区提起诉讼，这样也可以增强管辖的可预见性。法院以利益中心所在地作为评判标准。在确定利益中心所在地时，有两个要素：一是要求利益中心所在地是该个人的利益中心所在地，即有关受害人在享受其人格权时主要生活的地点；二是要素涉及信息的性质，即引起争议的信息是在某一特定领土上引起人们兴趣的信息，并因此积极鼓励该领土上的读者获取该信息，但这并不等同于媒体的主观意图，而应当客观看待。能够合理地预测该信息在客观上与某一特定领土地区相关。侵犯人格权的重心往往与有关新闻或意见的重心相同。简言之，由于新闻报道或意见可能在某一地方特别引人关注，这也是任何侵犯人格权行为可能造成最大损害的地方。如果相关信息在客观上与某一国的范围相关，而该国又是人格权持有人的“利益中心”所在国，则该国法院有权审理就侵权行为造成的所有损害提起的赔偿诉讼。满足上述两个要素的成员国显然是法院最适合对事实作出裁判和审理整个案件的地方。利益中心所在地就在该司法管辖区。

3. 我国关于网络侵权管辖权的规定

许多大陆法系国家的法律例如日本 1996 年《民事诉讼法》《瑞典司法程

---

① 林洧：《跨境网络侵权诉讼的国际管辖权分配规则研究》，《国际法学刊》2023 年第 3 期。

② Joined cases C-509/09 and C-161/10.

序法典》（1999 年修订）、法国《民事诉讼法》（2007 年修正）似乎由于制定较早，并没有对互联网领域发生的侵权案件作出完善的特别规定。在我国，除了一般侵权管辖权原则外，对信息网络侵权的规定在 2022 年《民诉法司法解释》第 25 条中："信息网络侵权行为实施地包括实施被诉侵权行为的计算机等信息设备所在地，侵权结果发生地包括被侵权人住所地。"换言之，鉴于信息网络的虚拟性，立法者将计算机等信息设备实物的所在地考虑在内，这些信息设备实物更容易被定位。

而在信息网络中，侵权的损害结果的发生地是较难确定的。例如，A 国的 B 公民通过信息网络向全世界造谣于 A 国注册成立的 C 公司，称 C 公司内部管理腐败，产品抄袭。通常情况下，可以较为确定 A 国是 B 公民侵权行为的损害结果发生地，因为 C 公司在 A 国注册成立，在本国范围内遭到不利影响是可以预料到的。但是，在 A 国以外的其他国家是否同样属于 B 公民侵权行为的损害结果发生地？这可能要考虑许多因素，例如 C 公司是否为一家全球性经营的企业。但无论如何，C 公司在其注册成立的 A 国必然受到网络侵权损害，因此侵权结果发生地包括被侵权人住所地是较为合理的。

此外，对于域名的侵权纠纷，《最高人民法院关于审理涉及计算机网络域名民事纠纷案件适用法律若干问题的解释》（2020 年修正）第 2 条规定，涉及域名的侵权纠纷案件，由侵权行为地或者被告住所地的中院管辖。对难以确定侵权行为地和被告住所地的，原告发现该域名的计算机终端等设备所在地可以视为侵权行为地。涉外域名纠纷案件包括当事人一方或者双方是外国人、无国籍人、外国企业或组织、国际组织，或者域名注册地在外国的域名纠纷案件。在中华人民共和国领域内发生的涉外域名纠纷案件，依照《民事诉讼法》第四编的规定确定管辖。

对于涉外网络侵权管辖权的完善，有学者认为，根据我国相关立法和司法实践，应当在矫正传统被告住所地和侵权行为地管辖规则的基础上，通过注入以合理预见、利益中心、关联争议集中管辖等分析要素进一步予以考察重构。①

---

① 孙尚鸿：《中国涉外网络侵权管辖权研究》，《法律科学（西北政法大学学报）》2015 年第 2 期。

（二）船舶碰撞领域侵权

在国际船舶碰撞领域，基于物的单纯存在而行使海事管辖权在国际社会并未被视为一项管辖权的过度主张，尽管存在一些主张以具体的管辖连接替代物的单纯存在作为管辖基础的呼声，并已为个别领域的公约所吸纳，但这并没有损及物的单纯存在在海事管辖基础中的地位。简言之，船舶登记地和船舶所在地等与涉事船舶相关的地点往往被纳入管辖连结点，这些地点的法院也更便于对案件事实的查明和判决的执行。

1. 美国关于船舶碰撞领域侵权的管辖权规定

美国没有海事法院，对物诉讼的管辖法院是联邦法院。英美法系国家的对物诉讼通常是被告的船舶或有关的财产，管辖权源自对船舶的扣押，即如果美国联邦法院能够扣押在其领水内的船舶，则其有权裁判任何依附于该船舶的海事优先权的请求。此外，法院也可以对人行使管辖权，例如以被告在法院地的商业行为为管辖基础。美国海事法也承认对准物权管辖权，即对在被告缺席从而无法对其行使对人管辖权的情况下，只要被告在法院管辖区域内有财产供原告扣留，法院即有权裁判针对该被告的海事请求。这种管辖权的行使纯粹以被告的财产位于法院管辖区域内的事实为基础，而并不要求被告出现在法院管辖区域内。①

2. 国际公约关于船舶碰撞侵权管辖权的规定

规定船舶碰撞侵权管辖权的国际公约数量并不多，主要是1952年《船舶碰撞中民事管辖权方面某些规定的国际公约》，其第1条规定："海船与海船或海船与内河船舶发生的碰撞，只能向下列法院提起诉讼：被告经常居住地或营业所在地的法院；扣留过失船舶或依法扣留的属于被告的任何其他船舶的法院，或本可进行扣留并已提出保证金或其他保全的地点的法院；碰撞发生于港口或内河水域以内时，为碰撞发生地的法院。"

3. 日本关于船舶碰撞侵权管辖权的规定

日本1996年《民事诉讼法》第5条第（10）款规定："因船舶碰撞或其

① 贺万忠：《国际海事诉讼法》，世界知识出版社2009年版，第112—113页。

他海上事故提起的损害赔偿诉讼，受损船舶停靠的第一地点管辖。”①由此可见，有关船舶碰撞和海上事故引起的损害赔偿诉讼，受损害船舶首先达到的地方位于日本，则日本法院具有管辖权。解释上，如果船舶碰撞发生在日本领海则日本法院根据第3条第（8）款享有管辖权。有关海事留置权或者其他任何基于扣押船舶的请求权而提起的诉讼，如果船舶位于日本，则日本可以主张管辖权。这里的“海事留置权请求”系指任何与船舶相关并且产生于该船舶的（由日本《商法典》第842条创设）法定留置权有关的诉讼。日本1996年《民事诉讼法》第3条第（3）款的第8小项规定了侵权损害结果的可预见性原则，若船舶碰撞的损害后果发生在日本在一般情况下不可预见，则日本法院不具有管辖权。

4. 我国港、澳、台地区关于船舶碰撞侵权管辖权的规定

我国香港地区的法律渊源比较多样，但成文法主要规定在《高等法院条例》第12条。船舶碰撞案件以船舶为首要考虑因素。根据第12条A款第（2）项第（5）小项的规定，就船舶所造成的损坏而提出的任何申索，原讼法庭具有所述的任何问题及申索进行聆讯并作出裁定的司法管辖权。②根据第12条A款第（3）项规定：“香港海事法庭为强制执行以下事宜所产生的损坏、人命损失或人身伤害而提出的申索的任何诉讼的任何法律程序具有司法管辖权：1. 船舶之间的碰撞；2. 对一艘或者多艘船舶进行某项操纵或者未能进行某项操纵；3. 一艘或者多艘船舶违反了避碰规则。对于船舶造成的损害，尤其是因触碰所造成的损害，可以选择提起对物诉讼或者对人诉讼。”香港立法特殊之处在于，根据该法令第12条B款第（1）项和C款的规定，对所有在海事审判管辖权范围内的诉讼都可以提起对人诉讼，但船舶碰撞索赔除外，它必须提起对物诉讼，除非被告是香港居民或在香港有营业地，或船舶碰撞发生在香港水域，或者因同一事故的另一个诉讼正在香港海事法院

① See Japanese *Code of Civil Procedure* Article 5（x).

② 《最高法院条例》第12条A项规定：原讼法庭的海事司法管辖权：（1）原讼法庭的海事司法管辖权由以下各方面组成——（a）对第（2）款所述的任何问题及申索进行聆讯并作出裁定的司法管辖权……（2）第（1）（a）款所提述的问题及申索如下——……（e）就船舶所造成的损坏而提出的任何申索。

审理或已经由香港海事法院审理并已经作出判决。

归属大陆法系的澳门地区也十分注重物的存在的联系。但是澳门并非严格遵守物的客观物理存在，基于“肇事船舶在澳门登记”同样可以进行管辖。根据澳门1999年《民事诉讼法典》第16条规定：“澳门法院具有管辖权审理下列诉讼：…… e. 为理算交付或原应交付有关货物至澳门港口之船舶遭受之共同海损而提起之诉讼；f. 基于船舶碰撞而提起之请求损害赔偿之诉讼，而有关意外系在本地区管理之水域发生，澳门为肇事船舶船主之住所地，肇事船舶在澳门登记或在澳门港口被发现，或澳门港口为被撞船舶最先到达之港口。”

在我国台湾地区，其2021年“民事诉讼法”第15条规定：“因侵权行为涉讼者，得由行为地之法院管辖。因船舶碰撞或其他海上事故请求损害赔偿而涉讼者，得由受损害之船舶最初到达地，或加害船舶被扣留地，或其船籍港之法院管辖。”

5. 我国内陆关于船舶碰撞侵权管辖权的规定

我国内陆关于船舶碰撞案件管辖权的规定主要集中在2023年《民事诉讼法》、1999年《海事诉讼特别程序法》、2022年《民诉法司法解释》、《最高人民法院关于涉外民商事案件诉讼管辖若干问题的规定》（2020年修正）和《最高人民法院关于适用〈中华人民共和国海事诉讼特别程序法〉若干问题的解释》（2008年调整）。

2023年《民事诉讼法》第29条和第31条规定了船舶碰撞案件由侵权行为地、碰撞发生地、碰撞船舶最先到达地、加害船舶被扣留地或者被告住所地人民法院管辖。[①]1999年《海事诉讼特别程序法》第6条增加了由船籍港所在地海事法院管辖。[②]2022年《民诉法司法解释》第24条将侵权行为地解释为侵权行为实施地和侵权结果发生地；第529条允许除专属管辖外的财产

---

① 我国《民事诉讼法》第29条：“因侵权行为提起的诉讼，由侵权行为地或者被告住所地人民法院管辖。”第31条：“因船舶碰撞或者其他海事损害事故请求损害赔偿提起的诉讼，由碰撞发生地、碰撞船舶最先到达地、加害船舶被扣留地或者被告住所地人民法院管辖。”

② 1999年《海事诉讼特别程序法》第6条：“（一）因海事侵权行为提起的诉讼，除依照《中华人民共和国民事诉讼法》第二十九条至第三十一条的规定以外，还可以由船籍港所在地海事法院管辖。”

权益纠纷的当事人书面协议选择被告住所地、合同履行地、合同签订地、原告住所地、标的物所在地、侵权行为地等与争议有实际联系地点的外国法院管辖或者提交仲裁。[①]2008 年《最高人民法院关于适用〈中华人民共和国海事诉讼特别程序法〉若干问题的解释》(2008 年调整)第 4 条规定:“海事诉讼特别程序法第六条第二款(一)项规定的船籍港指被告船舶的船籍港。被告船舶的船籍港不在中华人民共和国领域内,原告船舶的船籍港在中华人民共和国领域内的,由原告船舶的船籍港所在地的海事法院管辖。”根据 1999 年《海事诉讼特别程序法》第 19 条、第 61 条、第 72 条的规定,通过对被请求人的财产或证据采取保全措施,即使没有其他与我国相关的连接点,我国法院同样可以取得该海事诉讼的管辖权。

由此可知,我国内陆船舶碰撞案件立法规定由侵权行为实施地、侵权结果发生地、碰撞发生地、碰撞船舶最先到达地、加害船舶被扣留地、被告住所地、船籍港所在地法院管辖,当事人对财产权益纠纷可以约定提交给争议有实际联系地点的外国法院管辖或者提交仲裁,同时通过采取保全措施法院也可以获得管辖权。

综上,可以发现船舶登记地和船舶所在地是较为常见的管辖权连结点。船舶登记表明该船舶享有权利,接受义务,愿意接受该国管辖,因此船舶登记地法院享有对该船舶的管辖权。对于船舶所在地法院,因其对船舶碰撞的事实情况和损害大小的调查更为方便,且船舶处于该区域,法院的判决也更容易执行,故船舶所在地法院也更容易被赋予管辖权。进一步说,碰撞发生地、碰撞船舶最先到达地、加害船舶被扣留地法院管辖有利于及时解决争议,有效执行判决;船舶被扣留地法院管辖可以保障判决的执行;而船籍港所在地、被告住所地法院的管辖权则体现了“原告就被告”的一般地域管辖原则,方便在无法确定侵权行为地和损害结果发生地时进行补充。

---

① 《最高人民法院关于适用〈中华人民共和国民事诉讼法的解释〉》第 24 条:“《民事诉讼法》第二十九条规定的侵权行为地,包括侵权行为实施地、侵权结果发生地。”第 529 条:“涉外合同或者其他财产权益纠纷的当事人,可以书面协议选择被告住所地、合同履行地、合同签订地、原告住所地、标的物所在地、侵权行为地等与争议有实际联系地点的外国法院管辖。根据《民事诉讼法》第 34 条和第 273 条规定,属于中华人民共和国法院专属管辖的案件,当事人不得协议选择外国法院管辖,但协议选择仲裁的除外。”

第五节　涉外知识产权商事案件管辖权

案例：[①]

中兴公司是在中国广东省深圳市注册成立的研发、生产、销售无线通信产品及设备的企业。康文森公司称其在全球范围内拥有2G、3G、4G标准必要专利，同时，亦在中国拥有2G、3G、4G标准必要专利。康文森公司仅以专利授权许可获利作为其经营模式，不从事专利实施生产行为。中兴公司与康文森公司就标准必要专利许可费问题进行了长期谈判，但至今未就许可费率达成一致意见。

经过一审裁定后，康文森公司上诉称：无线通信产品的研发地和生产地不是合同履行地。首先，是否允许制造无线通信产品并非本案合同内容。在标准必要专利使用费的合同关系中，专利权人的义务是遵守公平、合理、无歧视（即FRAND）承诺，制造者的义务是支付专利使用费，该权利义务关系中不涉及是否停止无线通信产品的生产。因此，是否允许制造者继续制造是专利权人和制造者谈判行为的法律后果，而非标准必要专利使用费谈判的内容。支付许可费才是合同履行的内容。无线通信产品的生产地和研发地均不是合同履行地。其次，本案合同履行地应为康文森公司住所地。根据2020年《最高人民法院关于适用〈中华人民共和国民事诉讼法〉的解释》第18条规定，合同对履行地点没有约定或者约定不明确，争议标的为给付货币的，接收货币一方所在地为合同履行地。标准必要专利许可的标的仅仅是给付货币，接收货币的一方即康文森公司住所地为合同履行地。中兴公司则答辩称：原审法院对本案具有管辖权。1. 中兴公司的原审诉讼请求具体、明确，符合法律规定的受理案件条件，人民法院应当依法受理。2. 原审法院对本案具有地域管辖权。本案为标准必要专利许可纠纷，并非单纯认定涉案专利许可费纠纷，亦非简单的合同纠纷。广东省深圳市不仅是涉案专利实施

① 康文森无线许可有限公司、中兴通讯股份有限公司专利合同纠纷案，最高人民法院（2019）最高法知民辖终157号民事裁定书。

地，还是双方许可谈判地及预期合同履行地。中兴公司注册地址和主要营业地址均位于广东省深圳市，康文森公司的许可谈判行为均与中兴公司进行，因此广东省深圳市是双方谈判行为发生地，也是预期签订地、履行地。中兴公司的诉讼请求为确定涉案专利实施许可条件而非单纯的许可费，故履行义务一方即中兴公司的住所地应为合同履行地。

法院认为，首先，本案中双方当事人尚未达成许可协议，因此本案不适宜将合同履行地作为案件管辖连结点。其次，本案中双方当事人争议的对象不仅可能涉及许可费用的支付，还可能涉及作为许可标的的专利是否属于真正的标准必要专利及其有效性问题。在争议对象不仅涉及许可费用的确定与支付时，难以适用 2020 年《最高人民法院关于适用〈中华人民共和国民事诉讼法〉的解释》第 18 条的规定，将接收货币一方所在地作为合同履行地。康文森公司关于本案合同履行地应为其公司住所地并以此确定管辖法院的上诉理由不能成立，法院不予支持。

问：

1. 你是否认同本案法院关于合同履行地认定观点？

2. 标准必要专利许可的履行地能否类型化列出？

一、涉外知识产权案件的特点

由上述案例可知，标准必要专利许可商事案件往往涉及合同与侵权，甚至垄断。许多涉外知识产权商事案件管辖权规则存在着独特之处。知识产权主要是指民事主体就其智力成果所依法享有的专有权利。[①]根据我国《民法典》第 123 条的规定，民事主体依法享有知识产权。知识产权是权利人依法就下列客体享有的专有的权利：（1）作品；（2）发明、实用新型、外观设计；（3）商标；（4）地理标志；（5）商业秘密；（6）集成电路布图设计；（7）植物新品种；（8）法律规定的其他客体。最主要的三种知识产权是著作权、专利权和商标权，其中专利权与商标权也被统称为工业产权。

① 郑成思主编：《知识产权法教程》，法律出版社 1993 年版，第 1 页。

首先，知识产权具有极强地域性。知识产权依据某一国的法律产生，受到该国法律保护，但往往只在其注册的国家有效。各国对知识产权的保护水平不同，各国知识产权的立法内容也不同，就会导致同一知识产权的域外侵权问题。[①]以专利注册的效力案件为例，一项发明创造是否具有新颖性、创造性和实用性，是否违反法律、社会公德或者妨害公共利益，依据不同国家的专利法会有不同的判决结果。这也是某一国家授予的知识产权原则上效力只限于本国境内，在其他国家并不具有效力的原因之一。有学者认为，对于外国知识产权纠纷，由于其知识产权未经本国法律授权，因此一国常常拒绝管辖。[②]

其次，知识产权具有社会公共属性。新冠疫情期间特效药的知识产权似乎不能绝对保护，任由药品知识产权权利人限制产量、提高价格而毫不干预，可能导致社会公共利益无法保护。

由此可见，由于知识产权的地域性与公权属性，涉外知识产权商事案件也往往会受到当地法院关于其地域性与公权属性的考量，从而形成独特的管辖权规则。

二、涉外知识产权案件一般管辖权规则

（一）美国关于涉外知识产权的管辖权规则

对于美国关于涉外知识产权的管辖权规定，可以参考《知识产权冲突法原则》（简称《ALI 原则》），其为美国法学研究协会结合知识产权国际私法保护规则和相关司法实践编纂而成。对于知识产权侵权案件管辖权，其第 204 条是对居所地不在法院地的被告侵权行为的管辖权原则．“第一，一个人可以在任何一个国家被起诉，只要该人在该国有实质性行为，或者实施了实质性准备行为从而导致或加剧被控侵权行为。法院的管辖权扩展到所有因该行为而造成的损害，只要该行为发生在导致或加剧被控侵权行为的国家境内，而不论损害发生于何处；第二，一个人可以在任何国家被起诉，只要该

① 陈健：《知识产权法》，中国政法大学出版社 2020 年版，第 9 页。

② 程冰：《知识产权国际私法新问题研究》，人民法院出版社 2020 年版，第 65 页。

人的行为在该国引起了一项侵权之诉，并且该人的行为是针对该国的。法院的管辖权扩展到因在该国发生的损害而引起的所有诉讼；第三，如果一个人不能根据第 201—204 条第 1 款在世界贸易组织成员方境内针对诉讼请求的全部地域范围被起诉，那么他可以在他的行为引起侵权之诉的任何一个国家被起诉，如果该人的行为针对的是该国，并且该人经常性地在该国招揽或联系、经营客户，而不论该行为是否导致或加剧了该侵权行为。法院的管辖权扩展到在该国之外的与在该国发生的被控侵权行为有关的行为所造成的损害所引发的所有诉讼请求，无论该损害发生于何处。"①第 207 条仅依据被告的国籍、原告的国籍、在该国对被告的送达等 8 个原因作为行使管辖权的依据是不充分的，这主要是为了方便跨国纠纷判决在他国的承认与执行。

对于知识产权合同纠纷，美国 2008 年《ALI 原则》第 201 条规定："知识产权转让或许可的合同纠纷，合同债务履行地国应当是授予许可或转让权利的所在地国家。"此外，第 205 条规定："对于知识产权转让或许可协议的合同纠纷，当事人可以在知识利用地国被起诉。"对于这点，《知识产权与国际私法指南》指出："在知识产权许可或转让合同纠纷中，当事人可以在授予许可或转让权利的所在地国的法院被起诉。"

(二) 我国关于涉外知识产权的管辖权规定

我国关于涉外知识产权的管辖主要分为合同纠纷管辖和侵权纠纷管辖。我国涉外知识产权合同纠纷管辖权规则基本与涉外商事合同纠纷管辖权规则一致。实践中，当事人往往会对合同履行地产生争议。例如，在英卓游戏有限公司（简称英卓公司）、广州梦爵网络科技有限公司（简称梦爵公司）计算机软件著作权许可使用合同纠纷案②中，原审被告英卓公司上诉，认为原审裁定对于合同履行地的认定错误。本案双方当事人住所地均不在北京，即使双方当事人之间曾通过在北京的联系人和联系地址进行过文件递送，并不能当然认定涉案合同履行地包括北京。梦爵公司则辩称，《独家授权代理合同》第 12.2 条约定双方接受通知以及其他项目的联系人及联系地址均为北

---

① 美国法学会：《知识产权冲突法原则》，杜涛译，北京大学出版社 2020 年版，第 47 页。

② 最高人民法院（2020）最高法知民辖终 190 号民事裁定书。

京，因交付材料等合同义务的履行地在北京，故北京地区属于合同履行地。法院认为，本案系计算机软件著作权许可使用合同纠纷，对计算机软件著作权许可使用合同而言，其合同本质特征是相关知识产权的对价实施，即便能将与合同相关的文件接收、寄送确定为实体法意义上的随附义务，该文件接收、寄送联系人所在地亦不能视为前述法律规定的合同履行地。作为被告一方的英卓公司，其在涉案合同中的本质义务是给付授权许可使用费，即梦爵公司在诉讼请求中主张需履行的付款义务，该合同履行地应是接收款项一方所在地。原审法院以双方接受通知及项目联系人与联系地址在北京、现有证据显示双方亦实际通过在北京的联系人和联系地址进行过文件递送，认定涉案合同履行地包括北京，存在认定事实和适用法律不当，法院予以纠正。

上述案例也引申出另一个问题，即知识产权许可合同是否为服务合同？本案法院并不认为其是服务合同，欧洲法院也保持此种态度。在 Falco Privatstiftung and Thomas Rabitsch v. Gisela Weller-Lindhorst 案[①]中，对于知识产权所有人授予其合同伙伴使用权以换取报酬的合同是否属于第 44/2001 号条例（《布鲁塞尔条例》）第 5 条第（1）款（b）项第二段所指的提供服务的合同，法院认为其条例措辞本身并不能对所提到的问题作出答复，因为它没有界定提供服务合同的概念。之后，法院进行充分的说理论证，核心观点在于，法院认为权利所有人对其合同相对方承担的唯一义务是不对被许可方使用该权利提出质疑，即知识产权所有人在授予使用该财产的权利方面不履行任何服务，而只是承诺允许被许可人自由利用该权利，所以法院最终认为，知识产权所有人授予其合同相对方使用该知识产权以换取报酬的合同不是相关条款意义上的服务合同。

对于知识产权侵权纠纷，我国同样遵循涉外商事侵权纠纷管辖权规则，并未有太多特别规定，实践中也主要涉及对侵权行为地的认定问题。为了解决该问题，《最高人民法院关于审理专利纠纷案件适用法律问题的若干规定》（2020 年修正）第 2 条、《最高人民法院关于审理商标民事纠纷案件适用法律若干问题的解释》（2020 年修正）第 6 条和《最高人民法院关于审理著作权

① See Case C-533/07，ECLI：EU：C：2009：257.

民事纠纷案件适用法律若干问题的解释》（2020 年修正）第 4 条对涉外知识产权领域的侵权行为实施地、查封扣押地、侵权复制品储藏地、侵权商品的储藏地等规定均予以细化。

围绕涉外知识产权侵权案件是否可以协议管辖，以及涉外知识产权侵权案件是否应当适用专属管辖或者突破专属管辖的问题存在学术争论。①对于涉外知识产权侵权案件是否应当专属管辖的话题，由于相关涉外知识产权侵权专属管辖的案件数量并不多，1988 年《关于民商事管辖权和判决承认的卢加诺公约》等国际公约、美国 2008 年《ALI 原则》等示范性规定以及中国、日本、瑞士、德国等国内民事诉讼法也难寻涉外知识产权侵权案件专属管辖的身影，因此专属管辖在涉外知识产权侵权案件的适用可能并未得到主流立法和司法实践支持。对于侵犯外国知识产权案件的管辖，即突破涉外知识产权侵权的专属管辖的话题，理论和司法实践内容似乎也并不丰富。有学者认为，美国法院通过一些案件尝试将最低限度联系原则和连带原则应用到跨国知识产权侵权管辖方面，即通过一定的技巧性安排将发生于国外的侵权行为与国内侵权行为相联系，从而实现在本国法院对外国知识产权侵权诉讼的管辖，我国法院也可以对此借鉴。②也有学者认为，应当在国际民商事司法实践中形成关于地域限制规则的共识，减少涉外知识产权诉讼的管辖权冲突。③

三、知识产权有效性案件的管辖权规则

知识产权的产生和取得往往需要专门的法律授予或确认。以是否将登记或注册作为知识产权有效要件为区分标准，可以将知识产权区分为注册类知识产权和非注册类知识产权。以登记或注册作为成立要件的专利、商标等工业知识产权为注册类知识产权。此类知识产权较为特殊，因为该类知识产权

---

① 阮开欣：《知识产权侵权专属管辖之驳论》，《华中科技大学学报（社会科学版）》2018 年第 6 期；赵春兰：《知识产权侵权诉讼疑难问题研究》，法律出版社 2013 年版，第 28 页；程冰：《知识产权国际私法新问题研究》，人民法院出版社 2020 年版，第 97—131 页。

② 邓文斌：《跨国知识产权管辖权问题研究》，《中国出版》2016 年第 20 期。

③ 阮开欣：《涉外知识产权诉讼管辖权的地域限制——以标准必要专利纠纷管辖权冲突为切入点》，《清华法学》2023 年第 2 期。

的申请由各国知识产权主管机关予以审查、批准和注册，具有显著的国家自身的公权力标志，而且与社会公共利益的联系更加密切。因此涉外注册类知识产权有效性案件管辖往往为注册地法院专属管辖。从另一角度看，其他国家法院对本国公法进行司法审查也侵犯了该国国家主权原则，让其他国家法院审查本国知识产权主管机关行政行为也较为繁琐且不现实。

（一）美国关于知识产权有效性案件的管辖权规则

美国2008年《ALI原则》示范性规定并未禁止对外国注册性权利事项进行裁判，因为其认为专属管辖的规定不利于权利人对相关权利的有效行使，但注册国法院对宣告注册性权利无效诉讼享有专属管辖权，即只能由注册国相关机构作出具有普遍效力的宣告无效。[①]

《ALI原则》第211条第2项规定："依据其他国家法律被授予的注册权利如果被一项判决宣布为无效，则该判决的效力仅限于解决该诉讼当事人之间的争议。"知识产权的有效案件由权力注册地国法院管辖，为了审理效率，有些国家将知识产权有效性争议和侵权案件分开审理。但有学者认为，将有效性和侵权问题分开审理会妨碍法院对与诉讼有关的全部证据的听审，并增加当事人的诉讼成本。[②]因此《ALI原则》允许法院将知识产权有效性纠纷一并审理，但相关判决的效力局限于诉讼当事人之间。对于宣告性判决的管辖权，《ALI原则》第213条认为，首先，除了要求宣告一项注册权利无效之外的其他宣示性判决诉讼请求可以基于与寻求实体救济诉讼一样的条款提起；其次，若在两个或两个以上的国家提出要求宣告注册权利无效的诉讼请求可以在被告住所地国提出，但判决效力应仅在解决当事人之间的争议范围内有效；最后，除第2款的规定外，要求宣告一项注册权利无效的诉讼请求仅可在注册地国提出。[③]

（二）欧盟关于知识产权有效性案件的管辖权规定

欧盟同样规定了知识产权由注册地法院专属管辖的规定。1988年《关于民商事管辖权和判决承认的卢加诺公约》第16条第（1）款第（4）项规定：

---

① 程冰：《知识产权国际私法新问题研究》，人民法院出版社2020年版，第75页。

② 美国法学会：《知识产权冲突法原则》，杜涛译，北京大学出版社2020年版，第74—75页。

③ 同上书，第81页。

"在涉及专利、商标、外观设计或需要交存或登记的其他类似权利的登记或有效性的诉讼中，由交存或登记地法院专属管辖。"2012 年《布鲁塞尔条例Ⅰ》第 24 条第（4）小项规定："在涉及专利、商标、外观设计或其他需要交存或登记的类似权利的登记或有效性的诉讼中，无论该问题是通过诉讼还是作为抗辩提出，均由申请交存或登记、已进行交存或登记或根据联盟文书或国际公约的规定被视为已进行交存或登记的成员国的法院审理，且该法院具有专属管辖权。"

（三）大陆法系国家关于知识产权有效性案件的管辖权规定

在法国，除诉诸仲裁外，知识产权有效性纠纷由法国法院管辖。法国《知识产权法》（2019 年修订）L. 615-17 条规定："与发明专利有关的民事诉讼和索赔，应完全由司法法院审理，司法法院拥有专属管辖权。司法法院可根据本法 L. 614-13 条规定的条件，宣布法国专利全部或部分失效。上述规定不妨碍根据法国 1975 年修订的《民法典》第 2059 条和第 2060 条规定的条件诉诸仲裁。"L716-5 条同样规定了对于符合条件的商标与商标有关的其他民事诉讼和索赔案件，高等法院同样具有专属管辖权。日本同样具有相关规定，其 1996 年《民事诉讼法》第 3 条之（5）款规定："对于需要登记的知识产权，如果其在日本国内登记，则有关该知识产权的存在和效力的诉讼专属于日本法院管辖。"

（四）国际公约关于知识产权有效性案件的管辖权规定

由于知识产权有效性在各国国内法中通常由其本国专属管辖，因此国际条约往往会避开该类案件的管辖权制定。例如，2005 年《选择法院协议公约》第 2 条规定："本公约不适用于除著作权和邻接权以外的知识产权的有效性排他性选择法院协议。"

（五）我国关于知识产权有效性案件的管辖权规定

我国与许多国家的做法保持一致，即对于注册性知识产权案件法律规定专属管辖。2023 年《民事诉讼法》第 279 条规定："因与在中华人民共和国领域内审查授予的知识产权的有效性有关的纠纷提起的诉讼由我国法院专属管辖。"但有学者认为，对于涉外知识产权案件，我国事实上长期坚持专属管辖规则，但在立法上缺乏明确的规定，导致司法实践领域的混乱，有必要制定我国涉外知识产权案件管辖权规则的专门立法。[①]尽管如此，对于注册性知识产权有效性案件由注册地法院专属管辖，是较为公认的管辖权规则。

【思考题】

1. 是否存在某些类型的家事案件可以允许当事人诉诸仲裁？如果有，那么这些案件为什么可以允许被诉诸仲裁？是否还存在其他潜在的可允许当事人诉诸仲裁的家事案件？

2. 互联网侵权是否存在一些损害结果无法确定的情形？无论是对损害范围抑或损害大小的确定。

3. 在消费者合同的管辖权方面，还有哪些做法可以更好地维护消费者权益？无论是地域管辖权的分配，还是专属管辖权的设置，抑或其他管辖权规则的构建。

【案例分析】

中国诚通煤业投资有限公司（简称诚通煤业公司）与阿尔法杜奥国际有限公司（简称阿尔法杜奥公司）、国际西南煤业投资控股有限公司（简称西南煤业公司）等管辖异议案[②]。

2015 年 5 月 18 日，诚通煤业公司向广西高院起诉，请求：阿尔法杜奥公司返还股权转让诚意金及预付款 161 585 365.86 元及利息、违约金；李丹丹返还股权转让诚意金及预付款 103 414 634.14 元及利息、违约金；西南煤业公司、广西合山煤业公司、贵州三联公司和合城煤业公司依约承担相应的担保责任；阿尔法杜奥公司等 6 被告承担本案诉讼费用及诚通煤业公司支出的律师费。

广西壮族自治区高级法院受理后，阿尔法杜奥公司、西南煤业公司以其系分别在英属维尔京群岛和香港特别行政区（简称香港特区）注册成立的有限公司、在中华人民共和国内地没有住所、也未设立代表机构、亦无可供扣

① 汤天宇：《论涉外知识产权案件专属管辖》，《绥化学院学报》2023 年第 3 期。

② 中国诚通煤业投资有限公司与阿尔法杜奥国际有限公司、国际西南煤业投资控股有限公司等股权转让纠纷案，最高人民法院（2016）最高法民辖终 214 号管辖裁定书。

押财产及所签案涉协议约定由香港特区法院管辖为由提出管辖权异议，并主张本案应驳回诚通煤业公司的起诉；广西合山煤业公司、贵州三联公司、合城煤业公司以其所出具的《连带保证责任函》明确约定按照主合同的约定适用司法管辖即由香港特区法院管辖为由提出管辖权异议，并主张本案应驳回诚通煤业公司的起诉。

广西壮族自治区高级法院经审理认为，本案系股权转让纠纷，因诚通煤业公司、阿尔法杜奥公司均是在英属维尔京群岛注册成立的有限公司，李丹丹是香港特区居民，西南煤业公司是在香港特区注册成立的公司，因此本案属于涉外商事纠纷案件。根据2015年《最高人民法院关于适用〈中华人民共和国民事诉讼法〉的解释》第531条第（1）款有关“涉外合同或者其他财产权益纠纷的当事人，可以书面协议选择被告住所地、合同履行地、合同签订地、原告住所地、标的物所在地、侵权行为地等与争议有实际联系地点的外国法院管辖”，以及第30条第（1）款有关“根据管辖协议，起诉时能确定管辖法院的，从其约定；不能确定的，根据民事诉讼法的相关规定确定管辖”的规定。本案主要是各方当事人在履行2013年6月18日《关于买卖阿尔法财富工业有限公司85％已发行股份的协议》（简称《股权买卖协议》）过程中引发的纠纷。《股权买卖协议》第20条对协议的法律适用及司法管辖约定：“20.1本协议受香港法律管辖，并须按香港法律解释。20.2本协议各方于此同意服从于香港法院非专属性司法管辖。”而西南煤业公司签订的《担保合同》明确约定相关争议按照主合同约定的争议解决途径处理；广西合山煤业公司、贵州三联公司和合城煤业公司出具的《连带保证责任函》也都明确适用主合同有关法律适用和司法管辖的约定。从上述约定来看，协议各方当事人对法律适用作出了明确的选择，即选择适用香港特区法律，而对于争议管辖的法院各方同意由香港特区法院非专属性司法管辖，意即协议各方并未明确排除香港特区法院以外的有管辖权法院的管辖权。虽然当事人约定协议应当适用香港特区法律解释，但当事人协议选择的法律是指有关国家及地区的实体法规范，不包括冲突规范和程序法规范。诚通煤业公司向广西壮族自治区高级法院提起本案诉讼，该院是否有管辖权应当适用《中华人民共和国民事诉讼法》（简称《民事诉讼法》）的相关规定进行确认。首先，本案被告广西合山煤业公司和合城煤业公司均是在广西登记注册成立的有限责任公司，广西是被告合山煤业公司和合城煤业公司住所地，根据《民事诉讼法》第23条有关“因合同纠纷提起的诉讼，由被告住所地或者合同履行地人民法院管辖”之规定，广西壮族自治区高级法院对本案具有管辖权。其次，虽然本案被告阿尔法杜奥公司、李丹丹、西南煤业公司在中华人民共和国内地均没有住所地，也没有设立代表机构，本案所涉《股权买卖协议》系在中国香港签署，协议所涉及的标的系在英属维尔京群岛注册成立的阿尔法财富工业有限公司的股权，但阿尔法杜奥公司（被告、卖方）可供执行的财产包括其在西南煤业公司40％的股权，西南煤业公司作为被告其可供执行的财产包括其在广西合山煤业公司100％的股权，而广西合山煤业公司是在广西注册成立的有限责任公司（台、港、澳法人独资），广西系本案被告可供扣押财产的所在地，根据《民事诉讼法》第265条有关“因合同纠纷或者其他财产权益纠纷，对在中华人民共和国领域内没有住所的被告提起的诉讼，如果合同在中华人民共和国领域内签订或者履行，或者诉讼标的物在中华人民共和国领域内，或者被告在中华人民共和国领域内有可供扣押的财产，或者被告在中华人民共和国领域内设有代表机构，可以由合同签订地、合同履行地、诉讼标的物所在地、可供扣押财产所在地、侵权行为地或者代表机构住所地人民法院管辖”之规定，广西壮族自治区高级法院对本案具有管辖权。最后，根据《最高人民法院关于调整高级人民法院和中级人民法院管辖第一审民商事案件标准的通知》（法发〔2008〕10号）的规定，广西壮族自治区高级法院可管辖诉讼标的额在5 000万元以上且当事人一方住所地不在本辖区或者涉外、涉港澳台的第一审民商事案件，而本案诉讼标的额为309 683 163.67元，因此，该院作为被告住所地法院、被告可供扣押财产所在地法院及第一审涉外商事案件管辖法院对本案具有管辖权。故依据《民事诉讼法》第127条第（1）款规定，裁定驳回阿尔法杜奥公司、西南煤业公司、广西合山煤业公司、贵州三联公司、合城煤业公司对本案管辖权提出的异议。

阿尔法杜奥公司、西南煤业公司、广西合山煤业公司、贵州三联公司、合城煤业公司提起上诉，请求撤销原审裁定，将本案移交到有管辖权的香港特区法院管辖和审理，本案诉讼费用由诚通煤业公司承担，并主张：阿尔法杜奥公司、西南煤业公司与诚通煤业公司明确约定案涉纠纷由香港特区法院管辖，适用香港特区法律；阿尔法杜奥公司、西南煤业公司与诚通煤业公司签订的《股权买卖协议》已经明确约定适用香港特区法律，并且未排除本案由香港特区法院管辖。

问：

如果你是本案的法官你将如何判决？香港特区法院对本案股权转让纠纷及担保合同纠纷是否具有排他性管辖权？广西壮族自治区高级法院是否可以对担保合同纠纷行使管辖权？广西壮族自治区高级法院是否可以对股权转让纠纷一并行使管辖权？

【拓展阅读】

1. 司法实践中，涉外管辖制度的理解与适用主要集中于涉外管辖协议的准据法、涉外案件的范围、实际联系原则的适用等问题。对于想要进一步了解涉外协议管辖制度的读者，可以阅读戴曙：《我国涉外协议管辖制度的理解与适用》，《法律适用》2019 年第 17 期。

2. 我国《证券法》《反垄断法》《反外国制裁法》等均赋予受害者基于外国损害寻求赔偿的权利。针对跨国侵权损害提起侵权之诉成为境内投资者合法权益保护、境外垄断或制裁之损害救济、阻断外国法律与措施不当域外适用的题中应有之义，也是完善我国跨国侵权管辖权规则的必然要求。想要进一步了解跨国侵权结果地认定与管辖权的读者，可以阅读张文亮：《跨国侵权结果地的认定和管辖权行使》，《法商研究》2023 年第 3 期。

3. 确立涉外民商事案件管辖权的连结点需要考虑许多因素，对于想要了解究竟哪些因素对确立我国涉外民商事管辖权最为重要的读者，可以阅读袁发强：《确立我国涉外民商事管辖权的考量因素》，《法学》2006 年第 12 期。

4. 网络空间产生的国际知识产权纠纷数量庞大，对于想要了解跨国企业如何才能降低受到外国法院对其知识产权的监管和司法管辖风险，以及美国广泛的司法管辖范围会导致什么情形发生的读者，可以阅读 Ian C. Ballon 的 *Rethinking Cyberspace Jurisdiction in Intellectual Property Disputes*，Uni-

versity of Pennsylvania Journal of International Economic Law 期刊。

5. 对于想要了解欧洲跨境知识产权侵权案件管辖权规则，例如何种情形下国家法院能被赋予专属管辖权的问题、通过因特网在世界范围内侵权的问题、各司法管辖区的管辖权局限于何种范围的问题，以及欧盟国际私法规则如何协助解决这些问题的读者，可以阅读 Paul Torremans 的 *Jurisdiction for Cross-Border Intellectual Property Infringement Cases in Europe*，Common Market Law Review 期刊。

第七章　域外送达

在民商事诉讼中，送达是一国法院审理涉外民商事案件的启动键，也是当事人正当权益的程序性保障。与单纯国内案件相同，涉外送达也强调在确保程序公正的基础上尽力提升送达的效率，但有所不同的是，涉外送达还是一个牵涉国家司法主权的特殊问题。因此，在送达性质定位不同的两大法系之间产生了众多的冲突与矛盾，影响了涉外送达的进程，进而降低了跨国民商事诉讼的效率。第二次世界大战以来，不同法域之间在涉外送达问题上的博弈主要产生于送达方式的互认程度。例如，直接送达的方式可以最大限度地实现涉外送达的多样化和有效性，却常因各国规定之不同而产生阻滞甚至引发外交争议；间接送达的方式以 1965 年海牙国际私法会议制定的《关于向国外送达民事或商事司法文书和司法外文书域外送达公约》（简称《海牙送达公约》）为重要成果，其最大程度地尊重了各国主权，但以牺牲涉外送达效率为代价。就中国而言，涉外送达体系是在几十年跨国民商事立法与司法实践中逐渐形成的。2023 年 9 月 1 日，第十四届全国人民代表大会常务委员会通过了《中华人民共和国民事诉讼法》的修订案，其中一大亮点便是完善中国特色的涉外送达体系，着力解决涉外案件“送达难”的问题。

第一节　域外送达概述

案例：

营业地位于甲国的 A 公司与营业地位于乙国的 B 公司因双方之间国际货物合同的履行产生争议，A 公司遂向甲国法院提起违约之诉。甲国法院受理该案后，查明被告 B 公司在本国境内并无适格的送达地址，因而必须启动相关的涉外送达程序，向位于乙国的B公司送达相关的文书。

问：

1. 甲国法院能够送达给B公司的文书包括哪些？除了起诉状、传票以及判决书等司法文书外，假如案件中有涉及汇票拒绝证明等非司法文书，是否可以一并送达？

2. 如果甲国法院查明，甲乙两国之间关于送达等司法协助事项订有条约，那么甲国法院是否只能依据条约约定的方式开展涉外送达？此种情况下，能够仅仅依据甲国国内法规定的方式送达吗？

3. 如果甲乙两国之间没有司法互助的条约关系，甲国法院应当以何者为涉外送达之依据？假如甲国法院采取邮寄送达的方式，但这种方式为乙国国内立法所禁止，甲国法院可以采取邮寄送达方式吗？如果采取邮寄送达方式，会产生何种不利之结果？面对甲国法院的邮寄送达，乙国法院应当如何维护本国法的尊严？

4. 甲国法院可否委托甲国驻在乙国的外交代表或者领事送达文书？

5. 假设A公司与B公司在涉案合同中约定了以电子邮件的方式实施送达，这种约定在甲乙两国法院均不禁止电子邮件送达的条件下有效吗？假如甲国的国内法禁止采取电子邮件送达的方式，那么A公司与B公司能得到甲国法院支持吗？假如乙国的国内法禁止采取电子邮件送达的方式，那么甲国法院还能允许电子邮件送达的方式吗？如当事人以电子邮件送达作为依据向甲国法院出示，甲国法院会作出何种认定结论？

一、域外送达的概念

所谓涉外送达又称域外送达，是指一国司法机关依据有关国家的国内立法或国际条约的规定将诉讼和非诉讼文书送交给居住在国外的诉讼当事人或其他诉讼参与人的行为。[①]就一个国家而言，实现涉外送达的法律依据有二：一是本国国内民事诉讼之立法规定；二是本国签订或参加的双多边国际条

① 黄进主编：《国际私法学》，高等教育出版社2023年版，第393页。

约，在缔约国间后者往往优先于前者适用。涉外送达的文书有两种：一是诉讼文书或称司法文书（Judicial Document）包括民事、商事案件中法院发出的传票、判决书以及当事人的诉状、答辩状等；二是非诉讼文书或称司法外文书系指一个官方机构或执行员发出的虽非民、商事司法文书，但可能有间接关系的文件，如有关汇票的拒绝证书、要求给付的催告书、对他人婚姻的反对书以及收养的同意书等。①

与单纯国内送达不同的是，涉外送达涉及多个主权国家（或多个独立法域单位）之间司法权力的交涉，而各国在送达制度的认识和规定上往往存在较大差异，因此对于涉外送达，各国既存在分歧，又相互合作。法律、政治层面的分歧和地理上的距离使得涉外送达存在许多特有问题。例如，从送达方式上看，文书的送出地国以本国法所允许的方式实施对外送达，而此种方式却为送达地国法律所禁止，那么该送达是否有效？这一问题往往会导致文书送出国所作出的生效判决招致送达地国家的拒绝承认与执行；从送达主体上看，谁有义务送达，谁又有权利送达？一国官员可否直接在他国进行送达，又或者当事人是否有权自己亲自送达，这些都是存在争议的问题；从送达对象上看，涉外送达往往难以有效送达到被送达人手中，倘若送达到其他人那里，是否可以视为有效送达？各国法律对文书的有权受领人规定其实是存在差异的。倘若送达地址无效或其他无法送达的情况发生，又是否可以在某些情况下推定送达？由此可见，这其中有许多问题有待解决。整体而言，不同于国内送达，涉外送达往往会产生许多法律冲突，送达的成功率和效率也大打折扣。

二、域外送达的法律意义

为了解决送达困境，首先需了解送达在诉讼制度中具有重要地位和原因，即送达的法律意义。

（一）送达制度的法律意义在于实现程序正义

送达最首要的功能在于通知被送达人，从而给予被送达人能够在平等

① 丁伟主编：《冲突法论》，法律出版社2005年版，第232—233页。

的基础上及时、充分地参与诉讼的机会。被送达人只有了解相关的诉讼文书，才能充分做出反应。需要说明的是，公告送达往往是送达的兜底性途径，只有当其他送达方式无法送达时，才能适用公告送达，并需遵循极其严格的条件。之所以这么做，就是因为涉外送达中的公告送达往往刊登于送达国对外发行的报刊，又或是当地极易被忽视的公告栏中，通常无法真正地使被送达人知悉送达内容，实际通知效果差，恐怕有违程序正义的要求。

（二）送达使得法院享有充分的管辖权基础

传票和起诉书有效地送达给被告是法院开始对案件行使管辖权并进行审理活动的前提，法国《民事诉讼法典》和英国司法实践均将送达作为法院管辖权的基础。[①]欧盟2012年《布鲁塞尔条例Ⅰ》第28条第（2）款和1988年《关于民商事管辖权和判决承认的卢加诺公约》第20条第（2）款均规定："只要不能证明被告已在足够的时间内收到提起诉讼的文件或同等文件，使其能够有充分时间安排答辩，或已为此目的而采取一切必要步骤，法院就应中止诉讼程序。"[②]有效送达之所以作为法院获得管辖权的前提条件，是为了满足正当程序原则的要求，即以一定的送达方式向被告进行通知，使其获得听审的机会；如果没有向被告进行充分的通知，即使法院对当事人之间的争议具有管辖权，诉讼仍会被驳回。

（三）送达保障当事人对其诉讼权利的行使

只有在成功送达诉讼文书后，被送达人才能知悉相关诉讼内容，从而确定如何行使诉讼权利和承担诉讼义务。如果送达具有瑕疵或无效，被送达人可以提出异议，申请拒绝判决的承认与执行，或者申请免于因上诉期间届满而丧失诉权的效果。

---

① 何其生：《美国域外送达制度研究》，《武大国际法评论》2003年第1卷，第26页。

② 2012年《布鲁塞尔条例Ⅰ》第28条第（2）款："The court shall stay the proceedings so long as it is not shown that the defendant has been able to receive the document instituting the proceedings or an equivalent document in sufficient time to enable him to arrange for his defence, or that all necessary steps have been taken to this end"。1988年《关于民商事管辖权和判决承认的卢加诺公约》第20条第（2）款："The court shall stay the proceedings so long as it is not shown that the defendant has been able to receive the document instituting the proceedings or an equivalent document in sufficient time to enable him to arrange for his defence, or that all necessary steps have been taken to this end"。

(四) 送达可以推动其他诉讼程序的进行或赋予法院相关权力

这主要体现在四个方面：第一，有效送达往往是法院进行缺席判决的前提条件。例如《海牙送达公约》第 15 条规定，对于根据公约需要送达的传票或文书尚未确定是否已经送达前，且被告没有出庭的，法院不得作出判决。

第二，送达给予法院制裁的权力。例如我国 2023 年《民事诉讼法》第 121 条规定："人民法院对必须到庭的被告，经两次传票传唤，无正当理由拒不到庭的，可以拘传。"美国《联邦民事诉讼规则》第 71 条 A 款写明，在处分财产的案件中，被告在送达后所规定的时间内不答辩的，法院有受理诉讼、处理财产、确定赔偿额的权力。

第三，有效的送达会开始期间的计算。例如，被告收到起诉状副本后，答辩期间和管辖异议期间即于次日开始计算。1998 年英国《民事诉讼规则》规定，被告可以对对方当事人主张的案件事实进行自认，自认的期间限制为诉讼明细送达之日起 14 日内。①

第四，送达也是法律文书的生效条件之一。我国 2023 年《民事诉讼法》第 269 条规定："中止和终结执行的裁定，送达当事人后立即生效。"

(五) 送达有助于保障生效判决在其他国家得到承认与执行

各国法院在涉外送达时，通常会避免采用被送达国禁止的送达方式，原因之一便在于送达国法院希望其生效判决在被送达国或者其他国家得到承认与执行。各国法院在对他国判决进行审查时，并不审查案件实体内容审理的公正性，但如果败诉方未能充分行使自己的辩护权，或者败诉方没有享有与胜诉方同等的辩护机会，那么法院会认为诉讼程序不公正从而拒绝该外国判决于本国的承认与执行。1971 年海牙《民商事件外国判决的承认和执行公约》第 5 条第 1 项规定："承认或执行判决明显不符合被请求国的公共政策，或者作出判决的程序违反正当法律程序要求，或者是在任何一方当事人没有充分机会陈述其意见的情况下作出的，法院可以对判决拒绝承认与执行。"

---

① 乔欣：《外国民事诉讼法学》，厦门大学出版社 2008 年版，第 27 页。

欧盟2012年《布鲁塞尔条例Ⅰ》和1988年《卢加诺公约》也有类似规定。[①]

三、域外送达遵循的基本原则

（一）正当程序原则

正当程序原则在美英等西方国家处于宪法性原则的地位，并逐渐得到世界各国的普遍认可。正当程序源自英国《自由大宪章》，是其“自然正义”思想的转化，并随后在美国《宪法》第5修正案和第14修正案中得到体现。正当程序条款包含实体性正当权利要求和程序性正当程序要求。程序性正当程序要求是指被告必须被给予充分的告知和应诉听审的机会。[②]正当程序原则初始的要求是指在没有通知和适当的陈述机会的情况下，政府不得依宪法剥夺个人的生命、财产或自由。[③]在Mullance案件[④]中，法院认为正当程序条款给予了最低标准要求，即“正当程序原则在任何涉及终局性裁判的诉讼中都存在底线性要求，当事人必须被给予客观性的适当合理的告知，使得当事人可以对即将开始诉讼中的利益相关方作出评估并有机会提出自己的反对意见”。正当程序原则在送达领域可以细化为五方面要求：

一是时间要求，即送达应在剥夺权利之前进行，剥夺权利后的通知往往不符合正当程序。

二是参与要求，也即正当程序原则中的参与原则。被送达人必须有实质性参与诉讼程序的机会，能够针对送达的诉讼文书提出自己的意见或诉求。

三是全程性要求，即正当程序应贯穿整个诉讼过程，应当对诉讼全过程应当送达的诉讼文书进行送达。

四是透明度要求，即送达主体、送达方式和送达对象等内容应当尽可能公开。

五是救济性要求，被送达人有权对送达是否有效进行抗辩或提出异议，

---

① 1988年《洛迦诺公约》第27条第（2）款和2012年《布鲁塞尔条例Ⅰ》第27条第（2）款。

② 李响：《美国民事诉讼法的制度、案例与材料》，中国政法大学出版社2006年版，第160页。

③ See Niki. Kuckes, *Civil Due Process*, *Criminal Due Process*, *25* Yale Law & Policy Review 1, 1—62 (2006).

④ See Mullance, 339 U. S. at 314, 70 S. Ct. At 657.

质疑送达的合法性和有效性。

（二）便捷、高效原则

域外送达由于跨地域、距离远，送达难度较大，因此应当尽可能简化送达途径，减少不必要的成本。美国《联邦民事诉讼规则》第 4 条规定："作为送达对象的个人、法人或者非法人组织，均有义务避免为送达传票而产生不必要的费用。"并允许被送达人放弃送达传票。[①]我国 2020 年修正的《最高人民法院关于依据国际公约和双边司法协助条约办理民商事案件司法文书送达和调查取证司法协助请求的规定》（简称《国际司法协助规定》）第 1 条规定："人民法院应当根据便捷、高效的原则确定依据海牙送达公约、海牙取证公约，或者双边民事司法协助条约，对外提出民商事案件司法文书送达和调查取证请求。"

（三）条约优先适用原则

当一国与他国签订有国际条约或区域性条约时，成员国间应当优先适用条约中规定的送达途径。条约优先适用原则是涉外民商事诉讼基本原则，这同样在送达领域得以体现。不过，值得注意的是，条约并非一定适用，各国的司法实践中存在不优先适用条约的情形。例如，在美国司法实践中，有的法院认为条约是否优先使用应当参考条约的指定目的和文本措辞，只有那些强制性适用的条约才应当被优先适用，否则条约也可作为补充性途径可供选择。

（四）互惠原则和对等原则

如果两国存在互惠关系，则可以基于互惠原则进行国际司法协助，包括域外送达。同样地，对于别国恶意阻拦送达或以本国不允许的送达方式进行送达的，本国也可以采取对等措施。例如，我国 2020 年修正的《国际司法协助规定》第 2 条规定："人民法院协助外国办理民商事案件司法文书送达和调查取证请求，适用对等原则。"

四、两大法系关于域外送达的不同认知

不同国家间涉外送达存在法律冲突的根本原因之一，在于英美法系和大

---

① 张卫平、齐树洁：《美国联邦民事诉讼规则》，厦门大学出版社 2023 年版，第 4 页。

陆法系对送达性质认定的不同，即两大法系对诉讼模式的定位存在差异。英美法系采纳的是当事人主义的诉讼模式，强调当事人在诉讼中的主导地位，而法院则仅仅起到居中裁判作用。在这种诉讼模式下，涉外送达被认为是当事人或律师应当完成的事项，而非法院依职权进行的诉讼行为，因而其主权色彩被私权色彩所替代。美国便是持这种认识的典型。受私权观念的影响，美国的涉外送达多数是由原告的律师或专业的私人送达公司完成，而送达的方式亦多采邮寄等直接送达方式，较少采取国家间请求书等间接送达方式。例如，美国《联邦民事诉讼规则》第 4 条赋予了任何年满 18 周岁且不是当事人的人士完成送达的权利。①英国民事诉讼中的文书主要由当事人和律师送达。②然而，在大陆法系职权主义的诉讼模式下，送达被认为是法院行使公权力的必要职权，不能由私人予以行使。例如，德国 2001 年修正的《民事诉讼法》将送达分为依职权送达和应当事人的要求送达。依职权送达通常由法院的书记科或委托其他官厅实施送达；应当事人要求的送达则通常由法院执达员自己或执达员委托的邮局实施送达。③对涉外送达而言，这种公权力被升格为主权行为，因而大陆法系国家十分强调受送达地国家认可这一要素，否则就可被认为是对国家司法主权的侵犯。④此外，由于两大法系对域外送达的性质存在不同认识，因而两大法系对于当事人能否放弃送达的规定是不同的。大陆法系国家通常不允许当事人放弃送达，但英美法系则为了降低诉讼成本允许当事人明确放弃送达。美国《联邦民事诉讼规则》第 4 条规定了特定条件下被告可以放弃送达传票，并延长被告放弃送达后的答辩时间。⑤

基于两大法系对送达性质的不同理解，实践中便会出现国家之间在涉外送达领域的“攻防战”。以美国涉外送达中频繁采取的邮寄送达为例，这种方式对大多数送达文书而言符合美国民事诉讼法律的规定，但对多数大陆法系国家而言是不可接受的。针对美国的邮寄送达，大陆法系的国家首先通过国内立法方式表明了反对态度，如法国、德国、瑞典、奥地利、希腊等国家

---

①⑤　张卫平、齐树洁：《美国联邦民事诉讼规则》，厦门大学出版社 2023 年版，第 4 页。

②　徐昕：《英国民事诉讼与民事司法改革》，中国政法大学出版社 2002 年版，第 117 页。

③　罗森贝克、戈特瓦尔德、施瓦布：《德国民事诉讼法》，李大雪译，中国法制出版社 2007 年版，第 499—517 页。

④　何其生：《比较法视野下的国际民事诉讼》，高等教育出版社 2015 年 7 月版，第 204—205 页。

均以立法方式明确不接受外国邮寄送达的立场。更有甚者，将送达行为与国家行为等同视之。例如，瑞士认为，根据瑞士法律的精神，送达本质上是国家的官方行为，因此在诉讼当事人之间不存在直接的送达。任何法院、当局或私人试图通过从国外直接将有关文件送达给居住在瑞士的收件人或者在瑞士直接对他送达来使送达生效的行为，被认为是侵犯瑞士主权并且根据《瑞士刑法典》第 271 条是可受惩罚的。[①]

除了国内立法的明示外，大陆法系国家一旦遇到美国的邮寄送达，会主动采取外交照会等方式警示主权受到侵犯，如瑞士、德国、法国等。1980 年 11 月 6 日，美国法院职员行政办公室针对上述抗议，发出了《对于向外国进行送达的备忘录》，其中释明：当传票和起诉状根据第 4 条第 9 款第（1）D 项的规定邮寄到国外时，一些外国国家认为这种送达方法侵犯了一国的司法主权和国际法，并认为这种送达方法侵犯了他们国家国内法所规定的执行送达程序官员的职权。同时，向《海牙送达公约》成员国特别是对第 10 条的规定提出保留的国家，以及反对邮寄送达的国家进行邮寄送达的行为也已经引发了一系列外交抗议。因此，为了避免将来这些问题再次发生，《对于向外国进行送达的备忘录》要求法院的职员在向那些反对国际邮寄送达国家的被告送达传票和起诉状时，不要再采取国际邮寄的方式。这些国家有捷克、斯洛伐克、瑞士、苏联。对于这些国家，请求书方式是适合的送达机制。[②]

两大法系国家在涉外送达方面的对立立场也并非不可调和。面对动辄上升到司法主权和外交争议的问题，美国的司法实务部门在反思邮寄送达的可行性。然而，对于大陆法系国家而言，如果完全固守传统的国家间请求书方式，会极大地影响涉外送达的成功率和时效度，因而更为便利的送达方式能否有限度地采取是值得商榷的，这一点在互联网兴起后电子送达方式的取舍中便可见一斑。总之，面对涉外送达的冲突，现代各国已经不再拘泥于诉讼模式差异所带来的非此即彼的解决方式，而是更为务实地转变为直接送达方式与间接送达方式之间的权重配比。

---

① 李双元、欧福永：《国际民商事诉讼程序研究》，武汉大学出版社 2016 年版，第 171 页。

② 何其生：《美国域外送达制度研究》，《武大国际法评论》2003 年第 1 卷，第 205 页。

第二节　域外送达途径

案例：

2023年1月2日，甲国法院在受理的一起民事诉讼中，查明诉讼的被告为位于中国的自然人A。甲国法院受理该案后，启动相关的涉外送达程序，向位于中国的A送达相关的文书。

问：

1. 甲国法院向中国法院发出司法协助的请求书，如中国法院审查后发现，中国与甲国均为1965年《海牙送达公约》的缔约国，则中国法院是否必须依照1965年《海牙送达公约》规定的方式开展域外送达？如中国与甲国之间另订有双边司法协助协定，则应以何种国际公约为送达依据？

2. 甲国法院向中国法院发出司法协助的请求书，如中国法院审查后发现，中国与甲国之间并无签订任何涉及涉外送达的双多边公约。此时，如甲国法院仍坚持适用间接送达方式，应采取何种方式？具体的送达流程应当如何进行？

3. 如中国法院审查后发现，位于中国的A拥有甲国国籍，那么此时能否允许甲国委托其驻中国的使领馆对A进行送达？在送达过程中，有其他注意事项吗？

4. 如甲国法院直接对中国境内的自然人A实施电子送达，这种送达行为有效吗？假如A缺席甲国法院之审理，将来甲国法院作出的判决需要在中国境内承认与执行，中国法院应作出何种裁定？

世界范围内存在许多送达方式，总体可以分为直接送达和间接送达。直接送达的程序较为简单，但是容易在他国受到阻拦而导致送达失败，同时各国关于直接送达途径的实践存在差异，因此对于通过直接送达方式送达的文书经常会遭到合法性和有效性的质疑。间接送达主要是指通过区域性或国际性条约规定的途径进行送达，由于条约是国家间协调意志的产物，因此其送达通常会得到成员国的认可，但其缺点为规定的送达程序往往比较繁琐，并且条约覆盖的范围与所涉内容也比较有限。

一、直接送达

国际民事诉讼中的直接送达是指由受理案件所在国法院依据本国法或国际条约的规定直接向境外的受送达人实施的送达。这种送达方式因其不需要借助受送达国家的司法协助而有助于提升送达效率，却也因该特点而受到禁止某种直接送达方式的受送达国家的拒绝与反对。根据各国国内法以及国际条约的规定，直接送达方式主要有以下几种类型。

(一) 外交代表或领事送达

外交代表或领事送达是指送达国将相关的送达文书交由其驻在受送达国的外交代表或者领事送达，这种送达方式被很多国家所采纳。1965 年《海牙送达公约》第 8 条第（1）款规定："每一缔约国均有权直接通过其外交或领事代表机构向身在国外的人完成司法文书的送达，但不得采用任何强制措施。"但是，有些国家可能将外交代表或领事送达的对象限于送出国本国人。1965 年《海牙送达公约》也对此做出妥协，其第 8 条第（2）款之规定："任何国家均可声明其对在其境内进行此种送达的异议，除非该文书须送达给文书发出国国民。"之所以对送达对象的范围存在争议，是因为两大法系对送达的认识不同，对于那些认为送达是司法主权的国家而言，外国在本国驻在的外交代表或者领事对非其国人送达可能被视为对驻在国主权的侵犯。

(二) 邮寄送达

邮寄送达方式是指送达国直接通过邮寄的方式将送达文书寄给受送达的当事人或诉讼代理人而完成送达。对于邮寄送达，各国的立法态度差异较大。1965 年《海牙送达公约》的谈判过程中同样对于是否接受邮寄送达争议较大，最终，该公约第 10 条规定了邮寄送达的方式，但同时允许缔约国对该种方式予以保留。邮寄送达曾得到许多国家的采纳，例如德国民事诉讼法授权书记官可以委托邮局进行送达。[①]但采用邮寄方式送达往往会产生高昂的

① 罗森贝克、戈特瓦尔德、施瓦布：《德国民事诉讼法》，李大雪译，中国法制出版社 2007 年版，第 510 页。

邮寄费用，并且耗时也较长，随着电子送达的推广，邮寄送达的采用率逐渐下降。

(三) 个人送达

个人送达是指送达国法院委托具有一定身份的人实施送达，实施送达的人可以是当事人的诉讼代理人，也可以是与案件有利害关系的人，这种送达方式为英美法系国家所采取。①例如，美国《联邦民事诉讼规则》第 4 条授予任何年满 18 周岁并且不是当事人的人士完成送达的权利。②英国民事诉讼中的文书主要由当事人和律师送达。③1965 年《海牙送达公约》也规定了此种方式，但作为妥协，允许缔约国对此予以保留。

(四) 按当事人协商的方式进行送达

按当事人协商方式进行送达是多为英美法系国家所采用的一种方式。如依美国法规定，对外国国家的代理人或代理处，对外国国家或外国的政治实体的送达，可以依诉讼双方当事人间特别协商的办法进行。英国法甚至规定合同当事人可以在合同中约定接受送达的方式。④对于这种方式是否予以接受，实际是讨论涉外送达领域是否允许当事人意思自治，以及该种协商意思应在多大程度上为主权国家所接受的问题。在国家法律与国际条约不加禁止的送达方式上，允许当事人协商送达方式可以提升送达的效率与成功率，也能减轻法院在送达合法性判断方面的压力。有争议的是，如果当事人协商的送达方式为送达国国内法或被送达国国内法或两国之间的国际条约所禁止，这种情况下当事人的意思自治是否还应当予以尊重。

(五) 电子送达

随着当代互联网技术的蓬勃发展，通过传真、电子邮件以及个人交互软件实施的电子送达方式正在逐渐改变传统意义上的直接送达方式。根据学者研究，世界范围内第一个通过电子邮件送达司法指令的案件是 1996 年 4 月 11 日英国皇室法院后座法庭所属分庭的 Newman 法官授权伦敦 Schilling &

① 屈广清、欧福永：《国际民商事诉讼程序导论》，武汉大学出版社 2016 年版，第 329—332 页。

② 张卫平、齐树洁：《美国联邦民事诉讼规则》，厦门大学出版社 2023 年版，第 4 页。

③ 徐昕：《英国民事诉讼与民事司法改革》，中国政法大学出版社 2002 年版，第 117 页。

④ 屈广清、欧福永：《国际民商事诉讼程序导论》，武汉大学出版社 2016 年版，第 319—320 页。

Lom 公司的律师通过电子邮件向国外送达指令。[①]电子送达方式因其迅捷的优势而受到涉外送达体系的青睐，但也因其不易识别、容易篡改等特性而引发新的议题，在涉外送达领域则掀起了一波主权争议。但不论如何，电子送达方式的勃兴反映技术迭代对法律回应的需求，因而已有中国在内的不少国家开始接受并对其予以规范。在国际条约层面，1965 年《海牙送达公约》囿于时代所限并未对电子送达方式进行规范，但《欧盟送达条例》等区域性的规范则已然给予了正向性的规定。随着微信等各种社交平台的普及，域外电子送达的方式与渠道越来越多样，但何种电子送达地址应当被视为有效，以及何种电子送达方式能够被视为有效送达，是一个值得关注的问题。

（六）公告送达

公告送达是指送达国法院并未实际将送达文书交付给境外的受送达人，而是通过张贴公告或登报等方式予以公示，经过一定的公示期后即视为送达完成的送达方式。这种送达方式为多数国家所认可，尤其是在对受送达人无法实现成功送达的情况下，公告送达无疑是一种兜底性的方式。然而，由于公告送达仅仅是一种法律拟制的产物，因而在被告缺席的案件中极易引发程序性的抗辩，公告送达往往是刊登在较易被忽视的报纸不显著位置或人流量不大的公告牌上，往往达不到通知受送达人的实际效果，故而各国对涉外公告送达的条件与时限做出了较为严格的规定。

二、间接送达

国际民事诉讼中的间接送达是指一国法院在审理国际民事案件时，通过国际司法协助方式进行的送达。国际司法协助中的送达是指一国法院在受理某一国际民事案件以后，将需要送达到国外的诉讼文书和非诉讼文书委托给有关国家的司法机关或其他有权机构，并由该外国司法机关或其他有权机构代为送交给居住在该国境内的诉讼当事人或其他诉讼参与人。[②]间接送达是传统意义上域外送达最为重要的方式，因为其代表着国家与国家之间在互相尊

① 何其生：《域外电子送达第一案及其思考》，《法学》2005 年第 3 期。

② 韩德培：《国际私法新论》，武汉大学出版社 2006 年版，第 467 页。

重司法主权基础上的协作。因此，几乎每个国家的国内立法中均有间接送达方式的体现。为统一并简化各国的间接接送达方，各国缔结了有关域外送达的国际条约和区域性条约。在区域性条约方面主要成果有《欧盟送达条例》《美洲国家间关于嘱托书的公约》及其议定书；[①]而在国际性条约方式，1965年《海牙送达公约》无疑是最重要的代表性成果，其规定的间接送达方式不仅适用众多国家，而且最大限度地协调了各国之间司法协助领域的差异，因而以下间接送达方式的介绍以该公约规定的机制为例。[②]

(一) 请求的提出

在典型的间接送达模式下，需要由一国的司法机关或其他有权机关提出委托送达的请求，因而良好的请求提出是必要的条件。对于请求提出的要求，1965年《海牙送达公约》第3条规定："依文书发出国法律有权主管的当局或司法助理人员应将符合本公约所附范本的请求书送交文书发往国中央机关，无须认证或其他类似手续。请求书应附有须予送达的文书或其副本。请求书和文书均须一式两份。"对于这一条文的理解，第一，公约对请求提出的主体并无固定的要求，仅仅强调文书发出国法律允许的有权机关即可；第二，公约对接受请求书国家的机关有规定，其必须为该国的"中央机关"；第三，请求书的形式与内容必须与公约规定以及附件中载明的格式相符，且缔约国不得附加其他条件。此外，如果文书发往国没有按照上述要求提出请求书，文书发往国可以提出异议。公约第4条规定："如中央机关认为该请求书不符合本公约的规定，应及时通知申请者，并说明其对请求书的异议。"

(二) 请求的接受

涉外送达请求一旦发送，对于受送达国家而言便存在哪个或哪些机关有权受领请求并开展司法协助活动问题。在缺乏国际条约的背景下，由于各国允许的接受机关各有不同，因而造成了司法协助信息的严重不对称，而1965

---

① 《欧盟送达条例》的前身为1997年欧盟成员国间送达民商事司法文书及司法外文书的公约(简称《欧盟送达公约》)，2000年5月29日经由欧盟理事会转化为第1348号条例即《欧盟送达条例》。2020年，欧盟理事会对《欧盟送达条例》进行了新一轮的修正。杜涛：《国际私法前沿年度报告(2019—2020)》，《国际法研究》2021年第4期，第111页。

② 以下有关1965年《海牙送达公约》的条文译本，以中华人民共和国外交部条约法律司编的《海牙国际私法会议公约集》(法律出版社2012年版)为准。

年《海牙送达公约》的一大贡献便是，其以“中央机关”的设定明晰了缔约国之间接受请求的机关。公约第 2 条规定：“每一缔约国应指定一个中央机关，负责根据第三条至第六条的规定，接收来自其他缔约国的送达请求书，并予以转递。每一缔约国应依其本国法律组建中央机关。”在明确了中央机关的核心地位后，1965 年《海牙送达公约》也照顾到缔约国的需求，在第 18 条中进行了柔性化的处理：“每一缔约国除指定中央机关外，还可指定其他机关，并应确定这些机关的主管范围。但在任何情况下，申请者均有权将请求书直接送交中央机关。联邦制国家有权指定一个以上的中央机关。”

（三）请求的执行

一般而言，被送达国的中央机关或有权接受请求的机关收到送达请求后，便会开展司法协助的工作，但具体负责送达文书的机关并非与接受文书的机关一致，此时便会出现文书转递与送达执行报告的程序。1965 年《海牙送达公约》第 5 条规定了文书发往国中央机关可以开展送达的三种方式：一是“按照其国内法规定的在国内诉讼中对在其境内的人员送达文书的方法”。这是最正式的送达方式，实践中为多数情形所采；二是“按照申请者所请求采用的特定方法，除非这一方法与文书发往国法律相抵触”。这种方法旨在强调申请者的意愿实现，但实务中出现得甚少；三是“可通过将文书交付自愿接受的收件人的方法进行送达”。这种方式虽然不是正式送达，但强调受送达人自愿接受文件的方式，能够节约送达的时间，自应为各国所采。除了三种送达方式外，该条还规定了送达文书的语言等要求：“如依上述第一款送达文书，则中央机关可要求该文书以文书发往国的官方文字或其中之一写成，或译为该种文字。依本公约所附格式填写的请求书中包括被送达文书概要的部分应连同文书一并送达。”

在送达请求被执行后，相应后果的反馈对申请人与请求国而言尤为关键。1965 年《海牙送达公约》第 6 条规定：“被请求国中央机关或由被请求国为此目的而指定的任何机关应依照本公约附件格式拟制证明书。证明书应说明文书已经送达，并应包括送达的方法、地点和日期，以及文书被交付人。如文书并未送达，则证明书中应载明妨碍送达的原因。申请者可要求非中央机关或司法机关出具的证明书由上述一个机关签署。证明书应直接送交申请者。”当然，送达请求在执行前需要经过被请求国的审核，但为了尽可能不被请求国拒绝，公约第13条从正反两个方面分别规定：“如果送达请求书符合本公约的规定，则文书发往国只在其认为执行请求将损害其主权或安全时才可拒绝执行。一国不得仅根据下列理由拒绝执行，即：依其国内法，该国主张对该项诉讼标的专属管辖权，或其国内法不允许进行该项申请所依据的诉讼。在拒绝执行的情况下，中央机关应迅速通知申请者，并说明拒绝的理由。”

第三节　中国的域外送达制度

案例：

2023年1月2日，中国的自然人A在中国法院提起民事诉讼，诉讼的被告为位于甲国的B。中国法院受理该案后，查明被告B在中国境内并无住所，因而应当启动相关的涉外送达程序，向位于甲国的B送达相关的文书。

问：

1. 如中国法院审查后发现，中国与甲国均为1965年《海牙送达公约》的缔约国，则中国法院是否必须依照1965年《海牙送达公约》规定的方式开展域外送达？如中国与甲国之间另订有双边司法协助协定，则应以何种国际公约为送达依据？

2. 如中国法院审查后发现，中国与甲国之间并无签订任何涉及涉外送达的双多边公约。此时如中国法院仍坚持适用间接送达方式，应采取何种方式？具体的送达流程应当如何进行？

3. 如中国法院审查后发现，位于甲国的B系中国国籍，那么此时能否委托中国驻甲国的使领馆对B进行送达？在送达过程中，有其他注意事项吗？

4. 在不考虑条约适用的条件下，假如B系自然人，中国法院在以下事实下能否完成域外送达：(1) B在中国旅游期间，中国法院在境内对其本人实施送达；(2) B委托中国律师担任本案的诉讼代理人，但在授权委托书中明确排除代理人有接受司法文件的权限，中国法院对该诉讼代理人实施送达；(3) B在中国境内设立外商独资企业，中国法院对该外商独资企业实施送达；(4) B担任中国境内一家公司的法定代表人，中国法院对该公司实施直接送达。

5. 在不考虑条约适用的条件下，假如B系外国公司法人，中国法院在以下事实下能否完成域外送达：(1) B公司的法定代表人在中国旅游期间，中国法院在境内对该法定代表人实施送达，从而达到向B公司送达的效果；(2) B公司在中国境内有业务代办人，但在授权委托书中明确排除业务代办人有接受司法文件的权限，中国法院对该业务代办人实施送达；(3) B公司在中境内设有分公司，但在授权委托书中明确排除分公司有接受B公司司法文件的权限，中国法院对该分公司实施送达。

6. 在不考虑条约适用的条件下，中国法院对B能否同时采取邮寄送达与电子送达？如果中国法院查明甲国法明确禁止邮寄送达与电子送达两种方式，可否继续采取这两种方式送达？如果甲国法仅仅禁止邮寄送达，而对电子送达方式未做出明确态度，中国法院可否采取电子送达方式？

7. 假如以上方式均不能对B完成送达，中国法院可否采取公告送达？公告送达通过何种途径进行？公告送达多久后，方可实现送达的效果？

目前而言，中国涉外送达的法律体系已经形成了国际法与国内法统筹推进的整体格局。具体而言，在国际条约方面，中国1991年正式批准加入了1965年《海牙送达公约》，亦与法国、意大利、西班牙、保加利亚等国家签订了双边司法协助条约。[①]在国内立法方面主要体现为以下几个位阶：一是2023年《民事诉讼法》，该法第四编“涉外民事诉讼程序的特别规定”中对于涉外送达的法律制度予以规定；二是最高人民法院发布的司法解释，较为重要的有2006年《关于涉外民事或商事案件司法文书送达问题若干规定》(简称：《涉外送达规定》)、2022年《关于适用〈中华人民共和国民事诉讼法〉的解释》(简称：《民诉法司法解释》)等；三是最高人民法院、外交部、司法部等部门单独或联合发布的规范性文件，如2022年《全国法院涉外商事海事审判工作座谈会会议纪要》(简称：《第三次涉外商事海事会议纪要》)。特别需要说明的是，除了跨国领域的送达，我国内地法院与香港特别

① 杜涛：《国际私法原理》，复旦大学出版社2014年版，第401—402页。

行政区、澳门特别行政区、台湾地区之间的区际间送达制度亦已经形成特有的规范体系。①鉴于本书体例的安排，区际司法协助的此部分不再赘述。

一、中国法院的域外送达

（一）间接送达

中国法院的域外间接送达主要是指依据国际条约规定的方式送达。对在中华人民共和国领域内没有住所的当事人，2023 年《民事诉讼法》第 283 条第 1 项规定的域外送达方式为："依照受送达人所在国与中华人民共和国缔结或者共同参加的国际条约中规定的方式送达。"目前对中国而言，在涉外送达领域的多边条约主要是 1965 年《海牙送达公约》。该公约 1992 年 1 月 1 日对中国生效，同时全国人大常委会还作出了如下声明：（1）根据公约第 2 条和第 9 条的规定，指定中华人民共和国司法部为中央机关和有权接收外国通过领事途径转递文书的机关；（2）根据公约第 8 条第 2 款声明，只在文书须送达给文书发出国国民时，才能采用该条第 1 款所规定的方式在中华人民共和国境内进行送达；（3）反对采用公约第 10 条所规定的方式在中华人民共和国境内进行送达；（4）根据公约第 15 条第 2 款声明，在符合该款规定的各项条件的情况下，即使未收到任何送达或交付的证明书，法官仍可不顾该条第 1 款的规定，作出判决；②（5）根据公约第 16 条第 3 款的证明，被告

① 中国内地与香港特别行政区、澳门特别行政区之间的区际送达规则，主要采取最高人民法院香港特别行政区、澳门特别行政区协商一致的方式，其典型表现为 1999 年最高人民法院《关于内地与香港特别行政区法院相互委托送达民商事司法文书的安排》与 2001 年最高人民法院《关于内地与澳门特别行政区法院就民商事案件相互委托送达司法文书和调取证据的安排》（已修正并自 2020 年 3 月 1 日起施行修正后的安排）。此外，最高人民法院在不同时期亦通过司法解释的方式扩充三地间司法送达的方式，如 2009 年最高人民法院《关于涉港澳民商事案件司法文书送达问题若干规定》。在大陆与台湾地区的区际司法送达领域并无相应的协商机制，因而最高人民法院系采取直接规定司法解释的方式予以处理，如 2010 年最高人民法院发布《关于人民法院办理海峡两岸送达文书和调查取证司法互助案件的规定》。

② 1965 年《海牙送达公约》第 15 条："如须根据本公约向国外递送传票或类似文书，以便送达，而被告没有出庭，则在确定以下情况之前，不得作出判决：

（一）该文书已依文字发往国的国内法所规定的在国内诉讼中对在其境内的人送达文书的方法予以送达；或

（二）该文书已依本公约规定的其他方法被实际交付被告或其居所。

并且，在上述任何一种情况下，送达或交付均应在能保证被告进行答辩的足够时间内完成。

每一缔约国均可声明，只要满足下述条件，即使未收到送达或交付的证明书，法官仍可不（转下页）

要求免除丧失上诉权效果的申请只能自判决之日起的一年内提出，否则不予受理。①

1965 年《海牙送达公约》对中国生效后，1992 年《关于执行〈关于向国外送达民事或商事司法文书和司法外文书公约〉有关程序的通知》和 1992 年《关于执行海牙送达公约的实施办法》为我国司法文书与司法外文书依据《海牙送达公约》向外送达规定了基本的流程。此外，在执行《海牙送达公约》过程中，最高人民法院不断发布文件进行适时性的调整，主要体现在三个文件：一是 2003 年 9 月 23 日最高人民法院发布《关于指定北京市、上海市、广东省、浙江省、江苏省高级人民法院依据海牙送达公约和海牙取证公约直接向外国中央机关提出和转递司法协助请求和相关材料的通知》，主要内容是授权北京市、上海市、广东省、浙江省、江苏省高级人民法院依照《海牙送达公约》，直接向海牙送达公约成员国中央机关提出和转递本院及下级人民法院依据海牙送达公约提出的送达民事司法文书和司法外文书的请求书及相关材料，此举旨在提升公约项下域外送达的效率；二是 2006 年《最高人民法院关于涉外民事或商事案件司法文书送达问题若干规定》（简称《涉外送达规定》）中明确了《海牙送达公约》与双边司法协助协定之间的适用关系，其第 6 条第 2 款规定：“受送达人所在国与中华人民共和国签订有

(接上页)顾本条第一款的规定，作出判决：

（一）已依本公约所规定的一种方法递送该文书；

（二）法官根据具体案件认为自递送文书之日起不少于六个月的适当期间已满；

（三）尽管为获取证明书已通过文书发往国的主管机关尽了一切合理的努力，但仍未收到任何种类的证明书。”

虽有上述各款规定，法官仍可在紧急情况下决定采取任何临时性或保护性的措施。

① 1965 年《海牙送达公约》第 16 条：“如须根据本公约向国外递送传票或类似文书，以便送达，且已对未出庭的被告作出败诉判决，则在满足下述条件的情况下，法官有权使被告免于该判决因上诉期间届满所产生的丧失上诉权的效果：

（一）被告非因自己的过失，未能在足够期间内知悉该文书，以便提出答辩，或未能在足够期间内知悉该判决，以便提起上诉，并

（二）被告对该案的实质问题提出了表面可以成立的答辩理由。被告只能在其知悉该判决后的合理期间内提出免除丧失上诉权效果的申请。

每一缔约国均可声明对在该声明中所指明的期间届满后提出的申请不予受理，但这一期间在任何情况下均不得少于自判决之日起的一年。

本条不适用于有关人的身份或能力的判决。”

司法协助协定，且为《关于向国外送达民事或商事司法文书和司法外文书公约》成员国的，人民法院依照司法协助协定的规定办理。”此外，《涉外送达规定》第 7 条规定：“按照司法协助协定、《关于向国外送达民事或商事司法文书和司法外文书公约》或者外交途径送达司法文书，自我国有关机关将司法文书转递受送达人所在国有关机关之日起满六个月，如果未能收到送达与否的证明文件，且根据各种情况不足以认定已经送达的，视为不能用该种方式送达。”三是 2020 年修正的《最高人民法院关于依据国际公约和双边司法协助条约办理民商事案件司法文书送达和调查取证司法协助请求的规定》，主要是总结域外的司法协助经验，在新时期提出了国际司法协助独立登记、单独建档等新的要求。

（二）直接送达

在 2023 年《民事诉讼法》第 283 条以及相关的司法解释中，中国法院的域外直接送达的方式众多，反映我国涉外立法对于涉外司法实践的适时回应与创新。

1. 通过使领馆送达

这种方式见于 2023 年《民事诉讼法》第 283 条第 3 项规定：“对具有中华人民共和国国籍的受送达人，可以委托中华人民共和国驻受送达人所在国的使领馆代为送达。”通过使领馆送达目前为各国法律所允许的方式，其合理性一部分来自《维也纳领事关系公约》有关领事职务的规定，另一部分来自 1965 年《海牙送达公约》的规定。中国在加入《海牙送达公约》时对使领馆送达予以部分的保留，即强调只在文书须送达给文书发出国国民时，才能采用该种方式在中华人民共和国境内进行送达，因而 2023 年《民事诉讼法》第 283 条第 3 项的规定也与我国在国际条约下的立场一致。特别需要予以区分的是，此处所谓通过使领馆送达系指使领馆向受送达人直接送达文书，如果仅仅是通过使领馆代为向受送达国中央机关或外交机关等转递文书，则应属于间接送达方式，此不可不辨。

2. 向受送达人在本案中委托的诉讼代理人送达

这种送达方式见于 2023 年《民事诉讼法》第 283 条第 4 项规定，属于各国所认可之通行做法，因而我国《民事诉讼法》历来对其予以规范。但在理解上要注意两点：一是此处受送达人委托的诉讼代理人不能理解为仅指中国律师，还应包括2022年《民诉法司法解释》第526条的规定："涉外民事诉讼中的外籍当事人，可以委托本国人为诉讼代理人，也可以委托本国律师以非律师身份担任诉讼代理人；外国驻华使领馆官员，受本国公民的委托，可以以个人名义担任诉讼代理人，但在诉讼中不享有外交或者领事特权和豁免。"二是2023年对该种送达方式的修法中取消了诉讼代理人必须"有权代其接受送达"的限制性条件，原因在于在此前的司法实践中出现受送达人利用"有权代其接受送达"的规定，在其出具的授权委托书等文件中明示排除诉讼代理人"有权代其接受送达"权限的情形，规避中国法院有效送达的情形，因而此次修法填补了这一漏洞。

3. 外国人、无国籍人、外国法人、其他组织的境内送达

2023年《民事诉讼法》第283条第5项规定："向受送达人在中华人民共和国领域内设立的独资企业、代表机构、分支机构或者有权接受送达的业务代办人送达。"这样规定的原因在于某些外国当事人在中国境内设立代表机构、分支机构等实体的情况下，仍以必须向其境外送达为由拖延诉讼进程，因而在此次《民事诉讼法》修订前便已有规定。但此次修法有两处重要修改：一是增加了"受送达人在中华人民共和国领域内设立的独资企业"作为可接受送达的境内主体；二是取消了旧法中分支机构亦需要"有权接受送达"的条件，其目的旨在进一步拓展该种直接送达方式的适用范畴。

4. 域内送达

所谓域内送达，是指虽然受送达人在中华人民共和国领域内没有住所，但其本人或代表人、代理人在中华人民共和国领域内出现的，人民法院可以对上述主体直接实施送达。域内送达也有学者将其称为"在场送达"，在英美法系国家是一种非常重要的送达方式，因为在这些国家送达还意味着法院管辖权的取得。[①]2023年《民事诉讼法》第283条分别增加了两项域内送达规则。就外国人、无国籍人而言，第283条第6项规定："受送达人为外国人、无国籍人，其在中华人民共和国领域内设立的法人或者其他组织担任法

① 何其生：《比较法视野下的国际民事诉讼》，高等教育出版社2015年版，第235页。

定代表人或者主要负责人，且与该法人或者其他组织为共同被告的，向该法人或者其他组织送达。”就外国法人或者其他组织而言，第 283 条第 7 项规定：“受送达人为外国法人或者其他组织，其法定代表人或者主要负责人在中华人民共和国领域内的，向其法定代表人或者主要负责人送达。”

5. 邮寄送达

邮寄送达是传统意义上涉外直接送达的主要方式之一，此次《民事诉讼法》修订未做内容调整，体现于第 283 条第 8 项规定：“受送达人所在国的法律允许邮寄送达的，可以邮寄送达，自邮寄之日起满三个月，送达回证没有退回，但根据各种情况足以认定已经送达的，期间届满之日视为送达。”在实践中，我国法院涉外邮寄送达的成功有赖于两项条件的识别：一是如何判断受送达人所在国的法律允许邮寄送达？这主要有赖于 1965 年《海牙送达公约》缔约国对邮寄送达的态度，持反对立场的国家肯定无法接受邮寄送达如中国，持不反对立场但要求互惠的国家，我国也无法向其境内采取邮寄送达。只有持不反对立场且不要求互惠的国家方才满足上述条件，例如美国、英国、澳大利亚、印度、荷兰、泰国、缅甸、智利、多哥、扎伊尔、葡萄牙，等等。①二是如何判断涉外邮寄送达是否成功？2006 年《涉外送达规定》第 8 条对其进行了补充：“受送达人所在国允许邮寄送达的，人民法院可以邮寄送达。邮寄送达时应附有送达回证。受送达人未在送达回证上签收但在邮件回执上签收的，视为送达，签收日期为送达日期。自邮寄之日起满六个月，如果未能收到送达与否的证明文件，且根据各种情况不足以认定已经送达的，视为不能用邮寄方式送达。”2022 年《民诉法司法解释》延续了这一规定，但将视为不能用邮寄方式送达的时限由六个月缩短为三个月。②

6. 电子送达

电子送达是现代意义上互联网技术发展给涉外直接送达带来的便利，此次《民事诉讼法》修法体现于第 283 条第 11 项规定：“采用能够确认受送达人收悉的电子方式送达，但是受送达人所在国法律禁止的除外。”理解上述

① 何其生：《比较法视野下的国际民事诉讼》，高等教育出版社 2015 年版，第 238 页。

② 2022 年修订后《民诉法司法解释》第 534 条第（3）款。

规定，需要掌握三方面的要义：一是此次修法与我国司法实践对于涉外电子送达方式的要求并无实质性差异，我国域外电子送达制度主要如下：(1) 在适用主体上，其受送达人应限于在我国领域内没有住所的当事人；(2) 在送达途径上，主要采用传真、电子邮件和移动通信等即时收悉的特定系统；(3) 在适用条件上，必须能够确认送达文书最终被受送达人实际收悉。[①]二是此次修法体现了与时俱进的原则，原有条款须强调传真、电子邮件等为媒介，而新规定中去掉了具体媒介的列举，统称为“电子方式”。三是此次修法强调“受送达人所在国法律禁止的除外”，这就同样带来了如何识别受送达人所在国法律对电子送达的态度问题。与前述邮寄送达直接借助 1965 年《海牙送达公约》之立场不同，该公约在生效时不可能关注到电子送达的问题，尽管 1999 年海牙国际私法会议也设立专门委员会就电子送达问题开展研讨与调研，但到目前为止《海牙送达公约》内容并未发生变化。[②]面对这一难题，我国司法实践中主要采取推定公约缔约国禁止意思的方式予以补充，如 2022 年《第三次涉外商事海事会议纪要》第 11 条第 2 款规定：“受送达人所在国系《海牙送达公约》成员国，并在公约项下声明反对邮寄方式送达的，应推定其不允许电子送达方式，人民法院不能采用电子送达方式。”

7. 受送达人同意方式送达

这是 2023 年《民事诉讼法》修法的又一大亮点，体现于第 283 条第 10 项规定：“以受送达人同意的其他方式送达，受送达人所在国法律禁止的除外。”在涉外送达领域允许当事人意思的补充系为我国立法上之首次，其旨在最大限度扩展涉外送达的方式。在采取此种方式时，应注意三点：一是受送达人同意的其他方式不能与受送达人所在国家的禁止性规定相抵触；二是受送达人同意的其他方式亦不能与我国法律中的禁止性规定相抵触；三是此处当事人的意愿仅指受送达人的同意即可，虽然实践中常常反映为诉讼当事人之间采取协议的方式。

---

① 郭玉军、付鹏远：《“一带一路”背景下域外电子送达制度比较》，《学术交流》2018 年第 1 期。

② 何其生：《域外电子送达与〈海牙送达公约〉》，《诉讼法论丛》2005 年第 1 卷。

8. 通过外交途径送达

2023 年《民事诉讼法》第 283 条第 2 项规定的域外送达方式为："通过外交途径送达。"这一方式主要是在缺乏国际条约依据的情况下，需要依据外交途径完成间接送达。在我国国内的基本依据主要是 1986 年《关于我国法院和外国法院通过外交途径相互委托送达法律文书若干问题的通知》，其明确了域外外交途径送达的三点意见：一是我国法院通过外交途径向国外当事人送达法律文书，应按法定的程序和要求办理。二是我国法院向在外国领域内的中国籍当事人送达法律文书，如该国允许我使领馆直接送达，可委托我驻该国使领馆送达。此类法律文书可不必附有外文译本。三是中、日（本）双方法院委托对方法院代为送达法律文书，除按上述有关原则办理外，还应依照最高人民法院 1982 年 10 月 12 日《关于中、日两国之间委托送达法律文书使用送达回证问题的通知》办理。①

9. 视为送达

为便于司法实践的处理，我国 2006 年《涉外送达规定》第 13 条规定了三种视为送达的情形：一是受送达人书面向人民法院提及了所送达司法文书的内容；二是受送达人已经按照所送达司法文书的内容履行；三是其他可以视为已经送达的情形。

10. 公告送达

公告送达是中国法院境外送达的兜底方式，因而《民事诉讼法》第 283 条第 2 款规定："不能用上述方式送达的，公告送达，自发出公告之日起，经过六十日，即视为送达。"公告送达是一种拟制送达的方式，因而在司法

① 1982 年，最高人民法院《关于中、日两国之间委托送达法律文书使用送达回证问题的通知》，内容为："外交部领事司与日本驻华大使馆就中、日两国之间委托送达法律文书使用送达回证问题进行商谈后约定：自 1982 年 11 月 1 日起，中、日双方委托对方代为送达法律文书，由受委托一方依照本国法律的有关规定出具送达回证。据此，地方各级人民法院自今年（1982 年）11 月 1 日起，凡需通过外交途径发往日本国的法律文书，经高级人民法院审查后送外交部领事司转递时，可不再附送我人民法院的送达回证，由日方受委托的裁判所出具送达回证；日本国委托我方送达的法律文书，则由我国受委托的人民法院出具送达回证。"但 2019 年 7 月 18 日，最高人民法院发布《关于废止部分（第十三批）司法解释的决定》，因而自 2019 年 7 月 20 日起，《最高人民法院关于中、日两国之间委托送达法律文书使用送达回证问题的通知》不再适用。但此前依据这些司法解释对有关案件作出的判决、裁定仍然有效。

实践中应当谨慎把握：一是如何判断“不能用上述方式送达的”，笔者认为此处不能理解为“不能用上述全部方式送达的”，而是应当允许法院依据不同的案件个案处理。至于如何判断送达不能，我国的司法实践已有了经验累积，如2022年《第三次涉外商事海事会议纪要》第10条规定：“人民法院向在中华人民共和国领域内没有住所的受送达人邮寄送达司法文书，如邮件被退回，且注明原因为‘该地址查无此人’‘该地址无人居住’等情形的，视为不能用邮寄方式送达。”二是公告送达的方式应有拓展，涉外公告送达尤其应强调境外的可知性，因而2006年《涉外送达规定》第9条要求：“公告内容应在国内外公开发行的报刊上刊登。”三是实务中公告实践过长是影响整个涉外审判质效的顽疾，因此此次修法在涉外公告方面的调整即是将原先的“三个月”缩减为“六十日”。

二、外国向中国境内的送达

外国向中国境内送达的规定主要在2023年《民事诉讼法》第二十七章“司法协助”。结合《民事诉讼法》以及相关国际条约、司法文件之规定，以下对两种司法协助依据进行介绍。

(一) 依据国际条约开展司法协助

《民事诉讼法》第293条第（1）款规定：“根据中华人民共和国缔结或者参加的国际条约，或者按照互惠原则，人民法院和外国法院可以相互请求，代为送达文书、调查取证以及进行其他诉讼行为。”这为我国送达领域司法协助规定了基本的法律依据，即首先应当依据中华人民共和国缔结或者参加的国际条约进行。

1. 依据双边司法协助协定

对与我国缔结有双边司法协助协定的国家，缔约的外国一方请求我国人民法院提供司法协助，经最高人民法院审查后，交有关高级人民法院指定有关中级人民法院（含专门人民法院。下同）办理。有关中级人民法院应将有关材料及送达回证经高级人民法院退最高人民法院外事局。我国人民法院需向外国一方请求提供司法协助的，应按协定的规定提出请求书、所附文件及相应的译文，经有关高级人民法院审核后报最高人民法院外事局办理。①

2. 依据 1965 年《海牙送达公约》

对于同为 1965 年《海牙送达公约》成员国的国家，我国法院应当依据 1965 年《海牙送达公约》规定的方式开展司法协助。1992 年《关于执行〈关于向国外送达民事或商事司法文书和司法外文书公约〉有关程序的通知》规定了三种依据 1965 年《海牙送达公约》开展司法协助的方式；同年发布的《关于执行海牙送达公约的实施办法》规定了依据 1965 年《海牙送达公约》开展司法协助的具体流程。

需要说明的是，实践中经常会出现同为 1965 年《海牙送达公约》的缔约国，但外国法院的送达方式不符合《海牙送达公约》规定或与我国保留事项相冲突的情况。例如，在 1996 年廖某在美国阿拉梅达高等法院诉魏某离婚案中，美国阿拉梅达高等法院三次采取邮寄送达的方式，向位于我国境内的被告魏某开展司法文件的送达。对于这种邮寄送达方式，学界均认为既然中美同为 1965 年《海牙送达公约》的缔约国，那么应当采取公约所许可的送达方式。中国在《海牙送达公约》项下已经明确就邮寄送达方式予以保留，美国采取的邮寄送达方式明显违反了公约的规定。②除此以外，实践中还曾出现援用《海牙送达公约》拒绝执行的案例。例如，美国一法院于 2003 年 8 月受理了仰融起诉辽宁省政府案，仰融的代理律师根据《海牙送达公约》规定的程序向中国司法部提出了司法文书送达请求。中国司法部认为，基于国际法和公认的国际关系准则，任何外国司法机构都不能对另一主权国家、国家机构行使管辖权；故依据海牙《送达公约》第 13 条第 1 款“执行请求将损害被请求国国家主权或安全”的规定，拒绝了送达请求，将拒绝函寄送请求方，并退回仰融的律师的请求书及其所附司法文书。③

(二) 依据外交途径开展司法协助

在缺乏双多边条约为基础的情形下，中国法院开展民事司法协助的依据

① 李双元、谢石松、欧福永：《国际民事诉讼法概论》，武汉大学出版社 2016 年版，第 418 页。

② 相关案情及评述，参见何其生：《域外送达制度研究》，北京大学出版社 2006 年版，第 213—225 页。

③ 丁伟：《冲突法论》，法律出版社 2005 年版，第 250—251 页。

仅有外交途径一种，依据为《民事诉讼法》第294条第（1）款规定："请求和提供司法协助，应当依照中华人民共和国缔结或者参加的国际条约所规定的途径进行；没有条约关系的，通过外交途径进行。"此外，2022年《民事诉讼法司法解释》第547条进一步明确："与中华人民共和国没有司法协助条约又无互惠关系的国家的法院，未通过外交途径，直接请求人民法院提供司法协助的，人民法院应予退回，并说明理由。"

1. 依据外交途径的间接送达

外国法院向我国境内以外交途径送达之依据为1986年《关于我国法院和外国法院通过外交途径相互委托送达法律文书若干问题的通知》，其中规定为：由该国驻华使馆将法律文书交外交部领事司转递给有关高级人民法院，再由该高级人民法院指定有关中级人民法院送达给当事人。当事人在所附送达回证上签字后，中级人民法院将送达回证退高级人民法院，再通过外交部领事司转退给对方；如未附送达回证，则由有关中级人民法院出具送达证明交有关高级人民法院，再通过外交部领事司转给对方。委托送达法律文书须用委托书。委托书和所送法律文书须附有中文译本。法律文书的内容有损我国主权和安全的，予以驳回；如受送达人享有外交特权和豁免，一般不予送达；不属于我国法院职权范围或因地址不明或其他原因不能送达的，由有关高级人民法院提出处理意见或注明妨碍送达的原因，由外交部领事司向对方说明理由，予以退回。

2. 依据外交途径的直接送达

目前，我国所认可的直接送达方式是单一的，即仅认可外国法院对我国境内实施使领馆送达。其依据为前述《关于我国法院和外国法院通过外交途径相互委托送达法律文书若干问题的通知》之规定："外国驻华使、领馆可以直接向其在华的本国国民送达法律文书，但不得损害我国主权和安全，不得采取强制措施。"这种方式亦为我国《民事诉讼法》所采纳，其第294条第2款规定："外国驻中华人民共和国的使领馆可以向该国公民送达文书和调查取证，但不得违反中华人民共和国的法律，并不得采取强制措施。"

但就外国法院对我国的直接送达方式而言，似有两个问题值得探讨：一是在实践中外国法院对我国境内当事人频频采取电子送达方式，如美国法院对我国当事人的电子送达情形日益严重，在此情况下，我国除却进行反对与谴责之外，是否具有其他反制手段?①二是在中国现代化新时期，我国对域外送达直接方式之丰富与外国法院在我国域内送达之有限形成了比较鲜明的对比，这种非对称性的规范方式是否有待平衡?

【思考题】

1. 在送达领域，国内案件与涉外案件中的价值取向有无差别?为什么?

2. 在涉外送达领域，直接送达方式与间接送达方式分别代表什么价值取向?其代表性的法律规范是什么?两者之间产生冲突如何处理?

3. 中国就1965年《海牙送达公约》之立场如何?这种立场对中国依据1965年《海牙送达公约》开展国际民事诉讼司法协助有何影响?对中国国内涉外送达的立法又有何影响?

4. 2023年9月1日，全国人大常委会完成了《民事诉讼法》的最新一次修订，其一大亮点即及时对我国法院的域外送达作出了全新的规范。对比此前的立法与司法解释，你能指出其中的不同点吗?

5. 面对外国法院在中国的境内送达，我国的法律规范体系是什么?在新的历史时期，我国对域外的邮寄送达、电子送达等方式是否应当调整立法予以因应?

【案例分析】

案例一：

2023年，甲（某国人，经常居所地为某国）前往中国投资并分别设立两家公司，其中A公司系甲全额出资设立的外商独资企业，B公司系甲与中国籍股东合资设立的中外合资经营企业，甲担任B公司的法定代表人。甲在中国期间，遇到中国籍女子乙（经常居所地为中国），两人在中国登记为夫妻。然而，好景不长，2024年，甲在婚后不久便一人回到某国且与乙断绝了联

① 覃斌武：《美国法院滥用电子邮件送达管辖中国企业之评析——美国法院新近判例为分析对象》，《湘南学院学报》2022年第6期。

系。现甲乙双方均认为婚前考虑不周，夫妻感情已经破裂，因而均考虑通过离婚诉讼方式解除婚姻关系。

假设一：本案由乙委托律师向中国法院提起离婚之诉，中国法院在确认对本案的管辖权后，需要向被告甲送达起诉状、应诉通知书、传票等司法文书，则：

1. 中国法院在审查送达的法律依据时，应当依据何种顺序进行审查？

2. 中国法院查明某国为1965年《海牙送达公约》的缔约国，则在该国未就公约作出任何保留的情形下，中国法院可以采取哪些涉外送达的方式？

3. 如中国法院查明某国与中国并无任何跨国民事司法协助领域的双多边公约，则中国法院可否直接向中国境内的A公司或者B公司实施送达而完成对甲的送达效果？两者会有不同吗？除此以外，中国法院还可以采取何种送达方式？

假设二：本案由甲委托律师向某国法院提起离婚之诉，某国法院在确认对本案的管辖权后，需要向被告乙送达相关的司法文书，则：

1. 如某国为1965年《海牙送达公约》的缔约国，则该法院可以向中国境内的乙实施送达的方式有几种？

2. 当某国与中国并无任何跨国民事司法协助领域的双多边公约时，该法院可以向中国境内的乙实施间接送达的方式是哪一种？其流程如何？

3. 当某国与中国并无任何跨国民事司法协助领域的双多边公约时，该法院直接以邮寄或电子送达的方式向中国境内的乙实施送达，此种送达行为是否符合中国的法律？中国可以作出何种措施？

案例二[①]：

上诉人莆田市东南香米业发展有限公司（简称东南香公司，原审被告）、黄某（原审被告）因与被上诉人交通银行股份有限公司莆田分行（简称交通银行莆田分行，原审原告）、莆田市宏立粮油贸易有限公司（简称宏立粮油公司，原审被告）、许某（原审被告）金融借款合同纠纷一案，不服福建省

① 福建省高级人民法院（2018）闽民终230号民事判决书。

莆田市中级人民法院（2016）闽03民初56号民事判决，向福建省高级法院提出上诉。东南香公司法定代表人为其董事长黄金龙。

2012年1月12日，交通银行莆田分行（授信人）与东南香公司（申请人）签订《综合授信合同》一份，约定交通银行莆田分行给予东南香公司综合授信额度为1亿元。同日，交通银行莆田分行分别与宏立粮油公司、黄某签订《最高额保证合同》各一份，约定：为上述《综合授信合同》项下连续发生的债权提供最高债权额为6 000万元的保证。许某在黄金龙与交通银行莆田分行签订的《最高额保证合同》上签名声明：许某系保证人的配偶，其已认真阅读并确认了本合同的所有条款，知悉并同意保证人向债权人提供保证，基于该保证的债务为夫妻共同债务，以夫妻共同财产予以清偿。

原审法院认为，许某系加拿大永久居民，原审法院根据东南香公司提供的许某在加拿大的地址进行了邮寄送达，却无人签收。由于许某与黄某的夫妻关系仍然存续，故将相关法律文书邮寄给黄某代为签收，送达程序合法。许某经传票传唤无正当理由拒不到庭参加诉讼，依法可以缺席判决。

一审宣判后，东南香公司、黄金龙不服，向福建省高级法院提起上诉，认为原审程序违法。许某居住在外国，按照规定应对其采取涉外送达方式进行诉讼文书送达，原审法院明知黄某居住在国内，不属于许某的同住家属，为图省事将许某的诉讼文书邮寄给黄某，该做法缺乏法律依据，也违反法律规定。许某系上诉人的财务和贷款业务经办人，原审违法送达剥夺了其应诉权利，导致案件基本事实不清，影响正确判决。

被上诉人交通银行莆田分行认为，原审送达程序合法，原审法院对许某在加拿大的送达地址进行了送达，程序合法；此外，许某虽系加拿大居民，但其在国内有住所，且与黄某住所一致，其与黄某的夫妻关系仍然存续，黄某系许某在国内同住家属，原审法院将诉讼文书邮寄给黄某代收并无不当。原审法院对许某的送达符合法律规定，提高了送达效率，没有损害许某的合法权益。

二审法院认为，许某系加拿大永久居民，其在最高人民法院（2014）民一终字第110号案件对自己在该国的住址进行了《声明书》公证，因加拿大国并未在《海牙送达公约》中对邮寄送达方式声明保留，故原审法院援引上述许某所声明之住址对其进行邮寄送达，并不违反公约规定；上述邮件虽被退回，但结合一审诉讼时许某与黄某的夫妻关系，以及许某曾委托黄某代办相关委托手续的事实，原审在综合考虑案件当事人存在拖延时限、案件审理期限较长等情况，将对许某的诉讼文书交由其配偶黄某代收，常理上分析，许某应是知晓本案的诉讼事宜。黄某辩称未将诉讼事宜告知许某，有违诚信，本院不予采信。因此，本案在原审法院采取上述送达措施后，可以推定许某知晓诉讼事宜，并不存在剥夺当事人参加诉讼权利的情形，原审送达程序并无严重违法，本院予以确认。

问：

1. 一审法院在对许某的加拿大地址进行邮寄送达却无人签收后，是否存在其他可以选择的送达方式？

2. 黄某能否替许某代为签收？在该情形下对许某的送达是否有效？黄某在签收后是否有义务将诉讼事宜告知许某？夫妻关系、签收人与被签收人间的委托事实等因素是否足以推断出许某知晓诉讼事宜？

3. 配偶间存在代为签收的情形，在商业环境中，母公司与子公司、公司与法定代表人的代为签收效力又当如何？

【拓展阅读】

1. 涉外送达是一个比较长远的话题，想系统性了解两大法系在这一方面的冲突，以及我国涉外司法中传统的困境思考的读者，可以阅读何其生：《我国域外送达机制的困境与出路》，《法学研究》2005 年第 2 期。

2. 从我国司法实践的角度，涉外送达一直是困扰审判质效的顽疾，如读者想了解涉外送达领域的司法破题之路，可以阅读向明华：《域外“送达难”困局之破解》，《法学家》2012 年第 6 期。

3. 中国的域外送达需与时俱进，在立法与司法频仍变动的背景下，需要对涉外送达的各种制度安排提出系统性的思考，这方面的知识可以参考涂广建：《我国涉外民事诉讼文书送达制度之考问及续造》，《国际法研究》2017 年第 3 期。

4. 我国的区际送达制度自成体系，但如何从司法实践中提升区际送达的效率与成功率，仍为亟待解决之难题。如读者想了解这一方面的司法实践，推荐阅读黄叶：《区际送达制度之困境与突破——“分级送达体系＋二维审查模式”重构区际送达规则》，《全国法院第31届学术讨论会获奖论文集(下)》人民法院出版社2020年版。

第八章　域外证据的取得与效力

事实认定者只能依据对证据的经验推理来对案件事实进行重构和评价。[①]因此，证据的调查与收集将直接关系到法院对案件是非曲直的判断，其在诉讼程序中具有十分重要的意义。在跨国民商事诉讼程序中，与案件有关的证据可能处于外国，此时法院或其他有关机构及人员则需要进行域外取证。由于取证行为会涉及一国司法主权，具有属地性，所以跨国进行域外取证必将会受到各国不同取证制度的限制和影响。

第一节　域外证据取得

案例：

1986年，美国法院受理了一起破产诉讼，诉讼双方均为美国公司。在诉讼进行的过程中，该案被告为了获取有关证据，于1987年自行来到我国境内向我国的公司和公民进行了取证活动，并由美国领事官员在场目证。为此，我国外交部与美国驻华使领馆进行了交涉。不久后，原告美国公司的代理律师来到中国，向我国主管部门提出直接取证的申请，但遭到拒绝。此后，该公司又委托中国律师协助取证，并在北京市公证处对证词进行了公证。不过，当该代理律师将经公证的证据提交我国外交部领事司进行认证时，同样遭到拒绝，原因是这种取证方式并非中美双方认可的取证方式。该未经认证的证据提交美国法院后，法院认为证明的手续不完备，于是通过外交途径向我国法院提出司法协助申

① 施鹏鹏：《证据法》，中国政法大学出版社2020年版，第22页。

请，并请求由我国法院向原证人宣读由美国律师委托中国律师取得的证词，由该证人进行确认。

问：

1. 我国外交部为何不同意美国领事官员对我国公司和公民进行目击取证的行为？倘若取证对象为我国境内的美国公司或公民，我国是否会同意？

2. 我国政府为什么拒绝对美国律师委托中国律师取得的证词进行认证？

3. 若我国对该协助请求予以拒绝，美国法院应当如何重新从我国获取证据？

从上述案例可见，不同国家对于涉外诉讼证据的取得，即域外调查取证的方式，可能会有不同的法律规定，体现出不同的倾向和限制。与此同时，为协调各国不同的取证制度，国际社会也一直致力于发展该领域的合作。其中，最具代表性的当属海牙国际私法协会于 1970 年开放签署的《关于从国外获取民事或商事证据公约》（简称《海牙取证公约》）。各国国内法以及相关公约所规定的域外调查取证方式主要分为直接取证方式和间接取证方式两大类。另外，在互联网时代背景下，现代电子技术飞速发展，各国也开始积极推进域外电子取证制度。

一、直接取证方式

直接取证方式是指受诉法院所属国家的有关机构或人员在征得证据所在国同意的情况下，直接到证据所在国境内调查、收集所需证据的方式。直接取证方式依据取证主体可具体分为外交和领事人员取证、特派员取证和当事人或其诉讼代理人自行取证三种途径。

（一）外交和领事人员取证

外交和领事人员取证，是指受案法院通过本国驻他国的外交代表或领事人员在驻在国进行调查取证的方式。实践中，这种取证多由领事官员进行，外交官员介入的情形并不常见；即使由外交官员进行取证，其实际上也是在执行领事职务。[1]因此，国际社会习惯于将此种取证方式称为“领事取证”。[2] 1963 年《维也纳领事关系公约》第 5 条第 10 项明确规定领事代表派遣国法院调查证据为领事的职务之一。因此，领事取证为世界大多数国家所接受和采用。各国民事诉讼立法、国家间缔结的司法协助协定以及《海牙取证公约》等都对此作出相应的规定及限制。根据取证对象的不同，领事取证可分为两种情形：

第一种情形是领事官员在派驻国对其本国国民取证。由于领事的职务之一就是保护其职务区域内本国国民的合法利益，加之领事向其派驻国国民取证对他国主权的干涉程度相对较轻，因而这种领事取证方式为大多数国家所普遍认可。《海牙取证公约》在领事向本国国民调查取证上的规定较为宽松，限制也较少。其第 15 条规定：“在民事或商事案件中，每一缔约国的外交官员或领事代表在另一缔约国境内其执行职务的区域内，可以向他所代表的国家的国民在不采取强制措施的情况下调取证据，以协助在其代表的国家的法院中进行的诉讼。缔约国可以声明，外交官员或领事代表只有在自己或其代表向声明国指定的适当机关递交了申请并获得允许后才能调取证据。”[3]由此可知，只要缔约国没有特别声明或对此保留，即默示允许外国领事在其境内对领事派驻国国民进行直接取证。

第二种情形是领事官员对驻在国国民或第三国国民进行取证。为使驻在国或第三国国民免受他国领事官员在取证过程中可能对其施加的压力或因作证所带来的风险，也为防止领事官员因按本国法律程序而对驻在国或第三国国民取证时产生取证原则上的法律冲突，更重要的是为防止涉嫌干涉和影响他国国家主权，通常这种取证方式会受到较大限制。《海牙取证公约》第 16 条规定：“在符合下列条件的情况下，每一缔约国的外交官员或领事代表在另一缔约国境内其执行职务的区域内，亦可以向他执行职务地所在国或第三

---

① 1961 年《维也纳外交关系公约》第 3 条规定，除其他事项外，使馆之职务如下：“……本公约任何规定不得解释为禁止使馆执行领事职务。”而 1963 年《维也纳领事关系公约》第 5 条则明确规定调查证据为领事的职务之一。由此可知，外交官员在取证时实际是在行使领事职务。条约中文引文源于北大法宝数据库。

② 徐宏：《国际民事司法协助》，武汉大学出版社 2006 年版，第 190 页。

③ 此处及下文所引用的《海牙取证公约》相关条款的中文译文均来源于北大法宝数据库。

国国民在不采取强制措施的情况下调取证据：（一）他执行职务地所在国指定的主管机关已给予一般性或对特定案件的许可，并且（二）他遵守主管机关在许可中设定的条件。缔约国可以声明，无须取得事先许可即可依本条进行取证。”可见，除非缔约国明示声明，否则领事官员对驻在国或第三国国民取证必须取得驻在国的事先许可，并遵守许可中所设定的各项条件。

除了上述因取证对象不同而设定的不同条件外，领事取证通常还有以下限制：（1）一般而言，领事派驻国与领事驻在国之间应具有条约或互惠关系；（2）领事官员只能在其执行职务的区域内进行取证；（3）取证时不得采取强制措施。

（二）特派员取证

特派员取证，是指受案法院指定专门人员为特派员到证据所在国进行调查取证的方式。专门人员可以是法院地的法官、书记员及律师，也可以是取证地国的公职人员或律师。特派员作为请求国法院的代表只能由法院派出，案件双方则无权自行派遣其律师或其他人员作为特派员。同时，特派员在诉讼中应当持中立态度，不能偏袒任何一方，因此法院所委派的特派员不能是诉讼一方的代理律师或其他与诉讼双方有利益关系的人。①领事取证受限于领事的职务区域范围，而特派员则没有地域的限制，所以特派员取证的范围一般要比领事取证的范围更广，一定情况下这一取证方式也更为灵活。基于此，相关规定对特派员取证的限制也更为严格。《海牙取证公约》规定，除非缔约国事先声明，否则无论取证对象是否具有受案法院地国的国籍，特派员取证均须经过取证地国主管机关的许可，并遵循许可中设定的条件。②特派员取证的方式多为部分英美法系国家所采用，大陆法系国家则认为这一行为容易损害一国司法主权，对此多持谨慎保留态度。

（三）当事人或其诉讼代理人取证

此种方式系指由诉讼当事人或其诉讼代理人直接进行域外取证。少数英美法系国家，尤其是美国，并不把取证视为司法行为，因此其不仅主张本国

① 徐宏：《国际民事司法协助》，武汉大学出版社 2006 年版，第 193—194 页。

② 《海牙取证公约》第 17 条。

诉讼当事人或诉讼代理人可以直接去外国境内取证，而且也允许外国法院中的诉讼当事人或诉讼代理人到本国境内取证。如《美国法典》第 28 编中规定："不排除在美国境内的人自愿在任何人面前，以他可接受的方式，为用于外国法院或国际仲裁的诉讼之目的，提供证词或陈述，或者出示文件或其他物品。"[①]然而，将取证视为一种行使国家司法权力活动的大陆法系国家以及其他英美法系国家出于对国家司法主权的维护，在不同程度上反对或限制采取这一方式进行域外取证。不过，这种态度多针对外国法院诉讼中的当事人或其代理人在内国的取证行为，至于本国法院诉讼中的当事人或其代理人在外国的取证活动则并无明确禁止性规定。[②]当然，对于在域外取得的证据，可能还会有认证的问题。

二、间接取证方式

间接取证方式，是指案件的受诉法院依据本国与有关国家间的条约或互惠关系，以请求书等方式委托外国法院或有关机构在该外国境内代为调查、收集证据的行为。相对于直接取证而言，请求外国司法机关代为取证的间接方式，顾及了证据所在国的司法主权，取证与否以及如何取证、取证的过程都处在被请求国的主管机关的控制之下。间接取证方式尤为契合了将取证视为国家司法权力的大陆法系国家的立场，避免了有关国家之间在取证问题上的冲突，因而为大多数国家所普遍接受和采用。以请求书方式进行的间接取证是《海牙取证公约》所规定的主要取证方式，公约对其各项程序作了较为全面、具体的规定。

三、域外电子取证

随着互联网时代的来临，通信领域技术的快速发展，各国在运用电子技

① 28 U. S. Code § 1782—Assistance to foreign and international tribunals and to litigants before such tribunals (b): his chapter does not preclude a person within the United States from voluntarily giving his testimony or statement, or producing a document or other thing, for use in a proceeding in a foreign or international tribunal before any person and in any manner acceptable to him.

② 王克玉：《国际民商事案件域外取证法律适用问题研究》，人民法院出版社 2008 年版，第 16 页。

术手段进行域外调查取证方面有了不同程度的发展。域外电子取证按内涵实际也可分为直接取证和间接取证。[①]域外直接电子取证主要指受诉法院在本国境内通过电子手段直接对位于境外的证据进行取证或主管机构直接派员到境外进行电子取证。前者主要是指通过视频电话技术向位于外国的证人提取证言。在国际民商事诉讼中，如果让证人跨国出庭作证，可能会耗费大量时间和金钱成本，而通过运用视频技术则会大大增加外国证人作证的可能性，提高取证效率和诉讼效率。因此，这一取证方式得到了美国、澳大利亚、英国、加拿大等国家的肯定和运用。[②]后者则是指派领事、特派员等专员在境外调查、收集电子信息和电子证据。域外间接电子取证也主要分为两个方面：一是指通过电子邮件、电子文档等电子手段传递取证请求书等取证委托。《海牙取证公约》并没有对请求书的载体形式进行明确规定，所以取证请求书能否采用数据电文的形式提出或者采用数据电文形式发出的请求书的效力如何，一般要取决于被请求国是否接受。实践中由于各国相关电子技术的发展和普及程度不一，各国对此问题的态度也各不相同。二是当被请求国接受请求国的域外电子取证请求后，按照其内国的电子取证规则代为进行调查取证。

《海牙取证公约》在制订时并没有料及电子取证的产生与发展，因而对此也没有专门进行规定。但是，从国际私法会议常设事务局就电子取证问题向各国发出的问卷调查以及特别委员会（简称特委会）的报告来看，公约现有的合作框架对域外电子取证的推进并不存在法律障碍。[③]早在 2003 年的特委会报告中，常涉事务局就明确表达了对信息技术手段的支持，并且强调将电子取证视为《海牙取证公约》第 9 条所规定的“特殊方式或程序”时，要对其限制条件“与被请求国国内法相抵触”和“不可能执行”尽可能作限缩解释，以最大程度地使用电子手段。[④]2009 年的特委会报告中则说明，《海牙

---

① 何其生：《比较法视野下的国际民事诉讼》，高等教育出版社 2015 年版，第 274 页。

② 鞠海亭：《网络环境下的国际民事诉讼法律问题》，法律出版社 2006 年版，第 248 页。

③ 截至 2023 年 7 月 17 日，海牙国际私法会议分别于 2003 年、2008 年、2013 年和 2019 年对电子取证问题进行了 4 次问卷调查。参见海牙国际私法会议网站 http://www.hcch.net。

④ Permanent Bureau，Conclusion and Recommendations Adopted by the Special Commission on the Practical Operation of Hague Apostille，Evidence and Service Conventions，（28 October to 4 November 2003），No. 42—44. 对国际私法会议特委会报告下文简称“C&R of SC”。

取证公约》允许在执行国法律允许的情况下使用视频连接技术来执行请求书（第9条第1款）或者将视频连接当作特别取证方式来执行（第9条第2款）。同时，在执行国法律不反对使用视频连接取证，并且取得相关许可的情形下，公约也允许外交、领事官员和特派员利用视频连接的方式协助取证（第15、16、17和21条）。①2014年的特委会报告则再次重申，利用视频连接域外取证与《海牙取证公约》的框架相一致，并指出第17条不排除一缔约国的司法人员或其他正式任命的人员以视频连接的方式对位于另一缔约国的人员进行审查。②尽管海牙国际私法会议常设委员会一再强调《海牙取证公约》不排斥电子技术手段的运用，实践中部分国家也积累了不少经验，但是域外电子取证的发展同样带来了新的问题，需要克服新的障碍。例如，在利用视频技术向证人提取证言时，证人作假证或拒绝作证时应如何适用法律，从而在保障证人权益的前提下妥善处理；③部分发展中国家可能不具备较为成熟的通信技术和设备，因而也就不具备协助执行电子取证的客观条件。当然，基于信息传递过程中的安全性和保密性考量，相关国家对域外电子取证仍持谨慎的态度，其国内对此的相关立法可能也不够明确和完善。④科技进步是社会发展趋势，无论各国目前对于域外电子取证的态度如何，都无法避免信息技术对国内及跨国民商事诉讼的影响，相信随着电子技术的进一步发展，以及国际社会在此领域合作与协助的加强，域外电子取证将在越来越多国家的法律制度中被接受和运用。

第二节　证据调查程序

案例：

2002年12月14日，美国法院受理了原告A公司诉被告B公司使用虚

---

① 2009 C&R of SC, No. 54.

② 2014 C&R of SC, No. 20.

③ 王克玉：《域外取证法律冲突下证人权益保障问题的审视》，《政法论坛》2015年第4期。

④ 乔雄兵：《信息技术与域外取证：问题、规则与实践》，《武大国际法评论》2010年第1期。

假的原产地证明从中国进口并销售碳钢管配件一案①。因该案涉及产品的原产地证明问题，2003 年 3 月 25 日，美国法院依据 1970 年《海牙取证公约》向我国司法部提出协助取证请求，请求协助调查沈阳某压力容器厂与被告的交易情况和收集相关证人证言。该请求书中详细列举了请求取证的具体内容，包括沈阳某厂的销售合同、发票、信用证、运输合同等进出口文件。对此，请求取证的法官还特别声明："本人已决定，根据中国对 1970 年《海牙取证公约》的声明，上述文件类别与本案的主体有着直接而密切的关系。本人进一步请求，将上述文件通过官方指定的官员交给我方。"此外，请求书还提出在中方指定的时间和地点并依据中国法律规定的程序传唤相关证人；在证人宣誓的情况下，对证人进行口头调查并录像为证；同时要求中国法院准许此案双方当事人的美国律师出席取证现场。

问：

1. 若我国同意该取证请求，那么具体实施取证时，应当按照哪国法律所规定的程序和要求进行？

2. 我国法院是否应当准许案件双方当事人的美国代理律师出席取证现场？

3. 我国是否应当同意请求书中提出的"要求证人宣誓、对证人口头询问并录像"的要求？

上述案例中，美国法院通过请求书的方式来申请调取位于我国境内的证据。事实上，通过请求书方式进行间接域外取证是各国立法、司法协助协定均认可的，也是实践中最常采用的取证方式。1970 年《海牙取证公约》对这一取证方式的各项调查取证程序作了较为全面、具体的规定。由于《海牙取证公约》的参加国广泛，影响力较大，且各国域外取证实践也多遵循其规定，因此下文主要以《海牙取证公约》所规定的域外证据调查程序为代表进行介绍。

① 王克玉：《国际民商事案件域外取证法律适用问题研究》，人民法院出版社 2008 年版，第 315—316 页。

一、取证请求的提出

进行域外调查取证首先要提出请求，请求应以请求书的形式提出。对此，要明确两个问题：一是有权提出请求的主体（机关），二是请求书的形式要件。

（一）提出请求的主体

对于由谁来提出取证请求，1970 年《海牙取证公约》第 1 条规定："在民事或商事案件中，每一缔约国的司法机关可以根据该国的法律规定，通过请求书的方式，请求另一缔约国主管机关调取证据或履行某些其他司法行为。"据此可知，提出请求的主体为"司法机关"。各国通常将"司法机关"理解为有权管辖民商事案件和执行取证请求的法院，但不排除在特定情况下或各国法律中特别规定其他机关和个人也可提出取证请求，如《德国民事诉讼法》第 363 条第 1 款规定："应在外国调查取证时，由审判长请求相应外国机关为之。"因此，有关机构和个人能否提出取证请求，要看其本国法律的规定以及其在具体案件中所发挥的职能。

（二）请求书的形式要件

对于请求书的形式要件，主要涉及请求书的记载内容和使用的语言文字。一般而言，请求书中应记载请求执行的机关和被请求执行的机关名称、诉讼当事人及其代理人的名称和地址、诉讼的性质及其他与诉讼有关的必要资料、需要获取的证据及其特定的格式或其他要求、需询问的对象的姓名和住址以及需要询问的问题与事项、取证的特殊方式和程序要求等内容。①为统一和便于各国在此方面的实践，1978 年海牙国际私法会议特委会曾根据公约有关条款的规定起草了一份请求书的标准格式并于 1985 年进行了一定修订，供各国在依据公约进行域外取证时参考适用。有的国家或其国内某些法院为规范域外取证也制订了一些自己的请求书格式和内容要求，例如我国北京市高级人民法院制订的《关于民商事国际司法协助工作的若干规定》，其《实

① 《海牙取证公约》第 3 条。

施细则》第5条就对委托请求书中应该写明的内容有相应规范。①

关于请求书应使用的语言，一般情况下，请求书应使用被请求执行机关所在国的语言或附有该种语言的译本。在向具有多种官方文字的国家提出请求时，应按照有关国家对其领土内各特定部分所使用文字的声明来制作或者翻译取证请求书。同时，各国也可声明其所接受的任何其他文字所作成或翻译的请求书。对于请求书所附的译文，一般要经外交官员、领事代表、经过宣誓的译员或者主管机关授权、指定的人员等进行证明，确保译文的完整和准确。另外，1970年《海牙取证公约》第4条第2款还特别规定，除非缔约国作出保留声明，各国应接受以英文或法文制作的请求书或附有的译本。

二、取证请求的传递

一国的有关机关在制作取证请求书后，下一步工作就是要通过一定途径传递交付给外国主管当局付诸实施。

1970年《海牙取证公约》第2条第1款规定："每一缔约国应指定一个中央机关负责接收来自另一缔约国司法机关的请求书，并将其转交给执行请求的主管机关。各缔约国应依其本国法律组建该中央机关。"由此可知，《海牙取证公约》规定的主要传递途径是通过中央机关进行传递，此种传递方式也为目前各国域外取证实践所普遍采用。对此，各国应分别设立或指定一个中央机关，专门负责接收外国取证请求书，处理域外取证事宜。外国的请求书应首先递交给被请求国的中央机关，然后再由该中央机关依据其国内法规定转交给有权负责执行该请求书的法院或其他机构。大多数国家指定司法部为其中央机关，也有国家将其最高法院或外交部指定为中央机关。②另外应注意，《海牙取证公约》第2条第2款规定："请求书应直接送交执行国中央机

① 乔雄兵：《〈海牙取证公约〉在我国的实施分析》，《政法论丛》2010年第4期。

② 法国、比利时、捷克、埃及、芬兰、挪威、葡萄牙、土耳其、西班牙、丹麦等国指定其司法部为中央机关；意大利、荷兰、以色列、卢森堡、新加坡等国则指定其最高法院为中央机关；阿根廷、瑞典等少数国家则指定外交部为其中央机关。另外，《海牙取证公约》第24条第2款还规定联邦国家有权指定一个以上的中央机关，德国、加拿大、瑞士、英国等国也分别指定了其各州的中央机关。王克玉：《国际民商事案件域外取证法律适用问题研究》，人民法院出版社2008年版，第21页。

关，无需通过该国任何其他机关转交。”因此，被请求国的中央机关必须第一个接收到他国请求书，在此之前，其他机关一般不应介入。而对于请求国而言，其司法机关的取证请求应否经过其他主管机构审核后才能进行传递，《海牙取证公约》未做规定。实践中，包括我国在内的大部分国家认为取证请求只能在双方中央机关之间进行，请求机关不能直接向另一国中央机关提出取证请求。①

1970 年《海牙取证公约》第 27 条规定：“本公约的规定不妨碍缔约国：（一）声明可以通过第 2 条规定的途径以外的途径将请求书送交其司法机关。”因此，《海牙取证公约》并没有妨碍各缔约国协定另行通过其他途径传递取证请求书。除通过中央机关传递外，还存在着以下途径：

（1）外交途径。请求国的司法机关可将请求书提交本国外交机关，再由本国外交机关将其交给被请求国的外交机关，由被请求国的外交机关转交其本国法院或其他机构进行域外调查取证。一般而言，此种传递方式适用于当事国之间不存在有关域外取证的条约或司法协助关系的情形下。例如，我国《民事诉讼法》第 284 条规定：“请求和提供司法协助，应当依照中华人民共和国缔结或者参加的国际条约所规定的途径进行；没有条约关系的，通过外交途径进行。”

（2）领事途径。请求国的主管机关可以将请求书交给本国驻被请求国的领事机构，然后领事机构再将请求书转交给被请求国的法院或其他有关机构予以实施。领事途径与外交途径相比，程序上更为简单，但是采用此途径需要当事国之间明示同意或有条约依据。

（3）法院间的直接传递。这种途径是指请求国法院不通过任何中介，直接向被请求国法院提出域外取证请求。这种传递途径可以降低域外取证请求程序上的复杂程度，提高域外取证效率，是各国推进司法协助的目标之一。然而，基于国家司法主权等方面的考虑，采用这一传递方式需要当事国之间存在条约或互惠关系，并且当事国之间一般需要具有类似或相同的司法制度和司法组织结构。实践中，欧盟《关于民商事取证合作第 1206/2001 号条

① 引自段东辉：《论我国民商事域外取证的立法和实践》，《政法论坛》1998 年第 5 期。

例》使得成员国法院之间直接进行沟通成为可能，该条例规定了成员国应提供表明本国各法院属地或属事管辖权范围的协助法院清单、预防请求国选择主管法院产生错误的措施，以及成员国中央机关应对此予以协助等一系列内容，以确保各成员国法院之间直接传递取证请求机制的有效运转。①

三、取证请求的实施

在完成域外取证请求书的传递后，被请求国的执行机关将按照一定的程序进行调查取证工作。在取证请求书的具体实施过程中，会涉及执行请求所适用的法律、当事人及请求机关到场、强制措施的使用等问题。

(一) 执行请求所适用的法律

确定执行请求所适用的法律将直接关系到执行所采用的方式、应遵循的程序等。一般而言，执行机关对本国法律所规定的取证程序要求更为熟悉，执行起来也更加便捷。同时，将取证行为视为司法主权行为的国家也认为依据本国法律进行取证才能够维护本国的司法主权和司法制度。因而，执行取证请求时，适用被请求国的法律为各国所普遍接受。1970 年《海牙取证公约》第 9 条第 1 款规定："执行请求书的司法机关应适用其本国法规定的方式和程序。"不过，各国在证据制度上存在较大差异，不同国家对证据的形式、证据效力的认定、证据的可采性等有不同的要求，因此完全依据另一国法律所获取的证据可能无法在本国诉讼程序中得以适用。为确保域外取得的证据能够有效发挥作用，各国往往允许在一定前提下采用特殊方式或程序进行取证。1970 年《海牙取证公约》第 9 条第 2 款对此有所规定："但是，该机关应采纳请求机关提出的采用特殊方式或程序的请求，除非其与执行国国内法相抵触或因其国内惯例和程序或存在实际困难而不可能执行。"对于"特殊方式"，1970 年《海牙取证公约》未做具体解释，一般理解为与被请求国法律所规定的国内调查取证方式不同的方式。②例如，证人需经宣誓和接受交叉询问、逐字逐句记录提问与回答的内容等是普通法国家所惯常采用的方

---

① 孙珺：《欧盟〈关于民商事取证合作第 1206/2001 号条例〉的法律分析》，《法学评论》2010 年第 5 期。

② 徐宏：《国际民事司法协助》，武汉大学出版社 2006 年版，第 206 页。

式。法国政府认识到有关国家尤其是美国对上述特殊取证程序的需要，便在其新《民诉法》中增加了适用特殊取证程序的相关规定。①当然，特殊取证方式的适用是有限制的，依据1970年《海牙取证公约》解释报告对公约第9条第2款后半部分的说明，限制主要有两点：一是不属于被请求国国内强行法的禁止事项，二是被请求国在实施过程中不存在导致不可能执行的实际困难。

（二）当事人及请求机关到场

关于当事人到场问题，1970年《海牙取证公约》第7条规定："如请求机关提出请求，应将进行司法程序的时间和地点通知该机关，以便有关当事人和他们已有的代理人能够出席。"由此可知，公约对当事人到场问题采取了默许态度，但当事人不是依其意愿"自动"到场的，需要请求取证的机关专门为此提出申请，被请求国的执行机关一般不应拒绝。当事人或其代理人到达取证现场，有助于提高取证的效率和针对性，使取得的证据更能适用于案件争议的解决。例如，我国2019年《最高人民法院关于民事诉讼证据的若干规定》第43条规定："人民法院应当在勘验前将勘验的时间和地点通知当事人。当事人不参加的，不影响勘验进行。当事人可以就勘验事项向人民法院进行解释和说明，可以请求人民法院注意勘验中的重要事项。"尽管当事人不到场不影响勘验活动的进行和勘验笔录的证据效力，但是由于当事人对现场的实际情况更为清楚，其到勘验现场，可以帮助勘验人进行有针对性的勘验，提高调查、收集证据的效率。不过，在域外取证活动中，当事人或其代理人在取证现场的活动应受取证地国家的法律规制，他们不能仍按其本国法的规定行使有关权利。

关于请求机关到场问题，1970年《海牙取证公约》第8条规定："缔约国可以声明，在执行请求时，允许另一缔约国请求机关的司法人员出席。对此，声明国可要求事先取得其指定的主管机关的授权。"请求机关与当事人

---

① 法国新《民诉法》第739条规定："司法委托应当依照法国法律的规定执行，但外国法院请求按照特殊程序执行的，不在此限；如请求书中有此请求的，问题与回答应当全部记录"；第740条规定："当事人及其律师，即使是外国人，得经法官允许后，可以向当事人或证人提出问题。"引自熊大胜：《民商事域外取证法律制度比较研究》，经济科学出版社2011年版，第186—187页。

的身份不同，公约对请求机关到场问题规定了更为严格的条件，如果缔约国未做出允许他国请求机关到场的声明，则请求机关无权在域外取证过程中到场。并且即使缔约国作出了允许的声明，在具体案件中，其也可要求请求机关必须事先征得被请求国主管机关的同意。之所以对请求机关到场问题设定较为严格的限制，是考虑到请求机关的行为往往代表一国司法权的行使，其若参与另一国的证据调查、收集等活动中，可能会影响他国司法机关职权的行使。[①]当然，被请求国在批准时完全可以对请求机关到场参与取证过程中的权限做出明确的限制，保证本国执行机关在取证过程中的主导作用，就不会影响本国司法机关执行其职权，反而可能会因为请求机关的参与而提高域外取证的效率。[②]

(三) 执行过程中强制措施的使用

为确保民事诉讼的顺利进行，各国民事诉讼立法中一般都会对证人无正当理由拒不出庭作证、毁灭和伪造证据，以及妨碍他人作证或胁迫他人作伪证等行为规定罚款、拘留、追究刑事责任等强制措施。例如，根据德国法律，如果证人拒绝依据法院的传唤令作证，则可能被处以罚款，甚至拘留。[③]我国 2023 年《民事诉讼法》第十章同样对妨害民事诉讼的强制措施做出了相关规定。[④]在域外调查取证过程中，可能同样会产生需要采取强制措施的情形。对此，1970 年《海牙取证公约》第 10 条规定："在执行请求时，被请求机关应在其国内法为执行本国机关的决定或本国诉讼中当事人的请求而规定的相同的情况和范围内，采取适当的强制措施。"由此可见，被请求国可以依据其国内法律中有关采取强制措施的条件、程序和范围的规定而在代为取证过程中使用适宜的强制措施。

四、取证请求的异议和拒绝

被请求国主管机关收到取证请求书后，在递交执行机关具体实施前，首

① 费宗祎、唐承元：《中国司法协助的理论与实践》，人民法院出版社 1992 年版，第 107 页。
② 乔雄兵：《〈海牙取证公约〉在我国的实施分析》，《政法论丛》2010 年第 4 期。
③ Section 390 of the Code of Civil Procedure.
④ 2023 年《中华人民共和国民事诉讼法》第 112—120 条。

先要做的是对请求书的内容和形式进行审查，看其是否符合相关规定，是否具有拒绝执行的理由。对此，《海牙取证公约》第5条规定了对请求书的异议，即如果被请求国的中央机关认为请求书不符合公约的规定，应立即通知向其送交请求书的请求国机关，阐明对该请求书的异议。1970年《海牙取证公约》的解释报告对被请求国主管机关可以提出异议的情形进行了列举：(1)属于“民事或商事”；(2)请求书并非由“司法机关”发出；(3)请求书与司法程序无关；(4)与请求书有关的“其他司法行为”不属于公约规定的范围；(5)请求书不包含公约所要求记载的事项；(6)请求书不符合公约对使用语言的要求；(7)请求书超出了执行国司法机关的职权范围；(8)请求书的执行将损害执行国的主权和安全；(9)请求书谋求审前证据开示，而被请求国已对此作出保留；(10)请求书不符合请求国与执行国之间(依据28条缔结)的特别协定。①在异议事项得到修正或解决前，被请求国可以暂停将请求书传递给负责执行的机关。《海牙取证公约》第12条则进一步规定了可以拒绝协助取证的理由：“只有在下列情况下，才能拒绝执行请求书：(1)在执行国，该请求书的执行不属于司法机关的职权范围；或(2)被请求国认为，请求书的执行将会损害其主权和安全。”对请求书的拒绝与异议不同，拒绝执行请求书不存在回转补救的空间，而异议经过请求国的修正后则存在进一步执行的可能。但是，倘如异议得不到解决，则间接后果相当于被拒绝执行。不过，直接拒绝执行的情形只能限于公约所规定的两种情形，不能作扩大解释。另外，1970年《海牙取证公约》第12条还对拒绝理由做出了限制性规定：“执行国不能仅因其国内法已对该项诉讼标的规定专属管辖权或不承认对该事项提起诉讼的权利为理由，拒绝执行请求。”协助他国域外取证实际上只是一种程序上的协助，并不意味着被请求方一定就认可该诉讼的提起，更不意味着其认可和执行该案的判决。因此，即使本国对该案件享有专属管辖权或者本国不将该案的纠纷争议纳入诉讼程序中，也不影响

① Ph. W. Amram, Explanatory Report on The Convention of 18 March 1970 on The Taking of Evidence Abroad In Civil or Commercial Matters, https://www.hcch.net/en/publications-and-studies/details4/?pid=2968，2023年7月10日访问。

其对请求国的诉讼提供程序上的协助。[1]

五、取证结果的通知及费用的承担

被请求国的执行机关在取得证据后，应当及时将取证结果及有关材料传递回请求方。《海牙取证公约》第 13 条规定："证明执行请求书的文书应由被请求机关采用与请求机关所采用的相同途径送交请求机关。在请求书全部或部分未能执行的情况下，应通过相同途径及时通知请求机关，并说明原因。"因此，取证结果的通知一般要采用和传递请求书相同的途径或方式。当然，《海牙取证公约》第 28 条第 5 项也允许请求国与执行国之间通过特别协定而采用其他途径或方式通知取证结果。

对于域外取证过程中所产生的费用问题，1970 年《海牙取证公约》第 14 条规定原则上"请求书的执行不产生任何性质的税费补偿"，即被请求国执行机关代为履行一定的调查取证行为时，相关费用由被请求国承担，其不应要求请求国偿还有关的手续费或其他费用。但同时也规定了两个例外：其一，对于鉴定人的鉴定费、取证过程中为证人提供翻译的翻译费用，以及被请求国由于采取特别程序和方式进行取证而支出的费用，执行国有权要求请求国进行偿付；其二，考虑到在一些英美法系国家的司法体制下，有关证据的获取可能无法由司法机关亲自执行，当委聘律师等私人主体进行协助取证时，则会产生劳务费用等的承担问题。对此，1970 年《海牙取证公约》规定，在征得请求机关的同意后，被请求机关可以指定一位适当的人员执行。在征求同意时，被请求机关应说明采用这一程序大致的费用。如果请求机关表示同意，则有关费用即由请求方承担；如果请求方不同意，则无需承担费用，但通常此种情形下相应的取证请求也就难以具体执行下去。另外，1970 年《海牙取证公约》第 26 条还对取证费用的承担问题作了补充规定，即出于对证人人权等方面的考虑，如果因为宪法的限制，缔约国可以要求请求国偿付与执行请求书有关的、送达强制某人出庭提供证据的传票的费用、出庭的费用以及制作询问笔录的费用。不过，应当指出的是，如果请求国出于各

---

① 徐宏：《国际民事司法协助》，武汉大学出版社 2006 年版，第 166、214 页。

种情况未能支付上述需要其偿付的有关费用，进而导致请求书的执行工作陷入停顿状态的情况下，为维护当事人的诉讼权益，各国可以考虑允许当事人先自行承担上述有关费用，以恢复请求书的执行。

第三节 域外证据保全

案例：

申请人我国甲公司持有的1号正本提单表明，被申请人乙公司所有的马来西亚籍A货轮于2001年7月23日在南非某港口装载13多万吨矿石驶往中国宁波港。该轮本应在2001年8月21日左右到达宁波港，但实际到港时间却为2001年9月20日，较正常船期超过1个月，造成甲公司损失。申请人经过初步调查，认为上述延误系该轮在开航前和开航当时处于不适航状态所致。由于A轮将在短时间内驶离宁波港，甲公司特于2001年9月27日向宁波海事法院提出诉前证据保全申请，要求对乙公司所有的马来西亚籍A货轮本航次开航前和开航当时是否适航进行公正性检验。

问：

倘若马来西亚籍A货轮最终驶离了宁波港，甲公司是否仍可以向法院申请证据保全？法院又应当通过何种途径来保全域外证据？

证据保全制度对于发现事实真相，追求裁判结果的实体公正具有重要作用。同时，在证据保全制度逐步改革的过程中，其也逐渐具备了证据开示、促进纠纷于诉讼外解决等新功能。[①]由于各国司法制度存在差别，因而证据保全在各国国内程序法中会有不同的体现。就跨国民商事诉讼而言，其跨度大、耗时长，同样也会面临与案件争议有关的证据会随着时间的推移而灭失或者难以取得的困难，这就需要采取措施来对外国证据进行保全或固存。然而，涉外因素的存在必然会使得外国证据保全面临比国内证据保全更为复杂的情况。

在跨国民商事诉讼中，可能会出现当事人意图对外国证据申请保全的情

① 许少波：《证据保全制度的功能及其扩大化》，《法学研究》2009年第1期。

形，但是各国法律中似乎欠缺对于外国证据保全的明确规定。例如，我国 2023 年《民事诉讼法》第 84 条规定："在证据可能灭失或者以后难以取得的情况下，当事人可以在诉讼过程中向人民法院申请保全证据，人民法院也可以主动采取保全措施。因情况紧急，在证据可能灭失或者以后难以取得的情况下，利害关系人可以在提起诉讼或者申请仲裁前向证据所在地、被申请人住所地或者对案件有管辖权的人民法院申请保全证据。"该条文将证据保全分为诉讼中保全和诉讼前保全，并对证据保全适用的条件、启动的主体做出了明确规定。不过，这是否可以直接适用于对外国证据的保全并不明晰。相关的司法解释以及证据规则也只是对证据保全的申请期限、担保的提供等具体实施做了具体、细化规定。鉴于对外国证据进行保全明显会涉及证据所在国的主权问题。依据我国 2023 年《民事诉讼法》第 84 条的规定直接对外国证据进行保全显然会存在障碍。《海牙取证公约》是国际司法协助公约中与证据相关的最具影响力的公约，那么可否将外国证据保全同样视为司法协助行为进而利用 1970 年《海牙取证公约》体系来对外国证据进行保全呢？1970 年《海牙取证公约》第 1 条规定请求书的适用范围是"请求另一缔约国主管机关调取证据或履行某些其他司法行为"。据此，请求书除可用于调取证据外，还可能用于"其他司法行为"。但是，该公约第 1 条的后两款规定了两个限制：其一，请求书不能用来调取不打算用于已经开始或即将开始的司法程序的证据；其二，"其他司法行为"不包括送达司法文书或颁发执行判决或裁定的决定，或采取临时措施或保全措施（如禁令、强制拍卖）的命令。对于证据保全能否纳入《海牙取证公约》的适用范围，我们需要对证据保全的性质予以明确。

从历史沿革来看，证据保全的性质曾存在非讼性质与诉讼性质之争。非讼性质的证据保全是指保全的目的单纯在于"记忆、保存"证据；而诉讼性质的证据保全则指保全之目的不仅在于"保存、固定"证据，还在于为将来进行诉讼而预先进行证据调查。①从证据保全本源及实践效果来看，认为证据保全具有诉讼性质更为合理，而将证据保全划归为（预先的）证据调查更为

① 引自占善刚、朱建敏：《证据保全若干问题探析》，《电子科技大学学报（社科版）》2009 年第 11 卷第 4 期。

适宜。首先，证据保全强调的是证据价值在诉讼中的最终利用，而利用查封、扣押等措施单纯将证据固定，不仅无从判断证据价值，而且可能会影响当事人其他的经济利益。[①]其次，将证据保全认定为证据调查，意味着双方当事人均可参与其中，增强了证据保全的正当性基础，保障证据保全行为的客观公正。[②]最后，证据保全被冠以保全之名，导致其常常与财产保全趋同，但实际上两者在性质上存在区别。财产保全在于保全物的经济价值，以满足将来执行时实体法请求权的实现；证据保全关涉的是当事人诉讼法上的权利，目的在于固定证据价值，以用于将来诉讼的证明过程。[③] 将证据保全视为证据调查更能明晰其与财产保全制度的差异。

由此，证据保全在性质上不能简单理解为固定证据的一种强制措施，尤其区别于保全制度，其实质内涵应是法院所为的证据调查行为。因此，作为一种证据调查行为，其可被纳入 1970 年《海牙取证公约》的适用范围。并且，其第 1 条第 2 款中“用于即将开始的司法程序”也为诉讼前保全提供了适用空间。所以，在外国证据保全问题上，应当是可以利用 1970 年《海牙取证公约》相关体系来进行的。不过，应注意的是，大陆法系国家与英美法系国家在证据保全制度上存在差异。两大法系分别体现了职权主义与当事人主义的诉讼模式，因而证据保全的目的、法官在证据保全中的作用以及保全证据的效果都存在不同。因此，被请求国依据其内国法执行时，有可能达不到请求国请求保全证据的目的。为此，请求国可以考虑将证据保全作为“特殊方式或程序”向执行国提出，以求尽可能达成证据保全目的。

第四节　我国域外取证制度

案例[④]：

2014 年 11 月 12 日，注册于越南的 V 公司与注册于中国境内的 X 公司

---

①③　段文波、李凌：《证据保全的性质重识与功能再造》，《南京社会科学》2017 年第 5 期。

②　李书瑾：《我国证据保全之异化与归正》，《湖北经济学院院报（人文社会科学版）》2022 年第 11 期。

④　上海市浦东新区人民法院涉外商事典型案例（案例六），上海市高级人民法院网站，https://www.hshfy.sh.cn/shfy/web/xxnr.jsp?pa=aaWQ9MjAyMzcyMjgmeGg9MSZsbWRtPWxtMTcxz&zd=xwxx，2023 年 6 月 4 日访问。

签订了原生塑料颗粒买卖合同。约定由V公司向X公司购买原生塑料颗粒25吨，货物总价为33 910美元，交货地为越南的岘港港口，付款方式为信用证支付。2014年12月4日，V公司与中国银行胡志明市分行签订信用证合同，由中国银行胡志明市分行开具信用证用于结算。2015年1月2日，X公司托运的货物运抵岘港的仙沙港口。V公司在验货时发现货物与合同约定的货物不一致，故于2015年1月8日发送通知书给中国银行胡志明市分行要求暂停转款给X公司。2015年1月9日，V公司向越南平定省法院提起诉讼，并要求采取暂时紧急方法。平定省法院于2015年1月12日11时50分向中国银行胡志明市分行送达决定书，要求中国银行胡志明市分行停止向X公司结算信用证，中国银行胡志明市分行回复已于2015年1月12日10时11分将总金额结算给信用证受益人，同时告知信用证在中国国内的结算银行为南洋商业银行（中国）有限公司。

由于对信用证是否已经兑付无法查实，平定省法院委托我国司法机关对结算信用证的南洋商业银行（中国）有限公司送达《要求暂时保留给X有限公司的支付款》的通知，并就相关问题进行调查。

问：

1. 越南平定省法院委托我国司法机关对相关问题调查、取证的依据是什么？

2. 越南平定省法院的请求书应提交给我国哪一具体的司法机关？该司法机关收到请求书后，应进行何种操作？

一、中国域外取证的立法现状

(一) 域外取证的国内立法

我国目前尚未专门制订域外取证相关的法律规范，与域外取证相关的法律规定散见于2023年《民事诉讼法》及相关法律中。在2023年《民事诉讼法》修订以前，域外取证不仅没有自立成章，甚至都没有独立的条文。作为国际司法协助的分支，域外取证可以适用原《民事诉讼法》第四编涉外民事诉讼程序特别规定中关于司法协助的相关规定，涉及司法协助的原则、途径、使用的语言以及适用的程序等。2023年《民事诉讼法》则以独立的条文对域外取证进行了规定，其第284条规定："当事人申请人民法院调查收集的证据位于中华人民共和国领域外，人民法院可以依照证据所在国与中华人民共和国缔结或者共同参加的国际条约中规定的方式，或者通过外交途径调查收集。在所在国法律不禁止的情况下，人民法院可以采用下列方式调查收集：（一）对具有中华人民共和国国籍的当事人、证人，可以委托中华人民共和国驻当事人、证人所在国的使领馆代为取证；（二）经双方当事人同意，通过即时通信工具取证；（三）以双方当事人同意的其他方式取证。"该条对我国对外取证的途径或方式作了较为明确、灵活的规定，对推动我国域外取证工作具有重要意义。

2022年《民诉法司法解释》第548条对我国法院判决书、裁定书如何证明其在域外使用有明文规定。对此，有学者认为第548条所规定的"对判决书效力直接出具证明"，[①]属于外国来华取证的途径或方式之一。[②]此外，2019年修订的《最高人民法院关于民事诉讼证据的若干规定》（简称《证据规定》）涉及域外获取证据的公证认证问题，其第16条规定："当事人提供的公文书证系在中华人民共和国领域外形成的，该证据应当经所在国公证机关证明，或者履行中华人民共和国与该所在国订立的有关条约中规定的证明手续。中华人民共和国领域外形成的涉及身份关系的证据，应当经所在国公证机关证明并经中华人民共和国驻该国使领馆认证，或者履行中华人民共和国与该所在国订立的有关条约中规定的证明手续。"同时，第17条还要求当事人向法院提交的外文书证或者外文说明资料，须附有中文译本。另外，最高人民法院于2013年开始实施，并于2020年修订的《最高人民法院关于依据国际公约和双边司法协助条约办理民商事案件司法文书送达和调查取证司法协助请求的规定》（简称2020年《国际司法协助请求规定》）及其《实施细

① 《最高人民法院关于适用〈中华人民共和国民事诉讼法〉的解释》第578条："当事人在中华人民共和国领域外使用中华人民共和国法院的判决书、裁定书，要求中华人民共和国法院证明其法律效力的，或者外国法院要求中华人民共和国法院证明判决书、裁定书的法律效力的，作出判决、裁定的中华人民共和国法院，可以本法院的名义出具证明。"

② 刘力：《中国涉外民事诉讼立法研究——管辖权与司法协助》，中国政法大学出版社2016年版，第258页。

则（试行）》也对域外取证制度进行了相关规定。该司法解释明确了在司法协助方面人民法院内部的审查机制和管理机制，规定了诸如建立国际司法协助登记制度、档案制度、进行简化国际司法协助请求转递程序试点、统一管理机制建设等内容，从而加强并改善了人民法院的司法协助工作。①

除上述法律和司法解释层面的规定外，部分法院尤其是各高级法院和中级法院，也出台了包括域外取证在内的有关国际司法协助的审判实践规范，如：北京市高级法院于 2004 年开始施行的《关于民商事国际司法协助工作的若干规定》及其《实施细则》、山东省高级法院《民事诉讼证据规则（试行）》等。

(二) 域外取证的国际立法

《海牙取证公约》于 1972 年 10 月 7 日生效。我国于 1997 年 12 月 8 日交存加入书，该公约于 1998 年 2 月 6 日开始对我国生效。自此，《海牙取证公约》所确立的域外取证制度，成为我国域外调查取证实践的指引。当然，基于我国实际情况，加入时我国对其作了一定保留：第一，根据公约第 23 条的规定，我国对普通法系国家的“审判前发现程序”作出了有限保留，即对于普通法国家旨在进行审判前文件调查的请求书，要求其请求书中应列明证据目录，并且我国仅执行与案件有直接密切联系的文件的取证请求；第二，根据公约第 33 条的规定，我国声明排除第二章中除第 15 条以外的其他规定的适用，即对于外交、领事代表和特派员取证，我国仅允许外交或领事官员在我国境内对其本国国民调取证据。

另外，对于我国 2022 年《民诉法司法解释》《证据规定》中规定的判决书等公文文书域外使用的认证公证问题，我国于 2023 年 3 月向荷兰外交部递交加入书，正式加入《取消外国公文书认证要求的公约》（简称《认证公约》），其已于 2023 年 11 月 7 日正式在我国生效实施。《认证公约》取消“外国公文需经外交或领事认证”的要求，规定仅需文书发出国的外事主管机关加贴附加证明书，即可送其他缔约国使用。从效力位阶的角度出发，国

① 曾朝晖：《〈关于依据国际公约和双边司法协助条约办理民商事案件司法文书送达和调查取证司法协助请求的规定〉的理解与适用》，《人民司法》2013 年第 13 期。

际条约高于国内相关法律规范，因而公文文书等作为证据域外使用时，应优先适用《认证公约》的相关规定。

除上述公约外，我国还同其他国家之间签订了双边司法协助条约。目前，我国与40多个国家签订了涉及民商事内容的司法协助条约。[①]这些双边司法协助条约，有的仅涉及民事和商事，如《中意关于民事司法协助的条约》《中韩关于民事和商事司法协助的条约》，有的则采取民事和刑事混合的形式，如《中俄关于民事和刑事司法协助的条约》。域外取证制度构成了这些双边司法协助条约的重要内容。在考虑双方国家自身实际的基础上，它们对取证的范围、请求书的形式、传递与执行、请求书的拒绝、取证结果的通知、费用的承担以及外交或领事官员取证等内容都进行了相应的规定。此外，我国内地也已分别与香港特别行政区、澳门特别行政区达成民商事案件委托取证安排，即在审理相关民商事案件时，可依据2017年3月1日生效的《最高院关于内地与香港特别行政区法院就民商事案件相互委托提取证据的安排》和2020年3月1日生效的《最高院关于内地与澳门特别行政区法院就民商事案件相互委托送达司法文书和调取证据的安排》进行域外调查取证。

二、中国现行域外取证制度

（一）中国对外取证制度

2023年《民事诉讼法》施行以前，我国对外取证活动主要依据原《民事诉讼法》第283条和第284条进行。原《民事诉讼法》第283条与284条分别对应2023年《民事诉讼法》第293条和第294条，具体内容并没有变化。2023年《民事诉讼法》第293条规定："根据中华人民共和国缔结或者参加的国际条约，或者按照互惠原则，人民法院和外国法院可以相互请求，代为送达文书、调查取证以及进行其他诉讼行为。"第294条规定："请求和提供司法协助，应当依照中华人民共和国缔结或者参加的国际条约所规定的途径

---

① 中华人民共和国条约数据库，http://treaty.mfa.gov.cn/web/list.jsp，2023年7月11日访问。

进行；没有条约关系的，通过外交途径进行。”由此可见，我国对外取证主要通过条约规定的途径、外交途径或者依据互惠原则来进行。

条约途径是我国进行对外取证的主要途径。我国在调取域外证据时，主要依据上述所提及的1970年《海牙取证公约》以及双边司法协助条约的规定来进行。从我国对1970年《海牙取证公约》的保留事项可以看出，利用请求书进行的间接取证是我国所主要认可的域外证据调查、收集方式。当我国进行域外取证时，在我国层面需要考量的请求书取证的程序主要提出请求书的主体、请求书的形式以及请求书的传递途径。首先，对于提出请求的主体，我国2023年《民事诉讼法》中规定的是“人民法院和外国法院可以相互请求”“人民法院请求外国法院提供司法协助的请求书……”据此，在我国只能由人民法院向外国提出代为调查取证的请求，其他任何单位或个人无权自行提出协助取证的请求。其次，对于请求书的形式，在请求书所使用的语言上，一般要用中文制作并附有被请求国文字的译文或英文译文。[①]关于请求书记载的内容，1970年《海牙取证公约》及双边司法协助条约中都有所规定。值得一提的是，我国与法国所签订的双边司法协助协定中，附有请求书的示范样本，要求依据该示范样本进行填写。[②]最后，对于请求书的传递途径，我国与外国所签订的司法协助条约中多约定与1970年《海牙取证公约》相同的中央机关传递。我国将司法部作为我国的中央机关，由司法部负责向外国中央机关转递取证请求及相关材料；同时，为提高司法协助效率，2003年最高人民法院还指定北京市、上海市、广东省、浙江省、江苏省5省市的高级人民法院，可以直接向外国中央机关提出或转递请求书及相关材料。[③]

（二）外国来华取证制度

对于其他国家到我国调查、收集证据，同样要依据我国2023年《民事诉讼法》第293条和第294条所规定的途径进行。对于外国来华取证，我国

---

① 《民事诉讼法》第295条：“人民法院请求外国法院提供司法协助的请求书及其所附文件，应当附有该国文字译本或者国际条约规定的其他文字文本。”同时，在我国与其他国家签订的双边协定中也多约定“司法协助请求书及其所附文件，应当使用请求方的文字并附被请求方文字的译文或英文译文”，例如《中华人民共和国和阿根廷共和国关于民事和商事司法协助的条约》第9条。

② 《中华人民共和国和法兰西共和国关于民事、商事司法协助的协定》第6条。

③ 最高人民法院《法办〔2003〕297号文件》。

《民事诉讼法》对其设定了更为明确的要求和限制。

对于外交或领事官员取证，我国 2023 年《民事诉讼法》第 294 条规定："外国驻中华人民共和国的使领馆可以向该国公民送达文书和调查取证……"我国在加入《海牙取证公约》时也没有对第 15 条即缔约国外交代表或领事官员在域外对其本国居民进行取证作出保留。我国与外国缔结的司法协助协议中对此也有相关约定。[①]因此，我国允许外国驻华使领馆官员在我国境内向其本国公民进行调查取证。然而，鉴于我国对《海牙取证公约》第 2 章其他条款作出了保留，因此我国尚不允许他国外交或领事官员向我国公民或其他第三国国民进行取证。

对于特派员取证或当事人及其诉讼代理人自行取证，我国 2023 年《民事诉讼法》第 294 条第 3 款规定："未经中华人民共和国主管机关准许，任何外国机关或者个人不得在中华人民共和国领域内送达文书、调查取证。"加之我国对 1970 年《海牙取证公约》的保留声明，可知我国不允许特派员来华取证，也不允许当事人或其代理人自行取证。不过，在实践中，我国也曾例外地允许外国特派员来华取证。例如，1983 年美国钻井船"爪哇海"号在中国南海翻沉后，美国的一些受难雇员的家属在美国法院提起索赔诉讼。经我国外交部准许，美国法院曾就该案派专员来我国对该事故进行调查取证。[②]另外，由于私人取证的私密性，外国当事人或其代理律师持旅游签证或商务签私下来华取证的情形实际也很难控制。因此，我国对当事人或其代理人自行取证的立场值得进一步研究和思考。[③]

对于请求书取证方式，根据我国 2023 年《民事诉讼法》规定，外国请求我国法院代为调查取证的请求书及其所附文件，须附有中文译本或者国际条约规定的其他文字文本。[④]在请求书的执行上，应依照我国法律规定的程序进行。同时，若外国法院请求采用特殊方式的，可以采用特殊方式，但是该特殊方式的请求不能违背我国法律。[⑤]2020 年《国际司法协助请求规定》第 4

---

① 例如《中华人民共和国和大韩民国关于民事和商事司法协助的条约》第 24 条。

② 费宗祎、唐承元：《中国司法协助的理论与实践》，人民法院出版社 1992 年版，第 102 页。

③ 乔雄兵：《〈海牙取证公约〉在我国的实施分析》，《政法论丛》2010 年第 4 期。

④ 《民事诉讼法》第 295 条。

⑤ 《民事诉讼法》第 296 条。

条对此则进一步规定按特殊方式办理时，实践中必须不存在无法办理或办理困难的情形，①从而与《海牙取证公约》第 9 条的规定保持一致。对于执行过程中，强制措施的使用问题，我国《民事诉讼法》只明文规定了使领馆官员在我国对其本国国民取证时不得使用强制措施，但并未明确我国代为取证时强制措施的使用问题。实际上，既然规定取证应依照我国的法律进行，自然应当包括我国法律中关于强制措施使用的相关规定。对于当事人及其诉讼代理人或请求机关到场问题，我国并没有对《海牙取证公约》第 8 条规定的允许请求机关的司法人员出席作出声明，在与其他国家的司法协助协定中也多对当事人及其诉讼代理人到场问题作出约定。②因此，我国对于当事人及其代理人到场持较为明确的肯定态度，而对请求机关的到场的态度则较为谨慎。不过，我国与外国签订的司法协助协议中也存在允许请求机关一方到场的，例如《中韩民商事司法协助条约》第 19 条规定："下列人员在执行请求时可以在场：（一）当事人及其代理人；（二）经被请求方事先授权，请求方的法官或者法庭官员；……"

我国 2023 年《民事诉讼法》第 293 条规定："外国法院请求协助的事项有损于中华人民共和国的主权、安全或者社会公共利益的，人民法院不予执行。"因此主权安全和公共利益是我国拒绝协助的理由。但同时，他国采用外交或领事取证等其他途径来华取证同样也要受此限制。

(三) 中国域外电子取证制度

我国 2023 年《民事诉讼法》第 66 条明确将电子数据作为证据的形式之一。同时，《民诉法解释》第 116 条明确了电子数据的内涵。③此外，《民事诉讼法》第 76 条还规定证人在法定特殊情形下无法出庭作证的，可以通过书面证言、视听传输技术或者视听资料等方式作证。2004 年起开始施行的《电

① 《关于依据国际公约和双边司法协助条约办理民商事案件司法文书送达和调查取证司法协助请求的规定》第 4 条："请求方要求按照请求书中列明的特殊方式办理的，如果该方式与我国法律不相抵触，且在实践中不存在无法办理或者办理困难的情形，应当按照该特殊方式办理。"

② 如《中华人民共和国和秘鲁共和国关于民事和商事司法协助的条约》第 14 条。

③ 《民事诉讼法司法解释》第 116 条第 2、3 款："电子数据是指通过电子邮件、电子数据交换、网上聊天记录、博客、微博客、手机短信、电子签名、域名等形成或者存储在电子介质中的信息。存储在电子介质中的录音资料和影像资料，适用电子数据的规定。"

子签名法》对数据电文、电子签名的形式、保存、可采性和证明力等问题作了相关规定，这些规定对民事诉讼中电子取证活动也具有规范、指导意义。在跨境数据传输安全保障方面，2021年公布实施的《数据安全法》对规范我国境内外数据处理活动，维护数据安全，促进数据的开发利用具有重要作用，其第36条规定："中华人民共和国主管机关根据有关法律和中华人民共和国缔结或者参加的国际条约、协定，或者按照平等互惠原则，处理外国司法或者执法机构关于提供数据的请求。非经中华人民共和国主管机关批准，境内的组织、个人不得向外国司法或者执法机构提供存储于中华人民共和国境内的数据。"《个人信息保护法》第三章专章规定了个人信息的跨境提供的规则，为个人信息的跨境流动提供了法律依据，其同样规定："非经中华人民共和国主管机关批准，个人信息处理者不得向外国司法或者执法机构提供存储于中华人民共和国境内的个人信息。"①由上可见，我国目前对于域外电子取证的规定主要集中于维护国家数据主权、安全下的电子数据的跨境传输，且这些规定较为笼统，对于域外电子取证的途径、方式或程序等问题欠缺具体的规定。另外，我国与外国所签订的司法协助协议中大部分内容也只是对《海牙取证公约》的重复，对于电子取证问题更是鲜有涉及。在实践中，2008—2018年，有7份外国取证请求意图通过视频或电话会议等方式向位于中国境内的当事人或证人进行取证，但是我国司法部均以我国没有关于视频取证相关的法律规定为由全部予以拒绝执行。②可见，我国在应用电子技术取证的态度上还较为保守。上述问题就导致域外电子取证在我国司法实践中可能无法得到较为充分的利用和发展。

鉴于电子技术的迅猛发展以及其在国际民商事诉讼中所带来的便利，同时为拓宽域外取证的渠道，我国实际上也开始逐渐转变观念，进一步探索对域外电子取证的利用。目前，我国2023年《民事诉讼法》已明确提出在双方当事人同意的情况下，可以利用电子通信技术进行域外取证，这一规定对于域外电子取证具有里程碑意义。此外，我国对民事诉讼智能化方式已经积

① 《中华人民共和国个人信息保护法》第41条。

② 刘桂强：《我国民商事域外取证的司法实践：现状、问题与对策》，《武大国际法评论》2021年第1期。

累了一定经验，尤其是新冠疫情期间，不少民商事案件都通过“线上庭审”“远程诉讼”等方式进行。因此，对于域外电子取证我国也显然具备了一定的技术支撑和经验摸索。同时，我国司法审判实践中也进一步尝试利用电子技术进行域外取证。例如，在中国太平洋财产保险股份有限公司青岛分公司与岱荣航运公司、MMSL私人有限公司海上、通海水域货物运输合同纠纷案[①]中，外国对涉案货物进行鉴定的专家通过远程视频的方式接受了当事人和法庭的质询，我国法院从而能够对其出具的鉴定报告的真实性予以确认。未来，我国仍应在对域外电子取证前景充满希望的基础上，加强对视频询问、电子数据跨国传输、电子请求书传递等电子取证方式的探索，完善具体的规则制度，加强国家间电子取证的合作与协助，以期在信息化时代下更好地推动我国跨国民商事诉讼的发展。

三、中国域外取证制度的不足与展望

（一）中国域外取证制度的不足

中国在域外取证等司法协助方面起步较晚，但经过几十年的发展，我国基本确立了双边协助条约、国际公约和国内立法有机结合的、符合中国实际情况以及国际实践的国际司法协助法律体系。当然，这一制度模式仍然存在着一定不足。

首先，有学者统计，2008—2018年，在司法部记录中查询到的我国司法部向外国中央机关传递的取证请求的案件仅有3件，[②]与司法部接收的324件外国取证请求形成鲜明对比。[③]这在一定程度上体现出我国法院对依据1970年《海牙取证公约》或司法协助协定请求外国代为域外取证的积极性不高。与此同时，我国法院审理涉外案件中的域外证据一大部分可能并不是通过1970年《海牙取证公约》或双边司法协助等体制获取的。案件当事人可能为避免冗长的取证周期、耽误判决的及时作出，在诉讼时自行收集足够的证

---

① （2022）鲁72民初1236号。

② 前文已提及，北京市、上海市、广州省、浙江省和江苏省5省市的高级法院可以直接向外国中央机关提出域外取证请求，而无需司法部转递，因此这3件仅为司法部转递数据。

③ 刘桂强：《我国民商事域外取证的司法实践：现状、问题与对策》，《武大国际法评论》2021年第1期。

据，或者说法院及当事人为避免取证结果的难以预测而放弃域外取证请求。因此，我国对1970年《海牙取证公约》及司法协助体系的利用还并不够充分。

其次，在司法职权理念下，我国将域外取证等司法协助行为视为行使国家司法主权的行为，因此无论是我国国内法还是同其他国家签订的司法协助协议中都强调域外取证等司法协助行为不得有损我国的主权、安全和公共秩序。我国对于特派员取证以及域外电子取证的态度较为保守的原因也多是基于国家司法主权的考量。对于外国申请适用的特别取证程序，我国也常常因担心该外国法律程序的适用会有损主权而予以拒绝。由此，在司法职权理念下，域外取证的渠道在一定程度上受到了限制，对于域外取证的效率也造成一定影响。当然，与英美法系国家的当事人主义理念相比，两者不存在孰是孰非，两种观念恰恰是特定的诉讼文化和法律实践的产物。但是，随着跨国民商事交往的日益频繁，我们有必要在尊重我国司法职权理念的框架内，最大程度地推动域外取证合作的高效性和便捷度。①

最后，美国审前证据开示制度是1970年《海牙取证公约》制订过程中各缔约国争议最大的一个问题。按照美国法律，民事诉讼中的一方当事人可以依据审前证据开示程序从对方当事人处获得与案件相关的所有信息，以助于庭审准备，并且无论这些信息处于法院管辖范围之内还是之外。这种单方面的直接域外取证制度，对于他国的司法主权和国家秘密等存在威胁，因此包括我国在内的大部分国家都依据1970年《海牙取证公约》第23条②的规定对审前证据开示制度作出一定保留。实践中，我国也对美国审前证据开示阶段的取证请求也多予拒绝。不过，单纯的保留声明的作用是有限的，当发现请求书取证途径多次"碰壁"后，美国法院或当事人极有可能绕开司法协助程序，强制要求我国境内的有关主体提供证据材料，或直接向我国境内的当事人进行调查取证。③这会进一步加剧中美之间域外取证的冲突，也侵害我

① 刘桂强：《我国民商事域外取证的司法实践：现状、问题与对策》，《武大国际法评论》2021年第1期。

② 1970年《海牙取证公约》第23条："缔约国可在签署、批准或加入时声明，不执行普通法国家的旨在进行审判前文件调查的请求书。"

③ 陈力：《海牙取证公约在我国涉外民商事审判中的适用》，《东方法学》2010年第1期。

国的国家利益。域外不少国家针对美国这一取证制度，相继出台了“阻却立法”，即立法明确禁止或限制本国公民或法人向美国法院提交位于本国境内的文件等证据，否则对违反者进行处罚。[①]然而，我国目前对“阻却立法”的制订和运用都还存在局限，需要进一步完善和升级。

（二）中国域外取证制度的完善

面对我国域外取证制度中存在的不足，有必要在借鉴国内外成功经验的基础上，不断完善域外取证的规范和实践，推动我国跨国民商事诉讼的发展。

为避免请求书取证繁琐的程序和冗长的周期对当事人诉讼权益的减损，从而导致对 1970 年《海牙取证公约》及相关司法协助体系的不充分利用，我们有必要进一步完善请求书取证的程序。为防止请求书重要内容的遗漏或存在其他形式缺陷，避免给执行机构的审查与执行造成不便，我们应注重对请求书规范样本的制订和运用。此外，尽管 1970 年《海牙取证公约》第 9 条规定“请求书应迅速执行”，但是公约中以及各国立法中都较为欠缺对取证请求传递和执行期限的规定，所以我国可以对请求书的传递与执行设置合理的期限，以防拖延或搁置请求书的传递与执行，以及避免造成司法资源的浪费。另外，我国可以扩大高级法院直接传递取证请求的试点改革，在北京市等 5 省市之外逐步赋予其他司法业务量较大的省份的高级法院直接传递取证请求的职能，进一步减少因请求书的层层转递而造成的周期消耗。2020 年《国际司法协助请求规定》第 9 条[②]也已经对经授权的高级法院可以直接发出域外取证请求作了具体明确。因此，最高法院可以考虑将此种简化程序逐步进行推广适用。

丰富域外取证手段，提高域外取证效率。在现有的请求书取证和领事取证的基础上，我国完全可以合理地引入特派员取证方式以进一步加强对域外电子取证利用。特派员取证要比领事取证的范围广，且更加灵活，1970 年

① M. J. Hoda，The Aerospatiale Dilemma：Why U. S. Courts Ignore Blocking Statutes and What Foreign States Can Do about It，106 California Law Review 231（2018）.

② 《关于依据国际公约和双边司法协助条约办理民商事案件司法文书送达和调查取证司法协助请求的规定》第 9 条：“经最高人民法院授权的高级人民法院，可以依据海牙送达公约、海牙取证公约直接对外发出本辖区各级人民法院提出的民商事案件司法文书送达和调查取证请求。”

《海牙取证公约》对其也设置了更为严格的限制，即要事先得到取证地主管部门的许可，并遵循许可中设置的条件。因此，我国可出台相关规范来确立如特派员个案许可、特派员身份审查、特派员取证过程监督、特派员取证结果报告等制度或增设其他相关附加条件，来预防特派员取证与我国司法主权相抵触。我国应当考虑有条件地引入特派员取证制度，而非一味对此完全排斥。另外，我国民事诉讼智能化已经有一定的经验积累，法院的硬件设施也能够满足利用信息技术域外取证的要求。在此基础上，我国应加强与有关国际之间的司法合作与协助，推动域外电子取证得到更好的承认与运用。

借鉴域外经验，妥善应对审前证据开示。倘若不能妥善应对美国的审前证据开示制度，1970 年《海牙取证公约》在中美两国之间的效用恐怕无法得到较大发挥。对此，我国可以借鉴德国在司法实践中应对美国审前证据开示的灵活做法。德国法院曾在一起案例中同意美国向德国证人审前获取笔录证言，并指出："执行请求既不会违反德国法的基本原则，也不会违反德国的公共秩序……此外，执行请求也不会伤害德国的主权和安全，因为笔录证言是由德国法官来控制的。可以保证询问范围的限制以及遵守德国相关的特权规定。"可见，尽管德国一般不会执行审前文件出示的请求，但是在美国利用审前证据开示获取口头证词等方面逐渐采取更为灵活的做法。①因此，我国同样可以考虑部分执行美国证据开示的取证请求，对不涉及国家机密以及国家、社会和个人利益的有关证据，酌情给予协助，避免全盘拒绝导致的美国避开司法协助途径而私下取证所带来的不利影响。另外，要充分发挥"阻却立法"的作用。我国商务部曾于 2021 年发布《外国法律与措施不当域外适用办法》，但受限于适用的范围，②其目前无法对美国的审前证据开示程序的域外适用产生有效的阻断效果。③所以，我国仍需要建立并完善针对美国证据

---

① 乔雄兵：《德国民商事域外取证制度研究——兼论〈海牙取证公约〉在德国的实施》，《河北法学》2010 年第 11 期。

② 《外国法律与措施不当域外适用办法》第 2 条："本办法适用于外国法律与措施的域外适用违反国际法和国际关系基本准则，不当禁止或者限制中国公民、法人或者其他组织与第三国（地区）及其公民、法人或者其他组织进行正常的经贸及相关活动的情形。"

③ 刘桂强：《我国民商事域外取证的司法实践：现状、问题与对策》，《武大国际法评论》2021 年第 1 期。

开示制度的"阻却立法"体系，对主管机构、审查程序、违反者的处罚措施以及具体执行进行明确、系统的规定。

【思考题】

1. 一国进行域外取证的主要方式有哪些？取证实践中最常用的是哪一方式？其具体程序如何？

2. 我国对《海牙取证公约》作出哪些保留？该公约在我国适用的实际情况如何？

3. 中国域外取证制度目前存在哪些不足？应当如何进行完善？

4. 采用电子信息技术进行域外取证会产生哪些问题？我国域外电子取证当前有何新发展？

【案例分析】

案例一：

1998年美国PU公司诉被告广州雅芳公司侵犯知识产权一案①，雅芳公司不服判决，上诉最高法院。为了求证PU公司是否是真正的权利人，雅芳公司的代理律师接受当事人委托赴美国域外取证，取证的内容涉及PU公司的注册登记、版权登记、权利证书以及涉案知识产权的真正权利人（Ardent软件公司）的情况。为此，中国代理律师依次调查了美国的公司注册登记部门、版权登记部门以及大量的证人，包括美国版权注册登记人员和Ardent软件公司的副总裁等。上述档案记录、证人证言等证据材料在履行了相关的公证和使领馆认证手续后，由代理律师直接提交给受诉法院。

问：

1. 本案采取的是何种域外取证方式？证据所在地国即美国是否认可此种方式？我国又是否认可此种域外取证方式？

2. 本案中，我国法院最终认可了雅芳公司提交的相关证据材料，此举与

① 王克玉：《国际民商法案件域外取证法律适用问题研究》，人民法院出版社2008年版，第317—318页。

我国目前的域外取证规定是否存在矛盾？给我们什么启示？

案例二：

2010年，Gucci America，Inc. 和其他奢侈品公司在美国纽约南区联邦地区法院（简称纽约南区法院）向多家中国网站提起商标侵权诉讼，指控它们出售带有原告商标的假冒产品。[①]2010年7月12日，纽约南区法院下令冻结被告的资产，包括被告在中国境内的中国银行账户中那些涉案假冒产品销售所得。2010年7月16日，原告向中国银行纽约分行送达传票，要求获取被告资产的相关信息。中国银行提供了其纽约分行持有的相应文件，但拒绝在全球范围内执行传票要求，并辩称美国联邦地区法院无权要求中国银行遵守该等要求。同时，中国银行还辩称，披露客户信息将违反中国银行保密法律、法规，且该等证据开示请求应遵守1970年《海牙取证公约》的程序，而非美国联邦民事诉讼规则。

问：

1. 本案主要体现了美国域外取证实践中的哪一种制度？《海牙取证公约》对该制度是否有相关规定？

2. 我国该如何应对美国这一取证制度？

【拓展阅读】

1. 英、美、德、法等国家域外取证制度有不同的规定，具体内容可以阅读熊大胜：《民商事域外取证法律制度比较研究》第3—6章，经济科学出版社2011年版。

2. 过去的数十年间，我国对域外取证的司法合作给予了高度重视，但实践中仍然存在相关问题与不足。对于我国近年来在域外取证领域所反映出的问题，以及相应的完善路径，可阅读刘桂强：《我国民商事域外取证的司法实践：现状、问题与对策》，《武大国际法评论》2021年第1期。

---

① 《中美热点法律问题和案例研究（三）：中国银行案｜跨境顾释》，载搜狐网站，https://www.sohu.com/a/395443740_159412，2023年6月4日访问。

3. 欧盟 1206 号条例相较于《海牙取证公约》在域外取证制度方面存在一定创新，具体变化可以阅读孙珺：《欧盟〈关于民商事取证合作第 1206/2001 号条例〉的法律分析》，《法学评论》2010 年第 5 期。

4. 信息技术的发展给传统的域外取证规则带来冲击，也引发了许多新的法律问题，对于域外电子技术取证的内容、发展以及有关国家的实践，可以阅读何其生：《比较法视野下的国际民事诉讼》（高等教育出版社 2015 年版）第十一章“域外取证”中“域外电子取证”一节。

第九章　临时措施

随着经济全球化的深化，国际民商事纠纷数量激增。在当前各国民事诉讼立法和司法实践中，临时措施的价值日益凸显。当事人在国际民商事纠纷的解决中越来越多地诉诸临时救济。美国哲学家罗尔斯指出："在纯粹程序正义中，不存在对正当结果的独立标准，而是存在一种正确的或公平的程序。这种程序若被人们恰当地遵守，其结果也会是正确的或公平的，无论它们可能会是什么样的结果。"①作为民事诉讼程序的重要组成部分的临时措施制度所保护的也正是这种程序正义。

临时措施制度的构建和适用有效回应了当前国际民商事纠纷解决中的难题，且已经成为国际民商事纠纷解决与跨国民事诉讼中的普遍现象。目前，临时措施主要依赖各国国内法规范。跨国民事诉讼均依据各国国内法，并由各国国内法院实施。尽管国际社会的整体或区域在跨国民事诉讼领域积极地寻求合作，但是临时措施的适用在很大程度由各国自主决定。为妥善和高效地解决国际民事纠纷，各国希望在跨国民事诉讼中寻求临时措施适用的一致性。

第一节　临时措施的概念、种类与意义

案例一：

北京某公司在其与德国某公司就股东出资纠纷一案中向北京市三中院（一审法院）申请财产保全。北京市第三中院于同日出具民事裁定书，对德

① ［美］约翰·罗尔斯：《正义论》，何怀宏、何包钢、廖申白译，中国社会科学出版社 1988 年版，第 86 页。

国某公司名下一定金额的财产进行保全。2015 年 7 月 6 日，北京市三中院冻结了该院以及北京市二中院应发还给德国某公司的两笔案款。2018 年 6 月 27 日，北京市高级法院作出民事裁定书，以北京某公司并非合同主体，与各被告之间没有直接的合同权利义务关系，其依据合同书起诉德国某公司履行合同义务，原告主体不适格，且合同中约定有仲裁管辖条款为由，认为北京某公司的起诉不符合条件，裁定驳回北京某公司的起诉。2018 年 7 月 6 日，一审法院作出民事裁定书，裁定解除对德国某公司所采取的保全措施。2018 年 10 月 23 日，一审法院向德国某公司发还案款；2018 年 11 月 22 日，北京市二中院向德国某公司发还案款。①

德国某公司向北京市三中院起诉，请求北京某公司赔偿德国某公司因错误保全给德国某公司造成的损失。

问：

1. 什么是跨国民事诉讼中的临时措施？本案中北京市三中院采取的是哪种临时措施？

2. 为了审理程序的推进，法院可能采取哪些临时措施？

3. 当事人为什么要申请采取临时措施？本案中的临时措施具有怎样的意义？

案例二：

外国 A 公司是某商标的注册人。A 公司以 B 公司、C 公司侵犯其某商标专用权及存在不正当竞争行为为由向我国法院提起诉讼。在案件审理过程中，A 公司向我国法院提出财产保全申请，要求冻结 B 公司名下银行一定金额的存款或查封、扣押其名下等值财产，并由 D 公司出具担保函作为担保。法院裁定冻结 B 公司名下银行存款或查封、扣押其名下等值财产。后 B 公司以 A 公司申请错误保全造成 B 公司利息损失而提起诉讼。

问：

1. 本案中如果法院认定 A 公司构成错误保全，需要从哪些方面审查？

---

① 北京市高级人民法院（2019）京民终 234 号民事判决书。

2. 我国现行法下跨国民事诉讼中的临时措施有哪几种?

3. 大陆法系国家民事诉讼中的临时措施与普通法系国家民事诉讼中的临时措施有哪些区别?

从上述案例可以看出，临时措施是争端解决中的一种常见制度。跨国民商事诉讼中，临时措施旨在防止当事人在诉讼程序过程中转移或销毁证据或财产，致使诉讼结果不能合理地作出，或者即便作出后也难以执行。在当前的国际社会大环境下，由于外汇管制的放宽以及电子银行的发展，资金的跨境转移愈发容易且能实时进行。为确保该领域相关涉外民商事判决得到执行及防止被告通过在国家间转移资产使得判决的效力受挫，临时措施越来越值得关注。

一、跨国民事诉讼中临时措施的概念

临时措施源于古罗马法律中的一种“禁止令状”制度。这种令状是诉讼程序以外的一种对非法侵害行为的救济手段，主要用途是禁止某项行为。民事诉讼中的临时措施则确立于近代。14 世纪末 15 世纪初，英国衡平法院创设了禁令性救济以弥补普通法院救济的不足，此后发展出“马瑞瓦禁令”“安东·彼勒令”等一系列临时禁令。大陆法系国家中，法国《民事诉讼法典》首次确立了财产保全制度。德国也在 19 世纪 70 年代的《德国民事诉讼法》中规定了假扣押和假处分。此后，众多大陆法系国家都在本国民事诉讼法中吸收了德国的立法例。中国民事诉讼中临时措施制度发展较晚，主要借鉴德、日等国。目前，我国民事诉讼中临时措施以财产保全、行为保全与先予执行为主要内容，并以海事和知识产权领域的临时措施为补充。

临时保护措施在不同的法域中表达方式并不完全相同，如临时措施、中间措施、临时裁决、事前救济强制令等。①目前，国际社会中并无公约对其作

① 王艳阳:《国际商事仲裁中的临时措施保护制度——兼议我国相关制度的不足》,《西南政法大学学报》2004 年第 4 期。

出统一的明确规定，各国在国内法中对民事诉讼中的临时措施规定各异，并不存在一个国际社会统一界定的跨国民商事诉讼中的临时措施概念。欧盟《2001 年民商事管辖权与判决的承认与执行条例》在跨国民商事诉讼的合作方式上有所突破，对临时措施单独作了特别规定，但仍未能就临时措施的概念作出明确界定。正如海牙国际私法会议在《有关民商事管辖权与外国判决的临时草案公约》的起草过程中所指出的，如何定义“临时和保护措施”这一概念是一个难以解决的问题。《联合国全程或者部分海上国际货物运输合同公约》（简称《鹿特丹规则》）也未对临时措施或保护性措施下定义，其第 70 条仅载明：“本公约的规定概不影响对临时措施或保护性措施，包括对扣留的管辖权除非符合下列条件，否则临时措施或保护性措施执行地所在国的法院不享有裁定案件的管辖权：(a) 符合本章的要求；或者 (b) 一项国际公约在该国适用的，该国际公约作此规定。”

国内对跨国民事诉讼中临时措施的研究较少，目前主要体现为诉讼保全，一般是指法院在为防止因当事人一方的行为或其他原因使判决难以执行，而应对方当事人申请或权力机关依职权对有关当事人的财产或行为采取的一种强制措施。尽管临时措施的概念界定存在差异，但其特征是共同的：第一，临时措施均是在争议解决过程中采取的，包括在诉讼程序开始之前和在诉讼程序进行之中采取；第二，这种措施只是临时性的；第三，采取临时措施的要求通常是紧急的，如果不采取这些措施就可能给一方当事人造成不利影响。

二、跨国民事诉讼中临时措施的基本种类

跨国民事诉讼中的临时措施依不同标准可分为不同类别：根据临时措施采取的时间不同，分为诉前临时措施和诉中临时措施；根据其指向的对象不同，分为对物的临时措施和对人的临时措施；根据效力界限的不同，分为在域外发生效力的临时措施和仅在域内发生效力的临时措施。由于各地区立法的差异，临时措施存在众多不同种类。

(一) 我国的临时措施

我国早在 1982 年《民事诉讼法（试行）》中就规定了诉讼保全制度，当

时仅适用于诉讼开始后的普通程序。1991 年《民事诉讼法》将诉讼保全改为财产保全，并将财产保全适用的阶段从诉讼开始后扩展至诉讼前。随着实践对保全需求的发展，2012 年《民事诉讼法》又增加了行为保全的规定，体现为“人民法院对于可能因当事人一方的行为或者其他原因，使判决难以执行或者造成当事人其他损害的案件，根据对方当事人的申请，可以裁定对其财产进行保全、责令其作出一定行为或者禁止其作出一定行为；当事人没有提出申请的，人民法院在必要时也可以裁定采取保全措施。”目前，我国关于财产保全制度的基本规定体现在现行 2023 年《民事诉讼法》第 103 条第 1 款：“人民法院对于可能因当事人一方的行为或者其他原因，使判决难以执行或者造成当事人其他损害的案件，根据对方当事人的申请，可以裁定对其财产进行保全、责令其作出一定行为或者禁止其作出一定行为；当事人没有提出申请的，人民法院在必要时也可以裁定采取保全措施。”此外，现行 2023 年《民事诉讼法》中还规定了先予执行。根据当前多数观点，先予执行也是民事诉讼临时措施的一种。

由上可知，目前我国民事诉讼中的临时措施主要包括财产保全和行为保全。财产保全是指法院在判决作出之前，为保证将来判决的执行而应当事人的要求或者依职权对有关当事人的财产所采取的一种强制措施。行为保全是指法院在判决作出之前为保护申请人的合法权益或保证将来判决的执行而应申请人的请求或者依职权要求被请求人作为或不作为的措施。

除此之外，我国在海事领域还对临时措施作了特别规定。我国 1999 年《海事诉讼特别程序法》规定了类似于行为保全性质的海事强制令制度，是指海事法院根据请求人的申请，为使其合法权益免受侵害，责令被请求人作为或者不作为的强制措施。海事审判实践中，常常出现一些不能归属财产保全的保全申请，如：货主要求承运人接收货物后签发提单或者及时交付货物；承运人要求托运人及时清关或者要求收货人及时提货；船舶所有人要求租船人交回船舶；等等。

(二) 我国香港、台湾地区的临时措施

在我国香港地区使用较多的临时措施与英国较为相似。目前最主要也是最典型的是马瑞瓦禁令，它最早由英国上诉法院在 Mareva Compania Naviera

S. A. v. International Bulk Carriers S. A. 案[①]中予以确认。马瑞瓦禁令最初仅要求被告不得将管辖区内的资产转移或隐匿，后来扩展为也不能通过处分资产规避法律义务。因而，马瑞瓦禁令的实质在于，如果客观情况表明被告很可能处分其财产以规避或者拖延原告的诉讼请求，法院可禁止被告处分其财产。美国、西班牙、爱尔兰、澳大利亚、加拿大、新加坡、马来西亚、新西兰和印度等国家和地区都采用了与马瑞瓦禁令相似的做法。除此之外，安东皮勒禁令是一种有效的临时救济，它经 Anton Piller KG v. Manufacturing Processes Ltd. 案确立，经常适用于侵犯著作权和商业秘密的案件。这一禁令的作用在于强制案件被告允许原告或其代表进入其住处（或办公地），寻找并带走物件和资料，以便在将来诉讼中保留证据材料。[②]想要成功申请临时禁令，申请人应向法院保证，如法院日后发现不应当授予的冻结令给相对人造成了损失，法院要求由申请人承担损失及有关费用的，申请人服从法院的命令。对于在香港地区没有财产的外国申请人，法院通常责令他提供担保函或其他保证。

我国台湾地区“民事诉讼法”为有希望胜诉的原告在诉讼之前或开始时提供了两种临时救济措施，以保证将来任何有利于原告的判决的执行：一是假扣押。“债权人就金钱请求或得为金钱请求之请求，欲保全强制执行者，得声请假扣押。前项声请，就附条件或期限之请求，亦得为之。”根据有关条文，假扣押应当向该案诉讼管辖法院或假扣押标的所在地的地方法院管辖，同时，自由在日后不能强制执行或的确难以执行的情况下才能适用。二是假处分。“债权人就金钱请求以外之请求，欲保全强制执行者，得声请假处分。假处分，非因请求标的之现状变更，有日后不能强制执行，或甚难执行之虞者，不得为之。”

（三）欧洲国家的临时措施

1. 瑞士

在瑞士的临时措施中，最重要的是临时禁令和扣押令。作出临时禁令和

① ［1975］2 Lloyd's Rep. 509.

② 杨良宜、杨大明：《禁令》，中国政法大学出版社 2000 年版，第 409 页。

扣押令的条件一般由各州程序法加以规定，部分联邦立法也包含有关规定。如果当事人申请作出这些临时措施，则必须证明临时措施所针对的被保护的权利具有合理性，且对这部分权利存在即将发生的损害，以及这种损害是难以补救的。扣押令一般适用于担保金钱债权的请求权。扣押可以针对有形财产，也可以针对无形财产。对于有形财产，它们在物理上必须位于瑞士；对于无形财产，例如由合同引起的或者由违法、侵权、过失、犯罪或渎职所引起的、针对第三人的债权人的请求权，如果债权人居住在瑞士，则被认为位于债权人的居住地。然而，如果债权人的居所在瑞士，则只有在有限的情况下才能扣押财产。如果债权人在瑞士没有住所或者没有固定的居所，则上述请求权被认为位于债权人针对其有请求权的第三人的居所地。居住在瑞士境外的债权人持有的瑞士专利权，被认为位于瑞士境内。

2. 瑞典

请求临时扣押或临时禁令可以在提起诉讼前单独提出，此后须在获准临时扣押或临时禁令之日起的 1 个月内提起诉讼。一般而言，在两种情况下法院可以发出临时扣押令：(1) 原告对于将成为或很可能成为诉讼程序或其他类似程序（如仲裁）的标的物的金钱债权的存在出示了可能的理由，并且能进一步推定作为债务人的被告转移、藏匿资产或以其他方式回避对该案中的金钱债权的支付。(2) 原告对某些将成为或很可能成为诉讼程序或其他类似程序（如仲裁）的标的物的资产出示了其享有优先权的合理根据；并且能合理地推定被告将藏匿资产、尽量减少资产的价值或以其他方式处理该资产以对原告产生负面影响。

在临时扣押规则范围之外，法院还有权对诉讼中的一方当事人或未来的一方当事人发出临时强制令。临时强制令一般为禁止性命令：被告（或未来的被告）如果采取行动阻碍原告行使权利或造成原告难以行使权利，则对该被告（或未来的被告）处以罚金。考虑到个案差异，法院一般具有决定临时强制令内容的权力。

3. 希腊

依据希腊《民事诉讼法典》第 682 条的规定，如果存在紧急需要或为了避免迫近的危险，那么经任何一方当事人申请，法庭可给予其临时救济。作出临时救济通常需要满足两个要件：（1）必须是紧急的案件；（2）寻求临时保护的实体权利确实存在。一般说来，临时救济可授予各种类型的案件，如在损害赔偿诉讼中，为了保护最终的肯定性判决在将来的执行，法院可命令对债务人的财产进行临时查封；在不正当竞争案件中，受到不正当竞争影响的一方当事人可以通过申请临时救济阻止涉案产品在市场上销售。目前希腊法律规定有下列 7 种临时救济：担保；取消抵押物回赎权的登记；临时扣押；查封；临时执行请求权；暂时维持现状；封铅、启封以及编制财产目录。

三、跨国民事诉讼中临时措施的意义

临时措施制度在当前跨国民事诉讼中具有重要意义，它保证受诉法院以后作出的判决能得到切实执行，是对诉讼的一种保护制度。在国际民商事案件，特别是在国际贸易、国际海事等争议数额较大的案件中，由于其案件复杂且诉讼周期较长，一时难以结案，如果不及时采取保全措施，当事人一方可能出卖其财产或将其有关的财产转移至国外，可能使不宜长期保存的大批物品腐烂变质，最终致使受诉法院将来所作出的判决难于甚至无法执行。此外，由于国际民事案件的审理过程往往花费很长时间，法院采取一定的保全措施，能保证有关跨国民事诉讼程序中双方当事人的权利义务关系相对稳定或确定，从而也有利于双方当事人继续从事其他方面的民商事活动。

根据我国民事诉讼立法的有关规定，诉讼保全制度对于本国和外国当事人同样适用。现在世界各国的民诉法都有关于诉讼保全的规定，而且也都是同等地适用于内外国当事人。如《德国民事诉讼法》第 910 条规定："为保证根据金钱债权或可以换成金钱债权的请求权对动产或不动产的强制执行，可以实行诉讼保全。"第 917 条在对物的诉讼保全的理由中规定，判决必须在外国执行的，即视为有充足的诉讼保全的理由。①诉讼保全程序在我国目前市场经济体制还不完善、信用意识缺乏的情况下，对防止诉争当事人恶意转

① 韩德培：《国际私法》，高等教育出版社 2014 年版，第 458 页。

移、藏匿、毁损或挥霍在其占有下的争议财产或有关财产，保护债权人的合法权益有着更为现实的意义，发挥着非常重要的作用。

第二节　涉外临时措施的管辖权

案例：

沙钢船务公司和大新华轮船公司签订了租船合同，海航集团为大新华轮船提供担保。在大新华轮船公司拒绝履约后，沙钢船务要求海航集团履行担保责任；海航集团以英国高等法院尚未作出判决为由，拒绝履行。“海娜号”邮轮原定于当地时间 2013 年 9 月 13 日 16 时由韩国济州开往仁川，但在离港时，被韩国济州法院根据沙钢船务的申请，依据韩国国内法，对“海娜号”进行了扣押。①

问：

1. 跨国民事诉讼中采取临时措施的目的是什么？

2. 本案中济州法院在审查临时措施管辖权时应当考察哪些因素？

3. 临时措施管辖权的确定与实体案件管辖权的确定之间是否有关联？

涉外临时措施管辖是指临时措施案件应由哪国行使裁判权和执行权，即处理的是利害关系人或者当事人应当向哪国法院提出临时措施申请，最终哪个法院有权作出民事保全裁定并采取民事保全措施的问题。“民事保全程序者，为确保将来之强制执行起见所施用之保全方法也。”②当事人申请财产保全的目的就是通过法院对被申请人财产采取强制措施。如果当事人在选择保全申请法院时无法确定管辖法院或者在程序上法院保全管辖操作的随意性很大，则会给保全申请人的实体利益得不到程序保障，进而在司法程序上无法体现对保全申请人的正当性。

---

① 《国内企业闹纠纷缘何演变成国际扣船事件？——中国“海娜号”邮轮在韩被扣事件追踪》，载中国法院网，https://www.chinacourt.org/article/detail/2013/09/id/1083832.shtml。2023 年 6 月 4 日访问。

② 郭卫：《民事诉讼法释义》，中国政法大学出版社 2005 年版，第 373 页。

一、临时措施管辖权概述

跨国民事诉讼中临时措施管辖权是指一国法院根据本国缔结或参加的国际条约或国内法规定，对临时措施行使管辖的权限。①在国际实践中，由于各国立法对临时措施的定性及具体规定存在差异，因此不同国家法院对临时措施行使管辖权的依据各不相同。一般而言，案件管辖权一般分为实体管辖权、临时措施管辖权、判决承认与执行的管辖权。临时措施的管辖权与案件实体管辖权存在一定联系，又具有一定独立性，二者的关系错综复杂。除此之外，由于各国法律对于临时措施管辖权的规定存在差异，使得跨国民事诉讼中可能出现临时措施管辖权冲突及协调问题。

临时措施的管辖权问题之所以具有重要意义是因为管辖权问题作为程序问题对于当事人实体权利的保障起着重要作用。临时措施本身是为了保证诉讼顺利推进而实施的，如果当事人对于跨国民商事诉讼中临时措施的管辖权无法或难以预见，那么这种随意性会给当事人在诉讼中的实体权益带来较大的损害，进而导致诉讼正当性的实现出现困难。因此，明确临时措施的管辖权问题对于跨国民商事诉讼十分重要。

二、各法域确定临时措施管辖权的依据

(一) 欧盟临时措施的管辖权依据

一般而言，欧洲司法区域内，纯国内临时措施的管辖权依照案件实体审理的管辖权来行使。而对于国际性的临时措施则要么依据《布鲁塞尔公约》及其后续条例规定，要么参照适用国内临时措施管辖权规则。

1968 年 9 月 27 日，当时的欧共体在比利时布鲁塞尔签订了最初的《布鲁塞尔公约》。后来，根据欧盟理事会 2001 年第 44 号规则，《布鲁塞尔公约》增设了消费者住所地法院的绝对管辖权原则，成为《关于民商事案件管辖权与判决承认及执行的条例》(通常也称《布鲁塞尔条例Ⅰ》)。这样一来，

① 刘萍：《跨国民事诉讼中临时性保护措施的管辖权研究》，《诉讼法论丛》第 9 卷，法律出版社 2004 年版，第 457 页。

原先的《布鲁塞尔公约》就被《布鲁塞尔条例Ⅰ》取代。《布鲁塞尔条例Ⅰ》《布鲁塞尔条例Ⅱ》《布鲁塞尔条例Ⅱa》共同构成了布鲁塞尔规则体系。关于布鲁塞尔规则体系对临时措施管辖权的规定，《布鲁塞尔条例Ⅰ》第31条规定："即使依照本条例，一个成员国的法院对案件实体问题有管辖权，当事人也可以向本规则的另一成员国的法院申请采取根据该国法律可以采取的临时性保护措施。"该规定将临时措施管辖指向成员国国内法。

（二）英国临时措施的管辖权依据

英国民事诉讼中最主要的临时措施是马瑞瓦禁令，英国判例法对马瑞瓦禁令的管辖权依据曾经有过不同的观点。主要争议在于马瑞瓦禁令的管辖依据是对物管辖还是对人管辖。按照对物管辖的观点，法院作出临时措施的基础便是该措施所针对的标的物位于英国；按照对人管辖的观点，物之所在地将不再决定临时措施的管辖权，而是与被告是否出现在英国司法管辖范围内或案件实质部分是否与英国有联系有关。这一争论发展至今基本已有定论：马瑞瓦禁令的对人管辖性质已成为目前英国判例法中的主流观点，在英国的成文法中也有所体现。英国《1981年最高法院法》第37条规定："最高法院给予一项中间禁令，以阻止任何诉讼中的一方当事人，从高等法院的范围内转移、或以其他方式处理位于管辖范围内的财产的权力……在该方当事人是，也包括不是住所在、居住在或出现在该管辖范围内的案件中都可以行使。"1995年的Mercedes Benz AG v. Leiduck案[①]也从反面印证了这一观点。该案中由于除了债务人有财产在香港地区外，没有任何其他的联系因素，法院最终拒绝发出马瑞瓦禁令。

（三）美国临时措施的管辖权依据

美国法在临时措施管辖权这一问题上与英国法同样存在究竟是对人管辖性质还是对物管辖性质的争论，但逐渐发展出自己的特点。美国法下临时措施主要包括禁令和扣押令。就禁令而言，由于其是针对被告的行为所作出的临时措施，一般认为其管辖权应是对人管辖性质，故被告出现在法院的管辖范围内时法院才享有发布禁令的管辖权。不过，在International Shoe Co. v.

---

① [1995] 3 WLR 718.

Washington 案[①]中，法院作出了相反的判决。该案中，被告以其并未出现在华盛顿州为由提出了对华盛顿州法院发布的禁令的管辖权抗辩。而最高法院驳回了被告的这一抗辩，认为只要其与华盛顿州法院存在最低限度联系，且诉讼并不违反公平正义，即使被告并未出现在华盛顿州法院的管辖范围内，州法院也可以对其发布禁令。自此这一标准在美国法确立下来并经实践广泛适用。就扣押令而言，由于它既可以针对被告财产适用，也可以是对物诉讼和准对物诉讼中法院获取管辖权的方式，因此对这一临时措施管辖权依据的认定相对而言更为复杂。然而，如果我们仅仅考虑在临时措施意义上的扣押令的管辖权依据，那么作为实体判决担保的扣押无疑是对物的，财产所在地将决定某一法院是否享有管辖权。

三、临时措施管辖权的冲突与协调

（一）临时措施管辖权冲突产生的原因

由于世界各国民事诉讼法立法不同，而跨国民事诉讼案件又较为复杂，实践中往往会出现两个或两个以上国家法院对某一国际民事案件均具有实体管辖权和临时措施管辖权，或者是一国法院对案件实体争议和临时措施具有管辖权，而另一国仅对该案临时措施具有管辖权的情况。如果当事人分别就均享有临时措施管辖权的两国法院提出临时措施申请，并要求法院对被告作出临时措施，尤其是原告的这种请求在一些国家扣押获得立法性的支持，例如，英国、德国等，此时就会产生临时措施管辖权冲突。即使原告只向相关数国法院中某一国法院申请要求作出临时措施，同时又向其他法院申请就被告位于该国法院境内的财产采取临时措施，临时措施的管辖权冲突仍不可避免。虽然在跨国民事诉讼案件中，会产生临时措施管辖权的冲突问题，但目前对它的思考与解决方法远不如实体案件管辖权冲突那样成熟完善，有时甚至会被忽略。

临时措施管辖权的积极冲突表现为拥有实体纠纷管辖权的法院和财产所在地、当事人所在地法院都可以行使临时措施管辖权。然而，上述地点在涉

---

① 326 U. S. 310 (1945).

外司法实践中往往并不统一，那么就可能出现管辖实体纠纷的法院与财产所在地法院、当事人所在地法院不在同一国家的情况，各国法院竞相行使对临时措施的管辖权，即发生了临时措施管辖权的积极冲突。与此同时，在跨国民事诉讼中，外国有关临时措施的裁定不一定属于承认与执行意义上的外国裁定，不一定能得到具体执行地国家法院的承认和执行，可能会被认为是侵犯了本国的属地管辖权。这样一来，如果临时措施需要在实体纠纷审理法院以外的国家进行，由于一国法院向位于另一国的当事人及其财产做出临时措施有侵犯另一国司法主权的嫌疑，当事人向实体审理法院申请强制措施就难以实现其目的。除非存在双边或多边条约的依据，否则另一国法院一般不会承认和执行。

（二）临时措施管辖权的协调

已有国家注意到了临时措施管辖权的协调问题，如美国有学者认为，“通常情况下，对主诉拥有管辖权的法院会忽视其他法院作出的临时措施的命令”。①有法官也曾言：“人们越来越广泛地认识到，不同国家的法院之间需要相互尊重各自的管辖权，但这并不意味着如果相关的财产或人位于某国境内时，该国法院不能对另一国法院提供帮助。”②随着国际间民商事交往越发频繁，当前临时措施管辖权存在的冲突，亟需国际司法协助与合作来协调。

就我国现行立法而言，根据2023年《民事诉讼法》第297条：“外国法院作出的发生法律效力的判决、裁定，如果被执行人或者其财产不在中华人民共和国领域内，当事人请求执行的，可以由当事人直接向有管辖权的外国法院申请承认和执行，也可以由人民法院按照中华人民共和国缔结或者参加的国际条约的规定，或者按照互惠原则，请求外国法院承认和执行。”同样，2023年《民事诉讼法》第298条也规定了我国法院对于申请或请求承认、执行外国法院作出的生效判决与裁定也可以按同样的方式承认和执行外国法院的判决、裁定。虽然该条文未明确是否将外国法院作出的临时措施的裁定包

---

① George A. Bermann, “Transnational provisional Relief in the Courts”, in J. L. Goldsmith ed., international Dispute Resolution—The Regulation of Forum Selection. Transnational Publishers Inc., New York, 1997, p. 156.

② [1997] 3 All ER 74, p. 730.

括在内，但至少未将其排斥在外。因此，在财产所在地法院与实体纠纷管辖法院等对临时措施均具有管辖权的法院不在同一国家的情况下，目前似乎可以通过司法协助的方式加以解决。然而，实践中这一方法的施行颇有难度。具体而言，关于我国与其他国家签署的双边司法互助条约，各条约在内容上基本一致，几乎未将临时措施的协助包括在内。关于我国签署的多边司法合作公约，虽然根据我国 2023 年《民事诉讼法》的规定，我国法院可以依据我国与请求国同为某一公约的成员国而承认与执行外国判决，但涉及判决的承认与执行的多边条约很少，涉及临时措施的承认与执行的条约更是没有。就互惠原则而言，我国至今没有根据互惠原则承认和执行外国法院判决的先例，互惠原则能否适用于临时措施也存在着诸多争议。由此看来，目前实践中我国在临时措施的司法协助问题上有效实践并不多，仍存在较大的空白。

值得一提的是，近年来有些国家为了维护自身霸权，利用国际司法协助行使“长臂管辖”，损害他国司法独立性。这种所谓的“长臂管辖”实质上是一国管辖权的不合理扩张，是滥用国际司法协助和滥用管辖权的表现，造成扰乱他国司法秩序、侵害他国主权的后果。对于临时措施管辖权冲突的协调，国际司法协助与合作虽是一个合适的方法，但应避免落入“长臂管辖”的范畴。对此，我国采取了相应措施，主要包括阻断规定和域外效力规定。[①] 第一，对于外国法院、个人、组织、机构等请求协助的事项有损我国主权、安全和利益的情形，我国法院不予协助。2023 年《民事诉讼法》第 300 条规定，对于申请或请求承认和执行外国法院作出的生效判决、裁定存在违反中国法律基本原则或损害国家主权、安全社会公共利益的情形的，人民法院不予承认和执行。第二，对于外国有关机构损害我国主权、安全、社会公共利益的，我国将依法追究外国实体的责任或对该国采取对等措施。不过这类措施目前集中在经济领域，如《证券法》第 2 条规定，对于扰乱中国境内市场秩序、损害境内投资者合法权益的境外证券发行和交易活动，本法将依据有关规定处理并追究法律责任。然而，有关临时措施的司法协助却没有相应的

① 岳树梅、黄秋红：《国际司法协助与合作中的“长臂管辖”及中国应对策略》，《北方法学》2021 年第 2 期。

规定。

虽然涉外临时措施管辖权的协调在当前司法实践中尚存空白，但可以肯定的是，临时措施管辖权冲突的协调解决建立在国与国之间相互配合的前提之上。这一问题的彻底解决尚需各国在维护本国利益的同时，推进合作与统一，在本国的诉讼实践中探求有利于国际合作的解决机制。

四、我国临时措施管辖权的确定

涉外民事诉讼中临时措施作为程序问题，根据国际公认的原则，应适用法院地法，即我国民事诉讼法。2023 年《民事诉讼法》第 4 条规定："凡是中华人民共和国领域内进行民事诉讼，必须遵守本法。"我国民事诉讼立法并未对所有临时措施的管辖权问题作出明确规定。就诉前保全而言，2023 年《民事诉讼法》第 104 条规定："利害关系人因情况紧急，不立即申请保全将会使其合法权益受到难以弥补的损害的，可以在提起诉讼或者申请仲裁前向被保全财产所在地、被申请人住所地或者对案件有管辖权的人民法院申请采取保全措施。"据此可知，对诉前保全享有管辖权的法院包括被保全财产所在地、被申请人住所地或对案件实体争议有管辖权的法院。而就诉讼中的财产保全和先予执行而言，2023 年《民事诉讼法》第 103 条只规定在法定条件下人民法院可以根据当事人的申请或依职权裁定采取财产保全措施，对于哪些法院享有管辖权则没有明确规定。虽然我国《民事诉讼法》对临时措施的管辖权没有作详尽的规定，但在一些特别法如《海事诉讼特别程序法》中对海事请求保全、海事强制令等保全制度有明确规定，其第 13 条就对海事请求保全管辖进行了规定："当事人在起诉前申请海事请求保全，应当向被保全的财产所在地海事法院提出。"第 52 条中对海事强制令的管辖进行了规定："当事人在起诉前申请海事强制令，应当向海事纠纷发生的海事法院提出。"可见，我国法律只是在部分特别法领域内，对涉及的部分相关临时措施管辖权方面作出了界定。

值得注意的是，我国《国际私法》(示范法)提到了财产保全的管辖权问题，其第 55 条规定"外国法院对案件实体内容行使的审判权，并不影响中华人民共和国法院对该案件有关的财产采取保全措施或其他临时性措施，也不影响中华人民共和国法院对该案件判决的承认与执行行使管辖权。”①这一规定说明示范法已经开始尝试对临时措施管辖权问题进行规制，并强调了临时措施管辖权相较于实体审判管辖权的独立性。示范法虽存在一些不足，但其积极意义在于明确了实体管辖权与临时措施管辖权的分离，这在当时的角度看是较为先进的。然而，临时措施管辖权究其本质仍属于诉讼管辖权中的一种。目前，国际社会并未就此问题达成普遍性条约，临时措施管辖权仍只能通过属地管辖原则实现。对于那些享有实体纠纷管辖权的法院而言，在没有属地管辖国的支持下，亦不可能产生实际的域外效力。

第三节　涉外临时措施的作出

案例：

甲公司以乙、丙、丁公司为被告向上海海事法院提出了返还原物的诉讼，并申请将戊公司通过合法途径购买的存放在丁公司处的油罐集装箱予以查封。上海海事法院作出裁定保全了戊公司 14 个油罐集装箱。在该案审理过程中，戊公司作为有独立请求权的第三人向上海海事法院申请参加该案诉讼。该案经上海海事法院、上海市高级人民法院一、二审，最终上海市高级人民法院作出民事判决，认定戊已善意取得涉案 14 个油罐集装箱的所有权，丁公司系涉案油罐集装箱的保管方。因在该案诉讼过程中甲公司两次错误申请对戊的 14 个油罐集装箱保全，致使戊公司损失巨大。因此，戊向法院起诉，主张甲公司赔偿其损失。

问：

1. 在我国现行法下，临时措施可以由哪些主体作出？

2. 本案中，法院审查是否作出临时措施的条件有哪些？

3. 法院决定作出临时措施后，应该通过怎样的程序实施？

上述案例涉及涉外临时措施的作出，这一问题不仅包括涉外临时措施的

① 中国国际私法学会：《中华人民共和国国际私法》，法律出版社 2000 年版，第 116 页。

作出主体，还包括作出涉外临时措施的条件及程序。跨国民事诉讼中临时措施的作出始终是重要议题，需要立法与实践进一步明确。

一、国际商事仲裁与跨国民商事诉讼中临时措施的比较

国际商事仲裁与跨国民商事诉讼中都存在临时措施。对于国际商事仲裁中的临时措施，目前国际上并没有统一的权威性的定义，一般指在国际商事仲裁的最终裁决作出之前，由法院或者仲裁机构根据仲裁案件一方当事人的申请，为保证仲裁裁决的顺利作出和执行，就对方当事人的财产或持有的证据或正在从事的行为等采取的临时性强制措施。不同国家对国际商事仲裁中的临时措施的名称、申请条件、范围等的规定存在很大的差别。1985 年《联合国国际贸易法委员会国际商事仲裁示范法》(简称《国际商事仲裁示范法》) 和 1976 年《联合国国际贸易法委员会仲裁规则》将该项措施称为“临时性保全措施”；1998 年《国际商会仲裁规则》将其称为“临时或保全措施”；在英国该措施被称为“马瑞瓦禁令”；在美国临时保全措施则包括“禁令”和“财产扣押令”；而在德国、日本等大陆法系国家临时保全措施主要是指“假扣押”和“假处分”；此外，还有的国家的法律或仲裁机构的仲裁规则将其称为临时措施、中间措施、临时裁决、事前救济强制令等。[①]我国《仲裁法》第 28 条及第 46 条称此类措施为“财产保全”和“证据保全”。尽管名称各异，但在现代国际商事仲裁中各国临时措施的地位与作用基本相似，均旨在防止仲裁程序进行中，当事人利用其所处的优势地位，转移或销毁证据或财产，致使仲裁裁决不能合理作出，或者即便作出后也难以执行。[②]具体而言，国际商事仲裁与跨国民商事诉讼中的临时措施的作出存在一些相同点与不同点。

(一) 跨国民商事诉讼与仲裁中临时措施的相同点

与跨国民事诉讼中的临时保全措施一样，国际商事仲裁中的临时保全措

---

① 王艳阳：《国际商事仲裁中的临时保护措施制度——兼议我国相关制度的不足》，《西南政法大学学报》2004 年第 4 期。

② 李晶：《国际商事仲裁中临时措施在中国的新发展——以民诉法修改和仲裁规则修订为视角》，《西北大学学报 (哲学社会科学版)》2014 年第 6 期。

施从性质上看也是一种临时性应急措施，二者的共同之处主要表现在：第一，临时性。临时措施并不具备终局性，无论是跨国民事诉讼中还是国际商事仲裁中的临时保全措施都不是案件的最终结果。一旦案件在审理过程中遇到新情况，可能会改变或解除原来发布的临时保全措施。第二，保护性。临时措施的目的在于防止一方当事人利用诉讼或仲裁尚在进行或尚未进行的时间从事恶意行为而损害另一方当事人的合法权益，进而保证审理程序的顺利推进和法院判决或仲裁庭裁决能得到有效执行。第三，强制性。从各国的立法来看，就财产采取临时保全措施大多采用查封、扣押、冻结等方法，而这些方法通常是由法院来强制执行的；就行为采取临时保全措施，则通常由法院强制要求当事人在一定时间内为一定行为或不为一定行为，如果当事人不遵守法院的命令或者指示，法院可以通过判处罚金、拘禁等方式对当事人进行制裁。

(二) 跨国民商事诉讼与仲裁中临时措施的不同点

诉讼中的临时措施与仲裁中的临时措施还表现出一些差异性，主要有以下几点：

第一，两者虽都是程序性措施，应由程序法调整，但是具体适用的法律规范并不相同。跨国民事诉讼中的临时措施由一国的民事诉讼法调整，而国际商事仲裁中的临时保全措施除了受仲裁地所在国的相关法律规范的约束，还要考虑当事人选择的仲裁规则及执行地所在国仲裁方面的相关法律规范。

第二，关于发布保全措施的时间，各国基本承认跨国民事诉讼中的临时措施可以在诉讼前或诉讼进行中发布，而对仲裁中的临时保全措施的发布时间问题各国尚存在较大争议，一部分国家只支持仲裁进行中的临时保全行为，另一部分国家主张在仲裁前和仲裁程序进行中仲裁当事人均可申请发布临时保全措施。

第三，关于权力行使主体，跨国民事诉讼中临时措施的发布和执行均由法院进行，而仲裁临时保全措施的发布机构与执行机构则并不统一。仲裁中发布临时保全措施的机构主要存在三种模式，即法院专属权模式、仲裁庭专属权模式、法院和仲裁庭并存权力模式。法院专属模式即由法院发布临时措施，认为临时措施属于强制性措施，应当由国家司法机关而非民间机构来发布。仲裁庭专属模式是指由仲裁庭发布临时措施，禁止法院介入仲裁，这一观点主要是认为当事人合意提交争议至仲裁，那么法院就应被排除在争议解决程序外。法院与仲裁庭权力并存是目前最为常见的一种模式。由于纠纷国际化的趋势，人们逐渐意识到法院对于仲裁的介入并非对仲裁程序的侵扰，而是一种支持，因此仲裁庭向法院寻求协助已成为多数做法。

二、涉外临时措施的作出条件

根据我国《民事诉讼法》第 103 条和第 104 条规定，人民法院对于可能因当事人一方的行为或者其他原因，使判决不能执行或者难以执行的案件，可以根据对方当事人的申请，作出财产保全的裁定；利害关系人因情况紧急，不立即申请财产保全将会使其合法权益受到难以弥补的损害的也可以在起诉前向人民法院申请采取财产保全措施。人民法院对于可能因当事人一方的行为或者其他原因，使判决难以执行或者造成当事人其他损害的案件，根据对方当事人的申请，可以裁定对其财产进行保全，责令其作出一定行为或者禁止其作出一定行为，当事人没有提出申请的，人民法院在必要时也可以裁定采取保全措施。可见，我国立法下涉外临时措施的作出条件主要取决于满足诉讼提出的请求，法院在判断是否应当发布临时措施时，应审查这一措施采取的必要性，如果不采取是否将导致判决难以执行或损害当事人利益。对于涉外临时措施作出的条件，其他国家立法也进行了规定，与我国立法意旨基本一致。典型如《德国民事诉讼法》第 917 条规定了作出假扣押和假处分的条件：（1）不采取假扣押措施会导致判决无法执行或难以执行的情况下，可以适用对物的假扣押；（2）如果判决必须在外国执行且未给予互惠条件，则视为发布假扣押的充足理由。如果扣押只是为了确保对船舶的强制执行而实施，则无需发布扣押令。①匈牙利、蒙古等国亦采取相似的规定。②

---

① See section 917 of German Code of Civil Procedure “（1）Seizure is an available remedy wherever there is the concern that without a writ of pre-judgment seizure being issued, the enforcement of the judgment would be frustrated or be significantly more difficult.（2）It is to be deemed sufficient grounds for a writ of seizure to be issued if the judgment would have to be enforced abroad and reciprocity has not been granted. No grounds for a writ of seizure need be given if the seizure is being implemented solely by way of securing the compulsory enforcement against a ship.”

② 金彭年：《跨国民事诉讼法原理、制度与案例》，浙江大学出版社 2020 年版，第 115 页。

除了上述条件，实践中法院在很多情况下会要求当事人提供担保。具体而言：第一，诉前保全必须提供担保。我国2023年《民事诉讼法》第104条规定："利害关系人因情况紧急，不立即申请保全将会使其合法权益受到难以弥补的损害的，可以在提起诉讼或者申请仲裁前向被保全财产所在地、被申请人住所地或者对案件有管辖权的人民法院申请采取保全措施。申请人应当提供担保，不提供担保的，裁定驳回申请。"第二，诉中保全，法院可以责令当事人提供担保。2023年《民事诉讼法》第103条规定："人民法院采取保全措施，可以责令申请人提供担保，申请人不提供担保的，裁定驳回申请。"第三，根据2023年《民事诉讼法》第107条，在财产纠纷案件中，如果被申请人提供担保，法院应当解除保全。一般而言，担保方式包括财产担保、保证担保、购买诉讼责任险作为担保以及金融机构出具独立保函。最初担保主要是通过财产担保和保证担保的方式进行的，后来随着申请保全的数量不断增多，提供保全担保的方式也不断创新，逐渐出现了独立保函担保及诉讼责任险的形式。

三、涉外临时措施的作出程序

我国对涉外临时措施的作出程序的规定基本体现在我国2023年《民事诉讼法》中，其第103条和第104条的规定，人民法院采取保全措施，可以责令申请人提供担保，申请人不提供担保的，裁定驳回申请；人民法院接受申请后，对情况紧急的，必须在48小时内作出裁定；裁定采取保全措施的，应当立即开始执行；利害关系人因情况紧急，不立即申请保全将会使其合法权益受到难以弥补的损害的，可以在提起诉讼或者申请仲裁前向被保全财产所在地、被申请人住所地或者对案件有管辖权的人民法院申请采取保全措施。申请人应当提供担保，不提供担保的，裁定驳回申请；人民法院接受申请后，必须在48小时内作出裁定；裁定采取保全措施的，应当立即开始执行；申请人在人民法院采取保全措施后30日内不依法提起诉讼或者申请仲裁的，人民法院应当解除保全。

诉讼保全的申请，一般应由申请人用书面形式向受诉法院提出。申请人应在申请书上简明陈述案件的有关情况，并详细说明日后难以或无法强制执行判决的理由。受诉法院收到申请书后，对情况紧急的，应立即进行审查并作出裁定：经审查如认为不符合诉讼保全条件的，则裁定驳回其申请；如认为符合条件的，则应作出采取诉讼保全的裁定并立即实施。当事人对诉讼保全的裁定不服的，可申请法院复议一次。

第四节　涉外临时措施的效力

案例一：

甲以A公司、B公司为被告向一审法院提起诉讼，并同时提出财产保全申请。此后，一审法院作出民事裁定书，裁定查封、冻结B公司银行账户资金100万元或其他同等价值财产。后B公司另行起诉，认为甲在证据不足的情况下，以B公司侵害其外观设计专利权为由向一审法院提起诉讼，并同时申请了诉讼中财产保全，冻结了B公司基本账户100万元，该类型案件最终判决或调解支持的数额不超过20万元，保全100万元明显超出其正常维权范围，A公司为此提供担保。B公司因基本账户被冻结无法正常使用，对外进行招投标等经营活动受到严重影响。

问：

1. 临时措施的执行与实体判决的执行有什么区别？

2. 目前我国法院发布的临时措施在外国的承认与执行有什么困难？

3. 现行关于民事判决的承认与执行的立法能为跨国民事诉讼中临时措施的承认与执行立法带来什么指引？

案例二：

A公司（香港地区）于2012年、2013年、2014年创作了部分美术图案用于其瓷砖产品的外观装饰并对外宣传、销售，A公司主张B、C、D公司侵权的系贝拉维拉公司宣传册中编号为×××的美术图案。2015年4月23日，B、C来到E公司，要求为其设计宣传画册，并提供带有图案的瓷砖样品，要求部分图案从瓷砖样品中获取，该公司通过电子扫描的方式从瓷砖样品中获取了图案，并用在丙公司的宣传册上。A公司向本院申请对C进行财产保全。法院于2016年7月12日向财产所在地人民法院送达查封手续，查封了C名下的两套房产。

问：

1. 如果C的两套房产位于国内，法院应当如何执行？

2. 如果C的两套房产位于国外，本案中财产保全的执行又该如何进行？

毋庸置疑，临时措施已成为跨国民事诉讼中不可或缺的重要制度性工具，若得到适当运用便能够有效提升跨国民事诉讼的解纷价值和纠纷解决的效率价值。根据临时措施的执行国之不同，临时措施可分为“临时措施的内国执行”和“临时措施的域外执行”。通常来说，由于临时措施并不具有一般的民商事实体判决所具有的终局效力，其不能满足判决的承认和执行中所要求的“终局性”要件，因此其执行往往依赖于内国。而在临时措施域外执行过程中，被请求国法院将先审查临时措施能否被承认，只有在其被承认的前提下被请求国方可决定其可否被执行。

临时措施效力的实现方式主要有两种：第一，当事人自行遵守法院作出的临时措施，这样一来，临时措施效力的实现便不以法院的执行为前提；第二，临时措施效力的实现可能需要法院的介入，这就产生了临时措施的执行问题，即对于那些拒绝自愿遵守临时措施的当事人来说，临时措施需要有效的执行保障机制。一般而言，相较于效力范围在一国之内的禁止令，在涉外临时措施让当事人自愿遵守临时措施的可能性更小，此时临时措施的有效执行保障机制成为临时措施效力实现的重要方式。

一、涉外临时措施的内国效力与执行

涉外临时措施的内国效力与执行是指临时措施在其作出地的效力与执行。大多数国家会根据相关的终局判决执行的程序进行，比如意大利、法国、德国等，这些国家仅在特定情形下采取适用于临时措施的特别执行程序。这样一来，临时措施的执行应参照有关终局判决执行的相关规定。在实践中，它们可能会采取扣押、交付第三人保管等措施。当然，并非所有的国家都采取这一立场。例如，卢森堡就采用各式各样的专门为执行保护措施而设计的程序。此外，在英国法新近的判例亦展示出完全独立的“财产冻结措施”，尽管有关临时禁止令的执行措施仍然适用与判决执行相同的执行机制。

二、涉外临时措施的域外承认与执行

目前，从一般意义上来说，有关承认和执行外国法院判决的国际性规则并不能自动扩大到适用于临时措施的情形。国际社会现有的有关判决的承认和执行的规则主要限于对实体性的、终局的判决的承认和执行。就涉外临时措施的域外效力而言，如果承认另一国法院发布的临时措施的效力，意味着一国司法的强制权力延伸到了另一国，无疑会侵犯另一国的司法主权。然而，随着国际民商事交往的日益复杂，临时措施在国际民商事纠纷的解决和跨国民事诉讼中的重要性愈发凸显，这不免存在承认和执行外国法院发布的临时措施效力的需要。因此，虽然涉外临时措施的域外承认与执行的正当性始终存疑，但其依然是一个有讨论价值的问题。

一般而言，在跨国民事诉讼中，外国法院发布的临时措施在我国法院被承认和执行的依据可能有三种：(1) 本国法律对于如何承认和执行外国法院发出的临时措施已经有所规定，在这种情况下，该临时措施只要满足了相应要件就可以在本国得到承认和执行；(2) 本国与某国签署的双边司法合作条约中包含了互相承认和执行跨国民事诉讼临时措施的内容，或者双方对于相互承认和执行跨国民事诉讼临时措施专门有所约定，则根据条约义务，对于该国法院发布的临时措施，本国法院应当予以承认和执行；(3) 本国加入的多边司法合作公约中有承认和执行外国法院发布的临时措施的内容，如无条约保留等特殊情况，则在跨国民事诉讼中，凡是由该公约当事国的法院发出的临时措施，都可以在本国得以承认和执行。

以往，我国立法并未就这一问题进行明确回应，但在2023年《民事诉讼法》第298、第299、第300条中有相关规定：外国法院作出的发生法律效力的判决、裁定，需要人民法院承认和执行的，可以由当事人直接向有管辖权的中级人民法院申请承认和执行，也可以由外国法院依照该国与中华人民共和国缔结或者参加的国际条约的规定，或者按照互惠原则，请求人民法院承认和执行。人民法院对申请或者请求承认和执行的外国法院作出的发生法律效力的判决、裁定，依照中华人民共和国缔结或者参加的国际条约，或者按照互惠原则进行审查后，认为不违反中华人民共和国法律的基本原则且不损害国家主权、安全、社会公共利益的，裁定承认其效力；需要执行的，发出执行令，依照本法的有关规定执行。与此同时，还规定了5种对外国法院作出的判决、裁定不予承认和执行的情形。当前立法并未明确“发生法律效力的判决、裁定”是否包含临时措施的裁定。但至少可以肯定的是，该条文并不排斥对于外国有关临时措施的裁定的承认与执行。因此，虽然既有立法在此问题上尚不十分明确，但只要外国法院临时措施的裁定需要在我国承认和执行，也应当遵守有关实体判决相同的条件和程序。

关于我国与其他国家签署的双边司法互助条约，各条约在内容上基本保持一致，如《中华人民共和国和伊朗伊斯兰共和国关于民事和商事司法协助的条约》，对于司法协助范围的规定并不包含临时措施的协助。①因此，我国与他国间的双边司法协助条约不能成为跨国民事诉讼中我国法院承认外国法院发布的临时措施的依据。关于我国签署的多边司法合作公约，虽然根据我国民事诉讼法的规定，我国法院可以依据我国与请求国同为某一公约的成员国而承认与执行外国判决，但涉及判决的承认与执行的多边条约很少，涉及临时措施的承认与执行的条约更是没有，故实践中依据多边条约承认与执行外国法院发布的临时措施的情形十分罕见。

除此之外，根据我国民事诉讼法的规定，在双方没有条约或者共同加入的多边公约的情况下，我国法院可以依据互惠关系承认与执行外国法院判决。互惠原则一般是指本国承认和执行外国法院判决，必须以外国在同等条件下也承认和执行本国法院判决为先决要件。然而，我国至今没有根据互惠原则承认和执行外国法院判决的先例，互惠原则能否适用于临时措施也存在着诸多争议。

---

①　参见《中华人民共和国和伊朗伊斯兰共和国关于民事和商事司法协助的条约》第1条。

【思考题】

1. 大陆法系的保全与普通法系的禁令具体有何不同？背后的原理是什么？

2. 不同种类的临时措施的管辖权会依据什么原理管辖？

3. 在当今时代背景下，涉外临时措施的作出方式及程序可以进行怎样的调整？

4. 跨国民商事诉讼中临时措施与保全之间是怎样的关系？

【案例分析】

案例一：

天津华亿凡网络科技有限公司（简称华亿凡公司）因与南京苏宁电子商务有限公司（简称苏宁公司）、苏宁易购集团股份有限公司（简称苏宁易购集团）不当得利纠纷，起诉至江苏省江宁经济技术开发区法院，要求苏宁公司、苏宁易购集团返还其货款 2 060 万元。诉讼中，华亿凡公司向法院提出财产保全申请，要求冻结苏宁公司、苏宁易购集团名下银行存款 2 060 万元，该院裁定冻结苏宁易购集团名下华夏银行营业部账户内银行存款 2 060 万元。苏宁易购集团向法院书面申请变更保全标的物。经审查，该院裁定变更冻结苏宁易购集团名下华夏银行南京分行营业部账户内银行存款 2 060 万元。后苏宁公司、苏宁易购集团申请法院解除对苏宁易购集团名下银行存款的保全措施，并提供紫金财产保险公司出具的保险保函作为反担保。该保险保函载明：紫金财产保险公司自愿为苏宁公司、苏宁易购集团的解除保全申请提供担保，担保金额为 2 060 万元，如苏宁公司、苏宁易购集团解除保全申请致使华亿凡公司遭受损失，紫金财产保险公司保证向华亿凡公司在赔偿限额内进行赔偿。①

问：

1. 本案中法院以保险保函作为反担保解除财产保全措施的行为体现了怎

① 《人民法院服务和保障长三角一体化发展典型案例》，载最高人民法院网，https://www.court.gov.cn/zixun/xiangqing/329801.html，2023 年 6 月 4 日访问。

样的诉讼目的？

2. 这一举措是否与民事诉讼中临时措施的实施相冲突？实践中是否出现过其他类似的举措？

案例二：

A银行作为申请人，以其是3份即期信用证的开证行，并合法持有3份即期信用证下由B轮承运的指示提单No.1、No.2、No.3的全套正本提单及其他相关文件，而B公司在没有取得提单的情况下通过不正当途径取得前述3份提单的提货单，并已办理了海关清关手续，A银行如不采取保全措施将遭受巨额损失为由，向原审法院提出诉前海事请求保全申请，请求保全堆放于C公司（位于英国）由B轮卸下的全部铁矿砂。A银行提交了No.1、No.2、No.3的全套正本提单及3份临时商业发票作为申请诉前海事请求保全的证据。原审法院作出民事裁定，准许A银行的诉前海事请求保全申请，并于当日对B轮卸下的全部铁矿砂采取了保全措施，向C公司送达了协助执行通知书，要求其协助执行保全措施。

问：

1. 对于存放于境外的财产进行保全，法院可以通过怎样的途径实现？

2. 本案中法院在实施海事请求保全时可能会遇到哪些困难？

3. 我国现行法律对于这种情况下的临时措施作了怎样的规定？

【拓展阅读】

1. 有关跨国民商事诉讼中临时措施的概念，可以进一步阅读金彭年、董玉鹏：《跨国民事诉讼法原理、制度与案例》的第七章“期间、诉讼保全和诉讼时效”，浙江大学出版社2020年版。

2. 想要进一步了解跨国民事诉讼中的临时措施管辖权，可以阅读欧福永：《英国的临时措施管辖权制度初探——兼论我国临时措施管辖权规则的完善》，《国际法与比较法论丛》2005年第15期。

3. 有关“禁令”制度，可以进一步阅读王琳、关正义：《建立我国民事诉讼禁令制度的思考》，《求是学刊》2015年第3期。

4. 想进一步了解国际商事仲裁中临时措施的域外执行，可以阅读周丽霞：《论国际商事仲裁临时措施的域外执行》，《河北法学》2011 年第 6 期。

5. 关于《国际商事仲裁示范法》，如果想要深入了解可以阅读王徽：《〈国际商事仲裁示范法〉的创设、影响及启示》，《武大国际法评论》2019 年第 3 期。

第十章　国际民商事诉讼中的法律适用与外国法查明

国际民商事诉讼与国内民商事诉讼相比的一个显著区别在于外国法适用的可能性。尽管解决管辖权冲突、向境外送达传票或从境外调取证据、承认执行外国判决同样彰显了国际民商事诉讼的特殊性，但作为争议解决的途径之一，诉讼程序的进行终究是为了解决纠纷。在解决涉外民商事争议的过程中，外国法的适用不可避免，法院在审理程序中如何确定将要适用的外国法，又是怎样知晓外国法的内容并得以适用呢？其中将经历哪些环节与步骤，要考虑哪些问题？由于这些问题在国际私法的教材中已有所涉及，因而本章重点阐述国际民商事诉讼过程中外国法的发现、查明以及排除问题，并探讨其在国际民商事诉讼中的解决路径。

第一节　识别问题与法律适用

案例一：

安东夫妇均为马耳他人，在马耳他结婚。1870 年之前，他们在马耳他设有住所，后来移居到当时的法属阿尔及利亚，安东先生在那里购置有土地。1889 年，安东先生去世。安东夫人在阿尔及利亚法院对安东先生的遗产管理人提起诉讼，要求除了享有夫妻共有财产的一半外，还对安东先生的土地享有 1/4 的用益权。阿尔及利亚法院受理了这个案件，其首先面临的问题是，安东夫人向安东先生所主张的土地 1/4 的用益权如何定性？如果定性不明，法院就无法选择法律规范解决争议。法院发现按照安东夫人的请求所依据的马耳他法，该请求权被视为配偶权利，根据法院地的冲突规则，将适用安东夫妇结婚时住所地的法律，即马耳他法律，安东夫人可以取得 1/4 地产的用益权；但若按照法院地对该请求权的理解，该请求权应当被识别为继承权，法院应适用有关继承的冲突规则，因该土地在阿尔及利亚而应适用法国法，则安东夫人不能取得已亡配偶地产的用益权。法院发现依照当事人提出请求权依据的马耳他法律和法院地自己的法律进行定性，将导致适用不同的冲突规则从而产生两种不同的判决结果。①

问：

1. 你认为安东夫人主张的对死者遗产土地享有 1/4 的用益权属于什么性质？是归属于夫妻财产制项下的配偶权利，还是归属于继承权？依照什么法律判断这 1/4 的土地用益权的性质较为恰当，是依照法国法还是马耳他法？

2. 在定性的环节，将法院地国以外的其他国家的法律纳入考虑范畴是否恰当？

3. 在国际民商事诉讼中，为什么会产生同一法律事实可能归属于不同性质的权利这种现象？这将产生什么后果？

案例二：

马尔多那多是西班牙国籍人，1924 年死于西班牙，其死亡时的住所地在西班牙，死后留下一笔存放于英国某银行的股票，价值高达 2.6 万英镑。马尔多那多生前未留遗嘱，也没有任何亲属。于是，西班牙政府在英国法院提起诉讼，要求以死者唯一继承人的身份取得马尔多那多留在英国的遗产；被告英国财政部则主张该遗产为无人继承遗产，是无主物，应归英国政府所有。此时，英国法院遇到的首要问题是，该财产如何定性，是属于无主物还是无人继承的财产？如果按照法院地法（英国法）来理解该财产的性质，该财产无人继承即为无主物，则法院应当解决无主物的归属问题，将适用物权的冲突规则，即依照财产所在地法律确定归属，适用英国法，该财产归英国所有；而如果按照西班牙政府主张的那样，西班牙法律将西班牙政府视为通

---

① Anton v. Bartolo (1891) Clunet 1171; Cheshire, North & Fawcett, PRIVATE INTERNATIONAL LAW (15th edn, Oxford, Oxford University Press 2017), p. 326.

用继承人（universal heir），该财产并非无主物，而属于有人继承的财产，该案件则属于财产继承案件，将适用财产继承的冲突规范，适用被继承人死亡时住所地法，即西班牙法律，则西班牙政府以最后继承人身份获得该遗产。最后，英国法院依照西班牙法律，将案件定性为继承关系，依照继承的冲突规范，指引适用西班牙法律，西班牙政府获得该遗产。①

问：

1. 你认为该财产的性质是属于遗产还是无主物？定性不同的结果是什么？

2. 为什么英国法院依照西班牙法律进行定性？

3. 你认为定性这一环节在国际民商事诉讼中充当何种角色，对后续法律选择有何影响？

在查清案件事实后，法官将适用具体实体法律对案件做出裁判。在选择具体实体法律的过程中，法官需要先对案件争议的法律问题进行定性，将其归入某类具体的法律范畴，以确定应适用哪个具体的实体法。例如，案涉争议是合同纠纷还是侵权纠纷，是夫妻财产分割还是遗产继承，等等。法律关系的定性不同，适用的实体法也不一样。通常而言，法官往往基于本国法律观念和法律制度来处理这个问题。然而，涉外民商事案件常常会牵涉到两个以上与案件存在联系的国家的法律，同一法律问题在不同国家的法律观念和制度中可能具有不同的法律属性和法律后果。这也是为什么上述案例中会产生“土地用益权属于夫妻财产制问题还是继承问题”“死后财产属于无人继承财产还是无主物”的原因。同　行为事实依照法院地法识别和依照外国法识别会得出不同的结论，这被称为“识别冲突”。识别冲突的产生将影响对冲突规则的不同选择，从而产生不同的判决结果，因而解决识别冲突是国际民商事诉讼中法官适用法律时需要解决的第一道难题。

---

① Re Maldonado, [1954] p. 223 (CA); Dicey & Morris, The Conflict of Laws (15th edn, London, Sweet & Maxwell 2012) para 2-025.

一、国际民商事诉讼中识别问题的复杂性

国际民商事诉讼在现实中遇到的识别问题往往比学理上更加复杂，不仅涉及案件事实的定性问题、冲突规范选择的问题，还可能需要就案件事实属于实体问题还是程序问题进行区分，一旦被识别为程序问题，则应当适用法院地法。

例如，一个荷兰游客在中国被另外一名巴西游客殴打造成伤害，荷兰游客在巴西法院起诉该巴西游客，要求赔偿损害，当案件悬而未决之时，荷兰游客因伤治疗无效而死亡。如果中国法和巴西法都规定，若被侵权人死亡，则其继承人可以继续代之诉讼，而荷兰法规定，若被侵权人在判决作出前死亡，则对先前主张的非经济性损害的诉讼请求不予支持。此时巴西法院是否允许继承人继续进行诉讼的问题则应进行法律选择，是适用侵权行为地法中国法，还是被告住所地法巴西法，抑或是被侵权人的属人法荷兰法？这一问题取决于法院如何识别该问题：如果法院将其识别为一个程序问题，则应当适用法院地法巴西法；如果识别为一个与继承有关的实体问题，则可能适用被侵权人的属人法荷兰法；如果识别为一项与侵权有关的实体问题，则也可能适用侵权行为地或损害发生地法中国法。[①]

对于“诉讼过程中被侵权人死亡，继承人能否继续诉讼”这一问题的定性已经不限于认定某一条具体冲突规范的范围，而是在一项整体侵权之诉中考虑一个具体的事实应当归于继承、侵权还是程序法的问题。在法院已经确定案由为侵权之诉，选择侵权这一条冲突规范之后遇到的这个问题，侵权的冲突规则并没有规定该条的适用范围，这为诉讼过程中选法带来了相当的难度；而这一问题又无法避免，否则无法确定诉讼能否继续进行下去。除非立法者对每一条冲突规范都明确规定其适用范围，如欧盟的《罗马条例Ⅰ》和《罗马条例Ⅱ》，但作为国内立法层面的冲突规范，若要对每一条冲突规范都这样规定，显然是不现实的。

---

① Michael Bogdan, *Private International Law as Component of the Law of the Forum General Course on Private International Law*, 348 Collected Courses of the Hague Academy of International Law 135 (2012), pp. 135—136.

识别问题的复杂性还体现在“二级识别”现象的存在。戚希尔把识别问题区分为两个阶段：第一个阶段是对诉因的识别，第二个阶段是对某一个具体法律规则的识别。对诉因的识别是将法律问题归入准确的法律范畴，从而选择恰当的冲突规范；对具体法律规则的识别是在确定准据法后，对准据法所属国的某一个具体的规则进行识别或者定性，以判断这一规则能否得以适用，即判断准据法的适用范围。①前述案例也可以从二级识别的角度来解释，即当法院选择了侵权准据法后，侵权准据法所属的法律体系中有关“被继承人死亡时继承人诉讼资格”的规定是否属于实体问题，如果这一规则被识别为程序问题，则不应当纳入侵权准据法的范围。又如，国际私法教科书中经典的“奥登”案：住所在法国的19岁法国男子与住所在英国的英国女子在英国结婚，没有按照《法国民法典》第148条的要求事先经过该男子父母的同意。后该男子在法国法院因未满足父母同意要求撤销了该婚姻。该女子在英国与另外一名英国男子结婚，该英国男子在英国法院起诉主张婚姻无效，因为在缔结婚姻时该女子与法国男子的婚姻依旧存续。②在该案判断法国婚姻是否有效与英国两条冲突规范有关，即婚姻的实质有效性适用法国法，婚姻的形式有效性适用英国法。既然实质有效性问题适用法国法，那么《法国民法典》第148条是否属于实质有效性的实体法规则呢？这个问题即准据法的适用范围，即所指向的外国法的哪一个规则应当适用于本案。对于第一阶段的识别，虽然应当按照法院地法进行识别，但也不能僵化地按照法院地法进行识别，需要适当地扩大法院地法对某一法律关系的认定所涵盖的范围；对于物的识别，可以适当抛弃英国传统的财产是对人或对物的分类方法，而采用更为普遍接受的动产与不动产的分类，并适用物之所在地法进行识别。③对于第二阶段的识别，英国实践尚不存在统一的方法，有适用法院地法识别的案件，也有适用准据法进行识别的案件。前述的对婚姻实质有效性规则的识别，是英国法院采用准据法进行识别的典型例子。英国法院依照法国法对该

① Paul Torremans ed., *Cheshire, North & Fawcett Private International Law* (Fifteenth Edition), Oxford University Press 2017, pp. 324—325.

② Ogden v. Ogden [1908] p. 46.

③ Paul Torremans ed., *Cheshire, North & Fawcett Private International Law* (Fifteenth Edition), Oxford University Press 2017, p. 328.

条的理解判断该规则在立法时是否意指婚姻的实质要件。在马尔多那多案[①]中，英国冲突法规定动产的无遗嘱继承应当适用住所地法即西班牙法，但西班牙法律规定中“无其他亲属时财产归西班牙政府所有”是否可以被识别为继承的规则呢？对于这一问题，有的国家将之视为继承问题，有的国家如土耳其、奥地利、英国将之视为无主物归属问题。在该案中，法院采纳了专家意见，认为西班牙法律将之视为继承问题，应当按照有关继承的冲突规范来适用相应的准据法。不过，二级识别在理论界仍存有很大争议。一些学者认为，二级识别的划分并不现实，因为划分标准并不确定，而且司法实践中也很少看到法院采用这种理论处理涉外案件。[②]然而不可否认的是，这种二级识别现象实践中确实存在。例如，在海上运输案件中，原、被告之间因为货损产生纠纷，原告认为被告作为承运人应当承担责任。法院首先依照法院地法识别被告是否是承运人，然后根据冲突规范的指引决定适用第三国法律。第三国加入了《鹿特丹规则》因而法院决定适用该规则。依照该规则第 37 条关于承运人识别的规定，被告不具备承运人资格。这时候法院无法再继续依照鹿特丹规则判明法律责任，法院面临是依照第三国国内法判案还是依照法院地自己法律判案的选择。法院依法院地国内的海商法立法作出判断是第一次识别；法院依照法院地冲突规范指引以《鹿特丹规则》为准据法，则应该按照该规则的规定对该案中的承运人或货物控制方进行第二次识别，以确定

---

① *Re Maldonado's Estate*，［1954］2 W. L. R. 64（C. A.）马尔多那多是西班牙一个寡妇，1924 年死于西班牙，死亡时住所地在西班牙，死后留下一笔存放于英国某银行的股票，价值高达 2.6 万英镑。马尔多那多生前未留遗嘱，也没有任何亲属。于是西班牙政府在英国法院提起诉讼，要求以死者唯一继承人的身份取得马尔多那多留在英国的遗产。被告英国财政部则主张该遗产为无人继承遗产，是无主物，应归英国政府所有。该案中，英国法院首先面临一个识别问题，即本案到底是属于财产继承问题还是属于无主物的归属问题。如果按照法院地法（英国法）识别，该财产是无人继承财产，该案就成为无主物的归属问题。按照英国法律，无主物的归属按照财产所在地法律即英国法，应当归英国所有。而如果按照西班牙法律进行识别，对于该财产西班牙政府应当视为通用继承人（universal heir），属于有人继承的财产，该案件也成为一个财产继承案件，应当按照英国关于财产继承的冲突规范确定准据法。按照英国冲突规则，动产无遗嘱继承适用被继承人死亡时住所地法，即西班牙法律。按照西班牙法律，西班牙政府以最后继承人身份获得该遗产。最后，英国法院依照西班牙法律，将案件定性为继承关系，依照继承的冲突规范，指引适用西班牙法律，西班牙政府获得该遗产。

② 肖永平、喻术红：《国际私法中识别问题比较研究》，《武汉大学学报（哲学社会科学版）》1994 年第 6 期。

该规则是否适用和如何适用，这样就会出现二次识别的问题。[①]

二、识别冲突的解决方法

目前，如何解决识别冲突问题，即依据何种法律开展识别存在分歧：一种主张识别适用法院地法（法院地法说）；另一种则认为应当依照准据法来识别（准据法说）。主张适用法院地法说是因为，作为本国法院的法官，往往只能依照本国法律观念中对于某一事实或法律关系的定性来理解案涉事实和法律关系，在还没有选定准据法的情形下，只能依照本国法来进行理解。同时，识别本质上是如何选择冲突规范范围的问题，涵摄某一法律关系或事实是否属于冲突规范的“范围”当中。因此，冲突规范作为本国法律规范的一部分，法院对冲突规范范围的解释，也必然要遵循其所在法律体系的统一逻辑。在一些国家，国际私法可能规定在民法典中，此时冲突规范的范围涉及的法律概念必然应当与该国民法的概念保持协调一致，若适用外国法进行识别，必然会打破这种一致性。不过，适用法院地法进行识别也有不足之处，尤其是本国法没有相应的法律概念时，识别将难以展开。例如，英美法系的信托制度很难在大陆法系找到对应的概念，这种情形下就难以按照法院地法将其归入特定的冲突规范范围中去，从而造成无法识别的情况。

另外一种解决识别冲突的途径是按照准据法进行识别，即识别应当按照其法律规则或法律概念所归属的法律体系来进行，从而实现对同一事实项下冲突规范范围的定性与准据法定性的统一。然而，这种方法也存在逻辑漏洞，即用外国法解释本国冲突规则的“范围”，可能造成消极冲突。例如，1945年英国著名的科恩夫人继承案[②]。在该案中，英国法和德国法对案涉继

---

① 袁发强：《论“二级识别”现象存在的客观性——以〈鹿特丹规则〉为视角》，《法学家》2011年第1期。

② 科恩夫妇是住所在德国的德国人。1918年，他们在德国用德文立了一个共同遗嘱，指定互为继承人，并宣布他们两人都死后，他们的财产平分给他们的子女（一子两女）。科恩先死，1940年科恩夫人和她的一个女儿奥本海默夫人（住所在德国的德国人）在伦敦的一次空袭中被同一枚炸弹炸死。科恩夫人留下一笔动产在英国。财产继承的顺序和份额问题需要确定她和奥本海默夫人谁先死。对于谁先死的问题，只能根据法律推定。如果把这个推定问题视为程序法问题，应适（转下页）

承事实的定性是相同的，依准据法识别不存在任何冲突问题。然而，一旦德国法和英国法对这一问题的定性不同。例如，英国法将其视为实体问题从而指向德国法的适用，而德国法将之视为程序问题，认为应当回归到法院地法，则最终导致适用法律的落空；又如，前文提及的马尔多那多案，如果西班牙的法律采用另外一种措辞，如公法上的“征收”，依旧能够达到最终获得该财产的效果，但若作此规定则英国法院不会适用西班牙法律，因为英国法院不会承认外国公法在本国的效力。在这种情形下，不得不又重新回到用法院地法进行识别的路径上来。

除上述两种识别方法外，还有通过分析与比较法方法、新法院地法说来解决识别冲突的路径。分析与比较法方法进行识别可以追溯到德国著名的比较法巨匠恩斯特·拉贝尔（Ernst Rabel），其在瑞典最高法院1900年12月6日的一份判决中充分展现了该思想：法院需要判断保险公司对侵权人的追索权是合同事项从而适用保险合同的准据法德国法，还是视为侵权事项从而适用侵权行为地法瑞典法。法院认为这一问题的定性在瑞典的成文法和判例法当中都没有规定，在参考了很多国家的做法之后，法院认为应当归入合同事项，以与当时1980年欧洲关于合同准据法的《罗马公约》相契合，即便瑞典并不是该公约的缔约国。①分析法学与比较法说认为国际私法层面对法律关系或法律概念的分类应当构建在超越某一国家个性之概念的基础上，采用具有一般性普遍适用意义的分类，而绝非只适用于单个国家，尤其是要独立于法院地法。然而，这种方法需要审理案件的法官具有较高的法学素养，不仅熟知本国法律的概念体系分类，而且能够熟知比较法层面意义上其他国家的概念分类体系，进而在个案中能够抽象出具有普遍意义的概念体系分类。

(接上页)用法院地法，即英国法，英国法律推定年长者先死；如果把这个推定视为实体法问题，则应适用案件的准据法，该案的准据法是被继承人的住所地法，即德国法，德国法规定同一事故中无论辈分先后推定同时死亡。英国法院首先审视英国法律体系，认为英国法律推定应当属于实体法规则，而德国法律推定规定在德国民法典中也应当属于关于继承的实体法。因此法院认为该问题是实体问题而适用德国法。See Re Cohn [1945] Ch. 5; Dicey & Morris, The Conflict of Laws (15th edn London Sweet & Maxwell 2012) para 2-106.

① Michael Bogdan, *Private International Law as Component of the Law of the Forum General Course on Private International Law*, 348 Collected Courses of the Hague Academy of International Law 135 (2012), pp. 138—139.

识别问题永远都是复杂的，不能妄想其是一项简单的任务。在很多国家，即使单纯的适用法院地法进行识别，也难以保证不同法律部门之间存在清晰界限，更不用说指向的是外国法。

鉴于上述各种方法都存在一定的缺陷，采用纯粹的一种路径进行识别已经不能满足现实需要，因而新法院地法说应运而生。新法院地法说反对机械地适用法院地法的概念体系进行识别，但对于外国法规则的理解最终应当回到法院地法的框架之内。采用新法院地法说的学者提出了多种尝试，诸如对冲突规则中的概念进行灵活解释，或区分国内法概念和冲突法概念。相较于纯粹的法院地法说和准据法说，新法院地法说更加灵活和富有弹性。[①]首先，对于法院地冲突规范的解释不能完全基于国内的法律体系，而应当考虑国际条约的规定，尤其是一国已加入的国际条约。其次，即使依照国内法体系解释冲突规范，也应当采用更加灵活广泛的解释，而不能完全机械地与国内法律体系相一致。如英国 1984 年《外国时效法》指出，尽管长期以来英国实践都将时效问题视为程序问题而适用法院地法，但该法规定如果该法律关系的准据法是外国法，则应当适用外国的时效规定。因此，至少在时效问题上英国采用的是依准据法说进行识别的方法。再次，对于动产与不动产的识别问题，应当依照财产所在地的法律进行识别，如此才能保证有关的物权判决能够在财产所在地得到执行。

我国立法对识别问题的规定相对简单。我国《涉外民事关系法律适用法》第 8 条规定："涉外民事关系的定性，适用法院地法律。"这种规定需要司法实践过程中灵活掌握，尤其是对于那些我国法律中不存在的独特的法律制度，可能需要考虑准据法或者通过分析比较法的方法映射到我国相似功能的法律规则当中予以识别。值得注意的是，匈牙利新颁布的《国际私法》第 4 条将识别问题区分具体情况予以细化，在采用法院地法的同时设置例外规则，以作为法院地法说的重要补充。具体而言，对涉外民事案件的识别，原则上依据法院地法——匈牙利法律进行；对于匈牙利法律未予规定的某种法律制度，应根据规定该法律制度的外国法进行识别；即使该法律制度在匈牙

① 宋晓：《识别的对象与识别理论的展开》，《法学研究》2009 年第 6 期。

利法律中并非未作规定，也应特别考虑其在该外国法律中的功能与目的。[①]

第二节　先决问题与法律适用

案例一：

一对犹太人夫妻在匈牙利有住所。后来他们决定移居以色列。但在去以色列途中，他们在意大利的一个犹太人居住区离婚，随后他们均在以色列获得新的住所。女方后来来到加拿大多伦多与第二任丈夫举行了结婚仪式，婚后育有一子。后来两人感情破裂，第二任丈夫以他们的婚姻是女方重婚为由在加拿大安大略法院请求宣告该婚姻无效。安大略法院认为，判断这名女性的第二任婚姻是否有效的主要问题在于该名女子是否有结婚（再婚）能力。而是否具有结婚能力的前提在于其第一任婚姻关系的解除是否有效。若依照法院地的冲突规则，该女子结婚能力问题应当适用的法律为以色列的法律，同时依照以色列的法律，该女子第一任婚姻的解除也是有效的。但是，如果把第一任婚姻关系的解除作为一个独立的问题来看待，法院发现，依照法院地的冲突规则，在意大利犹太居住区离婚行为的有效性适用的法律为匈牙利的法律，而匈牙利的法律并不认可第一任婚姻解除的有效性。

问：

1. 为什么会出现案件中的情形？到底应该如何看待离婚行为的法律适用问题，是将其作为结婚能力这一主要问题的一个方面来解决，还是将离婚行为的有效性作为一个独立的问题来看待？这两种不同的理解方式对于法律选择会有什么影响？

2. 你认为如何解决离婚效力的法律适用问题比较恰当？

案例二：

李某早年在家乡广东与范某结婚，婚后一直无子女。后来李某前往美国

① 袁发强、张柽柳：《匈牙利2017年国际私法介评及对中国的启示》，《武大国际法评论》2021年第1期。

加利福尼亚州定居，并与周某在美国拉斯维加斯结婚。后李某在美国洛杉矶去世，遗产中有一处位于中国广州的四层楼房。到香港地区定居多年的范某得知李某去世的消息后，到广州办理了继承上述房产的证明并领取房产证。周某得知后，委托代理人在广州某区法院提起诉讼，要求继承其夫李某的上述房产。法院在审理案件的过程中将其定性为涉外继承纠纷，对于该房产的份额依照冲突规范将适用物之所在地法即内地法律，死者配偶有权继承该房产。但法院遇到的难题是，若要判断周某与范某谁有权作为配偶继承李某财产，前提需要判断李某与周某婚姻的有效性问题。若将周某的婚姻有效性视为继承问题的附属问题，则一并交由内地法律制度来解决；若将周某的婚姻作为一个独立的问题来看待，则将适用法院地有关结婚的冲突规范，可能适用美国法。

问：

1. 该案中将如何看待李某与周某婚姻有效性的问题，是属于继承法律关系中的附带问题，还是可以作为一个独立的问题来看待，对于法律选择将产生何种影响?

2. 你认为法院对于李某与周某的婚姻将如何适用法律? 其中要考虑哪些问题? 本案与上一个案件之间是否存在不同之处?

在争议解决的过程中，一个法律关系以另外一个法律关系的存在为前提的现象十分常见。如离婚请求的前提是有效婚姻的存续，继承请求需要确定继承人资格和确定遗产范围，因而需要判断婚姻有效性、子女的继承人资格以及夫妻财产制下被继承人的遗产范围等。此处，离婚或继承作为争议的核心被称为“主要问题”，而其前提——婚姻的有效性、继承人资格及夫妻财产制被称为“先决问题”。通常情形下，解决“先决问题”只需要适用法院地的国内法规则即可，但若案件具有了涉外因素则可能另当别论。例如，某遗孀在英国法院起诉主张继承其亡夫位于意大利的不动产，按照法院地的冲突规范，继承适用物之所在地法即意大利的法律。该遗孀能否继承财产作为主要问题适用意大利法，但其前提条件——遗孀是不是“妻子”这一问题作为先决问题；若完全交由主要问题的法律体系一并解决，则根据意大利法律

（包括冲突规范）该婚姻无效；但若作为独立的问题根据法院地的冲突规范，最终指向英国法，则该婚姻有效。由此可以看出，当法院适用冲突规范指向外国法解决主要问题时，作为前提条件的先决问题的解决，作为主要问题附带问题来解决得出的法律结果，和作为一项独立问题解决时所得出的法律结果可能截然不同，这即是国际民商事诉讼中面临的更复杂的先决问题。

此外，在国际民商事诉讼中，先决问题的复杂性还体现在二级或者三级先决的存在。例如，主要问题是继承问题，根据法院地的冲突规范适用外国法，而法院需要判断子女是否具有继承权。而这产生了一个先决问题，即该子女身份是否被确认，而这又取决于二级先决问题，即其父母婚姻的有效性，而婚姻效力又将取决于三级先决问题，即在该婚姻关系缔结前父亲或母亲一方在第三国的离婚是否有效。法院是否将这些二级或三级先决问题适用法院地的冲突规范，还是主要问题准据法所属国的冲突规范，又或者将一级先决问题准据法所属国的冲突规范适用于二级先决，二级先决问题准据法所属国的冲突规范适用于三级先决？对先决问题全面的阐述源自德国学者乔治·梅尔基奥（George Melchior）和威廉姆·温格勒（Wilhelm Wengler）。学者们对先决问题解决的方法主要分为两种态度：一是适用法院地的冲突规范；二是适用主要问题准据法所属国的冲突规范。无论持哪一种观点，学者们都认为存在相反的例外。因此一些学者认为不存在一种放之四海而皆准的解决方案，而是有赖于个案，一些学者甚至认为这并不是一个真正的问题。①

一、先决问题产生的原因

先决问题之所以产生，是因为冲突法规范制定时已经预设了前提，如离婚的冲突规范已经预设了婚姻关系存在。如果仅仅依照本国法律制度，这一前提不存在适用外国法的可能性，没有法律冲突的存在就无需特别考虑。但若离婚这一主要问题适用的是外国法，那么作为前提的婚姻有效性问题是否

---

① Torben Svenné Schmidt，*The Incidental Question in Private International Law*，233 Collected Courses of the Hague Academy of International Law 305（1992），p. 322.

也要纳入外国法的适用范围呢？

冲突规范由范围和系属两部分组成。冲突规范的范围并不对应一个特定法律体系中严丝合缝的法律关系构成要件，它并不触及对某一个法律关系“下定义”或“分解构成要件”的功能，它的功能限于指引法院将特定的法律事实归类，从而选择出适合案件事实的冲突规范。立法者无法考虑到各种复杂的现实情况，在指定冲突规范时它只是一个“潜在成立的法律关系”。这种预设的前提是否存在，是否满足该法律关系成立的构成要件是适用该冲突规范的前提，如果该冲突规范指向了外国法，则国际私法上的先决问题由此产生：

(1) 该预设的条件属于一个独立的问题。如果不是一个独立的问题，如订立遗嘱预设有遗嘱能力，但遗嘱能力问题本身就属于遗嘱有效性要解决的问题之一；构成侵权预设存在过错行为，但构成过错必然是侵权责任判定当中的必要条件，这些问题自然属于主要问题准据法的调整范围，而绝非需要特殊考虑的先决问题。先决问题意味着这一个预设条件能够构成一个独立的诉因，外观上体现为在法院地有独立的冲突规范，可以对此单独提起一项诉讼。

(2) 主要问题的准据法所属国是外国法，正因为是外国法而非本国法，意味着其主要问题的预设前提条件有可能依照外国法而产生，或需要放在外国法的语境下去判断，可能与法院地法存在法律冲突。

(3) 就该先决问题的准据法，主要问题准据法所属国的法律（包括冲突规范）和法院地国的冲突规范指向不同的法律，意味着法律适用的结果不同，如果指向相同的法律，则无需在不同的法律当中选择。

先决问题与识别问题之间存在密切联系。识别作为选法过程当中的首要环节，是对案件事实的一种定性，是将案件事实抽象成法律事实或法律关系从而选择相应的冲突规范过程。而先决问题要解决的对象是“前提条件”，作为一项预设好的事实被纳入识别的体系当中，当识别过程结束，选择出准据法之后，先决问题继而产生。比如，一个案涉争议被识别为离婚纠纷，从而依据离婚问题冲突规范确定了相应的准据法，但此时对案件的初步预设是该婚姻有效。然而，当法院选择并适用了某外国法时，却发现根据该外国法律体系判断的结果是该婚姻可能是无效的，由此产生了国际私法上的先决问题。由于该外国法律体系与本国法律体系对待该婚姻的态度截然不同，进而引发了到底应当依照外国法律体系还是本国法律体系来判定该婚姻效力的问题。此处的法律体系指该国全部的法律体系，包括冲突法。一些学者认为，先决问题属于二级识别的范畴，即准据法适用范围的判断，当发现先决问题存在时，需要再进行一次识别，以此判断准据法的法律体系要不要适用于这个前提条件。由于二级识别理论本身也存在很多争议，故在此不讨论先决问题是否属于二级识别的范式之中。

先决问题与反致也有一定的关联，二者都可能适用准据法所属国的冲突规范。先决问题的产生有赖于利用反致进行选法，通过反致选择出外国法作为准据法，而该外国法中包含了先决问题作为一项前提条件。但这并不意味着如果一国不采取反致的态度，适用的外国法不包括该外国法中的冲突规范，先决问题的解决就不能考虑准据法所属国的冲突规范。两者适用的对象不同，反致是针对主要问题的法律适用，当法院地冲突规范所指引的外国法包括该外国全部的法律制度时，进而适用该外国的冲突规范。一国不采取反致态度很大程度上是为了避免适用法律的不确定性，而先决问题有可能考虑准据法所属国的冲突规范是解决识别时预设成立的前提条件，该前提条件可能源于外国法所产生，不可能完全脱离与其产生背景的法律制度。

二、先决问题的解决路径

先决问题的解决路径之一是适用主要问题准据法所属国的冲突规范。由于主要问题适用外国法，该外国实体法规则描述了构成该主要问题要件的法律概念，故该先决问题也有赖于外国法律体系的解释。而适用准据法所属国的冲突规范的优势在于，可以保证与准据法所属国法院作出的判决结果一致，因为无论案件在法院地还是在准据法所属国法院起诉，法院都适用准据法所属国的冲突规范来解决先决问题。

先决问题的另外一种解决路径是适用法院地的冲突规范。采用此路径背后的一个重要理由是适用法院地冲突规范可以保证在法院地内部判决的一致性。无论该问题是否作为先决问题而存在，法院地都会适用相对应的冲突规范，不因其为先决问题而享有特殊性，从而在法院地内部实现相同情形下相同判决的结果。

尽管对于先决问题的解决有这两种分歧，但是持对立观点的学者们都承认其所推崇的解决路径存在例外。适用准据法所属国的冲突规范得出的结论如果被法院地的道德观念、法学理论视为不可接受的，或与当事人的预期不符，则应回归到法院地的冲突规范适用上来。而适用法院地的冲突规范解决先决问题时，如果先决问题与国籍问题或者国际条约联系紧密，则应当考虑国籍所属国的法律或国际条约。由此，一些学者认为存在第三种路径，先决问题的解决取决于该问题与法院地或准据法所属国的联系程度，①而这种联系程度要考虑案件情形、当事人利益或者主要问题的性质，②先决问题的解决不依赖于任何一种僵化的方法。

对于先决问题，我国《涉外民事关系法律适用法》没有规定，但在该法司法解释第 10 条规定："涉外民事争议的解决须以另一涉外民事关系的确认为前提时，人民法院应当根据该先决问题自身的性质确定其应当适用的法律。"该条文中并没有规定在法院地冲突规范或准据法所属国的冲突规范这两种路径中进行选择。从域外经验来看，在立法层面很少会有国家对先决问题专门作出规定，司法实践层面也极其不统一。一些国家采用法院地冲突规范来解决，但也存在一些案件中适用准据法所属国的冲突规范来解决的情形。③值得注意的是，一些国际条约注意到了先决问题的复杂性，在有限的范围内提供了解决的方法。例如，欧盟《罗马条例Ⅰ》第 10 条第 1 款规定，合同或合同任何条款的成立与生效，应当适用推定合同或合同条款有效时本条例所指向的准据法。解决合同问题的前提是合同成立并生效，而这一问题将交由合同准据法来解决，无需再另行适用法院地冲突规范所指引的法律；又如，海牙 2007 年《扶养议定书》第 11 条准据法的适用范围 a 项规定，扶

---

① Paul Torremans ed, *Cheshire, North & Fawcett Private International Law* (Fifteenth Edition), Oxford University Press 2017, p. 342.

② Torben Svenné Schmidt, The Incidental Question in Private International Law, 233 Collected Courses of the Hague Academy of International Law 305 (1992), pp. 351—352.

③ R. v. Brentwood Marriage Registrar, [1968] 2 Q. B. 956; Baindail v. Baindail, [1946] P. 122; Haque v. Haque, [1962] 108 C. L. R. 230; Schwebel v. Ungar [1963] 42 D. L. R. (2d) 622.

养债权人是否可以、在多大程度上以及向谁要求扶养费也适用公约规定的准据法。通过该条规定，解决了先决问题的“扶养义务人的认定”的法律适用，即适用扶养请求这一主要问题的准据法。

第三节　外国法的查明

案例一：[①]

2007 年，闽东丛贸船舶实业有限公司（简称闽东船舶公司）作为需方，与供方温特图尔发动机股份公司（简称温特图尔公司）签订《供货合同》，购买两台“瓦锡兰 7RT-flex50-B”型主柴油发动机。收到所有合同款项前，温特图尔公司将保留所有货物的所有权。涉案发动机由闽东船舶公司报关后，由中外运物流华东有限公司（简称中外运公司）从港口提取至其位于上海市嘉定区的仓库内。闽东船舶公司支付部分合同款项并取得涉案发动机的提单后，未能支付合同尾款，亦未能提取涉案发动机货物。货物长期存储于中外运公司仓库内亦产生了大额仓储费用。中外运公司、温特图尔公司、瓦锡兰中国有限公司（简称瓦锡兰公司）于 2014 年签署《和解协议》，约定温特图尔公司与闽东船舶公司之间《供货合同》项下的权利义务由温特图尔公司另行主张，温特图尔公司同意中外运公司对涉案发动机行使留置权，采取拍卖、变卖等方式处理后，将对价用于补偿仓储费等费用。中外运公司随即与招商局物流集团上海奉贤有限公司（简称招商奉贤公司）签订《买卖及仓储合同》，将涉案发动机出售给招商奉贤公司。中外运公司已于 2014 年收到合同项下货款并向招商奉贤公司开具了仓单及增值税发票。后因本案各方就涉案两台发动机所有权归属存在异议，招商奉贤公司提起诉讼，请求确认涉案两台发动机归属其所有；闽东船舶公司提起反诉，主张其凭借货物正本提单已经获取涉案发动机所有权，且中外运公司与温特图尔公司及瓦锡兰公司之间的《和解协议》涉嫌恶意串通，应被认定无效，闽东船舶公司请求确认

① 见闽东丛贸船舶实业有限公司与招商局物流集团上海奉贤有限公司、中外运物流华东有限公司所有权确认纠纷案，上海市第二中级人民法院（2020）沪 02 民终 550 号民事判决书。

涉案货物归其所有，并要求中外运公司及招商奉贤公司向其交付涉案发动机。

法院认为，本案当事人之一温特图尔公司系注册于瑞士联邦的外国法人，关于法律适用问题，首先，就招商奉贤公司与其余各被告之间的动产所有权确认这一基础法律关系，依据《中华人民共和国涉外民事关系法律适用法》第37条“当事人没有选择的，适用法律事实发生时动产所在地法律”之规定，即应适用中华人民共和国法律进行审理。其次，依据《中华人民共和国涉外民事关系法律适用法》第41条“当事人可以协议选择合同适用的法律”之规定，涉及温特图尔公司与闽东船舶公司之间就《供货合同》项下的权利义务问题则应适用双方约定的瑞士法律规定；涉及中外运公司、温特图尔公司及瓦锡兰公司之间的《和解协议》项下的权利义务问题则适用各方约定的新加坡法律规定。

根据所查明的《瑞士民法典》的规定，提单的交付代表占有的转移，但并不意味着所有权的转移，提单持有人是否能够取得物权以及取得何种形式的物权，还取决于当事人之间关于物权变动的具体约定。合同双方明确约定了所有权保留条款且所有权转移条件未成就，即使闽东船舶公司取得了提单，但双方后续行为表明温特图尔公司并无转移所有权的意思表示。根据新加坡律师事务所出具的《法律意见书》，温特图尔公司与瓦锡兰公司之间的《和解协议》满足新加坡法律中关于合同订立的要约与承诺、对价及建立法律关系的意图等要素，不存在新加坡法律规定的违反法律或违背公共政策而不能被执行的情形。闽东船舶公司不认可该意见但未提供反驳证据，应承担举证不能的后果。故判决涉案发动机的所有权人为招商奉贤公司，对闽东船舶公司的全部反诉请求不予支持。

问：

1. 在该案中，针对不同的争议焦点，法院是如何查明外国法的？

2. 面对合同中约定的法律，法院是如何看待外国法查明责任分配的？又是如何查明合同中选择的法律的？此时，合同约定外国法的性质为何？

案例二：①

印度国家银行和案外人巴罗达银行作为共同初始贷款人，与瓦伦亚洲私人有限公司（简称瓦伦公司）作为借款人，在新加坡签署了1.32亿美元贷款额度的贷款协议，用于瓦伦公司支付其采购"AMBA BHAKTI"轮"AMBA BHAVANEE"轮"AMBA BHARGAVI"轮（现名"OCEAN MARE"轮）的船舶价款。瓦伦公司就"AMBA BHAKTI"轮与印度国家银行签订抵押合同及第一顺位承诺契据，并在新加坡船舶登记处办理完成了抵押登记。后瓦伦公司拖欠偿付贷款本金及利息。2018年3月，因案外人依据（2017）海仲沪裁字第016号仲裁裁决书向上海海事法院申请执行，法院依法拍卖了瓦伦公司所有的"AMBA BHAKTI"轮。在司法拍卖"AMBA BHAKTI"轮的公告期内，本案印度国家银行以其系"AMBA BHAKTI"轮的船舶抵押权人为由申请债权登记，并提起确权诉讼，请求判令瓦伦公司偿还欠款人民币1 088万元，并确认印度国家银行以抵押权人的身份就上述债权对船舶"AMBA BHAKTI"轮享有抵押权，有权从船舶拍卖价款中优先受偿。上海海事法院认为，本案系与船舶抵押权有关的金融借款合同确权纠纷，本案应以新加坡共和国法律作为准据法。法院委托华东政法大学外国法查明研究中心查明新加坡法律。华东政法大学外国法查明研究中心出具的新加坡法律意见书查明了新加坡现行民商事法律原则和《商船法》，上海海事法院确认了该意见书的效力。

问：

1. 本案中查明外国法的方式是什么？

2. 华东政法大学外国法查明中心的地位和作用是什么？外国法查明中心出具的意见书的性质和效力为何？

案例三：②

MPI公司是根据美国特拉华州普通公司法成立的股份有限公司，姜某、

---

① 见印度国家银行与瓦伦亚洲私人有限公司金融借款合同纠纷案，（2018）沪72民初4268号民事判决书。

② 见上海市高级人民法院发布9起域外法查明典型案例，北大法宝网站，https://pkulaw.com/pal/a3ecfd5d734f711da1c4a18b60ab53f9734f6d7ac609e986bdfb.html。

高某系MPI公司股东。赵某与姜某、高某及鹏欣公司签订合同，约定在MPI公司原有股本的基础上向赵某增发价值400万美元的新股，赵某签订合同后将400万美元的50%汇入姜某、高某共同指定的银行账户，余款在合同签订之日起15个工作日支付。姜某、高某应保证收到增资款后两个月内完成以赵某名义对MPI公司的增资，确保赵某合法地成为MPI公司新股东，享有股东权利，并成为MPI公司董事。赵某实现上述合同目的应以姜某、高某共同提供的MPI公司董事会决议、股东会决议、依法修改后的公司章程等文件为准。2002年4月9日，赵某获得MPI公司股权证明一份；2002年4月18日、5月22日，MPI公司总裁高某召集电话会议分别通过增资提案、决议修改公司章程。截至2002年4月5日的MPI公司股东名册上，赵某被列为"已缔约，但尚未签发股票"的股东。后双方为赵某是否具有MPI公司股东身份产生争议，遂涉诉。法院认为，本案系涉外出资纠纷，双方虽在系争合同中约定合同的订立、效力、解释和争议解决均适用中华人民共和国法律，但本案争议焦点是赵某是否具有MPI公司股东、董事身份。由于我国采用本国法为法人的属人法，法院在认定赵某是否具有MPI公司股东身份的关键事实时，依据了MPI公司注册地美国特拉华州普通公司法及相关判例。由于双方当事人均提供了特拉华州相关法律，且对部分条文持有异议，法庭在庭审中利用计算机互联网，对双方提交的美国特拉华州法典(DELWARE STATE CODE）第八篇（TITLE 8）第一章普通公司法(CHAPTER 1. GENERAL CORPORATION LAW）的相关条文和被告方提交的来源于美国"LEXIS"网站的判例在互联网上进行了当庭查询，并交由双方质证。双方对此均不持异议。华东政法大学教授作为专家证人出庭，见证查询过程并发表专家意见。最终法院依据查明的特拉华州普通公司法及相关判例认定赵某持有的MPI公司股东、董事身份有效。

问：

1. 结合上述案例二和案例三，外国法查明有哪些渠道？相比于传统的外国法查明途径，外国法查明途径有何新发展？在当前信息化社会的大背景下，外国法查明是否还属于国际私法案件裁判中的法律技术问题？

2. 外国法查明过程中，专家证人的角色和地位是什么？对专家证人是否有资格要求？

在当事人向法院寻求救济时，理论上无需证明其所依据的法律内容，这属于法院自然知晓的部分。而国际民商事诉讼最大的特点在于法院可能要适用外国法解决纠纷，但外国法的内容并非本国法官自然知晓，若要适用必然涉及对外国法内容的查明。在此种情形下，外国法的内容是否依旧属于本国法官知晓的范围？源于对外国法性质理解的差异，不同国家的做法不同，定性不同决定了外国法查明责任的分配不同。随着现代科技的发展，信息的获取愈发便捷，外国法查明的途径也大大扩展，外国法的查明是技术问题还是法律问题值得深思。值得注意的是，2023年12月1日，我国最高人民法院发布《涉外民事关系法律适用法司法解释（二）》，针对自《涉外民事关系法律适用法》颁布以来司法实践中存在的查明责任不清、查明途径单一、查明程序不规范、认定标准不统一等长期制约外国法律查明的重点难点问题进行了系统规范；全面总结了外国法查明实践经验，进一步完善了外国法律查明制度，为规范外国法律查明司法实践提供了具体依据，对提升涉外民商事审判质效、提升我国司法的国际公信力和影响力，具有重要意义。

一、外国法的性质、查明主体及责任分配

外国法查明的责任分配取决于对外国法如何定性。如果将外国法理解为一项事实，则提供外国法内容的责任应当归于当事人，外国法如何证明与采纳，取决于证据规则；若将外国法理解为法律，则根据法官知法的原则，法院应当查明外国法。

大陆法系一些国家长期将外国法视为法律，理论上应当由法官证明外国法的内容，而不是将举证责任归于当事人。奥地利、比利时、意大利、韩国、瑞士等国立法都规定法院依职权适用外国法。但由于法官通常只对本国法最为熟悉，对于外国法的理解甚至不如当事人了解得深入，这一点在商事合同中尤为明显。因此，若一味地将外国法查明的责任施加于本国法官，也不可避免地增加了法院审理案件的负担。从诉讼经济和效率的角度考虑，外国法的查明也不完全有赖于法院职能，通常法院也会要求当事人协助法院查

明外国法。[①]此外，允许当事人作为查明主体之一的另一理由在于，若外国法在诉讼程序中并非以法院选择"法律"的地位被援引，而是在合同中由当事人自行处分而选择适用，则必然有赖于当事人查明。

英国目前把外国法视为事实，因此查明外国法的责任主要在于当事人。与普通事实有赖于物证和目击证人的证明规则不同，当事人需要通过专家证人证明外国法。对于专家证人的资格，尽管英国法上没有一个明确的成文规则，但普遍的做法是该证人应当具有与该外国法相关的实践经验，通常情形下是一名富有经验的相关从业人员。该人员未必是法律从业人员，如证明在智利出示的汇票的含义时，一位在南美洲具有长期银行业务经验的伦敦银行行长提供的证言要比一个在智利律师协会工作了 4 年的年轻人的证言更具有证明力。[②]英国 1972 年《民事证据法》第 4（1）条也明确规定："特此声明，在民事诉讼中，因其知识或经验而有适当资格这样做的人有权就英国以外的任何国家或地区或除英格兰和威尔士以外的英国任何部分的法律提供专家证据，无论他是否已经或有权在那里担任法律从业人员。"根据英国 1972 年《民事证据法》，通常外国法不能通过以下方式来证明：援引曾经适用相同外国法规则的英国法院判决书、给法官提供外国法的文本交由法院自行得出结论、提供阐述某外国法内涵和效力的外国法院判决。简言之，通常情形下外国法不能通过引用外国法院做出的有关外国法律的判决来证明。[③]英国法院不受外国法院判决的约束，外国法的证明应当经过民事证据的证明程序；当事人不能未经法院允许自行聘请专家或提供专家报告；专家证据应当提供书面形式，除非法院另有要求。一方当事人可以就其报告向另一方的专家提出书面问题。

尽管英国法院以当事人查明外国法为主，但法院的角色仍不可忽视。

---

① Symeon C. Symeonides, *Choice of Law*, Oxford University Press 2016, note 130, p. 87.

② De Beéche v. South American Stores [1935] AC 148. The evidence of a bank manager was also accepted in Said Ajami v. Customs Comptroller [1954] 1 WLR 1405; distinguished in Clyne v. Federal Comr of Taxation (No. 2) [1981] 57 FLR 198, see in Paul Torremans ed, *Cheshire*, *North & Fawcett Private International Law* (Fifteenth Edition), Oxford University Press 2017, p. 423.

③ Paul Torremans ed, *Cheshire*, *North & Fawcett Private International Law* (Fifteenth Edition), Oxford University Press 2017, p. 421.

法院可以在任何阶段组织专家证人之间进行讨论，以确定问题焦点，并就这些问题达成一致意见。如果双方或多方希望就特定问题提交专家证据，法院可以指定仅由一名专家提供证据。法院可以在案件管理程序中允许口头证据。专家有责任在他的专业知识范围内帮助法院，这种责任凌驾于聘请他的一方当事人之上。尽管专家是基于自己的知识和经验证明外国法，专家同样可以参考法典、判例或者学术论文，不过法院可以审视这些参考资料以确定其正确含义，哪怕专家证人之间的证言毫无出入，法院也依旧可以审视这些资料内容以自行得出结论，如若专家证人之间的证言存在矛盾，法院可以基于所有证据，根据多数意见自行解释外国法。①此外，对于英国法院来说，在纯国内案件中，上诉法院通常非常怠于干涉下级法院对事实的查明，但是对待适用外国法的案件则情况大相径庭。在这种情况下，上级法院“有责任去审查外国法的证明”，并将外国法错误的证明视为“事实认定的错误”。②

美国实践中对外国法的性质经历从事实走向法律的过程。从证明过程来看，若外国法作为待证事实，在证明程序上不可避免地要经过大量的口头或书面陈述以及盘问过程，必然会导致相当程度的拖延以及较高的费用。这也是美国法将外国法定性成法律性质的重要原因。1936 年《外国统一司法认知法》将外州法视为司法认知的范畴，不过该法对外州法和外国法区别对待，外州法必然属于司法认知范围，而外国法则自由裁量是否属于司法认知范围。不过，美国只有 10 多个州接受了该法，哪怕是姊妹州的法律，大多数的州依旧将之视为事实而需要经过当事人证明。考虑到该示范性法律效果不佳，1962 年的《统一州际与国际程序法》模糊了外州法与外国法，其第 4.02 条规定，在决定适用本州外法律时，法院应当考虑所有相关资料，包括证言，无论是否由当事人提交或根据证据规则是否具有可采性；第 4.03 条规定，由法院而非陪审团决定本州外法律，对该规则的审查或上诉将视为对法

① Paul Torremans ed, *Cheshire*, *North & Fawcett Private International Law* (Fifteenth Edition), Oxford University Press 2017, p. 425.

② Ibid., p. 421.

律问题的裁判。[①]20 世纪 70 年代之后，美国很多州陆续根据《联邦民事诉讼规则》立法，接纳了外国法是法律。《联邦民事诉讼规则》第 44.1 条规定："意图就外国法提出请求的一方必须以诉状或其他书面形式发出通知。在确定外国法律时，法院可以考虑任何相关材料或来源，包括证词，无论是否由一方当事人提交或根据《联邦证据规则》是否可以采纳。法院的裁判必须被视为对法律问题的裁判。"[②]同时，上诉法院对于下级法院外国法适用错误问题的审查不受该规则第 52（a）事实"明显错误"标准的限制。尽管立法上对外国法的定性发生了变化，不过在实践中这并没有减轻当事人证明外国法的责任，更没有使得美国法院走向外国法查明职权主义的路径。[③]

可见，无论是英国法还是美国法，对于外国法的认识已经悄然与传统外国法"事实说"逐渐背离。外国法律的证明过程中，法院均不受当事人提交的材料的限制，法院可以自己研究，可能拥有比律师或专家证人提供的更好的外国法律材料，这与纯粹事实的证明规则是不同的。因此，哪怕英国法将外国法视为是事实，也对其采用了不同于事实的证明方法。

我国不区分外国法是事实还是法律，本着以"事实为依据、法律为准绳"的原则，外国法无论属于何种性质都应当被查明，但出于司法效率等现实因素的考虑，我国《涉外民事关系法律适用法》依旧区分了当事人和法官的查明责任。若当事人约定了争议的准据法，则查明外国法的责任归于当事人，若当事人无法查明，则要承担举证失败的后果，即推定外国法无法查明

① Uniform Interstate and International Procedure Act § 4.02，3 U. L. A. 355 (1986) [Materials to be considered]. In determining the law of any jurisdiction or governmental unit there of outside this state，the court may consider any relevant material or source，including testimony，whether or not submitted by a party or admissible under the rules of evidence.

Uniform Interstate and International Procedure Act § 4.03，3 U. L. A. 355 (1986) [Court Decision and Review]. The court，not jury，shall determine the law of any governmental unit outside this state and its determination shall be subject to review on appeal as a ruling on a question of law.

② Federal Rules of Evidence 44.1. Determining Foreign Law A party who intends to raise an issue about a foreign country's law must give notice by a pleading or other writing. In determining foreign law，the court may consider any relevant material or source，including testimony，whether or not submitted by a party or admissible under the Federal Rules of Evidence. The court's determination must be treated as a ruling on a question of law.

③ Symeon C. Symeonides，*Choice of Law*，Oxford University Press 2016，p. 89.

而适用中国法；若法院认为案件应当适用外国法，则查明外国法的责任归属于法院，可以要求当事人予以协助。该法第10条规定："涉外民事关系适用的外国法律，由人民法院、仲裁机构或者行政机关查明。当事人选择适用外国法律的，应当提供该外国法律。不能查明外国法律或者该国法律没有规定的，适用中华人民共和国法律。"《涉外民事关系法律适用法司法解释二》进一步明晰了外国法律查明的责任，其第1条开宗明义："人民法院审理涉外民商事案件适用外国法律的，应当根据涉外民事关系法律适用法第十条第一款的规定查明该国法律。当事人选择适用外国法律的，应当提供该国法律。当事人未选择适用外国法律的，由人民法院查明该国法律。"

二、外国法的查明途径

外国法的查明有多种途径，包括当事人提供、专家证明、外交途径、使领馆途径等。外国法查明的途径更多不是法律问题，而是技术问题。随着国际社会的合作程度的加深以及互联网技术的发展，通过网络途径查明外国法已经成为常态，法院通过外国政府公开的官方网站查明外国法的原文内容早已经不是难事，一些法律数据库如 westlaw、lexis 也都涵盖了大量的法律规定和相应判例。近些年，通过专业机构查明外国法的途径也越发常见，我国最高人民法院国际商事法庭官方网站上公布了5家合作的外国法查明机构，国际商事法庭的专家委员会也提供外国法查明的服务。在2021年《全国法院涉外商事还是审判工作座谈会会议纪要》（简称《涉外审判纪要》）总结了8种查明外国法的途径：（1）由当事人提供；（2）由中外法律专家提供；（3）由法律查明服务机构提供；（4）由最高法院国际商事专家委员提供；（5）由与我国订立司法协助协定的缔约相对方的中央机关提供；（6）由我国驻该国使领馆提供；（7）由该国驻我国使领馆提供；（8）其他合理途径。通过上述途径提供的域外法律资料以及专家意见，应当在法庭上出示，并充分听取各方当事人的意见。《涉外审判纪要》第22条规定了通过专家委员会查明外国法的程序："人民法院委托最高人民法院国际商事专家委员就审理案件涉及的国际条约、国际商事规则、域外法律的查明和适用等法律问题提供咨询意见的，应当通过高级人民法院向最高人民法院国际商事法庭协调指导办公室办理寄交书面委托函，写明需提供意见的法律所属国别、法律部门、法律争议等内容，并附相关材料。”《涉外民事关系法律适用法司法解释二》将该《涉外审判纪要》中的内容上升为司法解释，其第2条规定：“人民法院可以通过下列途径查明外国法律：（一）由当事人提供；（二）通过司法协助渠道由对方的中央机关或者主管机关提供；（三）通过最高人民法院请求我国驻该国使领馆或者该国驻我国使领馆提供；（四）由最高人民法院建立或者参与的法律查明合作机制参与方提供；（五）由最高人民法院国际商事专家委员会专家提供；（六）由法律查明服务机构或者中外法律专家提供；（七）其他适当途径。”

《涉外民事关系法律适用法司法解释二》还规定了具体查明途径的程序和内容提供形式。对于由当事人提供外国法律的，其第3条规定：“当事人提供外国法律的，应当提交该国法律的具体规定并说明获得途径、效力情况、与案件争议的关联性等。外国法律为判例法的，还应当提交判例全文。”对于通过外国法查明机构、法律专家提供法律途径的，其第4条规定：“法律查明服务机构、法律专家提供外国法律的，除提交本解释第三条规定的材料外，还应当提交法律查明服务机构的资质证明、法律专家的身份及资历证明，并附与案件无利害关系的书面声明。”第7条规定：“人民法院认为有必要的，可以通知提供外国法律的法律查明服务机构或者法律专家出庭接受询问。当事人申请法律查明服务机构或者法律专家出庭，人民法院认为有必要的，可以准许。法律查明服务机构或者法律专家现场出庭确有困难的，可以在线接受询问，但法律查明服务机构或者法律专家所在国法律对跨国在线参与庭审有禁止性规定的除外。出庭的法律查明服务机构或者法律专家只围绕外国法律及其理解发表意见，不参与其他法庭审理活动。”

此外，外国法查明过程中应当符合相应的程序和形式要件。包括提供相应的中文翻译件，以及经过公证认证手续，等等。不过随着我国加入《取消公文认证公约》，证明外国法内容的公证文书相应的认证手续将明显简化。

三、外国法的查明标准

对于在法庭上出示的外国法律，如何确认其真实性并予以准确理解和适用，历来是涉外民商事审判的难题。我国《涉外民事关系法律适用法司法解释一》（简称《司法解释一》）第16条规定，人民法院应当听取各方当事人对应当适用的外国法律的内容及其理解与适用的意见，当事人对该外国法律的内容及其理解与适用均无异议的，人民法院可以予以确认；当事人有异议的，由人民法院审查认定。《涉外民事关系法律适用法司法解释二》（简称《司法解释二》）第8条分三种情形作出规定："人民法院对外国法律的内容及其理解与适用，根据以下情形分别作出处理：（一）当事人对外国法律的内容及其理解与适用均无异议的，人民法院可以予以确认。（二）当事人对外国法律的内容及其理解与适用有异议的，应当说明理由。人民法院认为有必要的，可以补充查明或者要求当事人补充提供材料。经过补充查明或者补充提供材料，当事人仍有异议的，由人民法院审查认定。（三）外国法律的内容已为人民法院生效裁判所认定的，人民法院应当予以确认，但有相反证据足以推翻的除外。"其中，第一项是对《司法解释（一）》第16条规定的强调；第二项对当事人有异议时如何处理作出规定，一方面为防止当事人以对外国法律有异议为由拖延诉讼，规定当事人提出异议需要说明理由，另一方面若当事人的理由成立，则人民法院可以通过补充查明或补充提供材料的方式解决异议；第三项出于诉讼经济和司法效率的考虑，对于生效裁判已经查明认定的外国法律，规定人民法院"应当予以确认"，同时考虑外国法律有可能被修订、废止，因此规定"但有相反证据足以推翻的除外"。

若外国法实在无法查明，《司法解释一》规定了不能查明外国法的认定及后果。其第15条规定，人民法院通过由当事人提供、已对中华人民共和国生效的国际条约规定的途径、中外法律专家提供等合理途径仍不能获得外国法律的，可以认定为不能查明外国法律。根据涉外民事关系法律适用法第10条第1款的规定，当事人应当提供外国法律，其在人民法院指定的合理期限内无正当理由未提供该外国法律的，可以认定为不能查明外国法律。根据《司法解释二》的规定，若法院承担查明外国法的责任，应当尽可能地查明外国法，其第2条第2款规定，对于法院有责任查明的外国法，如果其中一项查明的途径无法获得外国法律或者获得的外国法律内容不明确、不充分的，应当通过其他不同的途径补充查明。法院若要求当事人协助提供外国法律，也不得仅以当事人未予协助提供为由认定外国法律不能查明。

此外，《司法解释二》还规定外国法查明过程中的一些程序问题。如人民法院可以召集庭前会议或者以其他适当方式，确定需要查明的外国法律的范围；法院应指定当事人查明外国法的期限，应当根据外国法律查明办理相关手续等所需时间确定当事人提供外国法律的期限，若当事人有具体理由申请适当延长期限的，人民法院视情可予准许；在裁判文书中要载明外国法律的查明过程及外国法律的内容，若认定外国法律不能查明的，应当载明不能查明的理由；对查明外国法律的费用问题，若当事人有约定的，从其约定，没有约定的，法院可以作出裁判时确定上述合理费用的负担。

第四节　外国法的排除

案例一：

中国A公司（光船承租人）与巴拿马B公司（船舶所有人）签订光船租赁合同。A公司在中国海事局将船舶光租登记在其名下，后将船舶转租中国C公司。因C公司欠付船舶租金，导致系列纠纷发生。船舶所有人B公司依光船租赁合同约定向新加坡海事仲裁院对A公司提起仲裁，请求确认光船租赁合同解除，以及要求光船承租人A公司注销船舶在中国的光租登记。光船租赁合同仲裁条款约定在新加坡海事仲裁院（SCMA）仲裁，适用英国法，仲裁规则为新加坡海事仲裁规则。租船合同引起的或与本租船合同有关的任何争议，包括关于其存在、有效性或终止的任何问题，应根据《新加坡国际仲裁法》及其任何法律修改或重新制定，在新加坡提交仲裁，并最终通过仲裁解决，但为实施本条款的规定所必需的范围除外。仲裁应按照启动仲裁程序时现行的新加坡海事仲裁院的仲裁规则进行。

船舶所有人B公司主张，对于光船租赁合同解约后的船舶注销登记行为，应适用仲裁条款约定的适用英国法，因仲裁条款是双方解决争议的意思表示。B公司同时主张，程序与实体应当区分。中国法只适用于注销登记的程序，而不适用于根据租船合同条款产生的在合同终止时注销船舶登记的实体上的义务。光船承租人A公司认为，新加坡海事仲裁院对于船舶的光租注销登记争议不具有管辖权，并应适用中国法。(1) 新加坡海事仲裁院关于船舶的注销登记事宜没有管辖权。船舶所有人B公司在新加坡仲裁的同时，已向船舶光租登记所在地的中国海事法院申请海事强制令，要求光船承租人A公司注销船舶光租登记。此行为构成船舶所有人B公司的双重请求行为。(2) 中国船籍的光租注销登记应适用中国的强制性法律规定，无法适用域外法。船舶的国籍、光租登记、实际运营均在中国境内，光船租赁合同并未明确约定船舶登记和注销所适用的法律，也并未明确排除适用中国法。另外，若中国船籍的光租登记适用英国法，这将违反中国《海商法》第270条关于“船舶所有权的取得、转让和消灭，适用船旗国法律”的强制性规定。

问：

1. 本案是否涉及强制性法律的适用?

2. 如何识别一条法律条文属于强制性法律规定的范畴?

3. 强制性规定的适用是否会影响管辖权以及争议解决方式的选择?

4. 强制性规定与公共秩序保留之间有何关联?

案例二：

法国公民蒙森夫妇（化名）于2000年前往美国加利福尼亚州寻找代孕机会。该州是世界上少数承认商业代孕合法性的法域之一。夫妇俩通过中介机构找到了代理孕母，并与之签订了代孕协议。其中约定，蒙森夫妇为孩子的父母。此后，含有丈夫多米尼克·蒙森精子的受精卵成功植入代理孕母体内。妊娠期内，加利福尼亚州最高法院作出一份判决，不仅承认代孕协议有效，而且判定提供精子的丈夫多米尼克为胎儿的父亲，其妻子也因与多米尼克之间的夫妻关系而成为母亲，两人共享监护权。当夫妇俩携代孕所产双胞胎回国时，法国有关机构就其境外代孕行为的合法性问题展开了审查。因为有美国法院就同一事项作出的判决在先，法国法院就不能直接依照法国国内法判断代孕协议无效，而需要考虑美国加利福尼亚州最高法院所作判决在法国的承认问题。法国最高法院最终作出了不承认美国法院判决的决定。蒙森夫妇将法国作为被告向欧洲人权法院起诉，欧洲人权法院于2014年判决认为，法国最高法院的裁定侵害了本案中代孕所出子女瓦伦提雅和弗洛拉（化名）的基本人权，违反了《欧洲人权公约》第8条的规定。

问：

1. 对于代孕的态度，美国加利福尼亚州和法国采取了不同的立场，你如何看待该案中的公共政策之争？如何理解不同国家、不同区域之间的公共政策？

2. 公共政策的范畴如何确定，公共政策是否具有普遍性、稳定性？

3. 在不同国家之间存在公共政策差异时，该如何化解这种冲突？

在国际私法领域，国际社会现代文明的标志之一就是对外国法的适用采取开明的态度，但在特定情形下也会排除外国法的适用，具体体现为两种机制：公共秩序保留；直接适用的法。

公共秩序保留是指一国法院依其冲突规范本应适用外国法时，因其适用会与法院地国的重大利益、基本政策、道德的基本观念或法律的基本原则相抵触而排除其适用的一种保留制度。公共政策是法院地维护本国根本价值和基本原则的最后一道防线，只有在极个别的情形下才得以适用。公共秩序保留的适用可能贯穿国际民商事诉讼的各个阶段，如管辖权、法律适用以及判决承认执行。在这些阶段当中，如果存在严重违反法院地公共政策的情形，则可能会拒绝当事人选择的法院从而由法院地行使管辖权、拒绝适用外国法或拒绝承认执行外国法院判决。但是公共政策保留这一机制不可以被滥用，否则就会成为本国保护主义的工具，与国际私法所追求的判决结果的外在一致性、法律关系的稳定性和法律后果的可预见性等价值取向相背离。由于不同的文化差异和法律背景，不同国家之间存在法律上的冲突或者价值观念的冲突在所难免，这些差异并不必然导致公共秩序保留的适用，因此在适用过程中要注意区分是国内层面的公共政策还是国际层面的公共政策。

直接适用的法是指法院地的强制性规定，由于这些规则对于法院地具有重要利益，其所规定的事项不得让渡于外国法而当仁不让地直接适用。这些规则属于法院地公共政策的一部分。如果说公共秩序保留属于“消极防护的盾”，那么直接适用的法则属于“主动出击的矛”，是维护公共利益的积极手段，这些规则往往凌驾于冲突规则之上，排除冲突规范的适用。通常情形下，这些规则提供特殊利益保护，如保护妇女儿童、消费者、劳动者等弱势地位当事人或者维护公共利益、国家安全、重要经济命脉等重大利益，主要集中于社会法的领域。不同于公共政策的模糊性，直接适用的法是具体的、明确的国内法规则。

在国际民商事诉讼中，适用这两项制度的复杂性体现在，如何理解公共政策的内涵，公共秩序保留可适用的阶段有哪些，是否只限于法律适用阶段？又是如何识别出哪些规则属于直接适用的法呢？

一、公共政策的内涵与范围

公共政策的内涵具有不确定性。受到概念法学的长期影响，司法者期待精确的法律概念以保证适用法律的准确性。但公共政策不论是内涵还是外延都存在模糊性，不存在一个一劳永逸的定义，而这种不确定性恰恰使其具有广泛的适应性。它是一个阐释性概念，在法律适用过程中需要将公共利益与具体的案件事实紧密地联系起来，对具体个案所涉及公共利益的内涵作出明确而详细的阐述。公共政策内涵是随着社会经济条件变化而变动的，在不同国家也体现为不同的样态，例如，在人类历史上长久以来存在一夫多妻制度，而现代社会除了一些特殊宗教信仰的国家，一夫多妻被视为不可接受的；又如，在相当长的历史时期，同性恋被视为禁忌，而目前有一些国家和地区已经允许同性婚姻或规定登记家庭伴侣制度。因此，法院在适用公共政策保留时，应当注意公共政策天然的特性，区分国内公共政策和国际公共政策。违反了国际层面的公共政策必然会导致公共秩序保留的适用；违反了国内公共政策则可能要区别对待，如果只是与国内法的规定不相符，则不一定要援引公共秩序保留，但如果严重违反了国内法中根本的法律原则，尤其是宪法中规定的基本原则，则可能会导致公共秩序保留的适用。

首先，违反基本人权则必然会导致公共秩序保留的适用。例如，英国法院在第二次世界大战期间曾审理过一起犹太人继承案件。[①]一对德国籍犹太父子在1940年逃到英国，父亲去世后产生的遗产继承问题根据当时的英国国

① Oppenheimer v. Cattermole，[1942] A. C. 249.

际私法指向了德国法，而根据当时的德国法，纳粹政府剥夺了犹太人的财产权，若适用德国法将与英国的公共政策相违背，因此英国法院认为该法有悖于人权而拒绝适用德国法。虽然上述案件的情形在现代国际社会极难遇到，但需要注意的是，如果一国加入了相应的国际条约，适用某外国法将违反条约义务，尤其是人权条约中的规定，则将导致公共秩序保留的适用。

其次，国内层面的公共政策与国际层面的公共政策的区分需要结合个案判断。例如，一国规定的法定婚龄年龄是 22 岁，但这并不属于国际公共政策范围，如果在外国缔结的婚姻结婚年龄是 20 岁，这也可能被内国法院所容忍。不过如果在外国缔结婚姻的年龄是 15 岁，则有可能违反了国际层面的公共政策。例如，瑞典 2018 年 11 月修改了国际私法，如果夫妻双方或任何一方在结婚时年龄不满 18 岁，则该婚姻将不被承认，这一规定在 2019 年 1 月 1 日已经生效。这项修订顺应了欧洲一些国家如德国、丹麦和挪威等国力求保护儿童和禁止童婚的立法趋势，因此 18 岁成为最低的结婚年龄，可能越来越成为一种国际性的公共政策。①

个案中国内公共政策与国际公共政策的界限往往模糊，难以区分，这也为法院审理案件结果带来一定空间。不少学者认为，争议事项与法院地之间联系的紧密程度可能被视为非常重要的因素。而如果外国法只是涉及先决问题的适用而非案件的主要问题时，法院地对于外国法的容忍程度更高。②例如，案件主要解决的问题是子女继承父亲财产的问题，而先决问题在于子女继承人资格的认定，即使法院地明确反对一夫多妻制，但如果先决问题的准据法认为该一夫多妻的婚姻是有效的，法院地并不因此认为一夫多妻制下的子女因父母婚姻不被法院地承认而失去继承人的资格。同样的逻辑，法院地对于判决承认执行阶段对外国法适用结果的容忍程度要比法律适用阶段高得多，外法域的一夫多妻判决在本国很有可能得到承认。例

① Maarit Jänterä-Jareborg, Sweden: New rules on non-recognition of underage marriages, available in https://conflictoflaws.net/2019/sweden-new-rules-on-non-recognition-of-underage-marriages/, last visted on 2023-7-28.

② Michael Bogdan, *Private International Law as Component of the Law of the Forum General Course on Private International Law* 348 Collected Courses of the Hague Academy of International Law 135 (2012), pp. 176—177.

如，美国内华达法院 2015 年承认了中国台湾地区法院作出的一夫多妻的判决（先决问题），继而在继承案件中作出了判决。[①]该案涉及同一丈夫的两位妻子之间发生的婚姻财产纠纷。1964 年，丈夫在台湾地区根据习惯法娶了第一位妻子但未予以登记，7 年后他娶了第二个妻子并进行了婚姻登记。后该丈夫与第二位妻子和子女移居美国内华达州。2005 年，第一位妻子在内华达州家事法院起诉离婚，丈夫则在台湾地区法院起诉要求确认与第一位妻子的婚姻无效。内华达州法院于是中止诉讼程序，等待台湾地区法院的婚姻效力判决。台湾地区法院就该案作出判决认为，第一位婚姻有效，第二位是“妾”。内华达法院于是继续审理该案，不过没多久丈夫就去世，该案被变更诉讼请求而演变成遗产继承诉讼，第一位妻子要求获得一半遗产，第二位妻子则认为不应当承认台湾地区法院的判决，而内华达法院并没有支持第二位妻子的请求，认为该判决符合内华达州承认执行的所有条件，第一位妻子胜诉。

二、公共秩序保留的适用阶段

公共秩序保留在国际民商事诉讼领域的各个阶段都可能得到谨慎适用，具体体现为以下几个方面。

（一）在管辖权阶段

2005 年海牙《法院选择协议公约》第 6 条规定，非被选法院原则上应当中止诉讼或驳回起诉，但在一定条件下可以不执行当事人约定的法院选择协议，其中 c 项就涉及了公共政策，“若赋予协议效力将会与本国公共政策明显严重违背”，则非被选法院可以行使管辖权。不过我国目前尚未对管辖权领域规定公共政策的有关内容。

（二）在送达取证阶段

依照海牙 1965 年《送达公约》和 1970 年《取证公约》，送达和取证不能损害被请求国的主权和安全。《送达公约》第 13 条规定，如果送达请求书

---

① Chao-Te and Liu Jua-Kwa Chen v. Wen-Tzu Chang，131 Nev. 1294，(Supreme Court of Nevada，2015).

符合本公约的规定，则文书发往国只在其认为执行请求将损害其主权或安全时才可拒绝执行。《取证公约》第12条第2项规定，被请求国认为，请求书的执行将会损害其主权和安全，可以拒绝执行取证请求书。

（三）在法律适用阶段

当法院地根据公共政策原因排除外国法的适用之后，法律漏洞如何填补？最普遍的做法是用法院地的规则来代替外国法的适用，因此公共秩序保留也被视为逃避外国法适用的选法机制。但这种做法并非绝对，因为这毕竟不同于纯粹的国内法案件，可以通过本国法律体系进行漏洞填补。涉外案件中的法律漏洞是人为的因素，是两个国家法律文化差异所导致的。因此，有学者提出，在拒绝外国法的适用之后，可以考虑与案件有着紧密联系的法律，或者采用其他替代性连接点的方式，如外国法（当事人的本国法）当中对于法定婚龄的规定被法院地视为不可接受，则可以考虑当事人的住所或经常居所地法律的适用。①也有学者提出可以考虑与该外国法有着相近法律传统国家的法律，或者是在比较法层面普遍的规则。如本应适用的外国法对债权没有时效的限制，但是这一点在法院地被视为不可接受，应当为债权的行使施加时效，则可以适用外国法律体系中普遍的时效规定。②但无论如何，采用公共秩序保留排除外国法的适用在某种程度上构成对外国法内容的评价和干涉，任何国家的法院都应当尽可能地对外国法的适用采用较为开明的态度，而不是将本国的价值观念和基本原则强加于他国。我国《涉外民事关系法律适用法》采用较为普遍的做法，即用法院地的规则代替外国法的适用，其第5条规定："外国法律的适用将损害中华人民共和国社会公共利益的，适用中华人民共和国法律。"尽管法律的措辞较为简单，但在司法实践过程中法院对该条的援引非常谨慎。

---

① A. Philip, *General Course on Private International Law*, 160 Collected Courses of the Hague Academy of International Law 1 (1978), pp. 61—62.

② This method was used by the German *Reichsgericht* in a case decided in 1922 regarding the application of Swiss law, see O. Kahn-Freund, *General problems of private international law*, 143 Collected Courses of the Hague Academy of International Law 139 (1974), p. 429; P. Lalive, *Tendances et méthodes en droit international privé: cours général*, 155 Collected Courses of the Hague Academy of International Law, 3 (1977), p. 248.

（四）在判决承认执行阶段同样有适用公共政策的空间

在判决承认执行阶段，内国法院对外国法适用结果的容忍程度比法律适用阶段要高，处理方法更加灵活。这里需要强调的是，不同于法律适用阶段完全排除外国法的适用，在判决承认执行阶段，法院地容忍外国法适用的结果可以通过部分执行判决来实现。比如，外国法院判决中对侵犯他人名誉权的行为作出了较高额的赔偿金判决，而这种金钱判决具有一定的惩罚性质，法院地可以拒绝承认执行惩罚性金额部分，而只承认执行损害填补性质的赔偿金额。

三、直接适用的法的识别

我国《涉外民事关系法律适用法》第 4 条对直接适用的法作了规定："中华人民共和国法律对涉外民事关系有强制性规定的，直接适用该强制性规定。"第 8 条对直接适用的法的构成要件进行了概括与列举相结合的解读："有下列情形之一，涉及中华人民共和国社会公共利益、当事人不能通过约定排除适用、无需通过冲突规范指引而直接适用于涉外民事关系的法律、行政法规的规定，人民法院应当认定为涉外民事关系法律适用法第四条规定的强制性规定：（一）涉及劳动者权益保护的；（二）涉及食品或公共卫生安全的；（三）涉及环境安全的；（四）涉及外汇管制等金融安全的；（五）涉及反垄断、反倾销的；（六）应当认定为强制性规定的其他情形。"

尽管立法规定尽可能地给司法以指引，但在司法实践过程中，直接适用的法的识别并不容易。例如，消费者购买的食品由于不合卫生标准而导致消费者身体遭受损害，到底是依照消费者合同来进行识别，还是认为生产经营者违反了食品安全法，而属于直接适用的法的范畴而排除外国法的适用。假设香港居民李某在广州某全球连锁酒店举办婚宴，李某等人因食物中毒而住院。广州某食品药品监督管理部门确认中毒系餐饮公司提供食物所致，并根据《食品安全法》对餐饮公司进行了行政处罚，李某向广州某区法院起诉该酒店集团要求赔偿损失。如法院将之识别为消费者合同纠纷，则根据《涉外民事关系法律适用法》第 42 条规定，可以适用消费者经常居所地法律即香港法，但既然已经违反了内地《食品安全法》并接受了行政处罚，该法又属于“涉及食品或公共卫生安全的”强制性规定，是否可以排除香港法的适用呢？上述案例并不稀奇，尽管在法律适用的定性上存在一些差异，但最终的适用结果可能并无出入。造成这种规则重合现象很大一部分原因在于现代冲突法规则的发展融入了实体正义的价值取向。直接适用的法背后所追求的价值被现代冲突法的分割方法、连接点软化和“有利于”原则所稀释了，直接适用的法希望保护的消费者利益、劳动者利益、环境损害等问题都陆续有了相应的冲突法规则。而这种现象对于追求结果公正并无害处，毕竟直接适用的法的适用也存在不确定性，而冲突法规则提供的路径给法院相当程度的明确指引，进而使内国法院尽可能多地考虑不同的法律规则，从而实现对于弱者更好的保护。

尽管现代冲突法实现公平正义的“工具箱”越来越多样和灵活，但作为一项有用的制度，直接适用的法的识别依旧无法回避。首先，应当从法律规则的用语入手，如果其用语采用了语气强烈的词汇，如“必须”“禁止”“不得”等可能会归属于直接适用的法的范畴。但在一些私法关系中，比如在合同法、保险法中，法律规则也会出现“不得”“应当”等语气强烈的用词，此时则应当考虑条文背后所表达的目的。如果反映了是当事人某种义务内容，则不一定属于直接适用的法的范畴，如“当事人应当按照约定履行自己的义务，不得擅自变更或者解除合同”这种表述，即使出现了“应当”这种语气强烈的用词，但实质上是彰显当事人在缔约过程中应当遵守的诚实信用原则，绝非具有一定公法属性或惩罚性质的条文，不属于直接适用的法的范畴。因此，在识别某一规则是否属于直接适用的法的范畴时，应当重点考虑法律条文背后的目的或政策考量，如果是涉及保护一国政治、经济、文化、社会公共利益的目的，反映了国家管理的某种行为和需要，或者具有一定的惩罚性质，则应当属于直接适用的法的规则。此外，还应当注意的是，一些国内法层面的管理性或强制性的规则，并不绝对用于涉外关系中，如婚姻法中关于结婚年龄的规定，其实是国内法对于法定婚龄的强制性规定，反映了国家对于婚姻关系中禁止童婚、保护未成年人的公共政策。但这种规定，虽然不属于国际私法意义上的直接适用的法，却可以成为法律规避的对象。从这种角度来说，法律规避这一制度所涉及的法律规则范围可能要比直接适用的法更加广泛，只不过对不同性质的法律规则规避的后果不同罢了。有的规避行为，可以得到法院或者相关机构的认可，属于有效行为；而有的行为不被认可，则将失去适用外国法的效力，从而使得规避的目的被落空。

【思考题】

1. 在国际民商事诉讼领域，法院在发现外国法的过程中可能遇到哪些障碍?

2. 法院在对案件定性的过程中，为什么会产生识别冲突，法院将如何解决识别冲突？理论上解决识别冲突有哪些方法，你如何看待这些方法?

3. 在法院明确了案件定性之后，发现案件解决的主要问题存在前提条件，如何判断该问题属于国际民商事诉讼领域的先决问题，与纯国内案件中的先决相比有何特殊性？该先决问题又该如何解决?

4. 当解决一系列障碍之后，最终确定案件要适用的法律为外国法，该法律将如何查明，由谁来查明，查明的责任如何分配？外国法查明的途径有哪些，你最推荐哪种方式?

5. 查明的外国法是否最终将成为解决争议要适用的具体规则，有哪些要考虑的因素？如何理解公共政策的内涵，公共政策与直接适用的法之间是什么关系?

【案例分析】

案例一：郑某与刘某同居关系子女抚养纠纷案[①]

被告郑某（女）与原告刘某因同居怀孕。2008年6月28日，被告郑某在香港浸会医院产下一非婚生子，取名郑小某。2009年4月11日上午，被告郑某在未经原告刘某同意的情况下，通过案外人陈某乙介绍，将非婚生子郑小某送给被告陈某甲、林某非法收养，被告陈某甲、林某当天也通过陈某乙将5万元人民币放在被告郑某住处，将郑小某抱走，并私自将郑小某改名为陈某丙。但被告陈某甲、林某至今未办理合法有效的收养登记手续。原告

① 福建省福州市中级人民法院（2015）榕民终字第1624号民事判决书。

刘某在被告郑某私自将郑小某送人后，经多方查找获得郑小某下落，于2012年8月22日以其儿子被人拐卖为由向福州市公安局某分局刑侦大队报案，某分局刑侦大队将其子带到公安机关，委托福建省医学科学研究院明正司法鉴定所对原告刘某、被告郑某与郑小某是否存在亲生血缘关系进行鉴定。2012年8月23日，福建省医学科学研究院明正司法鉴定所出具明正司法鉴定所咨询意见书：根据检验结果，支持刘某血样身源者、郑某血样身源者与郑小某血样身源者之间存在亲生血缘关系。2012年8月23日，某分局将郑小某交给被告郑某，并明确嘱咐郑某甲要自己抚养，但郑某又将郑小某交给被告陈某甲、林某抚养至今。另查，现郑小某（又名陈某丙）的香港出生证明、更名为陈某丙的护照、回港证、港澳居民来往内地通行证原件均在被告陈某甲、林某处。再查，被告陈某甲、林某于2012年8月21日登记结婚，陈某甲、林某于1998年1月17日已非婚生育一女陈某丁，现在17岁。一审法院判决郑小某由刘某抚养。

上诉人郑某不服一审判决，认为：(1) 一审适用中华人民共和国法律，系适用法律错误，本案应适用香港法律。因郑小某属香港居民，且郑小某以及原审被告陈某甲、林某的经常居住地均在香港，与郑小某有最密切联系的法律为香港法律，香港法律也最有利于保护其权益，故本案纠纷应适用香港法律。(2) 一审认定事实错误，应予撤销。①被上诉人刘某对非婚生子郑小某不享有监护权，无权直接抚养非婚生子郑小某，一审判决郑小某由被上诉人抚养和监护，系认定事实错误。首先，根据香港法律，被上诉人刘某作为非婚生子郑小某的生父，不享有监护权。(香港《未成年人监护条例》第21条规定“任何非婚生未成年人的生父，不得视为该未成年人的父亲，除非——(a) 他凭借法院根据第10 (1) 条所发出而现行有效的命令拥有管养该未成年人的权利；……”）其次，即使根据中国内地法律，刘某未尽到监护职责，郑小某由其抚养不利于身心健康发展。刘某始终都在逃避作为生父原本应尽的义务，从郑小某出生到2012年长达4年的时间均未尽监护职责，其监护权应予撤销，且刘某至今仍未解除婚姻关系，自己也生育子女，如郑小某由刘某抚养，很大程度上无法被刘某的家庭接受，对郑小某的身心健康成长极为不利。②一审认定“被告郑某的行为可视为不履行监护职责”系认定事实错误。上诉人郑某不存在任何法律规定撤销或被剥夺监护抚养权的情形，郑小某由上诉人抚养有利于身心健康发展。被上诉人刘某答辩称：(1) 一审判决程序合法。本案是基于父母子女人身法律关系而产生的纠纷，根据民事诉讼法的规定，可以一并审理。(2) 一审适用法律正确。上诉人主张本案适用香港法律的理由是原审被告陈某甲、林某为香港居民，经常居住地为香港，郑小某的出生地、经常居住地也是香港且为香港永久性居民，但陈某甲、林某曾自认经常居住地是福州，其提供的香港居民身份证和公司注册的证据也无法证实其经常居住地在香港。至于郑小某，其出生后回到福州，仅在 2012 年 9 月有过一次入境香港的记录，其他时间都是居住于福州市，并且幼儿园、小学均在福州就学。因此，本案应适用中华人民共和国法律。(3) 上诉人存在出卖、遗弃亲生孩子的事实，完全丧失了监护权。原审被告陈某甲、林某的意见为：(1) 本案应适用香港法律。①一审认定陈某甲、林某的住所地是错误的。陈某甲常年在香港经商，其经常居住地在香港，2012 年陈某甲与他人签订租约在香港租赁房屋居住，同年林某也与他人签订房屋租赁合同将户籍所在地的房屋出租给他人，陈某甲、林某的经常居住地均在香港，户籍地址不是两人的住所地。②香港法律更有利于保护郑小某的权益。(2) 陈某甲、林某与郑小某不存在收养关系，郑小某的监护权仍属于郑某。①郑某委托陈某甲、林某监护郑小某合法有效，郑小某的生活费系郑某支付，郑某不存在不履行监护职责的行为。②根据香港特别行政区《未成年人监护条例》，被上诉人刘某作为非婚生子郑小某的生父，在未取得香港法院相应管养命令的情况下是没有监护权的，且刘某未尽监护职责，给郑小某带来巨大伤害，明显不适合监护抚养郑小某。

问：

该案是否具有涉外因素？该案应当如何定性，是监护纠纷还是扶养纠纷？是否存在所谓的“识别冲突”？该案中郑某与刘某的关系是否监护或扶养纠纷的先决问题，是否会影响法律适用？该案中陈某与林某收养郑小某的行为是否监护或扶养纠纷的先决问题？你认为该案如何适用法律？香港特区的法律是否应当适用，是否需要考虑公共政策问题？

案例二：罗某与朱某等遗产继承纠纷[①]

原告罗某，住香港新界大埔；朱某甲，加拿大国籍；朱某乙，住香港九龙；朱某丙（兼任本案其他5原告的委托代理人），住香港新界沙田；朱某丁，住香港新界大埔；朱某戊，住香港新界大埔。被告朱某己，住香港新界大埔。6原告共同诉称：各继承人父亲朱某庚去世多年，其遗下的广州市番禺南沙镇塘坑村房屋仍然没有办理继承手续，导致房屋无法正常维修和使用。该房屋产权不清晰，影响需缴纳的税费，而银行存款也无法处理。各继承人要求法院确权。被继承人朱某庚于2006年4月9日在香港死亡，生前没有订立遗嘱。被继承人朱某庚的父亲和母亲均先于其死亡。其名下有位于广州市番禺南沙镇塘坑村的房屋（房屋所有权证：粤房字第××号）和广州市中国银行账号47×××—1之存款。被继承人朱某庚与罗某1949年期间在香港按中国传统风俗习惯结婚，除与罗某有婚姻外，未在任何地区与任何人依照任何风俗、宗教仪式或法律形式结婚或同居。两人除生育儿子朱某甲、朱某乙、朱某己、朱某丙和朱某丁、朱某戊外，没有其他婚生子女、非婚生子女、养子女、继子女。被告没有办理继承公证，原告已采用各种方式通知被告，请求共同办理继承遗产手续，但均没有回音。现向法院起诉，请求判令：(1) 各继承人依法定继承方式继承朱某庚遗下的位于广州市番禺南沙镇塘坑村的房屋中应继承的遗产份额权益；(2) 各继承人依法定继承方式继承朱某庚遗下的中国银行账号47×××—1之存款中应继承的遗产份额权益。

经审理查明：原告朱某甲、朱某乙、朱某丙、朱某丁、朱某戊与被告朱某己均系被继承人朱某庚与原告罗某共同生育的子女。罗某与被继承人朱某庚未领取结婚证，未在中国内地或者香港办理结婚登记手续，仅于1949年在香港按照风俗习惯摆酒席结婚。朱某庚生前系香港特别行政区居民，其于2006年4月9日因病去世。原告为证明朱某庚名下遗产，提供以下证据：(1) 原番禺县人民政府于1988年9月10日发出的《房屋所有权证》(粤房字第××号，登记字号1×××××)，证明位于现广州市南沙区塘坑村（地

① 广东省广州市南沙区人民法院（2015）穗南法民一初字第104号民事判决书。

号：—40）的混合三层房屋登记于朱某庚名下。（2）番禺县国土局于1988年9月10日发出的《集体土地建设用地使用证》（番府集建字〔88〕第××-××××××号），证明位于现广州市南沙区塘坑村（地号：—40）的住宅用地登记于朱某庚名下。（3）中国银行存折（账号47×××—1，现账号变更为00×××49），户名为朱某庚。另经本院依原告申请调查，该账号开户日期为1996年1月12日，截至2015年8月27日的存款余额为港币36 155.36元。经审理查明：原告朱某甲、朱某乙、朱某丙、朱某丁、朱某戊与被告朱某己均系被继承人朱某庚与原告向本院提供经公证的法律意见书，查明以下香港特别行政区法律内容：（1）《无遗嘱者遗产条例》（第73章）第3条；有效婚姻包括《婚姻制度改革条例》（第178章）宣布为有效的旧式婚姻，其第7条，凡于1971年10月7日前按照中国法律与习俗在香港举行婚礼者，若按照香港或婚姻任何一方家庭承认是其家庭原籍的地方接受为适当的中国习俗举行婚礼，即构成旧式婚姻。（2）《物业转易及财产条例》（第219章）第9条，凡同一土地业权是文书或遗嘱归属2位或以上人士，则除非文书或遗嘱有相反的用意，否则同一土地物业业权须推定为以分权共有的方式归属该等人士。（3）《无遗嘱者遗产条例》第4（3）条，如无遗嘱者遗下丈夫或妻子，以及后嗣，该尚存丈夫或妻子将取得遗产里的所有非土地实产。非土地实产是指汽车及附件，及无遗嘱者去世时在其尚存丈夫或妻子的任何居所的家具、衣服、装饰品、属家庭、个人、康乐或装饰用途的物品、各类消费品、园艺物品及家畜，但并不包括金钱、贷款抵押物或主要用于业务或专业方面的实产。非土地实产以外，该无遗嘱者的剩余遗产，如现金及银行存款，在扣除死亡税（如有的话）及费用后，将拨出港币50万元的净款额，连同其利息，由该尚存丈夫或妻子继承。在作出上述款项及拨款后，如尚有剩余遗产，该剩余遗产的一半由该尚存丈夫或妻子继承；另外一半则由该无遗嘱者的后嗣继承。

问：

本案中如何定性？该案中罗某与朱某的婚姻是否构成了先决问题？本案如何适用法律？若要适用的法律为香港法，香港法律将如何查明，应当由谁负责查明香港法，查明的途径有哪些？

案例三：冯某与朱某民间借贷纠纷[①]

2006—2009 年期间，被告朱某多次到中国澳门特别行政区参与博彩活动，原告冯某（澳门居民）多次向朱某提供筹码等博彩相关服务。2009 年 10 月 20 日，冯某与朱某签订借据一份，约定冯某出借 160 万港币给朱某，并约定还款日期和利息支付计算等事项。而后，朱某逾期不还。2010 年 6 月 28 日，冯某诉至山东省枣庄市中院，请求法院判令朱某偿还借款 160 万港元并支付年息（按银行同期贷款利率自 2010 年 1 月 1 日计算至判决生效之日）。

问：

本案应当如何定性，如何适用法律？若适用澳门特区法律该由谁查明，如何查明？适用澳门特区法律是否违背内地公共政策？如何看待澳门赌债在内地执行的问题？

【拓展阅读】

1. 想进一步了解识别的本质与识别的对象，以及面对识别冲突时不同理论解决办法的利弊，可以阅读宋晓：《识别的对象与识别理论的展开》，《法学研究》2009 年第 6 期。

2. 想了解我国外国法查明实践的新发展，尤其是新兴的外国法查明机构实践，可以阅读肖永平：《论我国法院运用专业机构查明外国法之完善》，China Legal Science，2023，11（01）：3—26。

3. 想进一步了解先决问题在实践中如何产生和解决，以及解决先决问题不同理论方法的优劣，可以阅读王兰、范泽京：《本土化实践视域下先决问题法律适用的理论省思》，《江西社会科学》2019 年第 10 期；杜焕芳、杨佩茹：《涉外民事审判中先决问题的裁判逻辑与法律适用》，《中国高校社会科学》2020 年第 3 期。

4. 想深入理解强制性规定的特点以及如何识别，可以阅读沈涓：《强行性规定适用制度再认识》，《国际法研究》2020 年第 6 期。

---

① 山东省高级法院（2011）鲁民四终字第 162 号民事判决书。

5. 想了解法院在实践中是如何裁判衡量不同国家之间公共政策冲突，可以阅读王艺：《外国判决承认中公共秩序保留的怪圈与突围——以一起跨国代孕案件为中心》，《法商研究》2018 年第 1 期。

第十一章　法院判决的域外承认与执行

假如在离婚案件中，如果法院已经判决夫妻两人解除婚姻关系，但该夫妻在另一国有财产尚未分割，此时法院作出的离婚判决是否可以得到另一国法院的承认，作为分割夫妻财产的前提条件，还是该国需要重新作出一份相同的离婚判决？又或者在一项涉外合同纠纷中，法院已经作出判决，而败诉方拒不履行判决项下的给付义务，胜诉方能否申请强制执行败诉方的财产以实现判决利益呢？尤其是当败诉方在全球多个国家有财产时，胜诉方能否到多个财产所在地国申请执行该判决？在上述这些情形下，财产所在地国的法院又基于什么理由、通过哪些程序去承认或执行一项由外国法院作出的判决？

第一节　外国判决承认与执行的依据

案例：

申请人李某与被申请人田某在其住所地银川市签订委托协议，约定由田某办理李某等人进入阿联酋，再由阿联酋前往麦加朝圣的必要许可证件和批准文件。申请人先后支付给被申请人全部款项 1 145 000 元人民币，但被申请人一直未办理。申请人于 2016 年 9 月 26 日向阿联酋迪拜初级法院起诉，该法院判令被申请人返还申请人所有人民币，并支付利息，但被申请人以各种理由不予支付，并返回国内躲避债务。于是申请人向被申请人住所地宁夏银川中院申请承认执行阿联酋判决。

问：

1. 该案中外国判决能否得到本国法院的承认与执行？承认执行外国法院判决是否需要理由？应当满足什么样的理由才可以被承认与执行？在涉外案

件中，为什么要承认、执行外国法院作出的判决？

2. 为什么申请人要去银川中院申请承认执行阿联酋判决，该法院是否具有管辖权？法院承认执行外国判决要经过哪些程序？

尽管加强国家间民商事合作是国际社会的主旋律，但并非所有的判决都能得到承认与执行。在承认执行外国判决之前，必须理清一些基本问题：比如不同国家对于判决的理解是否存在差异？承认与执行具体的含义为何？一国出于什么原因要承认执行他国判决，又是如何来实现的？

一、外国判决承认与执行的基本概念

外国判决在国际民事诉讼法层面是一个较为广义的概念，泛指对案件是非曲直作出决定的司法文书。不同国家由于司法制度的不同，存在着多样的、不同种类的判决文书类型，而并非所有的判决类型都可以得到另一国家的承认或执行。因此，各个国家在相互承认执行外国判决的过程中，往往会对外国判决进行审查，或在缔结的双边或多边条约，对判决的类型做基本的说明，以避免由于司法制度的差异而造成误解。

（一）外国判决

此处所指的外国判决系指外国的民商事判决。所谓民商事，限于平等主体之间的人身关系或财产关系，而不涉及宪法、行政法以及刑法事项。是否属于民商事判决取决于诉讼标的，而不取决于审理案件的法院，如果一国的行政法院或刑事法院作出的判决中有附带民事的事项，则这一部分也属于民商事的判决；民商事判决的性质也不取决于诉讼主体，国家或政府机关也有可能成为民商事判决的胜诉方或败诉方，如政府机关作为建设工程合同的一方当事人，若该建设工程合同履行过程中引发的纠纷诉至一国法院，政府机关在相对豁免主义下必然可以成为民商事判决的一方当事人。而对于民事或商事的范围，国际上尚无统一的定义，取决于各个判决作出地国法的规定，但通常认为，除公权力行使之外的平等主体之间的法律关系都可能属于民商事的事项范畴。

2019 年海牙《承认执行民商事判决公约》（简称 2019 年《海牙判决公

约》）承袭了2005年海牙《法院选择协议公约》（简称2005年《选择法院协议公约》）对于判决的定义包含两个要素：对案件是非曲直作出的决定；由法院作出。首先，判决是对案件是非曲直作出决定的文书。无论该文书的称谓为何，可能被称为判决，或者决定/裁定、命令（order），无论其内容是给付性的判决、宣告性的判决还是确认性的判决，也无论是被告缺席作出的判决还是集团诉讼或多个被告情形下作出的判决，只要其内容是针对当事人提出的争议作出的决定，不限于是司法调解书还是决定书，都属于公约项下的判决范畴。而那些对于程序问题作出的决定被排除出判决的范畴，如对于证据开示、要求证人出庭的决定不属于判决范畴。其次，判决是由法院作出的判决，而公约并没有对“法院”做明确的定义，取决于缔约国国内法的规定，但通常认为应当是缔约国行使司法权的特定机构。①

2019年《海牙判决公约》对于判决的定义相对狭窄，是海牙国际私法会议成员国谈判和妥协的结果，对于可被承认执行的判决的范畴，取决于一个国家国内法的规定。有的国家或地区将诉讼保全临时措施的决定也纳入了可以被承认执行的范畴，如2012年欧盟《关于民商事管辖权及判决承认执行的欧盟第1215/2012号条例》（简称《布鲁塞尔条例Ⅰ》）第2条规定，判决是指成员国的法院或裁判机构作出的决定，无论其称谓为何，包括裁定、命令、决定或者执行令，也包括法院作出的诉讼花费的决定，可被承认执行的判决，包括对案件有管辖权的法院或裁判机构作出的保全措施，但不包括那些无需被告出庭即可作出的临时性保护措施，除非包含这类措施的判决在被执行前已经送达给了被告。②

---

① Francisco Garcimartín and Geneviève Saumier, Explanatory Report on the Convention of 2 July 2019 on the Recognition and Enforcement of Foreign Judgments in Civil or Commercial Matters, p. 73.

② “ ‘judgment’ means any judgment given by a court or tribunal of a Member State, whatever the judgment may be called, including a decree, order, decision or writ of execution, as well as a decision on the determination of costs or expenses by an officer of the court. For the purposes of Chapter Ⅲ, ‘judgment’ includes provisional, including protective, measures ordered by a court or tribunal which by virtue of this Regulation has jurisdiction as to the substance of the matter. It does notinclude a provisional, including protective, measure which is ordered by such a court or tribunal without the defendant being summoned to appear, unless the judgment containing the measure is served on the defendant prior to enforcement ...”

我国对外国法院判决的范畴也采取较为宽泛的态度，在对外签订的民商事司法协助条约当中，对“判决”作了界定，如2014年10月12日生效的《中华人民共和国和波斯尼亚和黑塞哥维那关于民事和商事司法协助的条约》第20条“法院裁决的范围”规定：“一、一方法院在本条约生效后作出的下列裁决，应当根据本条约规定的条件在另一方境内得到承认和执行：（一）法院在民事和商事案件中作出的判决；（二）审理行使案件的法院就向被害人给予赔偿和返还财务作出的民事裁决。二、本条第一款所述‘裁决’包括法院就民事和商事案件制作的调解书。”①根据2021年《全国法院涉外商事海事审判工作座谈会会议纪要》第41条“外国法院判决的认定标准”指出：“人民法院应当根据外国法院判决、裁定的实质内容，审查认定该判决、裁定是否属于民事诉讼法第二百八十九条规定的‘判决、裁定’。”外国法院对民商事案件实体争议作出的判决、裁定、决定、命令等法律文书，以及在刑事案件中就民事损害赔偿作出的法律文书，应认定属于修订前《民事诉讼法》第289条规定的“判决、裁定”（现为2023年《民事诉讼法》第299条），但不包括外国法院作出的保全裁定以及其他程序性法律文书。

（二）判决的承认与执行

承认与执行之间有联系也有区别。承认是执行的前提，承认意味着外国法院的判决获得了与本国法院同等的效力，可以在本国境内生效，如果判决不被承认，就无法被执行。执行意味着法院将采取措施，强制要求当事人履行判决中义务。不过，并非所有判决中都有需要当事人履行的事项，比如离婚判决中只是宣告解除婚姻关系，则无需强制执行，只需承认即可，意味着在本国境内发生夫妻双方解除婚姻关系的效力。从我国2022年《民诉法司法解释》第544条可以看出承认与执行的关系：“对外国法院作出的发生法律效力的判决、裁定或者外国仲裁裁决，需要中华人民共和国法院执行的，当事人应当先向人民法院申请承认。人民法院经审查，裁定承认后，再根据民事诉讼法第三编的规定予以执行。当事人仅申请承认而未同时申请执行的，人民法院仅对应否承认进行审查并作出裁定。”

① 该条约全文可见中华人民共和国条约数据库，http://treaty.mfa.gov.cn/Treaty/web/index.jsp。

二、判决承认与执行的理论依据

判决作为内国司法机关作出的裁判文书，是司法主权的体现，本身不具有域外效力。如果没有外国的承认，内国的判决就不能在境外得到承认与执行。但基于什么原因，一国愿意承认外国法院作出的判决，并愿意协助其强制执行呢？

（一）国际礼让

早在17世纪荷兰学者胡伯（Huber）提出了“国际礼让说”，然后又在美国学者斯托雷（Story）的借鉴和研究中得以进一步发展①。国际礼让说的核心思想是，在国家享有主权且主权平等的情形下，原则上一国法律不具有域外效力，只在其境内有效，但主权国家出于礼让的原因，往往会承认基于外国法所产生的权利在本国境内有效。“礼让”是非常模糊的概念术语，近乎一种外交上的“辞令”。斯托雷认为礼让源于一国法律中明示或默示的同意，是一国良好的政体制度、对外交往规则和基本法学理论的彰显②。礼让是国家融入国际社会的必然结果，如果一国不给予其他国家以必要的礼让，则各国往来行事将充满阻碍，无法实现公平正义。只有在承认基于外国法所产生的权利会损害本国的公共利益的情况下，才可以不给予这种礼让。判决作为确定当事人之间权利义务的最终决定，属于“基于外国法所产生的权利”。因此，出于对外国的礼让，本国法院在不损害本国公共利益的情形下，有义务对外国判决予以承认、执行。

（二）既得权

既得权理论由英国学者戴赛（Diecy）正式提出，但与胡伯的国际礼让学说息息相关③。胡伯三原则中的“根据外国法所产生的权利”启发了既得权理论，戴赛认为根据外国法所产生的正当权利构成一项事实，而这一事实的客观存在决定了应当被英国法院所承认。同理，体现在判决中的正当权利，也应当得到英国法院的承认。戴赛在他的既得权理论中明确提及了判决

① Symeon C. Symeonides, Choice of Law (New York, Oxford University Press 2016), p. 50.

② C. Symeonides, Choice of Law (New York, Oxford University Press 2016), p. 53.

③ Symeon C. Symeonides, Choice of Law (New York, Oxford University Press 2016), p. 52.

的承认执行事项。不过，如果承认执行该外国的判决将损害英国利益，则将不予承认执行。

（三）既判力

既判力，是指判决有约束力，这种约束力体现在，终审或者经过上诉期的判决成为确定的判决，对其中已经确立的事实与争议不能够再次提起诉讼。这是出于对程序和法律关系稳定性的尊重，在大陆法系国家得到了普遍的确认。而对于普通法系国家，判决被认为是具有更广泛的“排除性效力”。“排除性效力”的意义比“既判力”更广泛，在美国称为“间接的禁止翻供的事实”或“禁反言”，意在阻碍当事人及其利害关系人，对先前已经作出判决的事实再次提起诉讼，哪怕后续的诉讼涉及不同的诉因或主张，其包括“诉讼请求的排除”和“争议焦点的排除”。诉讼请求的排除，是指在前一诉讼已经对案件事实作出最终判决，禁止基于相同的诉因再次提起诉讼；“争议焦点的排除”，是指排除对判决所涉及所有的争议焦点再次起诉。[①]大陆法系的既判力，只是禁止对相同诉讼标的、相同当事人、相同诉讼请求再次起诉，英美法系中的“不同诉因”之情形并未被包括在内。[②]无论是既判力还是排除性效力都意味着已经在他国解决的争议，不能在其他国家再次提起诉讼解决。这一方面是出于诉讼经济和避免司法资源浪费的考虑，另一方面也是为了避免同案不同判的情形发生。因此，本国法院对于外国法院的判决只需考虑是否承认、执行。

无论基于什么理由，承认、执行外国法院判决已经成为现代国际社会民商事交往中的题中应有之义。如果一国断然拒绝承认或执行他国的判决，意味着外国企业的利益可能很难在该国得到保护，该国的营商环境也将遭受一定的质疑，他国企业将忌惮与该国的企业发展合作关系，这将直接影响到国家间经贸关系的发展。因此，经济贸易全球化的现实迫使各国对外国法院的判决都应给予相当程度的尊重。

---

① See P. A. Trautman, “Claim and Issue Preclusion in Civil Litigation in Washington,” 60 Wash. L. Rev. 805 (1985), pp. 805—842.

② R. C. Casad, Civil Judgment Recognition and the Integration of Multiple-State Associations, 1981, p. 46.

三、判决承认与执行的法律依据

判决承认、执行往往需要法律依据作为支撑。通常，被请求国法院依照法律规定依次审查外国法院的判决是否满足承认与执行条件，从而作出执行或不予执行的决定。这些依据往往规定在双多边国际条约或者国内立法当中。

（一）国际条约

由于各国之间法律制度的差异，判决承认与执行很大程度上有赖于国家间的合作。因此，有关国家签订了一系列的国际条约来敦促和保障缔约国之间判决的相互承认与执行。具有代表性的如 2019 年《海牙判决公约》，它是全球首个全面确立民商事判决国际流通统一规则的国际条约，旨在通过统一判决承认执行的条件，使判决如同仲裁裁决那样能够在全球范围内得到执行。在欧盟层面实施影响广泛的条约如《布鲁塞尔条例Ⅰ》，是由 1968 年《布鲁塞尔公约》转化并修订而来，其第三章规定了成员国之间承认及执行的具体程序以及拒绝承认执行的理由，使得在欧盟内部国家之间作出的民商事判决能够采用一致性的标准，判决在欧盟内部能够实现自由流动。

除了上述具有事项广泛性的公约之外，还有一些规定专门事项的公约，如海牙国际私法会议制定的 1965 年《关于收养的管辖权、法律适用和判决承认的公约》、1973 年《关于承认与执行扶养义务判决的公约》、2005 年《选择法院协议公约》、国际海事组织制定的《国际油污损害民事责任公约》等。

除了多边公约之外，国家与国家之间还签订双边条约以保证判决的承认、执行。我国目前对外签订了 30 余个双边民商事司法协助条约，这些条约大多包含了判决承认、执行的规定。

（二）国内立法

除了多边条约和双边条约，一国国内法成为承认与执行外国判决的主要渊源。一些国家将之规定在民事诉讼法或者国际私法立法当中，有的国家专门规定了判决承认与执行的单行立法，如 1933 年英国《外国判决（相互执行）法》、1959 年新加坡《相互执行外国判决法》（2020 年修订）。我国将外国判决承认与执行的内容规定在2023年《民事诉讼法》中，其第298条规定："外国法院作出的发生法律效力的判决、裁定，需要中华人民共和国人民法院承认和执行的，可以由当事人直接向中华人民共和国有管辖权的中级人民法院申请承认和执行，也可以由外国法院依照该国与中华人民共和国缔结或者参加的国际条约的规定，或者按照互惠原则，请求人民法院承认和执行。"第299条规定："人民法院对申请或者请求承认和执行的外国法院作出的发生法律效力的判决、裁定，依照中华人民共和国缔结或者参加的国际条约，或者按照互惠原则进行审查后，认为不违反中华人民共和国法律的基本原则或者国家主权、安全、社会公共利益的，裁定承认其效力，需要执行的，发出执行令，依照本法的有关规定执行。"

第二节　申请承认与执行外国判决的程序

案例：

某工学株式会社与某商贸株式会社申请承认和执行韩国法院民事判决一案，北京市四中院立案审查后，申请人某工学株式会社向法院申请财产保全，法院经审查作出裁定禁止某商贸公司对注册于中华人民共和国国家知识产权局商标局的注册号为第××号的"××"注册商标进行转让、注销、变更注册事项和办理商标质押登记。经审查，北京市四中院认为某工学株式会社要求承认韩国大法院民事判决并要求执行部分判决内容的申请符合法律规定，裁定承认韩国大法院的判决，执行韩国大法院作出并生效的××撤销商标权登记及××损害赔偿判决中所确认和维持的某商贸株式会社须向某工学株式会社履行就所记载的登记于中华人民共和国国家知识产权局商标局的商标权履行商标权转让登记手续。执行过程中，北京市四中院发出执行令，命令执行韩国大法院判决，并要求国家知识产权局商标局协助将"××"商标的商标权人变更为某工学株式会社。国家知识产权局商标局最终按照法院的协助执行内容将"××"商标的商标权人变更为了某工学株式会社。北京市四中院前往国家知识产权局商标局送达协助执行通知书，将"××"商标的商标权人变更为某工学株式会社，本案执行完毕。

问：

1. 该案中当事人如何提出申请承认执行韩国法院判决？应当到我国哪一个法院去申请承认执行判决？申请时需要准备哪些材料？

2. 法院如何确定是否受理该申请，需要审查哪些条件？

3. 法院是如何承认执行外国法院判决中的内容的？

4. 如果法院拒绝执行该判决，当事人是否有其他的救济途径？

判决的承认执行需要经过一定的程序，具体包括：由谁提出申请、由谁受理和审查申请、审查的对象、通过什么方式承认和执行外国判决。

一、承认与执行外国判决请求的提出

整个判决承认与执行的程序应申请而得以启动。请求的主体通常是外国法院或当事人。申请人提出申请时应提交相应的证明材料，证明材料应当满足执行地国规定的申请材料的形式要件。

（一）请求的主体

对于提出承认执行判决的主体，各个国家的规定不尽相同，具体由谁提出取决于一国国内法或者加入的条约的规定。以我国为例，我国与法国的双边司法协助条约中规定，由当事人向执行地的法院直接提出；而我国与土耳其司法协助条约规定，请求由作出判决的法院通过中央机关向缔约另一方的法院提出；我国与俄罗斯的司法协助条约规定，原则上应由当事人向作出判决的法院申请，由该法院通过中央机关向执行地国法院提出，但如果申请人在执行地国境内有住所或居所，也可以直接向执行地国法院提出。我国2024年施行的《民事诉讼法》第298条规定，申请承认执行外国判决的请求，可以由当事人直接向我国法院提出，也可以由外国法院依照条约向我国法院提出请求。现行《民事诉讼法司法解释》第574条规定，与中华人民共和国没有司法协助条约又无互惠关系的国家的法院，未通过外交途径，直接请求人民法院提供司法协助的，人民法院应予退回，并说明理由。

（二）提出请求需提供的文件

向执行地国申请承认执行判决，需要提交相关的证明材料。证明材料的具体要求通常规定在被请求国国内法中，或规定在两国共同缔结的条约中。一般要提交判决书原件或经过认证与原件相一致的副本，如果判决书使用的语言与被请求国语言不一致，则应当提供相应的翻译件，并按照被请求国法律的要求进行公证或认证。此外，申请人还应当提交该判决书在判决作出地国已经生效的证明，以证明该判决能够在原判决作出地国生效并可执行。我国现行《民事诉讼法司法解释》第 541 条规定："申请人向人民法院申请承认和执行外国法院作出的发生法律效力的判决、裁定，应当提交申请书，并附外国法院作出的发生法律效力的判决、裁定正本或者经证明无误的副本以及中文译本。外国法院判决、裁定为缺席判决、裁定的，申请人应当同时提交该外国法院已经合法传唤的证明文件，但判决、裁定已经对此予以明确说明的除外。中华人民共和国缔结或者参加的国际条约对提交文件有规定的，按照规定办理。"

2021 年 12 月 31 日发布的《全国法院涉外商事海事审判工作座谈会会议纪要》（简称 2021 年《涉外审判纪要》）第 35 条"申请材料"中规定，申请人申请承认和执行外国法院判决、裁定，应当提交申请书并附下列文件：（1）判决书正本或者经证明无误的副本；（2）证明判决已经发生法律效力的文件；（3）缺席判决的，证明外国法院合法传唤缺席方的文件。判决、裁定对（2）、（3）的情形已经予以说明的，无需提交其他证明文件。申请人提交的判决及其他文件为外文的，应当附有加盖翻译机构印章的中文译本。申请人提交的文件如果是在我国领域外形成的，应当办理公证认证手续，或者履行中华人民共和国与该所在国订立的有关国际条约规定的证明手续。2021 年《涉外审判纪要》第 36 条规定："申请书应当载明下列事项：（1）申请人、被申请人。申请人或者被申请人为自然人的，应当载明其姓名、性别、出生年月、国籍、住所及身份证件号码；为法人或者非法人组织的，应当载明其名称、住所地，以及法定代表人或者代表人的姓名和职务；（2）作出判决的外国法院名称、裁判文书案号、诉讼程序开始日期和判决日期；（3）具体的请求和理由；（4）申请执行判决的，应当提供被申请人的财产状况和财产所在地，并说明该判决在我国领域外的执行情况；（5）其他需要说明的情况。"

2014 年 10 月 12 日生效的《中华人民共和国和波斯尼亚和黑塞哥维那关

于民事和商事司法协助的条约》第 22 条“申请应附的文件”规定：“一、承认和执行裁决的申请，应当附有下列文件：（一）经证明无误的裁决副本；（二）证明裁决是终局的文件，以及在申请执行时，证明裁决是可以执行的文件，除非裁决中对此已经予以明确说明；（三）证明败诉一方当事人已被适当送达裁决和无诉讼行为能力的当事人已经得到适当代理的文件；（四）如果是缺席裁决，证明缺席的当事人已经过合法传唤的文件。二、申请书和上述裁决及文件，均应当附有经证明无误的被请求方文字的译文。”

二、承认与执行外国判决请求的受理

受理承认执行申请的机构通常是执行国的法院，因为法院才有强制执行当事人的判决的权力。各国在国内法或者条约中会规定受理法院的地域管辖和级别管辖。按照我国 2023 年《民事诉讼法》第 298 条的规定，有权受理申请的法院应当是中级人民法院。有管辖权的中级人民法院为被申请人住所地或者财产所在地的中级人民法院。但是在特殊情形下，申请人住所地的中级人民法院也有管辖权。2021 年《涉外审判纪要》第 34 条规定，申请人申请承认外国法院判决、裁定，但被申请人在我国境内没有住所地，且其财产也不在我国境内的，可以由申请人住所地的中级人民法院管辖。

2021 年《涉外审判纪要》对申请的受理的程序作了较为详细的规定，判决的承认、执行同样要经过送达、管辖权异议、保全措施、立案审查等程序，其第 37 条规定：“当事人申请承认和执行外国法院判决、裁定，人民法院应当在裁判文书中将对方当事人列为被申请人。双方当事人都提出申请的，均列为申请人。人民法院应当将申请书副本送达被申请人。被申请人应当在收到申请书副本之日起十五日内提交意见；被申请人在中华人民共和国领域内没有住所的，应当在收到申请书副本之日起三十日内提交意见。被申请人在上述期限内不提交意见的，不影响人民法院审查。”2021 年《涉外审判纪要》第 38 条规定：“人民法院受理申请承认和执行外国法院判决、裁定案件后，被申请人对管辖权有异议的，应当自收到申请书副本之日起十五日内提出；被申请人在中华人民共和国领域内没有住所的，应当自收到申请书副本之日起三十日内提出。人民法院对被申请人提出的管辖权异议，应当审查并作出裁定。当事人对管辖权异议裁定不服的，可以提起上诉。”第 39 条规定：“当事人向人民法院申请承认和执行外国法院判决、裁定，人民法院受理申请后，当事人申请财产保全的，人民法院可以参照民事诉讼法及相关司法解释的规定执行。申请人应当提供担保，不提供担保的，裁定驳回申请。”第 40 条规定：“申请人的申请不符合立案条件的，人民法院应当裁定不予受理，同时说明不予受理的理由。已经受理的，裁定驳回申请。当事人不服的，可以提起上诉。人民法院裁定不予受理或者驳回申请后，申请人再次申请且符合受理条件的，人民法院应予受理。”我国《民事诉讼法司法解释》第 546 条规定，承认和执行外国法院作出的发生法律效力的判决、裁定或者外国仲裁裁决的案件，人民法院应当组成合议庭进行审查。人民法院应当将申请书送达被申请人。被申请人可以陈述意见。人民法院经审查作出的裁定，一经送达即发生法律效力。

关于提出申请的期限，如英国《外国判决相互执行法》中规定了 6 年的时效。我国 2022 年《民事诉讼法司法解释》第 545 条规定：“当事人申请承认和执行外国法院作出的发生法律效力的判决、裁定或者外国仲裁裁决的期间，适用民事诉讼法第二百四十六条的规定。当事人仅申请承认而未同时申请执行的，申请执行的期间自人民法院对承认申请作出的裁定生效之日起重新计算。”2023 年《民事诉讼法》第 250 条规定：“申请执行的期间为二年。申请执行时效的中止、中断，适用法律有关诉讼时效中止、中断的规定。前款规定的期间，从法律文书规定履行期间的最后一日起计算；法律文书规定分期履行的，从最后一期履行期限届满之日起计算；法律文书未规定履行期间的，从法律文书生效之日起计算。”

三、承认与执行外国判决请求的审查与方式

审查外国法院判决归根结底是国内法事项，必然依照国内法进行审查，但如果两个国家之间缔结了有关判决承认、执行内容的条约，则可以依照条约中规定的进行审查。在审查的过程中，审查范围是对外国判决从事实认定到法律适用进行全盘审查，还是只是进行形式上、外观上的审查？如果一国决定承认、执行外国法院的判决，又将通过什么样的方式？是按照本国法院

判决执行一样的程序，还是按照其他特殊的程序？

(一) 审查的依据及范围

在审查承认、执行外国法院判决的请求时，国际上普遍认可的方式是依照执行地国（被请求国）的法律，或者请求国与被请求国共同缔结的条约规定来审查。具体的程序也应当按照被请求国或者两国加入的条约规定执行。

对于判决审查的范围有两种态度：实质性审查；形式性审查。所谓实质性审查即对判决进行全面审查，既包括作出判决的事实和法律，也包括审理的程序事项，如果发现判决存在错误，则有权拒绝执行。这种方式相当于对另外一国司法权的过分干涉，在国际实践中已经被摒弃。在 2019 年《海牙判决公约》中充分明确了这一立场，其第 4 条第 2 款规定，对于请求国的判决不应当进行实质性审查。目前，绝大多数国家采用形式性审查的方法。形式性审查是指只对判决的管辖权和程序问题进行审查，而不关心该判决是否事实认定清楚、法律适用正确。执行地国法院也不能因为该外国判决所适用的法律与本国法院审理这一案件可能适用的准据法不同而拒绝执行该判决。

形式性审查并不意味着对外国判决中的所有事实置若罔闻。在审查外国法院的管辖权是否合理时，必然涉及对管辖权依据的事实进行调查，如外国法院行使管辖权的依据是被告的经常居所地，则执行地法院不得不审查判决中所呈现的事实是否构成被告的经常居所地。这一依据是否充分关乎外国法院能否行使案件的管辖权。此外，在审查外国判决的具体条件中，如果外国法院作出的判决所涉及的事项是本国法院或第三国法院正在审理的同一个争议，则执行地法院必然要审查该争议的当事人以及请求权基础是否相同，这也必然会涉及对外国判决涉及的事实和援引法律的认定。然而，这些审查并不会被视为“实质性审查”，因其目的在于厘清执行外国法院判决所需了解的事项。所谓拒绝实质性审查并不意味着完全不涉及外国判决的事实和法律适用的审查，而是指不对作为判决依据的事实和法律适用过多地干涉。

(二) 承认与执行外国判决的方式

英联邦的国家之间判决承认、执行采用的是登记程序。根据 1920 年《司法行政法（英国与英联邦国家判决互惠执行）》第 9 条、1933 年《外国判决相互执行法》第 7 条，英国可以通过枢密院令指示将上述法律适用于联合王国之外的领土作出的判决。目前该法适用于英格兰、苏格兰、威尔士和北爱尔兰以及英国的海外属地，如英属维尔京群岛。判决无需经过审理程序，登记后即可承认执行。根据 1933 年英国《外国判决（相互执行）法》，判决债权人在判决生效后 6 年内可以向高等法院登记该判决，经过登记的判决可以在英国境内得到执行，其效力自登记之日起视为如同在英国法院作出。但并非都所有的判决都可被登记，登记需要满足一定的条件，根据该法第 4 条规定，经过任何人的申请，如果存在以下事由，判决可能被搁置登记：(1) 该判决不属于本法本部分适用的判决，或者登记时违反了本法规定；(2) 原审法院所在国的法院对案件没有管辖权；(3) 判决债务人作为原审法院诉讼中的被告，没有收到诉讼的通知（尽管该诉讼可能已根据原审法院所在国的法律正式送达给他），不能使其有足够的时间进行辩护或出庭；(4) 判决系以欺诈手段取得的；(5) 执行判决将违反登记法院所在国的公共政策；(6) 判决所规定的权利不属于提出登记申请的人。此外，该法第 4 条还规定了英国法院认为原审国法院有管辖权的情形：对于这些国家或地区之外的国家则依照普通法进行审查，需要在英格兰和威尔士法院重新提起一个新的诉讼，而此时该外国判决被视为一项合同之债，法院需要启动一个新的程序以保证该“债务”的履行。①

欧盟国家主要适用《布鲁塞尔条例Ⅰ》相互承认执行缔约国的判决，其第 36 条规定，缔约国之间相互承认判决无需任何特别程序；第 39 条规定如果某一缔约国的判决在该国可以执行，则在其他缔约国也应当得到执行，而无需特别的程序宣告其可执行性。对于非欧盟国家，则可能需要根据被请求执行地国的国内法经过某种程序宣告该外国判决具有可执行性。

美国统一州法委员会于 1962 年制定了《承认外国金钱判决统一法》(2005 年修订)，其是普通法系项下承认外国金钱判决之规则成文化的结果。根据该法，所谓的外国金钱判决应当是终局的、可被执行的、涉及一定数量金钱救济的判决，其通常将税务、罚金或者基于家庭关系的判决排除在外。

① See Center for European Constitutional Law, Civil enforcement in the EU: a comparative overview (Comparative Report Project Deliverable D. 8), https://www.enforcementatlas.eu/wp-content/uploads/2021/03/EU-Enforcement-Atlas-Comparative-Report.pdf, last visited on 2023-7-25.

该法规定了可被承认判决的一般标准，如判决符合正当程序、判决由公正的司法系统做出、外国法院有相应的对人管辖权和事项管辖权、给予被告充分的通知以保证抗辩权的行使、不是基于欺诈获得的判决、不违反美国的公共政策、不与其他的终局性判决相冲突、不违反当事人之间的管辖协议。《承认外国金钱判决统一法》目前被 30 多个州采纳，各州就此在相应的民事诉讼规则当中吸取该规则，外国法院的金钱判决可以依照各州法承认与执行。但是金钱判决之外的外国判决以及不采纳该示范法的州则依照判例法中确立的礼让原则承认与执行。《承认外国金钱判决统一法》在 2005 年修订时新增了第 6 条，规定了承认执行外国判决的程序：如果承认外国判决作为初始事项，则应当通过提交诉讼的方式来获得承认；如果是在未决诉讼中承认外国判决，则承认应当通过反诉、交叉请求或肯定性抗辩来提出。①这意味着外国金钱判决的承认过程中往往不采用登记程序。不难理解，登记程序是在姊妹州判决的语境下，代表在判决债权人有机会快速有效地获得承认执行判决的利益与判决债务人有机会就判决是否应当得到承认提出诉讼的利益之间的平衡，是在姊妹州判决执行程序中的一种阻断程序，而承认程序中无需这种登记程序，因为姊妹州判决天然受到美国宪法充分诚信条款的约束，而此处是在外国而非外州判决的语境之下。2005 年，《承认外国金钱判决统一法》所修订第 6 条所指的诉讼是将外国判决承认作为对象的诉讼，而不是该外国判决所依赖的诉因或是非曲直提出的诉讼，承认的程序意味着承认外国判决的既判力，不可在美国再次就同一案件的是非曲直问题提起诉讼。该法只是涉及了承认程序，并没有规定执行程序，执行程序依旧有赖于各州法规定。需注意的是，美国的《外州判决执行统一法》只规定了美国州之间的执行问题，并不适用于外国法院的判决。

我国采取发出执行令的方式执行外国判决。根据 2023 年《民事诉讼法》第 299 条规定："人民法院对申请或者请求承认和执行的外国法院作

① SECTION 6. PROCEDURE FOR RECOGNITION OF FOREIGN-COUNTRY JUDGMENT.

(a) If recognition of a foreign-country judgment is sought as an original matter, the issue of recognition shall be raised by filing an action seeking recognition of the foreign-country judgment.

(b) If recognition of a foreign-country judgment is sought in a pending action, the issue of recognition may be raised by counterclaim, cross-claim, or affirmative defense.

出的发生法律效力的判决、裁定，依照中华人民共和国缔结或者参加的国际条约，或者按照互惠原则进行审查后，认为不违反中华人民共和国法律的基本原则或者国家主权、安全、社会公共利益的，裁定承认其效力，需要执行的，发出执行令，依照本法的有关规定执行。”我国在承认执行外国判决中还存在报备制度。2021 年《涉外审判纪要》第 49 条规定，各级人民法院审结当事人申请承认和执行外国法院判决案件的，应当在作出裁定后 15 日内逐级报至最高人民法院备案；备案材料包括申请人提交的申请书、外国法院判决及其中文译本、人民法院作出的裁定。需注意的是，2023 年《民事诉讼法》规定了对不予承认执行裁定的救济，其第 303 条规定：“当事人对承认和执行或者不予承认和执行的裁定不服的，可以自裁定送达之日起十日内向上一级人民法院申请复议。”该条首次规定了承认和执行外国法院的判决、裁定程序中的救济机制，彰显了立法机关对程序正义的重视和保障。

第三节　外国法院判决承认与执行的条件

案例①：

切佩茨基公司因与精诚公司合同履行过程中发生争议，向俄罗斯联邦乌德穆尔特商事法院（简称乌德穆尔特商事法院）提起诉讼。2017 年 1 月 18 日，乌德穆尔特商事法院依据《海牙送达公约》请求中国司法部向精诚公司注册地址协助送达安排初步听证的裁定、起诉状复印件及莫斯科时间 2017 年 3 月 10 日上午 8 时开庭传票。2017 年 3 月 20 日，乌德穆尔特商事法院请求司法协助送达推迟开庭时间至莫斯科时间 2017 年 6 月 6 日上午 12 时 30 分的裁定。2017 年 6 月 15 日，乌德穆尔特商事法院请求司法协助送达推迟开庭时间至莫斯科时间 2017 年 10 月 17 日上午 10 时 30 分的裁定。乌德穆尔特商事法院于 2017 年 10 月 20 日在精诚公司缺席的情况下作出民事判决，判决书载明：尽管采取《海牙送达公约》规定的一切措施，法院没有收到精诚

① 此案例出处为北京市第四中级人民法院（2020）京 04 协外认 2 号民事裁定书。

公司被送达开庭时间与地点通知书的任何证明。不过，中国在公约保留条件中提出：根据该公约第 15 条第 2 款的规定，在本条款规定条件均履行的情况下，尽管法院没有收到通知书送达证明，法官还是可以作出判决。因此，乌德穆尔特商事法院认为精诚公司已被妥当通知开庭的时间与地点。切佩茨基公司向北京市四中院申请承认并执行上述民事判决。

北京市四中院认为，本案应根据《中华人民共和国和俄罗斯联邦关于民事和刑事司法协助的条约》（简称《中俄司法协助条约》）的相关规定进行审查。该条约第 20 条规定，根据作出裁决的缔约一方的法律，未出庭的当事人一方未经合法传唤，或在当事人一方没有诉讼行为能力时未得到适当代理，不予承认和执行。根据已查明的事实，乌德穆尔特商事法院三次司法送达请求文书发出时间与开庭时间之间间隔均未满 6 个月，最终开庭时间为 2017 年 10 月 17 日，并当庭作出口头判决，于 2017 年 10 月 20 日作出正式判决。上述事实表明，乌德穆尔特商事法院的送达不符合《海牙送达公约》第 15 条第 2 款，"尽管没有收到送达或通知或递交的证明书"，如"文件发出后已超过法院对该案允许的、至少六个月以上的限期""仍得作出判决"的规定。因此，乌德穆尔特商事法院未能向精诚公司进行合法传唤。本案所涉判决符合《中俄司法协助条约》第 20 条第 3 款之规定，应当不予承认和执行。

问：

1. 我国法院承认执行外国法院判决具体要审查哪些条件？在本案中法院为什么拒绝承认执行俄罗斯法院的判决？

2. 在该案中法院审查外国判决的条件是依据什么？是依据条约还是国内法的规定？如何看待我国法院实践中的互惠原则？该案件中中国与俄罗斯之间是否存在互惠关系？

外国法院判决若要得到其他国家的承认执行，必然要满足执行地国法律的要求。然而不同国家对于承认、执行外国法院判决的条件不一，继而 2019 年《海牙判决公约》试图统一判决承认与执行的条件，使得判决能够如同《纽约公约》中的仲裁裁决那样在全球自由流动。我国民事诉讼法长期以来对于外国判决承认与执行问题的规定过于简单，经过多年的司法实践，在借鉴他国经验的基础上，2023 年《民事诉讼法》对这个问题进行了较为完善的规定，弥补了之前的立法缺失，这体现在第 300 条："对申请或者请求承认和执行的外国法院作出的发生法律效力的判决、裁定，人民法院经审查，有下列情形之一的，裁定不予承认和执行：（一）依据本法第三百零一条的规定，外国法院对案件无管辖权；（二）被申请人未得到合法传唤或者虽经合法传唤但未获得合理的陈述、辩论机会，或者无诉讼行为能力的当事人未得到适当代理；（三）判决、裁定是通过欺诈方式取得；（四）人民法院已对同一纠纷作出判决、裁定，或者已经承认第三国法院对同一纠纷作出的判决、裁定；（五）违反中华人民共和国法律的基本原则或者损害国家主权、安全、社会公共利益。"

一、外国法院有管辖权

具有合格的管辖权是一国法院能够行使管辖权的前提。法院在审理案件时，首先需要根据国内法或缔结的条约审查自身是否享有合格的管辖权。此时的管辖权被称为直接管辖权。而在承认执行外国法院判决时，被请求国同样也需要审查判决作出国法院是否有合格的管辖权。此处审查管辖的依据不再是依照判决作出国的法律，而是要依照被请求国的法律来审查，即间接管辖权。客观上间接管辖权的存在是为了要求外国法院行使管辖权时也应符合被请求执行国法院的管辖权规则。根本来说，间接管辖权是为了保护本国的管辖权免于受到外国法院的侵占或影响，这已为大多数国家所接受。

由于各国管辖权的差异巨大，根据本国法院审查可能该外国法院没有管辖权，或属于本国法院专属管辖的范畴。这种情形下，将拒绝承认执行外国法院的判决。因此，与判决承认、执行有关的国际条约首要的任务就是统一管辖权的审查标准，通常会在条约中规定管辖权，承认执行外国法院判决时按照条约中规定的管辖权进行审查，以避免一国专属管辖依据过分宽泛，或者特殊管辖权依据过分狭窄而导致外国法院依照被请求国法无管辖权的情形。2019 年《海牙判决公约》第 5 条就规定了 13 种管辖权的依据，缔约国将按照公约中规定的管辖权依据审查外国法院判决是否具有合格的管辖权。

也不乏一些国家采用原判决作出地国法中的管辖权依据来判断外国法院是否享有管辖权，如结合判决作出地和被请求执行地国法律来审查。[①]《布鲁塞尔条例Ⅰ》第45条第2款规定："被请求国法院应当受到判决作出地国法院对管辖权依据事实认定的约束。"值得注意的是，我国民事诉讼法一方面依据原判决作出地国法来审查外国法院是否有管辖权，同时也用适当联系、专属管辖和法院选择协议来避免外国法院管辖权的过度扩张，在充分尊重外国法院管辖权的基础上也维护了我国法院与案件的适当联系，显示了充分的立法智慧和完善的立法技术。2023年《民事诉讼法》第301条规定："有下列情形之一的，人民法院应当认定该外国法院对案件无管辖权：（一）外国法院依照其法律对案件没有管辖权，或者虽然依照其法律有管辖权但与案件所涉纠纷无适当联系；（二）违反本法对专属管辖的规定；（三）违反当事人排他性选择法院管辖的协议。"

二、外国法院的判决是生效判决

被申请承认、执行的判决应当是终局的、生效的判决。是否终局的、生效的判决只能依照判决作出地国的法律来确定。所谓终局的，是指判决是最终的判决，其内容不再发生变化，双方当事人的权利义务已经确定，才可以被执行；否则，如果判决被后续的上诉程序推翻，已经执行的部分就需要被恢复原状，造成司法资源的浪费，也不符合当事人的合理预期。所谓生效的判决，是指该判决已经在判决作出地国发生法律效力，在判决作出地国具有执行力。2019年《海牙判决公约》第4条第3款规定，只有在判决作出地国生效的判决才可以被承认，在判决作出地国有执行力的判决才可以在被请求国得到执行。而对于那些上诉期未经过的判决，也并非绝对的不可被承认执行。其第4条第4款规定，这类判决可以被推迟执行，或被拒绝执行，但拒绝并不影响后续申请的提出，待判决内容确定不可被推翻，成为终局判决时，依旧可以再得到承认、执行。

我国2021年《涉外审判纪要》第42条"判决生效的认定"规定："人

---

① 何其生：《比较法视野下的国际民事诉讼》，高等教育出版社2015年版，第330页。

民法院应当根据判决作出国的法律审查该判决、裁定是否已经发生法律效力。有待上诉或者处于上诉过程中的判决、裁定不属于民事诉讼法第二百八十九条规定的‘发生法律效力的判决、裁定’。”2021 年《涉外审判纪要》第43 条“不能确认判决真实性和终局性的情形”规定：“人民法院在审理申请承认和执行外国法院判决、裁定案件时，经审查，不能够确认外国法院判决、裁定的真实性，或者该判决、裁定尚未发生法律效力的，应当裁定驳回申请。驳回申请后，申请人再次申请且符合受理条件的，人民法院应予受理。”

三、不存在冲突判决

判决承认、执行的另外一个条件在于不存在冲突判决。此处的冲突判决包括两类：一是本国法院正在审理或已经作出的同案判决；二是本国法院已经承认执行的第三国判决。在第一种情况下，如果是本国法院已经受理的案件，意味着本国法院对本案行使了管辖权，此时与外国法院存在明显的管辖权冲突。在管辖权积极冲突的情形下，若继续向被请求国法院申请承认执行外国法院的判决，将与执行国法院的利益相冲突，判决往往无法得到承认执行；若本国法院已经作出了判决，那更不会承认与执行外国法院作出判决。在第二种情况下，如果本国法院已经承认执行了第三国的判决，意味着其已经对该案当事人权利义务的问题做了确认，通常不再承认执行其他国家法院的判决，尤其是其他国家法院的判决可能会造成同案不同判的情形，从而使得当事人之间的权利义务处于更加不确定的状态中。

可以理解，上述做法的目的是避免对同样的案件作出重复判断，避免同案不同判的情形，从而消除当事人之间权利义务的不确定状态。不过，这需要明确一个前提，即如何界定“同案”。2019 年《海牙判决公约》对这个问题规定了两种具体情形：其一，被执行判决与被请求国的相同当事人之间的判决存在不一致时，这一判决无需比申请执行的判决先做出，也无需基于相同的诉因。“不一致”是指判决的内容部分或全部存在相冲突的情形。如欧盟法院在某案件中就表示，根据婚姻关系而支付配偶扶养费与国内法院宣告该对配偶离婚的判决相冲突。尽管诉因不同，但是当事人相同，也属于相冲突的判决而不可被执行。①其二，判决与执行地国法院先前执行的相同当事人相同诉讼标的的第三国判决存在不一致。在此处对判决客体的要求明显要比第一类要“窄”得多，要求发生于相同的当事人之间且指向相同的诉讼标的。同时，这个判决应当比执行地国法院作出的判决要早，而无需考虑是否比执行地国法院先受理案件。无论是哪一种判决，都不要求“诉因”是完全一致的。换言之“诉讼请求”的完全一致的，而是指核心的争议一致即可。欧盟《布鲁塞尔条例Ⅰ》就冲突判决的理解与2019年海牙判决公约保持一致，体现在第45条第1款（c）和（d）项。不过，在与第三国的冲突判决问题上，2005年《选择法院协议公约》比2019年《海牙判决公约》的规定更加严格，要求相同当事人、相同诉讼标的、相同诉因。我国2023年《民事诉讼法》第300条第4款纳入了这种情形：“人民法院已对同一纠纷作出判决、裁定，或者已经承认第三国法院对同一纠纷作出的判决、裁定”将不予承认执行。第302条为了避免冲突判决，对平行诉讼中的判决承认、执行规定了处理程序：“当事人向人民法院申请承认和执行外国法院作出的发生法律效力的判决、裁定，该判决、裁定涉及的纠纷与人民法院正在审理的纠纷属于同一纠纷的，人民法院可以裁定中止诉讼。外国法院作出的发生法律效力的判决、裁定不符合本法规定的承认条件的，人民法院裁定不予承认和执行，并恢复已经中止的诉讼；符合本法规定的承认条件的，人民法院裁定承认其效力；需要执行的，发出执行令，依照本法的有关规定执行；对已经中止的诉讼，裁定驳回起诉。”

四、程序正当

外国法院作出的判决应当是程序正当的。所谓程序正当，首先是保障被告的抗辩权利。而被告的抗辩权体现在三个方面：给被告充分的时间准备应诉；通知被告采用适当方式；被告有公平合理的抗辩机会，尤其是在无诉讼能力时得到适当代理。

2019年《海牙判决公约》第7条a项将程序正当作为承认执行的重要理

① Judgment of 4 February 1988，Hoffmann v. Krieg，C-145/86，EU：C：1988：61.

由：(1) 诉讼相关文件应当在充分的时间内通知被告，以便于他能够准备抗辩，除非根据判决作出地国的法律，被告可以就通知问题提交反对意见，而被告出庭时没有就这一问题表示反对；(2) 通知位于被请求国的被告时，采用的方式与被请求国送达文书的基本原则不符。①这一条一方面充分保障了被告的抗辩权，若判决作出地国作出缺席判决，则申请方应当证明存在充分且有效地送达保障了被告的听审权，另一方面也保证被请求执行国的送达制度得到尊重。尤其是被告位于被请求国境内时，若送达途径根据被请求国法律违背了送达司法文书的基本原则，被请求国可以此拒绝执行外国判决。我国也已将程序正当纳入了审查范围，2023 年《民事诉讼法》第 300 条第 2 款将“被申请人未得到合法传唤或者虽经合法传唤但未获得合理的陈述、辩论机会，或者无诉讼行为能力的当事人未得到适当代理”纳入不予承认与执行的范畴中。

五、非欺诈性判决

申请承认执行的判决应当是非欺诈性的判决，即不能是通过欺诈方式获得的判决。2019 年《海牙判决公约》第 7 条 b 项对此有明确规定：所谓“欺诈”是指为了获得不公平或非法利益、剥夺他人权利而故意欺骗的行为。欺诈抗辩在一些国家被纳入公共政策范畴，作为拒绝承认执行的理由之一（公共政策抗辩）；也有一些国家将欺诈视为一项独立的抗辩理由。2005 年《选择法院协议公约》第 9（d）项规定欺诈主要是在程序上的欺诈，该公约的报告指出，因为一些国家的公共政策抗辩不包括程序欺诈，故特将其作为一项单独的抗辩提出，②如故意写错送达地址、审理的时间地点，贿赂法官或证

---

① “(a) the document which instituted the proceedings or an equivalent document, including a statement of the essential elements of the claim— (i) was not notified to the defendant in sufficient time and in such a way as to enable them to arrange for their defence, unless the defendant entered an appearance and presented their case without contesting notification in the court of origin, provided that the law of the State of origin permitted notification to be contested; or (ii) was notified to the defendant in the requested State in a manner that is incompatible with fundamental principles of the requested State concerning service of documents.”

② See Explanatory Report by Trevor Hartley and Masato Dogauchi, available on the HCCH website at 〈www.hcch.net〉 under “Choice of Court”, note 228.

人，伪造证据等损害公平公正审判的行为。不过，《2019 年海牙判决公约》并没有将欺诈限定在程序事项上，同样也包括了对实体问题的欺诈。①我国《民事诉讼法》第 300 条第 3 款也规定了“判决、裁定是通过欺诈方式取得”的，不能被承认与执行。

六、不违反公共政策

几乎所有的国际条约及国内法都规定承认、执行外国法院判决不得违背本国公共政策。作为判决承认、执行的最后一道防线，公共政策的内涵非常广泛，给被请求国充分的解释空间。为了避免公共政策抗辩被滥用，一般要求违反的程度是严重地、明显地违反。对于公共政策应当从严解释，损害的是那些对被请求国秉持的基本法律原则。2019 年《海牙判决公约》第 7（c）项规定，若外国判决严重损害被请求国程序公正的基本原则以及主权与安全则将被拒绝执行。该公约的解释报告第 261 段指出，公共政策所涉及的原则包括程序性的原则，比如正当程序、自然正义、公平审判的权利。尽管这些中有一部分已经包含在第 7 条的 a 项和 b 项中，但是为了充分保障当事人的程序权利采用这种特殊方式也毫不为过。②除了程序上的公共秩序，第 7 条 c 项还纳入了实体上的公共政策。而这些实体上的公共政策应该是指那些与纯粹国内公共政策相区别的国际公共政策，是一些根本性的基本原则，而不仅仅是一国禁止性的规定。尽管公共政策所谓一项抗辩被广泛接受，但是真正被援引的情形并不多。目前一些国家的法院会认为执行非法合同的判决，如合同是基于走私行为而产生的、违反言论自由等宪法性权利、赌债等问题可能会损害公共利益。③

---

① Francisco Garcimartín and Geneviève Saumier，Explanatory Report on the Convention of 2 July 2019 on the Recognition and Enforcement of Foreign Judgments in Civil or Commercial Matters，p. 118，para 257.

② Francisco Garcimartín and Geneviève Saumier，Explanatory Report on the Convention of 2 July 2019 on the Recognition and Enforcement of Foreign Judgments in Civil or Commercial Matters，p. 120.

③ See Soleimany v. Soleimany (id.). Although this case involved an arbitration award rather than a foreign judgment，the court asserted that it would clearly have refused to enforce the award had it been a judgment given by a foreign court. See Bachchan v. India Abroad Publ'n Inc.，154 （转下页）

还有一些国家将惩罚性判决纳入了公共政策范畴。通常情形下，判决中的金钱给付义务一般都是补偿性或填补性的，不会超出权利人所遭受的损害程度。而惩罚性判决则超出了原本的损害，具有一定的强制性惩罚意味，不同于民商事主体平等、和平解决纠纷的本意，因此惩罚性判决可能不会被承认与执行。更何况，在跨境案件中，尤其是一些国家惩罚性制度的赔偿金额很高，如果履行极有可能导致企业直接破产，从而影响一国的产业利益。我国 2021 年《涉外审判纪要》第 45 条“惩罚性赔偿判决”规定：外国法院判决的判项为损害赔偿金且明显超出实际损失的，人民法院可以对超出部分裁定不予承认和执行。

七、互惠要求

在相当长的一段时间内，国家之间相互承认和执行外国判决要求存在互惠关系。所谓互惠关系，是指两个国家之前有过相互承认执行外国判决的先例，这也被称为“事实互惠”。然而，事实互惠存在天然的弊端，由于跨国承认执行判决的案件相比于纯粹的国内案件要少得多，事实互惠的认定并不那么平凡。有时由于当事人自动履行了判决，或者与相应的国家之间存在较少的民商事交往，本身没有很多相互承认判决的需求，很可能不存在有先例的情形。一旦新的需求发生，诉诸过往的先例往往是个空白，事实互惠也就不存在。如此一来，国家间在民商事判决上的相互合作的可能性也微乎其微。更何况，如果一国曾出于正当理由拒绝承认执行国某一个法院的判决，那么就破坏了两个国家之间的互惠关系，若遵循事实互惠的先例，再次修复这种关系就变得不可能。因此，事实互惠越发成为

(接上页) Misc. 2d 228，235 (N. Y. sup. Ct. 1992) (the United States of America)，where an English libel judgment was refused recognition in New York. See，however，the discussion on public policy and freedom of speech in Yahoo! v. LICRA，433 F. 3d 1199 (9th Cir. 2006) (the United States of America). See Sporting Index Limited v. John O'Shea [2015] IEHC 407 (Irish High Court)；The Ritz Hotel Casino Ltd v. Datuk Seri Osu Haji Sukam，[2005] 6 Malayan Law Journal 760 (High Court of Malaysia). But other courts have rejected this use of public policy if gambling was legal where the debt was incurred：see for example Boardwalk Regency Corp. v. Maalouf (1992)，6 O. R. (3d) 737 (Ontario C. A.)；G. N. L. V. Corp. v. Wan，[1991] B. C. J. No 3725 (British Columbia S. C.)；Liao Eng Kiat v. Burswood Nominees Ltd，[2004] 4 S. L. R. 690 (Singapore C. A.).

国家间民商事交往的阻碍。因此，一些国家逐步提出了一些替代性的方法，如“推定互惠”或“法律互惠”。所谓“推定互惠”是指若一国之前没有过拒绝承认执行本国法院的先例，就推定两个国家之间存在互惠关系，由本国法院率先先行一步，奠定互惠关系的基础，期待对方国家也如同本国一样，未来可以承认执行本国法院作出的判决；“法律互惠”是指若对方国家的法律规定中，如果没有比本国承认执行判决的立法规定的条件更加苛刻，那么就可以认为存在互惠关系。通过这样的替代性方式，有利于判决在各国之间的自由流动。

当前，我国依旧要求在无条约的情形下，承认执行外国法院的判决应当存在互惠关系，但对于互惠关系的认定，我国已经从事实互惠走向了法律互惠。2021 年《涉外审判纪要》第 44 条“互惠关系的认定”的规定：“人民法院在审理申请承认和执行外国法院判决、裁定案件时，有下列情形之一的，可以认定存在互惠关系：(1) 根据该法院所在国的法律，人民法院作出的民商事判决可以得到该国法院的承认和执行；(2) 我国与该法院所在国达成了互惠的谅解或者共识；(3) 该法院所在国通过外交途径对我国作出互惠承诺或者我国通过外交途径对该法院所在国作出互惠承诺，且没有证据证明该法院所在国曾以不存在互惠关系为由拒绝承认和执行人民法院作出的判决、裁定。人民法院对于是否存在互惠关系应当逐案审查确定。”

【思考题】

1. 有关临时措施如财产保全的决定是否可以被承认执行？为何国际或区际公约中都只规定“判决”的承认执行？怎样判断一项判决是否生效？

2. 直接管辖权与间接管辖权有何区别？判断间接管辖权的标准是什么？如何看待我国民诉法中间接管辖权的判断标准？

3. 判决承认执行的条件有哪些？如何理解判决承认、执行语境下公共政策的内涵？如何理解判决中的程序正当要求？

4. 如何看待判决承认、执行语境下的互惠原则？

【案例分析】

案例一：SPAR航运有限公司诉大新华物流控股（集团）有限公司申请承认外国法院判决案①

2010年3月，SPAR航运有限公司（简称SPAR公司）与大新华（香港）轮船公司签订3份定期租船合同，大新华物流控股（集团）有限公司（简称大新华控股）出具保函为大新华（香港）轮船公司履行租船合同提供担保。后合同履行发生争议，SPAR公司在英国伦敦对大新华（香港）轮船公司提起仲裁。因大新华（香港）轮船公司申请清盘，仲裁程序中止。为此，SPAR公司向英高等法院对大新华控股提起诉讼。英高等法院于2015年3月18日作出Spar Shipping As v. Grand China Logistics Holding (Group) Co Ltd [2015] EWHC 718 (Comm) 号判决，判决大新华控股应当向SPAR公司承担责任。大新华控股不服，向英上诉法院提起上诉。英上诉法院于2016年10月7日作出Grand China Logistics Holding (Group) Co Ltd v. Spar Shipping As [2016] EWCA Civ 982号判决，驳回大新华控股的上诉。然而，大新华控股并未履行生效裁判确定的义务。

申请人SPAR公司称：因大新华控股系在中华人民共和国登记注册的企业，在中华人民共和国境内有住所和财产，且SPAR公司认为，英高等法院曾在 [2015] EWHC 999 (Comm) 号原告西特福船运公司（简称西特福公司）诉被告中国银行股份有限公司（简称中国银行）案中承认了我国法院作出的判决和裁定，故基于互惠原则，请求法院裁定承认英高等法院 [2015] EWHC 718 (Comm) 号判决、英上诉法院 [2016] EWCA Civ 982号判决和相关一系列法院命令。

被申请人大新华控股陈述称：中国与英国未缔结或参加相互承认和执行法院判决、裁定的国际条约，也未建立相应的互惠关系，SPAR公司所称英高等法院在 [2015] EWHC 999 (Comm) 号案中承认中国判决一说，仅是将中国法院的判决、裁定作为证据予以认证，并非通过承认和执行程序进行审理后的承认，且 [2015] EWHC 999 (Comm) 号案虽认定了中国法院的

① 上海海事法院（2018）沪72协外认1号民事裁定书。

判决、裁定，但最终裁决结果却是实质性地否定了中国法院的判决、裁定。互惠原则的本意应当是英国法院承认中国法院判决的条件与中国法院承认英国法院判决的条件基本相同。由于英国法下存在禁诉令制度，当事人违反禁诉令在中国诉讼所取得的判决，在英国将得不到承认和执行，即英国法院承认中国法院判决的条件更为严苛。再者，SPAR公司申请承认的英国判决在适用中国法时存在明显错误。此外，英国是《海牙选择法院协议公约》成员国，中国也已签署该公约，公约将超过实际损失的惩罚性赔偿排除在可被承认和执行的范围之外。SPAR公司申请承认的英国判决中利息的利率标准明显具有惩罚性，另还判有费用罚金，对此不应予以承认。

问：

该判决能否得到中国法院的承认执行？承认与执行的依据是什么？具体应当如何承认执行？如何看待该案中的互惠关系？该案中中国与英国是否存在互惠关系？

案例二：Solar公司诉SD公司申请承认执行外国法院判决案①

2014年初，Solar公司向新加坡高等法院起诉SD公司，主张SD公司应偿还其借款总金额为197 501 785美元。SD公司出庭应诉，并对Solar公司所提诉请进行答辩。2018年7月5日，新加坡高等法院作出S59/2014号判决：（1）SD公司应向Solar公司支付总额为197 501 785美元及利息（从2014年1月14日起至实际支付日止，利率按每年5.33%计算）；（2）其他SD公司应向Solar公司支付之费用，由法院决定。2018年7月30日，新加坡高等法院作出如下费用裁定：在如上S59/2014号判决中，明确SD公司应向Solar公司支付之费用确定为120 291.4新加坡元。SD公司针对上述判决提起上诉，却因未支付上诉费而被驳回。而后，由于SD公司未履行新加坡S59/2014号法院判决及其费用裁定（合称为“案涉新加坡法院判决”），Solar公司依据《中华人民共和国民事诉讼法》第281条、第282条以及《最高人民法院和新加坡共和国最高法院关于相互承认与执行商事案件金钱

---

① 上海市第一中级人民法院（2019）沪协外认22号民事裁定书。

判决的指导备忘录》（简称《备忘录》）的相关规定，向上海市一中院申请承认和执行案涉新加坡法院判决。被申请人提出多项抗辩理由，其中主要认为中国与新加坡并无司法协助条约，而上述《备忘录》不具有法律约束力，如上申请应予驳回。

目前已知在2014年1月28日，新加坡高等法院就“Giant Light Metal Technology（Kunshan）Co Ltd v. Aksa Far East Pte Ltd［2014］2 SLR 545案”作出判决：承认和执行江苏省苏州市中院于2010年12月10日作出之判决书；Aksa Far East Pte Ltd（雅柯斯公司）应依据该中国判决向Giant Light Metal Technology（Kunshan）Co Ltd（昆山捷安特公司）支付19万美元赔偿金及其他各项款项。在该案中，新加坡高等法院依据普通法（common law）规则对是否承认和执行案涉中国法院判决进行审查，即围绕（1）案涉中国法院判决是法院的最终判决和确定性判决；（2）根据新加坡国际私法，案涉中国法院有权作出该判决，以及（3）对案涉中国法院判决的承认没有其他抗辩事项，最终认定案涉中国法院判决在新加坡应予承认和执行。

问：

Solar公司申请的新加坡法院的判决能否得到中国法院的承认、执行？承认、执行的依据和理由是什么？如何判断该判决是否是最终和确定性判决？新加坡与我国是否存在互惠关系？《备忘录》是否意味着存在互惠关系？

【拓展阅读】

1. 若想要了解我国司法实践中判决承认执行过程中遇到的具体问题，以及《我国民事诉讼法》修订的背景，可以阅读沈红雨：《外国民商事判决承认和执行若干疑难问题研究》，《法律适用》2018年第5期。

2. 若想要了解其他国家与判决承认执行制度有关的规定，进行比较研究，可以阅读何其生：《比较法视野下的国际民事诉讼》，高等教育出版社2015年版，第361—362页。

3. 若想进一步了解国际层面有关判决承认、执行的理论和实践趋势以及

2019 年《海牙判决公约》的背景，对判决承认、执行具体细节问题进行深入探讨，可以阅读 Francisco Garcimartín and Geneviève Saumier，Explanatory Report on the Convention of 2 July 2019 on the Recognition and Enforcement of Foreign Judgments in Civil or Commercial Matters。

第十二章　中国的区际民商事诉讼

我国是多法域国家，包含内地、香港、澳门和台湾地区四个法域，每个法域都有着相对独立的法律制度，因此区际之间的法律冲突尤为突出。我国2022年《民事诉讼法司法解释》第549条规定："人民法院审理涉及香港、澳门特别行政区和台湾地区的民事诉讼案件，可以参照适用涉外民事诉讼程序的特别规定。"鉴于不同地区之间诉讼制度的差异，尤其在送达取证等方面的差异，区际民商事诉讼尤为需要区际司法协助的保障。由于四个法域同属于一个主权国家内部，因此司法协助的形式不是国际司法协助，而是区际间司法协助，体现为一系列的区际司法协助安排。在具体事项的用词上，为了与国际民事诉讼相区别、体现主权国家内不同法域间的合作，因此在判决的承认问题上采用"认可"这一表述。目前，内地与香港和澳门地区签订了一系列的司法协助安排，主要涉及送达、取证、判决认可与执行以及仲裁等领域。本章则侧重从内地法院的视角，重点论述送达、取证和判决认可执行三个方面。

第一节　内地与香港的区际民商事诉讼

案例：

甲乙两人在香港登记结婚，婚后未生育子女。后来双方感情破裂，在香港区域法院起诉离婚。香港区域法院作出婚姻诉讼案暂准判令，载明除非一方在判决作出后6周内向法院提交充分理由，说明为何该判令不应成为绝对判令，否则双方婚姻关系解除。双方在判决作出后6周内没有任何一方向法院表示异议，经过当事人再次申请，法院最终向各方出具离婚绝对判令，上述婚姻关系解除。后甲又在内地法院申请，请求法院依法承认上述离婚绝对判令。

问：

1. 香港法院的判决能否得到内地法院的认可？内地认可或执行香港法院的判决相比于执行外国法院判决有何区别？当事人请求内地法院认可该判决应当提交哪些材料，向哪个内地法院提出申请，具体经过哪些程序？

2. 除了判决领域，内地与香港之间在其他的民事诉讼领域有无合作，如在送达或取证领域，具体如何实施？

由于历史原因，香港地区的法律制度受英国的影响，与内地法律制度存在较大差异，尤其在管辖权依据、送达的途径、判决的类型等具体制度以及法院体系等方面都存在较大差异。随着内地与香港地区民商事交往频繁，涉港案件的司法协助显得日益迫切。目前，内地与香港地区一共签署了 8 项司法协助安排，为涉港案件司法程序的顺利进行提供保障。自香港回归祖国以来，内地与香港之间协助工作经历了三个阶段：第一个阶段是香港回归至 2006 年，签署了 3 项安排；第二个阶段是 2006—2016 年属于实践积累期；第三个阶段是 2016 年至今，已经签署了 5 项安排。

这些协议主要分为三大类：一是以保护诉讼权利为基础的安排，例如《关于内地与香港特别行政区法院相互委托送达民商事司法文书的安排》（简称《送达安排》）、《关于内地与香港特别行政区法院就民商事案件相互委托提取证据的安排》（简称《取证安排》）；二是支持仲裁活动，为仲裁活动提供司法保障的安排，如《内地与香港特别行政区相互执行仲裁裁决的安排》《关于内地与香港特别行政区法院就仲裁程序相互协助保全安排》《关于内地与香港特别行政区相互执行仲裁裁决的补充安排》；三是诉讼判决互认的安排，例如《关于内地与香港特别行政区相互认可和执行当事人协议管辖的民商事案件判决的安排》（简称《协议管辖民商事判决互认安排》）、《关于内地与香港特别行政区法院相互认可和执行婚姻家庭民事案件判决的安排》（简称《婚姻家庭判决互认安排》）、《关于内地与香港特别行政区法院相互认可和执行民商事案件判决的安排》（简称《民商事判决互认安排》）。

一、内地与香港之间的送达

(一)内地法院与香港法院是两地之间相互送达的对口机关

根据1998年生效的《关于内地与香港特别行政区法院相互委托送达民商事司法文书的安排》，双方委托送达司法文书，均须通过各高级人民法院和香港特别行政区高等法院进行。最高人民法院司法文书可以直接委托香港特别行政区高等法院送达。

(二)送达的范围限于司法文书

司法文书在内地包括：起诉状副本、上诉状副本、授权委托书、传票、判决书、调解书、裁定书、决定书、通知书、证明书、送达回证；在香港特别行政区包括：起诉状副本、上诉状副本、传票、状词、誓章、判案书、判决书、裁决书、通知书、法庭命令、送达证明。不过，如果双方认为有增减司法文书种类的必要时，可以再增加。相互委托送达的司法文书以交换的文书样本为准。

(三)送达的程序

送达司法文书依照送达地法律规定的程序进行。受委托方对委托送达的司法文书的内容和后果不负法律责任。委托送达费用互免。请求以特定方式送达产生的费用，由委托方负担。送达时间限制在两个月内。

(四)送达的形式要求

委托方请求送达司法文书，须出具盖有其印章的委托书，并须在委托书中说明委托机关的名称、受送达人的姓名或者名称、详细地址及案件的性质。委托书应当以中文文本提出。所附司法文书没有中文文本的，应当提供中文译本。以上文件一式两份。受送达人为两人以上的，每人一式两份。受委托方如果认为委托书与本安排的规定不符，应当通知委托方，并说明对委托书的异议。必要时可以要求委托方补充材料。送达司法文书后，内地人民法院应当出具送达回证；香港特别行政区法院应当出具送达证明书。出具送达回证和证明书，应当加盖法院印章。受委托方无法送达的，应当在送达回证或者证明书上注明妨碍送达的原因、拒收事由和日期，并及时退回委托书及所附全部文书。

自1999—2014年，内地法院委托香港法院送达民商事司法文书15 127件，香港法院协助送达成功率为36.6%；香港法院委托内地法院送达民商事司法文书1 959件，内地法院协助送达成功率为53.5%。①

二、内地与香港之间的取证

很久以来，在取证领域由于普通法系与大陆法系传统的巨大差异，尤其是普通法系允许特派员取证的途径难以被大陆法系传统所接受，内地与香港之间长期以来没有达成协议，但值得欣喜的是，《关于内地与香港特别行政区法院就民商事案件相互委托提取证据的安排》（简称《民商事证据安排》）于2016年12月29日签署，自2017年3月1日起生效。这一安排在内容上包括以下几个部分。

（一）协助取证的对口机关。双方相互委托提取证据，须通过各自指定的联络机关进行

其中，内地指定各高级人民法院为联络机关；香港特别行政区指定香港特别行政区政府政务司司长办公室辖下行政署为联络机关。最高人民法院可以直接通过香港特别行政区指定的联络机关委托提取证据。

（二）取证的范围

内地人民法院根据《民商事证据安排》委托香港特别行政区法院提取证据的，请求协助的范围包括：（1）讯问证人；（2）取得文件；（3）检查、拍摄、保存、保管或扣留财产；（4）取得财产样品或对财产进行试验；（5）对人进行身体检验。香港特别行政区法院根据《民商事证据安排》委托内地人民法院提取证据的，请求协助的范围包括：（1）取得当事人的陈述及证人证言；（2）提供书证、物证、视听资料及电子数据；（3）勘验、鉴定。

（三）取证的法律依据和方式

受委托方应当根据本辖区法律规定安排取证。委托方请求按照特殊方式提取证据的，如果受委托方认为不违反本辖区的法律规定，可以按照委托方

① 高晓力：《从内地法院民商事司法协助实践看“两地安排”的发展》，《中国法律》2015年第6期。

请求的方式执行。如果委托方请求其司法人员、有关当事人及其诉讼代理人（法律代表）在受委托方取证时到场，以及参与录取证言的程序，受委托方可以按照其辖区内相关法律规定予以考虑批准。批准同意的，受委托方应当将取证时间、地点通知委托方的联络机关。

（四）取证的形式要求

内地人民法院委托香港特别行政区法院提取证据，应当提供加盖最高人民法院或者高级人民法院印章的委托书。香港特别行政区法院委托内地人民法院提取证据，应当提供加盖香港特别行政区高等法院印章的委托书。委托书或者所附相关材料应当写明：(1) 出具委托书的法院名称和审理相关案件的法院名称；(2) 与委托事项有关的当事人或者证人的姓名或者名称、地址及其他一切有助于联络及辨别其身份的信息；(3) 要求提供的协助详情，包括但不限于：与委托事项有关的案件基本情况（包括案情摘要、涉及诉讼的性质及正在进行的审理程序等）；需向当事人或者证人取得的指明文件、物品及询（讯）问的事项或问题清单；需要委托提取有关证据的原因等；必要时，需陈明有关证据对诉讼的重要性及用来证实的事实及论点等；(4) 是否需要采用特殊方式提取证据以及具体要求；(5) 委托方的联络人及其联络信息；(6) 有助执行委托事项的其他一切信息。

（五）取证的费用承担

受委托方因执行受托事项产生的一般性开支，由受委托方承担。受委托方因执行受托事项产生的翻译费用、专家费用、鉴定费用、应委托方要求的特殊方式取证所产生的额外费用等非一般性开支，由委托方承担。如果受委托方认为执行受托事项或会引起非一般性开支，应先与委托方协商，以决定是否继续执行受托事项。

（六）取证的期限

受委托方应当尽量自收到委托书之日起 6 个月内完成受托事项。受委托方完成受托事项后，应当及时书面回复委托方。如果受委托方未能按委托方的请求完成受托事项，或者只能部分完成受托事项，应当向委托方书面说明原因，并按委托方指示及时退回委托书所附全部或者部分材料。

三、内地与香港之间的判决认可与执行

由于内地与香港地区同属于一个主权国家下的不同法域，因此香港的判决相对于内地，或内地法院的判决相对于香港地区属于域外判决，必然在审理程序上存在较大的差异。两法域作出的判决，尽管需要司法合作，然而对待这类判决绝不能如同对待外国判决一样，因此采用认可程序以区别于外国判决的承认程序。内地与香港在近些年间签订了一系列的判决认可与执行安排，包括婚姻家事判决、协议管辖判决和其他民商事判决。

(一) 内地与香港相互认可和执行婚姻家庭民事案件判决的安排

《内地与香港特别行政区法院相互认可和执行婚姻家庭民事案件判决的安排》(简称《婚姻家庭安排》）是最高法院与香港特区政府于 2017 年 6 月 20 日签订的，旨在促进两地之间相互执行婚姻家事案件判决的协议。香港地区为了实施该安排，制定了《内地婚姻家庭案件判决（相互承认及强制执行）条例》(第 639 章)，内地通过最高院发布司法解释，自 2022 年 2 月 15 日起开始施行。

《婚姻家庭安排》适用于诉讼离婚和协议离婚。当事人向香港特别行政区法院申请认可和执行内地人民法院就婚姻家庭民事案件作出的生效判决，或者向内地人民法院申请认可和执行香港特别行政区法院就婚姻家庭民事案件作出的生效判决；当事人向香港特别行政区法院申请认可内地民政部门所发的离婚证，或者向内地人民法院申请认可依据《婚姻制度改革条例》(香港法例第 178 章）第Ⅴ部、第ⅤA 部规定解除婚姻的协议书、备忘录的，参照适用《婚姻家庭安排》。该安排主要包括以下基本内容：

1. 关于判决的定义

该安排中的生效判决在内地是指二审判决、依法不准上诉或者超过法定期限没有上诉的一审判决，以及依照审判监督程序作出的上述判决；在香港特别行政区，是指终审法院、高等法院上诉法庭及原讼法庭和区域法院作出的已经发生法律效力的判决，包括依据香港法律可以在生效后作出更改的命令。判决在内地包括判决、裁定、调解书；在香港特别行政区包括判决、命令、判令、讼费评定证明书、定额讼费证明书，但不包括双方依据其法律承

认的其他国家和地区法院作出的判决。

2. 婚姻家庭民事案件的范围

在内地是指婚内夫妻财产分割纠纷案件；离婚纠纷案件；离婚后财产纠纷案件；婚姻无效纠纷案件；撤销婚姻纠纷案件；夫妻财产约定纠纷案件；同居关系子女抚养纠纷案件；亲子关系确认纠纷案件；抚养纠纷案件；扶养纠纷案件（限于夫妻之间扶养纠纷）；确认收养关系纠纷案件；监护权纠纷案件（限于未成年子女监护权纠纷）；探望权纠纷案件；申请人身安全保护令案件。在香港特别行政区是指依据香港法例第179章《婚姻诉讼条例》第Ⅲ部作出的离婚绝对判令；依据香港法例第179章《婚姻诉讼条例》第Ⅳ部作出的婚姻无效绝对判令；依据香港法例第192章《婚姻法律程序与财产条例》作出的在讼案待决期间提供赡养费令；依据香港法例第13章《未成年人监护条例》、第16章《分居令及赡养令条例》、第192章《婚姻法律程序与财产条例》第Ⅱ部、第ⅡA部作出的赡养令；依据香港法例第13章《未成年人监护条例》、第192章《婚姻法律程序与财产条例》第Ⅱ部、第ⅡA部作出的财产转让及出售财产令；依据香港法例第182章《已婚者地位条例》作出的有关财产的命令；依据香港法例第192章《婚姻法律程序与财产条例》在双方在世时作出的修改赡养协议的命令；依据香港法例第290章《领养条例》作出的领养令；依据香港法例第179章《婚姻诉讼条例》、第429章《父母与子女条例》作出的父母身份、婚生地位或者确立婚生地位的宣告；依据香港法例第13章《未成年人监护条例》、第16章《分居令及赡养令条例》、第192章《婚姻法律程序与财产条例》作出的管养令；就受香港法院监护的未成年子女作出的管养令；依据香港法例第189章《家庭及同居关系暴力条例》作出的禁制骚扰令、驱逐令、重返令或者更改、暂停执行就未成年子女的管养令、探视令。

3. 申请认可与执行判决的管辖法院

在内地向申请人住所地、经常居住地或者被申请人住所地、经常居住地、财产所在地的中院提出；在香港特别行政区向区域法院提出。申请人应当向符合前款第一项规定的其中一个人民法院提出申请。向两个以上有管辖权的人民法院提出申请的，由最先立案的人民法院管辖。

4. 认可与执行判决的条件

拒绝认可与执行的理由包括：(1) 根据原审法院地法律，被申请人未经合法传唤，或者虽经合法传唤但未获得合理的陈述、辩论机会的；(2) 判决是以欺诈方法取得的；(3) 被请求方法院受理相关诉讼后，请求方法院又受理就同一争议提起的诉讼并作出判决的；(4) 被请求方法院已经就同一争议作出判决，或者已经认可和执行其他国家和地区法院就同一争议所作出的判决的。内地人民法院认为认可和执行香港特别行政区法院判决明显违反内地法律的基本原则或者社会公共利益，香港特别行政区法院认为认可和执行内地人民法院判决明显违反香港特别行政区法律的基本原则或者公共政策的，不予认可和执行。申请认可和执行的判决涉及未成年子女的，在根据前款规定审查决定是否认可和执行时，应当充分考虑未成年子女的最佳利益。

(二) 内地与香港相互认可和执行当事人协议管辖的民商事案件判决的安排 (简称《民商事判决安排》)

《民商事判决安排》是最高人民法院与香港特区政府经协商后，在 2006 年 7 月就当事人协议管辖的民商事案件判决的认可和执行问题作出的安排。2008 年 2 月，为体现内地经修订的《民事诉讼法》中关于申请执行期限的新规定，对该安排进行了修订，将申请人申请认可和执行判决的期限由 1 年 (若双方或一方当事人是自然人) 或 6 个月 (若双方是法人或其他组织)，一律延长至两年，香港特区政府为了实施该安排，于 2008 年 4 月通过《内地判决 (交互强制执行) 条例》(第 597 章)，内地则是最高法院颁布司法解释，该安排自 2008 年 8 月 1 日开始实施。该安排主要包括如下基本内容：

1.“书面管辖协议”“特定法律关系” 含义

《民商事判决安排》中所称“书面管辖协议”，是指当事人为解决与特定法律关系有关的已经发生或者可能发生的争议，以书面形式明确约定内地人民法院或者香港特别行政区法院具有唯一管辖权的协议；“特定法律关系”，是指当事人之间的民商事合同，不包括雇佣合同以及自然人因个人消费、家庭事宜或者其他非商业目的而作为协议一方的合同。

2. 申请的管辖法院

申请认可和执行符合本安排规定的民商事判决，在内地向被申请人住所地、经常居住地或者财产所在地的中院提出，在香港特别行政区向香港特别行政区高等法院提出。被申请人住所地、经常居住地或者财产所在地在内地不同的中院辖区的，申请人应当选择向其中一个人民法院提出认可和执行的申请，不得分别向两个或者两个以上人民法院提出申请。被申请人的住所地、经常居住地或者财产所在地，既在内地又在香港特别行政区的，申请人可以同时分别向两地法院提出申请，两地法院分别执行判决的总额，不得超过判决确定的数额。已经部分或者全部执行判决的法院应当根据对方法院的要求提供已执行判决的情况。

3. 判决的内涵

对于“具有执行力的终审判决”，在内地是指最高法院的判决，高级法院、中院以及经授权管辖第一审涉外、涉港澳台民商事案件的基层法院（名单附后）依法不准上诉或者已经超过法定期限没有上诉的第一审判决，第二审判决和依照审判监督程序由上一级人民法院提审后作出的生效判决。在香港特别行政区是指终审法院、高等法院上诉法庭及原讼法庭和区域法院作出的生效判决。判决，在内地包括判决书、裁定书、调解书、支付令；在香港特别行政区包括判决书、命令和诉讼费评定证明书。当事人向香港特别行政区法院申请认可和执行判决后，内地人民法院对该案件依法再审的，由作出生效判决的上一级人民法院提审。

4. 不予执行的理由

这些理由与普通法原则及香港地区《外地判决（交互强制执行）条例》（第319章）中规定的理由相近，具体包括：（1）根据当事人协议选择的原审法院地的法律，管辖协议属于无效，但选择法院已经判定该管辖协议为有效的除外；（2）判决已获完全履行；（3）根据执行地的法律，执行地法院对该案享有专属管辖权；（4）根据原审法院地的法律，未曾出庭的败诉一方当事人未经合法传唤或者虽经合法传唤但未获依法律规定的答辩时间。但原审法院根据其法律或者有关规定公告送达的，不属于上述情形；（5）判决是以欺诈方法取得的；（6）执行地法院就相同诉讼请求作出判决，或者外国、境外地区法院就相同诉讼请求作出判决，或者有关仲裁机构作出仲裁裁决，已经为执行地法院所认可或者执行的。内地人民法院认为在内地执行香港特别行政区法院判决违反内地社会公共利益，或者香港特别行政区法院认为在香港特别行政区执行内地人民法院判决违反香港特别行政区公共政策的，不予认可和执行。

（三）内地与香港相互认可和执行民商事案件判决的安排

最高法院和香港特区政府在2019年1月18日签订了《关于内地与香港特别行政区法院相互认可和执行民商事案件判决的安排》（简称《民商事判决安排》）。该安排是第六份与内地关于民商事的司法协助安排，也是第三份香港与内地相互认可和执行民商事案件判决的安排。该安排希望建立更全面的民商事判决执行机制，减少在两地就同一争议重复提出诉讼的需要，为当事人的利益提供更好的保障，该安排于2024年1月29日生效。《民商事判决安排》包括如下基本内容。

1. 适用范围

该安排所称“民商事案件”是指依据内地和香港特别行政区法律均属于民商事性质的案件，不包括香港特别行政区法院审理的司法复核案件以及其他因行使行政权力直接引发的案件。暂不适用于就下列民商事案件作出的判决：（1）内地人民法院审理的赡养、兄弟姐妹之间扶养、解除收养关系、成年人监护权、离婚后损害责任、同居关系析产案件，香港特别行政区法院审理的应否裁判分居的案件；（2）继承案件、遗产管理或者分配的案件；（3）内地人民法院审理的有关发明专利、实用新型专利侵权的案件，香港特别行政区法院审理的有关标准专利（包括原授专利）、短期专利侵权的案件，内地与香港特别行政区法院审理的有关确认标准必要专利许可费率的案件，以及有关本安排第5条未规定的知识产权案件；（4）海洋环境污染、海事索赔责任限制、共同海损、紧急拖航和救助、船舶优先权、海上旅客运输案件；（5）破产（清盘）案件；（6）确定选民资格、宣告自然人失踪或者死亡、认定自然人限制或者无民事行为能力的案件；（7）确认仲裁协议效力、撤销仲裁裁决案件；（8）认可和执行其他国家和地区判决、仲裁裁决的案件。

2. 对“判决”的界定

在内地包括判决、裁定、调解书、支付令，不包括保全裁定；在香港特别行政区包括判决、命令、判令、讼费评定证明书，不包括禁诉令、临时济助命令。“生效判决”在内地，是指第二审判决，依法不准上诉或者超过法定期限没有上诉的第一审判决，以及依照审判监督程序作出的上述判决；在香港特别行政区，是指终审法院、高等法院上诉法庭及原讼法庭、区域法院以及劳资审裁处、土地审裁处、小额钱债审裁处、竞争事务审裁处作出的已经发生法律效力的判决。

3. 协调内地与香港之间管辖权的尝试

符合下列情形之一，且依据被请求方法律有关诉讼不属于被请求方法院专属管辖的，被请求方法院应当认定原审法院具有管辖权：(1) 原审法院受理案件时，被告住所地在该方境内；(2) 原审法院受理案件时，被告在该方境内设有代表机构、分支机构、办事处、营业所等不属于独立法人的机构，且诉讼请求是基于该机构的活动；(3) 因合同纠纷提起的诉讼，合同履行地在该方境内；(4) 因侵权行为提起的诉讼，侵权行为实施地在该方境内；(5) 合同纠纷或者其他财产权益纠纷的当事人以书面形式约定由原审法院地管辖，但各方当事人住所地均在被请求方境内的，原审法院地应系合同履行地、合同签订地、标的物所在地等与争议有实际联系地；(6) 当事人未对原审法院提出管辖权异议并应诉答辩，但各方当事人住所地均在被请求方境内的，原审法院地应系合同履行地、合同签订地、标的物所在地等与争议有实际联系地。

4. 拒绝认可和执行的判决的理由

被申请人提供证据证明有下列情形之一的，被请求方法院审查核实后，应当不予认可和执行：(1) 原审法院对有关诉讼的管辖不符合本安排第 11 条规定的；(2) 依据原审法院地法律，被申请人未经合法传唤，或者虽经合法传唤但未获得合理的陈述、辩论机会的；(3) 判决是以欺诈方法取得的；(4) 被请求方法院受理相关诉讼后，原审法院又受理就同一争议提起的诉讼并作出判决的；(5) 被请求方法院已经就同一争议作出判决，或者已经认可其他国家和地区就同一争议作出的判决的；(6) 被请求方已经就同一争议作出仲裁裁决，或者已经认可其他国家和地区就同一争议作出的仲裁裁决的。内地人民法院认为认可和执行香港特别行政区法院判决明显违反内地法律的基本原则或者社会公共利益，香港特别行政区法院认为认可和执行内地人民法院判决明显违反香港特别行政区法律的基本原则或者公共政策的，应当不予认可和执行。相互认可和执行的判决内容包括金钱判项、非金钱判项。判决包括惩罚性赔偿的，不予认可和执行惩罚性赔偿部分，但该安排第十七条规定的除外。①

第二节　内地与澳门的区际民商事诉讼

案例：

欧某在澳门某牙医诊所担任诊所助理期间，以伪造、销毁单据的方式将部分诊金据为己有，涉案金额达 41 万元澳门币，折合人民币 33 万元。东窗事发后，澳门初级法院刑事法庭对欧某作出刑事及民事赔偿判决，判决其赔偿老板梁某 40 余万元澳门币及利息。但此时欧某已返回内地，且欧某在澳门无财产可供执行，梁某遂向中山市中院申请认可和执行澳门初级法院刑事判决中的民事赔偿部分。

问：

1. 澳门法院的刑附民判决能否得到内地法院的认可？内地认可或执行澳门法院的判决相比于执行外国法院判决有何区别？与执行香港法院判决有无差异？当事人请求内地法院认可该判决应当提交哪些材料，向哪个内地法院提出申请，具体经过哪些程序？

2. 除了判决领域，内地与澳门地区之间在其他的民事诉讼领域有无合作，诸如在送达或取证领域，具体如何实施？

自澳门回归以来，随着内地与澳门地区之间民商事交往日益频繁，涉澳案件数量日益上升，内地与澳门特区司法协助工作不断推进。2001 年，最高人民法院与澳门特区签署首个司法协助安排，即《关于内地与澳门特别行政

---

① 该第 17 条规定，知识产权侵权纠纷案件以及内地人民法院审理的《中华人民共和国反不正当竞争法》第六条规定的不正当竞争纠纷民事案件、香港特别行政区法院审理的假冒纠纷案件，内地与香港特别行政区法院相互认可和执行判决的，限于根据原审法院地发生的侵权行为所确定的金钱判项，包括惩罚性赔偿部分。有关商业秘密侵权纠纷案件判决的相互认可和执行，包括金钱判项（含惩罚性赔偿）、非金钱判项。

区法院就民商事案件相互委托送达司法文书和调取证据的安排》(简称《送达文书和调取证据安排》);2006年、2007年,《关于内地与澳门特别行政区相互认可和执行民商事判决的安排》《关于内地与澳门特别行政区相互认可和执行仲裁裁决的安排》先后签署并已经生效。

一、内地与澳门之间相互送达和调取证据

由于历史原因,澳门地区沿袭了葡萄牙法律的传统,具有大陆法系的特征。当前,澳门现行民事诉讼法中有关送达和取证的规定与内地也存在较大差异。为了促进两地的司法合作,《送达文书和调取证据安排》自2001年签署,并于2019年修正,2020年正式施行。该安排包含了如下基本内容。

(一)相互委托送达和取证的机关

双方相互委托送达司法文书和调取证据,通过各高级法院和澳门特别行政区终审法院进行。最高法院与澳门特别行政区终审法院可以直接相互委托送达和调取证据。经与澳门特别行政区终审法院协商,最高法院可以授权部分中院、基层人民法院与澳门特别行政区终审法院相互委托送达和调取证据。

(二)送达和取证的方式

双方相互委托送达司法文书和调取证据,通过内地与澳门司法协助网络平台以电子方式转递;不能通过司法协助网络平台以电子方式转递的,采用邮寄方式。通过司法协助网络平台以电子方式转递的司法文书、证据材料等文件,应当确保其完整性、真实性和不可修改性。通过司法协助网络平台以电子方式转递的司法文书、证据材料等文件与原件具有同等效力。各高级法院和澳门特别行政区终审法院收到对方法院的委托书后,应当立即将委托书及所附司法文书和相关文件转送根据其本辖区法律规定有权完成该受托事项的法院。

(三)送达的司法文书的范围

司法文书在内地包括:起诉状副本、上诉状副本、反诉状副本、答辩状副本、授权委托书、传票、判决书、调解书、裁定书、支付令、决定书、通知书、证明书、送达回证以及其他司法文书和所附相关文件;在澳门特别行

政区包括：起诉状复本、答辩状复本、反诉状复本、上诉状复本、陈述书、申辩书、声明异议书、反驳书、申请书、撤诉书、认诺书、和解书、财产目录、财产分割表、和解建议书、债权人协议书、传唤书、通知书、法官批示、命令状、法庭许可令状、判决书、合议庭裁判书、送达证明书以及其他司法文书和所附相关文件。

（四）代为调取证据的范围

其包括：代为询问当事人、证人和鉴定人，代为进行鉴定和司法勘验，调取其他与诉讼有关的证据。受委托方法院可以根据委托方法院的请求，并经证人、鉴定人同意，协助安排其辖区的证人、鉴定人到对方辖区出庭作证。证人、鉴定人在委托方地域内逗留期间，不得因在其离开受委托方地域之前，在委托方境内所实施的行为或者针对他所作的裁判而被刑事起诉、羁押，不得为履行刑罚或者其他处罚而被剥夺财产或者扣留身份证件，不得以任何方式对其人身自由加以限制。证人、鉴定人完成所需诉讼行为，且可自由离开委托方地域后，在委托方境内逗留超过 7 天，或者已离开委托方地域又自行返回时，前款规定的豁免即行终止。证人、鉴定人到委托方法院出庭而导致的费用及补偿，由委托方法院预付。出庭作证人员，在澳门特别行政区还包括当事人。受委托方法院可以根据委托方法院的请求，并经证人、鉴定人同意，协助安排其辖区的证人、鉴定人通过视频、音频作证。受委托方法院取证时，被调查的当事人、证人、鉴定人等的代理人可以出席。

二、内地与澳门之间判决相互认可与执行

相较于内地与香港之间判决认可执行协议的坎坷之路，内地与澳门之间认可与执行协议的谈判比较顺利，在 2006 年已经达成了《最高人民法院关于内地与澳门特别行政区相互认可和执行民商事判决的安排》，该安排是一项全面的判决认可与执行的机制，而不限于特定协议管辖和家事领域。该安排主要包括以下主要内容。

（一）“判决”的内涵

在内地，判决包括：判决、裁定、决定、调解书、支付令；在澳门特别行政区则包括：裁判、判决、确认和解的裁定、法官的决定或者批示。内地

与澳门特别行政区民商事案件（在内地包括劳动争议案件，在澳门特别行政区包括劳动民事案件）判决的相互认可和执行，适用本安排。本安排亦适用于刑事案件中有关民事损害赔偿的判决、裁定。

(二) 申请认可与执行的管辖法院

内地有权受理认可和执行判决申请的法院为被申请人住所地、经常居住地或者财产所在地的中院。两个或者两个以上中院均有管辖权的，申请人应当选择向其中一个中院提出申请。澳门特别行政区有权受理认可判决申请的法院为中级法院，有权执行的法院为初级法院。被申请人在内地和澳门特别行政区均有可供执行财产的，申请人可以向一地法院提出执行申请。申请人向一地法院提出执行申请的同时，可以向另一地法院申请查封、扣押或者冻结被执行人的财产。待一地法院执行完毕后，可以根据该地法院出具的执行情况证明，就不足部分向另一地法院申请采取处分财产的执行措施。两地法院执行财产的总额，不得超过依据判决和法律规定所确定的数额。

(三) 拒绝认可与执行的条件

其包括：(1) 根据被请求方的法律，判决所确认的事项属被请求方法院专属管辖；(2) 在被请求方法院已存在相同诉讼，该诉讼先于待认可判决的诉讼提起，且被请求方法院具有管辖权；(3) 被请求方法院已认可或者执行被请求方法院以外的法院或仲裁机构就相同诉讼作出的判决或仲裁裁决；(4) 根据判决作出地的法律规定，败诉的当事人未得到合法传唤，或者无诉讼行为能力人未依法得到代理；(5) 根据判决作出地的法律规定，申请认可和执行的判决尚未发生法律效力，或者因再审被裁定中止执行；(6) 在内地认可和执行判决将违反内地法律的基本原则或者社会公共利益，在澳门特别行政区认可和执行判决将违反澳门特别行政区法律的基本原则或者公共秩序。

第三节　大陆与台湾地区的区际民商事诉讼

案例：

我国台湾地区当事人林某母亲为处置位于厦门的不动产，委托其子林某负责，但因其年事已高，且患老年痴呆，故向台北地方法院申请宣告林某为其监护人（判决一），后向法院申请同意林某代为处置其不动产（判决二）。林某持上述两份判决在厦门办理不动产权属变更登记时，被告知应补充大陆有关法院认可上述两份判决的材料。

问：

1. 林某应当到大陆哪一个法院申请认可这两份台湾地区法院的判决？具体应当向法院提交哪些材料，经历哪些程序？

2. 大陆与台湾地区之间是否有相互协助民商事诉讼的协议？具体包括哪些内容？现有的两岸之间司法协助的现状如何？相比于内地与香港、内地与澳门之间的司法协助，大陆与台湾地区之间的民商事诉讼领域合作还有哪些可以合作的空间？

20 世纪 90 年代，海峡两岸相继成立了各自授权的民间团体。大陆方面在北京成立民间团体海峡两岸关系协会（简称海协会），台湾方面成立财团法人海峡交流基金会（简称海基会）。两者作为两岸制度化商谈平台，为海峡两岸民商事交往提供便利，包括在两岸公证书使用、税务合作、民航飞行安全、贸易投资、争议解决等经济和民生领域开展协商合作。考虑到海峡两岸民间交往的客观需要以及落实海协会和海基会签署的多项协议，大陆和台湾地区各自发布了系列规定为民商事交往提供制度保障。目前大陆发布了涉台的有关司法解释，如最高法院于 2008 年 4 月 22 日公布《关于涉台民事诉讼文书送达的若干规定》；2009 年海协会和海基会在南京签署《海峡两岸共同打击犯罪及司法互助协议》，涉及了司法文书的送达和取证问题。鉴于此，2010 年 12 月 16 日最高法院审判委员会第 1506 次会议通过《最高人民法院关于人民法院办理海峡两岸送达文书和调查取证司法互助案件的规定》，并于 2011 年 6 月 25 日正式实施。在判决认可与执行方面，2015 年最高法院发布《关于认可和执行台湾地区法院民事判决的规定》。台湾地区自 1992 年公布《台湾地区与大陆地区人民关系条例》，历经多次修改，是目前台湾地区规范两岸经贸往来并处理衍生法律类事项的重要依据。

一、大陆与台湾地区的送达和取证方面的合作

根据2011年6月开始施行的《关于人民法院办理海峡两岸送达文书和调查取证司法互助案件的规定》，人民法院和台湾地区业务主管部门通过各自指定的协议联络人，建立办理海峡两岸司法互助业务的直接联络渠道。最高法院是与台湾地区司法事务主管部门就海峡两岸司法互助业务进行联络的一级窗口。最高法院台湾司法事务办公室主任是最高法院指定的协议联络人。最高法院授权高级法院就办理海峡两岸送达文书司法互助案件，建立与台湾地区司法事务主管部门联络的二级窗口。高级法院应当指定专人作为经最高法院授权的二级联络窗口联络人。中院和基层法院应当指定专人负责海峡两岸司法互助业务。中院和基层法院负责：具体办理海峡两岸送达文书和调查取证司法互助案件；定期向高级法院呈报本院办理海峡两岸送达文书司法互助业务情况；及时将本院海峡两岸司法互助业务负责人员的姓名、联络方式及变动情况层报高级法院。

（一）大陆法院向住所在台湾地区的当事人送达文书

大陆法院向住所地在台湾地区的当事人送达民事和行政诉讼司法文书，可以采用下列方式：（1）受送达人居住在大陆的，直接送达。受送达人是自然人，本人不在的，可以交其同住成年家属签收；受送达人是法人或者其他组织的，应当由法人的法定代表人、其他组织的主要负责人或者该法人、其他组织负责收件的人签收。受送达人不在大陆居住，但送达时在大陆的，可以直接送达；（2）受送达人在大陆有诉讼代理人的，向诉讼代理人送达。但受送达人在授权委托书中明确表明其诉讼代理人无权代为接收的除外；（3）受送达人有指定代收人的，向代收人送达；（4）受送达人在大陆有代表机构、分支机构、业务代办人的，向其代表机构或者经受送达人明确授权接受送达的分支机构、业务代办人送达；（5）通过协议确定的海峡两岸司法互助方式，请求台湾地区送达；（6）受送达人在台湾地区的地址明确的，可以邮寄送达；（7）有明确的传真号码、电子信箱地址的，可以通过传真、电子邮件方式向受送达人送达。采用上述方式均不能送达或者台湾地区当事人下落不明的，可以公告送达。

上述方式其实并非是一种直接将文书送达至台湾地区的送达方式，而仍是在大陆地区进行送达。如果不满足上述情形要求，而需要将文书送达到台湾地区，则应当依照司法协助的方式。审理案件的人民法院需要台湾地区协助送达司法文书的，应当填写《〈海峡两岸共同打击犯罪及司法互助协议〉送达文书请求书》附录部分，连同需要送达的司法文书，一式二份，及时送交至高级法院。需要台湾地区协助送达的司法文书中有指定开庭日期等类似期限的，一般应当为协助送达程序预留不少于 6 个月的时间。高级法院收到本院或者下级法院《〈海峡两岸共同打击犯罪及司法互助协议〉送达文书请求书》附录部分和需要送达的司法文书后，应当在 7 个工作日内完成审查。经审查认为可以请求台湾地区协助送达的，高级人民法院联络人应当填写《〈海峡两岸共同打击犯罪及司法互助协议〉送达文书请求书》正文部分，连同附录部分和需要送达的司法文书，立即寄送台湾地区联络人；经审查认为欠缺相关材料、内容或者认为不需要请求台湾地区协助送达的，应当立即告知提出请求的人民法院补充相关材料、内容或者在说明理由后将材料退回。台湾地区成功送达并将送达证明材料寄送高级法院联络人，或者未能成功送达并将相关材料送还，同时出具理由说明给高级法院联络人的，高级法院应当在收到之日起 7 个工作日内，完成审查并转送提出请求的人民法院。经审查认为欠缺相关材料或者内容的，高级法院联络人应当立即与台湾地区联络人联络并请求补充相关材料或者内容。自高级法院联络人向台湾地区寄送有关司法文书之日起满 4 个月，如果未能收到送达证明材料或者说明文件，且根据各种情况不足以认定已经送达的，视为不能按照协议确定的海峡两岸司法互助方式送达。

（二）台湾地区向大陆送达文书

台湾地区请求人民法院协助送达台湾地区法院的司法文书并通过其联络人将请求书和相关司法文书寄送高级法院联络人的，高级法院应当在 7 个工作日内完成审查。经审查认为可以协助送达的，应当立即转送有关下级法院送达或者由本院送达；经审查认为欠缺相关材料、内容或者认为不宜协助送达的，高级法院联络人应当立即向台湾地区联络人说明情况并告知其补充相关材料、内容或者将材料送还。具体办理送达文书司法互助案件的人民法院应当在收到高级法院转送的材料之日起5个工作日内，以“协助台湾地区送达民事（刑事、行政诉讼）司法文书”案由立案，指定专人办理，并应当自立案之日起15日内完成协助送达，最迟不得超过两个月。收到台湾地区送达文书请求时，司法文书中指定的开庭日期或者其他期限逾期的，人民法院亦应予以送达，同时高级法院联络人应当及时向台湾地区联络人说明情况具体办理送达文书司法互助案件的人民法院成功送达的，应当由送达人在《〈海峡两岸共同打击犯罪及司法互助协议〉送达回证》上签名或者盖章，并在成功送达之日起7个工作日内将送达回证送交高级法院；未能成功送达的，应当由送达人在《〈海峡两岸共同打击犯罪及司法互助协议〉送达回证》上注明未能成功送达的原因并签名或者盖章，在确认不能送达之日起7个工作日内，将该送达回证和未能成功送达的司法文书送交高级法院。高级法院应当在收到前款所述送达回证之日起7个工作日内完成审查，由高级法院联络人在前述送达回证上签名或者盖章，同时出具《〈海峡两岸共同打击犯罪及司法互助协议〉送达文书回复书》，连同该送达回证和未能成功送达的司法文书，立即寄送台湾地区联络人。人民法院协助台湾地区法院送达司法文书，应当采用民事诉讼法、刑事诉讼法、行政诉讼法等法律和相关司法解释规定的送达方式，并应当尽可能采用直接送达方式，但不采用公告送达方式。人民法院协助台湾地区送达司法文书，应当充分负责，及时努力送达。

（三）大陆向台湾地区请求调取证据

人民法院办理海峡两岸调查取证司法互助业务，限于与台湾地区法院相互协助调取与诉讼有关的证据，包括取得证言及陈述；提供书证、物证及视听资料；确定关系人所在地或者确认其身份、前科等情况；进行勘验、检查、扣押、鉴定和查询等。

审理案件的人民法院需要台湾地区协助调查取证的，应当填写《〈海峡两岸共同打击犯罪及司法互助协议〉调查取证请求书》附录部分，连同相关材料，一式三份，及时送交高级法院。高级法院应当在收到前款所述材料之日起7个工作日内完成初步审查，并将审查意见和《〈海峡两岸共同打击犯罪及司法互助协议〉调查取证请求书》附录部分及相关材料，一式二份，立即转送最高法院。最高法院收到高级人民法院转送的《〈海峡两岸共同打击犯罪及司法互助协议〉调查取证请求书》附录部分和相关材料以及高级人民法院审查意见后，应当在7个工作日内完成最终审查。经审查认为可以请求台湾地区协助调查取证的，最高法院联络人应当填写《〈海峡两岸共同打击犯罪及司法互助协议〉调查取证请求书》正文部分，连同附录部分和相关材料，立即寄送台湾地区联络人；经审查认为欠缺相关材料、内容或者认为不需要请求台湾地区协助调查取证的，应当立即通过高级法院告知提出请求的人民法院补充相关材料、内容或者在说明理由后将材料退回。台湾地区成功调查取证并将取得的证据材料寄送最高法院联络人，或者未能成功调查取证并将相关材料送还，同时出具理由说明给最高人民法院联络人的，最高法院应当在收到之日起7个工作日内完成审查并转送高级法院，高级法院应当在收到之日起7个工作日内转送提出请求的人民法院。经审查认为欠缺相关材料或者内容的，最高法院联络人应当立即与台湾地区联络人联络并请求补充相关材料或者内容。

（四）台湾地区向大陆法院请求调取证据

台湾地区请求大陆人民法院协助台湾地区法院调查取证并通过其联络人将请求书和相关材料寄送最高法院联络人的，最高法院应当在收到之日起7个工作日内完成审查。经审查认为可以协助调查取证的，应当立即转送有关高级法院或者由本院办理，高级法院应当在收到之日起7个工作日内转送有关下级人民法院办理或者由本院办理；经审查认为欠缺相关材料、内容或者认为不宜协助调查取证的，最高法院联络人应当立即向台湾地区联络人说明情况并告知其补充相关材料、内容或者将材料送还。人民法院协助台湾地区法院调查取证，应当采用民事诉讼法、刑事诉讼法、行政诉讼法等法律和相关司法解释规定的方式。在不违反法律和相关规定、不损害社会公共利益、不妨碍正在进行的诉讼程序的前提下，人民法院应当尽力协助调查取证，并尽可能依照台湾地区请求的内容和形式予以协助。具体办理调查取证司法互助案件的人民法院成功调查取证的，应当在完成调查取证之日起7个工作日内将取得的证据材料一式三份，连同台湾地区提供的材料，并在必要时附具情况说明，送交高级法院；未能成功调查取证的，应当出具说明函一式三份，连同台湾地区提供的材料，在确认不能成功调查取证之日起7个工作日内送交高级法院。高级法院应当在收到前款所述材料之日起 7 个工作日内完成初步审查，并将审查意见和前述取得的证据材料或者说明函等，一式二份，连同台湾地区提供的材料，立即转送最高法院。最高法院应当在收到之日起 7 个工作日内完成最终审查，由最高法院联络人出具《〈海峡两岸共同打击犯罪及司法互助协议〉调查取证回复书》，必要时连同相关材料，立即寄送台湾地区联络人。证据材料不适宜复制或者难以取得备份的，可不按本条第一款和第二款的规定提供备份材料。

二、大陆与台湾地区之间的判决与承认执行

台湾地区 1992 年颁布、2009 年修订的《台湾地区与大陆地区人民关系条例》第 74 条规定："在大陆地区作成之民事确定裁判、民事仲裁判断，不违背台湾地区公共秩序或善良风俗者，得声请法院裁定认可。前项经法院裁定认可之裁判或判断，以给付为内容者，得为执行名义。前二项规定，以在台湾地区作成之民事确定裁判、民事仲裁判断，得声请大陆地区法院裁定认可或为执行名义者，始适用之。"

2015 年，最高法院发布《关于认可和执行台湾地区法院民事判决的规定》。台湾地区法院民事判决，包括台湾地区法院作出的生效民事判决、裁定、和解笔录、调解笔录、支付命令等。申请认可台湾地区法院在刑事案件中作出的有关民事损害赔偿的生效判决、裁定、和解笔录的，适用该规定。申请认可由台湾地区乡镇市调解委员会等出具并经台湾地区法院核定，与台湾地区法院生效民事判决具有同等效力的调解文书的，参照适用本规定。

申请认可台湾地区法院民事判决的案件，由申请人住所地、经常居住地或者被申请人住所地、经常居住地、财产所在地中级人民法院或者专门人民法院受理。申请人向两个以上有管辖权的人民法院申请认可的，由最先立案的人民法院管辖。申请人向被申请人财产所在地人民法院申请认可的，应当提供财产存在的相关证据。对申请认可台湾地区法院民事判决的案件，人民法院应当组成合议庭进行审查。

台湾地区法院民事判决具有下列情形之一的，裁定不予认可：(1) 申请认可的民事判决，是在被申请人缺席又未经合法传唤或者在被申请人无诉讼

行为能力又未得到适当代理的情况下作出的；(2) 案件系人民法院专属管辖的；(3) 案件双方当事人订有有效仲裁协议，且无放弃仲裁管辖情形的；(4) 案件系人民法院已作出判决或者大陆的仲裁庭已作出仲裁裁决的；(5) 香港特别行政区、澳门特别行政区或者外国的法院已就同一争议作出判决且已为人民法院所认可或者承认的；(6) 台湾地区、香港特别行政区、澳门特别行政区或者外国的仲裁庭已就同一争议作出仲裁裁决且已为人民法院所认可或者承认的。认可该民事判决将违反一个中国原则等国家法律的基本原则或者损害社会公共利益的，人民法院应当裁定不予认可。申请人申请认可台湾地区法院民事判决，应当提供相关证明文件，以证明该判决真实并且已经生效。申请人可以申请人民法院通过海峡两岸调查取证司法互助途径查明台湾地区法院民事判决的真实性和是否生效以及当事人得到合法传唤的证明文件；人民法院认为必要时，也可以就有关事项依职权通过海峡两岸司法互助途径向台湾地区请求调查取证。

【思考题】

1. 多法域国家内部区际之间的司法协助与国家间的司法协助的区别是什么？

2. 内地与香港、澳门地区之间关于“判决”的认定有何异同点？

3. 内地与香港、澳门地区之间的域外送达和域外取证之间有何异同点？

4. 内地与香港、澳门地区之间相互域外送达和域外取证，与《海牙送达公约》《海牙取证公约》《取消外国公文书认证公约》之间有何关系？

【案例分析】

案例一：香港法院委托内地法院进行交叉盘问证人案[①]

原告和被告于2015年1月29日签订买卖合同。原告向香港法院起诉，被告抗辩称合同是其在被胁迫的情况下在中国内地签署的，因此无效。香港法院定于2022年11月2—4日审理本案。被告因刑事犯罪在中国内地被判

① Huang Yuhui v. Zheng Shizhi [2021] HKCFI 3362.

处无期徒刑，无法到庭参加庭审。被告遂委托律师向香港法院申请，向中国内地法院发出请求函，要求在其服刑监狱中对其进行盘问。原告提出异议：(1) 被告未能说明香港法院向中国内地法院发出请求函向犯人取证的法律依据；(2) 被告上述申请不属于安排的适用范围。双方围绕上述问题，分别提供了中国法的专家意见，意见主要集中在如下问题：(1) 被告为中国内地服刑的犯人，为了在香港进行的民事诉讼，是否可以向在中国内地服刑的被告取证？(2) 为了取证，除了向被告录取口供外，是否允许根据安排第 6 条和第 7 条对其进行盘问？(3) 是否允许香港法官、双方的律师、原告出席中国内地法院的听证会以获取证据？(4) 是否允许以视频会议的方式进行取证？(5) 如果第四个问题的答案是肯定的，是否允许每一方当事人在法庭/视频会议地由代表出席？

香港高等法院原讼法庭认为，根据《高等法院规则》第 39 号令第 1 条规定以及 Kwan Chui Kwok Ying v. Tao Wai Chun CACV 194/2002 一案，原讼法庭有签发请求函的权力，如果确信接收机关有义务或既定惯例执行请求函义务，法庭将行使酌情权签发请求函。原讼法庭认为，本案中，为了司法公正，对被告进行盘问是必要的，原因是他的证据对认定是否受到胁迫至关重要，且被告是唯一的证人，因客观原因不能来香港参加审判。原讼法庭还认为，尽管被告延迟申请发出请求函，但由于离开庭日还有近一年的时间，因此被告是善意的，原告没有受到任何损害。此外，在听取了双方提交的中国法专家意见后，原讼法庭认为：(1) 为了在香港进行的民事诉讼，向身在中国内地的作为案件被告的犯人取证是法律所允许的；(2) 取证可通过视频会议进行，但犯人不得离开监狱；(3) 香港法官、各方律师和原告可出席视频会议，但不可能被允许进入监狱；(4) 可允许每一方当事人在法庭/视频会议地点由代表出席；(5) 被告无需证明其所在监狱有视频连接设施，这一问题属于由中国内地法院决定的保障问题，如果内地法院认为不妥，可以依照安排第 3 条规定，将委托材料退回。最后原审法院认为，请求中国内地法院对证人进行交叉盘问不属于《民商事证据安排》的适用范围。依照《民商事证据安排》第 6 条的规定：内地人民法院根据本安排委托香港特别行政区法院提取证据的，请求协助的范围包括：(1) 讯问证人；(2) 取得文件；(3) 检查、拍摄、保存、保管或扣留财产；(4) 取得财产样品或对财产进行试验；(5) 对人进行身体检验。香港特别行政区法院根据本安排委托内地人民法院提取证据的，请求协助的范围包括：(1) 取得当事人的陈述及证人证言；(2) 提供书证、物证、视听资料及电子数据；(3) 勘验、鉴定。也就是说，第 6 条规定因请求方不同，请求协助的范围也不同。香港法院只能要求取得陈述及证人证言，而中国内地法院可以要求进行讯问。原讼法庭还将该安排与内地与澳门安排进行了比较。相比之下，《关于内地与澳门特别行政区法院就民商事案件相互委托送达司法文书和调取证据的安排》第 18 条规定："代为调取证据的范围包括：代为询问当事人、证人和鉴定人，代为进行鉴定和司法勘验，调取其他与诉讼有关的证据。"第 20 条规定："受委托方法院在执行委托取证据时，根据委托方法院的请求，可以允许委托方法院派司法人员出席。必要时，经受委托方允许，委托方法院的司法人员可以向证人、鉴定人等发问。"因此，原讼法庭认为，当香港法院作为请求方时，内地与香港安排第 6 条只规定了单方取证的方式，而没有允许盘问这样的互动程序。

被告的专家还试图以安排第 7 条为依据，认为即使第 6 条不允许香港法院请求中国内地法院协助交叉盘问，中国内地法院仍可根据《民商事证据安排》第 7 条交叉盘问，因为这样做并不违反中国法律。原讼法庭驳回了这一论点，认为《民商事证据安排》规定的协助范围只受第 6 条的约束，第 7 条只规定提供协助的方式。如果一项请求不属于第 6 条的范围，第 7 条的程序性规定就不适用。基于上述原因，原讼法庭驳回了被告关于发出请求函的申请。

问：

香港法院请求内地法院对内地当事人进行交叉盘问，是否属于《关于内地与香港特别行政区法院就民商事案件相互委托提取证据的安排》下的协助范围？如何看待香港法院的决定？对于香港与内地之间证据制度的差异，哪些调取证据的方式可以得到内地的协助？

案例二：香港法院承认与执行内地法院某判决案①

2011年8月18日，RJ公司（北京法院案件原告，香港执行程序申请人）与ZT公司（北京法院案件被告）签订《Y中心合伙协议》，约定设立有限合伙企业并约定因履行本协议所发生的争议，可依法向本合同签署地人民法院起诉（注：协议签署于北京市怀柔区）。同日，双方签署《补充协议》，约定ZT公司负责保证RJ资金安全性和收益性，如发生约定的情况，RJ公司有权要求ZT公司返还投资款，并解散已成立的合伙制企业，所发生的费用和支出均由ZT公司承担。前述约定的情况包括：(1) 2012年3月31日前，IPO主体改制的股份公司未取得工商注册登记；(2) 2013年12月31日前，IPO主体未向中国证券监督管理委员会递交上市申请材料。同日，朱某(ZT公司法定代表人，香港执行程序被申请人）及其实际控制的杭州××公司（ZT公司大股东）、××基金向RJ公司出具《保证投资承诺函》。RJ公司先后于2011年8月30日、9月5日向Y中心出资共计人民币1.5亿元，占96.77%出资份额。2011年9月6日，Y中心注册成立，ZT公司为普通合伙人。2013年11月29日，RJ公司与ZT公司签订《转让出资份额协议》，约定RJ公司将其持有的Y中心96.77%出资份额转让给ZT公司指定公司，ZT公司指定公司同意受让该部分出资份额并需向RJ公司支付转让款。双方约定，如有争议，由北京仲裁委员会在北京市仲裁解决。同日，RJ公司向杭州××公司、朱某等出具《承诺函》，保证和承诺××基金无需承担其在《保证投资承诺函》中所作出的任何保证、承诺义务或责任。2013年12月5日，RJ公司与ZT公司、GS公司 签订《补充协议》，约定：ZT公司指定谷盛公司作为ZT公司指定公司，购买RJ公司所持有的Y中心96.77%出资份额，并由谷盛公司向RJ公司支付款项。

2016年3月22日，RJ公司向北京仲裁委员会提交仲裁申请，以ZT公司、谷盛公司作为被申请人。2016年11月29日，北京仲裁委员会作出裁决：以存在欺诈为由，撤销RJ公司与ZT公司于2013年11月29日签订的《转让出资份额协议》及RJ公司与ZT公司、谷盛公司于2013年12月5日

① HCMP 83 & 361/2020, [2022] HKCFI 1027.

签订的《补充协议》，撤销RJ公司基于《转让出资份额协议》而于2013年11月29日出具的《承诺函》。2018年1月，RJ公司向北京市三中院起诉，请求判令：ZT公司向RJ公司返还1.5亿元投资款、赔偿其逾期返还投资款给RJ公司造成的损失；朱某、杭州××公司对ZT公司的上述义务承担连带保证责任。杭州××公司提出管辖权异议，认为RJ公司与ZT公司之间的管辖约定只及于双方，其管辖效力不能及于杭州××公司，因此应当移送到杭州××公司所在地有管辖权的法院。北京市三中院、北京市高级法院先后作出民事裁定书，驳回管辖权异议。法院认为，根据《最高人民法院关于适用担保法若干问题的解释》第129条规定，主合同和担保合同发生纠纷提起诉讼的，应当根据主合同确定案件管辖，《保证投资承诺函》作为担保合同，未约定管辖法院，因此应当按照《Y中心合伙协议》确定北京市怀柔区法院作为管辖法院。北京市三中院作出一审判决，判令驳回RJ公司诉讼请求。RJ公司不服一审判决，向北京高院提起上诉。2019年8月13日，北京市高级法院作出二审判决：撤销北京市三中院（2017）京03民初58号民事判决；判令ZT公司向RJ公司返还1.5亿元投资款，赔偿其逾期返还投资款给RJ公司造成的损失；判令朱某、杭州××公司对ZT公司的上述义务承担连带保证责任。ZT公司向最高法院申请再审。2020年6月30日，最高法院作出（2020）最高法民申2758号民事判决，驳回ZT公司的再审申请。

就上述北京市高级法院二审生效民事判决（简称北京市高级法院判决），RJ公司向香港法院申请强制执行。RJ公司了解到，朱某直接和间接持有香港公司股权，因此向香港法院申请针对朱某采取财产保全措施。2020年1月16日，根据《高等法院条例》第21M条签发了针对朱某的马瑞瓦禁令(Mareva injunction)。2020年9月9日，朱某提出申请，请求解除上述马瑞瓦禁令。2020年4月16日，RJ公司依据Cap.597，向香港法院申请将北京市高级法院判决登记为香港高等法院判决书。2020年5月12日，香港法院颁布命令，登记上述判决书，朱某于2020年9月9日请求撤销上述登记。根据Cap. 597，内地判决在香港登记，需要双方存在“选用内地法院协议”。具体来说，是对于纠纷双方明确选择有管辖权的内地法院，且排除其他司法辖区法院的管辖权；同时，内地判决属于最终且不可推翻。

问：

朱某作为担保人并非《Y中心合伙协议》签署方，有关管辖条款是否适用于担保人朱某？判断是否符合“选用内地法院协议”的定义及要求，应当适用香港法还是内地法？由于内地审判监督程序的存在，北京市高级法院判决并非最终及不可推翻的，该判决是否终局判决？该判决能否得到香港法院的认可与执行？

【拓展阅读】

1. 若想要了解我国区际司法合作现状，可以阅读何其生：《比较法视野下的国际民事诉讼》，高等教育出版社 2015 年版，第 247—260 页、292—295 页、362—387 页。

2. 若想进一步了解我国区际之间在送达领域的具体实践问题，探求解决之道，可以阅读司艳丽：《完善我国涉港民商事案件司法文书送达机制的几点思考》，《中国应用法学》2023 年第 2 期。

3. 若关注内地与香港之间家事判决的认可与执行，以及与内地法律制度的衔接问题，可以阅读张淑钿：《内地与香港〈婚姻家事安排〉生效后的规则衔接问题及应对》，《国际法研究》2023 年第 1 期。

第十三章　国际商事法庭

随着国际经贸往来的不断增加，与商业有关的纠纷也不断增多。虽然仲裁纠纷解决方式得到了更多青睐，但传统诉讼程序在处理商事纠纷当中的作用依旧不容小觑。由于商事诉讼与传统民事诉讼相比具有一定的特殊性，因此对裁判者的专业性提出了更高的要求。同时，基于跨国贸易的特殊性，案件的争议双方来自不同国家、使用不同语言，需要通晓多国语言的裁判者参与裁判过程，确保裁判者更加精准确认案件事实，保障法律适用正确，促进争议有效解决。此外，各国出于对本国当事人的保护，同时希望提升本国在世界司法诉讼中的影响力，各国纷纷出台各种法律，彰显本国审判制度的优越性和纠纷解决的便捷性，以此来争夺对于涉外商事案件的管辖权。正是在这样的发展背景下，国际商事法庭应运而生。

第一节　国际商事法庭概述

一、国际商事法庭的成立背景

在过去的10余年间，国际商事法庭（或称国际商事法院）在全球范围内不断涌现。国际商事法庭是为解决复杂跨境商事争端而设立在国内法院体系下的专门法庭，[①]也是各国为适应现代国际商事争议解决需求、提升各自在国际商事争议解决领域的竞争力而设置的专业化司法机构。

从历史发展来看，国际商事法院产生可分为两类：一类是商人驱动型，即因商品经济发展，商事主体对商事审判的专业化程度提出更高要求，要求

① 顾维遐：《全球国际商事法庭的兴起与生态》，《南大法学》2022年第6期。

法官具备处理商事纠纷的专业能力。此类商事法院在上述时代背景下产生并逐渐发展完善，英国商事法院和法国商事法院属于此类；另外一类是国家驱动型，即国家出于经济发展的需要或者以成为区域性的争议解决中心为目标，建立本国的国际商事法院。新设立的国际商事法院大多都属于此类，例如新加坡国际商事法庭和迪拜国际金融中心法院。①

从现实意义来看，国际商事法庭的产生得益于经济的快速发展，各国间经贸往来的加深，各国为保护其企业或公民的海外利益而趋向于扩张其管辖权。此外，国际商事法庭还是国际民事诉讼程序的便利与效率的体现。随着当今经贸往来日益复杂化、参与主体日益多元化，国际民事诉讼除了严格的正当程序要求外，专业化特色和对当事人的便利成为发展趋势。

国际商事法庭的设立是各国在争议解决领域竞争力的体现。一国的司法除了在国内的传统功能，在国际社会则更多是为争议当事人提供一种化解纠纷的公共产品、一种争议解决的服务。当具有服务性特征时，就需要在国际争议解决市场参与竞争。这是因为“国家竞争力是一个国家参与国际竞争的所有资源与要素的组合效率及其在国际市场上所表现出来的竞争能力。这种能力主要是以更低的价格、更好的质量、更优的服务和更高的信誉而战胜竞争对手，获得本国经济快速持久地发展的能力”。②设立国际商事法庭有助于提升一个国家在国际商事领域的影响力和地位，展示其积极参与国际法治建设的决心和能力，这对于国家的长远发展和国际地位的提升具有重要意义。

不仅如此，设立国际商事法庭能够促进国际贸易和投资，保护当事人合法权益。随着经济全球化的深入发展，国际贸易和投资日益频繁，但不同国家和地区在政治、经济、法律等层面存在着诸多的差异和分歧，国际贸易中涉及的法律问题也越来越复杂。国际上现存的商事争端解决机制主要是ICSID以及WTO争端解决机制。ICSID主要是以仲裁和调解的方式处理投资者和东道国之间的商业纠纷，而将投资母国和东道国、投资者和投资者间

---

① 参见何其生课题组：《当代国际商事法院的发展——兼与中国国际商事法庭比较》，《经贸法律评论》2019年第2期。

② 何其生：《国际商事法院研究》，法律出版社2019年版，第24页。

的商事法律关系排除在管辖范围之外，因此管辖范围相对受限。① 此外，ICSID 向当事双方提供的调解建议不具有拘束力，做出的仲裁裁决只有在得到《纽约公约》的支持后才能获得东道国的承认和执行。但是《纽约公约》的缔约国并未涵盖世界上所有国家，对于纠纷解决的作用仍然有限。而 WTO 争端解决机制中虽然设立了专门的争端解决机制（DSB）。但是，其受案范围仅限于 WTO 成员国之间的贸易纠纷，受案范围本身有限，并且由于多种原因，DSB 的 7 名大法官全部到期离任，自 2020 年 11 月，已彻底停摆。从当事人角度来讲，国际商事纠纷往往涉及多个国家的法律体系，当事人在寻求司法救济时可能面临诸多困难。而国际商事法庭的受案范围则更为广泛，只要符合国际商事法庭的管辖规则，国际商事法庭就可以受理有关案件，可以为各国商人提供一个公正、高效的解决纠纷的场所。同时，设立国际商事法庭能够促进司法效率的提升。传统的国际商事纠纷解决方式通常包括诉讼、仲裁等，这些方式往往耗时较长，成本较高。设立国际商事法庭可以简化程序，提高审理效率，降低当事人的诉讼成本。在执行上，国际商事法庭作出的有效判决能够得到其他国家的承认和执行，使判决得以实现。因此，构建国际商事法庭有利于维护国际贸易秩序，促进全球经济的繁荣发展。

另外，设立国际商事法庭有助于加强各国在国际商事领域的法律合作，推动国际商事法律规则的统一和完善。国际商事法庭还可以为各国法官、律师等专业人士提供一个交流学习的平台，提高整个国际社会的法治水平。

因此，为了保障本国经济发展，应对国际商事法律不断发展变化的趋势，增强司法领域的国际影响力和话语权，提升商事领域司法管辖权的竞争力，各国纷纷设立国际商事法庭。

二、世界国际商事法庭的基本概况

截至 2018 年，采取商事法院或商事法庭模式的国家包括但不限于以下国家或地区：传统的英国（英国商事法院）、美国（如特拉华衡平法院）、法

---

① 张丽娜：《"一带一路"国际投资争端解决机制完善研究》，《法学杂志》2018 年第 8 期。

国（商事法院系统）、澳大利亚（维多利亚州最高法院商事法庭），以及新兴的卡塔尔（卡塔尔国际法院与争议解决中心）、阿联酋（迪拜国际金融中心法院和阿布扎比全球市场法院）、新加坡（新加坡国际商事法庭）、印度（新德里最高法院商业法庭）、哈萨克斯坦（阿斯塔纳国际金融中心法院）、荷兰（荷兰商事法庭）等。目前世界上发展比较成熟的国际商事法庭主要有英国商事法院、法国商事法院、美国纽约南区联邦地区法院（简称纽约南区法院）、新加坡国际商事法庭、迪拜国际金融中心法院以及荷兰国际商事法院。

（一）英国商事法院

英国商事法院成立于 1895 年。应伦敦商界的要求，创建一个由具有商业纠纷知识和经验的法官组成的法庭或法院，可以迅速解决商业纠纷。这样既能使熟悉商事习惯的法官作出判决，同时避免了昂贵且冗长的诉讼程序。2017 年 7 月起，英国将隶属于英国高等法院王座分庭及大法官分庭的各专门法院集结，并赋予整体一个新名称——英国商事与财产法院，于 2017 年 10 月起正式运行。除伦敦外，伯明翰、曼彻斯特、利兹、布里斯托、卡迪夫 5 个地区也将设立商事与财产法院。未来还可能在纽卡斯尔和利物浦设立。英格兰及威尔士商事与财产法院下设商事法院、海事法庭、技术与建筑法院，以及商业案件清单、不正当竞争清单、金融案件清单、破产与公司案件清单、知识产权清单、财产信托与遗嘱案件清单、税务案件清单。①

英国商事法院处理各种案件，其中既有传统的主题事项（如国际贸易、航运、保险和再保险），也有新的增长领域，包括商业欺诈、商业和企业收购协议引起的诉讼以及与银行业务有关的索赔、金融服务和证券交易。与前几年相比，法院现在处理更多的银行和金融纠纷，以及世界各地高净值个人之间的纠纷（基于合同或侵权）。②英国商事法院对于受理案件的标的额也有一定的要求，法院受理的索赔金额一般在 500 万英镑以上。法院审理的许多案件的价值都远远超过这一数字，每年都有一些价值超过 10 亿英镑的案件

---

① See *The Business and Property Courts Advisory Note*, https://www.judiciary.uk/wp-content/uploads/2017/09/bpc-advisory-note-13-oct2017.pdf., last visited on 2023-10-1.

② See The Commercial Court Report 2020—2021 2.1 Judges of the Court, p. 8, https://www.judiciary.uk/wp-content/uploads/2022/02/14.50_Commercial_Court_Annual_Report_2020_21_WEB.pdf, last visited on 2023-10-1.

开庭审理。从 2022 年起，在商事法院发出的所有索赔申请都将在预约商事仲裁庭之前接受审计，一些规模较小、较为简单的索赔已移交给伦敦巡回商事法院、方便索赔或当事人的地点的巡回商事法院或适当的郡法院，以确保法院的资源能够用于需要其专业知识的案件，并确保较小的案件能够从巡回商事法院较短的准备时间中获益。①在法院受理的申诉中，仲裁事项仍占很大比例（约 25%），这反映伦敦仍是重要的国际仲裁中心。这些事项包括为支持仲裁程序而提出的一系列申请，如申请与仲裁有关的禁令、申请执行仲裁裁决，以及其他事项，如申请法院指定仲裁员。②

（二）法国商事法院

法国商事法院历史悠久，其渊源可以一直追溯到中世纪。当时，在商事活动发达的城市，人们从德高望重的商人中选出裁判者，来处理商事纠纷。如今，法国有 134 个商事法院，其设置依据商事发达程度而定，而不受行政区域的影响。为了提升法国商事争议解决的国际竞争力，巴黎上诉法院国际商事分庭成立于 2018 年 2 月，由巴黎律师协会与巴黎上诉法院签署协议，在法国司法部的监督下成立。巴黎上诉法院国际商事分庭的设立目的是提供两级的全套管辖权（巴黎国际商事初审法院和巴黎上诉法院新的国际商会），能够更好地使法国法律制度适应当代经济和国际挑战，目的是为跨国纠纷向法国商业法院提起诉讼提供便利。除了对巴黎一审国际分庭的裁判提出上诉外，上诉法院的国际分庭还对国际经济和金融关系引起的争端拥有管辖权，包括涉及以下方面的争端：（1）商业合同和违反商业关系；（2）不正当竞争；（3）金融工具交易主协议、与金融工具和金融产品有关的合同；（4）运输；（5）根据反竞争做法提出的赔偿要求；（6）如果当事方明确选择，它也对国际争端拥有管辖权。

法国商事法院负责审理一切商事争议，具体受案范围在《法国商法典》

① See The Commercial Court Report 2020—2021 3. The Work of the Commercial Court, p. 9, https://www.judiciary.uk/wp-content/uploads/2022/02/14.50_Commercial_Court_Annual_Report_2020_21_WEB.pdf, last visited on 2023-10-1.

② See The Commercial Court Report 2020—2021 3.1 Arbitration, p. 11, https://www.judiciary.uk/wp-content/uploads/2022/02/14.50_Commercial_Court_Annual_Report_2020_21_WEB.pdf, last visited on 2023-10-1.

第 721-3 条有具体规定。只要是商人之间由于商事行为所产生的争议，均可受法国商事法院管辖，但是对于商事行为的具体定性，则没有规定。

《巴黎商事法院国际商事法庭诉讼程序指南》（简称《程序指南》）允许法国商事法院在受案过程中使用英语，包括用英文制作证据文件，在听证会中使用英语，律师可以用英语辩护等。在双方能够同时理解英语与法语的情况下，允许一方用英语发言，一方用法语发言，法国籍律师也可以根据自己的意愿用英语发言。但是英语以外的其他外语所制作的文件，需要翻译为法语。如果一方当事人、专家或证人希望用英语以外的外语表达自己的意见，则需要翻译提供同声传译服务。需注意的是，程序性文件必须用法语起草，具体包括上诉通知、听证记录、判决与命令等。在双方当事人同意的情况下，可以将判决书翻译为英语。仲裁裁决书应由各方当事人翻译成法文。①

《程序指南》规定，当诉讼请求超过 10 000 欧元或不明确时，当事人必须有律师代理。法院允许外国律师出庭参与诉讼，但是区分了欧盟成员国与非欧盟成员国律师。其他欧盟成员国的律师可以在法国律师协会注册执业；非欧盟成员国的律师则有所限制，只有在同等条件下给予法国公民执业权利（互惠条件）的国家的国民，并且通过了测试其法国法律知识的考试，才可从事协助、代理和口头辩论活动，但须遵守国际条约。②

（三）纽约南区法院

有些法院虽然不直接命名为商事法院或国际商事法院，但由于其审判的特色以及历史地位，较之一般的商事法院，更具有商事法院的功能。这方面最具代表性的应为纽约南区法院，其于 1789 年成立，并成为美国第一个开

---

① See Practical Guideto Proceedings Before The international Commercial Chambers of the Paris Commercial Court and The Paris Court of Appeal C. Use of foreign languages, pp. 113—115, https://www.tribunal-de-commerce-de-paris.fr/media/images/upload/PDF/Guide%20pratique%20devant%20les%20chambres%20internationales%20TCP%20et%20cour%20d%E2%80%99appel%20de%20Paris.pdf, last visited on 2023-10-1.

② See Practical Guideto Proceedings Before The international Commercial Chambers of the Paris Commercial Court and The Paris Court of Appeal D. Representation Before The international commercial Chambers, pp. 116—118, https://www.tribunal-de-commerce-de-paris.fr/media/images/upload/PDF/Guide%20pratique%20devant%20les%20chambres%20internationales%20TCP%20et%20cour%20d%E2%80%99appel%20de%20Paris.pdf, last visited on 2023-10-1.

庭审理案件的联邦法院。在此后的200多年时间里，纽约南区法院凭借其悠久的历史积淀，充分发挥纽约作为世界金融中心所具有的经济优势，奠定了其在美国联邦法院系统中的地位，被称作美国的“法院之母”。

就法院的等级和受案范围而言，纽约南区法院是美国联邦法院系统中的主审法院，既可以受理刑事案件，也可以受理民商事案件。当事人对纽约南区法院所作判决有异议的，多数案件可以上诉到第二巡回法院。就法官的选任而言，美国联邦法院的法官任命具有明显的政治色彩。按照美国《宪法》的规定，纽约南区法院的法官经总统提名、参议院通过后任命。美国联邦法官一旦获得任命，除因严重行为不端而被撤职外，均拥有终身职位。在管辖权上，纽约南区法院受美国“长臂管辖”的影响，以最低限度联系标准来认定管辖依据。在该原则指导下，只要法院与外国（州）法人、自然人之间存在最低联系，法院行使管辖权便不会违反传统观念所要求的公平竞争与实质正义。在法院的诉讼程序规则方面，纽约南区法院在进行民商事案件审理时一般遵循三套程序规则：一是《联邦民事诉讼规则》；二是联邦地区法院颁布的地方规则，即《美国纽约南区法院、纽约东区法院地方规则》；三是各法官颁布的个人规则。在诉讼程序的管理上，为妥善应对“诉讼洪峰”，以美国为代表的西方国家通过案件管理运动，加强法官对诉讼进程和审判节奏方面的司法控制和监督，以此提高诉讼效率，避免诉讼延迟和不必要的诉讼成本。具体体现为：一是通过召开审前会议，就当事人的诉讼请求、证据开示等问题进行时间期限上的规定；二是通过庭审管理，对案件分配、合并审理和分开审理、主事官的任命、制裁措施、律师费用的管理等程序性事项，以及证据开示的次数、证据开示的范围、违反证据开示命令的处罚措施等证据性事项进行管理，最大限度地保障案件审理的顺利进行。与此同时，纽约南区法院在20世纪90年代便开始引入了非诉讼纠纷解决程序，现已形成了以调解为主的非诉讼纠纷解决规则，实现诉讼纠纷的有效解决。在信息化建设方面，纽约南区法院引入电子立案系统，实现诉讼文件的电子管理，提升诉讼程序的效率。①

① 何其生：《国际商事法院研究》，法律出版社2019年版，第49—50页。

（四）新加坡国际商事法庭

在2013年法律年度开幕式上，首席法官 Sundaresh Menon 提议成立新加坡国际商事法庭（SICC），以提升新加坡法律服务部门的国际化水平，增强新加坡法律的域外适用能力。2013年11月，新加坡国际商事法庭委员会发布《新加坡国际商事法庭委员会报告》，认为专业的司法从业人员、完善的普通法体系、深厚的商事法理基础以及地理位置等因素将会使 SICC 在吸引案源方面具有相当的优势。SICC 的建立可以与新加坡国际仲裁中心（SIAC）及新加坡国际调解中心（SIMC）一道，为当事人解决国际商事争议提供全方位、多渠道的法律服务，强化新加坡国际争议纠纷解决中心的地位。SICC 是高等法院普通庭的一个分庭，也是新加坡最高法院的一部分。[①] SICC 成立于2015年，旨在提高新加坡作为亚洲重要法律和商业中心以及领先的国际商事争议解决中心的国际地位，以满足日益增长的通过诉讼解决跨国争议的需求。SICC 将听取"国际和商业性质"的主张，新加坡首席大法官 Sundaresh Menon 表示，SICC 的特点使其"特别适应国际商业的需求和现实"。SICC 法官由多元化的国际和本地知名法官组成，他们本身就是经验丰富的专业商事法官。SICC 的一个重要特点是，它允许外国律师在某些情况下代表当事人，只要他们在法院注册并遵守道德准则。SICC 采用处理商业纠纷的国际最佳实践。SICC 被称为"诉讼中的仲裁"，它将国际仲裁的最佳实践与国际商法的实体原则相结合，其进程灵活，可以根据当事人在多个方面的偏好进行调整。从本质上讲，SICC 为当事人提供了一个真正独特的争议解决选择——一些人将其描述为"诉讼仲裁"，将国际仲裁的最佳实践与国际商法的实质性原则相结合。SICC 不断增长的判例和具有里程碑意义的判决大大增加了其作为主要裁判法庭的声誉。

就管辖权而言，SICC 受理的案件须符合以下条件：（1）当事双方首次提起诉讼时所采取的行动具有国际和商业性质的案件。（2）在案件首次提交时，当事各方已以书面形式向法院提交了管辖权协议。（3）双方不寻求以特

① See Report of The Singapore International Commercial Court Committee (2013), https://www.mlaw.gov.sg/files/Annex-A-SICC-Committee-Report.pdf, last visited on 2023-10-1.

权令（包括强制性令、禁止令、撤销令或复审拘留令等）形式或与之相关的任何救济。①其中最重要之处即当事人协议选择 SICC 管辖，并且这种协议管辖并不要求案件与 SICC 有实际联系。此外，SICC 还审理由高等法院移送的案件。

（五）迪拜国际金融中心法院

迪拜国际金融中心法院主要是为迪拜国际金融中心这一特殊的区域提供司法争议解决服务，旨在将迪拜打造成全球的金融中心。2004 年，在阿拉伯联合酋长国宪法修正案的基础上，阿拉伯联合酋长国和迪拜酋长国联合授权成立迪拜国际金融中心。迪拜国际金融中心成立之后，其依据迪拜相关法律的规定，于 2006 年建立了迪拜国际金融中心法院。迪拜国际金融中心的所有法律文件均采用英语而非阿拉伯语，因此迪拜国际金融中心法院也以英文为官方语言，以英国商事法院为蓝本建立起来的普通法法院。“构建全球领先的国际商事法院”是迪拜国际金融中心法院的主要愿景。

迪拜国际金融中心法庭至少由 4 名法官组成，其中一名为首席大法官。②迪拜国际金融中心法院法还对迪拜国际金融中心法院法官的任命规则做出了详细规定，包括可以任命为法官的条件、任期、不能被任命为法官的条件以及法官免职和辞职。③所有在法院进行的法律程序应：（1）以英文进行；（2）向公众公开，除非主审法官为维护司法公正另有安排。④

在管辖权方面，迪拜国际金融中心法院具有审理下列案件的初审管辖权：涉及本中心或本中心任何机构或本中心任何机构的民事或商业案件和争议；由中心任何机构或中心机构订立的合同或交易引起的或与之有关的民事或商业案件和争议；由中心已执行的合同或全部或部分在中心完成的交易或中心发生的事件引起或与之相关的民事或商业案件和争议；国际金融中心法

① See Singapore International Commercial Court Rules 2021，Order 2，Rule 1，https://sso.agc.gov.sg/SL/SCJA1969-S924-2021?DocDate=20211202，last visited on 2023-10-1.

② See DIFC Court Law Part 3（8），https://www.difccourts.ae/rules-decisions/rules，last visited on 2023-10-1.

③ See DIFC Court Law Part 3（9-12），https://www.difccourts.ae/rules-decisions/rules，last visited on 2023-10-1.

④ See DIFC Court Law Part 3（13）Court Proceedings，https://www.difccourts.ae/rules-decisions/rules，last visited on 2023-10-1.

院根据国际金融中心法律法规具有管辖权的任何申请。原讼法庭的管辖权应由一名法官在公开法庭或分庭行使。法官可就下列任何事项行使原讼法庭分庭的管辖权：(1) 与进行诉讼有关的申请；(2) 就本法规定须由分庭法官作出指示的任何事项申请命令或指示；及 (3)《法院规则》允许的其他申请。法官可命令将分庭的诉讼押后公开审理。除非迪拜国际金融中心的法律另有相反规定，否则不得就原讼法庭就审裁处的上诉所作的决定提出上诉。①

迪拜国际金融中心法院的制度建设不断完善，法院在法官组成上体现出国际化趋势。其 12 位法官来自多个国家，同时允许外籍律师登记执业为商事争议的解决提供了更专业化的保障。

2022 年，迪拜国际金融中心初审法院共处理案件 861 件。其中，民商事分部主要解决民事和商业事务中产生的复杂纠纷。可通过该分部解决的纠纷类型包括但不限于雇佣、违约、财产和租赁、银行和金融，以及和租赁、银行和金融等方面的纠纷，2022 年共处理案件 97 件；技术与建筑分部审理技术复杂的案件。在建筑领域包括各类复杂工程纠纷，在信息和数据领域包括网络犯罪事件的相关问题、数据所有权和使用权纠纷，以及与人工智能等新兴技术相关的问题，2022 年该分部共处理案件 3 起；仲裁分部成立于 2020 年，其任务是处理迅速增加的仲裁相关案件，能够迅速审查临时措施和禁令救济机制的申请，提高仲裁相关案件程序效率。为加强仲裁处的工作，迪拜国际金融中心法院还在 2020 年成立了一个仲裁工作组，是该地区首家推出此类举措的法院，2022 年，仲裁分部共处理案件 21 件。小额索赔法庭可以在以下三种情况下审理索赔案件：一是索赔金额或价值不超过索赔金额或价值不超过 50 万迪拉姆；二是当索赔金额或价值超过 50 万迪拉姆，且索赔各方以书面形式选择由小额索赔法庭审理。小额索赔法庭在雇佣索赔方面的选择管辖权没有价值限制；三是如果在与雇佣无关的索赔中，索赔金额或价值索赔金额或价值不超过 100 万迪拉姆，且所有各方以书面形式选择由小额索赔法庭审理，这种选择可在相关合同中作出，也可以在合同签订后作出。

---

① See DIFC Court Law Part 5 (19) jurisdiction, https://www.difccourts.ae/rules-decisions/rules, last visited on 2023-10-1.

2022 年，小额索赔法庭共受理案件 472 件。在判决承认与执行中，迪拜国际金融中心法院继续成功地促进国内和国际判决的承认与执行。执行程序目前是法院受理的第二大申诉类型，仅次于初审法院诉讼。2022 年，迪拜国际金融中心法院共受理执行案件 268 件。①

(六) 荷兰国际商事法庭

荷兰国际商事法庭（NCC）成立于 2019 年 1 月 1 日。NCC 在阿姆斯特丹地区法院设立，分两级，包括阿姆斯特丹地区法院国际商事法庭、NCC 简易程序法庭（CSP）以及阿姆斯特丹上诉法院（NCCA）。其中国际商事法庭阿姆斯特丹地区法院国际商事法庭和简易程序法庭均隶属于阿姆斯特丹地区法院，简易程序法院负责处理某些需要快速程序和裁判的事项，如临时措施等。阿姆斯特丹地区法院国际商事法庭和简易程序法庭作出的判决可向阿姆斯特丹上诉法院上诉，而上诉法院又可向荷兰最高法院上诉。

2021 年《阿姆斯特丹地区法院和阿姆斯特丹上诉法院国际商事法庭程序规则》（简称 2021 年《程序规则》）对 NCC 的受案范围做出规定，详细区分了阿姆斯特丹地区法院国际商事法庭、简易程序法庭、上诉法庭的受案范围。阿姆斯特丹地区法院国际商事法庭受理的案件应当属于民事或商事事项，与当事人自治范围内的特定法律关系有关，不属于分区法院的管辖范围或任何其他分庭或法院的专属管辖范围。简易程序法庭在满足当事人申请或者是法院指定的情况下才能采取临时措施或保护措施，同时案件需要满足国际商事法庭受案范围的要求。上诉法庭的受案范围包括：（1）对区域法院以及简易程序法庭案件的上诉；（2）在一审中，如果案件符合上诉条件且满足国际商事法庭的受案条件，双方当事人指定阿姆斯特丹上诉法院；（3）满足一定条件的仲裁上诉也可以在上诉法院进行。同时，《程序规则》明确了阿姆斯特丹地区法院国际商事法庭、简易程序法庭、上诉法庭均可决定受案范围。②

---

① See DIFC Annual Report 2022，Case Statistics，pp. 18—22，https://www.difccourts.ae/media-centre/publications/annual-reports/annual-report-2022-english，2023-2-1.

② See Rules of Procedure for the International Commercial Chambers of the Amsterdam District Court（NCC District Court）and the Amsterdam Court of Appeal（NCC Court of Appeal）1.3 International commercial cases，https://www.rechtspraak.nl/SiteCollectionDocuments/NCC-Rules-second-edition.pdf，last visited on 2023-10-1.

在受案语言方面，2021年《程序规则》以专节规定了语言，明确英语作为其受案语言，当事人也可以在协商一致后使用荷兰语作为诉讼语言，但是必须在可能的情况下尽快告知法院。考虑到可能有当事人并不精通英语，而需要翻译协助的情况，2021年《程序规则》规定了不具备英语能力的当事人可自费聘请翻译。同时，《程序规则》在制定时也考虑到了诉讼中可能有第三方加入的情况，那么法院就诉讼语言作出适当指示。[①]2021年《程序规则》还规定了被告可以对以英语进行诉讼的协议提出管辖权异议，如果法院批准，则法院将视情况将案件移交阿姆斯特丹地区法院或阿姆斯特丹上诉法院的普通商事分庭。[②]

在律师出庭应诉方面，欧盟或欧洲经济区成员国或瑞士的律师协会的律师，可以履行与荷兰律师相同的职责，但必须与荷兰律师协会成员合作。来自其他国家的律师不能出庭应诉，但这些律师可以在任何听证会上发言。此外，这些律师参与起草向法院提交的材料也不存在法律障碍。

第二节　中国国际商事法庭概述

案例：

原告张某，伯利兹籍；被告谢某，中国籍；被告澳鑫隆投资有限公司；被告刘某，中国香港居民；被告陈某中国籍。为维持经营，张某某与被告谢某、陈某等签订多份《合作协议》及《股权回购协议》，以获得谢某、陈某等提供的借款。张某与刘某签订协议，由刘某代张某实际控制的公司偿还债务，张某以所持公司股权提供让与担保，并保证在12个月内以股权溢价购买方式，清偿刘某借款。现当事各方对所涉合同性质产生争议，诉至法院，

---

① See Rules of Procedure for the International Commercial Chambers of the Amsterdam District Court（NCC District Court） and the Amsterdam Court of Appeal（NCC Court of Appeal） 2.1. English Language，https://www.rechtspraak.nl/SiteCollectionDocuments/NCC-Rules-second-edition.pdf，last visited on 2023-10-1.

② See Rules of Procedure for the International Commercial Chambers of the Amsterdam District Court（NCC District Court） and the Amsterdam Court of Appeal（NCC Court of Appeal） Article 6.1 General provisions，https://www.rechtspraak.nl/SiteCollectionDocuments/NCC-Rules-second-edition.pdf，last visited on 2023-10-1.

案涉金额 6 亿余元。①

问：

(1) 中国国际商事法庭是否可能管辖此案？在何种情形下对本案具有管辖权？

(2) 本案最初由广东省深圳市中院立案受理，中国国际商事法庭可以依照何种法律规定受理本案？

(3) 被告答辩提出，原告所持公司已作为原告起诉过案涉各被告，争议对象也与案涉《股权回购协议》有关，且当时广东省高级法院已依法作出判决。原告再次起诉，构成重复诉讼。请问应如何判断本案是否构成重复诉讼？有哪些因素需要考量？

一、中国国际商事法庭概况

随着“一带一路”倡议的深入推进，中国与沿线国家的贸易联系越来越紧密。截至 2022 年，中国已与 150 个国家、32 个国际组织签署 200 余份共建“一带一路”合作文件。2022 年前 11 个月，中国对“一带一路”沿线国家合计进出口 12.54 亿元。我国实行更加积极主动的开放战略，构建面向全球的高标准自由贸易区网络，加快推进自由贸易试验区、海南自由贸易港建设，共建“一带一路”成为深受欢迎的国际公共产品和国际合作平台。我国成为 140 多个国家和地区的主要贸易伙伴，货物贸易总额居世界第一，吸引外资和对外投资居世界前列，形成更大范围、更宽领域、更深层次对外开放格局。在对外经济发展的过程中，由于各国的经济、文化及司法制度等方面的差异，因贸易或投资衍生出的纠纷不可避免，跨国商事案件的数量也随之增长。中国作为“一带一路”倡议的发起国，必然在其中扮演着重要的角色。党的二十大报告指出，加强重点领域、新兴领域、涉外领域立法，统筹推进国内法治和涉外法治，以良法促进发展、保障善治。如何获得跨国民商事案件的管辖权？当中国法院受理有关案件时，如何专业地处理相关案件？

① 最高院民事判决书（2020）最高法商初 5 号。

这些都对中国法院提出更高的要求。建设中国国际商事法庭，不仅填补了“一带一路”倡议下争端解决机制的空白，同时对于促进中国国际商事审判专业化发展、促进跨国民商事交往、保持区域经济与商业活力、维护我国对外贸易安全都有着极为重要的意义。

为依法及时、公正审理国际商事案件，平等保护中外当事人合法权益，营造稳定、公平、透明、便捷的法治化营商环境，最高法院设立国际商事法庭。其中，第一国际商事法庭设立在广东省深圳市，这是基于深圳的特殊地位，其毗邻港澳，在开放方面处于前沿地位，在深圳地区以及它辐射的粤港澳大湾区相应的涉外案件比较多，深圳也是“一带一路”海上丝绸之路重要经济支撑点，所以在深圳设立第一国际商事法庭。第二国际商事法庭设立在陕西省西安市，作为古丝绸之路的起点之一，西安向中东欧辐射这方面的经济活动日益增多，相关纠纷、案件也在增多，因此在西安设立第二国际商事法庭。最高法院民事审判第四庭负责协调并指导两个国际商事法庭工作。国际商事法庭是最高法院设立的专门处理国际商事纠纷的常设审判机构，案件审理由 3 名或者 3 名以上法官组成合议庭进行。国际商事法庭实行一审终审制，作出的判决、裁定是发生法律效力的判决、裁定。2018 年 6 月 29 日最高法院第一国际商事法庭、第二国际商事法庭分别在深圳市和西安市揭牌。2018 年 8 月 26 日，最高法院成立国际商事专家委员会，特聘 31 名中外专家为首批专家委员；2020 年 12 月 8 日，最高法院增聘第二批 24 名国际商事专家委员。

目前中国国际商事法庭已审结案件 11 件，形成判决书 2 件，其余案件均为管辖权异议裁定及仲裁协议效力裁定。从管辖来看，均不是当事人协议选择最高法院国际商事法庭进行管辖，而是由最高法院提级管辖。

二、中国国际商事法庭特点

与传统的四级两审制的法院不同，中国国际商事法庭为了应对涉外商事纠纷，在法官选聘、审判语言、组织结构等方面都有一些特殊之处。

在法官选聘方面，最高法院国际商事法庭聘请精通国际法并熟练掌握本国法、具有丰富实务经验和较高国际声誉的中外法律专家组成国际商事专家委员会。这是我国国际商事法庭的创造性制度。为了进一步规范和约束专家委员会审理国际民商事案件的行为，最高法院 2018 年 11 月 21 日颁布《最高人民法院国际商事专家委员会工作规则（试行）》，规定专家委员的任职条件、职责，允许专家委员会在公平、中立、平等原则的指引下，对国际商事案件进行调解，就中国国际商事法庭和各级人民法院审理争议中涉及的条约和法律提供咨询专家意见，为中国国际商事法庭的规则修订及发展规划、相关司法解释及司法政策提供建议。①法官由最高法院在具有丰富审判工作经验，熟悉国际条约、国际惯例以及国际贸易投资实务，能够同时熟练运用中文和英文作为工作语言的资深法官中选任。在审理国内案件时，我国《民事诉讼法》规定的诉讼语言为中文，一般并不要求法官熟练掌握英文。但是，中国国际商事法庭是面向世界的，案涉的当事人极有可能并非中国公民，选聘能够以英文作为工作语言的法官，免去了工作当中的翻译困难，增强法官工作的便捷性，提升中国国际商事法庭的审判效率，增加中国国际商事法庭的吸引力，为我国获得涉外商事案件的管辖权建立良好基础。

最高法院国际商事法庭处理平等主体之间的国际商事纠纷，以公正、高效、便利、低成本作为目标。推动诉讼、调解、仲裁有机衔接，形成便利、快捷、低成本的“一站式”争端解决平台。当前国际商事纠纷的解决方式多种多样，中国国际商事法庭将世界上常用的几种纠纷解决机制一并纳入，为当事人提供选择的便利。其中，调解既可以由中国国际商事法庭专家委员会主持，也可由国际商事调解机构主持。调解完成后由国际商事法庭依法审查后制发调解书，当事人也可以要求国际商事法庭发给判决书，由此将调解与诉讼有效衔接。与程序复杂的诉讼相比，调解无疑减少了当事人纠纷解决的时间及经济成本。经综合考虑各机构前期受理国际商事纠纷案件的数量、国际影响力、信息化建设等因素，现确定中国国际经济贸易仲裁委员会、上海国际经济贸易仲裁委员会、深圳国际仲裁院、北京仲裁委员会、中国海事仲裁委员会以及中国国际贸易促进委员会调解中心、上海经贸商事调解中心，作为首批纳入“一站式”国际商事纠纷多元化解决机制的仲裁和调解机构。

① 《最高人民法院国际商事专家委员会工作规则（试行）》第 2—6 条。

对纳入机制的仲裁机构所受理的国际商事纠纷案件，当事人可以依据《最高人民法院关于设立国际商事法庭若干问题的规定》《最高人民法院国际商事法庭程序规则（试行）》的规定，在申请仲裁前或者仲裁程序开始后，向国际商事法庭申请证据、财产或者行为保全；在仲裁裁决作出后，可以向国际商事法庭申请撤销或者执行仲裁裁决。由此，将仲裁程序与中国国际商事法庭联系起来，发挥中国国际商事法庭在促进仲裁有效解决中的作用。

最高法院国际商事法庭作出的判决、裁定是发生法律效力的判决、裁定。民商事诉讼当中，作出判决仅是解决纠纷的第一步，要想纠纷彻底完全解决，必须要经过有效判决的承认与执行。在跨国民商事诉讼中，判决承认与执行往往需要到法院地以外的国家去进行，而其他国家对他国判决承认与执行的前提就在于有效判决。中国国际商事法庭作出的判决同我国其他各级法院所做出的判决具有同样的法律地位，有利于促进判决结果在其他国家的承认和执行，促进纠纷的实际解决，进而提升中国国际商事法庭与世界上其他国际商事法庭的竞争力。为此，中国国际商事法庭也正在积极推进国际民商事司法协助工作，促进国际司法协助机制高效畅通。中国国际商事法庭要想获得国际竞争力，其作出的判决必须得到世界上足够多国家和地区的认可。当前，我国虽然积极签署《选择法院协议公约》，与其他国家订立双边或多边司法协助条约，然而，《选择法院协议公约》尚未对我国正式生效，与我国进行司法协助的国家也相对有限，且民商事判决承认和执行只是这些司法协助条约的部分内容。当前我国还并未针对民商事判决承认和执行签订专门性的条约。因此，设立国际商事法庭对于倒逼我国积极推动涉外民商事司法协助，完善国际司法协助机制有着重要意义。

最高法院国际商事法庭将信息化充分应用在国际商事纠纷解决中。支持网上立案、网上阅卷等服务，最大程度利用信息化网络，减少当事人讼累，为当事人提供便捷服务，建设更高效快速的信息化纠纷解决平台。

三、中国国际商事法庭的案件审理

（一）管辖及受案范围

《最高人民法院关于设立国际商事法庭若干问题的规定》（简称《规定》）

第2条就国际商事法庭的受案范围做了明确规定，包括：（1）当事人依照《民事诉讼法》第34条的规定协议选择最高法院管辖且标的额为人民币3亿元以上的第一审国际商事案件。（2）高级法院对其所管辖的第一审国际商事案件，认为需要由最高法院审理并获准许的。（3）在全国有重大影响的第一审国际商事案件。（4）依照本规定第14条申请仲裁保全、申请撤销或者执行国际商事仲裁裁决的。（5）最高法院认为应当由国际商事法庭审理的其他国际商事案件。

由上可以看出，中国国际商事法庭对案件的管辖依据主要有当事人协议管辖、国际商事法庭作为最高法院的一部分依法提审、按照级别管辖应由最高法院管辖等。其中，当事人协议管辖有对标的的具体规定。从标的额的大小来看，我国国际商事法庭受理案件的门槛较高。

随着共建“一带一路”高质量发展，国际商事法庭面临新的发展机遇和挑战。为进一步发挥国际商事法庭职能作用，最高法院依据2023年9月1日第十四届全国人民代表大会常务委员会第五次会议审议通过的《全国人民代表大会常务委员会关于修改〈中华人民共和国民事诉讼法〉的决定》以及相关司法解释对《规定》作相应修改，为持续提升我国司法的国际公信力和影响力、更好服务保障共建“一带一路”和推进高水平对外开放提供有力依据。将第2条第1项修改为：“当事人依照民事诉讼法第二百七十七条的规定协议选择最高人民法院管辖且标的额为人民币3亿元以上的第一审国际商事案件。”相较于之前的规定，扩大了当事人协议选择国际商事法庭管辖的案件范围。2023年《民事诉讼法》第277条构建了符合我国国情、顺应国际趋势的涉外协议管辖制度，明确涉外民事纠纷的当事人书面协议选择人民法院管辖的，可以由人民法院管辖，不要求争议必须与我国有实际联系，以鼓励外国当事人选择中国法院管辖，充分体现我国尊重当事人意思自治、平等保护、包容开放的司法态度。据此，《规定》第2条第1项作适应性修改，明确国际商事法庭受案范围包括当事人依照《民事诉讼法》第277条规定协议选择最高人民法院管辖且标的额为人民币3亿元以上的第一审国际商事案件，不再适用2023年《民事诉讼法》第35条（2012年《民事诉讼法》第34条）关于当事人协议管辖须选择与争议有实际联系的地点的人民法院的规定。

在《规则》第3条，还对“国际商事案件”做出了定义：（1）当事人一方或者双方是外国人、无国籍人、外国企业或者组织的；（2）当事人一方或者双方的经常居所地在中华人民共和国领域外的；（3）标的物在中华人民共和国领域外的；（4）产生、变更或者消灭商事关系的法律事实发生在中华人民共和国领域外的。从中不难看出，中国国际商事法庭对于“国际商事案件”的定义与《最高人民法院关于适用〈中华人民共和国涉外民事关系法律适用法〉若干问题的解释（一）》第1条对“涉外民事关系”的定义基本一致，体现了我国不同法律文件之间的一致性和对应性。但是，《国际商事若干问题的规定》中虽名为“国际商事案件”的定义，但在其内容上仅对“国际”或者说“涉外”做出了解释，对于“商事”的定义，则缺乏明确具体的描述。

在受案范围的规定上，中国国际商事法庭有关文件的侧重点主要集中在标的额、案件影响力以及国际因素的定义，其中国际因素又主要倾向于当事人的国籍和经常居住地等传统判断标准。对比其他国家国际商事法庭或国际商事法院的规则不难看出，世界上其他国家在定义本国受案范围时更倾向于明确具体的商事领域，如：英国商事法院规定，商事诉讼是与商业文件或合同；进出口货物；陆运、海运、空运或管道运输货物等；《法国商法典》规定商事法庭审理商人之间、信贷机构之间、金融公司之间或他们之间有关承诺的纠纷，与商业公司有关的内容，与所有人之间的商业行为有关，受案范围规定体现出重“商事”而轻“国际”定义。因此，为扩大我国国际商事法庭的管辖权，吸引更多当事人向我国国际商事法庭寻求司法救济，中国国际商事法庭在未来发展中可考虑修正和放宽对“国际性”的判断标准，对“国际”一词做出更加多边和广义的解释，不拘泥于通过考察当事人的国籍、住所、标的物所在地来确定国际因素，同时增加对于“商业性”的规定，凸显国际商事法庭作为商业纠纷解决地的特性。

（二）受案语言

在当今世界，无论是国际谈判还是国际民商事往来，英语作为一种国际性语言在其中均发挥了重要作用。世界一流商事法院或法庭，尤其是新成立的新加坡国际商事法庭和迪拜国际金融中心法院，不仅在世界范围内聘请专业的国际法官，还以英语作为主要的审判语言。根据迪拜国际金融中心法院的规定，所有诉讼程序以英语进行。此外，在近年来兴起的国际商事法院建设浪潮中，包括德国、法国、比利时在内的官方语言为非英语的国家，纷纷着手建立以英语为主要工作语言的国际商事法庭。

我国 2023 年《民事诉讼法》第 269 条规定："人民法院审理涉外民事案件，应当使用中华人民共和国通用的语言、文字。当事人要求提供翻译的，可以提供，费用由当事人承担。"我国国际商事法庭虽然选聘能够以英语作为工作语言的法官，但是并未允许诉讼过程中使用英语。要求法官精通英语，主要是为了法官在阅读有关案件材料时，能够直接了解案件的基本情况，避免因翻译转述带来的偏差。不过，在提交证据时，只要双方当事人认可，英文证据材料能够直接在法庭上进行质证，而不需要提交中文翻译件，①这是我国国际商事法庭在语言上区别于一般法院的一大特点。现如今，英语仍然是世界上适用范围最广的语言，为了应对和国际化接轨，提升国外当事人来我国诉讼的便利性，在我国国际商事法庭进一步发展中是否有必要允许英语加入诉讼语言值得讨论。

(三) 审级制度及上诉机制

我国和新加坡均采取嵌入式模式建立国际商事法庭，表现为中国国际商事法庭和新加坡国际商事法院都隶属于最高法院。而卡塔尔国际法院、迪拜国际金融中心法院、阿布扎比全球市场法院则作为单独的一类法院，不与普通法院系统的审级挂钩。

就上诉机制而言，中国国际商事法庭不同于我国一般法院的两审终审制，而是采取一审终审制，当事人不服判决可向最高人民法院提出再审申请。新加坡国际商事法院采用一级两审制，上诉审由新加坡最高法院上诉法庭负责审理。迪拜国际金融中心法院实行两级两审制，迪拜国际金融中心初审法院负责审理第一审案件，对其作出的判决，当事人可上诉至迪拜国际金融中心上诉法院。新加坡最高法院上诉法庭和迪拜国际金融中心上诉法院作

① 《最高人民法院关于设立国际商事法庭若干问题的规定》第 9 条。

出的判决具有最终效力，不允许当事人再进行上诉。法国商事法院的审级为三级两审制。法国范围内的134个商事法院处理商事一审案件，上诉法院的商事法庭处理其辖区内的商事上诉案件，法国最高法院中的商事法庭作出司法解释性的规定。

一般而言，上诉机制的存在，更能全面保障当事人的权益和赋予当事人质疑判决的权利。与《民事诉讼法》对国内民事案件的再审条件的规定不同，《最高人民法院关于设立国际商事法庭若干问题的规定》并未给出最高法院再审国际商事案件的特殊条件，这种以再审代替上诉的做法可能模糊上诉和再审的界限，造成救济不公的后果。对于是否增加中国国际商事法庭上诉机制，可以在今后的司法实践中进一步研究。

第三节　中国国际商事法庭程序性规定

案例：

原告为ZHANGYUFANG，被告为谢某、深圳澳鑫隆投资有限公司（以下简称澳鑫隆公司）、刘某、陈某。原告诉称，原告系澳鑫隆公司和案外人深圳市美达菲投资发展有限公司（简称美达菲公司）的实际控制人。2013年9月26日，美达菲公司与案外人深圳市创东方兴地投资企业（有限合伙）（简称创东方企业）等签署《美达菲福永项目合作协议》，约定由创东方企业向美达菲公司提供人民币610 437 560.45元的借款，原告将本由其实际控制的澳鑫隆公司和深圳市达菲科技企业有限公司（简称达菲科技公司）合计持有的美达菲公司100%股权变更登记到创东方企业名下，作为原告向创东方企业提供的让与担保措施。其后，创东方企业因故拟终止合伙并提前收回对美达菲公司的借款，故经创东方企业与原告、4被告达成协议，以原告及澳鑫隆公司、达菲科技公司代美达菲公司向创东方企业偿债的方式，由原告赎回原实际所有的美达菲公司100%股权。但因向创东方企业支付的人民币7亿元款项中的6.825 555亿元，系刘某、谢某筹集，并由澳鑫隆公司支付给创东方企业，故在谢某已自2013年5月30日起代持澳鑫隆公司90%股权的情况下（后谢某于2015年1月13日代持了澳鑫隆公司100%股权），刘某、谢某、陈某要求美达菲企业99%股权必须登记至澳鑫隆公司名下，以此作为保障谢某、刘某及陈某资金安全的让与担保措施……原告为维护自身合法利益，请求人民法院判令：(1) 确认登记在澳鑫隆公司名下的美达菲公司99%的股权，系原告向被告谢某、澳鑫隆公司提供的股权让与担保措施，并形成让与担保法律关系。(2) 确认登记在澳鑫隆公司名下的美达菲公司99%的股权归原告所有（99%股权对应的注册资本金额为人民币51 618.6万元）。(3) 被告谢某、澳鑫隆公司、刘某、陈某连带赔偿因违反2014年12月22日《股权回购协议》、2015年9月5日《承诺函》和2016年12月6日《和解协议》给原告造成的损失人民币50万元。(4) 本案诉讼费和保全费由被告承担。

最高法院认为，本案系具有重大影响和典型意义的第一审国际商事案件，社会各界高度关注，纷争所涉利益巨大，宜由国际商事法庭审理。依照《中华人民共和国民事诉讼法》第三十八条第一款、《最高人民法院关于设立国际商事法庭若干问题的规定》第二条第五项规定，裁定如下：本案由本院第一国际商事法庭审理。①

问：

1. 你是否认同本案具有重大影响和典型意义？

2. 最高法院是否有权裁定该案由本院第一国际商事法庭审理？

3. 国际商事法庭审理与普通民庭审理有什么不同？

4. 国际商事法庭诉讼审理与普通民庭诉讼审理、仲裁解决、调解解决相比有什么优势？

由上述提问可以发现，何种案件由中国国际商事法庭审理是需要界定的，同时也应当思考设置中国国际商事法庭有何种积极意义。需要说明的是，本节所指的程序性规定主要指诉讼的程序性规定，除申请证据、财产或者行为保全外，不涵盖调解和仲裁的程序性规定。

---

① 节选自ZHANGYUFANG与谢钰珉、深圳澳鑫隆投资有限公司、刘贺超、陈靖保证合同纠纷案，最高人民法院（2020）最高法民辖54号民事裁定书。

中国国际商事法庭是最高法院的常设审判机构，依据《最高人民法院关于设立国际商事法庭若干问题的规定》（简称《规定》）而设立，故其仍需遵守现有的法律制度。具体而言，中国国际商事法庭诉讼程序的相关规定主要集中在《最高人民法院国际商事法庭程序规则（试行）》（简称《程序规则》）、《规定》、《民事诉讼法》和《民事诉讼法司法解释》，大体可以分为起诉和受理、审理前的准备（送达、审前调解与保全）、审理、作出判决和裁定、判决和裁定的执行。本节着重于中国国际商事法庭涉及的特殊程序，对于普通民事诉讼程序则省略描述。同时《程序规则》第4条规定，国际商事法庭支持通过网络方式受理、缴费、送达、调解、阅卷、证据交换、庭前准备、开庭等，为诉讼参加人提供便利。《规定》《程序规则》《国际商事案件网上立案须知》等对网络开展的具体方式均有进一步细化规定。①

一、中国国际商事法庭纠纷解决机制

根据《规定》第11条，最高法院组建国际商事专家委员会，并选定符合条件的国际商事调解机构、国际商事仲裁机构与国际商事法庭共同构建调解、仲裁、诉讼有机衔接的纠纷解决平台，形成"一站式"国际商事纠纷解决机制。国际商事法庭支持当事人通过调解、仲裁、诉讼有机衔接的纠纷解决平台，可以选择选择其认为适宜的方式解决国际商事纠纷。这表明，在案件的管辖、执行等方面，最高法院国际商事法庭与仲裁、调解都有着友好合作。《程序规定》第2条规定，国际商事法庭依法尊重当事人意思自治，充分尊重当事人解决纠纷方式的选择。

在最高法院国际商事法庭网站，②可以找到"诉讼服务""调解平台""仲裁机构"选项。目前，综合考虑各机构前期受理国际商事纠纷案件的数量、国际影响力、信息化建设等因素后，纳入"一站式"国际商事纠纷多元化解决机制的第三方调解机构主要是中国国际贸易促进委员会/中国国际商会调解中心和上海经贸商事调解中心；纳入"一站式"国际商事纠

① 《国际商事案件网上立案须知》，全文参见最高人民法院国际商事法庭网站，https://cicc.court.gov.cn/html/1/218/321/419/index.html，2023年10月1日访问。

② 最高人民法院国际商事法庭网，https://cicc.court.gov.cn/html/1/218/321/index.html.

纷多元化解决机制的第三方仲裁机构有如下选择：中国国际经济贸易仲裁委员会、中国海事仲裁委员会、北京国际仲裁中心（北京仲裁委员会）、上海国际经济贸易仲裁委员会（上海国际仲裁中心）、深圳国际仲裁院、广州仲裁委员会、上海仲裁委员会、厦门仲裁委员会、海南国际仲裁院、香港国际仲裁中心。①

根据《最高人民法院办公厅关于确定首批纳入"一站式"国际商事纠纷多元化解决机制的国际商事仲裁及调解机构的通知》，②对诉至国际商事法庭的国际商事纠纷案件，当事人可以根据《规定》《程序规则》的规定，协议选择纳入机制的调解机构调解。经调解机构主持调解，当事人达成调解协议的，国际商事法庭可以依照法律规定制发调解书；当事人要求发给判决书的，可以依协议的内容制作判决书送达当事人。

对纳入机制的仲裁机构所受理的国际商事纠纷案件，当事人可以依据《规定》《程序规则》的规定，在申请仲裁前或者仲裁程序开始后，向国际商事法庭申请证据、财产或者行为保全；在仲裁裁决作出后，可以向国际商事法庭申请撤销或者执行仲裁裁决。

二、管辖

中国国际商事法庭的管辖主要依据《规定》第 2 条、2023 年《民事诉讼法》第 35 条、《程序规则》第 10 条、第 11 条的相关规定，主要涉及协议管辖、提级管辖、仲裁司法审查管辖。

（一）协议管辖

《规定》第 2 条第 1 款第 1 项规定，当事人依照《民事诉讼法》第 34 条的规定协议选择最高人民法院管辖且标的额为人民币 3 亿元以上的第一审国际商事案件。当前，《民事诉讼法》已于 2023 年修正，该项中描述的"民事诉讼法第三十四条"对应 2023 年《民事诉讼法》的第 35 条。《民事诉讼法》

---

① 全文见最高人民法院国际商事法庭网站，https://cicc.court.gov.cn/html/1/218/321/323/index.html，2023 年 10 月 1 日访问。

② 法办〔2018〕212 号，全文见最高人民法院国际商事法庭网站，https://cicc.court.gov.cn/html/1/218/19/278/1959.html，2023 年 10 月 2 日访问。

第 35 条要求合同或者其他财产权益纠纷的当事人可以书面协议选择与争议有实际联系的地点的人民法院管辖，但不得违反民事诉讼法对级别管辖和专属管辖的规定。这意味着，当事人只能选择与争议有实际联系的地点的人民法院管辖，且不能违反民事诉讼法规定的专属管辖和级别管辖。有学者认为国际商事法庭不应因管辖协议约定的管辖地缺乏实际联系而拒绝管辖。例如，吴永辉认为实际联系地应当从管辖协议的适用条件中淡化，协议管辖实际联系条件的淡化和放弃，可以催生离岸诉讼业务的增长，宣示了真正纯粹性“国际”商事法庭诉讼模式时代的到来。[①]离岸案件是新加坡国际商事法庭管辖制度的创新，指与新加坡没有实质性联系的案件，但不包括某些法律规定的对船舶等财产的物权诉讼。根据《新加坡商事法庭用户手册》NOTE3.2（a），没有实质性联系是指：（1）争议不适用新加坡法律，主要标的不受新加坡法律调整；（2）新加坡与该争议的唯一联系在于当事双方选择适用新加坡法律或当事双方仅就提交新加坡国际商事法庭管辖达成合意。[②]陈巍等也认为，“一带一路”沿线国家的当事人出于信任而协议选择中国国际商事法庭，这也是我国成立中国国际商事法庭的初衷，不应因缺乏实际联系而拒绝管辖。[③]此外，案件的诉讼标的额需要达到人民币 3 亿元以上，才可选择中国国际商事法庭管辖。

（二）提级管辖

《规定》第 2 条第 1 款第 2 项、第 3 项和第 5 项的规定：高级法院对其所管辖的第一审国际商事案件，认为需要由最高法院审理并获准许的，或在全国有重大影响的第一审国际商事案件，或最高法院认为应当由国际商事法庭审理的其他国际商事案件可由国际商事法庭受理。这与 2023 年《民事诉讼法》第 21 条的规定相似，即既可以通过高级法院申请，最高法院准许的方式获得管辖权，也可以因案件在全国有重大影响或其他理由，最高法院认为应当由国际商事法庭审理的方式获得管辖权。

---

① 吴永辉：《论国际商事法庭的管辖权——兼评中国国际商事法庭的管辖权配置》，《法商研究》2019 年第 1 期。

② 杨临萍：《“一带一路”国际商事争端解决机制研究》，《人民司法》2019 年第 25 期。

③ 陈巍、孟洪宇：《我国国际商事法庭管辖研究》，《法治论坛》2022 年第 2 期。

（三）仲裁司法审查管辖

《规定》第2条第1款第4项规定，依照其第14条申请仲裁保全、申请撤销或者执行国际商事仲裁裁决的，国际商事法庭受理；第14条规定，当事人协议选择本规定第11条第1款规定的国际商事仲裁机构仲裁的，可以在申请仲裁前或者仲裁程序开始后，向国际商事法庭申请证据、财产或者行为保全。当事人向国际商事法庭申请撤销或者执行本规定第11条第1款规定的国际商事仲裁机构作出的仲裁裁决的，国际商事法庭依照民事诉讼法等相关法律规定进行审查。《规定》第11条第1款规定，最高法院组建国际商事专家委员会，并选定符合条件的国际商事调解机构、国际商事仲裁机构与国际商事法庭共同构建调解、仲裁、诉讼有机衔接的纠纷解决平台，形成"一站式"国际商事纠纷解决机制。中国国际商事法庭对于纳入"一站式"国际商事纠纷解决机制的仲裁机构受理的、标的额在人民币3亿元以上或者其他有重大影响的国际商事仲裁案件实行司法支持和审查的集中管辖，免去逐级报核的繁琐程序，提供超出现有法律框架的强有力支持。①

三、起诉与受理

（一）起诉

根据《国际商事案件网上立案须知》第1条、第2条规定，②国际商事案件当事人可以进入最高法院国际商事法庭官方网站（cicc.court.gov.cn）"一站式"国际商事纠纷多元化解平台，可以通过点击"诉讼服务"申请在线立案。跨境诉讼当事人在使用中国移动微法院网上立案过程中，涉及身份验证的，按照《最高人民法院关于为跨境诉讼当事人提供网上立案服务的若干规定》办理。其第5条规定，当事人申请网上立案应当按照《程序规则》第8条规定在线提交以下材料：（1）起诉状；（2）选择最高人民法院或第一国际商事法庭、第二国际商事法庭管辖的书面协议；（3）原告是自然人的，应当提交身份证明。原告是法人或者非法人组织的，应当提交营业执照或者其他

① 朱怡昂：《中国国际商事法庭管辖权研究》，《法律适用》2021年第7期。

② 全文参见最高人民法院国际商事法庭网站，https://cicc.court.gov.cn/html/1/218/321/419/index.html，2023年10月3日访问。

登记证明、法定代表人或者负责人身份证明；(4) 委托律师或者其他人代理诉讼的，应当提交授权委托书、委托诉讼代理人身份证明；(5) 支持诉讼请求的相关证据材料；(6) 填妥的《送达地址确认书》；(7) 填妥的《审前分流程序征询意见书》。(3)、(4) 规定的证明文件，在中华人民共和国领域外形成的，应当办理公证、认证等证明手续。

《程序规则》第 5 条进行了补充，对于通过国际商事法庭官方网站向国际商事法庭提交材料确有困难的，当事人可以采取以下方式提交材料：(1) 电子邮件；(2) 邮寄；(3) 现场提交；(4) 国际商事法庭许可的其他方式。(2)、(3) 方式提交的，应提供纸质文件并按对方当事人人数提供副本，附光盘或其他可携带的储存设备。

(二) 受理

当事人以协议管辖理由起诉的，国际商事法庭在接收原告根据《程序规则》第 8 条提交的材料后，应出具电子或纸质凭证，并注明收到日期；高级人民法院根据《规定》第 2 条第 3 项报请最高法院审理的，在报请时，应当说明具体理由并附有关材料。最高法院批准的，由国际商事法庭受理；最高法院根据《规定》第 2 条第 3 项、第 5 项决定由国际商事法庭审理的案件，国际商事法庭应予受理。①

国际商事法庭对符合《民事诉讼法》第 122 条规定条件的起诉，且原告在填妥的《审前分流程序征询意见表》中表示同意审前调解的，予以登记、编号，暂不收取案件受理费；原告不同意审前调解的，予以正式立案。②

四、审理前的准备（送达、审前调解与保全）

(一) 送达

对于送达，除适用《民事诉讼法》和《民事诉讼法司法解释》关于送达的规定外，《程序规则》第 13—16 条规定，国际商事法庭应向被告及其他当事人送达原告提交的起诉状副本、证据材料、《审前分流程序征询意见表》

---

① 《程序规则》第 9—11 条。

② 《程序规则》第 12 条。

和《送达地址确认书》。当事人在《送达地址确认书》中同意接收他方当事人向其送达诉讼材料，他方当事人向其直接送达、邮寄送达、电子方式送达等，能够确认受送达人收悉的，国际商事法庭予以认可。当事人在《送达地址确认书》中填写的送达地址变更的，应当及时告知国际商事法庭。因受送达人拒不提供送达地址、提供的送达地址不准确、送达地址变更未告知国际商事法庭，导致相关诉讼文书未能被实际接收的，视为送达。

（二）审前调解

对于审前调解，主要集中在《程序规则》第17—26条、《规定》第12条。对于调解期限，案件管理办公室在起诉材料送达被告之日起7个工作日内（有多名被告的，自最后送达之日起算）召集当事人和/或委托代理人举行案件管理会议，讨论、确定审前调解方式，并应当商定调解期限，一般不超过20个工作日；当事人不同意审前调解的，确定诉讼程序时间表。对于调解人员组成，当事人同意由最高法院国际商事专家委员会成员（简称专家委员）进行审前调解的，可以共同选择1—3名专家委员担任调解员；不能达成一致的，由国际商事法庭指定1—3名专家委员担任调解员。当事人同意由国际商事调解机构进行审前调解的，可以在最高法院公布的国际商事调解机构名单中共同选择调解机构。

案件管理会议以在线视频方式召开。不适宜以在线视频方式召开的，通知当事人和/或委托代理人到场召开。案件管理会议结束后，案件管理办公室应当形成《案件管理备忘录》并送达当事人。当事人应当遵循《案件管理备忘录》确定的事项安排。专家委员主持调解，应当依照相关法律法规，遵守本规则以及《最高人民法院国际商事专家委员会工作规则（试行）》第11条对调解的有关规定，参照国际惯例、交易习惯，在各方自愿的基础上，根据公平、合理、保密的原则进行，促进当事人互谅互让，达成和解。专家委员主持调解不公开进行。调解应当记录调解情况，当事人和调解员应当签署。专家委员主持调解过程中，有下列情形之一的，应当终止调解：（1）各方或者任何一方当事人书面要求终止调解程序；（2）当事人在商定的调解期限内未能达成调解协议，但当事人一致同意延期的除外；（3）专家委员无法履行、无法继续履行或者不适合履行调解职责且不能另行选定或者指定专家委员；（4）其他情形。国际商事调解机构主持调解，应当依照相关法律法规，遵守该机构的调解规则或者当事人协商确定的规则。

经专家委员或者国际商事调解机构主持调解，当事人达成调解协议的，国际商事专家委员会办公室或者国际商事调解机构应在3个工作日内将调解协议及案件相关材料送交案件管理办公室，由国际商事法庭依法审查后制发调解书；当事人要求发给判决书的，国际商事法庭可以制发判决书。当事人未能达成调解协议或者因其他原因终止调解的，国际商事专家委员会办公室或者国际商事调解机构应在3个工作日内将《调解情况表》及案件相关材料送交案件管理办公室。调解记录及当事人为达成调解协议作出妥协而认可的事实，不得在诉讼程序中作为对其不利的根据，但是当事人均同意的除外。

(三) 保全

《程序规则》第27条第2款第6项规定，在庭前会议阶段，可以根据当事人的申请决定证人出庭、调查收集证据、委托鉴定、要求当事人提供证据、进行勘验、进行证据保全。此外，保全不止于适用诉讼，也可适用于仲裁。《规定》第14条第1款规定，当事人协议选择本规定第11条第1款规定的国际商事仲裁机构仲裁的，可以在申请仲裁前或者仲裁程序开始后，向国际商事法庭申请证据、财产或者行为保全。同时《程序规则》第34条规定，当事人依照《规定》第14条第一款的规定，就标的额人民币3亿元以上或其他有重大影响的国际商事案件申请保全的，应当由国际商事仲裁机构将当事人的申请依照民事诉讼法、仲裁法等法律规定提交国际商事法庭。国际商事法庭应当立案审查，并依法作出裁定。

(四) 其他审理前的准备

除上述内容外，为做好审理前的准备，国际商事法庭在答辩期届满后召开庭前会议；有特殊情况的，在征得当事人同意后，可在答辩期届满前召开。除调解和证据保全外，庭前会议还包括下列内容：明确原告的诉讼请求和被告的答辩意见；审查处理当事人增加、变更诉讼请求的申请和提出的反诉，以及第三人提出的与本案有关的诉讼请求；听取对合并审理、追加当事人等事项的意见；听取回避申请；确定是否公开开庭审理；根据当事人的申请决定证人出庭、调查收集证据、委托鉴定、要求当事人提供证据、进行勘验；组织证据交换；明确域外法律的查明途径；确定是否准许专家委员出庭做辅助说明；归纳案件争议焦点；安排翻译；[①]当事人申请通过在线视频方式开庭的，由国际商事法庭根据情况确定；其他程序性事项。庭前会议可以采取在线视频、现场或国际商事法庭认为合适的其他方式进行。对于主持人员组成，庭前会议既可以由合议庭全体法官共同主持，也可以由合议庭委派一名法官主持。[②]

五、审理

开庭以在线视频方式进行的，除经查明属网络故障、设备损坏、电力中断或者不可抗力等原因外，当事人不按时参加在线庭审的，视为拒不到庭；庭审中擅自退出的，视为中途退庭。[③]国际商事法庭法官由最高法院在具有丰富审判工作经验，熟悉国际条约、国际惯例以及国际贸易投资实务，能够同时熟练运用中文和英文作为工作语言的资深法官中选任。国际商事法庭审理案件，由 3 名或者 3 名以上法官组成合议庭。合议庭评议案件，实行少数服从多数的原则。少数意见可以在裁判文书中载明。[④]

对于法律适用，《规定》第 7 条规定，国际商事法庭审理案件，依照《中华人民共和国涉外民事关系法律适用法》的规定确定争议适用的实体法律。当事人依照法律规定选择适用法律的，应当适用当事人选择的法律。这意味着在法律适用方面，给予了当事人意思自治，但并非完全的意思自治，局限于法律允许当事人选择法律适用的范围。

对于外国法查明，《规定》第 8 条规定，国际商事法庭审理案件应当适用域外法律时，可以通过下列途径查明：(1) 由当事人提供；(2) 由中外法律专家提供；(3) 由法律查明服务机构提供；(4) 由国际商事专家委员提供；(5) 由与我国订立司法协助协定的缔约对方的中央机关提供；(6) 由我

---

① 《程序规则》第 6 条规定："根据当事人的申请，国际商事法庭可为当事人提供翻译服务，费用由当事人负担。"

② 《程序规则》第 27—29 条。

③ 《程序规则》第 30 条。

④ 《规定》第 4 条、第 5 条。

国驻该国使领馆提供；(7) 由该国驻我国使馆提供；(8) 其他合理途径。通过上述途径提供的域外法律资料以及专家意见，应当依照法律规定在法庭上出示，并充分听取各方当事人的意见。在案件审理过程中，合议庭认为需要就国际条约、国际商事规则以及域外法律等专门性法律问题向专家委员咨询意见的，应当根据《最高人民法院国际商事专家委员会工作规则（试行）》向国际商事专家委员会办公室提出，并指定合理的答复期限，附送有关材料。①专家委员可以根据国际商事法庭的委托，就国际商事法庭以及各级法院审理案件所涉及的国际条约、国际商事规则、域外法律的查明和适用等专门性法律问题提供咨询意见。②对于专家委员受国际商事法庭委托出具的关于国际条约、国际商事规则以及域外法律等专门性法律问题的咨询意见，案件当事人申请专家委员出庭作辅助说明的，国际商事法庭应在收到申请后 7 个工作日内通过国际商事专家委员会办公室征询专家委员的意见。专家委员同意的，可以出庭作辅助说明。③修改后的《规定》则拓宽了外国法律的查明途径，原《规定》第 8 条第 1 款修改为："国际商事法庭审理案件应当适用域外法律时，可以通过下列途径查明：(一) 由当事人提供；(二) 通过司法协助渠道由对方的中央机关或者主管机关提供；(三) 通过最高人民法院请求我国驻该国使领馆或者该国驻我国使领馆提供；(四) 由最高人民法院建立或者参与的法律查明合作机制参与方提供；(五) 由最高人民法院国际商事专家委员会专家提供；(六) 由法律查明服务机构或者中外法律专家提供；(七) 其他适当途径。"该条文的修改拓展了国际商事法庭查明外国法律的途径，与《最高人民法院关于适用〈中华人民共和国涉外民事关系法律适用法〉若干问题的解释（二）》第 2 条第 1 款规定的外国法律查明途径保持一致，体现司法解释之间的统一性和协调性。

对于质证，《规定》第 9 条规定，当事人向国际商事法庭提交的证据材料系在中华人民共和国领域外形成的，不论是否已办理公证、认证或者其他证明手续，均应当在法庭上质证。当事人提交的证据材料系英文且经对方当

① 《程序规则》第 31 条。

② 《最高人民法院国际商事专家委员会工作规则（试行）》第 3 条。

③ 同上，第 15 条。

事人同意的，可以不提交中文翻译件。其第 10 条规定，国际商事法庭调查收集证据以及组织质证，可以采用视听传输技术及其他信息网络方式。以信息网络方式的质证，既存在高效、便捷的优点，也存在一定弊端。例如，在证人作证时，由于缺乏对视频另一方具体现实环境的掌控，另一方当事人可以以漏音、隐藏于特定角度或者利用网络延迟等方式指挥证人作证，干扰证人作证。此外，正常发生的信息网络延迟现象对于网络延迟方当事人的质证陈述清晰度、质证所费时间等也会产生不利影响。

六、判决和裁定

《规定》第 15 条规定，国际商事法庭作出的判决、裁定，是发生法律效力的判决、裁定。这表明，国际商事法庭作为最高法院下设的常设性审判机构，同样实行一审终审制。其第 16 条规定，当事人对国际商事法庭作出的已经发生法律效力的判决、裁定和调解书，可以依照民事诉讼法的规定向最高人民法院本部申请再审。最高人民法院本部受理前款规定的申请再审案件以及再审案件，均应当另行组成合议庭。该规定赋予当事人向最高法院本部申请再审的权利。但有学者认为，再审有着相对严格的适用前提，且大多针对已生效的裁判，频繁提起并不符合司法程序的确定性和稳定性要求，上诉机制的缺失将压缩当事人谋求救济的规则空间。[①]

对于调解，《规定》第 13 条规定，经国际商事专家委员会成员或者国际商事调解机构主持调解，当事人达成调解协议的，国际商事法庭可以依照法律规定制发调解书；当事人要求发给判决书的，可以依协议的内容制作判决书送达当事人。对于仲裁，《程序规则》第 34 条规定，当事人依照《规定》第 14 条第 1 款的规定，就标的额人民币 3 亿元以上或其他有重大影响的国际商事案件申请保全的，应当由国际商事仲裁机构将当事人的申请依照民事诉讼法、仲裁法等法律规定提交国际商事法庭。国际商事法庭应当立案审查，并依法作出裁定。

---

① 林福辰：《中国国际商事法庭的运行机制研究》，《四川师范大学学报（社会科学版）》2022 年第 1 期。

七、执行

执行主要依据《民事诉讼法》第三编和《民事诉讼法司法解释》第二十一章“执行程序”相关规定。根据《民事诉讼法》第235条，对于发生法律效力的民事判决、裁定，由第一审人民法院或者与第一审人民法院同级的被执行的财产所在地人民法院执行。同时《规定》第6条规定，国际商事法庭作出的保全裁定，可以指定下级法院执行。

【思考题】

1. 中国国际商事法庭是否应当管辖离岸案件？理由是什么？

2. 如何才能更好地使中国国际商事法庭作出的判决得到他国法院的承认与执行？

3. 你认为中国国际商事法庭是否应当适用一审终审制？一审终审制是否正当保护了当事人的合法权益？如何平衡好司法效力和实现公正的问题？

4. 为了优化结构，是否存在能够并入中国国际商事法庭的最高法院的其他部门或法庭？

【案例分析】

案例：亚洲光学股份有限公司、东莞信泰光学有限公司等与富士胶片株式会社等加工合同纠纷案①

原告亚洲光学股份有限公司（简称亚洲光学公司）、东莞信泰光学有限公司（简称信泰公司）与被告富士胶片株式会社（简称富士公司）、富士胶片（中国）投资有限公司（简称富士投资公司）、富士胶片（中国）投资有限公司深圳分公司（简称富士投资深圳分公司）、富士胶片光电（深圳）有限公司（简称富士光电公司）委托加工合同纠纷一案，广东省深圳市南山区法院以原告增加诉讼请求后诉讼标的额超过该院级别管辖为由，裁定将本案移送深圳市中院。深圳市中院又以当事人之间有仲裁协议，且请求事项已经

① 全文见最高人民法院（2019）最高法商初2号民事裁定书。

仲裁机关仲裁为由，裁定驳回起诉。原告不服，向广东省高级法院上诉。广东省高级法院以诉讼标的超过人民币 2 亿元，按照级别管辖的有关规定，深圳市中院对本案不具有管辖权为由，裁定撤销深圳市中院驳回起诉的裁定，本案由广东省高级法院管辖。之后，广东省高级法院经审查认为，本案属于疑难复杂的国际商事案件，报请本院国际商事法庭审理。本院裁定本案由本院第一国际商事法庭审理，并于 2019 年 2 月 19 日立案。

被告富士公司、富士投资公司、富士投资深圳分公司和富士光电公司在本院开庭前的首次询问时，提出管辖权异议认为，亚洲光学公司（乙方）、信泰公司（乙方）与富士公司（甲方）于 2004—2009 年期间签订的 8 份《委托开发合同》中均有明确有效的仲裁条款，各方约定："与本合同相关的所有纠纷基于诚实信用原则，由甲乙双方协商解决。但是，未能成功协商解决，出于解决纠纷目的由甲方或者乙方申请仲裁的情况，则基于日本商事仲裁协会的商事仲裁规则在东京通过仲裁的方式对相关纠纷进行最终解决。所有仲裁结果均对甲方及乙方构成法律约束，同时均为最终结果，并且可由具有管辖权的所有法院执行。"本案纠纷系上述《委托开发合同》中的仲裁条款所约定的"与本合同相关的所有纠纷"，故应通过仲裁解决。事实上，原告也以本案相同的事由向日本商事仲裁协会提起仲裁，与富士公司签署了书面的仲裁确认书，并已经仲裁裁决驳回了全部仲裁请求。原告在本案中提出的诉讼请求与其在日本仲裁时提出的仲裁请求相同，均为请求富士公司支付专利使用费及损失（即美国法院判决原告支付给柯达公司的赔偿金 24 147 344 美元及利息 9 579 187 美元）。因此，原告的行为构成重复诉讼。根据"一事不再理原则"，应当驳回其起诉。此外，广东省高级法院虽然裁定撤销了深圳中院驳回起诉的裁定，并裁定由该院管辖，但并非认可了人民法院对本案具有管辖权，而仅就深圳中院违反法院级别管辖问题进行处理，并未涉及法院对本案的管辖问题，故最高法院在提级进行实体审理前，也应先处理法院管辖问题。

针对 4 被告提出的管辖权异议，原告称，亚洲光学公司、信泰公司与富士公司之间存在两个法律关系：一是委托技术开发关系，各方均已履行完毕；二是本案涉及的委托加工制造关系。双方虽然没有签署书面协议，但是双方通过往来邮件、电话会议、订单等形式，事实上已确定了委托加工制造阶段的具体权利义务，形成了委托加工合同关系，故本诉是亚洲光学公司、信泰公司请求富士公司支付该阶段的制造价款及相关损失，与日本仲裁所涉事项不属于同一法律关系。日本仲裁依据的是《委托开发合同》以及在技术开发阶段原被告之间的邮件往来。《委托开发合同》以及仲裁确认书中“与本合同相关的所有纠纷”均是指该合同相关的纠纷，即日本的仲裁范围仅限于技术开发阶段的权利义务，并未涵盖本诉中的制造价款问题。因此，本案纠纷并不受《委托开发合同》中仲裁条款以及日本仲裁的约束，法院对本案具有管辖权。此外，广东省高级法院裁定撤销了深圳中院驳回起诉的裁定，并裁定由该院管辖，即是认可了人民法院对本案具有管辖权。

法院查明，富士公司与亚洲光学公司、信泰公司分别签订了 8 份《委托开发合同》。其中，富士公司（甲方）与信泰公司（乙方）签订的《委托开发合同》第 26 条（准据法）约定：“本合同适用日本法作为合同的准据法，应基于该法进行解释。”第 28 条（仲裁）约定：“与本合同相关的所有纠纷基于诚实信用原则，由甲乙双方协商解决。但是，未能成功协商解决，出于解决纠纷的目的由甲方或者乙方申请仲裁的情况，则基于日本商事仲裁协会的商事仲裁规则在东京通过仲裁的方式对相关纠纷进行最终解决。所有仲裁结果均对甲方以及乙方构成法律约束，同时均为最终结果，并且可由具有管辖权的所有法院执行。”富士公司与亚洲光学公司签订的 7 份《委托开发合同》除所开发数码相机具体型号、开发期间等不同外，其他条款（包括仲裁条款）主要内容基本相同。

（1）本案被告能否对法院管辖权提出异议？

（2）法院对原告与富士公司之间的纠纷是否具有管辖权？

（3）富士投资公司、富士投资深圳分公司和富士光电公司是否为本案的适格被告？

问：

如果你是本案的法官，你认为本案被告能否对法院管辖权提出异议？法院对原告与富士公司之间的纠纷是否具有管辖权？富士投资公司、富士投资深圳分公司和富士光电公司是否为本案的适格被告？

【拓展阅读】

1. 对如何促进中国国际商事法庭克服仲裁、诉讼的弊端，吸收两者的优点，实现仲裁化的诉讼感兴趣的读者，可以阅读朱伟东：《国际商事法庭：基于域外经验与本土发展的思考》，《河北法学》2019 年第 10 期。

2. 对于想从更多维度了解国际商事法庭的发展趋势，探究国际商事法庭兴起背后的基本逻辑的读者，可以阅读沈伟：《国际商事法庭的趋势、逻辑和功能——以仲裁、金融和司法为研究维度》，《国际法研究》2018 年第 5 期。

3. 对于想了解中国国际商事法庭如何立足于“一带一路”国际商事纠纷解决中心的整体定位，走差异化、特色化的发展道路的读者，可以阅读卜璐：《“一带一路”背景下我国国际商事法庭的运行》，《求是学刊》2018 年第 5 期。

4. 对于想要了解全球国际商事法庭的建设经验、全球国际商事法庭的发展演变的读者，可以阅读顾维遐：《全球国际商事法庭的兴起与生态》，《南大法学》2022 年第 6 期。

5. 对于想要了解新加坡国际商事法院建立的原因背景、管辖权及其在解决国际商事争议中的作用的读者，可以阅读 Man Yip 学者的 *The Singapore International Commercial Court: The Future of Litigation*，载 *Erasmus Law Review* 期刊；Lee Ming Chua 法官的 *Singapore International Commercial Court*，载 *Asian Business Lawyer* 期刊。

6. 对于想要了解国际商事法院为何具有吸引力、具有哪些吸引力以及如何更具有吸引力话题的读者，可以阅读 Shahar Avraham-Giller 学者和 Rabeea Assy 学者合著的 *How Can International Commercial Court Become an Attractive Option for the Resolution of International Commercial Disputes?* 载 *Journal of Dispute Resolution* 期刊。

附录：公约中英文对照表（按出现顺序排序）

中文名称	英文名称
2005 年《选择法院协议公约》（也称海牙《协议选择法院公约》）	Hague Convention on Choice of Court Agreement
2019 年《承认与执行外国民商事判决公约》（也称《海牙判决公约》）	Convention on the Recognition and Enforcement of Foreign Judgement in Civil or Commercial Matters
1958 年《承认与执行外国仲裁裁决公约》（《纽约公约》）	Convention on the Recognition and Enforcement of Foreign Arbitral Awards
1965 年《关于向国外送达民事或商事司法文书和司法外文书公约》	Convention on the Service Abroad of Judicial and Extrajudicial Documents in Civil or Commercial Matters
1965 年《关于选择法院公约》	Convention on the Choice of Court
1970 年《关于从国外获取民事或商事证据公约》（《海牙取证公约》）	Convention on the Taking of Evidence Abroad in Civil or Commercial Matters
1968 年《关于民商事管辖权和判决执行的布鲁塞尔公约》	Brussels Convention on Jurisdiction and the Enforcement of Judgment in Civil and Commercial Matters
1997 年《阿姆斯特丹条约》	Amsterdam Treaty
2000 年《关于民商事案件管辖权与判决承认及执行的第 44/2001 号条例》（也称《布鲁塞尔条例 I》）	on Jurisdiction and the Recognition and Enforcement of Judgments in Civil and Commercial Matters
2008 年《关于扶养义务事项的管辖权、法律适用、判决的承认与执行并进行合作的第 4/2009 号条例》（《欧洲议会和理事会关于扶养义务的管辖权、法律适用、判决的承认与执行及合作的第 4/2009 号委员会条例》）	Convention on Jurisdiction, Applicable Law, Recognition and Enforcement of Decisions and Cooperation in Matters Relating to Maintenance Obligations

续表

中文名称	英文名称
2016年《关于在婚姻财产制事项的管辖权、法律适用以及判决的承认与执行方面加强合作的第2016/1103号条例》	Implementing Enhanced Cooperation in the Area of Jurisdiction, Applicable Law and the Recognition and Enforcement of Decisions in Matters of Matrimonial Property Regimes
1760年《法兰克—萨丁条约》	Franco-Sardinian Agreement
1878年《建立国际私法统一规则的条约》	Lima Treaty to Establish Uniform Rules for Private International Law
1927年《关于美洲国际私法的条约》(即《布斯塔曼特法典》)	The Bustamantecode
1896年《民事程序公约》	Civil Procedure Convention
1905年《民事程序公约》	Conventions on Civil Procedure
1902年《离婚及分居的法律抵触与管辖抵触公约》	Convention on Divorce and Separation
1958年《国际有体动产买卖协议管辖权公约》	Convention on the Jurisdiction of the Selected Forum in the Case of International Sales of Goods
1958年《儿童扶养义务决定的承认与执行公约》	Hague Convention on the Recognition and Enforcement of Decision Relating to Maintenance Obligation in Respect of Children
1961年《保护未成年人管辖权和法律适用公约》(《未成年人保护的管辖权和法律适用公约》)	Convention on Jurisdiction and Applicable Law to the Protection of the Minors
1902年《未成年人监护公约》	Convention on Governing the Guardianship of infants
1965年《收养管辖权、法律适用和决定承认公约》	Convention on Jurisdiction, Applicable Law and Recognition of Decrees Relating to Adoptions
1973年《扶养义务决定的承认和执行公约》(《扶养义务判决的承认和执行公约》、《扶养义务判决公约》)	Convention on the Recognition and Enforcement of Decisions Relating to Maintenance Obligations
1954年《民事程序公约》	Convention Relative a Laprocedure Civile
1961年《取消要求外国公文书的认证公约》	Convention Abolishing the Requirement of-Legalisation for Foreign Public Documents

续表

中文名称	英文名称
1971年《民商事件外国判决的承认和执行公约》	Convention on the Recognition and Enforcement of Foreign Judgments in Civil and Commercial Matters
1993年《跨国收养方面保护儿童及合作公约》	Convention on Protection of Children and Co-Operation in Respect of Intercountry Adoption
1956年《承认外国公司、社团和财团法律人格的公约》	Convention Concerning the Recognition of the Legal Personality of Foreign Companies, Associations and Institutions
1968年《关于相互承认公司和法人团体的公约》	Convention on the Mutual Recognition of Companies and Bodies Corporate
2004年《联合国国家及其财产管辖豁免公约》	Convention on Jurisdictional Immunities of States and Their Property
1946年《联合国特权及豁免公约》	Convention on the Privileges and Immunities of the United Nations
1947年《联合国专门机构特权及豁免公约》	Convention on the Privileges and Immunities of the Specialized Agencies
1965年《解决国家与他国国民间投资争议的公约》	Convention on the Settlement of Investment Disputes Between States and Nationals of other States
1994年《马拉喀什建立世界贸易组织协定》	Marrakesh Agreement Establishing the World Trade Organization
1963年《维也纳领事关系公约》	Vienna Convention on Consular Relations
1961年《维也纳外交关系公约》	Vienna Convention on Diplomatic Relations
1972年《欧洲国家豁免公约》	European Convention on State Immunity
2012年《关于民商事案件管辖权及判决的承认与执行的第1215/2012号条例》也称"2012年《布鲁塞尔条例Ⅰ》"【修改后的布鲁塞尔条例】	Regulation (EU) No 1215/2012 of the European Parliament and of the Council of 12 December 2012 on jurisdiction and the recognition and enforcement of judgments in civil and commercial matters
1988年《关于民商事管辖权和判决承认的卢加诺公约》(也称《卢加诺公约》)	Convention on Jurisdiction and the Enforcement of Judgments in Civil and Commercial Matters at Lugano
1883年《保护工业产权巴黎公约》	Paris Convention for International Protection of Industrial Property

续表

中文名称	英文名称
1979 年《关于外国判决和仲裁裁决的域外有效性公约》	Inter-American Convention on extraterritorial validity of foreign judgments and arbitral awards
1973 年《欧洲专利授予公约》	European Patent Convention
2005 年《跨国民事诉讼原则》	ALI/UNIDROIT Principles of Transnational Civil Procedure
1999 年《统一航空运输某些规则的公约》(《华沙公约》、《蒙特利尔公约》)	Convention for the Unification of Certain Rules for International Carriage by Air (Montreal Convention)
1951 年《国际铁路货物联运协定》	Agreement on International Railroad Through Transport of Goods
1969 年《国际油污损害民事责任公约》	International Convention on Civil Liability for Oil Pollution Damage
2000 年《布鲁塞尔条例Ⅱ》	Council Regulation (EC) No 1347/2000 of 29 May 2000 on Jurisdiction and the Recognition and Enforcement of Judgments in Matrimonial Matters and in Matters of Parental Responsibility for Children of Both Spouses
2003 年《布鲁塞尔条例Ⅱa》	Council Regulation (EC) No 2201/2003 of 27 November 2003 Concerning Jurisdiction and the Recognition and Enforcement of Judgments in Matrimonial Matters and the Matters of Parental Responsibility
2019 年《布鲁塞尔条例Ⅱb》	Council Regulation (EU) 2019/1111 of 25 June 2019 on Jurisdiction, the Recognition and Enforcement of Decisions in Matrimonial Matters and the Matters of Parental Responsibility, and on International Child Abduction (recast)
1970 年《海牙承认离婚和分居公约》	Convention on the Recognition of Divorce and Legal Separations
2007 年《扶养义务法律适用议定书》	Protocol on the Law Applicable to Maintenance Obligations

续表

中文名称	英文名称
2007 年《关于国际追索儿童抚养费和其他形式家庭扶养的公约》	Convention on the International Recovery of Child Support and Other Forms of Family Maintenance
1996 年《关于父母责任和保护儿童措施的管辖权、法律适用、承认、执行和合作公约》(1996 年《父母责任和保护儿童公约》)	Convention on Jurisdiction, Applicable Law, Recognition, Enforcement and Co-operation in Respect of Parental Responsibility and Measures for the Protection of Children
1980 年《国际诱拐儿童民事方面的公约》	Convention on the Civil Aspects of International Child Abduction
1958 年《儿童抚养义务判决的承认和执行公约》	Convention Concerning the Recognition and Enforcement of Decisions Relating to Maintenance Obligation towards Children
1956 年《儿童抚养义务法律适用公约》	Convention Sur La Loi Applicable Aux Obligations Alimentaires Envers Les Enfants
1965 年《关于收养的管辖权、法律适用及判决承认的公约》	Convention on Jurisdiction, Applicable Law and Recognition of Decrees Relating to Adoptions
2012 年《欧洲议会和欧盟理事会关于继承问题的管辖权、法律适用、判决的承认与执行和公文书的接受和执行以及创建欧洲继承证书的第 650 号条例》(2012 年《欧盟涉外继承条例》)	Regulation on Jurisdiction, Applicable Law, Recognition and Enforcement of Decisions and Acceptance and Enforcement of Authentic Instruments in Matters of Succession and on the Creation of a European Certificate of Succession
1952 年《扣船公约》	International Convention for the Unification of Certain Rules Relating to the Arrest of Seagoing Ships
1999 年《扣船公约》	International Convention on Arrest of Ships
2001 年《开普敦公约》	Convention on International Interests in Mobile Equipment
2001 年《航空器议定书》	Protocol to the Convention on International Interests in Mobile Equipment on Matters Specific to Aircraft Equipment

图书在版编目(CIP)数据

跨境民商事诉讼 / 袁发强主编. -- 上海 : 上海人民出版社, 2024. --(国际法与涉外法治文库).

ISBN 978-7-208-19073-3

Ⅰ. D997

中国国家版本馆 CIP 数据核字第 20244A2W86 号

责任编辑 罗俊华

封面设计 谢定莹

国际法与涉外法治文库

跨境民商事诉讼

袁发强 主编

出　版 上海人民出版社

(201101 上海市闵行区号景路 159 弄 C 座)

发　行 上海人民出版社发行中心

印　刷 上海商务联西印刷有限公司

开　本 720×1000 1/16

印　张 32.75

插　页 4

字　数 495,000

版　次 2024 年 9 月第 1 版

印　次 2024 年 9 月第 1 次印刷

ISBN 978-7-208-19073-3/D・4377

定　价 128.00 元

国际法与涉外法治文库：

中国参与的“区域”环境治理：以国际法为视角	王勇　著
涉外法治前沿问题研究	李伟芳　主编
沿海运输权法律问题研究	马得懿　著
跨境民商事诉讼	袁发强　主编